里故
的事

世界史

李娟 —— 编著

中国华侨出版社
·北京·

图书在版编目（CIP）数据

故事里的世界史 / 李娟编著 . —北京：中国华侨出版社，2019.5
ISBN 978-7-5113-7820-0

Ⅰ . ①故… Ⅱ . ①李… Ⅲ . ①世界史—通俗读物
Ⅳ . ① K109

中国版本图书馆 CIP 数据核字（2019）第 057321 号

故事里的世界史

编　　著：李　娟
责任编辑：刘晓燕
责任校对：志　刚
经　　销：新华书店
开　　本：787 毫米 × 1092 毫米　1/16 开　印张：33　字数：632 千字
印　　刷：河北省三河市天润建兴印务有限公司
版　　次：2019 年 6 月第 1 版
印　　次：2024 年 5 月第 2 次印刷
书　　号：ISBN 978-7-5113-7820-0
定　　价：89.00 元

中国华侨出版社　北京市朝阳区西坝河东里 77 号楼底商 5 号　邮编：100028
发 行 部：（010）64443051　　传　真：（010）64439708
网　　址：www.oveaschin.com　　E－m a i l：oveaschin@sina.com

如果发现印装质量问题影响阅读，请与印刷厂联系调换。

前言

　　倘若历史是一条湍流不息的河流，那么，历史进程中的每个事件、每个人物，就是散落于这条长河上的一颗颗明珠。历史这条大河，奔流不息，而我们则漫步于河畔，凝视着时而湍急、时而平静的河面，那些既成事实永远无法改变，我们怀念并向往着一个个远去的故事。

　　世界历史就如同一片浩瀚而澄澈的星空，古往今来，世界上数不胜数的政治家、思想家、谋略家乃至他们的智慧与谋略正是这片深邃的星空中熠熠生辉的星辰。这里有爱琴海传来的远古时代的动人传说；这里有悄然崛起的罗马帝国发来的文明信号；这里有埃及河畔艳后永不落幕的传奇；这里有工业革命中频频闪烁的人类智慧；这里也有世界大战骇人听闻的血雨腥风。多少的战争与变迁，最终都成为过眼云烟，将人类社会一切重大事件会聚于此，就是呈现在我们面前的世界历史。

　　历史的长河一路奔腾，永无止歇，在经过时光数千年的洗礼后，古老的原始人最终登上了现代人类的历史舞台。从血缘家族的崛起到新航路的开辟，从工业革命到第一次世界大战，从第二次世界大战到局部地区战争冲突，整个人类历史的发展进程是伟大而壮观的，亦是血腥而残酷的。有人说，世界历史是一部西方世界的发展史，亦是一部东方国度的衰落史。然而，无论面对哪个历史时期，我们都必须承认，世界历史绝不是任何西方国家或东方国家所独有的历史，而是一部将世界上所有国家都囊括其中的轰轰烈烈的历史。

为了满足广大读者了解、学习世界历史的愿望，我们以让读者在尽可能短的时间内了解世界历史、清晰掌握世界历史的发展脉络为出发点，精心编写了这部史书故事，以便让读者朋友花最少的时间，学到最多的知识。

本书按照时间顺序铺陈开来，讲述世界历史，共分为10个章节，每章围绕多个对人类历史进程有重大意义的事件、人物以及文明成果展开，生动而全面地再现了人类从诞生到现在的历史进程。这样一来，读者朋友就能对每个历史时期所发生的重大事件了然于心。每一小节不过两千字，力求用最精简平实的语言将历史事件与人物故事融为一体，让读者在阅读中感受到世界历史的魅力所在。

纵观历史，前人迈出的每一步既不会落空，也不会是最后一步，就这一点而言，在一定范围内，世界历史是静止的，也就是说，千万年来，每个人都要面对前人面临的种种难题。然而，世界历史又像是一个经过复杂排列组合的万花筒，只要其中有任何细微环节不同，每个人的人生轨迹可能就会截然不同。

历史是一个大舞台，在这里，世世代代的人们上演了一出出悲剧、喜剧和正剧。这个大舞台永不谢幕，历史向前的车轮也永不停歇。从舞台上一幕幕悲欢离合中感悟人生智慧，活出别样人生，这正是世界历史带给每位读者的礼物！

目录
contents

第五章
文艺复兴时期

第七章
工业革命时期

第一章

人类来源和初始

—— 上帝创造世界 ——

我们有确切文字记录的历史大约有 5000 年，至于 5000 年以前的远古时期，则是以神话传说的形式保存下来的。

世界从何而来？人类怎么产生？为什么一周会有七天，而不是五天、六天？在西方人几乎人手一册的经典《圣经》里面，有这样一个关于人类起源的神话故事。

最初，天地混沌一片，到处黑暗。上帝先创造了天和地。而在这茫茫天地上，空无一物，没有鸟兽虫鱼，没有花草树木，只有一望无际的海水。上帝的灵魂在海面上飞行，却什么也看不到。他想如果有光就好了，于是就喊道："要有光！"天门立刻就打开了，闪亮的光从天上照射下来，自此以后，大地开始有了光明。上帝把光称作"白昼"，与之对应的暗称作"黑夜"。到了傍晚，上帝隐去光芒，白昼退去，大地呈现一片黑暗，即为"夜"的到来。上帝把一个白天和一个黑夜作为一天，在这一天里，白天和黑夜交替出现，一个轮回过去，第一天便结束了。

第二天，上帝创造了空气和水，让空气在上面，水在下面，蔚蓝的天空如同穹庐一样罩在无边无际的大海上。或大或小的风抚摩着朵朵白云，变幻着它们的形状把它们推向远方；拂过海面的时候，把海面掀起道道的波浪，堆出层层的浪花。第二天也结束了。

第三天，上帝发现天地间没有陆地，他让海水往低处流，让山从海中露出头来，这样中间就出现了一片片的陆地。山分布在不同的地方，高低不同，而在山脚下，则形成了山谷和平原。上帝觉得陆地过于空寂，想在地上铺满花花草草等各种植物。所以上帝说"来"，它们就出现了，瞬间大地变得五颜六色，绚烂缤纷！上帝说"看"，红色的牡丹，黄色的野菊，白色的玫瑰和绿色的小草交织成一幅美丽的图画。接着上帝又说"长"，于是树就从地里长了出来，树上还挂满了果实，有苹果、梨、橘子、李子，等等。接着，黑夜又来了，第三天就这样结束了。

第四天，上帝说："我要让星辰布满整个天空，这样就能区分出季节、年月和时令。我要让太阳统治白天，为它们提供光和热；到了晚上，让太阳休息，让月亮统治夜晚，让它清亮的光辉普照大地。"

从此以后，太阳出来就是白天，太阳落下就是晚上。第四天结束。

第五天，上帝创造各种动物。只是一会儿的工夫，叫声清脆的鸟儿在天空中飞翔，五颜六色的鱼儿在江河湖海中畅游；草丛中飞舞着蜜蜂蝴蝶，树林中游荡着各种野兽。太阳就要落山了，暮霭渐渐地掩盖住了天空和大地，于是倦鸟归巢、鱼沉水底，所有的动物都回到了它们的家里，第五天就这样结束了。

第六天，上帝又造出了形形色色的昆虫，和各种或凶猛或温顺的野兽。顷刻间，草木花丛之间到处飞舞着蝴蝶和蜜蜂，树叶上有毛毛虫爬行；猴子和野兔在林间奔跑；小鹿在溪边安静地喝水。

最后，上帝拿了些泥土，捏来捏去，照着自己的样子做成了人。他让人来管理世间的一切，空中的鸟，海里的鱼，地上的走兽和爬虫，这一切，都要服从于人的管理。人与动物和谐相处，一片幸福喜庆，天地之间，一片生机盎然的景象。

接连六天的工作之后，上帝完成了所有的工作。他决定休息。于是，第七天就成了后来的"休息日"。这样，一周七天，工作六天，休息一天的习俗就延续了下来。

当然，这只不过是个神话传说而已，就像中国的"盘古开天辟地""女娲造人"和古巴比伦神话里的"恩奇都造人"一样，没有科学根据。

—— 亚当和夏娃 ——

人是上帝在第六天的时候造的，这个"人"是上帝按照自己的形象造的，上帝对他非常满意，就给这个世界上的第一个男"人"起了个名字——"亚当"。为了亚当能够愉快地生活，上帝就给亚当造了一个生长着许多果树的院子，这个院子就是传说中美丽的"伊甸园"。伊甸园中还有许多上帝造的动物，例如牛、马、羊、猪之类的家畜，当然也有蜜蜂、蝴蝶之类的昆虫和狮子、老虎等野兽，在上帝的旨意下，这些动物都要听从亚当的命令。

亚当在伊甸园里生活得非常愉快，饿了树上有触手可及的甘甜的水果，渴了园里四处都是清冽的泉水；吃饱喝足可以和动物们快乐地玩耍，累了随便一躺就可以休息。

可是没有多久亚当就发现了一个问题，他闷闷不乐地找到了上帝。他说："尊敬的父神，为什么其他动物都有雌性的同伴，而我没有呢？您能给我也造一个吗？"

上帝答应了他的要求，随后就施展法术让亚当睡着，从他的身体中取出来一根肋骨，随手一抚伤口就愈合得没有任何痕迹。于是上帝就用亚当的肋骨造了一个女人，并且给她起了个名字——夏娃。

亚当醒过来的时候，发现上帝身边有个和自己一样的雌性动物，知道这是上帝给自己造的同伴了。上帝告诉亚当："这个女人就是我给你造的同伴，以后她就是你的妻子了，你要好好地照顾她！"于是亚当就和夏娃结成了夫妻，他们两人一起生活在伊甸园中。

开始的时候，亚当和夏娃与其他动物一样光着身子，不知道穿衣服，也没有羞耻的概念。这天上帝又在伊甸园中造了一种新的树种，叫善恶树，上面结的果子叫智慧果。上帝告诉亚当和夏娃："这棵树上的果子你们不能吃，其他各种树上的果实你们都可以随意吃。如果不吃这棵树上的果子，你们就可以快快乐乐地永远生活在伊甸园里；如果你们吃了，就会有灾难发生在你们身上。"亚当和夏娃答应了上帝，不会去吃善恶树上的果子。

一天，夏娃自己一个人在伊甸园玩耍的时候，一条蛇——蛇是上帝所造出来的所有的生物中最狡猾的——从草里爬出来拦住了她。蛇问夏娃："听说这个院子里所有的果子你们都可以吃，是吧？"

夏娃回答道："不是的，善恶树上的果子我们不能吃，如果吃了就会有灾难发生在我们身上。其他的都可以。"

蛇说："上帝是吓唬你们的，即使吃了也不会有事，而且还会和上帝一样能够分辨出善恶是非。这是上帝怕你们和他一样有了智慧，以后就不再听他的话了，所以才这样骗你们的。不信你就吃一个试试，看我说的是不是真的。"

夏娃觉得蛇说得有道理，忍不住好奇就吃了一枚果子。结果她发现这种果子甘甜可口，不由得就又吃了几个，吃饱后还给亚当带回去一些。亚当不知道这些果子是善恶树上的，也不以为意地吃了。可是他们吃了以后，开始知道赤裸着身子是不文明的，他们把无花果树上的叶子串起来围在身上。

上帝再一次来到伊甸园的时候，发现亚当和夏娃用树叶围着身体，知道他们偷吃了善恶树上的果子，就责问道："你们为什么要偷吃善恶树上的果子？我不是说过不让你们吃吗？"

夏娃知道自己违背了上帝的旨意，吓得哆哆嗦嗦地说："是蛇说吃了也没有事，还会让我们分清善恶，所以我就吃了。"

于是上帝把蛇喊了过来，对蛇说："既然你做了这样的事，你的一生就要比其他的牲畜和野兽活得更艰难，以后你只能用肚子走路，一辈子以吃土为生。你引诱了女人，以后女人和你就是仇人，女人见了你就会打烂你的头，你见了女人就会咬她的脚。你的子孙后代和女人的子孙后代也会永永远远这样下去。"

上帝又对夏娃说："你违背了我的旨意，那么你也要受到惩罚。以后你的孩子都要在你的肚子里待上十个月才可以出生，生孩子的时候你会感觉到无比的痛苦。而且，既然你管不住自己，那么以后就要让你的丈夫来管你的一切。"

上帝最后对亚当说："你也吃了果子，那么你也要得到惩罚：你以后所吃的一切都只能从土里得到，土地里会长出荆棘和蒺藜扎破你的手和脚，而且终生都是这样，直到你埋到土里的那一天。"上帝说完就把亚当和夏娃赶出了伊甸园。

亚当和夏娃只好来到大地上靠辛勤耕作来维持他们的生活。后来他们生了两个儿子，大的叫该隐，小的叫亚伯。亚当和夏娃就是人类的始祖。

—— 挪亚方舟 ——

据说亚当活了 930 岁，他和夏娃生的孩子不计其数。他的孩子也生了更多的后代，人类越来越多，逐渐布满了整个大地。可是随着该隐杀了他的弟弟亚伯，人类的自相残杀便开始了，而且因为堕落的本性，人的怨恨与恶念与日俱增。人们无休止地相互厮杀、争斗、掠夺，人世间的暴力和罪恶已经到了无以复加的地步。上帝对人类的堕落非常失望也非常生气，就决定毁灭这一代人类和所有的一切生物，让世界重新开始。

不过有一个人并不像其他人那样浑身充满了黑暗和罪恶，他是一个心地善良的好人，他的三个儿子在父亲的严格教育下也没有误入歧途。这个人就是挪亚。上帝不忍心毁掉挪亚一家，就来到人间告诉他：

"这块土地上充满了强暴、仇恨和嫉妒，我决心用洪水毁掉这个世界上的所有生物。因为你的善良和正义，我决定放过你的一家人，让你们成为大地重新开始时的第一批人类。"

"你用歌斐木造一艘船，这条船要长 300 肘（古代长度单位，1 肘 =0.44 米），宽 50 肘，高 30 肘。船顶的窗户要透光，门开在船的侧面。全船要分为上、中、下三层，里面要有分割好的舱室，里外都要涂上松香来防水。"

上帝让挪亚准的造船工程量极其庞大和艰巨，挪亚带着他的儿子们足足花费了 120 年之久，才以坚定的意志完成了它。邻居们见他们费尽了人力物力建造这样一艘巨船，都纷纷嘲笑他们："咱们这里连一条大点的河流都没有，更不要说海洋了。你们造这么大的一艘船做什么用呀？这不是白费气力吗？"挪亚没有理睬他们的嘲笑，继续造他的船，而且劝他们悬崖勒马，从充满罪恶的生活中摆脱出来。但人们对他的话都不以为然，继续我行我素，一味地作恶享乐。

船终于造好了，他们给船起名为"挪亚方舟"。上帝又来到人间，对挪亚说："你们现在去捕捉各种动物放到方舟里，洁净的动物每样 7 对，不洁净的动物每样 1 对，空中的飞鸟也各带 7 对，还要准备好足够的粮食和各种动物的食物，带上各种动物的目的是预备将来灾后的繁衍。七天之后，我会连续降下 40 昼夜的暴雨，亲手毁灭我所创造的一切生物。"

各种准备工作都做好了，他们一家和各种动物都上了方舟，上帝为他们关上船门后就开始毁灭世界。大地裂开了口子，无穷无尽的泉水汹涌而出，天上也开始下起了倾盆大雨，把整个大地都淹没了，方舟开始漂了起来。

暴雨和洪水肆虐了 40 天之久，水势越来越大，把地面各处的高山都淹没了，水位最高的时候竟然比世界上最高的山还要高。除了挪亚一家以及船上的动物之外，世界上所有的生物，包括飞鸟、牲畜、野兽、爬行的动物，亚当和夏娃的所有后人都丧生在洪水之中。

上帝看到世界上的一切生物都死了，害怕挪亚方舟里的人和动物无法坚持下去，就停止了降雨，封闭了大地上的口子，地上的水慢慢地退了下去。风停雨收之后，太阳也出来了，阳光照耀在波涛汹涌的大地上，整个世界又回到了最初被创造时的样子。

过了一段时间，随着水位的下降方舟终于搁浅在亚拉腊山上。水还在慢慢地继续消退，又过了几十天，挪亚终于可以看到山尖了。

40天之后，挪亚从方舟的窗户里放出一只乌鸦，但是乌鸦飞出去之后就没有了消息。挪亚又放出去一只鸽子，鸽子在空中飞了一圈，发现没有落脚的地方就又飞回了方舟。这说明大地上的洪水仍然没有消退完，挪亚只好失望地继续等下去。

又过了7天，挪亚再一次把鸽子放了出去。到了傍晚的时候，鸽子衔着一片橄榄叶回来了，挪亚看见那片橄榄叶是刚啄下来的，就知道水已经退到树梢的位置了。再过7天，他又放出鸽子，这次鸽子没有再飞回来。

又过了一段时间，大地全干了。上帝对挪亚说："你们可以出来了，把你们带上去的所有动物都放出来吧，让它们在地上繁衍生长。"于是挪亚放出去了方舟里的其他所有生物。

挪亚带着一家人来到大地上开始了新的生活，他筑了一座坛，在收获后把各种上帝认为洁净的动物和雀鸟焚烧献给上帝。上帝看到了新的人类对他的崇拜和虔诚，就决定以后再也不会像以前那样毁灭一切生物了。

挪亚大方舟的故事只是一个神话故事，从《圣经》里的记载推断，这次洪水发生在6000年前。不过令人惊奇的是，世界上所有的古老文明都有着这一时期的大洪水的传说，例如中国的大禹治水，《吉尔伽美什》、古印第安地区、玛雅地区也有着这样的神话。正因为如此，后世的人们认为这是一个真实发生的事件，所以一直没有放弃寻找当年的"方舟"遗迹和遗址。

—— 消失的大西国 ——

现代历史学家们通常认为，在人类文明发展的早期，文明程度最高的国家和地区有四个，分别是古埃及、古巴比伦、古印度和古中国，这四个国家和地区的历史有着5000～6000年之久。不过古希腊哲学家柏拉图却认为一万多年以前就有了一个高度发达的文明，这就是他的著作《克里齐》里提到的全世界的文明中心——大西国。

柏拉图认为大西国的疆域比利比亚和小亚细亚加在一起还要大，势力范围一直延伸到埃及和第勒尼安海；这个国家的居民信仰太阳神，建筑方面的造诣很高，规划整齐的城市内建着巍峨的太阳神庙；军事力量也很强大，曾经征服了当时地中海沿岸的所有国家。

据说大西国的建立者是波塞冬，他的王后叫克莱托。美丽的克莱托为波塞冬生了十个儿子，在十个儿子长大后，波塞冬把大西国分成十个部分，分别交给他们掌管，这就是大西国最初的十名摄政王。十名摄政王曾经有过约定，彼此之间守望相助，和平共处不得以兵戈相向。波塞冬的长子阿特拉斯后来继承了大西国的王位。

大西国的主体是一个美丽富饶的海岛，有着秀丽的风景和辽阔的平原。因为所处的地理环境适宜，农作物可以一年两熟，所以居民大多是农民，也有一些居民以开采金银等贵金属为生，另外还有少部分的牧民。因为在城市和野外遍布着鲜花，大西国的香水工坊也不少。大西国的城市规划做得非常好，首都波塞多尼亚的四周有三层运河环绕，运河之间的两条环形陆地上还有冷泉和温泉。除此之外，岛上还建有造船厂、赛马场、兵营、体育馆和公园等。

波塞多尼亚是一个繁荣的城市，人口稠密，经济发达。城中花园遍布，高大的建筑物鳞次栉比，到处都是用红、白、黑三种颜色大理石建起来的寺庙、圆形剧场、斗兽场、公共浴池等。

大西国的国际贸易也非常发达，港口里帆樯林立，各国的商人摩肩接踵。

大西国是当时世界上最强大的国家，大西国国王的野心也不可避免地膨胀起来。国王发动了对周围国家的侵略，当时的埃及、希腊以及地中海周围的所有国家和民族都成了大西国的附庸，而且他们还准备发动更大的战争，称霸整个世界，成为世界的主宰。

不过大西国的这个愿望还没有实现就消失得无影无踪。据柏拉图在另外一本书中记载，大概距今 11150 年前左右，大西国的整个国土在一场强烈的地震中沉入了海底。

柏拉图多次保证，大西国绝非自己的杜撰，历代的传说中都有这方面的记载，当时埃及的一些博学的僧侣也都知道这段历史。他的老师苏格拉底也曾谈到大西国，并且说过："好就好在它是事实，这要比虚构的故事强得多。"

　　如果柏拉图的记载是真的，那么这个大西国在哪里呢？千百年来，人们对此一直怀有极大的兴趣，也一直都在寻找它的蛛丝马迹。

　　20 世纪后半叶，在大西洋西部的百慕大海域，以及在巴哈马群岛、佛罗里达半岛等附近的海底，接连不断地发现过一些可疑的史前人工建筑。

　　1968 年的一天，几个潜水员在巴哈马群岛的比米尼岛附近作业，当时的天气和海况很好，风平浪静；水质也不错，海水像透亮的玻璃一望到底。就在几个潜水员爬上小船准备结束一天的工作时，一个人突然惊讶地指着水下说："你们看那是什么？"几个潜水员应声看去，只见海底有一条清晰可见的大路，这条路由长方形和多边形的巨石铺就，石头的大小和厚度不一，但是向上的一面打磨得平整光滑，轮廓鲜明排列整齐，能够明显看出是人工建设的。这条人工的大道会不会是大西国的驿道呢？

　　20 世纪 70 年代初，一些科研人员在大西洋的亚速尔群岛附近考察地质变动的情况。在他们分析一份从水下 800 米深的海底里取出的岩心资料时，竟然发现这个地方在 12000 年前是一片陆地！如果把这个数据和柏拉图的描述联系起来，我们不由得怀疑这里究竟是不是大西国沉没的地方呢？

　　1974 年，苏联的一艘海洋考察船在大西洋下拍摄了一些照片，其中的一组照片可以组成一个大的照片，当这些照片合在一起的时候，人们发现这竟然是一座宏伟的古代人工建筑！这座建筑究竟是谁建造的？又是什么原因沉到了海水里？

　　1979 年，美国和法国的一些科学家在考察大西洋百慕大"魔鬼三角"的海底时，在当时十分先进的仪器辅助下，他们竟然在海底发现了一座金字塔！这座塔底边长约 300 米，高约 200 米，塔尖离洋面仅 100 米，比埃及的胡夫金字塔还要大、还要高！塔下部有两个巨大的洞穴，海水以惊人的速度从洞底流过。这座大金字塔是大西国人修筑的吗？大西国的势力范围包括埃及，那么埃及的金字塔是不是大西国人建造的？美洲的金字塔，是来源于埃及还是来源于大西国？

　　1985 年，两位挪威籍的水手在百慕大的海底发现了一座废弃的古城。在他们拍摄的照片上，纵横交错的道路和路旁圆房顶的建筑物清晰可见，此外还有保存完好的竞技场及长方形的建筑物。这两位水手认为，他们发现的古城就是柏拉图所提到的"大西国"。这是真的吗？

　　美中不足的是，百慕大的"海底金字塔"只是仪器分析出来的数据，而不是直观的照片，所以我们无法确定这究竟是一座真正的人工建筑物，还是一座锥形的水下山峰。

　　而苏联人拍下来的海底古建筑遗址照片，我们能够确定的是这是一个古代的人工建筑，至于这里是不是大西国的遗址，谁也无法断定。

　　比米尼岛大西洋底下的石路倒是有过确切的考察，据说人们在"石路"上采回了标本，经过科学家的化验和分析，结果发现这些"石路"距今还不到10000年！这样问题就来了：如果这条路是大西国人修造的话，那么它的年龄不应该低于10000年！

　　至于那两个挪威水手的照片，因为后来无法再找到其他有关的证据，至今也无法验证它们的真伪。

　　但是从这些照片和科研数据上，我们可以得到一个确凿无疑的结论，那就是：在大西洋底确实有一块沉下的陆地！

　　如果人类历史上真的有过大西国，而且大西国真的像传说那样沉没在大西洋底，那么，在大西洋底就一定能找到大西国的遗迹。

　　然而，直到今天仍然没有一个人宣布他找到了大西国曾经存在的证据，这也让大西国依然隐藏在迷雾之中。或许有一天，科技的再次发展会让我们看清大西洋海底的秘密，揭开大西国神秘的面纱，展示这究竟是一个什么样的辉煌文明！

第二章 ／ 远古时代的文明

—— 尼罗河的馈赠 ——

闻名世界的尼罗河位于非洲东北部，全长 6671 公里，是世界上最长的河流，也是埃及的母亲河。

和其他河流只有一个源头不同的是，尼罗河有两个源头：一条为白尼罗河，另一条为青尼罗河。白尼罗河更长一些，它与青尼罗河在苏丹的喀土穆交汇后合称尼罗河，浩浩荡荡北流 3000 公里，然后注入地中海。作为世界第一长河，尼罗河流域的地理面貌变化很大，上游多是连绵起伏的山峦，森森的悬崖峭壁，中游是半荒漠地区，而下游则是平原，出现了许多支流，湖泊和沼泽星罗棋布，这便是丰饶的尼罗河三角洲。

我们把靠近下游三角洲的地区叫下埃及，靠近上游大沙漠的地区叫上埃及。

尼罗河流域在每年的 6 月进入雨季，因为上游热带雨林地区丰沛的降雨，河水暴涨后溢出河床，宽阔平坦又生机勃勃的下游谷地变成了一片汪洋。到了 10 月的时候，因为雨季的结束，尼罗河的水位开始慢慢下降，被河水淹没的河谷逐渐露了出来，被洪水驱散的鸟兽又回到了昔日的家园，整个河谷又恢复了原先生机盎然的景象。

虽然每年一次的洪水肆虐给尼罗河两岸的生灵带来了灾难，但是也给他们带来了更多的生机。尼罗河的洪水带来了大量的淤泥，在千万年的积累下，河流的两岸有了大片肥沃的土地，使古埃及人的农耕有了先决的基础条件，也让这里滋养孕育了辉煌的古埃及文明。

大约在 1 万年前，古埃及人的先民就来到了这里，开始刀耕火种的生活；到了公元前四五千年，这里已经有了初步的文明。

古埃及人身材高大强壮，头发又黑又滑，有宽阔的肩和狭窄的腰，深褐色的皮肤。因为尼罗河的两岸都是杂草丛生的沼泽，而离河远的地方又是干旱的沙漠，所以古埃及人只能在河畔地势较高的地方安家。他们就地取材用泥土和芦苇搭成简陋的房子，只有一道不大的门，而且没有窗户。

古埃及人的生活是很艰难的，他们的主要食物来源有两个：一个是靠青壮年男子的打猎和放牧，另一个就是由妇女耕作的原始农业提供的谷物，而且原始的农业越来越成为他们的主业。在尼罗河泛滥后的平原，他们用原始的工具除去灌木和杂草，开辟出一块块的农田，然后撒上各种农作物的种子。为了开辟更多的土地，他们又把目光投向了高地；为了能让高地上的农田得到灌溉，他们又建设了复杂的小运河系统。古埃及人用桔槔将水从尼罗河的河面汲到高耸的岸上，再通过纵横交错的水渠引入田地。肥沃的土壤，丰富的水源，让他们得到了丰厚的收获，这些收获也让更多的人生存下来，让他们的部落更加繁盛、强大。

可是尼罗河的河水带来的不仅是肥沃的土壤，泛滥的河水还会冲毁他们辛苦耕作的农田。每当到了这个时候，他们只有含着泪水看着被毁掉的一切，然后再次建设他们的家园。如此年复一年，古埃及人用自己勤劳的双手与大自然进行着不屈不挠的斗争。终于，他们渐渐掌握了尼罗河泛滥的规律，知道了尼罗河的河水何时开始上涨、何时开始消退。

古埃及人把尼罗河开始泛滥的第一个夜晚称为"第一滴水之夜"。每年的这个夜晚，人们都会举着火把聚集在尼罗河边，把小船划到河中庆祝哈辟神（尼罗河神）给他们送来了沃土。等河水消退后，人们开始在土地上耕耘、播种，等待着再一次的丰收。

埃及的自然环境决定了要靠人工灌溉来发展农业，古埃及人明确地认识到了这一点。在河水泛滥时，人们要疏通渠道排出积水；到了干旱无雨的季节，又要从尼罗河引水来灌溉干旱的土地。这是一个系统的工程，一个人甚至是一家一户都无法独自完成这些工作，需要整个部落甚至是多个部落的合作才能达到这个目的。这样就需要严密地安排人力、物力和劳作的时间，也就让古埃及人很早就知道了合作的重要性。

在征服自然、改造自然的过程中，古埃及先是多个部落组成了部落联盟、多个部落联盟又合成了州。在古埃及的境内，所有的部落一共联合成了大约40个州，每个州都有自己的名称、都城、军队及政权，也有着不同的方言和宗教。每个州都是一个独立的王国，彼此间为了争夺河水、土地或者因为不同的信仰经常发生争斗，整个埃及处于混乱的纷争状态。

到了公元前4000年左右，经过不断的战争和兼并，古埃及形成了两大地域性王国。南方的河谷地带为上埃及，北方的三角洲地带为下埃及，分界点大约在今天的开罗。上埃及崇尚白色，国王头戴白冠，崇拜鹰神荷鲁斯；下埃及崇尚红色，国王头戴红冠，崇拜蜜蜂神或眼镜蛇神。

上埃及和下埃及并存了大约800年的时间，到了公元前3100年的时候，上埃及的国王美尼斯决定把下埃及也纳入自己的统治，建立一个统一的埃及。他亲自带着军队来到了尼罗河三角洲，准备在这里和下埃及进行决战。

在决战的那天，美尼斯戴着一顶上面雕有鹰神的白色的王冠，手里拿着权杖亲自到了战斗的第一线，这种行为给了他的战士们巨大的勇气和热情。经过三天三夜的血战，下埃及战败投降，埃及从此开始了历史上的早王国时期，美尼斯也建立了第一王朝。早王国时期（第一和第二王朝）和古王国时期（第三～第六王朝）持续了8个多世纪，大约从公元前3100到公元前2270年，这是一个稳定的时期，共产生了埃及的六个王朝。

后来美尼斯把决战的地点命名为白城，也就是著名的孟斐斯城，后来这里成了古埃及的首都。不过美尼斯虽然被称为"上下埃及之王"，可是他并没有彻底征服下埃及，北方仍旧有一些势力不服从他的领导，直到第二王朝结束后，埃及才完成了真正的统一。

埃及统一后，逐渐形成了一套专制统治机构。国王被尊称为法老，下设各级官吏，对全国人口、土地、财富进行管理。埃及的统一在历史上意义重大，它使得埃及人民更少受到战争的摧残，加强了整个埃及的经济和文化交流，同时也使埃及逐渐形成了比较完善和稳定的国家体制；同时也为古埃及文明的进一步发展奠定了良好的基础，在这个时期，古埃及人在文字、艺术、历法、科学技术等各方面有了显著的发展和提高。

第四王朝时，法老们的葬礼也有了重大的变化，他们希望把生前的尊贵也带到死后，因此他们的坟墓不再是泥砖建成的长方形坟墓，而是金字塔。所以以后的第三至第六王朝的古王国时期又称金字塔时期。

早王国时期之后，古埃及又经历了中王国时期、新土国时期，总共有31个王朝。在这些王朝中，有统一的，也有分裂的，但是再也没有了像早王国时期这样持续稳定的发展了。到了后王国时期，古埃及逐渐衰落，先后被利比亚、亚述等国入侵和统治。到了公元前7世纪中期，古埃及又短暂地迎来独立，但不久又被马其顿希腊人和古罗马人灭国。

到了公元前30年的时候，古埃及成为罗马的一个省。至此，古埃及真正地消失在历史的长河之中。

古埃及虽然已成为一个历史代名词，但是它所创造的灿烂的文化却在人类的早期历史上写下了浓墨重彩的一章，代表着古埃及天文学、数学、建筑学最高成就的金字塔今天仍然默默矗立在尼罗河畔，诉说着古埃及的骄傲和辉煌。

—— 会说话的石碑 ——

根据现有的文献，我们知道古埃及民族最早进入文明社会，所以谈到人类的发展史，就必须要从古埃及开始；而谈到古埃及，人们的第一印象就是壮观的金字塔。但是金字塔不会讲话，想要了解古埃及的历史只能依靠古埃及人的另一项伟大成就——古埃及的象形文字。

令人扼腕叹息的是，虽然古埃及的文字史料遗留下不少，但是因为岁月的变迁和战火的磨灭，近代已经没有人知道古埃及象形文字的读法。18 世纪以前，对古埃及的历史人们只能依靠古希腊、古罗马的部分记载，来拼凑成一个残缺不全的轮廓。要想真正了解古代埃及的文化和历史，就必须要读懂古埃及的象形文字。

在 18 世纪的最后一年，一个意外的发现突然让这件事情有了转机。

1799 年，拿破仑率军取道埃及攻打英国殖民地印度。法军登陆埃及后，一位叫布夏尔的法国青年军官带领士兵在罗塞塔城附近修筑防御工事时，意外地发现一块高 1.14 米、宽 0.73 米的黑色石碑，上面刻着密密麻麻的文字。文字有三种，其中一种是古希腊文，共 54 行，刻在石碑的下部；上面刻着的应该是古埃及文字，共 46 行。这就是考古学上著名的"罗塞塔碑"。

最先披露发现"罗塞塔碑"的是《埃及通讯》。这个消息迅速传遍了考古界，各国的考古专家和语言学家纷纷开始破译石碑上的文字。最先破译的是石碑上的古希腊文，内容是埃及诸大神庙的祭司们对古埃及国王托勒密五世的颂词。令人惊喜的是，这部分在结尾特别注明，这段颂词是用象形文字、民书体文字及希腊文三种文字分别写下的。学者们很快就确认中间的那段文字就是古埃及的民书体文字。但是，石碑的破译工作也到此为止了，尽管学者们尝试了各种方法，却始终无法破译古埃及的象形文字。

最终得到突破性进展的是法国的商博良。

商博良是个语言天才，通晓古希腊文和拉丁文，从 11 岁时就接触了古埃及的象形文字，为破译做了许多准备。1821 年，在他 31 岁的时候，他得到了一份字迹清晰的《罗塞塔碑》的拓本，开始了破译古埃及象形文字的工作。

商博良在众多的资料中发现，古埃及人写国王名字时，都要在名字外面加上方框或者椭圆。根据这个规律，商博良找到了"罗塞塔碑"上的埃及国王"托勒密"和王后"克丽奥佩托拉"这两个单词，发现它们只有辅音而没有元音。这是一个重大的突破，随后商博良的破译工作进行得非常顺利，到 1822 年的时候，这个困扰了世界各国学者们达千年之久的世界性谜题终于被商博良解开了！

随着古埃及象形文字的破解，人们知道了古埃及文献和神庙、宫殿、墓葬里的文字究竟写的是什么了。

例如有一块石刻，上面刻着古埃及第一王朝创建者美尼斯用权杖责打一个下跪的俘虏。俘虏的鼻子里穿着一根绳子，头上有只鹰，一只鹰爪抓着绳子，一只踩着六根草。这幅由个别象形符号组成的表意图形，意思是美尼斯在这次战争中俘获了 6000 名俘虏。

其他的一些文字还记载着一些历史事件：公元前 1750 年，埃及发生了一次大规模的奴隶起义，这是世界上有记载的最早的奴隶起义；公元前 1269 年，埃及打败了当时兵锋正盛的赫梯人建立的国家，迫使这个国家签下了停战协定，据记载这个国家曾经攻占了叙利亚和巴勒斯坦、洗劫过古巴比伦城……

通过阅读这些古老复杂的文字，我们可以很快了解古埃及的文化，还可以知道他们当时的生活、礼仪、信仰、科技等各种细节，让古埃及的一切跃然纸上。

—— 公历的由来 ——

我们现在使用的历法通常称为公历，一年 365 天，分成 12 个月，以 1 月 1 日为新年的开始。在东方的文化圈内，相对于中国的农历，也有人把公历称为"西历"。其实"西历"这种说法并不严谨，如果追根溯源的话，这种历法是6000多年前的古埃及人发明的。

虽然埃及大部分地区属于热带沙漠气候，雨水稀少不适宜农耕，但是在尼罗河的两岸和下游，农业生产却很发达，毫无疑问，尼罗河对当地的农业生产起到了至关重要的作用。

从埃及的地图我们可以看出，在大片的沙漠之中，尼罗河如同一条绿色的飘带，从南向北流过埃及的全境，沿途留下了片片农田和绿洲。

每年的夏至那一天，尼罗河的河水开始泛滥，古埃及人只有离开低洼的谷地搬到高地上居住。河水泛滥的时间要持续100天，到了10月的时候，河水慢慢退出谷地回到河床，并在河谷地带留下厚厚的淤泥，形成了肥沃的土壤。这时古埃及人便回到河谷，开始他们每年一次的耕耘、播种，等待来年3月的丰收。

尼罗河的泛滥有着很独特的特性，除了定时以外还有一个特性，那就是每年的泛滥范围也是基本确定的。这个范围当然会有大有小，但差别不是太大，从来没有洪水滔天淹没埃及全境或者某一年小到刚刚溢出河岸的情况。

为了保证种下的作物不会被泛滥的河水淹没，就必须确定什么时间才能播种。生存的压力迫使古埃及人不得不注意观察尼罗河水的涨落，即使当时没有文字，他们也以各种方式记录下了尼罗河每一天的变化。这种工作持续了许多年后，古埃及人终于发现了一个有规律的情况：每两次涨水的间隔都是365天左右。

更令人惊奇的是，每当天狼星和太阳同时出现在地平线上，尼罗河的河水就开始泛滥。古埃及人认为这是天神对他们的提示，就把尼罗河泛滥的一个周期365天定为一年，并把河水开始泛滥的这一天定为一年的开始。一年分为三个季节，分别是泛滥季、播种季和收获季；每季分为四个月，每月30天，年末的最后5天就作为年终节日。这就是世界上最早的太阳历的雏形。

现代的天文观察发现，地球围绕太阳公转一周（回归年）是365.2422天，也就是365天5小时48分45.5秒。与回归年相比，古埃及的太阳历一年365天只差了四分之一天，考虑到当时简陋的天文观察手段，这已经是相当准确了。不过缺陷就是缺陷，一年相差四分之一天不算什么，四年相差一天也不算大问题，可是100年、300年呢？甚至每隔730年，历法上的时间就比实际时间相差半年，也就是说夏天和冬天反了过来。这就会对农业生产造成严重的影响，所以每隔几年，统治者都会对历法做临时性的调整。

尽管太阳历有缺陷，但是瑕不掩瑜，这种历法在当时已经是最先进的了。太阳历传到欧洲后，罗马统治者儒略·恺撒组织学者对太阳历进行改革：设平年和闰年，平年365天，闰年366天，每四年设置一个闰年。单月每月31天，双月每月30天，但2月在平年为29天，闰年为30天。恺撒对改良后的新历法非常满意，就用自己名字中的"儒略"把新历法命名为"儒略历"。

那么，各个月的天数又是如何改成现在这样的呢？

这里还有一个有趣的故事：恺撒出生在大月的7月，他的继任者屋大维出生的8月是个小月。屋大维心想，这不行呀，如果8月是小月岂不是说我不如恺撒吗？来人，传旨，以后8月也是大月，要有31天！你问这一天从哪儿来？把2月减少一天不就行了！你说这样7、8、9三个月都是大月了？那好，就把9月、11月改成小月，10月、12月改成大月。这样一改，也就基本形成了我们现在所使用的"公历"。

相比古埃及的太阳历，儒略历无疑前进了一大步，但是与实际上的天文回归年相比，每年仍有11分14秒的误差，每128年就少了一天。随着科技的发展，儒略历也就有了进一步的改良。

1582年，罗马教皇格里高利十三世组织了一批天文学家，根据哥白尼日心说计算出来的数据，对儒略历做了修改。规定：将当年10月5日算作10月15日，以弥补以前儒略历与回归年的差数；将儒略历四年一闰改为400年设97个闰年，每百年整数不能被400除尽的不再设闰年。这次改良后的历法被称为格里高利历，新历法在欧洲推行并逐渐推广到世界各地，也就是我们现在所使用的"公历"。

从天文学来讲，格里高利历的精确度更高了，基本与回归年一致。但是格里高利历也不是没有缺陷，比如2月一般只有28天，比大月少3天，这都是因为当时统治者人为造成的，从历法上来讲是没有必要的，也给人们生活带来了许多不便。

—— 大战卡迭石 ——

拉美西斯二世是古埃及第十九王朝的法老。在他即位的时候，在小亚细亚崛起的赫梯人正处于鼎盛阶段，不仅占领了巴勒斯坦，攻陷了巴比伦帝国的首都巴比伦，还攻占了古埃及当时的属地叙利亚北部，挡住了埃及向外扩张的道路。

拉美西斯二世在继任法老以后，决心改变这种状况，恢复埃及旧日的疆土。经过几年的战争准备，他组建了阿蒙、拉、普塔赫、塞特四个军团，每个军团约5000人，包括战车兵、弓箭手和投枪手，此外努比亚人、沙尔丹人等组成的雇佣军，共计2万多人的兵力。

公元前1286年（即拉美西斯二世即位后的第4年），埃及首先出兵占领了南叙利亚的别里特（今贝鲁特）和比布鲁斯。公元前1285年4月末，拉美西斯二世亲自率领四个军团从三角洲东部的嘉鲁要塞出发，沿里达尼河谷和奥伦特河谷挥师北上。经过近一个月的行军，进至卡迭石城南面25公里处，然后进行了短暂的休整。拉美西斯二世的战略意图是首先攻克卡迭石，控制北进的咽喉，而后再向北推进，恢复对整个叙利亚的统治。

当时的赫梯国王穆瓦塔鲁也是一个雄心勃勃的君主，有志于征服周围的所有的国家。他对埃及派出了许多间谍，而且还收买了部分埃及人，所以拉美西斯二世还没有出兵穆瓦塔鲁就获得了埃及即将来犯的情报。

穆瓦塔鲁对这场战争非常重视，调集了2万人的精锐部队，3500辆战车，每辆战车上配有一名驭手，两名士兵。穆瓦塔鲁的计划是以卡迭石为中心，扼守要点，以逸待劳，诱敌深入，粉碎埃及北进的企图。为了实现这一计划，他对埃及军队来犯的方向派出了大量的侦察兵，掌握了他们的一举一动；同时还派出间谍向埃及军队提供假情报，引诱他们到自己设下的埋伏圈里。

在休整期间，拉美西斯二世召开了军事会议，自己亲自率阿蒙军团为先锋，拉军团、普塔赫军团为第二梯队，此时尚未赶到卡迭石的塞特军团作为预备队。

休整完毕后，拉美西斯二世就带着阿蒙军团出发了。在离卡迭石城南十几公里的奥伦特河边，前锋部队抓到了两个牧民打扮的人，初步审讯后这两个人承认是赫梯军队的战士，因不愿打仗当了逃兵。前锋部队的指挥官大喜，马上就把这两个人送到了拉美西斯二世那里。

其实这两个人是赫梯人的间谍，一番装模作样之后，他们告诉拉美西斯二世，赫梯的主力部队还在卡迭石以北百里之外，并且卡迭石城内的守军数量很少还士气低落，根本不愿意和埃军打仗，特别是当地的叙利亚人都愿意重归埃及的怀抱。

此时的拉美西斯二世正是年轻气盛的时候，严重缺乏战争经验，对这两个间谍的话信以为真，立即指挥阿蒙军团渡过奥伦特河，兵锋直指卡迭石城。

到了卡迭石城下，拉美西斯二世马上安排将士休息，同时命令四处派出侦察兵侦察附近的地形，命令后勤部队组装攻城器械，准备稍事休息后一鼓作气拿下卡迭石。此时的赫梯王穆瓦塔鲁已经率领大军沿着东面的河谷，包抄到了埃及法老的后面。

就在埃及军队紧张地进行着战前准备的时候，派出去的侦察兵抓回了几个赫梯人，拉美西斯二世正想再了解一下卡迭石城内的情况呢，就让人把他们送到自己这里来。

这几个赫梯人其实就是赫梯王穆瓦塔鲁留在这里观察埃军动静的，和早上那两个间谍不同，这些人都是军中的勇士，无论问什么他们都不肯说。拉美西斯二世盛怒之下就命令手下严刑拷打，终于有人忍受不住说出了自己的身份，也把赫梯人的计划供了出来。

拉美西斯二世得知赫梯人的大部队就在附近，而且准备围歼埃军时，心中极为震惊。不过他毕竟是个枭雄，随即面不改色地调整作战部署，立即收拢全军，由攻击阵型转换为防御阵型，同时命人快马给后面的拉军团、普塔赫军团送去战情通报，并命令他们迅速向自己靠拢。

这些工作刚刚做好，赫梯人的攻击就已经发动了。穆瓦塔鲁在卡迭石集中了自己的主力2500辆战车，迅速包围了拉美西斯二世和他率领的阿蒙军团，以5000人为预备队，剩余的人全部压上了前线。

应该说拉美西斯二世这几年的整军经武是卓有成效的。虽然敌众我寡，但是阿蒙军团的抵抗是很顽强的，所有的将士都非常英勇地同赫梯人作战。固然他们无法突破赫梯人的包围圈，但是赫梯人也一直没有把他们打垮、打散。

拉军团、普塔赫军团一接到拉美西斯二世的增援命令，就立刻以急行军的速度向卡迭石方向前进，到达卡迭石以南的丛林时，遭到了早就埋伏在这里的赫梯战车的突袭，两个军团损失惨重，已经无法按时完成靠拢和支援的任务了，拉美西斯二世和阿蒙军团暂时只能孤军奋战了。

随着赫梯人一波波的进攻，阿蒙军团的官兵越战越少，阵型也越来越薄，眼看就要溃散。拉美西斯二世急中生智，命令后勤部队将军中携带的钱财和大臣们的私人财宝都撒在阵前。赫梯人的又一次进攻开始了，可是这一次他们并没有冲到埃军的阵前和埃及人厮杀，而是肆无忌惮地捡起地上的金银财宝装进自己的口袋。由于冲在前面的捡得多，后面的士兵捡得少甚至没有捡到，不可避免地发生了争抢。埃及军队获得了宝贵的喘息的良机，拉美西斯二世趁机再次调整了阵型。

就在赫梯人好不容易镇压了骚乱，准备再一次向埃军进攻的时候，拉军团、普塔赫军团的指挥官已经收拢溃兵赶到了战场。

赫梯人的进攻开始了，这次穆瓦塔鲁把最后剩下的1000辆战车和3000名士兵的后备部队全部用了上去。就在赫梯人快要攻陷埃军防御的时候，拉军团、普塔赫军团的残部攻击了赫梯人的后背。腹背受敌之下，赫梯人一阵大乱，拉美西斯二世趁此良机发动了六次冲锋，把赫梯人打得步步后退。

赫梯王穆瓦塔鲁不甘心将要到手的胜利就此失去，就命令驻守在卡迭石城内的8000守军攻击埃军的侧面，战局一时僵持了下来。

然而，到了太阳落山的时候，埃军的塞特军团也赶到了战场，这下埃军士气大振，攻势越发猛烈。赫梯人见无法达成战前的战略意图，而且还有战败的危险，就慢慢地全军退入了卡迭石城内。

而此时的埃军也是强弩之末，除了最后参战的塞特军团，其他三个军团都损失惨重。经过审问俘虏，拉美西斯二世得知卡迭石以北还有大量的赫梯军队，不得不饮恨退兵，放弃了拿下卡迭石的目标。

在卡迭石战役中，交战双方都没有达成自己的战略意图，从战术方面来讲赫梯人略占上风，毕竟他们成功地击退了埃及人的进攻，巩固了自己在叙利亚的地位。而拉美西斯二世也不是一无所获，虽然他劳师远征付出了巨大代价，但是却遏制住了赫梯人的向南进犯兵锋，保住了叙利亚南部。

这次战役并没有最终解决叙利亚和巴勒斯坦的归属问题，但是埃及、赫梯又都不可能放弃这里，所以在此后的16年中双方一直处于战争状态。

公元前1269年，赫梯的老国王穆瓦塔鲁病逝，继任的新国王是他的弟弟哈图西里。这时的赫梯国因为连年的征战使得国内民生凋敝，已经没有了以前的锐气，无力再像以前那样四处征伐。为了国内能够休养生息，哈图西里决定派使者去埃及讲和。

拉美西斯二世这时候也无力再战，见赫梯王主动讲和，就顺势答应了哈图西里的要求，双方在孟斐斯签订了和约。和约刻在一块银板之上，因此又叫"银板文书"。上面写着："伟大而勇敢的赫梯国王哈图西里"和"伟大而勇敢的埃及法老拉美西斯"共同宣誓："从此互相信任，永不交战；而且，一国若受其他国家欺凌，另一国应该出兵支援……"这是现存的世界上最早的一份和平条约。

和约签订后，赫梯王又将女儿嫁给了拉美西斯二世。两国在此后维持了数百年的和平。

—— 宗教狂埃赫那吞 ——

公元前1379年，埃及法老阿蒙霍特普三世退位，由他的儿子继承法老的位置，这就是阿蒙霍特普四世。在阿蒙霍特普四世在位的 18 年里，他把自己的名字改为埃赫那吞，并且致力于宗教改革，在埃及引起一场翻天覆地的宗教革命。

埃赫那吞小时候很聪明，又因为是王子的原因，受到了良好的教育，在他十几岁的时候就成了一个学富五车、满腹经纶的有为青年，但是他也有一个缺点，就是刚愎自用，对别人的意见一点都听不进去。

在他还是王子的时候，就对阿蒙神庙中的祭司们极为不满，因为这些祭司拉帮结派排斥异己，在地方上以神的名义鱼肉百姓，在朝堂中插手政务侵蚀世俗的权力，因此便决心削减甚至消灭阿蒙神庙的僧侣势力。

在当时埃及宗教神话中，除了主流的代表太阳的拉神之外，还有一个是阿顿神。很久之前，阿蒙神只不过是底比斯的地方神，不过在十一王朝时，由于法老孟苏好代布把王庭迁到了这里，从此这里就成了中王国的首都，阿蒙逐渐代替了"拉"成为新一代的主神。到了十八王朝的时候，阿蒙神的"众神之神"的概念已经根深蒂固地留在了古埃及人的印象了。而此时阿顿神虽然也能代表太阳，但是只不过是一个地方的神，而且它本身代表只是"太阳的光轮"这个概念，并不为大多数人所知。

在阿蒙霍特普四世登基后，为了打击阿蒙神庙的势力，他决定废黜阿蒙神，改以阿顿神为最高神，而且除了阿顿神以外，所有的国民都不能再信其他的任何神。也就是说，整个古埃及只有一个阿顿神，再没有其他神的存在。同时阿顿神也不再像其他天神以人或动物的形象出现，而是以自然界太阳的形象出现，位于中天，光芒四射，赋予万物以生命。阿蒙霍特普四世也把自己的名字改为"埃赫那吞"，意思就是"阿顿的光辉"，称自己是阿顿神的儿子。

当时的埃及对神的崇拜非常复杂，在公认阿蒙神为最高神的前提下，各个地方同时有各自崇拜的地方神。这些地方神可能是某个具体的东西或者动物，如石头、土地、河流、雨水、泉水、牛、猫、蜘蛛、鳄鱼等；也可以是某种自然现象，如雷、风、电等；还可以是人类制造出来的东西，如弓箭、某种雕刻品等。对于当地人来说，你可以向他们收取苛捐杂税，摊派无尽的徭役，即使累到吐血穷到卖儿鬻女还是可以做顺民，但是如果你不让他们祭祀他们信奉的神就绝对践踏了他们的底线。

阿蒙霍特普四世的这个旨意对于埃及民众来说简直就是晴天霹雳。一直以来，他们知道的最高神就是阿蒙神，然后他们想信什么神就信什么神；现在法老忽然告知他们阿蒙神是伪神，要改信从来都没有听说过的阿顿神，底层的民众一下子就炸了。有些敏感度高的人就意识到马上要有争斗，就从底比斯躲到了乡下；胆大的就向政府请愿，要求法老废除这个旨意；更多的人则是对此不知所措，看大家怎么做自己也怎么做。

在埃赫那吞的倡导下，全国上下掀起了打倒阿蒙神、建立阿顿神的轰轰烈烈的浪潮。改革运动引起了自上而下、自内而外的巨大的变化，触及了众多人的利益。首当其冲的、受打击最大的就是阿蒙神庙的祭司，他们如同热锅上的蚂蚁，上蹿下跳地四处串联，企图改变埃赫那吞的决定。

王宫的内部也暗流涌动，在诸多高级祭司和守旧大臣的游说下，已经退位的阿蒙霍特普三世和太后也试图改变埃赫那吞的决定，以保证十八王朝的长治久安。

这天，埃赫那吞去向父母请安的时候，阿蒙霍特普三世和太后泰伊劝说他废除之前的旨意，继续以阿蒙神为最高神，可是埃赫那吞根本不为所动。他说，自从阿蒙神成为最高神以来，神庙的祭司越来越跋扈，不仅以祭祀阿蒙神的名义搜刮民脂民膏，侵吞平民百姓的权益，而且逐渐把手伸到了王庭之中，开始出任世俗的官员参与对国家的管理，甚至对王族的权力指手画脚，这种情况已经到了不得不解决的地步了。想要彻底解决这个问题，就必须把阿蒙神从最高神的宝座上拉下来。而且底比斯的神庙势力与地方豪族有着千丝万缕的联系，为了更好地把改革进行下去，他决定把首都从底比斯迁走。他认为这样做有两个好处，第一是可以避开阿蒙神庙僧侣的纠缠，第二就是便于管理埃及和亚洲行省。说完埃赫那吞就向父母告辞。阿蒙霍特普三世见儿子固执己见，对自己的话一点都听不进去，只好郁闷地让他回去了。

埃赫那吞也很不高兴，认为父母没有看清那些人的真面目，被他们蒙蔽了。自己的宗教改革才是为了王朝的长治久安，父母怎么就不理解呢？

他闷闷不乐地回到寝宫，王后涅菲尔蒂就问他有什么心事。埃赫那吞就把阿蒙霍特普三世和太后劝他停止改革的事说了。涅菲尔蒂王后考虑了一会儿，就对埃赫那吞说："看来守旧的势力太大了，不如暂缓一下，等时机成熟了再改革也不迟，以免引起社会的动荡。"

埃赫那吞对王后的话不以为然，说："我早就预料到了这种情况。改革嘛，总要有部分人的利益受到损失，那些祭司肯定不会老老实实地接受这个结果。如果我现在收回了圣旨，那些祭司就会认为我软弱可欺，以后的行事会更加肆无忌惮，我在天下人面前就成了一个笑话，以后永远都没有改革的机会了。事情都是要分两面看的，虽然阿蒙神的祭司反对我，可是阿顿神一系的祭司是支持我的。况且我已经取得了军队的支持，如果那些人执迷不悟，那我也不介意杀个血流成河。"涅菲尔蒂王后见埃赫那吞已经有了周全的安排，也就把剩下的话咽到了肚子里。

第二天，埃赫那吞就连续发布了几道圣旨："由于阿蒙神庙的祭司拒不执行朕的旨意，即日起关闭全国所有的阿蒙神庙以及其他各神的神庙，所有的阿蒙祭司全部勒令还俗，清除一切公共建筑物和纪念场上的阿蒙的名字，换上阿顿的名字。这个工作由赫伦希布将军率领军队执行。"

"将关闭的神庙改为阿顿神的神庙，原来各个庙宇所属的土地、奴隶、财产都划归阿顿神的祭产；各个城市都最少要有一座阿顿神的神庙，各级地方官员要带头向我的父亲阿顿神献祭、宣誓，永远忠于英明、伟大的造物主阿顿；从此以后不得以任何理由任何形式祭祀阿蒙神及其他各神。"

"在底比斯以北三百公里的希尔摩修建新的都城，把希尔摩改名为'埃克塔顿'（意为'阿顿垂青的地方'）。这项工程由阿伊负责，各级官员必须听从调遣，消极怠工或拒不服从者须严加惩处。"

就在圣旨发布的当天，赫伦希布带着大批军队冲进了底比斯的所有阿蒙神庙里，驱赶里面的祭司。在强权和死亡的威胁下，这些祭司不得不带着自己的私人财物含泪离开了他们生活多年的神庙。阿顿神的祭司们也开始欢天喜地地接收庙宇、财产、田地、奴隶和佃户。

在埃赫那吞在位的第六年，埃克塔顿竣工，他随即带着大批的军队、王公贵族、阿顿神的祭司迁到了新都。到了新都后，埃赫那吞认为大势已定，再也无心政务，把政事交给了大臣阿伊，军事交给了赫伦希布。他认为，作为阿顿神的儿子和阿顿神同人间联系的唯一使者，他只要每天保持和阿顿神的联系就足够了。

然而，没有了法老的坐镇，阿伊和赫伦希布根本就压不住场面，那些心怀不满的官员开始阳奉阴违，国家的政务虽然能够运行，但是已经没有以前那样简洁高效了。

过了几年，除了都城埃克塔顿，其他地方对阿蒙神的崇拜开始死灰复燃，而当地的官员却没有向埃赫那吞法老报告，只顾着中饱私囊贪污腐败，老百姓因为赋税和徭役太重而牢骚满腹。亚洲和努比亚这些殖民地也出现了骚乱。

整个王国内忧外患危机重重，但埃赫那吞却对这些视而不见，认为在阿顿神的保佑下埃及仍旧政通人和、风调雨顺。他的这种不负责任的行为就连他的母亲和妻子都看不下去了，太后泰伊去了底比斯，王后涅菲尔蒂也带着孩子离开他去了城北部的离宫。在埃赫那吞的倒行逆施下，朝中的大臣和他昔日的手下逐渐离心离德。只是在他的高压统治下，王国的上上下下都敢怒不敢言，他整日在后宫吟诗作赋、欣赏各种艺术品。

埃赫那吞仍然执迷不悟，在他统治埃及的第十八年，他的大女儿美丽阿顿、女婿斯门卡勒（也是他的重要助手）在底比斯遇刺身亡。就在他准备为女儿、女婿复仇的时候，他发现他的手下已经不听从他的旨意了，他又气又急，一下子就病倒了，不久就离开了人世。

埃赫那吞去世后，他的儿子图坦卡蒙即位，不久复辟势力就废除了他的宗教改革。

—— 金字塔之谜 ——

一提到埃及，几乎所有人第一个想起来的就是金字塔；每一个有机会来到埃及的人，都希望去看一眼金字塔；而每一个见过金字塔的人，都会因它的宏伟壮观而感到震撼，沉醉在它的神秘与威严之中。

金字塔都是古代埃及法老的陵墓，按照最新的统计，整个埃及大大小小的金字塔有110座。其中最大的是位于吉萨高地的大金字塔，又称胡夫金字塔，被喻为"世界古代七大奇观"之一。金字塔的英文是"pyramid"，因为从外形来看很像汉字的"金"字，所以中国人称之为"金字塔"。

修建豪华的陵墓是古埃及的一种丧葬文化。在古埃及的第三王朝之前，不管是王公贵族还是平民百姓，都会用泥砖修建一座名为"马斯塔巴"的长方形的坟墓，作为自己死后的住所。

到了第三王朝的时候，埃及人认为他们的法老死后就成了神，法老的灵魂会升到天国和诸神生活在一起。因此"马斯塔巴"这种陵墓就无法满足法老们"升天"的愿望了，于是当时的法老左塞王就命令手下的大臣解决这个问题。

负责王陵墓建设的是伊姆荷太普，这时他还是一个年轻力壮的小伙子，他苦思冥想了很长时间，终于解决了这个问题。他用山上采下的长方形的石块来建造陵墓，并且不断地修整改进陵墓的设计方案，最终建成一个六级的梯形金字塔，这是当时世界上最高的人工建筑物，也是世界上最早的金字塔。

最初的时候，在埃及人看来修造陵墓就是给法老修建升天的梯子，在《金字塔铭文》中就有这样的记载："为法老建造起升天的梯子，以便他可由此上到天上。"随着宗教的发展，太阳神的崇拜越来越深入人心，为了表达对太阳神的崇敬，在保留"升天的梯子"这一寓意的同时，人们开始修建角锥体金字塔，因为角锥体金字塔象征的就是太阳的光芒。

胡夫是第四王朝的第二个法老，他认为自己文治武功超过先贤，决心为自己建造一个史无前例的最大的金字塔。当然，这个工程也是史无前例的最大的工程。

为了完成这个工程，几乎所有的埃及人都被征发了徭役，胡夫法老甚至为此关闭了全国的神庙。劳工们每 10 万人分成一批，每批服役 3 个月，然后轮换。即使耗用了全国的人力物力，也足足用了 30 年的时间才完成了这座金字塔的修建。

据史料记载，刚建好的胡夫金字塔高 146.5 米，塔基边长约 230 米，整个塔身由大约 230 万块巨石砌成，每块平均重 2.5 吨。这个庞大的锥体矗立在埃及的土地上，使埃及增添了不少神秘感。由于几千年来的自然风化和沙石的侵袭，金字塔受到的严重的损毁，现高仅有 137.18 米，塔基也仅剩下 227 米。

即使到了 21 世纪的现代，人们仍然无法想象那个时候埃及人是如何完成这一浩大的工程的，毕竟那个时候埃及人可没有起重机、重型货车这些现代化的机械装备。

"西方史学之父"、古希腊学者希罗多德在他的作品中写道，建造胡夫金字塔所使用的石料来自"阿拉伯山"。他认为金字塔是这样建造的：在开采好石料后，劳工和奴隶在巨石下垫上圆木，以人力和畜力把巨石运到建筑地点；在金字塔的周围堆上沙土形成斜坡，然后再把巨石沿着斜坡拉到预定的位置，如此周而复始，堆一层坡砌一层石，最终建成了金字塔。还有其他学者认为金字塔有另外的建造方法，最不可思议的是，有人认为"古埃及人是在外星人的帮助下才建成了金字塔"。

不仅金字塔是如何建造的我们一无所知，就是金字塔本身所蕴含着天文和数学知识也让现代人啧啧称奇。有人发现，胡夫大金字塔每个三角形侧面的底角不是 60° 而是 51° 51′，从而发现每壁三角形的面积等于其高度的平方。另外，塔高与塔基周长的比就是地球周长与半径之比，因而用塔高来除底边的二倍等于 3.14，也就是圆周率的近似值；把它的高度乘以 10 亿倍，便约等于太阳与地球之间的距离；塔边按照古埃及的埃尺来计算，正好是 365.24，正好是一年的天数。还有胡夫大金字塔的位置，它刚好处于地球各个大陆的中心！如果把它的底面东西平分画一条线，南北延伸后就会到达地球的南极和北极，也就是说，这是一条地球的子午线！

说到金字塔，人们就会想到狮身人面像，西方人把这个狮身人面的雕塑叫作"斯芬克斯"。狮身人面像坐落在哈夫拉（胡夫的儿子）金字塔的东侧，紧靠河谷庙的西北，似乎是塔陵的守卫者，但也可能是哈夫拉死后与太阳神结为一体的象征。

狮身人面像据说是由整座小山凿成的，高约 20 米，长 55 米（如果把另外加上的匍匐在地面上的两只前爪计算在内，共 73.5 米长）。它的头部有 5 米长，其耳、鼻的长度超过普通人的身高。

在公元前 2～3 世纪希腊人统治埃及时，有许多希腊人到埃及观光游览，最初见到这座雕像的人认为，这就是希腊神话中的斯芬克斯的雕像，从此"斯芬克斯"就作为狮身人面像的代称在西方世界广为流传开来。在希腊神话中有一头可怕的怪兽就叫作斯芬克斯，它的身体是一头狮子，可是却长着一颗女人的头，还有两个翅膀。关于斯芬克斯有一个著名的故事，就是斯芬克斯坐在忒拜城附近的悬崖上，拦住过往的路人，用缪斯所传授的谜语问他们，猜不中者就会被它吃掉，这个谜语是："什么动物早晨用四条腿走路，中午用两条腿走路，晚上用三条腿走路？腿最多的时候，也正是他走路最慢、体力最弱的时候。"俄狄浦斯猜中了答案，谜底是"人"。斯芬克斯羞愧万分，跳崖而死（一说为被杀）。希腊人和西方人谈斯芬克斯色变，不过狮身人面像显然不是希腊神话中的"斯芬克斯"。

除了狮身人面像，还有一个与金字塔有关的名词，那就是神秘而又让人感到恐怖的"木乃伊"。那么什么是木乃伊呢？它又是如何被制造出来的呢？

其实木乃伊就是干尸，在这里"木乃伊"指的是古埃及法老和王公贵族们用特殊方法制作的干尸。古代的法老们认为，人死后只是灵魂上了天堂，在将来的某个时间仍然会重新回到人间，继续享受人间的繁华。但是这个时间是漫长的，等灵魂回来的时候肉体肯定都已经腐烂了，为了避免将来自己的灵魂找不到自己的肉体，就必须用各种办法来保存好尸体，不让它腐烂。所以在法老和有地位的人死后，人们会把他们的内脏和大脑取出来，在里面填上各种香料，尸体用盐水浸泡后再涂上香油，然后用麻布绷带把尸体扎好，放进棺材内，这样做成干尸后就可以保证尸体存放到灵魂的归来。

金字塔还有许多其他神秘的现象，例如放到里面的食物不会腐败、刚死去的动物的尸体会变成干尸、用钝的刮胡刀片会重新变得锋利，等等，这些未解之谜都等待着人们去一一揭开。

—— 古老的美索不达米亚 ——

在亚洲的西部还有一个古老的文明发源地，历史学家称之为"古巴比伦文明"或者"美索不达米亚文明"。"美索不达米亚"的意思是"两河之间的地方"，因此这里又叫两河流域。这两条河东边的叫底格里斯河，西边的叫幼发拉底河，都发源于今天土耳其境内的亚美尼亚高原，在伊拉克境内的克尔奈交汇后称为阿拉伯河，最后注入波斯湾。

这一片区域号称"肥沃的新月地带"，地理环境优越，非常适合农耕。每年春天的时候，亚美尼亚高原上的扎格罗斯诸山的积雪开始融化，雪水汇入两河后致使河水暴涨；而两河之间区域的最南部的地势，如同一道堤坝一样挡住了洪水的去路，两河之间就成了一片泽国。一年年的洪水泛滥让这里形成了土地肥沃的平原，到处都是丛生的芦苇和青草，成为各种野生动物的天堂。

有了如此优越的环境，文明的出现也就是顺理成章的了。大约在公元前5000年至公元前4000年的时候，苏美尔人的祖先就开始在这里定居，成为最早的人类文明之一。在苏美尔人之后，属于塞姆语系的阿卡德人、巴比伦人（阿摩利人）、亚述人以及迦勒底人又继承和发展了苏美尔人的成就，使两河流域的文明成为人类文明史上重要的一页。其中巴比伦人的成就最大，因此两河流域的文明又被称为巴比伦文明。

古代两河流域人民创造了灿烂的文明，在天文历法、冶炼、种植、建筑等方面都有着极高的成就，为人类社会的发展做出了不可磨灭的贡献。

他们编写的《农人历书》是人类历史上最早的农书。在这本书中，两河流域的人民以父亲教导儿子的口吻写出了农业生产所需要的一切注意事项，诸如如何灌溉才能省水、要注意禾苗的保护、不能让鸟儿啄食谷物、什么时候是最佳的收割时间等，对农业的生产起到了极大的指导作用。

古代两河流域的居民在陶器方面的发展也是极为先进的，大约在5000年前他们就开始制作陶器了，这些陶器以色彩绚烂的彩陶为主。当时日常使用的诸如酒杯、油缸、炉子、灯盏等，几乎全部都是陶器。最令人惊叹的是，即使是人死后所用的棺椁也是陶制的，形状像个有盖的长方形大箱，足见他们当时的陶制工艺的高超。

因为这里缺乏石料，大部分的建筑都是以黏土为原料。他们把麦秸切碎后混入黏土，然后制成土砖来垒墙、盖房、铺路，现代发掘出的绝大部分古代两河流域的城市建筑物都是以这种方式修建的。

他们在冶炼方面的成就也是相当高的，在中国的商代时期，他们就已经可以制作出重约2吨的青铜铸像。

在手工业方面，在织麻、刻石、珠宝、皮革、木业等方面也有着很大的发展。

在文化方面，古代两河流域人民更是有着自己独特的贡献，给人类文化的宝库留下了一笔丰厚的遗产。他们的楔形文字是世界上最早的文字之一，在人类早期文字中，它是发展得比较完备的一种，令人扼腕的是，这种文字最终还是没有流传下来。

两河流域在文学上的主要成就是谚语、神话和史诗。在现代考古中发现的泥版上，就发现了大量的苏美尔人的谚语，充分反映了当时的社会观念和矛盾以及家庭理念。例如："穷人死掉比活着强""想吃肉就没有羊了，有了羊就吃不上肉了""妻子是丈夫的未来，儿子是父亲的靠山，儿媳是公公的克星"。有的是生活经验的深刻总结，如"鞋子是人们的眼睛，行路增长人的见识"等。

两河流域的神话传说与《圣经》也有着密不可分的关系，经过细致的对比和考证，人们发现基督教《圣经·旧约》中的一些故事的渊源就产生在古代的两河流域。在两河流域有一首叙述神创造世界故事的诗歌，与《圣经》的创世故事相比，除了神的名字不一样，其他的简直就是一个故事，都说是神在第六天创造了人，到了第七天开始休息；《圣经》中说亚当、夏娃因为蛇的诱惑偷食禁果而被上帝赶出伊甸园，两河流域有一个神话也讲人的祖先因受到引诱而犯罪。

《吉尔伽美什》是古代两河流域最有名的英雄史诗，也是世界上最早的史诗，是两河流域的早期人类留下的文学珍宝，表现了古代两河流域居民的生活和斗争，无论在思想上或艺术上都取得了很大的成就。史诗颂扬的中心人物是吉尔伽美什，他一开始是个残酷的统治者，后来慢慢地变成为民除害的英雄；在颂扬为民建立功勋的思想的同时，也表现了古代巴比伦人认识自然法则、探索人生奥秘的朴素愿望，歌颂了他们敢于反抗的积极进取精神；还在一定程度上反映了古代两河流域居民的社会生活和正在形成的阶级关系，对我们了解、认识古代巴比伦社会的历史和文学的发展有重要价值。

两河流域在科学方面的主要成就体现在数学和天文学方面。

在数学方面，巴比伦人有丰富的代数知识，许多泥版书中载有一次和二次方程的问题，他们解二次方程的过程与今天的解法、公式几乎就是一样的。此外，他们还讨论了某些三次方程和含多个未知量的线性方程组问题。

两河流域的科学技术成就中影响最深远的就是首创了圆周和时间的单位：度、分、秒。

圆周分为 360 度，每度 60 分，每分 60 秒；

每天分为 24 小时，每小时 60 分，每分 60 秒；

这种划分方法现在我们还在使用。

古代两河流域的天文历法知识更是影响深远，不仅直接影响了欧洲的天文学，即使到了现代仍然可以在我们的生活中见到。

在历法方面，他们在观察月亮运行的基础上编制了太阴历，每个月 29 或 30 天，12 个月为 1 年（6 个月为 29 天，6 个月为 30 天），每年 354 天，并发明闰月，通过置闰月的办法调整（这一点和中国的农历极为相似）。

在天文方面，他们绘成黄道十二宫用来标志太阳恒星在天空中的运行变化，巴比伦时代命名的有些星座的名字一直到现在还在使用。新巴比伦时期，确定了一个星期七天的概念，每天各有一位星神"值勤"，并以这个神的名字来命名这一天，其顺序是：

星期日（以太阳神命名）

星期一（以月亮神命名）

星期二（以火星神命名）

星期三（以水星神命名）

星期四（以木星神命名）

星期五（以金星神命名）

星期六（以土星神命名）

直到今天，欧洲各国每周 7 天仍以这 7 星命名。

此外，古代两河流域人民对药物、植物、动物、地理等也有丰富的知识。

美索不达米亚文明不仅在历史的纵向上有着深远的影响，在横向上也对周围的文明产生了极大的促进作用，例如埃及人借鉴了它的文字与建筑、希腊人学习了它的哲学和科学、犹太人丰富了它的神学等。在古代文明史上，两河文明具有深远的意义。

—— 泥版上的文字 ——

美索不达米亚文明的文字叫"楔形文字"，有人说这是苏美尔人留给后世西方文明的三大珍贵礼品之一（其他两个是历法和农业技术）。写这种文字所使用的工具很简单，只要有一块泥版，再有一根诸如芦苇秆或树枝之类的硬物即可。因为书写的时候要从左到右横着写，每一个笔画总是由粗到细，像木楔一样，所以就叫作"楔形文字"。

楔形文字的产生和成熟经历了一个漫长的过程。在最初的时候，它只是一种表达某种东西的图画，后来就简化成了代表这种事物的符号，再后来各种符号的组合又有了会意的功能。例如最初的时候，一棵树代表的就是一棵树，后来就有了房子的概念；一只"碗"最初的时候就是代表"碗"，后来就可以表示食物，如果再加上一个人的头就表示"吃饭"的意思。

我们无法得知楔形文字诞生的确切时间，早在公元前3500年左右，苏美尔人已经开始在石头或者黏土上刻画图像，以此作为拥有某物的标志。过了大约500年，这种文字开始由图形向符号转变，那时候的苏美尔神庙的管理人员已经归纳整理了许多规范化的符号，利用这些符号来记录神庙的财产档案和商业交易档案。虽然这时候的楔形文字还属于象形文字的范畴，但是已经超越了以图画表示人及具体事物的阶段，发展到了用图画表示抽象事物的地步，也就是说有了会意的功能。

又过了500年，大概在公元前2500年左右，楔形文字才真正地成熟了，已经全面取代了旧有的图画文字和象形文字。因为这时候的图画已变得非常系统化和抽象化，完全失去了图画和象形的意义，只是一个纯粹的符号；而且这些符号也不再表示特定的词，如果与其他同类符号结合在一起，就是一个字或词的音节符号。

早期的楔形文字有1000多个，成熟后就剩下了500个左右。但是这些文字代表的意思多种多样，只有联系上下文才能具体判断它究竟是什么意思，和后来的字母文字体系相比，楔形文字的学习更为困难，难掌握得多。尽管楔形文字有着这样那样的缺点，但是作为美索不达米亚文明唯一的文字体系，仍然使用了2000年之久，甚至在公元前500年左右成为西亚大部分地区通用的商业交往文字。

在近代的考古活动中，发掘出来的苏美尔时代残存下来的楔形文字文献都是抄写在泥版上的。这些文献大约90%是商业的行政记录，其余的10%则是对话、谚语、赞美诗和神话传说的残篇。

人们很早就发现了楔形文字，但是它的辨认和破译一直都进展缓慢。有趣的是，楔形文字的破译和古埃及象形文字的破译差不多，都是从一块石碑开始的。

18世纪，人们在伊朗哈马丹郊外的贝希斯顿村附近发现了一块大岩石，上面刻写着一篇碑文，这就是著名的贝希斯顿铭文。贝希斯顿铭文上面也刻着三种文字：楔形文字、新埃兰文和古波斯文。1835年，学者亨利·罗林森在一个偶然的机会得知了这个铭文，并制成了拓本。八年以后，他译解了其中的古波斯文，上面记录了一个历史事件：公元前522年，一个叫高墨达的僧侣冒充皇帝的弟弟在波斯的米底地区发动了叛乱，而此时的皇帝冈比西斯正率大军远征埃及，他闻讯后立刻返回波斯准备平叛，不幸在途中突然病死。随后大流士获得了皇位并平定了叛乱。为了纪念自己的功绩，他把平叛的经过刻在了米底首府厄克巴丹那郊外的一块岩石上。罗林森随后又将古波斯文与楔形文字对照，终于打开破译楔形文字的大门。

到了1900年，虽然仍然有一些词汇和语法的问题无法破译，但是释读苏美尔语楔形文字的工作基本上可以说是成功了。从此，我们已经基本可以阅读古代两河流域文明留给我们的宝贵文献，能够知道这个伟大文明的发生、发展和灭亡的全部过程，能够知道它究竟留给了人类多少宝贵遗产。

——《汉穆拉比法典》——

1901 年 12 月，一支由法国人和伊朗人组成的联合考古队来到了伊朗西南部的苏萨古城遗址。在发掘的过程中，他们陆续发现了三块黑色玄武岩，这三块石头拼起来恰好是一个椭圆柱形的石柱。石柱高 2.25 米，上部周长 1.65 米，底部周长 1.90 米。石碑上部是太阳神、正义神沙马什授与汉穆拉比王权标的浮雕（高 0.65 米、宽 0.6 米）。围绕着整个石柱的下面，垂直书写着密密麻麻的楔形文字，共 3500 行。

经过细致的考证，人们发现这些文字记录的是古巴比伦时期的一部法律条文——《汉穆拉比法典》。到目前为止，这是我们发现的最古老的、最完整的成文法典。这部法典一经发现就轰动了整个世界，被称为"刻在石柱上的法律"。

古巴比伦王国建立于约公元前 1894 年，组成这个国家主体的是阿摩利人。当时在两河流域诸侯林立，大大小小的城邦数不胜数，古巴比伦王国最初只是其中一个比较弱小的城邦，经常受到周围城邦的欺凌。好在它处于西亚地区的中心位置，因为交通的便利使得贸易非常繁荣，综合国力也逐渐上升。经过 100 多年的发展，到第六代王汉穆拉比统治时期，终于成为最强大的城邦。

汉穆拉比是一位雄才大略的君主，有着卓越的政治才能和军事才能。在各个城邦之间，他巧妙地运用合纵连横的策略，增强了自己的实力，利用各个城邦的矛盾逐一征服了众多的城邦；他也是一个合格的政治家，奉行"没有永远的朋友，只有永远的利益"，在消灭完敌人后，他又吞并了原来的盟友，一举让古巴比伦成为两河流域最强大的城邦。他兵锋最盛时，从波斯湾到地中海沿岸的广大地区都在他的统治之下，巴比伦也成为西亚的政治经济中心。

统一西亚后，汉穆拉比建立了中央集权的奴隶制国家，这是一个强有力的国家机器，拥有一支精锐的常备军，能够有效地对国家进行统治和管理。

也就是在这个时期，汉穆拉比制定了《汉穆拉比法典》。他在法典中骄傲地宣称："我要像太阳一样普照大地，造福于人类；我要让正义在人间永存，消灭那些邪恶之徒。"

《汉穆拉比法典》分为序言、正文和结语三部分。序言讲的是"君权神授"，宣扬国王的合法性和正义性，赞扬国王的功德和他对国家的贡献；结语主要是宣扬法律的"公平"和"正义"。正文是法典的主要部分，共有282条，详细说明了诉讼手续、盗窃处理、租佃、雇佣、商业高利贷和债务、婚姻、遗产的继承、奴隶的地位等各种生活中常见的矛盾和冲突的处理依据。

法典反映了古巴比伦王国的社会结构和经济状况。在社会结构上，法典体现了早期奴隶制社会的特点。法典把巴比伦人分为三个等级：

1. 自由民上层（阿维鲁穆），享有完全的权利；

2. 无公民权的自由民（穆什钦努），法律地位较阿维鲁穆低，但也享有很多特权；

3. 奴隶（包括王室奴隶、自由民所属奴隶、公民私人奴隶）。

这三个等级的人，在社会上的地位天差地别。奴隶其实已经不能算作"人"，而是一种"物品"，与牛的地位相当。如果一个奴隶冒犯了自由民，自由民可以把他杀死，事后只要赔给奴隶主一定的钱财就可以了；可是如果奴隶打死了自由民，那么他的下场只能是被残酷地杀死。对于奴隶主来说，奴隶只是他的财产，一种"可以说话的工具"，可以随心所欲地处置他们。奴隶主的地位比一般的自由民要高：如果奴隶主杀死了自由民，只要付一笔赔偿金就可以了；而自由民伤害了奴隶主必须处以严厉的刑罚。

法典对经济方面的规定主要体现在土地制度上，这可能与当时产业主要以农业为主有关。王室占有大量土地，主要由对王室负有一定义务的人耕种经营。主要分三种情况：祭司、商人等为国王服务，作为报酬领取土地；士兵可领取小块土地；纳贡人领取土地并缴纳租税。

《汉穆拉比法典》是一部保护奴隶主阶级利益、体现奴隶主阶级意志的法律。它严格地保护奴隶主对奴隶的所有权，规定拐带、藏匿他人的奴隶要被处死；理发师私下剃去作为奴隶标志的发式，要砍去双手。法典通过对盗窃罪重罚的种种规定，严格保护奴隶主阶级的私有财产权。

法典还保留了"以牙抵牙，以眼还眼"的原始复仇的习惯法，例如"挖去别人眼睛的人也要被挖出眼睛""打断别人骨头的人也要被打断骨头""打掉同等地位者牙齿的人将会被敲掉牙齿"。但是从总体上来看，法典规范了当时的社会各阶层的关系，对两河流域奴隶制的巩固和发展起到了积极的推动作用。同时，以公开的法律统治和管理国家，在当时也是一个巨大的进步。

《汉穆拉比法典》是古代美索不达米亚文明的璀璨明珠，代表了美索不达米亚文明的伟大成就。法典对后世的影响是极其深远的，不仅被后起的古代西亚国家如赫梯、亚述、新巴比伦等国家所采用，而且还通过希伯来法对西方法律文化产生一定的影响，中世纪天主教教会法中的某些立法思想和原则便来源于这部法典。

—— 寻找永生的《吉尔伽美什》 ——

作为世界四大文明古国之一的古巴比伦，在文学方面的贡献也是巨大的，《吉尔伽美什》就是其中杰出的代表。早在苏美尔时期，这部史诗的基本内容就已具雏形了，同早期苏美尔关于吉尔伽美什的英雄传说《吉尔伽美什和阿伽》有着直接的联系。"吉尔伽美什"是乌鲁克的第五任国王，可见史诗是有一定现实基础的。

《吉尔伽美什》大体上是古代两河流域神话传说精华的汇集。这部史诗最初只是在民间口口相传，经过历代人民群众的不断加工完善，最后定型于古巴比伦王国时期，所以它应该是人民群众集体智慧的结晶。史诗共 3500 行，用楔形文字分别记述在十二块泥版上，不过有些研究者认为，第十二块泥版是后人加上去的。

由于形成时间的漫长以及形成过程中所经历的社会历史阶段不同，再加上统治阶级和僧侣的篡改，它的思想内容和艺术结构显得比较复杂，甚至有些地方是矛盾的。但是这一点并不能影响它在世界文学史上的重要地位。

《吉尔伽美什》是世界文学史上最古老的史诗，也是世界上最古老的文学之一，主人公是古代乌鲁克工朝的 位英雄国工。它通过比较原始的但引人入胜的故事情节，塑造了一个坚韧不拔、勇于抗争的英雄，反映了古巴比伦人试图探寻自然法则和生死奥秘，以及渴望掌握自己命运的理想。通过主人公同大自然和社会暴力斗争的情景，颂扬了为民建立功勋的思想和英雄行为，有很大的历史价值和认识意义，其中为民造福的思想对我们今天仍有启发作用。

从故事情节来看，《吉尔伽美什》大体可以分为四个部分。

在第一部分里，史诗主要叙述的是主人公吉尔伽美什和恩奇都是如何不打不相识的。

吉尔伽美什是乌鲁克王朝的国王，他武艺高超又智慧超群。但是作为一个国王他显然是不合格的，因为他好大喜功又穷兵黩武，热衷于建造豪华的城堡和宫殿。在沉重的徭役和兵役下，百姓们的日子苦不堪言，即使是贵族的生活也受到了极大的影响，人们无奈之下只有祈求上苍来拯救自己。大神阿鲁鲁怜悯人类的苦难，就创造了半人半兽的勇士恩奇都与吉尔伽美什对抗。刚下界的恩奇都在原野中与野兽为伴，后来才在神的引导下来到乌鲁克城向吉尔伽美什挑战。经过激烈的战斗，恩奇都和吉尔伽美什两人无法分出胜负，在英雄惜英雄的心理下成为好友。这一部分对吉尔伽美什的批判多于赞美，体现了人民对统治阶级的失望和憎恨。

第二部分，吉尔伽美什在恩奇都的劝说下改邪归正，决心和恩奇都一起造福人民，最后成为人民心目中的英雄。他们先后战胜了沙漠中害人的狮子，杀死了杉树林中危害人民的怪人芬巴巴，又共同杀死了残害乌鲁克居民的天牛等。同芬巴巴斗争的场面以及杀死"天牛"的场面的描写，比较精彩动人。这一部分实际上是史诗的核心部分，整个情调是高昂激越的。

女神伊什坦尔见吉尔伽美什杀死了芬巴巴，对他十分仰慕，并向吉尔伽美什百般献媚，许诺，如果吉尔伽美什与她结婚就会永享荣华富贵。但是吉尔伽美什知道伊什坦尔是一位喜怒无常、残忍而又喜欢玩弄男性的魔女，而且她也已经有了丈夫，就断然拒绝了伊什坦尔。伊什坦尔恼羞成怒，就决定惩罚吉尔伽美什和乌鲁克人民。

伊什坦尔向她的父神安努哭诉，说一个凡人羞辱了她，这是对所有神的侮辱。于是安努就派出能带来旱灾的天牛下凡为她出气。这个天牛是一个庞然大物，仅仅一只角就有 2 米长、几十斤重；它会喷射毒气，只要接触到毒气的人都会痛苦地死去；最令人深恶痛绝的是，只要是它走过的地方，就会产生严重的旱灾，赤地千里颗粒无收。两位英雄当然不会放过这个可怕的生物，于是就再次联手出击。在激烈的战斗中，吉尔伽美什抓住了恩奇都创造的机会，用利剑刺穿了天牛的心脏。恩奇都把天牛的肠子扔到伊什坦尔的面前，警告她如果再骚扰吉尔伽美什的话就会得到和天牛一样的下场。伊什坦尔羞惭而去，又跑到安努的面前告状。安努听说两个英雄杀死天牛，心中更加愤怒，就施展魔法让恩奇都得了重病，并且日夜被噩梦折磨，最后在痛苦中死去。

史诗的第三部分讲述的是人类对永生的渴望和探索。恩奇都死后，吉尔伽美什悲痛万分，也感觉到死亡的可怕，决心寻求永生之术，探索生命的奥秘，使人类免受死亡的威胁，于是他开始四处去寻找长生之术。在漫长的旅途中，他遇到了一个老人，老人告诉他，只有乌特纳比西丁——大洪水唯一生还者和永生者——才知道生死的奥秘，不过他住在死海的对岸，路上有着种种的艰难险阻和妖魔鬼怪，凡人是没有能力到达那个地方的。

吉尔伽美什没有被老人所说的困难吓倒，而是迎难而上，再次踏上了寻求永生的征程。他穿过森林，杀死了拦路的猛狮；涉过大河，打败了凶猛的河怪；在黑暗的地洞里躲过毒蝎的袭击；在死海上，他用断了120根船桨，终于来到了对岸。

然而乌特纳比西丁并没有立刻告诉他如何能长生不老，而是设置了重重障碍来考验他的意志。吉尔伽美什用了六天七夜的时间，逐一通过了这些考验，然而乌特纳比西丁却告诉他，人类自出生起就被神决定了必须有死亡的一天。吉尔伽美什非常失望，然而乌特纳比西丁的妻子被吉尔伽美什的精神感动了，就告诉他深海中的青春草可以让人长生不老。吉尔伽美什又经历了千辛万苦找到了青春草，不过他的目标不是自己一个人永生，而是想要所有的人类摆脱死亡的威胁。

吉尔伽美什带着青春草匆匆地返回了乌鲁克。然而，就在他在一条小河里洗澡的时候，蛇偷偷地吃掉了青春草。吉尔伽美什终究没有能够改变人类死亡的命运。

这一部分既表现了他的探索和反抗精神，也反映出很大的悲观情调。

在史诗的第四部分（也就是被人认为伪造的第十二块泥版）叙述的是吉尔伽美什与恩奇都的灵魂进行的对话。他请求恩奇都告诉他大地的法则，然而恩奇都却回答说："人的生命是有限的，谁也控制不了。"

《吉尔伽美什》史诗对西方的文学和宗教都产生了巨大影响，希伯来文学中的大洪水故事显然就借鉴了《吉尔伽美什》史诗，后来又发展成了《圣经》中的大洪水和挪亚方舟的故事。

—— 举世无双的"空中花园" ——

  巴比伦王国的名字是由它的首都巴比伦城而来的。

  巴比伦城建于公元前 2350 年，位于幼发拉底河右岸，伊拉克首都巴格达以南 90 公里的地方。"巴比伦"的意思就是"神的门"，由于地理位置十分重要，巴比伦城越来越大，最后成为幼发拉底河和底格里斯河两河流域的重镇。巴比伦城的规模惊人，占地面积有 2100 公顷之多，是苏美尔地区的最大的古代城市，城内到处都是用石板铺成的宽阔平坦的道路。

  皇宫的位置在城北，装饰的金碧辉煌雍容典雅，皇家气派扑面而来。皇宫中最有名的建筑就是"空中花园"，又称为"悬苑"，不过我们现在已经看不到这个伟大的奇迹了，只能从古代流传下来的文学作品中遐想它的风姿。但是根据历史考证，这些描绘空中花园盛景的人大部分都没有到过巴比伦，只不过听说过这里有一座神奇的花园，自己想象的罢了。即使在巴比伦有文字可考的记载中，也没有任何地方提到过空中花园。

  从现存的历史文献来看，巴比伦的"空中花园"并不是真的在空中的，应该是一个种植着各种奇花异草的假山。这座假山有三层，每层都用大石柱支撑，层层盖有殿阁。为防止渗水，每层都铺上浸透柏油的柳条垫，垫上再铺两层砖，还浇注一层铅，然后在上面堆上肥沃的土壤，种植了许多来自异国他乡的奇花异草。因为假山很高，从远处看上去就像是在空中一样，所以宫外的那些不明真相的人称之为"空中花园"。

  为了方便灌溉这些花草，花园的最上面修有大型水槽，用水管随时给植物供给水分，有时候也会用喷水器人工降雨。花园的低洼部分建有许多房间，从窗户可以看到成串滴落的水帘，即使在炎炎的夏日也不会感到酷热。在常年干旱的沙漠地区，人们经常走好几天都不会见到一片绿叶，能够看到这个姹紫嫣红的花园，无疑是一件令人赏心悦目的事，无怪那些远远看到这个花园的人会视为神迹。

  提起"空中花园"，还有一段美丽动人的传说。

　　据说美丽的米底（今伊朗高原西部）公主米梯斯嫁给尼布甲尼撒后，尼布甲尼撒对她爱若珍宝，倾其所有来讨得爱人的欢心，不管王后想要什么，他都会想尽一切办法给王后办到。

　　公主刚来的时候，因为对这里的一切都很新奇，天天喜笑颜开地东游西逛，尼布甲尼撒也很开心。可是过了不久，米梯斯王后开始郁郁寡欢了起来，经常一个人在那里默默流泪。尼布甲尼撒十分心痛，就对她百般抚慰，问她为什么不开心。王后哭哭啼啼地告诉他，她的故乡是山区，一到春天，山坡上开满了鲜花，花丛中飞舞着蜜蜂和蝴蝶，她以前可以无忧无虑在山坡上玩耍，可以在山上欣赏鲜花、捕捉蝴蝶。可是到了一马平川的巴比伦后，就再也没有这样的日子了。

　　尼布甲尼撒听后长出了一口气，忍不住大笑了起来。王后问他笑什么，他说：就这么点小事，你值得哭吗？等着吧，我这就给你建一座山，山上种上各种你从来都没有见过的花草，让你天天在那里玩！

　　于是，尼布甲尼撒就喊来他最好的建筑师，为王后设计了一个她最满意的方案。随后又调来成千上万的奴隶，堆了一个阶梯形的土丘；命令全国各地的官员，进贡当地最名贵的花草。为了看上去不那么平淡，还让工匠在花园里修建了流水叮咚的小溪、曲径通幽的小道和小憩的房间。因为土丘堆得很高，站在最上面一层可以看到很远的地方，当然，宫外的人们也能看到这个高耸入云的花园。

　　花园建好后，美丽的王后果然非常满意，也不再郁郁寡欢了。

　　空中花园的修建不仅仅是一个建筑奇迹，还体现了古巴比伦人卓越的科技水平。因为要灌溉高层的树木、花草，就必须要把水提升到假山的顶部，这套设备即使在今天也令人叹为观止。聪明的古巴比伦人用螺旋泵把幼发拉底河的水提高到最高层，再顺着水渠流到假山的每一层。

　　遗憾的是，这个美丽的花园在战乱中被毁坏了，现代的人已经无法再看到它的美丽与壮观，只能在古人留下的文献中找到它诱人身影的一角。

—— 颠沛流离的希伯来人 ——

以色列人又被称为犹太人，他们的祖先是古时候的希伯来人。这是个多灾多难的民族，在几千年的历史中，他们经历了多次大迁移。

公元前 4000 年的时候，希伯来人还是塞姆族（又被称为"闪族"）的一个分支，以游牧为生，他们的主要生活区域在今天的西亚一带。西亚的大部分都是沙漠，但是在地中海的东岸和两河流域却是一块特别富饶的土地，因为这块土地的形状像一弯新月，被称为"新月形沃土"。特别是地中海东岸到约旦河之间的巴勒斯坦地区更是肥沃，号称"流着奶和蜜的地方"。希伯来人看上了这块土地，就想在这里定居下来，不过这里已经被一个叫作迦南人的部落占领。为了抢夺这块土地，希伯来人倾全族之力与迦南人展开了战争。迦南人当然不会把自己的家乡拱手相让，誓死抵抗希伯来人的入侵。这场战争持续了许多年，最后以希伯来人的退却而结束。

当时的希伯来人处于十分困难的境地，因为连年的战争，族内的青壮男子几乎死伤殆尽，牛羊牲畜的数量也不多了，急需找到一个休养生息的地方。在族中的长老商议部落今后的出路时，一个年轻时曾到过埃及的长老说，埃及有着茂盛的草原和肥沃的土地，只有迁到那里去，部落才能得到恢复和发展。长老们采纳了这个意见，决定全族离开巴勒斯坦前往埃及。

大约在公元前 1700 年，希伯来人经过了艰难的旅程，来到了尼罗河三角洲东部的草原，并在那里定居下来。

不过埃及也不是希伯来人的天堂。在旅居埃及的 300 年间，作为客居他乡的弱小民族，他们后来受到了埃及当局的残酷剥削，几乎和法老的奴隶地位相当。新王国时期的拉美西斯二世法老登基后，为了建立一个强大的埃及帝国，更是加大了对国内的盘剥。在他的横征暴敛下，埃及本国的人民都生活在水深火热之中，希伯来人就更为不堪了，很多人都惨死在矿山、工地之上。

希伯来人不堪忍受埃及法老的逼迫和残害，于是决定全族离开埃及。公元前

1250 年左右，摩西带领全族人离开埃及，越过红海来到西奈半岛，并在这里完善了他们的宗教，制定了有名的《十诫》。

希伯来人在西奈半岛颠沛流离了 40 多年，终于恢复了一些元气，就又开始了迁移的旅程。他们的目的地还是"流着奶和蜜的地方"，毕竟迦南之地比这里富饶得多。

虽然时间过去了将近 400 年，然而希伯来人的遭遇并不比他们的祖先强，他们同样遇到了迦南人的抵抗。在摩西的继承者约书亚的领导下，希伯来人夺取了迦南的一些地区。不过他们占领的地盘不大，作为一个游牧民族，希伯来人缺乏进攻坚城的手段。而且在约书亚死后，以色列各部又陷入了群龙无首的状态，已经无力进行统一的军事行动，对迦南之地的攻略停止了。在以后大约 100 年的时间里，希伯来人所获得的只是迦南的一些丘陵地带和为数不多的土地及并不肥沃的河谷。

公元前 1025 年前后，希伯来人中出现了一位英雄，他就是扫罗。扫罗最大的贡献就是把松散的希伯来人整合成了统一的犹太民族。他也是希伯来人的第一个国王，在位期间，扫罗建立了一支精锐的常备军，在他的率领下打得迦南人步步后退。不幸的是，扫罗王后来战死沙场。

扫罗死后，大卫成了希伯来人的第二个国王。大卫是希伯来人的英雄，也是扫罗的女婿，不过和扫罗的关系并不融洽。

公元前 1000 年左右，大卫率领希伯来人攻下耶路撒冷（意思是"和平之城"），这里以后成了犹太人的圣地。也就在这一年，大卫建立了犹太王国，以耶路撒冷为首都。大卫在位四十年，几乎每一年都要发动战争，他打败了腓力斯丁人、迦南人、亚玛力人。在他的领导下，犹太王国的版图空前扩展，北起黎巴嫩和叙利亚境内，南至埃及边境，包括了约旦的西部。

大卫死后，他的儿子所罗门继承了王位。所罗门王在历史上留下了许多传说，例如"所罗门王的宝藏""所罗门王断案"，等等。关于所罗门王断案，有这样一个故事：所罗门王出去游玩时遇到两个妇女在争一个孩子，她们都说这个孩子是自己的，要求所罗门干把孩子判给自己。所罗门考虑了一会儿，就对他的侍卫说："你去把这个孩子劈成两半，让这两个女人一人一半。"话音刚落，其中一个妇女就大哭起来，告诉所罗门她不要孩子了，只求不要伤害孩子，另一个妇女却无动于衷。于是所罗门就把孩子判给了哭的那个妇女。

在所罗门王去世后，犹太王国分裂成南方的犹太国和北方的以色列国。

北方的以色列国在公元前 721 年为亚述所灭，国民散布在亚述全境。

公元前 586 年，犹太国被巴比伦灭亡，巴比伦国王命令将绝大多数犹太人掳到巴比伦做奴隶，史称"巴比伦之囚"，从此犹太王国不复存在。

60 年以后，巴比伦又被波斯征服了，波斯王居鲁士释放了囚禁在巴比伦的犹太人。但是回到耶路撒冷的犹太人并没有建立起独立的国家，一直受到波斯、罗马的奴役。

66 年，犹太人为反对罗马帝国的掠夺和赋税，掀起大规模的起义，史称"犹太战争"。犹太战争失败后，大批犹太人被迫离开自己的家园，从此流散到世界各地。

—— 紫红色的人 ——

大约 4000 年前，在地中海东岸的叙利亚、黎巴嫩境内生活着一个现在已经消失的民族，他们的航海技术和商业贸易十分发达，在小亚细亚沿岸、爱琴海诸岛、黑海沿岸都设有联络站。他们自称为迦南人，曾经在地中海东岸建立过一系列的繁荣的城邦，其中最著名的就是迦太基城邦。

然而古希腊人把这些人称为"腓尼基人"，意思就是"紫红色的人"，他们所建立的城邦叫作"腓尼基"，也就是"紫红之国"。这是为什么呢？

古希腊人发现了这些居住在地中海东岸的人的一些特殊的地方，他们的衣服即使穿烂了，颜色还是鲜亮的，在惊奇之下就把这些居民叫作"紫红色的人"，即腓尼基人。

关于腓尼基人如何发现这种颜料的还有一个故事。据说有个腓尼基的牧民在海边放牧的时候，顺便从海里捞了一些海螺准备带回去作为一顿美餐。在他准备吃海螺的时候，他的狗一直摇着尾巴在他身边转悠，牧民就随手扔了几个喂狗。在狗吃过海螺后，牧民看见狗的嘴和鼻子一片鲜红，还以为是狗的嘴被螺壳扎破了，就连忙给它用清水冲洗。可是任他怎么洗都洗不掉，这才发现狗嘴上是被染红的。牧民很奇怪，就把自己捞的海螺一个个地检查起来，终于在一种海螺里面发现有两种鲜红的颜色。

在没有合成染料的情况下，天然染料是人们染色的唯一选择；可是当时人们还没有从矿物中提取颜料的技术，只能从草木中萃取，这种染料的颜色很不稳定，过不了多长时间就会褪色。因为周围国家的贵族和僧侣都很喜欢紫红色的袍子，这种染料很快就风靡了上层社会，当然也受到了地中海沿岸许多国家人民的欢迎。

在利益的驱使下，腓尼基人开始捕捞这种海螺来提取染料，然后染成紫红色的布匹。许多腓尼基人靠贩卖染料、布匹发了财，他们也渐渐放弃了农牧业，开始把商业作为他们的主业，腓尼基商人的足迹遍及地中海南北的各个海港。由于他们经商的通路以海路为主，所以又被称为"海上马车夫"。

腓尼基人有着很高的航海技术，他们是古代世界著名的航海家和商人。

那时候腓尼基还处在埃及的统治之下。埃及法老尼科为了开辟新的航路，就把几位腓尼基最优秀的航海家召集到王宫里来，告诉他们："你们都是腓尼基最优秀的航海家，现在我有一项任务要交给你们。我现在需要开辟一条环绕非洲的航路，你们从埃及出发，以顺时针的方向绕着非洲航行，最后回到埃及。如果你们能够开辟这条航路，回来后我会重赏你们。"

当时既没有精确的导航设备和定位仪器，在航海的时候还经常会遇到恶劣的天气以及当地土著的威胁，开辟新航道的危险是极大的。不过腓尼基航海家勇敢地接受了这个挑战，他们准备好水、粮食、商品及必要的工具，驾着 3 艘双层的划桨船在几天后出发了。

3 年之后，这些航海家奇迹般地回到了埃及！法老刚开始并不相信，以为腓尼基人骗了他。然而腓尼基人详细诉说了他们沿途的所见所闻，并且拿出了所经各地的特产和珍宝，尼科法老这才相信他们完成了环行非洲的任务，于是就重赏了腓尼基航海者。这次航行是人类航海史上的第一件盛事，腓尼基的航海技术从此声名远播。腓尼基人的造船技术也很先进，希腊人就曾经仿制过他们造出的双层桨和装备有冲角的战船。

作为一个商业民族，腓尼基人的流动性非常大，他们没有建立强大的统一的帝国，只建立过一个个联系松散的小城邦。不过他们的势力范围很广，在地中海沿岸的西西里、北非、西班牙以及直布罗陀海峡南北，都建立了很多商业据点和殖民城市。他们的主要商业活动是销售木材、布料和粮食等，不过他们还从事海盗活动，拐卖人口，贩运奴隶。

腓尼基人也有自己的文字，他们创造的腓尼基字母有 22 个。

公元前 1400 年的时候，一场大地震摧毁了乌加里特，在地中海活动了 2000 多年的腓尼基人烟消云散，从此消失在历史的长河之中。

—— 亚述帝国的兴衰 ——

如果说两河流域的第一段历史是由苏美尔人开创的，那么第二段历史则是由亚述人书写的。

亚述人长脸钩鼻、黑头发、毛发较多、皮肤黝黑。最初他们以游牧为生，后来定居在两河流域北部（今伊拉克摩苏尔地区）。大约在公元前 3000 年末，亚述人开始形成自己的国家。由于国土资源有限，又经常受到周围敌对民族的威胁，亚述人养成了勇猛善战的性格特征。

亚述人的地域有着丰富的铁矿，在长期的生活实践中，他们掌握了炼铁技术，开始用铁来打造武器。当时周边的各民族使用的还是青铜武器甚至是石头制作的武器，这就让亚述人占了很大的武器优势。亚述人本事就危机意识极强，一直都梦想着开疆拓土，哪里能够继续在这个小小的地域忍受下去？于是他们就开始四处征伐，不久，周围的国家和城邦都被他们吞并了，周围的民族也成了他们的附庸和奴隶。到了公元前 13 世纪，亚述人就已经发展成为一个强大的帝国。

亚述帝国的第一个全盛期在国王沙尔马纳塞三世统治的时候。亚述血洗了东北部边境的一些部族，又西征叙利亚，把领土扩张到了地中海东岸。随后又挥师南下征服了巴比伦。亚述盛极一时。但是长期的战争令国内人民负担加剧，各种抵抗和起义此起彼伏，亚述帝国不得不停止了扩张的脚步。

到了公元前 745 年，亚述展开了又一轮的侵略。就在这一年，雄才大略的提格拉帕特拉沙尔三世上台了，他对亚述的内政和军事进行了一系列的改革。在政治方面，不再屠杀被征服地的普通居民，而是在当地设立行政区派行政长官进行统治；在军事方面，废除了过去军事贵族把持兵权的制度，实行募兵制，常备军取代了民军。

提格拉帕特拉沙尔三世还把军队细分了军种，如战车兵、骑兵、重装步兵、轻装步兵、攻城兵、辎重兵及工兵等。其中骑兵是最重要的兵种，职责是迅猛追击并快速歼灭敌人；以重装和轻装的兵士组成的步兵在军队中起着主要作用，他们身穿铠甲，有盾牌和头盔防护，以弓箭、短剑和长矛为武器；工兵专门负责筑路、架桥和设营。筑城技术也得到了发展。

在长期的战争中，亚述人行军作战的经验与日俱增，已经有了初步的军事理论。他们知道行军时要注意控制沿途的隘口、山间通路以及至关重要的水源；如果在行军中遇到河流，就把充气皮囊连在一起架成浮桥；作战时会排出相应的阵型，能巧妙地采用正面攻击和侧面攻击。

为了攻破坚固的城市，亚述人还发明了投石机和攻城锤。投石机是一个巨大的木框，里面装有一种特制的转盘，上面绞着用马鬃和橡树皮编成的绳索。只要用力一拉就能射出巨大的石弹。攻城锤是由青铜铸成的，攻城时用来撞击城墙。

兵种的划分和装备的改进，极大地提高了亚述军队的战斗力。军事改革后的亚述人在西亚从此没有了可以与之抗衡的对手，成为周边国家的噩梦。

公元前8世纪，亚述相继占领了小亚细亚半岛和其他地区。公元前732年，亚述人兵临大马士革城下。

大马士革是通往北非和西亚的必由之地，如果亚述人想要向北非发展，就必须要拿下这座城市。可是作为叙利亚的首都，大马士革城高池深，又有着充足的兵力和物资，绝对不是那么好攻的。之前亚述军队也试图攻打过，但是他们用了整整一年时间也未能越雷池半步。然而这一次大马士革再也没有了当初的好运气。

在亚述国王提格拉帕特拉沙尔三世的亲自指挥下，亚述军队使用了各种最先进的武器。投石机将巨大的石块像雨点一样扔到城头，砸得叙利亚士兵魂飞魄散；巨大的攻城锤猛烈地撞击着大马士革的城墙，不久城墙就轰然倒塌。亚述人像洪水一样从城墙的缺口处冲入城内。然而英勇的大马士革人仍不投降，他们没有失去抵抗的勇气，为了保护自己的家园和亲人，他们拿起了一切能够作为武器的东西，与亚述人展开了殊死的搏斗。在激烈的巷战中，亚述人每前进一步都要付出血的代价。然而没有受过军事训练的平民是无法战胜训练有素的战士的，虽然大马士革人战斗了七天七夜，但还是让亚述人占领了这个城市。

残暴的亚述士兵进入大马士革后，烧杀抢掠无恶不作。据亚述人自己的历史记载，他们不仅把受伤的叙利亚国王斩首，还血洗了整个大马士革，就连孩子都没有放过，他们还把斩下的头颅堆成了一座小山。亚述人对待战俘更是残忍无比，他们把木桩削尖埋在地上，然后把木桩的尖部插入战俘的肛门，让他们慢慢在痛苦中死去。亚述人掠走了叙利亚所有的金银财宝，然后一把火烧掉了大马士革。

在血洗大马士革之后，许多城邦都对亚述人的残忍嗜杀心有余悸，在亚述人打来的时候不战而降。

公元前729年，亚述吞并了整个巴比伦；公元前671年，占领埃及；公元前639年，攻占伊朗高原。至此，亚述控制了包括两个文明古国在内的广大地区，建立了强大的亚述帝国，再一次成为地中海沿岸的霸主。

到了公元前626年的时候，巴比伦宣布独立，随后亚述帝国内忧外患纷纷而来。仅仅过了十四年的时间，亚述首都尼尼微陷落，盛极一时的亚述帝国轰然倒塌。

——"世界之王"——

亚述帝国灭亡之后，代之而起的是波斯帝国。波斯帝国的缔造者居鲁士是一个传奇式的英雄人物，他在自己铭文中骄傲地宣称："我，居鲁士，世界之王，伟大的王。"

居鲁士的身世十分离奇。他的外公是米底的第四代国王阿斯提阿格斯，米底人联合其他国家灭亡亚述帝国后，米底成为西亚的一个强国，当时波斯也只是米底的一个附属国。

一天，阿斯提阿格斯做了一个梦，梦见女儿曼丹妮的后代夺取了自己的王位并成为亚洲的统治者。按照当时通行的做法，阿斯提阿格斯应该把女儿嫁给米底贵族。可是阿斯提阿格斯认为这个梦是神对自己的启示，就把曼丹妮嫁给了懦弱无能的波斯贵族冈比西斯，这样即使曼丹妮有了儿子也无法染指自己的王位，也就解决了自己的隐忧。

在曼丹妮嫁出去之后，阿斯提阿格斯又做了一个梦，梦见曼丹妮身上长出一根青藤。这根青藤是如此的大，以致整个亚洲都被它的绿茵所笼罩。他被这个梦惊醒了，马上就派人把女儿召回了米底。这时曼丹妮已经怀孕了，阿斯提阿格斯不忍心杀死自己的女儿，决定等女儿一分娩就把生下的孩子杀掉。

不久曼丹妮生下了一个男孩，这个孩子就是居鲁士。阿斯提阿格斯把这个任务交给了王室总管哈尔帕哥斯，让他把居鲁士带到宫外去杀死埋掉。

哈尔帕哥斯不忍心杀死无辜的孩子，就把居鲁士给了一个国王的牧民奴隶，让他去把居鲁士杀了。刚好这个牧民的妻子才生了一个孩子，不幸的是孩子一出生就死了，他的妻子因为思念孩子悲痛欲绝。于是牧民的妻子就把自己夭折的孩子当作居鲁士埋了，而收养了居鲁士。

在牧人的精心抚养下，居鲁士慢慢地长大了，成了村中孩子们的领袖。

有一天，村里的孩子们做游戏，他被孩子们推举为"国王"。于是他就像一个真的国王那样开始发布各种命令：他让一些孩子当自己的卫兵，又命令另外一些孩子作为奴隶去给他建宫殿；还找了一个孩子当国王的密探，另一个做传令官。俨然是一个国王。

一起做游戏的孩子中有一个身份有些特殊，他的父亲是一个没有什么权力的小贵族，所以他认为自己才应该做国王，而不是奴隶的孩子居鲁士占据这个位置。因此他对居鲁士的分配拒不服从，于是小居鲁士就命令"卫兵"抽了他几鞭子。这个孩子哭哭啼啼地跑了回去向他的父亲告状说居鲁士打他了，不过他的贵族父亲也无法给他"报仇"。因为牧人是国王的奴隶，小居鲁士自然也是国王的奴隶，一个小贵族没有能力也没有权力来处置国王的财产。但是这个贵族是个小心眼的人，他把这件事记在了心里，一直想要找机会报复。

这个机会不久就来了。有一天，国王阿斯提阿格斯到这里来巡视自己的牧场，小贵族趁机向国王添油加醋地告居鲁士的状。阿斯提阿格斯觉得当国王的这个孩子很有趣，就命人把这个孩子带过来看看。居鲁士一来到，国王就看出来他是自己的血脉，对比他的年龄，国王很快就确定了他是曼丹妮的儿子。阿斯提阿格斯想起以前做的两个梦，就决定把居鲁士杀死。好在僧侣告诉他，既然居鲁士已经在游戏中做了国王，那么神就不会再让他做真正的国王，阿斯提阿格斯的梦也就破了。阿斯提阿格斯觉得有道理，就饶了居鲁士的命，把他赶回了波斯。不过他对哈尔帕哥斯的抗命行为十分生气，就把他 13 岁的儿子给杀了。哈尔帕哥斯敢怒不敢言，从此对阿斯提阿格斯有了二心。

公元前 559 年，已经成年的居鲁士统一了波斯 10 个部落，哈尔帕哥斯就秘密联络居鲁士，要他起兵攻打米底，自己则作为内应配合他。

公元前553年，居鲁士决定起兵反抗米底。为了让波斯人死心塌地地跟随自己，居鲁士耍了一个小花招。他把所有的波斯人都带到一大片长满荆棘的土地上，让他们在一天之内将这片超过3平方公里的土地开垦出来。波斯人无法违抗他们王的命令，只好埋头苦干，一天下来个个累得要死。

第二天，居鲁士又把波斯人召集到一起，宰杀了他所有的羊和牛，并拿出美酒款待他们。趁着他们吃得兴高采烈，居鲁士高声问："你们是喜欢昨天的生活还是喜欢今天的生活？"波斯人回答说："我们喜欢今天！"居鲁士乘机说："如果你们服从我的命令，那么就会永远享受像今天一样的生活；如果你们不听我的话，那就要受到无数像昨天那样的苦役！我们波斯人不比米底人差，为什么要受他们压迫？我们要起兵推翻阿斯提阿格斯的统治，建立一个属于我们自己的帝国！"波斯人早就对米底人的统治深恶痛绝，听了居鲁士的话，纷纷响应。

阿斯提阿格斯听到居鲁士起兵的消息，就命令哈尔帕哥斯率领军队去讨伐波斯。不料哈尔帕哥斯到了前线后，一箭未发就投降了居鲁士。阿斯提阿格斯气急败坏，就亲自率军前来讨伐，但是他不是居鲁士的对手，被居鲁士打得节节败退。

到了公元前550年，居鲁士打下了米底的首都，阿斯提阿格斯也成了阶下囚。不过居鲁士没有杀掉他的外公，而是把他软禁了起来。就在这一年，居鲁士建立了波斯帝国。

波斯帝国成立不久，居鲁士就率领军队灭亡了吕底亚王国。

公元前539年，居鲁士又把目光投向了新巴比伦王国的首都巴比伦。

虽然波斯帝国已经灭亡了好几个国家，但是巴比伦国王波尼德却不认为居鲁士能攻破巴比伦的城防。因为巴比伦的城墙又宽又高，属于典型的易守难攻的城池。而且附近的幼发拉底河还有一个巨大的水坝，只要放下水闸就会让城外的敌人葬身鱼腹。巴比伦的国王曾经放出豪言："只要居鲁士敢来，我就把他们统统淹死在幼发拉底河里。"

居鲁士带着大军来了，但是还没有等到巴比伦国王放水，波斯人就在半夜进入了巴比伦城，巴比伦国王波尼德无奈之下只有投降。原来居鲁士得知巴比伦的上层矛盾很大，就派间谍引诱贵族和祭司在半夜里打开城门，波斯人兵不血刃拿下了巴比伦城。

与亚述人的残忍嗜杀不同，居鲁士算得上一个仁慈的征服者，不仅善待被征服地的民族，即使是他们的首领也不会杀害。米底的国王阿斯提阿格斯、吕底亚国王克洛伊索斯和巴比伦国王波尼德都得到了善待。他尊重被征服地的风俗和宗教。在巴比伦，他依巴比伦的旧例在新年节握马都克神像的手，表示他是巴比伦正统的新王；他还把波尼德掠到巴比伦的各城邦的神像送还原地；居鲁士释放了被奴役 50 多年的"巴比伦之囚"，让这些犹太人带着他们的宗教祭器回到他们的家乡巴勒斯坦。犹太人对居鲁士的仁慈感激涕零，他们在《圣经》中将居鲁士称作"上帝的工具"，上帝应许他"使列国降伏在他面前"，"使城门在他面前敞开"。

居鲁士施行的这些政治措施赢得了各个城邦的好感，即使是被征服地也很少发生大规模的反叛。居鲁士的威望越来越高，原来臣属巴比伦的各邦都纷纷向他投诚，就连腓尼基人的战船也愿意听从他的调遣。居鲁士也被尊为"世界之王、正统的王、四方之王"。

新巴比伦灭亡后，波斯帝国就成了西亚唯一的强国。不过这个时候波斯东北部的游牧民族马萨革泰人就成了隐忧。居鲁士认为必须要解决这个后方的隐患，就在公元前 529 年开始了进攻马萨革泰人的战争。

在这场战争中，居鲁士先用计伏击了马萨革泰人，迫使女王之子自杀。但随后被女王骄兵之计迷惑，率军深入险地，被马萨革泰人重重包围。包围圈中的波斯军队十分英勇，大部分为国捐躯，居鲁士本人也战死在沙场。

战斗结束后，马萨革泰的女王托米丽斯割下居鲁士的头，放入盛满鲜血的革囊，愤愤地说："你不是嗜血吗？那我就让你喝个饱！"

然而女王也没有得意太久，居鲁士的儿子冈比西斯继承了父亲未竟的事业，打败了马萨革泰人，并抢回了居鲁士的尸体。居鲁士的遗体葬在帕萨尔加迪（位于今伊朗法尔斯省），冈比西斯为他修建了一座壮观的陵墓。历代的统治者——即使是外族的——都对陵墓保护有加，所以居鲁士的陵墓一直保存到了现在。在陵墓旁的一根柱子上，一段铭文至今仍清晰可见："我是居鲁士王，阿契美尼德宗室。"

—— "万邦之王" 大流士 ——

大流士是波斯帝国的第三任君主，也是古代著名的政治家和军事家。公元前525 年，大流士作为"万人不死军"总指挥，随国王冈比西斯二世远征埃及。公元前 522 年，波斯内部发生叛变，冈比西斯二世在回国平叛的半路上去世。大流士趁机联合了部分波斯贵族，杀死叛乱首领高马达后登上王位。统治时间从公元前 522 年至公元前 486 年。

大流士刚登基时的处境非常艰难，在高马达死后，全国各地都出现了叛乱，境外的埃及等殖民地也发生了起义。好在各地叛乱的军队缺乏联系，大流士决定用各个击破的方式来平息各地的叛乱。

大流士首先集中兵力进攻埃兰，擒获了起义军首领。随后大流士又御驾亲征，在底格里斯河附近与巴比伦的军队展开了决战。波斯军队英勇奋战，巴比伦人被赶进底格里斯河中死伤无数，巴比伦王尼金图·贝尔仅带着寥寥几个随从仓皇逃回巴比伦城。不久，大流士又率军攻克巴比伦城杀死了贝尔。随后，大流士将兵锋转向埃兰、米底等地，连续作战 18 次，擒获 8 个暴动首领，仅仅用了一年的时间，就平息了全部的叛乱，奇迹般地扭转了波斯帝国濒临瓦解的局面，收复了居鲁士和冈比西斯所征服的全部国土。

剿灭最后一股叛军后，大流士在贝希斯顿村附近找了一个雄伟宽阔的山崖，命人在上面为自己刻石纪功，这就是著名的《贝希斯顿铭文》。

这个石刻的上半部分是大流士一世的雕像，他用左脚踏着地上的高马达，右手指着阿胡拉·马兹达（波斯人崇拜的光明与幸福之神）。被绳索绑缚的八名叛乱首领被雕刻得很矮小，与高大伟岸的大流士一世形成鲜明的对比。浮雕的下半部分是铭文，上面刻着："我，大流士，伟大的王，万邦之王，波斯之王，诸省之王，叙斯塔斯帕之子，阿尔沙马之孙，阿契美尼德……按阿胡拉·马兹达的意旨，我是国王。"

铭文是用波斯、埃兰、巴比伦三种文字刻写的，宣扬了大流士一世的功业和他的神圣不可侵犯的权力。

在国内局势稳定后，大流士一世继承了居鲁士未竟的事业，开始了对外扩张的脚步。在大流士的铁蹄下，波斯帝国的疆域又得到了极大的扩展：东面以印度河为界、南达波斯湾、西面到了利比亚和多瑙河畔、北面到黑海和里海之滨。

为了加强中央集权，大流士对波斯帝国的体制进行了一次较为全面的改革。

在政治上，他在被征服地区设置行省，以总督管理当地的民政，对行省采用分权但却相互制约的统治方法，同时尊重被征服地区的宗教、法律和习俗，建立起了有效的中央集权体系。

在经济上，他采取了新的税收制度，统一了货币和度量衡。

军事上，他建立了一支人数为 1.2 万的禁卫军，因为有着大量的后备队，这支军队的人数永远也不会减少，因此号称为"万人不死军"。为了防止出现叛乱，大流士又把全国分成许多军区，军区的长官只对他一个人负责。同时加强了军队的管理，没有他的命令任何人都无权调动军队。

为了快速调动军队、传达政令和收取信息，大流士增修了许多驿道。在波斯全境形成驿道网。虽然修建驿道的初衷是军事和行政上的需要，但是在客观上也极大地便利了商业的发展。据说，水稻和孔雀就是在那个时期从印度传入波斯的。

此外，他还派人勘察了从印度河到埃及的航路，开凿了尼罗河支流到红海的运河，这条运河就是现代苏伊士运河的前身。

大流士一世奠定了波斯帝国数百年的基业。他在位期间是波斯帝国的鼎盛时期，疆域横跨亚非欧三大洲，是当时世界上最强盛的国家。大流士一世所建立的具有开创性的制度，如行省制、军区制、货币税收制度等，深刻地影响了后来的马其顿帝国（亚历山大帝国）、塞琉古帝国（波斯塞琉古王朝）、罗马帝国、阿拉伯帝国、奥斯曼帝国等大帝国。他建立的发达的水陆交通体系大大加强了古代诸文明之间的交流，使世界的联系更紧密了。

—— 哈拉巴文化 ——

作为四大文明古国之一的古代印度一样有着悠久灿烂的文明。古代印度包括今天的印度、巴基斯坦、孟加拉、不丹、尼泊尔等南亚次大陆的国家。

从 20 世纪 20 年代开始，考古界就对印度河谷开始了考古发掘，发现这里早在公元前两三千年就已经形成了自成一体的独立文化。因为遗址最先在哈拉巴（今巴基斯坦旁遮普省境内）发现，所以古印度文明通称为"哈拉巴文化"。至于它的另一个名字"印度河文明"，是因为这些遗址主要集中在印度河流域。从遗址的发掘来看，哈拉巴文明属于青铜时代的城市文明。

"哈拉巴文化"到现在已经发现了 250 多处遗址，分为南北两个重点区域，北部以哈拉巴为中心，南部以摩亨佐·达罗（今巴基斯坦信德省境内）为中心。"哈拉巴文化"北起喜马拉雅山麓，南至纳巴达河，西面靠近伊朗边境，东面到达德里附近。东西约 1550 公里，南北约 1100 公里，面积超过古埃及和苏美尔文明地域的总和。史学界通常认为是印度的原始居民达罗毗荼人创造了哈拉巴文化。

哈拉巴文化的全盛时期是在公元前 3000 年左右，当时的人们已经熟练掌握了熔解矿石、锻冶、铸造和焊接金属器具的技术，青铜工具已经普遍进入了人们的生活。

当时的社会经济也发展到了相当高的程度，农业成为人们获取食物的主要手段，使用青铜制的锄头、镰刀来收割庄稼。手工业也很发达，除了冶金之外，还有纺棉、织布、制陶和雕刻等。他们已经会用陶轮来制作陶器，并且用动植物的花纹等各种图案加以装饰。宝石和象牙等雕刻技术也很精巧。在发掘中还发现了一些石制的印章，上面刻有图案和文字，但是现在还无法知道这些图案和文字代表的是什么意思。

和所有古文明区域的河流一样，印度河也经常泛滥成灾。为了生存，人们和洪水进行了长时间的斗争，在斗争中他们学会了如何筑坝阻拦洪水的侵袭，也学会了挖掘沟渠来灌溉干涸的土地。主要农作物有大麦、小麦、稻、豌豆、甜瓜、椰枣、棉花、胡麻等，这里也是世界上最早种植棉花的地区。牛、羊、猪、鸡已经被驯养并进入了千家万户，晚期的哈拉巴遗址中还发现有马骨，但是还不能确定当时是否已经驯服了马。

哈拉巴和摩亨佐·达罗两处遗址都是非常大的城市遗址。摩亨佐·达罗城占地达 260 公顷，城内的街道布局整齐，主要街道有 10 米宽，还有许多灯柱和下水道。城内还发现了很大的公共浴池的遗址，学者们怀疑它可能与宗教仪式有关。城内的建筑大部分都是用砖建造的，有些建筑是两层的，说明他们的建筑技术已经有了长足的发展。那些大的房屋分成大厅和许多房间，拥有浴池和良好的排水设备；而另外一些小房屋则根本没有排水道。从考古发现来看，当时已经出现了阶级的分化，产生了国家。

哈拉巴文明商业很发达，已经有了国际贸易，因为在遗址里发现了其他地方的大量文物，充分证明了它与波斯、两河流域、中亚，甚至缅甸、中国都有贸易往来。两河流域的发掘也证明了这一点，例如在波斯湾的巴林岛（古代称为狄尔蒙）就发现了许多哈拉巴文明物品。

商业的繁荣也促进了度量衡的发展。哈拉巴文明用介壳尺和青铜杆尺来计量长度；重量是用砝码来衡量，单位重量约为 0.875 克。不过他们的进位制有两种，贵重的物品如珍宝珠玉用二进位制，普通的货物则是用十进位制。

哈拉巴文明仅仅存在了几百年的时间。这个古老文明究竟是怎样毁灭的？我们不知道具体的原因，但是从遗址的现场和遗物来看，应该有这一两种可能：其一是遭到了外来的入侵，因为城市中的巷道和房屋中发现了很多带有刀痕的骸骨，有的骸骨呈痛苦挣扎状，而且城市也遭到了毁坏。另外一个说法是发生了地质灾害，大量的泥浆把城市吞没。

—— 古印度的种姓制度 ——

古印度有一个极端森严的等级制度——种姓制度。那么，什么是"种姓"，种姓制度代表的又是什么呢？

在印度的梵文中，"种姓"就是颜色或品质的意思。印度的原住民是达罗毗荼人，这个人种皮肤呈棕褐色，据说曾经创造过哈拉巴文化，在公元前2000年左右被中亚的游牧民族征服了。这些征服者肤色较白，自称"雅利安人"，意为出身高贵的人，以区别于皮肤黝黑的达罗毗荼人。

雅利安人征服达罗毗荼人后，在统治阶级内部逐渐有了神权和世俗权力的分化，在世俗权力上也有了贵族、平民和奴隶的分化。统治阶级为了麻痹底层的人民，就把各个阶层的人民的权力做了规定，这就形成了森严的等级制度，即种姓制度。

古印度有四个种姓，按照权力、义务、职业的不同，从高到低分为婆罗门、刹帝利、吠舍和首陀罗。这四个种姓都是世袭的，各个种姓之间有着严格的界限，绝对不能通婚。

婆罗门的地位最高，也拥有最高的权力。其主体是祭司贵族，主要掌握神权，负责占卜祸福、垄断文化和报道农时季节。

刹帝利由政治贵族和军事贵族组成，包括国王和各级武士、官吏，掌握国家除神权之外的一切权力，是世俗的统治者，地位仅次于婆罗门。这两个种姓占有大量生产资料，靠剥削为生，构成统治阶级。

吠舍是小生产者，主要从事农牧业、手工业和商业。他们是自由民，向国家缴纳赋税。

首陀罗是指那些失去土地的自由民和被征服的达罗毗荼人，实际上就是奴隶。

其实在这四个种姓之下还有一个阶层，那就是不同种姓的通婚者。如果有一对不同种姓的男女结了婚，那么他们和他们所生的子女被称为贱民，也叫不可接触者，贱民在印度不算人民。贱民的社会地位最低下也最受鄙视，他们只能从事那些被认为是最低贱的工作，在农村中当雇农或在城市中抬尸体、清理粪便与垃圾、屠宰、洗衣、清扫等。他们的身体和他们用过的东西都被视为是最龌龊的，不能与婆罗门接触，不能与其他种姓的人共用一口水井、共进同一座寺院。贱民出门的时候要佩戴特殊的标记，还要一直敲打一些破瓦罐之类的东西或嘴里要不断发出特殊的声音，提醒其他种姓的人及时躲避。婆罗门如果接触了贱民，则认为是一件倒霉的事，回去之后要举行净身仪式。刹帝利和婆罗门即使偶然看见贱民都不能容忍，被看见的人常常遭到毒打。

婆罗门教认为，是神把人分为四个种姓的。在婆罗门的经典《吠陀》中，婆罗门是这样解释种姓制度的：原始巨人普鲁沙死后，天神梵天用他的嘴造出了婆罗门，用双手制成了刹帝利，用双腿制成了吠舍，用双脚制成了首陀罗，至于贱民只是普鲁沙脚下的土。因此种姓的高低是天生的，是神赐予的。

婆罗门经常宣扬这样的话：如果低种姓的人安于现状，维护高种姓的权力，那么来世就可以升为高一级的种姓，否则就会降为较低种姓。其实这就是用宗教来麻痹和恐吓底层的人民，让他们放弃抗争逆来顺受，在对来世的虚幻渴求中变得麻木不仁。

统治者还制定了许多法律来维护种姓制度，其中最典型的是《摩奴法典》。据说这部法典是大神梵天的儿子摩奴制定的，目的就是确定人间各种人在社会上应有的地位，确定婆罗门和其他种姓的权利和义务。其实，这只不过是奴隶主用来欺骗劳动人民的谎言。

《摩奴法典》首先确认婆罗门是"一切创造物的主宰"，可以强迫首陀罗劳役，首陀罗要温顺地为其他种姓服务。首陀罗不能积累个人财产，婆罗门有权夺取首陀罗的一切。

《摩奴法典》还制定了众多残酷的刑罚，专门镇压低级种姓吠舍、首陀罗的反抗。如低种姓用肢体的哪一部分伤害了高级种姓的人，就须将那一部分肢体斩断，动手的要斩断手，动脚的要斩断脚。

如果一个首陀罗敢于评论婆罗门的品行，就把滚烫的热油灌入他的口中和耳中，杀死婆罗门的人应处以最痛苦的死刑。但是，高级种姓杀死首陀罗可用牲畜抵偿，或者只简单地净一次身就行了。

此外，法典还对各个种姓的职业、婚姻、服饰、起居、饮食等做了烦琐的规定。比如规定不同种姓的人不能在同一个房间里，不能同桌吃饭，不能同饮一口井里的水。如一个100岁的刹帝利看到一个10岁的婆罗门，也要像儿子对待父亲那样毕恭毕敬。不同种姓的人严格禁止通婚，以便使种姓的划分永久化。

每个种姓在各地都有自己的组织，并有种姓长、种姓长老会以及种姓全体大会，处理有关种姓内部的事务，并监督本种姓的人严格遵守《摩奴法典》及传统习惯。倘有触犯者，轻则由婆罗门祭司给予处罚，重则被开除出种姓之外。那些被开除种姓的人也归到贱民之列。

总的说来，印度的种姓制度实质上是阶级压迫的表现。

—— 史诗《摩诃婆罗多》——

《摩诃婆罗多》是古印度的一部文学巨著，在印度古代被奉为"第五吠陀"，这部史诗记载了印度教的传统文化。所以，印度现代学者认为《摩诃婆罗多》是印度的民族史诗，堪称"印度的灵魂"。

"摩诃婆罗多"的意思是"伟大的婆罗多王后裔"，按照印度人的说法，这部作品是印度传说中的大圣人毗耶娑完成的。实际上它的成书年代在公元前4世纪和公元4世纪之间，是纪元前后几百年间许多人积累和加工的产物。诗长达20多万行，是世界上最长的史诗之一。

《摩诃婆罗多》这部史诗以印度列国纷争时代为背景，描写婆罗多族的两支后裔为争夺王位继承权而展开的种种斗争，最终导致大战。虽然他们分出了胜负，但交战双方的将士几乎全部牺牲，是一个历史悲剧。下面是这个故事的梗概。

古印度有一个国家叫呵国，国王持国是个瞎子，所以他的弟弟班度作为摄政王来处理国家大事。持国有100个儿子，他们组成了一个家族，叫俱卢族，难敌是家族首领。班度有5个儿子，也组成了一个家族，叫班度族，以大儿子坚战为首。

班度族和俱卢族的首领从小就矛盾重重，各种竞争不断。班度死后，为了争夺王位，俱卢族和班度族又开始了明争暗斗。为了保住自己家族的王位，难敌决定杀死坚战五兄弟。

难敌建造了一座豪华的房子，在里面涂满了易燃的树胶，然后把房子送给了坚战五兄弟。当五兄弟住进去后，难敌立即命人将房子点燃。房子很快燃起熊熊烈焰，不久就烧得一干二净。难敌以为坚战五兄弟已丧身火海，就满意地回到了王宫。

可是坚战五兄弟并没有死。难敌的手下有人同情他们，就偷偷地把难敌的阴谋告诉坚战五兄弟。五兄弟知道自己势单力薄，就事先挖了一条地道通到房子的下面，在火势刚起的时候就逃了出去。

五兄弟经历了千辛万苦，最后辗转来到了盘国。此时盘国公主正在比武招亲，比赛的方式是射箭，如果谁能射到 300 步外的那条鱼的眼睛，谁就可以娶回公主。正好五兄弟中的一人箭法出众，一箭就射中了旋转的鱼的眼睛。本来公主只是他一个人的妻子，可是按照他们母亲的意愿，他们五兄弟共同娶了这位妻子。

盘国比呵国的实力大了许多，在很多事务，呵国要以盘国马首是瞻。五兄弟有了这个强力的支持，就返回了呵国。国王持国顾念弟弟的旧情，也不愿他们与自己的儿子们再起冲突，就把一半的国土分给了他们。

在难敌的阻挠下，他们分到的只是一大片荒芜的土地。但是难敌即使连这些荒凉的土地也不想给他们，他又诱使坚战五兄弟和他赌博，规定谁输了就要被流放 12 年，而且在这 12 年里不能被别人认出来，如果被认出来就要接着再流放 12 年。五兄弟输了，他们只好到森林中去过流放的生活。

五兄弟东躲西藏地终于在森林里度过了 12 年的流放生活，在第 13 年的时候，他们化装来到另外一个国家，并且获得了不小的权力。

一年之后，他们派使者来到呵国，要求归还属于他们的那一半国土。难敌粗暴地拒绝了他们的要求，于是战争不可避免地发生了。

坚战和难敌都邀请了许多国家来帮助自己，几乎印度半岛上所有的国家都参与了这场战争。

在双方约定的时间，惨烈的战斗开始了。这场被称为"俱卢大战"的战争持续了 18 天，双方都死伤了无数的战士。难敌在坚战的计谋下大败，他的 99 个弟弟全部被杀。难敌被五兄弟追得上天无路入地无门，无奈之下含着一根芦管藏到湖底。坚战五兄弟发现了，就对他百般辱骂，难敌一怒之下跳了出来，最终送掉了自己的性命。

难敌的手下也有忠心耿耿的勇士，得知难敌的死讯后，他们就联合了俱卢族的残部为他报仇。在一个漆黑的夜晚，他们趁班度族的战士防备松懈的时候发动了偷袭，将他们全部杀死。坚战五兄弟幸好当时不在军营得以保全了性命。

坚战回国做了国王，想到兄弟家族间的残杀给人民带来了那么深重的灾难，他们心里感到很愧疚，就与俱卢族讲和了。

以上内容是《摩诃婆罗多》的中心故事，围绕着中心故事还穿插了大量的神话和寓言，此外还包含大量宗教、哲学、政治和伦理等理论性成分。正是因为这种包罗万象的特点，人们把《摩诃婆罗多》称作以英雄史诗为核心的、百科全书式的作品。

—— 佛祖诞生 ——

中国有一部叫作《西游记》的古典小说，里面有这样一段有趣的故事：齐天大圣孙悟空大闹天宫时，天上的各路神仙都不是他的对手，玉帝无奈，只好请来西天的如来佛帮忙；如来佛果然法力无边，一只手就把孙猴子压在五行山下。石头中蹦出的孙猴子当然是无稽之谈，可是这位神通广大的如来佛却不是"纯属虚构"，他的原型就是佛教的创始人——释迦牟尼。

释迦牟尼是古代中印度迦毗罗卫国的释迦族人，原名乔达摩·悉达多，生于公元前566年，卒于公元前486年，和中国的孔子差不多是同一个时代的人。

乔达摩·悉达多的父亲是迦毗罗卫国的净饭王，母亲是摩耶夫人。相传摩耶夫人怀上乔达摩·悉达多的时候已经45岁了。按照印度的习俗，妇女要回娘家分娩，可是摩耶夫人还没有赶到娘家，就在半路中一个叫兰毗尼的地方的无忧树下生下了释迦牟尼。那一天正是印度的吠舍月15日，也就是中国的农历四月初八。乔达摩·悉达多出生七天以后摩耶夫人就死了，是他的姨母把他抚养长大。

释迦牟尼小时候特别聪明，无论什么事情一学就会，兴趣爱好十分广泛，对武术、骑马、射箭、击剑都有所涉猎。而且对不明白的事情都会刨根问底，总要弄清楚才罢休。

净饭王对这个儿子非常喜欢，准备在他长大后把自己的王位传给他。但是这个孩子也有让老国王头疼的地方，例如他有一次问老国王：为什么有的人是婆罗门，有的人却是首陀罗？为什么婆罗门的后代还是婆罗门，首陀罗的后代还是首陀罗？老国王认为这些问题十分荒唐，因为这一切都是神安排好的嘛。但是小王子却说这是不合理的，他要找到一个能够让众生平等的办法。释迦牟尼16岁时和拘利城公主耶轮陀罗结婚，生子罗睺罗。

因为无法理解人类为什么会有生老病死、为什么要遭受这么多的苦难，释迦牟尼不久就放弃了王宫的安逸生活，走上了修道之路，探索人生解脱之门。

释迦牟尼刚出宫的时候，按照一些著名的婆罗门学者的指点，进行了长达六年的苦修。由于营养不良和劳累过度，释迦牟尼晕倒了。他醒过来后，意识到苦修这种方法是无法让人超脱生死轮回的，必须要走另外一条路才行。

他放弃了苦修，来到尼连禅河，在河里洗去身上多年积聚的灰垢。牧女善生觉得这是一个有大智慧的人，就送给他一碗乳糜，释迦牟尼吃过后觉得精神一振，身上也有力气了，他谢过牧女后就离开了尼连禅河。在离婆罗疙斯不远的伽耶（后称佛加伽耶），他发现了一棵高大的菩提树，就在地上铺上了吉祥草，面向东方盘膝而坐，开始苦苦思索解脱世间痛苦的答案。

经过49天的苦思冥想，他突然大彻大悟，想通了如何帮助人们解脱苦难、脱离轮回的方法，佛教也就此诞生。这一年他35岁，据记载他"顿悟"那一天是中国农历的腊月初八，中国后世的腊八节就是纪念这个日子的。作为佛教的创始人，乔达摩·悉达多被他的弟子称为释迦牟尼，意思是释迦族的圣人。

释迦牟尼创立的佛教的核心就是"四谛"：苦谛、集谛、灭谛、道谛。"谛"的意思是真理，四谛也就是四个"真理"。

"苦谛"指人的生、老、病、死，凡是不能得到满足的要求都是苦；"集谛"是说苦的原因，之所以有"苦"，就是因为人有"欲"，也就是贪念。在贪念支配下的行动就是"造业"，就会陷入生死轮回的苦海；"灭谛"是修行佛教最终目的，就是要彻底想明白产生"苦"的原因，达到一种"涅槃"的境地，即"不生不灭"的境界；"道谛"是达到"涅槃"的途径，就是修道。这样，人们通过修行、断惑、涅槃，成为阿罗汉（意为"不生"），再不堕入轮回。

释迦牟尼在创立教义后就开始传教，他先后在婆罗疙斯的鹿野苑、王舍城的竹林精舍、舍卫城的园舍等处说法，吸引了很多人。由于佛教宣扬"众生平等"的教义，很快就得到了广泛的拥护。

据说释迦牟尼最早的信徒是两个名叫提谓和婆利迦的商人，随后是五个曾与释迦牟尼在尼连禅河畔苦修的人。后来一些婆罗门教的祭司、释迦牟尼的姨母和儿子也皈依了佛教。佛教发展得很快，在释迦牟尼传教的第一年，他就拥有了一千多个信徒，后来就更多了，其中既有国王、贵族和富豪，也有处于社会底层的贫苦百姓。

佛教的信徒分为两种：一种是出家修行的，男子称为苾刍（或称比丘，意为"乞士"，兼有乞法和乞食两种意义）；女子称为刍尼（或称比丘尼）。第二种是在家修行的，男子称为优婆塞，意为"男居士"；女子称为优婆夷，意为"女居士"，这四种称呼合称"四众"。出家的信徒必须作为一个团体在一起生活和修行，这个团体称为僧伽，他们修行的地方叫作庙（男信徒）或庵（女信徒）。在庙或庵里的信徒不得拥有私产，生活来源主要来自信徒的施舍。佛教有着严格的纪律（就是俗称的清规戒律），所有的信徒都有宣扬佛教的义务。

释迦牟尼在公元前 485 年 2 月 15 日去世，那时他已经是一个年近 80 岁的老人了。他在去世的那天还坚持讲道，讲完道又在河里洗了个澡，然后躺在弟子们在几棵娑罗树之间架起的绳床上。释迦牟尼告诉他的弟子们说：我就要死了，你们不要因为我的死去影响修行，而是要精研佛法，造福人民。说完他就逝世了。

释迦牟尼的遗体火化之后，骨灰中结出许多五光十色的颗粒，佛教把这种颗粒叫作"舍利"。当时有八个国王派遣使者来参加释迦牟尼的葬礼，大家都想把这些舍利带回自己的国家，经徒卢那调解，八个使者平分了这些舍利，带回国后珍藏在特地建造的塔中供奉，以表示对释迦牟尼的景仰。这种塔用金、银、玛瑙、珍珠等九种宝物装饰，人称"宝塔"。

大约在 1 世纪的时候，佛教传到了中国，然后在中国得到了发扬光大，后来又从中国传到朝鲜和日本。

—— 阿育王传奇 ——

阿育王是古代印度摩揭陀国孔雀王朝的第三个君主，从小就特别崇敬佛教始祖释迦牟尼，喜欢听佛祖如何经过许多肉体和内心的痛苦而终于成佛的故事。他对他的兄弟们说："佛教可以教人消灭个人欲望，使人安分守己，这对治理国家很有好处。"

18 岁时，阿育王被任命为阿般提省总督。公元前 273 年，他的父亲宾头沙罗王病逝。由于宾头沙罗王死前没有立太子，所有的王子和公主都想成为新的国王。为了夺取王位，他们进行了残酷的内战，以阿育王和他的大哥之间的战争最为激烈。在这场夺嫡之战中，阿育王杀死了 99 个兄弟姐妹，最终成为孔雀王朝的第三个国王。但是直到他登基的第四年，阿育王才举行正式的登基典礼（灌顶信仰式）。

孔雀帝国是一个高度集权的奴隶制君主专政国家。在这个国家里，国王拥有神圣不可侵犯的最高权力，军事、行政和司法等都由国王一言而决，阿育王也因此自称是"诸神的宠爱者"。孔雀帝国的行政区划和管理也很先进，在国王的领导下，帝国拥有庞大的官僚机构，有许多大臣分管中央各部，地方划分为若干行省，设总督进行统治。为了维护统治和保证帝国的安全，军队的建设也不遗余力，庞大的军队可以细分为步兵、骑兵、战车兵和象兵等各个兵种。

随着阿育王的统治地位渐渐稳固，新一轮的对外扩张也开始了。他统一了整个南亚次大陆和现在阿富汗的一部分地区，下一个目标就是羯陵伽。

羯陵伽是孟加拉湾沿岸的一个强国，有着繁荣的海外贸易，经济发达，极为富庶，而且还有着强大的军事力量。

公元前 262 年，阿育王做好了全部的战前准备，亲自率领 60 万人的大军发起了羯陵伽战役。这场战争进行得异常残酷，在羯陵伽人的顽强抵抗下，孔雀王朝的军队付出惨重的代价才取得胜利，杀死对方 10 万人，俘虏 15 万人。

羯陵伽战争对阿育王影响极大，在战斗结束后，阿育王看到战场上尸骨堆积如山，伤残的士兵痛苦地呻吟，还活着的士兵抱着死去的亲朋好友的尸体痛哭，阿育王开始怀疑自己发起战争究竟是对还是错。

战争结束不久，内心受到折磨的阿育王召来了佛教高僧优波毱多，同他进行了多次长谈。通过这些谈话，阿育王逐渐认识了战争的危害以及对人民所造成的灾难，为自己以往的杀戮懊悔不已。在优波毱多的谆谆教导下，阿育工幡然悔悟，成了一名虔诚的佛教徒。

皈依佛门后，阿育王发布了一条类似于罪己诏的敕令。他在敕令中说，他对羯陵伽人民在战争中所遭受的苦难感到深切的忧虑和悔恨。后来他又一次下达诏令，告诉他的臣民，以后永远不会再有"战鼓的响声"，代替它的将是"法的声音"。

从羯陵伽战役之后，阿育王终止了扩张的计划，再也没有侵略过别国，开始以弘扬佛法为己任。

阿育王所说的"法"，就是以佛教的伦理道德观为基础的个人修养，强调仁慈的实践和虔诚的思想。他认为，判断一个人是否真的信仰佛法，要看他是否真的按佛的教导行动了；判断一个人是不是一个虔诚的教徒，不是看他参加了多少次佛教仪式，而是看他是否每一件事情都按照佛法去做。

阿育王还认为，家庭是每一个人的人生的基点，所有的美德都要首先在家庭中实施。主要的观点就是孩子要服从父亲、要尊崇老师和长辈；对亲朋好友要慷慨和友好；主人对待仆人要仁慈，要乐于帮助贫苦的人，等等。

阿育王还废除了斗兽之类的血腥游戏，限制杀生祭祀，停止宫廷狩猎，还不许宫廷餐桌上再出现鸡鸭鱼肉。这些措施都是有一定进步意义的，在一定程度上缓和了阶级矛盾，减轻了人民的负担。

阿育王把佛教定为国教。他下令在王宫和印度各地竖立石柱，开凿石壁，将他的诏令刻在上面。为了弘扬佛法，他派出了包括王子和公主在内的大批使者和僧侣，到邻近的国家和地区传教。

晚年的阿育王很重视对寺院的布施。即使到了病重不起的时候，他还命人将大批黄金送往寺院供僧人装饰佛像和扩建寺院。就在他临终的那一刻，他还示意大臣将他吃剩的半个苹果也送给鸡园寺。

阿育王在位 40 多年，在国内外都享有很高的声誉。在印度和其他一些国家的历史著作里，他被称为"伟大的阿育王"。在他的治理下，孔雀王朝成了印度历史上第一个强大的统一帝国。

—— 欧洲诸神 ——

欧洲的历史虽然不像四大文明古国那样悠久，但是也很早进入文明社会，古希腊文明就是欧洲文明的源头。古希腊包括今天的巴尔干半岛南部、爱琴海诸岛和小亚细亚沿岸等地方。早期的希腊文明大多是以神话的形式流传下来的，这些神话后来成为全人类的精神财富。

古希腊人认为，在"太初"的时候宇宙还是一片混沌，天、地、水全部都混在一起。后来地神盖娅从混沌中诞生了，盖娅自身又分裂出天神乌伦诺斯，随后盖娅与乌伦诺斯结合后生下十二提坦巨神。乌伦诺斯因为残暴不仁被盖娅和克洛诺斯推翻，克洛诺斯夺了父亲的权力。但是不久后克洛诺斯的儿子宙斯又推翻了他的统治，成了第三代天神。宙斯是一个仁慈的天神，他把自己统治宇宙的权力分享给他手下的众神。

和其他民族的神话不同，古希腊人认为神并不是住在天国里面，而是住在希腊北部的奥林匹斯山上，因此希腊人把宙斯和他的手下叫作奥林匹斯山的众神。

在希腊人的神话里，神和人一样有性格和感情，也像人一样喜欢漂亮的衣服，喜欢华丽的饰品。他们有时候会和睦相处互相帮助，有时候也会钩心斗角尔虞我诈，打架斗殴、争风吃醋也是常有的事。他们和人的不同之处仅仅在于他们是永生不死的，比人的力量大。

在众神之中，宙斯的地位是最高的，他掌控着雷电，维持天界和人间的秩序。一般来说，宙斯是个性格随和的老好人，喜欢安静的生活，对众神和下界的凡人也慈爱有加，不过他一旦发怒就是天崩地裂电闪雷鸣，谁都会恐惧不已。宙斯的妻子赫拉号称"天后"，掌管天空。和宙斯的随和不同，赫拉脾气极坏，嫉妒心特别强，说话十分尖酸刻薄，这一点让宙斯很头痛。

一头金发的农神狄墨特尔最受人类尊敬，因为她掌握庄稼的耕耘和收成。狄墨特尔和宙斯生有一个女儿叫珀耳塞福涅，聪明伶俐又非常漂亮，狄墨特尔很喜欢她。可是宙斯没有和狄墨特尔商量，就把珀耳塞福涅许配给地府之王哈迪斯。狄墨特尔得知后很生气，就跑到宙斯那里大吵大闹，要宙斯收回成命，就连她负责的工作也不管了，于是大地变得荒芜，庄稼颗粒无收。眼看人们就要全部饿死，狄墨特尔又哭闹不休，宙斯急忙派赫尔墨斯作为使者去冥王那里斡旋，希望冥王能放弃这门婚事，让珀耳塞福涅回到她母亲的身边。可是此时珀耳塞福涅已经吃了地府里的东西，再也不能回到人世。

狄墨特尔见木已成舟，再加上宙斯向她赔了罪，许诺每年让珀耳塞福涅回来陪她住八个月，她也就不再追究这件事了。不过此后她对工作就不上心了，女儿回到她身边的时候，心情愉快的她就让植物发芽、生长和成熟，于是人类有了春天、夏天和秋天。可是一旦珀耳塞福涅去了冥府，她的心情就马上变差，再也不管人们有没有收获，是不是有东西吃，这个时候就是严寒的冬天，大地一片萧条。

英俊强壮的阿波罗最喜欢音乐和弓箭，他可以用短笛吹奏出优美动听的乐曲。宙斯有一辆太阳车，装饰得金碧辉煌光芒四射。阿波罗很喜欢这辆车，就请求宙斯把太阳车送给他，宙斯答应了他的请求。从此阿波罗就驾驶着太阳车每天早上从东方驶出，晚上再驾着回宫，大家都叫他太阳神阿波罗。不过冬天的时候他总是多睡一会儿，所以冬天总是亮得晚一些。他还能够预言吉凶，所以希腊人每当遇到困难的时候，都会到他的神像前祈祷，求他指点下一步的行动。

阿耳忒弥斯是阿波罗的孪生姐姐，这个女神既精明强干又非常好强，最喜欢的运动就是打猎，所以又称为猎神。她对男人不屑一顾，从来都不会被男人的花言巧语所打动，所以被独身主义的妇女们视作保护神。阿耳忒弥斯见弟弟阿波罗从父神宙斯那里要来了太阳车，天天神气地在天上跑来跑去，就向宙斯提出希望他把月亮车送给自己。宙斯笑着同意了她的请求，从此她就天天晚上驾着月亮车出现在天空，阿耳忒弥斯也就成了月神。

战争和智慧女神雅典娜的出生极具故事性。当初盖娅和克洛诺斯曾经有一个预言，说是宙斯的妻子智慧女神墨提斯会生一个儿子，而这个儿子将会抢走宙斯天神的宝座。宙斯害怕这个预言会实现，一得知墨提斯怀孕就把她吞到了肚子里。可是宙斯吞了墨提斯后一直头疼，连阿波罗都没有治疗的办法，后来宙斯实在受不了了，就让火神拿斧子把他的头劈开。火神刚打开了宙斯的头颅，雅典娜就身穿铠甲、拿着长矛和盾牌跳了出来。

和阿耳忒弥斯一样，雅典娜也不愿谈情说爱，她只对打仗和练习各种武艺有兴趣。她还是雅典的保护神，这个保护神的位置是她和波塞冬打赌赢来的。波塞冬是海神，一直希望和其他众神一样在陆地上安家，正好腓尼基人在海边建了一个城市，波塞冬就想做这个城市的主神。不料雅典娜也看上了这个城市，两个神吵也吵了，打也打了，可是谁都不愿意退让。最后在宙斯的调解下决定用打赌的方式来决一胜负：他们两个各送给人类一件礼物，人类认为谁的礼物好，谁就是这个城市的保护神。

比赛当天，波塞冬用他的三叉戟一敲岩石，里面就跑出了一匹高头大马；雅典娜用她的长矛在地面上顿了顿，地上就长出了一棵橄榄树。结果城市的居民都说雅典娜的礼物最好，因为橄榄树象征着和平，而且它的果实既可以食用又可以榨油，对人类既有象征意义也有实用意义。而波塞冬的马象征着战争，又有几个人类喜欢战争呢？于是雅典娜毫无疑问地成了这个海边城市的主神，她还把自己的名字赐给了这个城市——雅典。从那以后，雅典人在城里种满了橄榄树，雅典也被视为"酷爱和平之城"。

　　赫尔墨斯也是宙斯的儿子，他的主要工作就是给宙斯跑腿送信。据说他曾经抓到一只大乌龟，把龟壳取了下来，然后装上七根用羊肠做成的弦，做成了世界上第一把竖琴。赫尔墨斯聪明狡猾，但是有点手脚不干净（所以小偷和骗子把他当作保护神）。他偷了阿波罗的 50 头牛，结果阿波罗找上门来把他大骂一顿，然后赶着牛就走了。赫尔墨斯很想留下这些牛，可是他又打不过阿波罗，眼看阿波罗赶着牛就要走远了，赫尔墨斯急中生智弹起了竖琴。阿波罗酷爱音乐，听到身后传来美妙的乐曲，就停了下来。一曲终了，阿波罗被竖琴的音质打动了，就回来找赫尔墨斯商量，用他的这 50 头牛换赫尔墨斯的竖琴。赫尔墨斯喜出望外，这把竖琴只不过是一个龟壳、几段羊肠加三根木棍而已，现在竟然能换 50 头牛，简直太划算了，就同意和阿波罗交易。因为这场世界上的第一笔交易，他成了商业之神；因为他换回来的是 50 头牛，他又成了牧人的保护神；因为他是宙斯神的使者，他还是旅者之神。

　　火神赫菲斯托斯还有一个名字叫作武尔坎。这个神灵虽然是个瘸子，可是他手艺真是没的说，他也是世间所有工匠的始祖。据说火山口就是他的打铁炉，宙斯的闪电长矛，波塞冬的三叉戟，哈迪斯的双股叉，丘比特的金箭、铅箭都是他铸制的。

　　可能少女们最喜欢的神就是爱神维纳斯了，她和战神玛尔斯结婚后生下的儿子叫丘比特。丘比特号称小爱神，身上长着一对天使一样漂亮的翅膀。火神赫菲斯托斯曾经给他打了一张金弓、一套金箭和一套铅箭。不过丘比特的这一副弓箭有特殊的作用：如果他把金箭射到某人的心里，中箭的人不是死亡，而是会疯狂地爱上一个异性，享受恋爱的幸福；可是如果某人中的是铅箭，那么他（她）的爱情就会结束。

　　对于希腊文化和欧洲文化来说，希腊神话是它们取之不尽用之不竭的艺术宝库，也深受它的影响。古希腊的各种瓶画、壁画和雕刻基本上都是取材于远古神话；史诗、诗歌和戏剧中也都充斥着神话传说的身影。即使到了欧洲的"文艺复兴"时期甚至是近代，希腊神话传说仍然是各国文学艺术家创作的素材，希腊神话中的典故更是被不少贤哲加以采用。

—— 奴隶作家伊索 ——

大约在公元前 800 ~ 公元前 600 年的时候，古希腊进入奴隶社会。奴隶几乎没有任何社会地位，他们只不过是奴隶主的一群"会说话的工具"。奴隶主不仅掌握着奴隶的生杀大权，就是下层的平民也要受他们剥削。奴隶和下层平民对奴隶主贵族的专制敢怒不敢言，就用寓言来表达心中的愤懑，当作与奴隶主做斗争的武器。当时有很多奴隶和平民出身的寓言作家，伊索就是最杰出的一位。

传说伊索是个又矮又丑的奴隶，可是他才智过人、出口成章，能够讲许多有趣的故事，他的主人很欣赏他的才华，不忍让他与普通奴隶在一起受折磨，于是就解除了他的奴籍，让他成了自由人。

伊索编了许多寓言故事，用以反映统治者的残暴和底层人民的悲惨生活，揭露了当时黑暗的社会现实。他的故事生动形象又通俗易懂，深受底层劳苦大众的喜爱。

我们现在见到的《伊索寓言》是后人收集改编的，不仅有伊索编写的寓言故事，还有古希腊的民间故事，以及部分印度、阿拉伯及基督教故事，共三百五十七篇。这些小故事以动物象征人，表达的是人类社会的现实，也是下层平民的生活经验与斗争教训的深刻总结。

例如众所周知《农夫和蛇》，讲的是农夫在冬天看见一条毒蛇冻僵了，就把蛇放到自己的胸口为它取暖。谁知道蛇刚苏醒就咬了农夫一口，农夫临死的时候说："我不应该怜悯毒蛇，这是我的报应！"这个故事告诉我们绝不要怜悯坏人，否则就是害自己。

《赫尔墨斯与雕像者》讲的是赫尔墨斯来到一个雕像者的商店，见到里面有宙斯和赫拉的雕像，就问雕像者："宙斯的雕像多少钱？""一个银元。""赫拉的呢？""一个银元还要多点。"随后他看到自己的雕像，认为自己作为商人的保护神，他的雕像应该更贵一点。就又问雕像者："这个雕像多少钱？"谁知道雕像者回答："如果你买了那两个，这个就白送给你！"这个故事的寓意是人要有自知之明，不要把自己看得太重要。

《狼和小羊》的故事，讲一只狼想要吃正在河边喝水的小羊，可是又想找个光明正大的借口，免得自己像个贪婪残忍的家伙。于是就怪小羊把水弄脏了，小羊回答说："我在下游，你在上游，我怎么会把上游的水弄脏呢？"狼哑口无言，就又找了一个借口，说："我听说去年你骂过我！"小羊很委屈，辩解道："去年我还没出生呢。"狼理屈词穷，终于撕下了伪装，恶狠狠地说："不是你就是你爹，反正我就是要吃你！"说着就扑过去把小羊吃掉了。这个故事寓意是坏人要是存心想做坏事，总是可以找到借口的。

《龟兔赛跑》更是耳熟能详了。乌龟与兔子比赛看谁先跑到终点。兔子跑得很快，一会儿就快到终点了，它回头一看，乌龟才刚离开起点一点点，心说：我就是睡觉它也撵不上我。兔子真的找了一个树荫睡觉了，等它睡醒后跑到终点，发现乌龟早就到了。这个寓言有两个含义，一是告诫人们不要骄傲，也不要看不起那些不如自己的人；二是告诫人们不必害怕强大的对手，只要持之以恒，总会有成功的一天。

《伊索寓言》用浅显的故事揭示了深刻的道理，小故事有着大智慧。《打破神像的人》是说不能盲目相信他人；《乌鸦和狐狸》告诉人民要警惕那些无端讨好自己的人；《狐狸和葡萄》中嘲笑无能者的自我安慰心理；《农夫和鹳》中则说明了与坏人为伍的危险性……

《伊索寓言》是古希腊文学的重要组成部分，它的价值并不亚于希腊神话《荷马史诗》。作为西方寓言文学的范本，《伊索寓言》也是世界上流传最广的经典作品之一，许多作家、诗人、哲学家都从中得到过启发和借鉴。即使到了几千年后的今天，《伊索寓言》仍然有着很强的现实意义。

——《荷马史诗》——

目前没有任何证据能够证明古希腊是否有过荷马这个人物，出于对《荷马史诗》这部鸿篇巨著的尊敬，我们姑且认为他真的存在吧。荷马的生平和家乡已不可考证，按照古希腊的传说，他应该生活在公元前 9 世纪~公元前 8 世纪，很可能是爱琴海沿岸一带的人。据说他自幼双目失明，但是他的听觉和记性很好，音质也很洪亮。他 8 岁的时候开始向当地的一名著名流浪歌手学艺，不仅学会了歌唱的技巧，也记下了大量的诗歌，后来成为一名出色的盲人歌手。

荷马的老师去世后，他背着老师留下的七弦竖琴开始了流浪歌手的生涯。因为他唱的诗歌优美动听，故事情节跌宕起伏、内容丰富多彩、人物特点生动形象，深受人们的欢迎。几年之后荷马"善歌"的名气越来越大，很多达官贵人都希望在举办宴会和庆典时能够请荷马来唱上一段。其他的歌手见荷马的诗歌那么受欢迎，也纷纷跟风学唱，于是荷马的诗歌传播得越来越广，影响力也越来越大。

最初的几百年《荷马史诗》只是民间流传的一部口头作品，一直到了公元前 6 世纪的中叶，雅典城邦有一个国王因为喜欢这部作品，就组织了一批学者把它整理成了文字，也就是我们现在看到的《荷马史诗》。

《荷马史诗》共 24 卷，包括《伊利亚特》和《奥德赛》两部分。《伊利亚特》也称作《伊利昂纪》，意思就是"伊利翁之歌"，讲述的是英雄阿喀琉斯与特洛伊战争的故事；《奥德赛》叙述了特洛伊战争之后，希腊英雄奥德修斯渡海回国的故事。下面我们就简述一下《荷马史诗》的故事梗概。

在宙斯的撮合下，珀琉斯与海中女神忒提斯（就是阿喀琉斯的父母）结婚了，他们邀请了所有的神，除了厄里斯，因为厄里斯主管的是纠纷与灾祸，怕她给自己带来祸患。然而怕什么来什么，厄里斯觉得珀琉斯和忒提斯看不起自己，就不请自来，扔下一个金苹果转身走了。因为苹果上写着"献给最美的女神"，赫拉、雅典娜和阿佛洛狄忒三位女神都认为自己是最漂亮的，这个苹果就是送给自己的。她们谁都不肯示弱，就去找宙斯让他说谁是最漂亮的。宙斯就让她们去找特洛伊王子帕里斯。

为了得到金苹果证明自己才是最美的那个，三位女神争相贿赂帕里斯，企图让他把金苹果判给自己。赫拉说能够让他成为最伟大的君王，雅典娜许他成为最伟大的英雄，阿佛洛狄忒答应送给他世界上最漂亮的女人。年少慕艾的帕里斯哪里受得了美女的诱惑？于是他就把金苹果判给了阿佛洛狄忒。赫拉和雅典娜愤愤离去，发誓要报复帕里斯和特洛伊。

阿佛洛狄忒得偿所愿，就帮助帕里斯去斯巴达拐走了美丽的海伦，并抢走了大批财物。海伦的丈夫墨涅拉俄斯大怒，就去请他的哥哥阿伽门农为他报仇并抢回海伦。于是阿伽门农召开了英雄大会，聚集了希腊各国的英雄，组建了希腊联军去攻打特洛伊。

联军中武力值最高的是阿喀琉斯，他骁勇善战刀枪不入，打得特洛伊人闻风丧胆。然而希腊联军的统帅阿伽门农却抢走了他最心爱的女奴，阿喀琉斯一气之下就不再上战场了。恰在此时，特洛伊的第一勇士赫克托耳参战了，在赫克托耳的领导下，希腊联军屡战屡败。阿伽门农无奈就让特洛克罗斯假扮成阿喀琉斯出战，企图用阿喀琉斯的威名吓退赫克托耳，不料被赫克托耳杀死了。

特洛克罗斯是阿喀琉斯最好的朋友，他的死亡极大地刺激了阿喀琉斯。阿喀琉斯认为是自己的不顾大局害死了特洛克罗斯，决定抛弃私怨重返战场，发誓杀死赫克托耳为好友报仇。最终阿喀琉斯杀死了赫克托耳，并且用战车拖着他的尸体绕着特洛伊城跑了三圈。

在赫克托耳的父亲普里阿摩斯的请求下，阿喀琉斯归还了赫克托耳的尸体。双方各自安葬了自己的勇士后战事又起，在这次战斗中，帕里斯一箭射中了阿喀琉斯身上唯一的致命处——脚跟，阿喀琉斯阵亡沙场。

为什么脚跟是阿喀琉斯的死穴呢？原来，他的母亲忒提斯知道自己的儿子将会卷入这场众神主导的战争，为了保住儿子的性命，就倒提着阿喀琉斯用冥河水给他洗澡，凡是冥水洗过的地方都不惧刀枪，但是被她握着的脚跟却没有洗到，因此这里就成了阿喀琉斯唯一的弱点。

这时战争已经持续了将近十年，双方都打得筋疲力尽无力再战。希腊联军的智将奥德修斯想了一条妙计：他命人制作一匹巨大的木马，挑选出武艺最好的勇士藏在里面，然后希腊人假装撤退，把大木马留在特洛伊城外。特洛伊人不知是计，看到希腊人退兵就把木马当作战利品拖了回去。

半夜，希腊人爬出了木马，和悄悄返回并埋伏在城外的军队里应外合拿下了城门，特洛伊城就此陷落。希腊人抢回了海伦和大批财物，然后一把火烧掉了特洛伊城。

《伊利亚特》的故事就到这里，下面就是《荷马史诗》的第二部分《奥德赛》

战争结束了，希腊联军开始撤军。在渡海回国的时候，奥德修斯和他的同伴因为遇到了风暴与大部队失联了，在海上漂泊了整整十年才回到家乡。

奥德修斯在这十年里克服了种种困难，经历重重险阻。在巨人岛，他们被独眼巨人吕斐摩斯抓到了山洞里当作食物储备，奥德修斯设计灌醉了巨人，刺瞎了它的独眼，藏身于羊肚子下逃出山洞。

在一个小岛上，同伴们吃了忘忧果都不愿意离开，奥德修斯把他们绑在船上逃离了这个岛屿。

海神波塞冬为了替儿子独眼巨人报仇，在海上掀起了狂风巨浪，他们在与风雨的搏斗中迷路，最后飘流到太阳岛上。因为太饿了，伙伴们趁太阳神不在偷走了他的神牛。太阳神回来后，赶上并击碎了他们大部分的船只。

他们经过巨人岛的时候被巨人捣毁了十一艘船，奥德修斯因为没有来得及上岸而幸免于难；经过大旋涡卡律布狄斯时唯一的船也被毁了，只剩下奥德修斯一个人游到了女神加里普索的岛上。在这里，他又被多情的加里普索强留了 7 年，直到宙斯出面干预，这位漂泊多年的英雄才得以返乡。

因为其他远征特洛伊的人都已经回来了，只有他一直没有消息，家乡的人都以为他已经死在了海外。那些贵族子弟以为他再也回不来了，就纷纷来到他的家里，向她美丽的妻子珀涅罗珀求婚。虽然珀涅罗珀拒绝了他们，可是这些人却赖在这里不走，天天在他家宴饮作乐，挥霍他的财产。奥德修斯决心除掉这些恬不知耻的家伙，于是就扮成一个老乞丐，见到了他的儿子。在儿子的帮助下，奥德修斯杀死了所有在他家中胡作非为的贵族恶少。一家人终于团聚了，他也重新当上了国王。

《荷马史诗》是欧洲文学史上最早的优秀文学巨著，它反映了古希腊史前时代的生活面貌。它独特精湛的艺术特色对后世欧洲文学和世界文学的发展具有深远的影响。《荷马史诗》是古希腊的一部百科全书，描写了那时的手工业、农业与商业，展示了那时的政治、军事与文化，成为后世了解希腊古代生活的最形象的资料。公元前 12 世纪～公元前 8 世纪也因此被称为"荷马时代"。

—— 全民皆兵的斯巴达 ——

公元前 8 世纪～公元前 6 世纪的时候，希腊半岛上开始出现了城邦国家。所谓城邦国家，就是以一个城市为中心，加上周围的村镇组成的小国家。古希腊大约有 200 多个城邦，其中最强大的是雅典和斯巴达。

在古希腊语中，"斯巴达"的原意就是"可以耕种的平原地区"。事实上也的确如此，斯巴达就是现在伯罗奔尼撒半岛东南部的拉哥尼亚地区，这里是一块三面环山、土地沃腴的小平原，由北而南纵贯全境的欧洛河可以提供灌溉用水，因此有着发达农业。

大约在公元前 11 世纪，多利亚人来到了拉哥尼亚，打败了原居民后他们开始在这里定居，形成了后来的斯巴达城——不过这个城市既没有城墙也没有像样的街道。斯巴达人就是指来到这里的多利亚人。

所有的当地人都成了斯巴达人的奴隶，斯巴达人把他们叫作"希洛人"。斯巴达人没有私人奴隶，所有的希洛人都是公共财产。希洛人的负担很重，超过一半的收获要上缴给斯巴达人，平均四五户希洛人才能供养一户斯巴达人。随着斯巴达的对外扩张，"希洛人"也越来越多。

斯巴达人唯一的工作就是军事训练。他们全民皆兵，每个男人都是合格的勇士，每个女人都是养育勇士的母亲，所有的一切都围绕着"打赢战争"这个目的来进行。

斯巴达人一生下来就面临着残酷的生存挑战。母亲生下的婴儿必须经过长老的检查，只有健康强壮的才能留下来，先天不足和有残疾的必须丢弃。随后就用烈酒给婴儿洗澡，如果婴儿受不了烈酒的气味出现昏厥就任其死去。

孩子在 7 岁之前可以与父母生活在一起，父母会对他们严加管教。父母会教育他们知足，不能挑食，不能大哭大闹，不能害怕黑暗和孤独，要有长大后为国效力的觉悟。

7 岁后的男孩就要离开父母，在一个少年军校性质的团体里接受训练，以提高他们的体力、敏捷力和耐力。为了培养他们吃苦耐劳的精神，要在烈日下行走在荆棘丛生的路上；为了提高服从性和忍耐性，他们每年在节日敬神时都要被皮鞭鞭打一次，而且不能喊叫或求饶，否则就会受到更加残酷的惩罚。

12岁以后他们就被编入少年团，这时的训练就更加严酷了。无论春夏秋冬，他们的衣服就只有一件单衣，冬天还有耐冻训练，就是脱光衣服到冰天雪地里跑步，谁要是露出了害怕的样子就要被严惩。他们睡觉没有被褥，只能躺在干草上，即使在冬天也只不过在草上加些蓟花絮。他们的食物也很少，根本就吃不饱，当局鼓励他们出去偷东西吃，如果被人发现还要严惩，因为他们盗窃的技术不过关。据说有个斯巴达少年偷了一只狐狸，因为怕人发现就藏到了衣服里面，即使狐狸咬他也不敢吭声，最后被活活咬死。

20岁时成为正式军人，开始学习各种作战技能，演练阵法。为了克服杀人的恐惧心理，他们会定期让新兵屠杀希洛人。到了30岁，斯巴达人就可以结婚生子了，但是还必须参加一个叫"斐迪提亚"的民兵组织，每15人为一组继续接受训练，随时准备上战场，一直到了60岁才能正式退役。

斯巴达女孩不需要参军学习杀人的技巧，除了学习家务以外，更多的时间要学习赛跑、投掷和格斗等，以期锻炼出强壮的身体，因为斯巴达人认为只有健壮的母亲才能生出健壮的战士。斯巴达人崇尚在战争中流血牺牲，母亲送儿子上战场时会给他一个盾牌，告诉他要么拿着回来，要么躺在上面回来。意思是说要么拿着盾牌光荣胜利归来，要么其尸体被人用盾牌抬回来。

在这种军事优先、全民尚武的战略思想下，斯巴达人成了古希腊的军事强国。斯巴达人作战英勇顽强，经过多年的武力扩张，他们控制了伯罗奔尼撒半岛上的各个城邦，成立了以它为主的伯罗奔尼撒同盟。在公元前431年~公元前404年的伯罗奔尼撒战争中，斯巴达打败了古希腊的第一强国雅典，成为古希腊的霸主。

但是斯巴达人的全民皆兵是建立在对希洛人残酷压迫基础上的。他们不仅在战争时征发大量的青壮希洛人作为辅兵使希洛人伤亡惨重，在日常生活中还把希洛人作为新兵训练的"道具"，而且定期对希洛人"减丁"，这就激起了希洛人大规模的反抗。约公元前640年，希洛人发动了一场武装起义，十几年后才被斯巴达人扑灭。公元前464年，又一场起义爆发了，这次起义军一度打到了斯巴达城下，虽然最后兵败退守伊汤姆山，但是还是坚持斗争了10年。这次起义给斯巴达人沉重的打击，终于迫使斯巴达统治者向他们妥协，让起义军带着家人离开了伯罗奔尼撒半岛，获得了梦寐以求的自由。

也正是斯巴达人的穷兵黩武，周围的邻国也对他们充满了警惕，加上内部的希洛人起义接连不断，斯巴达渐渐衰落，最后被罗马征服。公元前 4 世纪，斯巴达城被哥特人摧毁，盛极一时的斯巴达永远退出了历史舞台。

—— 政治家梭伦 ——

梭伦（约公元前 638 年~公元前 558 年）是古希腊著名的政治改革家和诗人，出生于雅典萨拉米斯岛的一个没落贵族家庭。他年轻时游历过许多地方，考察当地的风土人情和物资特产，写出了不少揭露社会现实和抨击氏族权贵的诗篇，后被誉为古希腊"七贤"之一。他同情底层平民的痛苦生活，有一句名言："我拿着一只大盾，保护两方，不让任何一方不公正地占据优势；我制定法律，不分贵贱，一视同仁。"

梭伦是一个爱国主义者。在他 20 多岁的时候，邻国麦加拉悍然入侵，抢走了雅典的萨拉米斯岛。这个岛屿就在雅典出海口外面，是雅典进行海上贸易的重要中转站，萨拉米斯岛的丢失使雅典的对外贸易陷入了停顿。然而腐败懦弱的雅典当局失败后不是想着卧薪尝胆重整旗鼓去报仇雪恨，反而发布公告严禁人们谈论收复萨拉米斯岛的问题，违者格杀勿论。雅典人民虽然对政府的做法极度不满，但是为了保全自己的性命都缄口不言。

梭伦为了唤醒雅典人的爱国热情，对雅典当局施加压力收复失地，就用装疯的方式来到雅典的中心广场上。人民听说有名的梭伦疯了，纷纷赶来看是怎么回事。梭伦见来的人多了，就开始大声朗诵他的诗篇："啊，我们的萨拉米斯，她是多么美丽，又多么使我们留恋，让我们向萨拉米斯进军，我们要为收复这座海岛而战，我们要雪洗雅典人身上的奇耻大辱……"

在场的大都是工匠、商人、作坊主等城市居民，因为海外贸易的停顿，他们生产出来的产品卖不出去，眼看就要破产，说不定还要成为债务奴隶。因此这些人最希望夺回萨拉米斯。此时有了梭伦的振臂一呼，顿时群情汹涌，都赶到雅典议会的门前请愿收回萨拉米斯。在群众的压力下，雅典当局不得不收回成命，开始整军经武准备和麦加拉开战。

公元前600年左右，年仅30岁的梭伦被任命为指挥官，他率领军队一举夺回了萨拉米斯岛。萨拉米斯战役的胜利使梭伦收获颇丰，不仅让人们看到了梭伦出色的军事才能，在此后赢得了军方的支持，还使他在雅典的中下层人民中声望大增，也为他日后的改革打下了坚实的基础。

公元前594年，因为威望素著和巨大的功绩，梭伦被人民推选为雅典城邦的"执政兼仲裁"（首席执政官），成为雅典的最高领导者。

梭伦早期的游历经商生涯不仅仅使其开阔了眼界增加了见识，也让他深刻了解下层平民的疾苦。在担任首席执政官后，梭伦立即实施了一系列改革，颁布多项法令，减轻了下层平民的负担。

在当时的雅典，上层贵族利用手中掌握的国家机器残酷剥削广大的下层平民，最不得人心的就是"六一农"制度。在贵族的横征暴敛下，广大农民家无余资，稍有动荡就只得以土地作为抵押向贵族借债。如果到期还不了债，借债者就会沦为"六一农"，贵族会在借债者的土地上竖起一块债务碑石，让借债者为贵族做工。借债者收成的六分之五须交给贵族财主，如果遇到天灾收成不够缴纳利息，贵族便在一年后把欠债的农民及其妻子、儿女变成自己的债务奴隶，甚至会把他们卖到异国他乡。

梭伦废除了"六一农"的制度，将抵押的土地归还原主，所有的债务奴隶都恢复了自由民的身份。这一改革虽然触犯了上层贵族的利益，但是对占人口大多数的下层人民是有利的，让他们不再朝不保夕，提高了民族凝聚力。

最有意义的是梭伦确立的公民等级制度。梭伦按财产的多少将雅典的全体公民划分为四个等级，财产越多等级越高，享有的政治权力也越高。第一、二等公民可担任包括执政官在内的最高官职，第三等只能担任低级官职，第四等不能担任任何官职。

虽然这一制度并未实现公民之间的真正平等，但是打破了以前贵族依据世袭特权垄断官职的局面，为非贵族出身的奴隶主开辟了取得政治权力的途径，给底层人民有了上进的希望。

为了限制和削弱贵族会议的权力，梭伦恢复公民会议作为最高权力机关，公民会议决定城邦大事，选举执政官，各等级公民均可参加。此外还成立了400人会议，相当于现在英国的上议院，只有前三个等级的公民才能参加。

为了振兴雅典的经济，梭伦发布了一系列的命令奖励农牧生产和鼓励工商。梭伦规定：凡是植树造林、开凿水井的都会得到适当奖赏；打死一只危害家畜的狼可得相当于5只羊的奖励；如果父亲没有教会儿子一门谋生的手艺，那么儿子就没有赡养他的义务；外来移民中，熟练的工匠可以优先取得雅典公民权。

梭伦还改革了币制。为鼓励雅典人的国家荣誉感，他还规定在奥林匹克运动会上获得优胜的人可以得到一笔奖金。

梭伦把这些法律条文都刻在木板或石板上，镶在可转动的长方形框子里，放在人来人往的中心广场上公之于众。

梭伦的改革提高和改善了自由民的经济地位，使新兴工商业奴隶主的地位得到确立和保障，扩大了雅典奴隶主阶级统治的基础，削弱了氏族贵族的势力，使雅典开始走向奴役外族的道路，也为雅典民主政治的形成奠定了基础。而且这种民主政治不仅为以后希腊的民主打下了基础，也成为整个西方民主的基础。

梭伦不是贪恋权力的人，在首席执政官任满后，他就放弃全部权力离开了雅典。据说他去过埃及、塞浦路斯、小亚细亚等地，游览了这些地方的名山胜川，也留下了许多美丽的传说。晚年的时候他隐居在家乡，想要把他的见闻用诗歌和寓言的形式记录下来，可是这个宏愿还没有完成就溘然长逝，他的骨灰就撒在他曾为之战斗过的美丽的萨拉米斯岛上。

—— 奥运会的来历 ——

到2016年为止，夏季奥林匹克运动会已经举办过31届了，如今已经成为各国运动健儿展示自己实力的盛会。不过你知道奥运会的来历吗？它最初是如何举行的吗？

关于奥运会的来历有好几种说法，下面我们一一道来。

一种说法从祭神的仪式转变过来的。因为奥林匹亚山是众神的住所，所以人们在这里建起了宙斯神庙，每年7、8月份的时候都要来这里祭祀宙斯。平常的祭祀只是献纳祭品、举行仪式，但是到了四年一次的闰年时，竞技运动也会被列为祭神活动之一。这就是夏季奥运会四年举行一次的由来。

另一个说法是休战说。传说古希腊时伊利斯城邦因与斯巴达争夺奥林匹亚而爆发战争，人民苦不堪言。伊利斯城邦的国王依斐多便向太阳神阿波罗祈祷，希望停止战争。阿波罗告诉他，只要在奥林匹亚举行竞技会，就可免除战争之苦。经过与斯巴达协商，双方订立《神圣休战条约》，将奥林匹亚定为竞技场，提倡"不用武器和流血，而用力量和灵敏来确立人的尊严"。条约规定在竞技会举行期间，希腊各城邦都要实行"神圣休战"，如果有人或城邦挑起战争，将受到严厉的惩罚，从此开始了四年一次的奥林匹亚赛会。

还有一个传说流传最广。相传海神波塞冬的儿子珀罗普斯在希腊游历时，遇到了伊利斯国公主，两个年轻人一见钟情双双堕入爱河。可是伊利斯国王却不同意这门婚事，他想把女儿嫁给邻国的国王，因为那个国王愿意用一片土地作为聘礼。但是这个想法是无法光明正大说出来的，于是他就告诉珀罗普斯，如果他能在驾驶马车方面胜过自己就把公主嫁给他。珀罗普斯答应了这个条件，双方约定在奥林匹亚山下进行比赛。比赛的时候珀罗普斯很快就跑到了前面，国王急了，就拿起车上的长矛准备把他打下去，不料国王的马车正好在这时候坏了，珀罗普斯赢得了胜利，有情人终成眷属。为了纪念这个胜利，他们结婚的时候举行了赛车和赛马活动，就成了奥运会的开端。

当然这些都是神话传说，不是真正的历史。历史学家认为，古希腊之所以能够出现奥运会，有着地理环境、生活方式、文化习俗、宗教信仰、价值观念、审美观点等多种历史与文化因素，是一个客观历史现象。

在古希腊时，因为城邦制国家的每个男性公民都是战士，统治者非常重视他们的身体素质和各种战斗技巧的熟练程度，因为这些直接关系着军队战斗力的高低。为了检验他们的训练成果，召开运动会显然是一种很好的方式。至于为什么叫作"奥林匹克运动会"，是因为最早的运动会是在奥林匹亚山下举行的，举行的时间是公元前776年。

最早的奥运会只有200码（大约182米）短跑一个项目，后来又添加了摔跤、铁饼、标枪、赛马和赛车等，因此可以看出，奥运会最初比赛的都是军事技能。

奥运会是一个全民性的竞技大会，除了女性、叛国者、渎神者，所有的成年男性希腊公民都可以参加比赛。可能唯一特殊的就是战车比赛了，因为这种比赛至少需要一辆战车和四匹马，还要接受专门的训练，所以参加的往往是贵族。

运动会结束后会在宙斯神庙附近举行隆重的授奖仪式，庄严地宣读各项比赛优胜者的姓名、其父亲的姓名、所属的城邦和出生地名。裁判们隆重地将桂树枝制作的花环戴到胜利者的头上，这也是后来人们常说的"桂冠""夺冠"等词语的由来。

在奥运会举办之间和举办之后的一段时间，就连国王都没有胜利者引人注目：最著名的诗人会写诗歌赞美他们，第一流的艺术家会在奥林匹亚建造雕像纪念他们，国王也会举行国宴来为他们庆功。这些胜利者的名字很快就在希腊家喻户晓，有时候还会名扬海外。胜利者家乡所在的城市会把他们当作出征凯旋的英雄来欢迎，有的城市还故意把城墙打开一个缺口，让他们像征服者那样进城。雅典人对胜利者还会给予 500 银币的奖励。

最初几届的奥运会就有了一个优良的传统：胜利者会得到大家的尊敬，获得最高的荣誉，而那些作弊的人会被立刻驱离会场，受到大家的嘲笑和鄙视。

不过那时奥运会不允许妇女参与，妇女连观看的资格都没有，就更不用说上场参与竞赛了，如果有妇女被发现去了奥运会的赛场就会被扔下悬崖。有一个说法是妇女参加竞技会有亵渎神灵的嫌疑，而且参与竞赛的男子都是赤身裸体，妇女应该回避这种场合。这样妇女就被排斥在赛场之外。不过从历史的角度来看，还是应该与古代奥运会是个军事竞技会有关，毕竟当时的军队里都是男人而没有女人，所以妇女也就无法参加奥运会了。

据历史记载，古代的奥林匹克运动会一共举行了 293 次。终结这项伟大的古代体育盛会的是罗马皇帝狄奥多西，他在 394 年下令禁止举办奥林匹亚竞技会。

等这个古老的盛会再次出现在人们面前时已经过去 1500 多年了，经过现代奥运会之父——法国人顾拜旦的倡议和努力，1896 年，第一届现代奥运会在雅典举行。现代奥运会仍然是四年一次，但是举办的地点不再是奥林匹亚一地，而是每一届都会在不同的国家举行，参赛的选手也不再限定为希腊人，设置的比赛项目也不再局限于军事技能，又增添了许多其他的项目。它的口号是"更高、更快、更强"，传递着人类大家庭的和平和友谊，成为人类和平友谊的盛会。

—— 马拉松战役 ——

田径比赛有一个叫作"马拉松长跑"的项目，参加这个项目比赛的选手要跑 42.195 公里的距离，是田径场上路程最长，也最为艰苦的赛跑项目，没有过人的体力和毅力是无法完成这个比赛的。可能你不知道，设置这个项目的目的只是为了纪念一个小小的传令兵斐力庇第斯。

故事还要从 2500 多年前的希波战争说起。

波斯帝国到了大流士一世时，已经是一个横跨亚非欧三大洲的大帝国。可是大流士却并不满足，他又把目光投向了美丽富饶的希腊。

公元前 490 年，波斯军队横渡爱琴海，摧毁优卑亚岛上的埃勒特里亚城后，又挥军南下，兵锋直逼雅典城。

当时波斯军队有 10 万人，而雅典的常备陆军只有不到一万，在正常的情况下是不可能挡住波斯军队的，于是雅典就派出跑得最快的传令兵斐力庇第斯向盟友斯巴达求援。斐力庇第斯花了两天时间，在 9 月 9 日跑到 150 公里之外的斯巴达。可是斯巴达的元老会认为，这场战役是雅典与波斯争夺海上霸权引起的，斯巴达没有必要参与进去，决定按兵不发。

斐力庇第斯又把这个噩耗带回了雅典。既然盟友不愿来援，不甘亡国的雅典人就决定全国总动员来抵抗波斯侵略者。他们组织起所有能够拿起武器的男性公民，倾全国之力给其中的一万精锐配备上了甲胄和精良的武器，甚至把奴隶也编入了军队，以著名的将领米太亚得为统帅与波斯决死一战。

在出发前，米太亚得对战士们说："我们的家人就在身后，他们是戴上奴隶的枷锁，还是永葆自由，关键就在你们！"不愿做亡国奴的士兵们齐声高呼"为自由而战"。

这时波斯人已经到了离雅典城仅 40 公里的马拉松平原，他们准备在这里休整后一鼓作气拿下雅典。马拉松平原三面环山，一面临海，波斯人就在平原上扎营，身后的大海上就是他们的战舰。米太亚得率领大军来到这里后，立刻命令部队占据有利地形，挡住了波斯军队前进的道路。

9月12日清晨，大战爆发了。波斯依仗兵力的优势率先发起了进攻，米太亚得命中军且战且退，将最精锐的重装步兵放在两翼。在波斯人的进攻部队形成突出部之后，重装步兵迅速出击包围了突出部的波斯人。波斯人的进攻部队很快就被打垮，溃兵又冲散了后面的主力的阵列，米太亚得趁机投入了全部兵力加强攻势。波斯人这时候已经无法组织起有效的抵抗，只好命令部队撤到船上去。可惜战时的撤退不是那么好完成的，波斯军队很快就从撤退转变成溃退，又由溃退变成溃败。

战役胜利后，雅典的将士欣喜若狂，米太亚得也想把胜利的消息快点送回雅典，宽慰在城里严阵以待的人们，于是他又把斐力庇第斯喊了过来，问他是否接受这个任务。

斐力庇第斯这时候已经体力不支了，他在五天的时间里跑了340多公里（从9月7日起，雅典到斯巴达一个来回300公里，雅典到马拉松40多公里），一直没有得到充分的休息，但是为了让雅典人民早点知道胜利的消息，他还是毅然接受了任务。

斐力庇第斯一刻不停地跑了三个小时，终于来到了雅典城，当他准备告诉人们胜利的消息时，有人建议他到中心广场再说。于是斐力庇第斯又提起最后一丝力气，加快速度跑到了中心广场，面对涌来的人群，他喊道："欢呼吧，雅典人，我们胜利了！"人群沸腾了，而斐力庇第斯却慢慢倒在了地上，他脸上带着满意的微笑，再也没有醒来。

为了纪念这场伟大的胜利与斐力庇第斯传递胜利之讯的英雄事迹，1896年在雅典召开的第一届奥林匹克运动会上，雅典人规定了一个新的比赛项目，让参与者重新跑当年斐力庇第斯跑过的路：从马拉松到雅典，称为马拉松赛跑。因为斐力庇第斯从马拉松出发的地方到雅典的中心广场是42.195公里，所以马拉松赛跑的距离就定为42.195公里；又因为斐力庇第斯最后勉强加速跑到中心广场的距离是195米，所以马拉松最后的那195米就叫作"最后的冲刺"。

马拉松战役是世界军事史上有名的一次以少胜多的战役，雅典人歼灭波斯军6400多人，而自己仅损失了192人。这场战役的意义也是极为深远的，首先它遏制住了波斯人的进攻势头，让波斯人在十年内都不敢轻易进攻希腊；其次它给了希腊人抵抗的信心，在以后长达几十年的希波战争中，希腊人不再把波斯军队视为不可战胜的敌人，最终取得了希波战争的胜利。

—— 浴血温泉关 ——

马拉松战役后，波斯人并没有打消吞并希腊的念头。大流士死后，他的儿子薛西斯登上王位。薛西斯认为马拉松一战是波斯的耻辱，于是厉兵秣马，准备踏平希腊挽回波斯的荣誉。

公元前 480 年春天，薛西斯亲率 25 万大军进入欧洲。在波斯大军的铁蹄下，沿途希腊城邦的抵抗犹如螳臂当车，根本无法挡住波斯人进军的脚步，整个希腊面临着亡国的危险。

在前所未有的危机下，原本一盘散沙的希腊城邦组织了史无前例的联合行动。30 多个城邦组成了反波斯同盟，同盟军总统帅由斯巴达国王列奥尼达担任。虽然这些城邦一共有 11 万的部队，但是与波斯人相比仍然相去甚远，最后反波斯同盟决定由列奥尼达率领 7000 精锐部队据守温泉关，其中包括列奥尼达的 300 名斯巴达卫队。

温泉关的东面是一直延伸到大海的茫茫沼泽，西边是插翅难飞的高山峻岭。这里是从北希腊进入中希腊的唯一一条通道，素有中希腊"钥匙"之称，具有重有的军事地位。

列奥尼达来到温泉关后，将 6000 名战士部署在温泉关面对北方的前线，1000 名战士部署在温泉关后面的小道，以防波斯人从背后偷袭。

6 月，薛西斯率领波斯军队来到了温泉关北面。薛西斯对温泉关的地形也很头疼，很明显，想要打下这个"一夫当关万夫莫开"的险关只能靠人命来填。他不愿意把战士们的性命浪费在这个地方，就威逼利诱列奥尼达让他投降，可是列奥尼达对他的做法不屑一顾，并且嘲笑他胆小和无能。

薛西斯恼羞成怒，就下令强攻。然而，温泉关的地势狭窄，波斯人根本发挥不出兵力众多的优势，虽然波斯人前仆后继一连发起了好几次冲锋，但是除了在关前留下一片尸体外什么战果都没有。薛西斯气得暴跳如雷，就命令把最精锐的波斯军调上去，然而他们也不比那些普通部队强到哪里去，仍旧在关前留下一些尸体退了回来。波斯人的战斗意志还是很强的，虽然看不到胜利的希望，但是他们仍然猛攻了好几天。

就在薛西斯一筹莫展急得团团转的时候，一个希腊叛徒告诉他，温泉关后面有一条小路，可以从那里包抄关上的守军。薛西斯大喜，就命令这个叛徒带着"不死军"立刻出发，沿小路偷袭温泉关的守军。

因为几天都没有发生战斗，防守小路的希腊人已经松懈下来了，根本就没有安排哨位监视小路上的动静，而是全部在营房里睡觉。直到不死军到了军营，希腊人才从睡梦中惊醒，虽然也有人拿起武器奋力抵抗，但寡不敌众，温泉关后山很快失守。

列奥尼达一听到这个消息，就马上意识到温泉关守不住了。为了保存有生力量，他当机立断命令联军撤退，由自己率领 300 名斯巴达卫队断后。在列奥尼达舍己为人的精神感召下，另外还有 700 名塞斯比亚城邦的战士自愿留下同斯巴达人并肩作战。

这一天的战斗非常激烈。面对波斯人的前后夹击，斯巴达的勇士们死战不退，唱响一曲悲壮的战歌。长矛断了，就用剑砍；剑砍坏了，就用石头砸；石头用完了就用他们的拳脚、牙齿同波斯人厮杀。他们打退了波斯人无数次的进攻，然而300 名勇士没有一个人投降，没有一个人逃跑，就连列奥尼达也为国捐躯，一直到最后一个人倒下之前，波斯人都无法前进一步。

温泉关虽然被攻占了，可是 300 名勇士的牺牲是有价值的，他们让薛西斯付出了 2 万多人的惨重代价，也给了后方的人民和希腊的主力部队转移的时间，当波斯军队进入雅典时，他们得到的只是一座空城。而且这场战役成了薛西斯永久的噩梦，每当想起这些英勇顽强、宁死不屈的斯巴达勇士，他就心惊肉跳地问："难道斯巴达人都是这样的吗？"

战争结束后，人们把列奥尼达和他的 300 名斯巴达勇士隆重地安葬在温泉关这块他们为之浴血奋战至死的土地上，在他们的墓碑上镌刻下那句流传千古的碑文，作为希腊人民对英雄们永久的怀念。

—— 最早的大规模海战 ——

温泉关虽然失守了，但是斯巴达 300 名勇士为后方军民的转移争取了时间。在联军海军将领地米斯托克利的建议下，雅典所有的妇女儿童都坐船到亚哥斯的特洛辛和本国的萨拉米斯岛上躲避，所有的男人都乘着战船，集中到萨拉米斯海湾。薛西斯来到雅典后，发现这里渺无人迹，就下令烧了这座希腊最大、最富庶的城市。

就在薛西斯来到雅典的时候，波斯海军也到了雅典的外港比里犹斯。希腊的联合舰队有 400 多艘船，全部集中在雅典城南的萨拉米斯海湾；而波斯人的海军有 1200 多艘。双方的实力悬殊，很多人都对未来失去了信心，甚至有些城邦的人还打算把船驶离海湾，去保卫自己的家乡。

就在这人心浮动将无战心的危急时刻，地米斯托克利建议召开军事会议，商讨作战方略。地米斯托克利在会上慷慨陈词，充分列举了敌我双方的优势劣势，断定集中兵力在萨拉米斯海湾和波斯海军决战必将取得胜利，而分散转移只能被占兵力优势的波斯海军各个击破，最后一败涂地。但是部分将领被波斯人庞大的海军吓破了胆，根本就不敢和波斯人作战，就连当时的联合舰队指挥官尤利比亚德都认为应该撤到伯罗奔尼撒半岛去。虽然也有一些人支持地米斯托克利的建议，但是双方谁也说服不了谁。

地米斯托克利眼看双方僵持不下，而宝贵的战机却稍纵即逝，就安排一个亲信去薛西斯那里告密，说希腊海军想要逃跑。薛西斯立刻下令严密封锁海湾，不准放过希腊联军的一条船。

公元前 480 年 9 月 23 日凌晨，就在希腊人还在为是战还是逃争吵的时候，侦察兵送来了消息：200 艘埃及战舰封锁了海湾的西口，800 多艘波斯战舰排成三列封锁了海湾东口。这下子所有建议逃跑的人都面面相觑，因为他们已经跑不掉了，剩下的唯有死战一条路可走。既然大家都有了死战的决心，马上就推举地米斯托克利作为前线指挥官，准备在萨拉米斯海湾同波斯海军决战。

在地米斯托克利的指挥下，联合舰队迅速展开了阵形：科林斯舰队在海湾西口顶住埃及人的冲击，主力分成左、中、右三个分舰队，在海湾的东口迎战波斯海军的主力。

战斗开始后，双方战舰在性能上的优劣也很快显示出来。雅典的新式三层战舰长约45米，170名桨手分别固定在上中下三层甲板上。体积小、速度快、机动性强，吃水浅。而波斯老式挂帆战船，体积大、速度慢、机动性差、吃水深。

而且交战双方的士气也不可相提并论：波斯人没有自己的海军，虽然数量众多，但是都是殖民地的海军，不愿意为波斯人卖命；而希腊人联合舰队是为了保家卫国，同仇敌忾万众一心，抱着必死的决心同波斯海军作战。

地米斯托克利充分发挥自己战舰的优势，不断地向波斯战船进行斜线冲击，船头的包铜横杆将附近敌舰的长桨划断，随后镶有铜套的舰首又猛地撞碎另一艘敌舰。在这种战术下，波斯海军的前锋舰队溃不成军，被迫后撤，而后方不知道前面战况的增援部队还在向前冲，同后撤的前锋舰只迎头相撞，乱成一团。

地米斯托克利乘此良机命令全军出击，虽然这时候波斯海军还有着兵力上的绝对优势，但是他们已经没有了战斗的勇气，只顾着逃跑以保全性命，根本就不敢与希腊人作战，波斯海军的统帅只好命令全军撤退。希腊人以损失40艘战舰的微小代价，取得击沉200艘、俘获50艘波斯战舰的辉煌战绩。

海战失败之后，波斯人不但攻势被遏止，而且远征军的处境也变得极为险恶：首先海军已经无法保障陆军的后勤供给；二来如果希腊海军占据赫勒斯滂海峡（即达达尼尔海峡），那么远征军的后路就会被切断。几天后，薛西斯命令残存的战舰迅速撤到赫勒斯滂海峡，除留下一部兵力在中希腊继续作战外，自己率领其余部队退回到小亚细亚。

萨拉米斯之战是世界上最早的大规模海战，也是整个希波战争中的战略转折点。此战之后，希腊人完全掌控了战争的主动权，最后不仅将波斯人彻底驱逐出欧洲，而且还解放了被波斯长期占领的小亚细亚沿岸各希腊城邦。更为重要的是，萨拉米斯海湾海战也是希腊崛起的起点，30年后的公元前449年，希腊威逼波斯签署了《卡利亚斯和约》，结束了持续约半个世纪的希波战争；到了公元前334年，又联手马其顿灭亡了波斯帝国。

—— 雅典的民主议会 ——

和其他国家的君主制不同，古希腊一直没有国王或者皇帝，因为古希腊是由许多松散的城邦组成，而且各个城邦实行的是民主制度。其中最为典型的就是雅典。

雅典的民主制也是逐步发展的，最开始是只有贵族参与的贵族民主制，后来在梭伦当政的时候扩大了民主的范围，以"四百人会议"取代了贵族民主制。到了公元前508年，克利斯第尼再次扩大，实行"五百人会议"，而且权力也更大了，创设50人团处理日常行政事务，创立十将军委员会。这次改革促进了雅典民主政治的发展，彻底扫除了氏族制度的障碍，标志着雅典民主政治的最终确立。

希波战争结束后，因为雅典公民内部各阶层力量的变化，又有了公元前462年的厄菲阿尔特和公元前443年伯利克里的改革，这些改革最终剥夺了贵族会议的权力，将其权力分别交给公民大会、民众法庭和五百人议事会，从而使民主政治的发展上了一个新台阶。

公民大会是雅典的最高权力机关，凡是年满20岁的雅典男性公民都有参与权、知情权、发言权、选举权和被选举权。公民大会每个月会召开3~4次，每一个男性公民都可以说出自己的诉求或者对城邦各种政策的看法，决定城邦的内政、外交、战争、和平等重大问题。

每次开公民大会前，都会把需要讨论的问题提前五天公布，以便让参加者事先做好准备。如果有了紧急情况也可以临时召集公民大会。会议开始前会有一个宗教仪式，随后会议的主持人登台宣读提案，再由支持或反对提案的人轮番上台发表演讲。公民大会的秩序很好，台下的听众则用欢呼和嘘声来表达自己的意愿，但是不能打断发言者的演讲，不然就会被驱逐出场，影响严重的甚至会被罚款。上台发言的人也要注意自己的素质，不能在发言中侮辱或谩骂到会的人，一旦违反就取消他的发言权，情节严重的还会剥夺他的公民权。如果好几个人同时要求发言，就按照年龄的大小逐次上台。辩论之后就是表决，表决的方式也很简单有效，要么当场举手表决，要么大家投小石子或豆粒等，只要得到多数人的同意提案就算通过。

雅典的军队也是民主的。雅典有 10 个部落，每个提供一队重装步兵、若干骑兵和水兵，并且选举一名将军为统领。这 10 名将军组成"十将军委员会"负责军事指挥，任期一年。"十将军委员会"在内部再选举一人作为首席将军，相当于其他国家的军事统帅。这些将军可以连选连任，但是城邦和部落不会给他们任何报酬，这一点是个缺陷，因为如此一来贫民就无法担任这个职务。

雅典的司法同样是民主的，他们采取的民众法庭制。在选举时，10 个部落每个要选出议员 50 名（用来组成 500 人会议）、陪审员 600 名。这 6000 人都是 30 岁以上的公民，打乱分散后组成 10 个法庭，每所以 500 人为正式陪审员，另外 100 人作为候补。案件的审判会以抽签的方式交给某个法庭，特别重要的案件可能会由 2 ～ 3 个法庭组成联席法庭审理。这种方式有效地杜绝了徇私。

他们选举议员和陪审员是用抽签的方式。抽签是在神庙中进行的，那里放着两个箱子，一个里面放着候选人的名字，另一个里面放着黑豆和白豆。在抽签时，主持人先从放候选人名字的箱子里取出一个候选人的名字，然后去另一个箱子里拿豆子。如果拿到的是白豆，那么这个候选人就当选了，反之就是落选。在选举大会两个月后，原来的公职人员开始向新当选的公职人员移交权力。

当然，刚刚形成也有着许多的不足，首先，雅典的民主并不是真正意义上的民主。只有成年男子才可以参加公民大会，妇女、奴隶和取得居留权的外国人都没有参与国家政治的权利。

其次，雅典的民主政治机构臃肿效率低下。公民议会的规模太大了，这就造成了在决策方面的延迟甚至是无法通过，一件小事就要讨论半天。

还有，雅典的民主政治还有一些令人啼笑皆非的弊端。例如"陶片放逐法"，设置这个法案的初衷可能是为了避免独裁者出现，可是后来就成了一些人打击政敌的武器，而且民众对这个法案的理解就是可以发泄心中的不满。例如取得马拉松战役胜利的指挥官阿里斯泰德就是一例，他素以"公正者"而著称，但在公元前 438 年公民大会投票中遭到放逐。

据说在投票时，一个陌生的农民请阿里斯泰德在充作选票的陶片刻下阿里斯泰德的名字。阿里斯泰德很奇怪，就问这个农民："既然你都不认识他，那为什么要赞成放逐他呢？"农民的回答很好笑："没什么，我就是讨厌他'公正者'这个称号，所以投票放逐他！"

尽管由于时代的限制，雅典的民主政治有着这样那样的缺陷，但是从发展的眼光来看，它还是有着积极的进步意义的。它开创了全世界民主制度的先河，是人类进步的一个标志。

—— 伯里克利时代 ——

到了伯里克利时期，雅典的民主政治达到了巅峰，雅典成为希腊奴隶制民主高度发展的典型。

伯里克利（约公元前 495 年~公元前 429 年）出身于雅典的贵族世家，他的父亲克山提波曾经做过雅典军队的司令官，母亲阿加里斯特是雅典著名的政治家、改革家克里斯梯尼的侄女。高贵的门第加上大量的财富，为伯里克利得到良好的教育创造了条件。他有着良好的教养和渊博的学识，结交的都是希腊无双的国士，例如智者达蒙、哲人芝诺、博学广识的阿纳克萨哥拉斯等都是他的良师益友，真可谓"谈笑有鸿儒，往来无白丁"。

长大后的伯里克利廉洁奉公、刚正不阿，演说时引经据典滔滔不绝，又有着坚毅的性格和帅气的外貌，已经初步具备了成为一名优秀政治家的资质。伯里克利的妻子叫阿斯帕希娅，米利都人，曾经在苏格拉底座下求学，因才华出众、蕙质兰心受到苏格拉底的悉心教导。在和伯里克利结婚后，经常在家里举办各种沙龙，不少哲学家和艺术家都是她的座上客；她还是一个诲人不倦的教育家，很多雅典人甚至一些妇女都来向她求教。

随着年龄的增长和参加的社会活动日益增多，伯里克利在希腊的政治舞台上崭露头角，逐渐有了崇高的威望和良好的名声，为他日后的改革打下了坚实的基础。

公元前 461 年，客蒙被放逐后伯里克利成为雅典的民主派和国家政权的重要领导人。公元前 443 年，伯里克利当选"十人委员会"的首席将军，他在首席将军的位置上坐了 15 年，历史学家把他执政的年代称为"伯里克利时代"。在他的执政期内，他为雅典人民争取了很多的政治权利，获得了雅典人民的信任和爱戴，在希腊的历史上有着许多赞扬他的故事。

伯里克利为了了解下层民众的诉求，经常深入人民群众之中与普通百姓交谈，广泛听取他们的想法和建议。伯里克利还是个胸怀宽广的人，即使有人当面辱骂他也不会动怒，更不会报复。

有这样一个故事：有一天晚上，在他从市政府步行回家的路上，一个贵族看见了他，就对他破口大骂："你出身贵族，却忘掉了自己的立场，去保护那些下贱的百姓的利益！你就是个无耻的疯子！"那个贵族就这样骂了他一路，即使他到了家门口也没有停止辱骂。伯里克利一直没有还嘴，默默地任由这个贵族胡言乱语，到家的时候，他看到天已经黑了，还让仆人打起火把那个贵族送了回去。在等级森严的奴隶社会里，当权者能够这样对待反对自己的人，伯里克利不说是绝无仅有的一个，也是寥若晨星了。

雅典公民对伯里克利的民主作风也是赞不绝口，并且对他的工作给予了很大支持。伯里克利有一个死对头，是一个叫西门的大贵族，这个人好像对伯里克利一点都看不上，只要是伯里克利的提议他都一概反对；凡是伯里克利反对的，他都支持，于是雅典公民便通过投票把他放逐到国外去了。还有一个叫福克奇利斯的大贵族，因为反对伯里克利建设雅典城的计划，也被雅典公民赶下了台。

伯里克利在个人生活上也非常自律。在他执掌雅典大权的十几年里，从来没有参加过别人举行的宴会，他侄子的婚礼是他接受的唯一的一次邀请，但是他在婚礼结束后没有吃饭就提前回去了。有人开玩笑说，在雅典，伯里克利只知道两条路，一条是从他家到中心广场的路，另一条是从他家到 500 人会议的路。

伯里克利对雅典的贡献可以分为对内和对外两个方面。由于伯里克利代表的是雅典工商业奴隶主和中下层自由民的利益，所以他在内政方面的改革以加强民主政治为核心。例如，把国家的政权从战神山议事会转移到公民大会、500 人会议和陪审法庭三个部门之下；各级官职向广大公民开放，雅典全体男性公民都可以通过抽签、选举和轮换而获得担任官职的机会；实行公薪制；规定只有父母双方都是雅典公民的人才能获得雅典公民权。

除此这些，伯里克利还实行了"观剧津贴"的福利，就是发给公民购票观看节日演出的戏剧的费用。这笔津贴有两个欧布尔（雅典当时的货币单位）之多，够一个人一天的生活费了。后来的历史学家曾经按照相关的史籍大致估算了一下，获得过这个津贴的有 2 万多人，而当时享有全部权利的雅典公民才三四万人。

对外方面，伯里克利加大了对提洛同盟的控制，使雅典在希腊的海军、陆军两方面都取得了优势和霸权，扩大了雅典的势力范围和所得利益。在伯里克利的领导下，以雅典为首的提洛同盟数次打败了以斯巴达为首的伯罗奔尼撒同盟，并于公元前454年把海军势力延伸到了伯罗奔尼撒半岛周围地区，使雅典成为希腊半岛最强盛的城邦。

在执政期间，伯里克利决定重建被波斯军队烧毁的雅典城。重建雅典城的意义非同寻常，它不仅凝聚了雅典人的精神，还对以后的雅典以至整个希腊的文化艺术、旅游及商业产生了重大影响。

公元前447年，在雅典人民的支持下，这场浩大的工程动工了。伯里克利召集了一大批出色的雕塑家、建筑师、工艺家齐集雅典，因为有着提洛同盟的金库做保障，雅典人先后兴建了帕提侬庙、雅典卫城正门、赫淮斯托斯神庙、苏尼昂海神庙、埃列赫特伊昂神殿，这些建筑有着各种塑像浮雕，都是精美绝伦、千古不朽的艺术杰作。

在这些建筑中，最出色的是位于雅典中心的卫城。卫城全部用大理石修建而成，高耸在150米高的陡峭的山顶上，城中有雅典最著名的帕提侬神殿和位于其中的智慧女神雅典娜的铜像。

雅典娜神像是著名雕刻大师菲狄亚斯的杰作，他擅长雕刻神像。雅典娜神像高12米，造型优美而威严。雕像中的雅典娜一身戎装威风凛凛，头戴战盔胸披甲胄，右手托着胜利女神，左手扶着刻有浮雕的盾牌，盾牌内还有一条巨蛇。头盔上雕刻的是女妖斯芬克斯和两头飞马神兽，胸甲上则是女妖墨杜萨的头发。雅典娜体态丰满健壮，右腿直立，左腿微曲，长衫的雕刻厚重有力，自然生动。她的面部造型均匀端正，眉宇清朗，鼻梁挺直，嘴唇微闭，双目炯炯有神，显示出传说中神的崇高和严肃；同时她那平和的神情又给人一种平易安详的美丽少女的印象。神像的脸、臂、脚都是用象牙雕成的。号称世界古代奇观之一的宙斯神像也是菲狄亚斯的作品。令人扼腕的是，这两尊雕塑都没有流传到后世，宙斯神像被罗马人抢走后于5世纪在东罗马的首都君士坦丁堡烧被毁；而雅典娜神像在146年被罗马帝国的皇帝安敦尼努·庇乌搬走后，至今下落不明。

伯里克利虽然对希腊的强盛与繁荣做出了巨大的贡献，可是他的晚年却并不顺利，屡经坎坷。在他人的诽谤下，他因莫须有的罪名被撤职。复职后两个儿子又先后死于鼠疫，白发人送黑发人，而且他也在不久后死于鼠疫。他临终前的遗言是："我对雅典是问心无愧的。"

一代伟人撒手而去，雅典再也没有出现过像伯里克利一样强有力的领导者，古希腊的"黄金时代"一去不复返。

—— 伯罗奔尼撒战争 ——

公元前 6 世纪中叶起，斯巴达陆续与埃利斯、西居昂、科林斯、迈加拉等城邦签订了军事同盟条约，到了公元前 530 年前后，整个伯罗奔尼撒半岛的城邦都加入了这个同盟，被称为"伯罗奔尼撒同盟"。公元前 479 年，为了抵抗波斯的入侵，雅典与爱琴海以及小亚细亚的希腊诸城邦结成海上同盟，称为"提洛同盟"。希波战争结束后，两个联盟为了争夺希腊的领导权，终于在公元前 431 年爆发了伯罗奔尼撒战争。这场战争持续了 27 年之久，希腊的各个城邦都被不同程度地波及。

亚得里亚海东岸的小国伊庇丹努是这场战争的导火索。公元前 436 年，伊庇丹努发生了内战，伯罗奔尼撒同盟的科林斯派兵干涉，试图吞并这个富庶的城邦，但科林斯的行为激怒了伊庇丹努的母邦科西拉，科西拉随即也派兵支援伊庇丹努。科西拉的海军虽然打败了科林斯舰队，但是害怕实力强大的科林斯派出更多的军队，于是就向雅典求援。

作为希波战争中打败波斯的主力，此时的雅典无论是地位还是声望都已经超过了老对手斯巴达。尤其提洛同盟的成立，更是让雅典成为"海上君主"，取得了爱琴海的制海权。而处于交通要道的科西拉是希腊通往意大利的必由之路，如果雅典想向西扩张势力，这里就是雅典的第一个目标。因而，接到科西拉的求援后，雅典立即向科西拉派出了大量的军队，又让科西拉加入了提洛同盟。伯罗奔尼撒同盟对雅典的举动很是不满，开始做军事上的准备。

公元前 432 年，在伯罗奔尼撒同盟的挑唆下，波提狄亚和麦加拉宣布脱离提洛同盟。雅典的反应很迅速，一方面镇压波提狄亚，并且把伯罗奔尼撒的援军也围困在波提狄亚城中；另一方面又对麦加拉采取制裁措施，禁止麦加拉商船出入盟国港口。

雅典的这种霸权行为终于激怒了斯巴达。就在这一年的秋天，斯巴达召集伯罗奔尼撒同盟各邦进行会议。会议上科林斯的代表巧舌如簧，诉说了雅典对自己的压迫和欺凌。于是斯巴达要求雅典放弃对提洛同盟的领导权，雅典当然不会同意这个要求，战争一触即发。

当时斯巴达的重装步兵和骑兵有绝对的优势，但是在海军方面则不如雅典，因此斯巴达决定发挥陆军优势，鼓动提洛同盟的成员国脱离同盟，削弱和孤立雅典。

公元前431年初，斯巴达的盟友底比斯夜袭普拉提亚，雅典和斯巴达在希波战争中结下的同盟就此破裂，开始了长达27年的伯罗奔尼撒战争。

夏天，斯巴达国王阿基丹姆率军3.5万人侵入雅典，对雅典的乡村烧杀抢掠，大批农民涌入雅典城。这时的雅典还是由伯里克利领导，这个杰出的政治家和军事家对雅典的优势和劣势认识得很清楚。他认为要想在战争中胜利或逼和斯巴达，就必须以己之长击敌之短，于是就采取了"陆守海攻"的策略，命令陆军以守为主，而海军则长途奔袭伯罗奔尼撒半岛沿海地区。斯巴达强攻雅典城一个多月，但始终无法攻克这座坚城，而斯巴达的后方又频频告急，只好撤兵。

第二年，伯罗奔尼撒同盟再次来袭，雅典城也再次被包围。由于这时雅典城内聚集了大量国民，脆弱的公共设施和后勤根本无法给这些人提供足够的食品和住处，城内的人们苦不堪言，不久可怕的鼠疫就开始流行了。鼠疫给雅典带来了巨大的灾难，不仅带走了雅典四分之一国民的生命，他们的统帅伯里克利也因此丧生。

在此后的几年，双方展开了激烈而又残酷的拉锯战，都付出了巨大的代价。到了公元前422年，双方在安菲波利斯展开对决。在这次战役中，雅典的统帅克里昂被斯巴达骑兵杀死，斯巴达统帅伯拉西达也因伤重在战后死亡。由于双方都失去了统帅，后方也面临巨大的危机，最后被迫签订了《尼西亚和约》，同意交换战俘、退出侵占对方的土地并保持50年的和平。

但是双方都没有认真对待这个合约，只是把它当成了缓兵之计，虽然此后没有大的冲突，但是都在暗地里准备新的行动。

到了公元前415年，雅典人讨论是否远征西西里岛时，虽然有人反对，但是野心勃勃的亚西比得将军煽动百姓通过了这个计划。雅典人为这次远征建立了拥有100艘三层舰的庞大舰队，亚西比得也被任命为远征部队的司令官。

　　然而，就在出征的前夕，雅典城的大量赫尔墨斯像突然被毁。有迹象表明雕像的被毁与亚西比得有关，不过并没有影响他出发。但是随着远征的劳而无功，亚西比得突然接到国内的命令，要求他回国接受调查，解释他与雕像被毁的关系。亚西比得认为这是政敌的陷害，于是就叛逃到了斯巴达，雅典人随即缺席审判，宣布了他的死刑。

　　亚西比得对雅典的战略战术一清二楚，他的投降使斯巴达如虎添翼，不久后在埃皮波拉伊重创雅典军，雅典人被迫撤离。但是撤军的当晚又发生了月食，迷信的雅典士兵不肯登船撤退。斯巴达趁此良机封锁港口，又切断了陆上的通道，把雅典军队团团包围。公元前413年9月，雅典全军覆没。

　　这次战役对雅典是一个沉重的打击，不仅它的海、陆军精锐丧失殆尽，它的盟友也因为雅典的实力大减而纷纷退盟。随着斯巴达人的推进，雅典已经岌岌可危。

　　分散在海外的海军余部接到雅典危急的消息，纷纷返航保卫雅典，然而此时斯巴达在波斯的帮助下也建立了强大的舰队。在赫勒斯滂海峡，斯巴达海军截住了雅典海军，最终雅典海军因轻敌而全军覆灭，斯巴达全面封锁了雅典。

　　在亡国的威胁下，丧失了全部战争资本的雅典被迫接受屈辱的和约，拆毁城墙，不再建立海军，放弃大量海外领地，承认斯巴达为盟主。至此，伯罗奔尼撒战争结束，以斯巴达为首的伯罗奔尼撒同盟取得了最后的胜利。

　　虽然以斯巴达为首的伯罗奔尼撒同盟取得了胜利，但是这场战争却没有赢家，整个希腊都受到了严重的摧残。古希腊历史学家修昔底德说："这次战争给希腊带来了空前的祸害和痛苦。从来没有这么多的城市被攻陷、被破坏，从来没有过这么多的流亡者，从来没有丧失这么多的生命！"希腊的经济在战争中遭到严重破坏，各大城邦无论战胜或战败，都已经没有力量恢复过去的繁荣了，希腊也从此走向了衰落。

—— 口吃的演说家和政治家 ——

德摩斯梯尼（公元前384年~公元前322年）是古雅典的雄辩家、民主派政治家。他的父亲是一个富有的雅典公民，不过在他7岁的时候就去世了。他父亲给他留下了一大笔遗产（包括一个武器作坊、一个家具作坊和其他财产），因为他还是一个孩子，这些遗产被他父亲指定的监护人管理。但是这个监护人辜负了他父亲的期望，德摩斯梯尼成年之后，只得到了全部遗产的1/12，剩余的都被这个贪婪的家伙给吞了。为了要回自己的财产，德摩斯梯尼决定向雅典著名的演说家、擅长撰写关于遗产问题讼词的伊塞学习演说术。与监护人的官司打了五年，最终他成功地要回了父亲留给他的遗产。

胜诉后的德摩斯梯尼名声大噪，很多人来找他撰写法庭辩护词，他不久就成为一个著名的律师。但是胸怀大志的德摩斯梯尼并不因此而满足，他的志向是成为一名优秀的政治家。

不过德摩斯梯尼的从政道路比其他人更为艰难，因为他有着一个天生的缺点——口吃。当时的雅典雄辩术高度发达，优秀的演说家比比皆是，而且听众的要求也很高，上台演说的人有一个不适当的用词，或者一个难看的手势和动作都会引来听众的讥讽和嘲笑。

最初，虽然德摩斯梯尼准备的演说词非常精彩，但是因为天生口吃，嗓音微弱，还有耸肩的坏习惯，一上台就被挑剔的雅典人毫不客气地赶了下去，而且这样的事情还不止一两次。

然而德摩斯梯尼并没有灰心，他总结了自己的弱点，并且针对这些弱点进行了异常刻苦的训练。他虚心向著名的演员请教发音的方法，并且把小石子含在嘴里，迎着大风和波涛大声朗诵；为了改掉气短的毛病，他一边在陡峭的山路上攀登，一边不停地吟诗；他在家里装了一面大镜子，观察自己演说时有那些多余的和不文雅的动作；他还在肩上悬挂一柄利剑，用来改掉说话耸肩的坏习惯；他还把自己的头发剃掉一半，以便潜心在家练习演说……

为了锻炼自己的演讲技巧，演讲大师柏拉图的每次演讲他都用心聆听，仔细揣摩。为了提高政治、文学修养，他悉心研究古希腊的诗歌、神话，背诵优秀的悲剧和喜剧，学习著名历史学家的文体和风格。

经过多年的磨炼，德摩斯梯尼终于成为一位出色的演说家。在他30岁的时候，他的政治生涯也开始了，一直到他逝世，他始终是雅典政坛的活跃人物。他的著名的政治演说为他建立了不朽的声誉，成为古代雄辩术的典范。

公元前349年，雄心勃勃的马其顿国王腓力二世开始了扩张的脚步，发兵围攻加尔西迪半岛上的奥林土斯城邦。在是否救援奥林土斯城邦这个问题上，希腊展开了激烈的讨论，以德摩斯梯尼为主要代表的一派反对马其顿的扩张，另一派则认为应该绥靖马其顿，把战火引向波斯。

德摩斯梯尼曾经八次在雅典的公民大会声讨马其顿国王腓力二世，以恰当的措辞和严谨的逻辑形成了强大的鼓动力和说服力，对腓力二世的行为进行了猛烈的抨击和无情的揭露。特别是公元前341年的那次演说，他指出："关于马其顿人的狡猾阴谋是毋庸置疑的，腓力所力求实现的唯一目标是劫掠希腊，夺去天然的财富、商业和战略据点。腓力利用希腊人的分裂和内讧作为达到他卑劣意图的手段。"他认为，虽然雅典有着这样那样的困难，但是遏制马其顿的扩张却不能不做，对此他有个生动的比喻："当雅典之舟尚未覆没之时，舟中的人无论大小都应动手救亡。一旦巨浪翻上船舷，那就一切都会同归于尽，一切努力都是枉然。"据说，后来当腓力二世读到这篇演说词时，也禁不住感叹道："如果我亲耳听德摩斯梯尼的演说，我也会投票赞成选举他当我的反对者的领袖。"

德摩斯梯尼的演说取得了效果，公民大会决定联合各友好城邦成立反马其顿同盟，德摩斯梯尼也被派往拜占庭。公元前340年，反马其顿同盟成立后击退打败了马其顿的舰队。不久，德摩斯梯尼被任命为海军部监，他立即开始整顿海军，还将剧院演出的一切费用都用作军费。

公元前338年，喀罗尼亚战役失败后，雅典的军力遭到摧毁，希腊也陷落在马其顿的铁蹄之下，从此失去了自由和独立。

公元前323年，马其顿帝国亚历山大大帝病故，希腊掀起了反对马其顿的高潮，但是不久就被马其顿人镇压了下去。公元前322年，马其顿在雅典扶植起贵族寡头政权，并要求雅典交出民主斗士德摩斯梯尼。德摩斯梯尼不得不逃离家乡，开始了颠沛流离的流亡生活。公元前322年，在马其顿和雅典的双重压力下，德摩斯梯尼在一个小岛的神庙内服毒自杀。

—— "历史之父" 希罗多德 ——

公元前 484 年，希罗多德诞生于小亚细亚西南海滨的哈利卡纳苏斯城。希罗多德出身豪门贵族，他的父亲吕克瑟司是当地的大奴隶主，良好的家境使他有了受高等教育的基础；他的叔叔帕息斯是当地著名的诗人，家里有着浓厚的文化氛围。叔叔的博学多才深深地影响了他的童年，因此他从很小的时候就开始博览群书勤奋学习，尤其是史诗。

希罗多德的故乡是古希腊人早年向海外开拓时建立的一座殖民城市，当时的城主是通过政变上台的。希罗多德成年后，跟着他的叔叔积极参与了对篡权者的斗争。斗争失败后，他的叔叔被当权者杀害，希罗多德也被驱逐出境。后来篡权者下台后，希罗多德回到了故乡，但是不久后又被迫离开了这里，从此再也没有回来过。

在 30 岁的时候，希罗多德准备做一次游历，因为囊中羞涩，在游历的同时他还不得不带上各种货物来维持生活。他的这次游历范围很广，向北走到黑海北岸，向南到达埃及最南端，往东至两河流域下游一带，向西抵达意大利半岛和西西里岛。每到一地，希罗多德都会到当地的历史名胜古迹游览凭吊，考察地理环境，了解风土人情。他还喜欢找当地的耆老打听民间传说和历史故事，并把听到的一切都写成笔记随身携带。这次游历不仅开阔了他的视野，也为他以后写作《历史》积累了丰富的素材。

公元前 477 年前后，希罗多德来到了雅典。当时的雅典正处于黄金时代，是希腊的政治、经济和文化中心。希罗多德感受到了这里浓厚的学术氛围和开明的民主政治，积极投身于各种集会和政治文化活动，并且与政治家伯里克利、悲剧家索福克勒斯等人结下了深厚的情谊。这时希腊刚取得希波战争的胜利不久，希罗多德十分钦佩希腊在战争中的表现，决心写一部完整叙述希波战争的历史著作，以便后人能够牢记这段伟大的历史。这部作品就是世界文学史上的史学名著《历史》，又名《希腊波斯战争史》。

公元前 443 年，希罗多德随着雅典移民来到了图里奥伊（雅典人在意大利南部塔兰托湾建立的新城），成为这个小城的公民。从此，他在这儿潜心著述《历史》，度过了他的晚年时光。公元前 425 年，希罗多德在这里平静地离开了人世，享年59 岁。遗憾的是，这部鸿篇巨著一直到他去世都没有最终定稿。

希罗多德所著的《历史》一书内容丰富翔实，包括西亚、北非以及希腊等地区的地理环境、民族分布、经济生活、政治制度、历史往事、风土人情、宗教信仰、名胜古迹等，为后人展示了古代近 20 个国家和地区的民族生活图景，简直就是一部古代社会的小型"百科全书"。

《历史》取材广泛，不仅包含了希罗多德对史诗、官府档案文献、石刻碑铭和当时多种著作的研究心得，还包括了他亲身游历和实地调查采访所获得的大量资料。《历史》是西方史学上的第一座丰碑，为西方历史编纂学开辟了一个新时代。

希罗多德在书的开头就开宗明义，点明他研究历史的目的："为了保存人类所取得的伟大成就，使之不致因为年代久远而湮没不彰；为了使希腊人和异邦人的那些可歌可泣的丰功伟绩不致失去其应有的光彩，特别是为了要把他们之间发生的战争的原因记载下来，以永垂后世。"

希罗多德对希波战争的记录是客观的，虽然他谴责了波斯远征希腊的侵略行为，但是并没有对波斯一概否定。他反对的是波斯人入侵希腊的不义之举，反对它的君主制度，但是对波斯的文化还有选择地做了肯定，甚至把波斯描绘成英雄的国度。

"在法律面前，人人平等"这句话也最早出现在《历史》中。据《历史》一书记载，约公元前 522 年，在波斯讨论采用民主政治、贵族政治和君主政治何种政治制度时，一个名叫欧塔涅斯的波斯人说："人民的统治的优点首先就在于它的最美好的名声，那就是，在法律面前人人平等。"

希罗多德非常重视古代埃及的文明，认为它对希腊产生了重大的影响。在《历史》中，记载这种影响的事例比比皆是，例如埃及的太阳历要比希腊的历法准确；希腊人使用的日晷最早是由巴比伦人发明的；希腊字母是从腓尼基人那里学来的；等等。

当然，因为时代和阶级的局限，《历史》中的许多地方还带有天命论和宿命论色彩，并且其中也夹杂了许多不足为据的神话传说和无稽之谈。希罗多德还认为人世间的一切都由一个超自然的主宰力量操纵着，相信神的启示及其发出的各种预兆，相信奇迹、预言、幻象、梦兆、占卜，等等。

另外，希罗多德对遗闻逸事的记录太过繁杂，甚至在有些地方都不顾历史的真实（例如吕底亚国王克洛伊斯与梭伦就"幸福观"的对话，实际上梭伦赴小亚细亚游历发生在克洛伊斯当政前的三四十年，这二人是不可能对话的），以至于有人苛刻地称他为"谎言之父"。

尽管《历史》有着这样那样的缺点，然而瑕不掩瑜，它首创了历史著作的体裁，并为后世保存了大量珍贵史料，其中有些已被近代考古学、人类学和历史学的研究或成果所证实。这部书是西方历史上第一部比较完备的历史著作，也是世界历史文库中的瑰宝，希罗多德也无愧于西塞罗赠予他的"历史之父"的美名。

—— 苏格拉底之死 ——

公元前 399 年 6 月，一个残阳如血的傍晚，一个妇女带着她的孩子痛哭流涕地走出了雅典监狱的囚室，从此妻子没有了丈夫，孩子失去了父亲。而她的丈夫——那位年逾七旬、衣衫褴褛、蓬头跣足的老人平静地看着他们离去，好像根本不知道自己即将失去宝贵的生命。看到妻子和孩子走远了，他转过身来，又接着和几个朋友和学生讨论学术问题。

天色渐渐地暗了下来，一个狱卒走了进来，打破了这里热烈的气氛。看到狱卒手里端的东西，老人的朋友和学生不由得失声痛哭，知道老人最后的时刻就要到来了。一个学生劝他脱下那件破烂的长袍，换上一件新的。老人拒绝了这个建议，他说："我生前就穿着这件破旧的衣服，难道穿着它，死后不能见上帝吗？"

老人示意狱卒把手中的毒酒递给自己，然后从容地喝了下去，又微笑着对一个学生说："克雷多，拜托你一件事，我还欠阿克勤比斯一只公鸡，你记着还给他。"说完就闭上了双眼。这个从容赴死的老人就是古希腊著名的哲学家苏格拉底。

苏格拉底（公元前 470 年～公元前 399 年）是古希腊著名的哲学家，又是一位个性鲜明、从古至今被人毁誉参半的著名历史人物。

苏格拉底出身贫寒，他的父亲是石匠和雕刻匠，母亲是接生婆。少年时期，苏格拉底的父亲想让他继承自己的职业，因此他曾经学习过一段时间的雕刻。但是苏格拉底的志向是做一个学者，很快就不再学习雕刻，开始自学哲学、天文学和几何学，最终成为希腊最著名的学者。

为了让更多的人学到知识，他在30多岁的时候投身于教育事业，不设馆，也不收取报酬，无私地悉心培养那些勤奋好学的人。他的学生很多，如柏拉图、克力同、色诺芬等著名的哲学家，还有投身政界的克利提阿斯等，都是当时的知名人物。

在悉心教育学生的同时，苏格拉底还不忘提高自己的学识，他读遍了希腊的政治、历史书籍。无论是眼界的开阔还是知识的渊博，苏格拉底都是首屈一指的，但是他非常谦虚，经常说："我只知道自己一无所知。"

苏格拉底的身边都是与他志同道合的朋友，在讨论哲学问题时，大家都非常佩服他的雄辩与才华。但是苏格拉底的谦虚却让他们很替他不平，于是就派了一个代表去神庙，想让神证明苏格拉底确实是最有智慧的人。那个人到了神庙后，女祭司告诉他："神说了，世上没有谁能比苏格拉底更有智慧了。"

这个人听后很兴奋，马上跑了回去把女祭司的话告诉了苏格拉底和他的朋友们。朋友们都很高兴，而苏格拉底却不以为然，他说："我清楚地知道自己没有一点智慧，但神为什么要这样说呢？"

为了证明自己的想法，苏格拉底便四处寻找比他更具智慧的人。他拜访了许多各行各业的杰出人物，有政治家、诗人、熟练的手工艺人等。通过与他们的交谈，苏格拉底发现这些人对自己所从事的专业确是精通的，但是他们对其他的行业就所知不多了，这就说明没有哪个人是全知全能的。

苏格拉底终于明白了神这么说的原因。原来神的意思并不是说苏格拉底最聪明，而是借这件事告诉世人："即使是苏格拉底这样聪明的人，也知道自己的智慧是微不足道的。"苏格拉底解开了心中的疙瘩，在以后的日子里更加勤奋好学了。

公元前404年，雅典在伯罗奔尼撒战争中惨遭失败，在斯巴达人的胁迫下，雅典的民主政治被迫中止，代之以斯巴达支持的"三十僭主"。而"三十僭主"的领导者就是苏格拉底的学生克利提阿斯。克利提阿斯贪婪好财，有一次，他让苏格拉底带四个人去逮捕一个富人，借口是这个富人违背了国家的法律，真实的目的是夺取那个人的财产。苏格拉底当场就驳斥了克利提阿斯的借口，把他教训一顿后拂袖而去。苏格拉底不仅是这一次不给他面子，还多次在公开场合谴责克利提阿斯的暴行。苏格拉底的行为终于惹恼了克利提阿斯，于是他勒令苏格拉底不准再接近青年。但是苏格拉底根本不理睬克利提阿斯的命令与恐吓，仍旧利用一切机会抨击克利提阿斯。

后来，雅典人民推翻了"三十僭主"的统治，政权又回到了民主派的手中。但是苏格拉底的境况不但没有改善，反而进一步恶化：有人控告苏格拉底藐视传统宗教、引进新神、用异端邪说毒害青年和反对民主等，苏格拉底因此锒铛入狱。其实这些所谓的罪名都是子虚乌有，苏格拉底入狱的真正原因，是他的"专家治国"的主张与雅典民主制度发生了严重冲突。

公元前399年，对苏格拉底的审判开始了。按照古希腊的审判制度，对苏格拉底进行两次审判，第一次是决定他是否有罪，第二次是决定他是否该判处死刑。在第一次审判中，500人组成的审判大会有280人投了有罪的票。

第二次审判之前，苏格拉底有权为自己辩护。他利用这个会发表了慷慨激昂的演说，认为自己的言行不但没有触犯任何法律，而且有利于社会的进步。遗憾的是，他的临终辩词不但没有说服那些陪审员，相反还激怒了他们，结果是360票对140票判苏格拉底死罪。

按照雅典的宗教习俗，每年5月都要派圣船去祭祀提洛岛的阿波罗神庙，在圣船没有回来的时候不得处决犯人。苏格拉底的第二次审判那天正好是圣船启航的日子，所以他又被送回了监狱，暂缓执行死刑。

在苏格拉底临死前的这一个月里，他的朋友们制订了详细的越狱计划，并且买通了狱卒，试图让他离开雅典去另外的地方重新生活。但是他拒绝了朋友们的好意，他认为，尽管他遭到了诬陷，可是作为雅典的公民就应该遵守雅典的法律，人可以死，但是不能违背自己的信仰。就这样，这位70岁的老人平静地离开了人间。

作为一个伟大的哲学家，苏格拉底让哲学真正走进了人们的生活，开辟了欧洲哲学研究新的领域，对后世的西方哲学产生了极大的影响。

和同一时期的学者一样，苏格拉底的学说仍然无法脱离神秘主义的色彩。他认为，神是世界的主宰，早已经安排好了世间所有事物的产生、发展和毁灭；人类不应该去研究自然界，这是对神的亵渎。

苏格拉底建立了一种知识即道德的伦理思想体系，其核心是探讨人生的目的和善德。在他建立的哲学体系中，主要的研究探讨对象就是伦理道德问题。

在国家的治理上，他的主张是"专家治国"。他认为，每个人都有自己擅长的地方，也有自己不懂的地方，即使在这个行业里是行家里手，但是在另外一个行业就可能一无所知。因此国家政权应该让经过训练、有知识才干的人来管理，而不是通过抽签随便找一个人。他说：管理者不是那些握有权柄、以势欺人的人，不是那些由民众选举的人，而应该是那些懂得怎样管理的人。

对于苏格拉底，历史上一直没有一个统一的评价，无论其生前还是死后，都有一大批狂热的崇拜者和一大批激烈的反对者。他在生前没有留下成文的著作，但是这并不妨碍他在世界哲学史上的崇高地位和巨大的影响。

苏格拉底被称为西方的孔子，因为他们都开创了一个新的时代，这个时代并不是靠军事或政治的力量所成就的，而是通过理性，对人的生命进行透彻的了解，从而引导出一种新的生活态度。

—— 柏拉图学院 ——

柏拉图（公元前 427 年 ~ 公元前 347 年）是古希腊伟大的哲学家之一，和他的老师苏格拉底、他的学生亚里士多德合称为"希腊三贤"。柏拉图也是整个西方世界著名的哲学家和思想家，建立了客观唯心主义哲学。他的著作和思想对后世有着十分重要的影响。

柏拉图的本名叫阿里斯托克勒，据说他自幼身体强壮，胸宽肩阔，因此有人给他起了个外号"柏拉图"，在古希腊语中，"柏拉图"的意思是"平坦、宽阔"。

他出身于雅典的名门世家，父亲阿里斯通是雅典科德鲁斯王的后裔，母亲珀克里提俄涅是梭伦第五代孙女，所以柏拉图是梭伦的第六代后裔。在这样一个高贵的家庭里，柏拉图受到了当时最好的教育。

20 岁时，柏拉图投入大思想家苏格拉底的门下。苏格拉底对他的影响很大，他后来的许多著作中，苏格拉底都是主要角色。苏格拉底被当时的民主政体处死后，柏拉图开始对民主政治极端厌恶，于是在小亚细亚、地中海沿岸游历了 12 年，想要寻找一种最理想的国体。

他在 40 岁的时候返回雅典，在雅典西北的阿卡德米建立了属于他自己的学院——柏拉图学院。这所学院也是西方文明最早的有完整组织的高等学府之一。

作为唯心主义的伟大代表，柏拉图特别重视数学。他在柏拉图学院立了一块牌子，上面写着"不懂数学者不得入内"，足以说明柏拉图对数学的重视。

这个学院是古希腊重要的哲学研究机构，开设四门课程：数学、天文、音乐、哲学。柏拉图认为，现实世界里的一切都是短暂的，而头脑所形成的观念世界则是永恒的。他曾经做了一个形象的比喻："画在沙子上的三角形可以抹去，可是，三角形的观念，不受时间、空间的限制而留存下来。"柏拉图的办学观念是"学以致用"，因此他按照自己的哲学观念培养出了许多著名的政治家，柏拉图学院也被人戏称为"政治训练班"。

柏拉图的著作大都是以对话的形式写成的，比较著名的有：《辩诉篇》《曼诺篇》《理想国》《智者篇》《法律篇》《政治家篇》等。其中《理想国》是柏拉图的代表作。

《理想国》又译作《国家篇》《共和国》等，后世的研究者们一般都认为是柏拉图中年时的作品。这部书共分 10 卷，不仅是柏拉图对自己前期哲学思想的概括和总结，也包含了他对其他学科的研究成果。《理想国》探讨了哲学、政治、伦理道德、教育、文艺等各方面的问题，通过苏格拉底与他人的对话，给后人展现了一个完美的、理想的国度。

在这部书中，柏拉图阐述了自己的治国理念。在他看来，国家是由人来管理的，所以想要成为一个理想的国家，首先它的领导者必须是一个有理想的人。

那么什么样的人才是有理想的人呢？柏拉图认为，每个人的行为都会受到欲望、情感和知识三种因素的支配。这三种因素人人都有，只是受哪种因素影响的大小而已。如果"欲望"对一个人的行为影响较大，那这个人表现出来的就是贪婪无度；如果"情感"对一个人的行为影响较大，那这个人表现出来的就是野心勃勃。只有在"知识"的指导下，我们才能压抑住这些负面的因素，才能成为一个有理想的人。一个国家所有的领导者应该由哲学家担任，因为只有哲学家才是最有知识的人，如果领导者不是哲学家，那么国家永远也不会搞好。

柏拉图甚至还给出了如何培养"有理想的领导者"的方法：国家拨出专门的经费，在婴儿出生后就送到专门的地方进行培养和教育，以免受到父母不良习惯的影响。如果婴儿的父母属于低劣族群则直接淘汰。在孩子 10 岁之前以体育为主，目的是锻炼他们的身体素质，严格控制饮食，只能吃不加任何佐料的烤鱼肉，不能吃零食，这样孩子以后就不会生病。

在教育方面，主要是用音乐来熏陶，目的是让孩子们有温和的情绪。这些音乐都是由国家严格挑选的，绝对不能有靡靡之音。此外，还要培养他们高尚的道德，坚定他们的信仰，树立"为神而奋斗"的思想。

在孩子们10岁的时候进行第一次选拔，落选的人以后只能成为普通的劳动者；及格的孩子再经过10年的身体、思想、品格上的教育和训练，在他们20岁的时候进行第二次选拔，落选的人将成为战士保卫国家。

为了使落选的人不抱怨自己的命运，柏拉图又提出了一个主意：神创造他们时所使用的材料是不一样的！那些成为劳动者的人是用铜或铁造成的，战士们是用白银创造的，而那些通过了第二次选拔，以后将成为国家管理者的人是用黄金创造的。

通过第二次选拔的青年继续深造十年，思想已经成熟，也没有了年轻人的浮躁，这时就开始教他们哲学，开阔他们的视野，增加他们的知识。五年之后，开始让他们到社会上接受实际工作的磨炼，这段时间长达十五年之久。当然，在这段时间内会有人因为各种诱惑堕落，或者无法通过各种考验被淘汰，但是能够留下来的都是沙里淘金的精英，已经可以走上领导者的岗位了。

但是统治者不能拥有自己的私人财产，他们要像士兵一样共同吃住。国家没有家庭的存在，所有的男孩都是兄弟，所有的女孩都是姐妹，生下的孩子都是国家的财产。因为没有家庭，也就消灭了财产争夺的根源。在柏拉图描绘的乌托邦中，每一个人都有自己的工作，也都能够完美地完成自己的工作，达到了正义、理想、完善、和谐的境界。

公元前347年，伟大的哲学家柏拉图离开了人世，他的学生接过了他的旗帜，继续在柏拉图学院教书育人，以后薪火相传延续不息。到529年被查士丁尼大帝关闭时，柏拉图学院存在了将近1000年的时间，为希腊培养了无数的人才。

—— 博学的亚里士多德 ——

继柏拉图之后，希腊又出现了一个伟大的思想家，他就是柏拉图的学生亚里士多德。亚里士多德是世界古代史上伟大的哲学家、科学家和教育家，堪称希腊哲学的集大成者，被人们称作"百科全书式的大学者"。

公元前 384 年，亚里士多德出生于希腊的色雷斯，他的父亲是马其顿帝国国王腓力二世的御医。按照当时的传统，亚里士多德应该随他的父亲做一个医生，而且他在青少年时期也确实跟着他的父亲学习医学。但是随着他家迁到雅典，亚里士多德的命运发生了改变。

17 岁时，亚里士多德进入雅典的柏拉图学院求学。由于他聪明的头脑和刻苦的努力，很快就在众多的学生中脱颖而出，并且引起了柏拉图的关注，被称为"学院的精灵"，并且把他带在身边亲自教导。不过亚里士多德不是个循规蹈矩的人，他太聪明了，如果不严加管束势必会误入歧途，所以柏拉图说必须"要给亚里士多德戴上缰绳"。在柏拉图的严厉教导下，亚里士多德的学业突飞猛进，不久就可以和柏拉图探讨一些哲学上的问题了。

虽然亚里士多德很尊敬他的老师，可是他对一些问题也有着自己的思考和见解。在这些问题上，他会和柏拉图争论不休，甚至有时候会把他的老师顶得下不来台。他对自己的行为是这样解释的："我爱我的老师，但我更爱真理。"

在哲学的发展上，亚里士多德青出于蓝而胜于蓝，抛弃了柏拉图的许多唯心论观点。他认为，客观存在的物质世界是永恒的，不是靠什么观念产生的。只有现实生活中存在某种东西，人的头脑中才会有这种东西的概念。就像是一棵树，如果没有现实中的树，仅仅是头脑中的树的概念又有什么意义呢？即使是抽象的事物——例如代数和几何的定律——也是从自然现象发现并归纳总结出来的。

亚里士多德不仅是唯物主义的鼻祖，还初步提出了辩证法的观点。他认为生命和世界都是运动的，没有运动就没有时间、空间和物质。不过亚里士多德的唯物主义还不成熟，每当他遇到无法解释的现象，就不由自主地把柏拉图的唯心主义观点搬出来帮忙，因此在他的著作中经常会见到这种自相矛盾甚至是谬误的地方。

公元前 343 年，腓力二世听说亚里士多德知识渊博，就把他聘请到马其顿做王子亚历山大（就是后来的亚历山大大帝）的老师。古希腊著名传记作家普鲁塔克在他的作品中记载，当时的亚历山大大帝才 13 岁，在这个三观形成的重要阶段，亚里士多德对他的影响是极其深远的，因此亚历山大大帝始终对科学事业非常关心，对知识十分尊重。

公元前 335 年，亚里士多德回到了雅典，在阿波罗吕克翁神庙附近创建了吕克翁学院，在教育学生的同时对多门学科进行研究。因为他喜欢在走廊边走边给学生上课，后世他的哲学称为"逍遥学派"。

亚历山大大帝和马其顿派驻雅典的官员对亚里士多德的研究工作给予了大力支持。据说亚历山大大帝每年给他提供 800 塔兰特（每塔兰特折合 60 镑）黄金的研究费用，派出上千人供他支配，还派出了大量的人员到亚、欧、非的各个地方去抓捕各种动物，为他建立了一座规模庞大的生物实验室。亚历山大还下令为亚里士多德收集各邦各城的法律政治资料，以便他研究各国政体和法律。

亚历山大大帝去世后，被压迫的雅典人掀起了反马其顿的浪潮。由于他和亚历山大的关系，不可避免地受到了雅典人的冲击，并且同苏格拉底一样被指控犯了"渎神罪"。他不愿意接受和苏格拉底一样的命运，就匆匆逃出了雅典，在哈尔基斯避难。第二年他就去世了，享年 63 岁。

亚里士多德研究的对象非常广泛，是那个时代最博学的人。在总结前人研究成果的基础上，他对当时已知的各个学科如伦理学、政治学、经济学、战略学、修辞学、文学、物理学、医学等都做了深入的研究和探索，还开辟了逻辑学、动物学等新的学科。虽然现代科学的发展推翻了亚里士多德的许多研究成果，但是不可否认的是，他的这些成果代表了古希腊科学的最高水平。

特别是他的哲学思想，更是对人类产生了深远的影响。他所创立的形式逻辑学丰富和发展了哲学的各个分支学科，对科学等做出了巨大的贡献。

不过亚里士多德的缺陷也是很明显的。奴隶主阶层出身的他当然拥护奴隶制度，他认为社会上存在奴隶和奴隶主是当然而合理的事；而且由于时代的局限，他在天文学和物理学上的一些观点都被后人证明是错误的。

—— 伟大的数学家阿基米德 ——

人类有史以来有三个最重要的数学家，阿基米德就是最早的一个，他也是伟大的古希腊哲学家、百科式科学家、物理学家、力学家，静态力学和流体静力学的奠基人，被后人称为"力学之父"。他有一句名言："给我一个支点，我就能撬动整个地球。"

阿基米德的故乡是希腊的叙拉古，他的父亲是当地的贵族，和叙拉古的赫农王有亲戚关系，生活十分优渥。他的父亲还是一位天文学家、数学家，知识很渊博。在父亲的影响下，阿斯米德从小就对数学、天文学特别是古希腊的几何学产生了浓厚的兴趣。

阿基米德出生时古希腊的辉煌文化已经走了下坡路，经济和文化中心已经转移到了埃及的亚历山大城。在阿基米德 11 岁的时候，他的父亲把他送到了亚历山大求学，进入欧几里得创办的数学学校，师从欧几里得的学生卡农。阿基米德在这里学习数学、天文学、物理学等，他如饥似渴地学习着各种知识，有时候在图书馆里一待就是几天。

在学习累了的时候，他也会偶尔去外面散步。有一次，他走到尼罗河畔时，看见农民把水一桶桶地从尼罗河里提上来才能浇地，既费力效率还低。于是他就发明了螺旋提水器，通过螺杆的旋转把水从河里取上来，省了农人很大力气。这个发明至今在非洲的一些地区还在使用，更为重要的是，这个发明的原理是现代水中和空中的一切螺旋推进器的基础。

他学成回国后仍然和亚历山大的学者们保持着密切的联系，交流最新的科研成果。阿基米德从欧几里得那里学到了证明定理的严谨性，因为他过人的才华，他的成就远远超过了欧几里得。他把数学研究和力学、机械学紧紧地联结在一起，用数学研究力学和其他实际问题。

一提到阿基米德，人们就会想起他发现浮力定律的故事。据说国王给了金匠一些金子，让他给自己做一顶纯金王冠，王冠制成后国王怀疑金匠偷了部分金子，又掺进了同等重量的银子。于是就找到阿基米德，让他在不损坏王冠的前提下检验王冠的纯度。

阿基米德日夜思考，始终没有想出好的办法。这天，他吩咐仆人给他烧水洗澡，仆人在澡盆中放的水有些多了。当他慢慢坐进澡盆时，发现水从盆边溢了出来，脑海里如同划过一道闪电，他连衣服都顾不上穿就跑了出去，大声喊着："我有办法了！"

阿基米德来到了实验室。他先找到了一个可以放下王冠的又高又细的容器将其注满水，在下面放了一个盆子，然后把王冠放到容器里，记下溢出的水量；然后又把容器注满水，放进去了同等重量的金子，又记下溢出的水量。他把两次溢出的水量加以比较，发现第二次溢出的水少于第二次，就断定金冠中肯定掺了银子。他又经过其他的办法计算出了掺进去的银子的重量。当他把这个结果告诉国王和金匠时，金匠目瞪口呆，怎么也想不到他会发现自己的秘密。

这个试验在物理学上的意义远远大过查出金匠欺骗国王。阿基米德从中发现了一条原理：物体在液体中所受到的浮力等于它所排出液体的重量，这条原理被后人命名为"阿基米德原理"。这个原理在生活中的应用非常广泛，直到现代人们还用它来测量船舶的载重量。

阿基米德不仅是一个渊博的学者，也是一个伟大的发明家，他把自己的知识应用到了生活之中，不仅发明了螺旋提水器这样的民用器械，还发明了许多武器。

在阿基米德生活的年代，欧洲的罗马共和国正在扩张，非洲的迦太基也处于兴起的阶段。弱小的叙拉古一直是罗马的附庸，叙拉古国王投靠了迦太基。罗马人很生气，就决定讨伐叙拉古。

公元前 214 年，罗马的执政官马塞拉斯率领军队从海、陆两面同时攻打叙拉古。马塞拉斯原以为这么多的兵力是牛刀杀鸡，弱小的叙拉古城会不攻自破，但是他不知道阿基米德制造了许多用于防守的武器。陆地上，就在罗马军队攻城的时候，城内飞出了如同雨点般密集的又大又重的石头，罗马士兵绑在手臂上的小圆盾根本无法抵挡，顷刻间就被砸得尸横遍野，残余的士兵不得不落荒而逃；海面上，当罗马的战舰准备靠上码头的时候，城墙上突然伸出了无数机械巨手，抓住罗马人的战舰狠狠地摔碎在岩石或海面上，舰毁人亡。

马塞拉斯损失惨重，只好退下来重整旗鼓准备夜袭，然而当他们接近城墙的时候，又遭到了阿基米德准备的投石机之类武器的攻击，又一次无奈地退了下来。

罗马人恼羞成怒，就用陆军牵制住叙拉古大部分的军队，让海军从海面强攻。

由于健壮的男子都上了前线，城内剩下的都是老弱妇孺，叙拉古城一时间岌岌可危。阿基米德立刻号召所有的妇女带上家里的镜子上了城头，用镜子把太阳光集中反射到罗马人的战舰的帆上，不一会儿帆就燃烧了起来。罗马人以为叙拉古得到了神的帮助，吓得再次退兵。

罗马人空有强大的军队，却对弱小的叙拉古一筹莫展，只要城墙上一有动静，就以为阿基米德又有了新的武器出现，士兵们草木皆兵，根本没有进攻的勇气。罗马军队的统帅马塞拉斯感慨万千，对身边的人说："这是我们和阿基米德一个人的战斗啊！他简直就是神话里的'百手巨人'，不，比他还要厉害！"

马塞拉斯见无法在正面打败叙拉古人，就采用了长期围困的办法，断绝了叙拉古对外的交通和补给。叙拉古人坚持了整整两年，最后弹尽粮绝，终于被罗马人攻破了城池。

马塞拉斯对阿基米德的聪明才智十分钦佩，入城后就命令一名士兵去请他来谈话。那个士兵来到阿基米德家里的时候，阿基米德还不知道叙拉古已破，正在聚精会神地研究一个几何问题。当士兵告诉他马塞拉斯要见他的时候，他说："等一会，我把这个原理证明了就走。"士兵大怒，认为他藐视自己的统帅，拔出利剑刺死了这个 75 岁的老科学家！

马塞拉斯非常惋惜，为了抚慰阿基米德的亲属，他处死了那个士兵，为阿基米德举行了隆重的葬礼并建造了陵墓。根据阿基米德的遗愿，还在他的墓碑上刻下了标明其体积比为 3：2 的一个圆柱体和内切球。

阿基米德被后世的数学界尊称为"数学之神"。

第二章

／

争战中的帝国

—— 亚历山大的军事天赋 ——

经过伯罗奔尼撒战争的摧残，希腊的各个城邦都有了不同程度的衰落，而北方的马其顿在英明的国王腓力二世领导下强势崛起，成为希腊新一代的霸主。

公元前 336 年，腓力二世在参加女儿的婚礼时被波斯派来的刺客杀死，他的儿子亚历山大成为马其顿帝国新的国王，当时亚历山大才 20 岁。

亚历山大从小就是一个胸怀大志、聪明勇敢的孩子。在他 13 岁时，腓力二世请来了著名学者亚里士多德，让他教育亚历山大。腓力二世诚恳地告诉亚里士多德："感谢神，他让我的儿子和你生于同一个时代。我希望你能把他教育成为一个合格的王位继承人。"

亚历山大很尊敬他的老师，在他成年后，不仅资助亚里士多德建立了一个学院，还给他提供了大量的研究经费。即使在他征服其他国家的途中，也经常给亚里士多德写信汇报自己的所见所闻，还把见到的奇花异草和珍贵动物派专人送去供老师研究。亚里士多德教给了亚历山大许多科学和哲学上的东西，希望他能够成为名闻天下的学者；可是亚历山大的愿望是要征服整个世界，成为"世界之王"。

亚历山大在 15 岁时就表现出勇敢、倔强和自负的非凡性格。有人送给腓力二世一匹烈马，谁都无法把它驯服。亚历山大告诉他的父亲他想试一试，腓力二世和他身边的侍从都不相信这个小孩子能够成功，可是令人惊讶的是，虽然那匹烈马抵抗了很长时间，最终还是被亚历山大驯服了。

据说，亚历山大每次听说父亲又打了胜仗时都很不高兴，认为自己以后少了建功立业的机会。他 16 岁起就跟着父亲四处征战，并且很快就成了一个能够独当一面的优秀将领。亚历山大有着卓越的军事才能和高明的领导技巧，腓力二世也充分给了儿子锻炼的机会。在著名的喀罗尼亚战役中，腓力二世安排亚历山大指挥马其顿军队的右翼，他以敏锐的战场判断力抓住了敌人的弱点，取得了辉煌的胜利。在腓力二世征讨拜占庭城的时候，亚历山大被留下监国。在此期间，他不仅把马其顿的政务处理得井井有条，还迅速镇压了一起叛乱。

亚历山人继位时，国内环境十分糟糕，土族内部也有人觊觎他的王位，北方各部落的暴动此起彼伏，希腊、底比斯也有了不稳定的迹象。亚历山大果决地处决了那些觊觎他王位的人，并且对那些反对他的势力铁腕镇压，在占领忒拜后，除了神庙和诗人品达之家幸免外，其他的居民都被他卖为奴，使希腊再度屈从于马其顿的统治之下。

国内的局势稳定之后，亚历山大把目光又投向了外部。公元前334年，他率领30000名步兵、5000名骑兵和160艘战舰开始攻打小亚细亚。临行前，他把自己所有的土地、奴隶和畜群都分给手下的大臣和士兵。他的一位大将对此十分不解，就问他："您把自己的财产都分光了，那您还有什么呢？"亚历山大告诉他："希望。我只要有希望就够了，因为它能带给我无穷的财富！"马其顿的将士们无不为亚历山大的雄心所折服，他们决心跟着他们伟大的领袖征服每一个国家，掠夺更多的财富。

亚历山大在小亚细亚首战告捷，随后又挥师北上向叙利亚进军。在伊苏城，他打得波斯王大流世三世落荒而逃，并俘获他的母亲、妻子和两个女儿。进城后，亚历山大看着大流士豪华的宫殿感慨道："这才是一个国王应该住的地方啊！"

伊苏战役胜利后，马其顿军队士气大振，决心一鼓作气拿下亚洲。据说这时候亚历山大得到了一辆神话中皇帝的战车，上面有一个奇形怪状又复杂无边的绳结，当地人传说如果谁能够解开这个绳结，谁就能占领整个亚洲。亚历山大好奇地试了几次，见无法解开，就抽出剑把绳结劈为两半，说道："不管能不能解开这个绳结，亚洲都会屈服在我的剑下！"

公元前332年，马其顿军队开始向南面进攻，一举攻克波斯的许多城市。大流世三世无法抵挡马其顿的兵锋，就派使者向亚历山大媾和，表示愿割地赔款。亚历山大不为所动，他傲慢地告诉使者，他的目标是波斯帝国的全部领土。

这一年冬天，亚历山大断绝了波斯陆军与海军的联系，随后长驱直入埃及。亚历山大一到埃及就到了锡瓦绿洲的朱庇特·阿蒙神庙祭拜太阳神，取得了神权的支持，随后又在神庙内加冕成为埃及的"法老"。在埃及举行庆功会上，亚历山大兴奋地告诉他的将士："英雄的伟大就在于不断开拓疆土，不断增加权力，尽情享受美味佳肴和美色。"为了纪念自己的伟大战绩，他在尼罗河三角洲西部建立了一座新城，并用自己名字命名为"亚历山大城"，作为自己不朽的丰碑。

第二年的春天，马其顿军队在埃及得到充分的休整后，在亚历山大的率领下再次踏上了征程，向东经过巴勒斯坦、叙利亚后来到美索不达米亚。10月，马其顿军与号称百万的波斯军队在尼尼微附近的高加麦拉展开决战。战斗开始不久，大流士三世就率先逃跑，波斯军队随即全线崩溃，亚历山大趁机随后掩杀，波斯大败亏输，从此再也没有和马其顿争锋的实力。

击败波斯主力后，亚历山大占领了波斯的首都巴比伦和陪都苏萨、波斯波利斯和埃克巴坦，掠夺了大概 15 万塔兰特的金银财宝，并放火焚烧了这些地方的波斯国王的王宫。随后他对大流士三世穷追不舍，大流士三世被部下暗杀后，他又打败了大流士的继承人。到了公元前 330 年，波斯帝国灭亡。

至此，亚历山大的帝国成为横跨亚、非、欧三大洲的大帝国。可是他仍然不满足，公元前 327 年，他又带着军队远征印度，当时西方人认为这里已经是世界的尽头了。

虽然亚历山大占领了印度西北的广大地区，并且在印度河谷建立了两座亚历山大城，但是在印度心脏地带的恒河流域遭到了沉重的打击。

长期的征战已经让他的士兵们产生了厌战的情绪，水土不服和自然环境的差异使得军队里疫病横行。而与之相反的是，遭到侵略的印度人士气高昂，利用各种手段坚决抵抗马其顿的入侵，即使无敌于天下的"马其顿方阵"也被印度战象冲得七零八落。一向遵守纪律的马其顿将士扔下手中的刀剑，纷纷要求回家，甚至有些部队已经有了哗变的迹象。从当地人的口中，亚历山大听说这里并不是世界的边缘，在印度的东边还有更广阔、更富饶的地方。内忧外患之下，亚历山大不得不率领军队撤出印度。他把部队分成两部分，从海、陆两路同时撤退，因为饥饿和疫病的困扰，又死了不少人。第二年初，两路大军回到了巴比伦境内的奥皮斯城。这时巴比伦已经成为马其顿的新首都。

公元前 323 年 6 月，亚历山大集结了 10 万部队，准备进攻阿拉伯。然而，就在出征命令发出的那天夜里，他染上了恶性疟疾，十天后死在巴比伦，终年 33 岁。

亚历山大死前没有明确指定由谁接班，只有一句含糊的"让最强者继承"。于是他手下的将领纷纷起兵争夺王位，在斗争中，他的母亲、妻子与儿女都惨遭杀害。将领们的混战持续了 20 多年，最后这个庞大的帝国分裂成了若干个国家。亚历山大庞大的帝国只存在了短短的 13 年。

作为一个伟大的历史人物，亚历山大对一个广大的区域产生了深远的影响。在他的远征之间和之后，希腊同西亚、中亚、印度等地的贸易更密切了。希腊文化迅速传入伊朗、美索不达米亚、叙利亚、以色列和埃及，而这些地区的文化也丰富了西方的知识宝库。他建立的几十座城市后来都逐渐发展成为商业中心，像埃及的亚历山大港，至今仍是世界著名的大海港。

—— 罗马和母狼 ——

继马其顿帝国之后，古罗马帝国兴起了。它的强大和繁荣在古代世界首屈一指，罗马城被称为"世界帝国之都"，屹立至今的元老院、凯旋门、万神殿、纪功柱、大斗技场等闻名世界的建筑奇迹，依然向人们展现着古罗马的帝国的灿烂和辉煌。在罗马博物馆里保存着一尊铜像：一只母狼瞪着双眼，露着尖牙，警惕地望着前方，身下有两个男婴正在吃奶。在罗马的雕塑和市政建筑上，母狼的形象也比比皆是。那么，为什么罗马人对母狼情有独钟呢？其实这与古罗马起源的传说有关。

据说希腊人攻陷特洛伊城后，伊尼亚带着部分特洛伊人侥幸逃了出来。他们在大海上漂流很久，最后来到了意大利中部的台伯河入海口一带，并在这里建立了自己的"亚尔尼龙伽"王国，伊尼亚成为第一代国王。

许多年之后，王位传到了依米多尔手里。依米多尔的弟弟阿穆留斯是个心狠手辣又野心勃勃的家伙，他对父亲把王位传给哥哥极为不忿，一心想要谋权篡位。

阿穆留斯处心积虑地准备了很长时间，终于把依米多尔赶下台，窃取了梦寐以求的王位。他认为平庸无能的哥哥对他构不成威胁，就故作仁慈给他留了一条性命。但是他怕哥哥的后代会出现一个英雄人物找他复仇，就杀死了所有的侄子，又强迫唯一的侄女西尔维亚去当祭司。因为祭司无法嫁人，也就不会有后代了。

可是战神玛尔斯爱上了西尔维亚，于是来到人间和西尔维亚生活了一段时间，后来西尔维亚生了一对双胞胎男孩。阿穆留斯听说后又惊又怕，就命人处死西尔维亚，把这对双胞胎放到篮子里扔进台伯河，想让河水淹死他们。

令人欣慰的是，恰巧此时台伯河正在涨水，河水把装着双生子的篮子冲到岸边。一只来河边喝水的母狼发现了孩子，就咬着篮子把双胞胎拖回窝里，正好这只母狼刚生下小狼，奶水充足，就用狼奶喂养他们。双胞胎能吃东西后，有一只啄木鸟经常给他们送野果子吃。

后来有一位牧羊人发现了双胞胎，就把他们领回家里过起了正常人的生活，并且给哥哥起名叫罗慕路斯，弟弟叫雷穆斯。

十多年以后，两个孩子长成了健壮勇武的青年，他们武艺高强又豪爽仗义，很快就吸引了一大批人。一个偶然的机会，他们知道了自己的身世，就决心除掉阿穆留斯，为他们的母亲报仇。

阿穆留斯处死西尔维亚后，认为再也没有人能够给他造成威胁，对内横征暴敛荒淫无度，对外穷兵黩武四处征战，亚尔尼龙伽的人民生活在水深火热之中，早就想推翻他的残暴统治了。罗慕路斯和雷穆斯起兵后，很快就得到了全国人民的支持，经过浴血奋战，他们杀死了阿穆留斯。

兄弟俩帮助他们的外祖父侬多米尔重登王位后，就带着他们的人马来到了帕拉丁山冈，这里就是母狼哺乳他们的地方。他们在这里建了一座新的城市，但是在用谁的名字来命名这个城市时，两兄弟发生了争执，后来两个人又打了起来。在打斗时罗慕路斯杀死了弟弟雷穆斯，城市也就用他的名字命名为罗马。

罗马城刚建成的时候，由于罗慕路斯的手下都是军队，妇女数量很少，附近的部落的人也不愿意把他们的姑娘嫁过来。没有妇女就不可能增加人口，为了城市的发展，罗慕路斯只好使用计谋解决这个问题。

过了一段时间，罗慕路斯派人到周围的部落，告诉他们罗马城会举办一次盛大的宴会，欢迎他们参加，去的人越多越好。举行宴会的那天，附近的部落果然来了许多人。特别是萨宾部落，他们来的人最多，而且许多人都是拖家带口。

罗马人为这次宴会提供了美味的佳肴，还准备了各种节目让人们参与游戏。就在萨宾人吃得心满意足、玩得兴高采烈时，罗慕路斯发出了事先约好的暗号，罗马的男人们一拥而上，抱起他们早已看中了的萨宾姑娘就跑，带回家里成了亲。萨宾人又惊又怒，但是因为在罗马人的地盘，他们来时又没有携带武器，只好恨恨而去。

萨宾人回去之后，立刻四处联络亲朋好友，秣马厉兵准备抢回他们的亲人。不过古时候的交通和联络都不方便，等他们全部准备好并来到罗马城的时候，已经是一年以后了。罗马人见有人要来抢自己的老婆，当然不甘示弱，马上就集合起来出城迎战萨宾人。就在双方摆好阵势准备交手的时候，罗马城里出来了一群抱着孩子的妇女，她们来到战场中间，哭喊着乞求双方不要厮杀。原来，这些妇女都是来自萨宾，对于她们来说，一方是自己的父兄，另一方是自己的丈夫，任何一方有了损伤都是她们的痛苦。罗马和萨宾的战士都被这一幕感动了，他们放下了手中的武器，抱着自己的妻子或女儿失声痛哭。不久，这两个部落就对神盟誓，合并成一个部落。

——《十二铜表法》——

罗马建立后进行了一系列的改革，政体由君主制进入了共和制。虽然一些富有的平民成为新贵族，开始进入国家的管理层，但是由于他们经验少、数量也没有旧贵族多，实际上国家的大权仍然操控在旧贵族手中。而且有产的平民虽然能够参加全民会议，但是他们并没有充分的表决权，全民会议也就成了元老贵族操纵国家政权的遮羞布。穷苦的平民还有一道无形的枷锁套在头上，那就是如果他们借了债，一旦还不了就会成为债务奴隶。

在这样的情况下，平民和贵族的矛盾日益尖锐。公元前494年，罗马平民为了反抗压迫和控制，决定集体离开罗马，去建立一个新的能够让自己当家做主的城市。

罗马虽然是一个奴隶制国家，但是当时并没有多少奴隶，平民是国家的主要劳动力量，而且一旦战争爆发，还要靠平民组成军队与敌人作战。如果没有了平民，那么罗马也就没有了存在的基础。于是罗马的旧贵族们慌了，马上派遣代表拦住了出走的平民并和他们谈判。

旧贵族在这次谈判中做出了一个重大的让步，他们愿意让平民选出一个"保民官"来保护平民的利益。如果国家或者国家的官员有了危害平民的举动，保民官有权阻止。保民官直属于公民会议，不受执政官或元老院管辖；保民官享有充分的人身自由，任何人都不能干涉他的行动；他们长期住在罗马，即使是晚上也会接受平民要求保护的请求。后来又加大了保民官的权力，可以否决政府的法令或者元老院的决议。

平民虽然在这次谈判中获得了一定的政治权力，但是司法权仍然牢牢握在贵族手中。那时候的罗马还没有成文法，在判决案件时往往按照过去的习惯来进行。这就给了那些贵族法官钻空子的机会，如果有平民和贵族打官司，他们就会维护贵族的利益，做出对平民不利的判决。为了享有司法平等的权利，罗马的平民开始要求编纂成文法。

经过长时间不懈的斗争，贵族被迫制定了罗马的第一部成文法，并在公元前449年施行。因为这些法律条文是刻在十二块铜板上的，后来被称为《十二铜表法》。

这部法典虽然提高了平民的法律地位，但是它主要保护的还是奴隶主和富有平民的利益。铜表法规定：放火犯、偷窃犯或是践踏别人田地的人都要处以死刑；欠债者如果无法按时还债，可以要求延期30天，如果30天后仍然还不了债，那么他就被当作债务奴隶被卖到别处甚至处死。这部法典阶级歧视的色彩也很强烈：如果打断了自由人的骨头罚金300阿司，打断了奴隶的骨头罚金150阿司。法典还禁止平民与贵族通婚。

尽管如此，平民还是从铜表法得到了一定的保障。毕竟法律条文清清楚楚地写在那里，谁都知道犯了何种罪行应该受到何种惩罚，贵族法官已经无法像以前那样随心所欲地偏袒贵族了。

《十二铜表法》的颁布深深鼓励了罗马平民，他们进一步争取新的权利。不久，铜表法中"禁止平民与贵族通婚"的禁令被废除，平民还可以担任政府中的高级官吏。到了公元前367年，著名的《李锡尼—塞克斯都法案》被通过，这个法案规定，罗马的两个最高执政官必须有一人由平民担任。

令贫穷平民谈虎色变的债奴制也有了进展，公元前326年，新的法典规定"债权人不得因债务私自拘禁负债人"，这实际上等于废除了债奴制。从此，罗马的平民不再担心会成为奴隶，而罗马的奴隶基本上都是战争中获得的战俘和被征服的外族人。

—— 罗马和白鹅 ——

　　罗马建立后不久就成为意大利地区的一个强国，周围的许多城邦都成为它的附庸。但是在罗马西北部的高卢人却不害怕罗马，他们一直在入侵罗马的附庸，而且也有攻打罗马的野心。

　　公元前 390 年，高卢人悍然攻击罗马的盟国克鲁新。罗马向高卢人派出使者，要求他们退兵。高卢人首领高林傲慢地拒绝了罗马使者，并且对罗马使者出言不逊。罗马使者大怒，违背了当时的外交惯例直接帮助克鲁新。当高林要求罗马惩罚他们的使者时，罗马的元老院再次用他们的行动激怒了高卢人。

　　高林在盛怒之下亲率 7 万大军来到了离罗马城约 15 公里的阿里亚河（阿里河）与台伯河的交汇处，在这里和罗马军队展开了大战。高卢人作战时十分骁勇，即使身上受伤了也会跟着队伍奋勇拼杀。罗马人从来没有见过这样的军队，惊慌失措之下被高卢人打得大败，败兵逃进罗马城时连城门都忘记关了。这一天是公元前 390 年 7 月 18 日，因为从来没有这样失败过，后来这一天成为罗马的国耻日。

　　执政官曼里见军队溃败，知道已经保不住罗马城了，就让一部分军队保护居民撤出城去，他带着另外部分军队和一些年轻的元老退守城后的卡庇托林山冈，等候其他地方的援兵，以图里应外合击败高卢人。100 多名上了年纪的元老不愿躲避，他们穿着节日的盛装来到广场中心，准备在这里以身殉国。

　　高卢人见败退的罗马人没有关城门，以为这是罗马人诱敌深入的计策，好长时间都不敢进城。直到有个大胆的士兵跑进了城内，发现城里一个人都没有，高林这才命令部队进城。

　　当他们来到中心广场时，发现这里坐着许多手持圣杖、身穿盛装的老人，即使到了他们跟前都一动不动。高卢人还以为这些是雕像呢，一个士兵就轻轻地摸了一下一个老者的胡子，谁知这个老人拿起圣杖劈头盖脸地向他打去。高卢人这才知道这些是活人，就一拥而上杀死了这些元老。高卢人找不到城里的居民，把财物搜刮一空后就放火焚毁了罗马城，仅仅几天的时间，这座繁华的城市就变成了一片焦土。

高卢人派出去的侦察部队发现卡庇托林山冈有罗马人，高林立刻命令军队包围了这座山冈。因为卡庇托林山冈陡峭险峻易守难攻，高卢人强攻了几次都无法拿下这座山冈。高林见强攻无效，就决定长期围困下去，等罗马人箭尽粮绝、饿得没有力气时逼他们投降。

罗马执政官曼里这时也很苦恼，虽然山上储存了大量的粮食，也有充足的水源，但是无法和外面的援军取得联系，他的计划始终无法得以施行。他决定派人突围去联系援军，一个名叫波恩的勇敢士兵接受了这个任务。不幸的是，波恩刚从悬崖上爬了下来，就被巡逻的高卢人杀死了。

高林听到有人从悬崖上下来不惊反喜，这使他打开了夺取山冈的思路。他精心挑选了一批勇士，准备沿着波恩下来的路线爬上悬崖，给罗马人来个突然袭击。

高卢人眼看就要爬到山顶了，突然从山顶的神庙里传出"嘎、嘎"的鹅叫声。执政官曼里听到鹅的叫声，立刻意识到高卢人从悬崖上爬上来了。他马上拿起剑和盾牌冲向悬崖，先用剑刺死了第一个上山的黑影，随后又用盾牌把第二个高卢人推了下去，倒下去的高卢人又砸倒了几个人。曼里赢得了时间，这时罗马士兵已经赶了过来，轻而易举地就把吊在悬崖上无法还手的高卢人打了下去。这次胜利让罗马人的士气高涨起来，没有了畏惧高卢人的心理，他们更加警惕地保卫山冈，高卢人从此再也没有了偷袭的机会。

那么，山顶上为什么会有鹅呢？原来，这些鹅是罗马人献给神庙的祭品。因为是祭品，战士们不敢吃，但是也不能让鹅抢走战士们的口粮呀，于是就只能给它们很少的仅能维持住生命的粮食。鹅的警惕性本来就高，加上腹中饥饿，听到悬崖上有动静就大叫起来，这就提醒了罗马人。

高卢人在这里包围了整整七个月，最后他们终于失去了信心，向罗马人勒索了 1000 磅黄金后撤出了罗马城。罗马人和高卢人的战争终于结束了。

白鹅报警保住了卡庇托林山冈，也保住了罗马人的生命，从此"白鹅拯救了罗马"成为罗马人的谚语。为了纪念这个事件，每年的"国耻日"罗马人都给白鹅戴上华丽的项圈，抬着它进行庄严的游行，并尊称为"圣鹅"，每一个见到白鹅的人都用欢呼来表达自己的敬意。

—— 军事家汉尼拔 ——

汉尼拔（公元前 247 年 ~ 公元前 183 年）是北非古国迦太基名将，军事家。他在欧洲历史上伟大的四大军事统帅中排名第二（亚历山大大帝、汉尼拔、恺撒大帝、拿破仑）。他的父亲是迦太基将领哈米尔卡尔·巴尔卡，在他 9 岁的时候，哈米尔卡尔·巴尔卡就让他跪在祭坛前发誓，要和罗马战斗到最后一刻。

汉尼拔从小就接受了严格的军事训练，有着很高的军事素养。25 岁时，汉尼拔被任命为迦太基驻西班牙军队的最高统帅。他胆识过人，善于用兵。平时，他与士兵同甘共苦；战时，他身先士卒指挥若定，深受士兵的拥戴。有人曾这样描述他："没有一种劳苦可以使他的身体疲乏或精神颓丧。酷暑也好，严寒也好，他都受得了。无论是在骑兵还是步兵里，他总是把其他人远远地抛在后面，第一个投入战斗；交战之后，最后一个退出战场。"

公元前 219 年，稳定后方后，汉尼拔准备攻下西班牙东部的萨贡杜姆作为进攻罗马的桥头堡。罗马看到了汉尼拔咄咄逼人的气势，就宣布萨贡杜姆受他们的保护，并派使者警告汉尼拔，傲慢地问他："你们究竟是要战争，还是和平？"汉尼拔轻蔑地说："随你们的便吧！"还痛斥罗马人违反双方的协议，干涉萨贡杜姆内政。

公元前 218 年春，罗马正式向迦太基宣战，第二次布匿战争（罗马人称迦太基人为"布匿人"）开始了。罗马人的作战计划是这样的：以偏师牵制住西班牙的汉尼拔，使其不能援助非洲本土；主力以西西里为基地，水陆大军进入非洲直取迦太基。

作为一个杰出的军事家，汉尼拔当然不会被罗马人牵着鼻子走，他制订了一个惊人的计划：不与罗马人正面作战，翻越阿尔卑斯山，攻击罗马的后方，把战火引到意大利的本土作战。

汉尼拔率领 9 万名步兵，1.2 万骑兵和几十头战象，强渡希伯鲁斯河后击败卡诺尼亚部落。他在这里遣散了一万多名不适合作战的士兵，又留下一万人在这里驻守，接着就带领主力越过比利牛斯山，长途跋涉到阿尔卑斯山下。

这时已经到9月了，处于高海拔的山区开始降雪。阿尔卑斯山山高坡陡，天气变幻无常，羊肠小道上遍布冰雪，沿途不时还有土著人射来暗箭，行军非常艰难。战士们一不小心就会滑下山去，特别是马和战象的通过更是困难。

经过33天的艰苦行军，汉尼拔的部队终于征服了阿尔卑斯山，来到意大利的北部。然而，此时的汉尼拔只剩下2万名步兵、6000名没马的骑兵和一头战象了。这里的居民刚被罗马征服不久，对罗马有着刻骨的仇恨，听到汉尼拔要打罗马人，纷纷带着武器和马匹来投军，汉尼拔又得到了充足的人力和马匹。

短暂的修整后，汉尼拔的部队恢复了士气，士兵们都摩拳擦掌向要给罗马人一个教训。于是汉尼拔主动出击，来到罗马的后方。罗马人见汉尼拔神兵天降，惊慌失措之下仓促迎战，结果被汉尼拔打得大败。这次战斗后，一直在观望的高卢人很多都加入了汉尼拔的部队。

罗马的元老院知道汉尼拔越过阿尔卑斯山这个令人吃惊的消息后，不得不放弃攻击非洲和西班牙的计划，集中兵力保卫意大利。但是他们派来的第一批援军很快就被汉尼拔灭掉了，甚至领兵的罗马执政官都身负重伤；第二批援军有4万人，但是被汉尼拔消灭了3万，而迦太基的伤亡只有400人，充分显示了汉尼拔的军事才能和指挥艺术。

元老院的元老们再次目瞪口呆，他们马上又集结了重兵，堵住了迦太基人进军的必由之路。然而汉尼拔也再次做出了一个令人瞠目结舌的决定：穿越托斯坎纳沼泽，直接攻打罗马的腹心之地！

防守的罗马人听说迦太基人越过了托斯坎纳沼泽，急忙追了过来，不料在特拉西梅诺湖附近进入了汉尼拔的埋伏圈。这次战斗史称"特拉西梅诺湖战役"，3万罗马人全军覆没，执政官战死，1万5千人阵亡，1万多人被俘。汉尼拔这时候做了一个英明的，对他后来的作战有很大帮助的决定：对不同民族的俘虏区别对待。他命令，凡是罗马的士兵都要带上枷锁，而没有罗马公民权的其他意大利人当场释放。

罗马人被吓坏了，不敢再和汉尼拔正面作战，所以采取了坚壁清野的战术，企图拖垮迦太基人。然而汉尼拔四处偷袭罗马人的补给基地，反而使罗马人陷入了困境。公元前216年春天，汉尼拔突袭了罗马重要的粮仓和补给基地康奈，罗马人不得不发兵来夺回这个至关重要的地方。

8月，康奈会战爆发，这时的汉尼拔只有步兵4万，骑兵1.4万，而罗马人有步兵 8 万，骑兵 4000。在汉尼拔教科书般经典的指挥下，把罗马军队压在一个狭小地带，最后以 6000 人的代价，歼灭罗马 7 万多人。

康奈会战失败后，罗马已经没有了可以机动的兵力，整个战争形势岌岌可危。罗马的高层极端震怒，但是为了渡过眼前的危机，他们采取了透支战争潜力的方法：凡是年满 17 岁的男子全部征召入伍，并出钱赎买了 8000 个奴隶。这样罗马就再次有了足够的军队，而且他们也知道自己不是汉尼拔的对手，就采取了新任执政官费边的建议，不再和汉尼拔正面交锋，而是伺机打击他的后卫和运输部队，消耗迦太基军队的精力和士气。罗马的这个策略很成功，随着时间的推移，汉尼拔孤军深入的弱点逐渐显露出来，兵力和粮食的补给日益困难。在此后的十多年里，汉尼拔虽然也取得了不少显著的战果，甚至还杀死了罗马的两个执政官，但是从来没有取得决定性的胜利，而且罗马人的局势逐渐好转。

公元前 203 年，已经取得战略优势的罗马人派出大军进入迦太基国内，迦太基被迫召回汉尼拔来对付罗马人。公元前 202 年，扎玛会战爆发，此战是汉尼拔的唯一一次败仗，但是不论是对他还是对迦太基都有着深远的影响。迦太基认为他已经没有指挥部队打胜仗的能力，决定向罗马投降。罗马人在索要了大量的战争赔款后，第二次布匿战争结束。汉尼拔从此再也没有上过战场。

公元前 201 年，汉尼拔出任迦太基最高行政长官，进行了一系列成果显著的改革，迦太基的经济迅速恢复，有希望在不增加人民负担的情况下分期付清战争赔款。但是这些改革措施触犯了旧贵族的利益，他们便告诉罗马政府，汉尼拔准备再次组织军队进攻罗马。在罗马政府的压力下，汉尼拔被迫逃亡。

汉尼拔到达叙利亚后，想把西亚诸国联合起来对抗罗马。然而西亚诸国矛盾重重，无法实现亲密无间的联合，而且他们对汉尼拔也并不信任。罗马人听说汉尼拔在西亚的举动后，就威逼比提尼亚（当时汉尼拔居住在这里）国王普鲁西阿斯一世交出汉尼拔。

公元前 183 年，汉尼拔发现自己的住所被人包围，知道外面的人想要把自己送给罗马人，他不甘受辱，就吞下了随身携带的毒药，一代名将就此离世，享年 65 岁。

汉尼拔被西方人誉为"战略之父"，他的战略思想和作战方式至今仍然有着积极的意义，他所指挥的战斗有些已经成为军事教材上的战例供人们学习。虽然他最后也打了败仗，无法挽救迦太基投降的命运，可是主要的原因并不在他的身上，因为他只是一个前线的指挥官，无法左右国家的决策，而且这也是整体国力的差距所造成的。

—— 格拉古兄弟 ——

随着奴隶制的发展，罗马的土地兼并现象越来越严重，奴隶主贵族占据了大量的土地，平民因为沉重的赋税和徭役不得不卖掉自己赖以为生的土地，虽然不会成为债务奴隶，但是也必须要终日奔波来维持全家的生计。即使到了这一地步，他们仍然有服兵役的义务，而且按照当时的法律，作战使用的盔甲和武器还要他们自费置办。这些破产农民显然是没有这个能力的，这也就导致了罗马的军事力量日益虚弱。严峻的社会现实已经使得那些开明人士不得不考虑实行新的土地分配方案了。

大约在公元前2世纪下半叶，提比略·格拉古和盖约·格拉古兄弟联合了一些开明的罗马贵族，开始游说当权者改革目前的土地政策，试图复兴农民进而复兴军队。

格拉古兄弟出身于罗马贵族家庭，他们的父亲是罗马高官，母亲是有名的大西庇阿的女儿。他们的姐姐塞姆普罗妮娅嫁给了另一位重要将领、第三次布匿战争的胜利者小西庇阿。

提比略曾多次参加战争，战功赫赫，在罗马人中享有很高的威望。公元前134年，他在当选为保民官后就立刻提出了一个土改方案，规定每户公民的土地不能超过1000犹格（约250公顷），超过部分将由国家有偿收回，然后分成每份30犹格的小块土地分给无地平民。

这个提案虽然受到了广大无地平民的欢迎，但是那些拥有大量土地的贵族却强烈反对。当时罗马还有一个叫屋大维的保民官，他家里也有大量的土地，在贵族们的挑唆下，屋大维出面否决了这个提案。屋大维这次犯了众怒，随即就在公民大会上被愤怒的平民撤了职。接着，公民大会通过了提比略的提案，并以法律的形式确定了下来，并选举提比略、提比略的弟弟盖约·格拉古及提比略的岳父组成三人委员会，负责该法案的施行。

保守贵族不甘心失败，千方百计地阻挠和破坏三人委员会的工作，但他们顶住了一切压力，克服了种种困难，取得了一定的成效。保守贵族对提比略恨之入骨，但是在数量众多的平民的压力下他们又动不了提比略，就准备在下次选举保民官时把他赶下台。

然而事实让他们失望了，在选举下年度保民官那天，提比略赢得了所有平民的支持。保守贵族眼看提比略就要再次当选，恼羞成怒之下就指使暴徒当场打死了提比略，并把他的尸体扔进了台伯河，提比略的支持者也有 300 多人被活活打死。随后保守派无情地清洗了改革派，提比略的改革运动失败了。

然而，血腥的镇压和清洗无法阻挡平民对土地的渴求，要求改革土地政策的呼声越来越高。公元前 123 年，提比略的弟弟盖约·格拉古当选为保民官。盖约的改革比他的哥哥更为广泛，他提出了一个粮食法案，要求国家从海外进口足够的粮食来低价供应给城市中的平民；土地法案规定，继续执行由提比略开创的土地改革政策。鉴于意大利境内适合耕种的土地已经不多，盖约提出移民来解决这个问题，他计划在意大利的本土设置两个安置点，另一处在非洲，这样就基本可以满足平民对土地的需求。

盖约的计划提出后，保守派大为惶恐，就让保守派的另一个保民官德鲁斯提出了一个新的移民计划，这个计划把安置点的数目提高到了 12 个，而且都在意大利的本土。这个计划没有一点能施行的可能，因为意大利的本土根本没有可供建立 12 处安置点的地方，他的目的就是利用罗马平民不愿意背井离乡的想法来废掉盖约的提案。短视的平民认可了德鲁斯的方案，开始对盖约产生了不满。随后盖约又提出了一个扩大公民权的方案，建议给予意大利人公民权，但是罗马的平民不愿意让意大利人分自己的福利，再次否决他的提案。这就为盖约无法连任保民官埋下了隐患。

果然，公元前 122 年举行的公民大会上盖约落选了。雪上加霜的是，公元前 121 年，他的政敌卢基乌斯·欧皮米乌斯当选为执政官。在卢基乌斯·欧皮米乌斯的就职仪式上，他宣布废除盖约的改革，台下的人群一片骚乱，他的侍从还故意侮辱盖约的支持者，随后在争斗中被人打死。元老院借这个机会宣布盖约等人是人民公敌，派兵攻打他们。手无寸铁的改革派纷纷倒在保守派的屠刀之下。盖约逃到台伯河畔的丛林里，眼看无法逃出保守派的包围圈，不愿被俘受辱，便命令他的贴身奴隶杀死了自己。在这场血腥的镇压中，超过 3000 名改革派和他们的追随者失去了生命。

公元前 111 年，罗马正式承认了土地私有制度，任何人都可以转卖他们的土地，格拉古兄弟的改革就此烟消云散，罗马的土地兼并也愈演愈烈。

—— 斯巴达克大起义 ——

在古罗马，奴隶的地位是非常低的，他们只是"会说话的工具"。奴隶的命运非常悲惨，他们要在监工的皮鞭下不停地劳作，如果病了或者老了就会被送到一个指定的地方活活冻饿而死。

在所有的奴隶中，处境最悲惨的奴隶是角斗士。作为奴隶主娱乐的工具，他们的下场不是死在同胞的刀下，就是葬身于猛兽的口中。能够做角斗士的奴隶都是身强力壮的人，有机会接触武器，所以会受到严密的监视，一举一动都受到严格的限制，没有训练和角斗的时候脚上还戴着沉重的枷锁。在奴隶主的残暴统治下，奴隶们的反抗一直都没有停止。

斯巴达克是希腊北部的色雷斯人，在罗马征服色雷斯后，他被作为战俘押到罗马。一个贵族见他身材魁梧，还有高超的作战技能，就把他送到意大利的加普亚城一个角斗士学校里，准备把他培养成一个角斗士。

斯巴达克以前就听说过罗马角斗士奴隶的悲惨命运，不愿意成为贵族的娱乐工具，于是就秘密串联了200多名角斗士，他告诉同伴们："宁为自由战死在沙场，不为贵族老爷们取乐而死于角斗场。"

不幸的是，他们的准备还没有完成，内部就有叛徒向敌人告密。斯达巴克见事态危急，就决定提前行动。公元前73年，震惊罗马的斯达巴克起义爆发了。斯巴达克带着奴隶们用菜刀、铁义和棍棒打败了看守，最后有78个人逃出了角斗士学校。

他们逃出囚笼后，幸运地截获了一批运往另外一个角斗士学校的武器，这就让他们有了作战的武器。随后他们以维苏威火山为基地，袭击附近的奴隶主庄园，夺取给养，解放奴隶。

周围的奴隶和破产农民听说这个消息后，纷纷从四面八方赶来投奔他们，起义军很快增加到一万多人。在短短几个月的时间里，起义军缴获了大量的武器，还从附近的庄园里获得了大批给养。因为纪律严明，得到了大量平民的支持。

看到起义军的声势越来越大，罗马当局急忙命令行政官克劳狄斯率领 3000 名官兵前去镇压。公元前 72 年的春天，克劳狄斯来到维苏威火山脚下。这个谨慎的官僚仔细分析了目前的形势后，决定采取围困的方式来对付起义军。他派人将维苏威火山通往外界的道路全部封死，切断了起义军的所有补给。

山上的起义军很快就陷入了困境。斯巴达克不愿坐以待毙，发动部下讨论如何打破眼前的困境。因为缺乏防御器材，战士们就用野葡萄藤编成盾牌来挡敌人的箭。当斯巴达克见到这种盾牌的时候眼前一亮：如果用野葡萄藤编成软梯，不就可以从悬崖上爬下去了吗？这个想法得到了战士们的赞同，他们很快就编成了一条长长的软梯，足以抵达下面的山谷底部。

夜深人静的时候，起义军把软梯绑在大树上，然后顺着梯子爬了下来。在山谷里集结之后，他们又悄悄地摸到敌人的营地，他们的敌人还在呼呼大睡。在斯巴达克的命令下，起义军如同下山的猛虎闯进敌营，从美梦中惊醒的敌兵找不到将，将找不到兵，被起义军杀得尸横遍野、血流成河，克劳狄斯逃回了罗马。

这个胜仗使起义军声威大震，起义军士气更加高昂，附近的奴隶也纷纷从奴隶主那里逃了出来，投奔到他的麾下。不久，起义军就发展到了 7 万多人。

克劳狄斯兵败后，罗马的元老院极为震惊，立刻从全国调派重兵前来围剿。斯巴达克得知这个消息后，认为当前敌强我弱，在罗马的本土暂时无法打败罗马的军队，想要建立政权更是种奢望。经过慎重考虑后，他决定率领起义军到高卢发展。

公元前 72 年的夏天，斯巴达克的队伍一路攻击前进，击溃了罗马军队，来到了阿尔卑斯山下。然而斯巴达克低估了翻越阿尔卑斯山的困难。这座山高耸入云，山顶终年积雪气候恶劣，以起义军简陋的装备根本无法翻越。斯巴达克放弃了原先的计划，准备占据意大利南部的西西里岛，在那里建立属于奴隶们自己的国家，与罗马统治者做长期的斗争。并且派出使者和在那里活动的海盗联系，用重金租赁他们的船只渡过海峡。随后，起义军破釜沉舟，在波河流域击败罗马的南高卢总督，得到大量的战利品后挥师南下。这时候是起义军的全盛时期，全军达到了 12 万人。

但是等起义军到达意大利半岛南端的时候，却没有看到海盗们的船只。原来西西里岛政府出更多的钱财，海盗贪财，没有遵守他们的诺言。起义军上下义愤填膺，准备自己捆扎木筏强渡海峡，然而海上剧烈的风暴迫使他们打消了这个计划。

就在起义军想要离开这里的时候，克拉苏带着 6 万人堵住了他们的退路。这个阴险狠辣的家伙不仅在布鲁提伊半岛的蜂腰地带挖出了深、宽各四五米的封锁沟，还在军队中实行了"什一格杀律"，即每 10 个作战不力的士兵要抽签杀掉一个。起义军的三面都是大海，唯一的生路就是冲过这条封锁线。

绝境中的起义军爆发出了惊人的战斗力，他们付出了减员 2/3 的代价打破了这条封锁线，粉碎了敌人的阴谋。

脱险后，起义军的实力再次得到了恢复，但是起义军的高层对下一步的战略方向发生了分歧。斯巴达克的意见是进军布林的西港，东渡亚得里亚海到希腊开辟根据地。大将克里克苏不赞同斯巴达克的意见，认为起义军应留在意大利与罗马人斗争到底。两个人谁也说服不了谁，最后各自带着自己的部队分道扬镳，起义军分裂了。这个事件给起义军以沉重的打击，不仅使起义走了下坡路，还给了敌人各个击破的机会。

这年冬天，克里克苏率领的起义军在阿普里亚的加尔干诺山附近被罗马军队包围，虽然克里克苏及部下顽强抵抗，终因寡不敌众一败涂地。等到斯巴达克前来救援的时候，只接应到了约有三分之一的义军士兵。

然而，等斯巴达克率起义军准备进军布林的西时，却失望地得知罗马军队已经抢先占领了那里，而克拉苏也率领大军紧追不舍，并在他们的后路又挖了一条封锁沟。起义军又一次陷入腹背受敌的困境。斯巴达克见无法完成东渡的战略目标，于是便果断地回头迎战克拉苏。虽然起义军打破了克拉苏的封锁，但是部队已经锐减到 7 万人左右。

公元前 71 年春，起义军在阿普里亚境内遭遇罗马的重兵。这是起义军最后的战斗，6 万多奴隶壮烈牺牲，斯巴达克和几千余部也被团团围住。但起义军战士不肯接受做奴隶的命运，他们仍然不屈不挠地战斗着，怒吼着发起一次次的攻击，试图冲出包围圈。

斯巴达克也负伤了，他拒绝了手下让他独自突围的建议，仍然和他的战友们与敌人奋勇拼杀。战士们越来越少，斯巴达克一直没有停止战斗，最后全身被刺伤几十处，壮烈牺牲。人类历史上第一次大规模的奴隶起义就此落下了帷幕。

斯巴达克起义虽然失败了，但是它的影响是广泛的，史无前例的。它让罗马奴隶主阶级受到了沉重的打击，加剧了罗马奴隶制的经济危机、动摇了罗马奴隶制的基础。斯巴达克以他的勇敢坚强，卓越的组织才能和高尚的个人品质为后人称颂。

—— 庞贝和"三头同盟" ——

格奈乌斯·庞贝（公元前 106 年~公元前 48 年）是古代罗马共和国末期的军事家和政治家。庞贝的父亲叫斯特拉波·庞贝，他不仅是一位杰出的将领，还是贵族派的代表人物之一，在公元前 89 年担任过执政官。

庞贝受过良好的教育，有着良好的文化修养，在父亲的影响下，他对军事也很感兴趣，17 岁时就加入军队镇压意大利人的起义。他在政治上也有着很大的野心，希望能同他的父亲那样得到国家的最高权力。

公元前 87 年，他的父亲遭到雷击而死亡。庞贝继承遗产后在皮凯努姆住了一段时间。此时的罗马政坛正处于动荡时期，马略和苏拉为争夺罗马的最高权力在进行内战。庞贝敏锐地意识到苏拉会在将来取得胜利，如果现在投到他的麾下将来肯定能够飞黄腾达。

由于他父亲在皮凯努姆一带有着庞大的势力和崇高的威望，因此他很容易就组建了一个军团。在投奔苏拉的路上，他顺利地通过了许多城市，多次战胜马略派来的拦截部队，缴获了大批武器和战马。苏拉认为庞贝很有军事天赋，就把他提拔为自己军队方面的重要将领。庞贝这时才 23 岁。

公元前 82 年，苏拉肃清马略的势力，担任终身独裁官。为了取得苏拉进一步的信任，获得更高的权力，庞贝弃了他的妻子，和苏拉的女儿结婚。

庞贝的这个做法果然获得了苏拉的重用。婚后不久，庞贝就成了独当一面的将领，并奉命夺取马略部将驻守的西西里岛。马略的部将见大势已去，也就不再做无谓的抵抗，庞贝一上岛他们就投降了。随后苏拉又派庞贝征伐非洲的努米底亚人。在庞贝凌厉的攻势下，努米底亚统帅多米提乌斯被迫后撤，当时的天气非常恶劣，他以为罗马的军队不会追击，因此放松了警惕。可是庞贝得知敌军撤退的消息后却命令部队迅速出击，一举消灭了努米底亚的军队。努米底亚被这次惨败吓坏了，许多城市望风而降，庞贝仅用了 40 天时间就彻底占领了努米底亚。战争胜利的消息传到罗马后，庞贝的威望大增，许多人都认为他是一个杰出的将领，应该得到更高的职位。

战后不久，苏拉便解除了庞贝的职务，命令他解散军队后率领一个军团返回乌提卡，在那里等他的继任者到来。但是庞贝不但没有服从苏拉的命令，反而率领大军回到了罗马，并要求苏拉给他举行凯旋仪式。

苏拉告诉庞贝，按照罗马的法律，只有立下大功的执政官、行政长官才能举行凯旋仪式，而庞贝没有任何公职，这是违背法律的。然而庞贝对这个规定不屑一顾，还嘲笑苏拉："崇拜初升太阳的人要多于崇拜落日的人。"苏拉没有办法，知道自己已经控制不住这个野心勃勃的家伙，只有怀柔或许还能拉拢他。于是就破例为庞贝举行了非洲之战的凯旋仪式，并授予他"伟大"的称号。

公元前 78 年，苏拉病死。罗马人早已对苏拉的军事独裁不满，但是慑于他的残暴，所有人都敢怒不敢言，现在苏拉死了，埋藏在心底的不满瞬间像火山般爆发了。当年的执政官雷必达宣布废除苏拉的宪法后，元老院为了维护独裁政治，宣布雷必达为祖国公敌，并派庞贝镇压雷必达的跟随者，庞贝很轻松地就完成了这个任务。公元前 77 年，西班牙的民主派领袖塞尔托里乌斯也举起了反对军事独裁的旗帜，庞贝又奉命讨伐。然而这次庞贝踢到了铁板，他一到西班牙就遭到了塞尔托里乌斯的迎头痛击。在以后的几年里，庞贝连连失败，有一次他本人身受重伤险些被俘，一直到了公元前 72 年，塞尔托里乌斯被部将杀死后庞贝才算完成了任务。

这时罗马国内的斯巴达克起义正如火如荼，元老院得知庞贝获胜后就急忙将其调回国内，准备让他回国和克拉苏一起扑灭奴隶起义的大火。等庞贝回到罗马后，起义军的主力已经被克拉苏消灭了，他只拦住了 6000 名突围出来的奴隶战士，庞贝嫉妒克拉苏的战功，就残忍地屠杀了这支起义军的余部。

公元前 70 年，罗马的政局再次发生动荡，苏拉派的军事独裁没有了市场，国内希望民主的呼声越来越高。善于投机的庞贝马上又倒向了民主派，讨好骑士和平民。当年，庞贝和克拉苏当选为执政官，他们很快就清洗了元老院中苏拉的支持者，还颁布和实施了一些有利于平民的政策，恢复苏拉统治前的公民大会和保民官的权力；恢复分发廉价的粮食；法庭交给由元老、骑士和最富有的平民组成的委员会，取得了罗马人民的好感。

公元前 67 年，地中海的海盗袭击了罗马的运粮船，庞贝受命去剿灭海盗，元老院给他的期限是三年，可是他仅用了三个月就完美地完成了任务，重新恢复了地中海的贸易。

公元前 66 年初，庞贝又奉命接替鲁库鲁斯讨伐本都国王米特拉达特斯六世。这时鲁库鲁斯已经取得了巨大的战果，大家都认为庞贝这次是摘桃子的行为。庞贝来到前线后立刻要求本都无条件投降，遭到拒绝后立刻指挥部队把本都的军队击溃在幼发拉底河上游。米特拉达特斯六世虽然侥幸逃脱，但是在内忧外患下不久就服毒自尽了。庞贝取得米特拉达特斯战争的胜利后，把比提尼亚和本都合并后，和叙利亚一样都变成了罗马的一个行省。在小亚细亚、巴勒斯坦各处，庞贝武装干涉当地一切活动，在加拉太等地扶植了新国王，把这些地方都变成了罗马的殖民地。庞贝也成了这些地区和国家的"太上皇"，风头一时无两，权力和威望达到了顶峰。

公元前 62 年，庞贝携带着大量的战利品返回了罗马。然而元老院对他在被征服地区的所作所为极为不满，又害怕他利用自己的影响实施独裁，开始冷落庞贝。

庞贝认为元老院对自己不公正，就与恺撒和克拉苏秘密结盟对抗元老院，史称"三头同盟"。为了取得恺撒的有力支持，已经 46 岁的庞贝娶了恺撒年仅 14 岁的女儿尤利娅。

"三头同盟"并不是一个有着共同政治诉求的紧密联盟，而是一个为了各自利益联合在一起的临时组合。随着克拉苏在公元前 53 年死于帕提亚战争，"三头同盟"变成了庞贝和恺撒二人争霸。不久，尤里娅也去世了，庞贝和恺撒的关系彻底破裂，开始处处针锋相对，利用每一个机会不遗余力地打击对方。

公元前 49 年，庞贝和恺撒之间的战争终于爆发了。战争伊始庞贝取得了几次胜利，然而在公元前 48 年 8 月 9 日的法萨卢斯战役中，庞贝被恺撒打得全军覆灭。在卫士的掩护下，庞贝狼狈逃往埃及。公元前 48 年 9 月 28 日，就在庞贝登上亚历山大港的码头时，埃及国王的一个把佩剑刺向了他的身体。一代名将就此殒命，终年 58 岁。

——"战神"恺撒 ——

在古代的罗马，地中海的强盗们在海上打劫，抓住了一个年轻人。这位年轻人衣着华丽，举止优雅。强盗们向他索要 20 塔伦（古罗马希腊货币名，约合 10 万美元）赎金。

赎金送来后，年轻人被释放了。这位年轻人走时告诉强盗，他的身价应值 50 塔伦，并发誓要逮捕强盗们，把他们处死。不过几日，这群强盗被捉获了，并被送上了十字架。强盗们临死时认出了站在他们面前下达命令的人，正是他们索要 20 塔伦的年轻人。这位年轻人就是恺撒（约公元前 100 年～公元前 44 年）。

恺撒是古罗马共和国末期著名的军事家和政治家。他生于公元前 100 年，家族中出了不少高官政要，父亲担任过财政官、大法官等职务，还曾出任过小亚细亚的总督；他的外祖父也曾担任过执政官。因为有着良好的家庭背景，他受到了当时最好的教育。他曾到罗德斯岛学习修辞学，并在古罗马著名的演说家毛路门下学习过演说，文学家般的才华和雄辩的口才使得他在政治上如虎添翼。

恺撒从少年的时候就渴望获得最高的权力。15 岁的恺撒曾和几个朋友路过一个贫穷的小村庄，有一个朋友和他开玩笑："你愿意当这个村庄的首领？"恺撒认真地考虑一会儿说："我宁可在这里当老大，也不愿在罗马当老二！"

18 岁时恺撒结婚了，他的妻子是著名的民主派人物秦纳的女儿科尔涅利娅。苏拉上台后，要求恺撒和科尔涅利娅离婚，恺撒拒绝后他就对恺撒百般刁难，想找机会放逐甚至杀死他，恺撒被迫流亡到国外。

公元前 78 年，苏拉病死后恺撒又回到了罗马。当时的罗马元老贵族和民主派之间的矛盾已经非常尖锐，下层平民的负担很重，却享受不到应有的权利。更重要的是，只有罗马城内的奴隶主和自由民才享有公民权，而城区以外以及意大利各地和海外行省的自由民没有公民权，却要担负和罗马自由民一样的义务。恺撒提出要保证这些平民的利益，扩大公民权的范围，这让他在平民中的声望越来越高。

公元前 74 年，恺撒成为祭司，正式步入政坛。他担任公职时不吝惜钱财，经常慷慨捐资，甚至欠下了大笔债务。此后他在政坛上越走越远，并在公元前 61 年被任命为西班牙总督。

恺撒在西班牙仅仅待了一年的时间，但是他在这短短的一年里做出了巨大的贡献，不仅征服了许多部落，扩大了罗马的疆域，还获得了大量的战利品。这些战争不仅让恺撒发了大财，他手下的士兵们也分到了不少钱财。这让他在士兵中也有了很高的威望，士兵们亲切地称他为"英白拉多"，就是"胜利的统帅"的意思。

公元前 60 年，恺撒载誉回国，准备竞选下一年度的执政官。因为他在平民和士兵中的威望很高，加上他雄辩的口才、慷慨大度的品德，执政官的职位毫无意外地落入他的囊中。

在执政期间，为了共同反抗元老院的压制，他和庞贝、克拉苏结成同盟，这是罗马历史上有名的第一次"三头执政"。他们约定，这个国家的任何一项措施都不得违反他们三人之一的意愿。为了巩固这一同盟，恺撒把自己 14 岁的女儿嫁给了庞贝，尽管她当时已经和别人定亲了。

公元前 58 年，恺撒被任命为高卢行省的总督，一上任就发动了高卢战争。由于当地各个部落矛盾重重，恺撒以分化瓦解和武力征服相结合，逐渐征服了骁勇强悍的高卢人。他用了 9 年的时间，占领了 800 多个城市，歼灭和俘虏了 200 万人，不仅稳定了罗马在高卢的统治，还把罗马的边境推进到莱茵河畔。不久，他又越过海峡攻入不列颠岛（现在的英国），这些在他的《高卢战记》中都有记载。

看到恺撒的显赫战功和卓越的军事才能，庞贝深深地感到不安，他担心恺撒在罗马人中的威望升高后会威胁到他的地位，开始对恺撒有了顾忌。恺撒的声誉日益高涨，这引起了克拉苏和庞贝对他的嫉妒。公元前 53 年，克拉苏在帕提亚的战争中阵亡后，他们之间的矛盾逐渐变得不可调和起来。

公元前 49 年，元老院命令恺撒返回罗马。恺撒知道这是庞贝的阴谋，目的就是解除自己的兵权，于是他就给元老院回信，要求延长他高卢总督的任职时间，理由是当地的治安并不稳定。元老院拒绝了恺撒的请求，并且威胁他说，如果他不回来就宣布他为"全民公敌"。

恺撒不甘心失去手中的权力，决定带领军队打回罗马，铲除庞贝后趁机夺取罗马的最高权力。

当时恺撒的主力都在阿尔卑斯山，他的身边只有一个军团的 5000 步兵和 300 骑兵，但他仍然义无反顾地进入了罗马的本土，占领了阿里米努姆。

恺撒带兵打回来的消息很快就传到了罗马。庞贝和元老院的共和派元老惊恐万状，束手无策之下很快就逃出了罗马城。一些官吏和贵族也逃走了。

恺撒兵不血刃就进入了罗马城，元老院剩余的元老被迫选举他为独裁官。随后，他带着军队追着庞贝一路向南，迅速向意大利南部推进，沿途的城市望风而降。庞贝被追得停不下脚，无法召集旧部抵挡恺撒的攻击，最后从布林的西海港渡海逃到巴尔干，试图在那里东山再起。恺撒在意大利本土再没有了敌人，获得了意大利的最高权力。

为了团结更多的人，获得政权后恺撒没有对以前的政敌赶尽杀绝，尽量用怀柔的方式处理矛盾，很快就得到了一部分保守的元老贵族和骑士的支持。公元前48年，恺撒再次率军讨伐庞贝。虽然开始的几次战斗打得不好，但是在法萨卢斯会战中彻底击败了庞贝的主力，庞贝突围后逃到了埃及。恺撒追到了埃及后，埃及国王慑于恺撒的军威派人刺杀了庞贝。恺撒在非洲待了很长时间，把埃及纳入了罗马的统治之下后才回国。

恺撒执政期间推行了许多改革，包括给予北意大利和西西里岛人民罗马公民权、召集天文学家制作儒略历、建立和平广场等，并且在公元前44年成为终身独裁官。但是这些改革措施和恺撒的独裁触犯了元老贵族的利益，引起了他们强烈的不满。他们认为恺撒是共和国的颠覆者、王权的觊觎者，一些人准备用暴力的手段除掉恺撒。

公元前44年3月15日，一些元老和贵族要求恺撒到元老院接受一份陈情书。就在恺撒去元老院的路上，他们把他骗进庞贝兴建的剧院里，随后有人递给他一份文件，并帮他脱下外套。脱掉外套的动作就是开始行动的信号，所有阴谋者掏出匕首一拥而上，恺撒身中23刀，倒在庞贝的雕像下。

恺撒是罗马帝国的奠基者，罗马帝国的无冕之皇，甚至有历史学家认为他是罗马帝国的第一位皇帝，以其就任终身独裁官的日子为罗马帝国的诞生日。他对后世的影响很大，有的罗马君主用"恺撒"作为自己的皇帝称号，后来的德意志帝国和俄罗斯帝国也有君主使用这个称号。

—— "首席公民"屋大维 ——

公元前 63 年 9 月 23 日，屋大维呱呱坠地，他的父亲是一个罗马骑士，母亲阿提娅是当时的罗马独裁者恺撒的姐姐尤利娅（和恺撒的女儿同名）的女儿。屋大维从小就聪明机智，做事干脆利落，恺撒很欣赏他的这种性格，一直关注着他的成长。因为恺撒的关系，屋大维 15 岁时就被选入极有权势的大祭司团。18 岁时，屋大维又被恺撒送到伊利里亚的阿波罗尼亚（今阿尔及利亚境内）学习，19 岁被恺撒收为养子。

公元前 44 年，屋大维来到了阿波罗尼亚城，他受命为恺撒远征帕提亚（今伊朗一带）做准备。他的工作还没有完成，就有使者来到这里，告诉了他恺撒被刺杀的消息，而且恺撒在遗嘱里将自己财产的 3/4 赠予了屋大维，并将屋大维立为自己的继承人。

屋大维很快就返回了罗马，在元老院的支持下，他靠着恺撒留给他的遗产和一些富有的亲戚的帮助募集了一支军队，登上了罗马的政治舞台。

这时候他的力量还很弱小，恺撒的许多部下都对他采取蔑视和敌对的态度。屋大维认为反对恺撒的共和派力量还很强大，就和恺撒派的实力将领安东尼、雷必达二人达成协议，由他们三个人共同执政，史称"后三头"同盟。

在清除了反对势力，取得罗马最高权力后，他们三个人划分了各自的势力范围。雷必达是个聪明人，在三头同盟中一直小心翼翼地周旋，不久其权力和军队被屋大维兼并，最后只保留了一个最高祭司的头衔，不过他也得到了善终。至此"三头同盟"变成了两强对峙。

控制罗马东方行省的安东尼在政治上一直毫无建树。他在埃及时看上了埃及女王克丽奥佩托拉，很快两人就结婚了。几年后，克丽奥佩托拉为他生下一对双胞胎，正好这时安东尼征服了亚美尼亚，他一高兴竟然把罗马的东方行省送给了克丽奥佩托拉。安东尼的行为引起了罗马人的强烈不满，认为他破坏了罗马的领土完整。屋大维敏锐地抓住了这点，操纵元老院和公民大会剥夺了安东尼的权力，并授权他率兵讨伐。

公元前 31 年 9 月 2 日，屋大维在阿克提乌姆海战中大败安东尼，次年进兵埃及的亚历山大，安东尼再战再败后自杀。至此，屋大维成了罗马唯一的统治者，这时候他才 36 岁。在此后 40 多年的时间里，罗马在屋大维的治理下蒸蒸日上，他掌权的这段时间被称为罗马的"黄金时代"。

凯旋后，屋大维知道罗马不愿意接受专制君主，就解散了军队，宣布以后不再有军事独裁。鉴于屋大维对罗马的贡献，元老院授予他"首席公民"（即元首）和"元帅"的称号。公元前 27 年，又授予他"奥古斯都"（意为至尊至圣）的称号。后来他又获得了大教长和"祖国之父"的职务和称号。到这个时候，屋大维已经全部掌握了罗马的政治、行政、军事、宗教大权，成为实质上的专制君主，不管是元老院还是公民大会都已成为他手中的政治工具。

尽管如此，屋大维仍然非常小心，尽量给自己的独裁披上共和的外衣，以免重蹈恺撒的覆辙。因此，共和政体的如元老院、公民大会这些机关都保留了下来，仍然实行官员的选举制。为了照顾罗马人的传统习惯和情感，屋大维在公开的场合总是宣称他的权力是元老院和人民授予的。

在屋大维统治期间，罗马的疆域得到了极大的扩展，西班牙、瑞士、加拉西亚（位于小亚细亚），以及巴尔干半岛的大部分地区都成了罗马的一部分。到他去世的时候，罗马军队已经打到了莱茵河—多瑙河一线，在后来的几百年里，这里一直都是罗马北部的边界线。

屋大维在治理国家方面表现出色。他修改了帝国的税收及财政制度，改组军队，创建海军。他还创建了禁卫军作为保卫首都和皇帝的力量。

屋大维在执政期间，在罗马境内修筑道路，兴建公共设施，修缮庙宇。他还鼓励遵守和忠于古老的罗马宗教，并制定法律，鼓励结婚、生育。

14 年，屋大维在巡视南意大利的路上因病逝世，享年 77 岁。

—— 埃及艳后 ——

古埃及有一位名叫克丽奥佩托拉的女王，她有着传奇的一生，因为迷人的外貌和机智的头脑与多位著名人物有着密切的关系，被后世称为"埃及艳后"。

克丽奥佩托拉生于公元前69年，是托勒密王朝的最后一位君主。公元前51年，托勒密十二世去世，临终前安排他的儿子托勒密十三世继位，和他的姐姐克丽奥佩托拉共同执政。托勒密家族承袭了埃及人近亲婚配的制度，克丽奥佩托拉就嫁给了他的弟弟。

克丽奥佩托拉有着强烈的权力欲望，她一直希望能够独掌埃及的大权。但是朝中的两位大臣波希纽斯和奥克奇维安是她最大的障碍，他们希望由托勒密十三世一个人管理埃及。

公元前49年，克丽奥佩托拉在政治斗争中失败，被放逐到叙利亚一带。克丽奥佩托拉不甘心到手的权力就这样失去，就在叙利亚招兵买马，准备反攻回埃及重新登上宝座。

公元前48年，恺撒追击庞贝来到埃及。托勒密十三世为了讨好恺撒，就命人杀死了庞贝，并把庞贝的首级献给了恺撒。克丽奥佩托拉知道自己的机会来了。她曾经研究过恺撒的性格，虽然庞贝是恺撒的政敌，但他也是罗马的英雄和恺撒的女婿，托勒密十三世的行为恺撒是不会高兴的。于是她就让一个部下扮成商人把自己送到了恺撒的军帐里。

恺撒见到克丽奥佩托拉后叹其惊为天人，从此克丽奥佩托拉成了恺撒的禁脔。在恺撒的帮助下，她成功打败了托勒密十三世，成为埃及托勒密王朝的最后一个君主——克丽奥佩托拉七世。一年后，克丽奥佩托拉和恺撒的儿子出生了，取名托勒密·恺撒。

传说恺撒回罗马的时候把克丽奥佩托拉也带走了，并且把女王安置在他的别墅金屋藏娇，恺撒一有空就去那里和她幽会。然而好景不长，恺撒遇刺后，克丽奥佩托拉黯然回到了埃及。

三年后，罗马在东方的统治者安东尼来到了奇利奇亚。也许他早就听说了克丽奥佩托拉的美貌而霸占了女王，也许是女王勾引了他，总而言之，克丽奥佩托拉成了安东尼的新宠。公元前37年他们在埃及宣布结婚，不久女王为安东尼生了一对双胞胎儿子。

公元前34年，安东尼征服亚美尼亚后，没有按照惯例回罗马举行凯旋仪式，反而自作主张去了亚历山大城。他按照埃及的传统举办了盛大的庆典，宣布女王为"众王之王"，并把罗马的东方行省送给了女王。

安东尼的这个举动激怒了罗马人，不久元老院宣布安东尼为"人民公敌"，授权屋大维进行讨伐。安东尼兵败自杀，克丽奥佩托拉也被屋大维俘虏了。或许屋大维知道自己也无法抵挡女王的魅力，他把女王软禁了起来，还杀死了女王的几个孩子。

公元前30年，屋大维准备班师回国，克丽奥佩托拉作为俘虏也要被带回罗马。女王得知这个消息后，知道自己逃脱不了死亡的命运，盛装打扮后自杀身亡。一代佳人就此香消玉殒。

后世的文学作品说她是"红颜祸水""埃及艳后"，但不可否认的是，一直到克丽奥佩托拉死后埃及才被取消国号并入罗马。

—— 上帝的儿子耶稣 ——

在历史上，犹太人一直是一个多灾多难的民族。公元前10世纪以前，他们一直在西亚、北非流浪，犹太国成立后又先后遭到亚述、埃及、波斯、塞琉古的侵略。被巴比伦灭国后，犹太人一直无法再次建立自己的国家，受到波斯、罗马的奴役。特别是在残暴的罗马人统治的时候，犹太人的苦难达到了顶峰。公元前1世纪，在小亚细亚和巴勒斯坦地区兴起了一个新的宗教——犹太教，这个教派宣称"救世主将要降临"，在犹太人之间渐渐流行起来。到了公元元年，犹太人的救世主耶稣降生了。

耶稣的母亲名叫马利亚。当时马利亚已经和约瑟订了婚，但是在他们成亲前马利亚怀孕了。约瑟听说后很生气，决定第二天就去和她解除婚约。那天晚上，约瑟睡觉的时候梦到一个人来到他的身边，那个人是上帝的使者，他告诉约瑟："马利亚的肚子里是上帝的儿子，上帝派他来解救犹太人的，你不能和她解除婚约。孩子生下来后要叫耶稣，以后要好好照顾他。"约瑟不敢违背上帝的旨意，就把马利亚娶回了家。不久，马利亚在伯利恒城一家小旅店的马棚中生了一个男孩，按照上帝的旨意取名耶稣。

据说马利亚带着耶稣去神殿的时候，耶稣一直都不愿意离开。马利亚告诉他该回去了，他说："我为什么要走？难道你们不知道这是我父亲的家吗？"当时耶稣才 12 岁，说明这时候他已经知道了自己的身份，也知道了自己在人间担负的使命。

30 岁时耶稣开始外出传教，向人们宣讲天国的"福音"。据说在耶稣传教的时候出现过很多神迹，手到病除、祛妖除魔根本就不算什么，最令人称奇的是他能够使人起死回生。有时候人们会看见他的头顶出现一个巨大的光圈，即使在白天都能看见。在传教过程中，耶稣收了 12 个门徒。

耶稣教育人们不要贪图身外之财，要安于贫困；如果是有钱人，他应该把除了保证自己生活之外的财富都施舍给别人。有一个富翁问耶稣如何才能够永生，耶稣一一告诉他永生都需要什么条件，前面的他都答应了，最后耶稣告诉他："把你所有的东西都卖了，然后把卖来的钱都分给穷人，这样你就可以永生了。"富翁听了这句话后脸色一变，什么都没说转身就走了——他家业太大了，舍不得把这些东西都送给别人。耶稣感慨地说："有钱人不容易进天国啊，就连骆驼从针鼻钻过去都比有钱人进天国容易！"

还有许多耶稣传教时的神迹故事。耶稣和他的门徒来到一个贫穷的城市，这里光男人就有 5000 多名，还有更多的妇女和孩子。他们听完耶稣传教后天快黑了，大家都很饿，一个信徒把家里仅有的"五个饼、两条鱼"送给耶稣充饥。当众人要离开的时候，耶稣喊住了他们，让他们每 50 个人排成一排安静地坐下。耶稣把饼和鱼分给众人，所有的人都吃饱了，最后收拾的碎渣竟然还装了 12 个大篮子。

耶稣和门徒渡海的时候突然风浪大作，船被海浪打得不停地摇摆，船上的人都吓坏了，认为自己就要葬身海底了。耶稣来到船头，指着风浪说："停下来！"大家惊奇地看到，海面果然风平浪静了。

这些神迹都发生在大庭广众之下，很快大家都知道了，于是耶稣的名声越来越大，追随他的人也越来越多。因为耶稣宣扬的教义和罗马所信仰的教义有冲突，罗马害怕会动摇自己的统治，就决定杀死耶稣，还发出了悬赏，如果有人举报了耶稣的动向会有一定数目的赏金。

33 年，在耶稣回到耶路撒冷的时候，一个叫犹大的门徒向罗马人告了密，很快耶稣就被罗马人抓走了。

罗马人决定以"谋叛罗马""自称犹太王"的罪名把耶稣钉在十字架上钉死。在临刑的时候，罗马人用各种恶毒的语言来咒骂、侮辱耶稣，还用木棍、皮鞭打他。他们在中午 12 点的时候把耶稣挂上了十字架，就在他们钉下最后一个钉的时候，天突然黑了下来所有的人都惊异不已，三个小时后即耶稣咽气的时候天才又亮了。

—— 暴君尼禄 ——

古罗马帝国延续了将近千年，虽然出现了许多伟大的帝王、杰出的领袖，但是也有几个昏庸、残暴的君主，臭名昭著的尼禄就是其中最出名的一个。

37 年，尼禄出生在罗马附近的城市安济奥。他的父亲担任过罗马帝国的官员，任职期间劣迹斑斑，杀死过许多无辜的百姓；母亲阿格里庇娜是屋大维的直系亲属，这个女人面如桃花，内心却毒如蛇蝎。尼禄 3 岁丧父，阿格里庇娜带着尼禄又嫁给了一个富翁，不久就毒死了她的第二个丈夫。49 年，阿格里庇娜又嫁给了她的舅舅克劳狄乌斯皇帝。

阿格里庇娜很有心机，她以克劳狄乌斯与前皇后的儿子年幼为理由，哄骗他立尼禄为太子，不久又让尼禄娶了克劳狄乌斯的女儿屋大维娅。在尼禄继承人位置稳定之后，她怕夜长梦多，就重金收买了皇宫的卫队，然后用一盘毒蘑菇毒死了克劳狄乌斯，16 岁的尼禄顺利地成为罗马新的皇帝。

年轻的尼禄继承了他的父母的残忍基因，克劳狄乌斯还有一个儿子布里坦尼克斯，他害怕这个孩子长大后危及他的皇位，就在一次宫廷宴会上把毒药放进了他的酒中。当这个 14 岁的孩子痛苦地倒在地上浑身抽搐时，尼禄拦住了那些试图去救他的大臣，一边津津有味地吃着佳肴，一边说："他癫痫病犯了，不用管他！"在场的人们都惊得目瞪口呆。这个孩子是尼禄第一个杀死的人。

年轻的尼禄虽然名义上是罗马的皇帝，但是最高的权力是由他的母亲和几个大臣联合执掌的。尼禄为了能使自己掌握实权，就用包括下毒在内的各种手段除掉了那些大臣。可是他的母亲阿格里庇娜也非常痴迷于权力，常常以罗马的女王自居，母子之间的矛盾越来越大。

后来阿格里庇娜又拒绝了尼禄废后的提议，这让尼禄产生了杀死亲生母亲的念头。一次在海岛上举行宴会时，他在阿格里庇娜乘坐的船上做了手脚，使船在大海上散了架，可是阿格里庇娜大难不死，和其他人游到了岸边。阿格里庇娜上岸后立刻派人给尼禄送信，尼禄知道母亲没有死，就诬陷报信的信使是母亲派来的刺客，随即就派出自己的卫队杀死了自己的亲生母亲！

尼禄对待他的妻子也是残忍无情的，他的三个妻子都被他杀死了。他的第一个妻子是克劳狄乌斯的女儿屋大维娅，这是一桩政治婚姻，尼禄登基不久就把屋大维娅流放到了一个海岛上，后来为了给第二任妻子皇后的封号又逼她自杀了。第二个妻子波比亚是他手下重臣奥托的妻子，他逼迫奥托和波比亚离婚，然后把波比亚娶进了皇宫。波比亚给他生了一个女儿，因为有一次抱怨尼禄回来得太晚，被尼禄残忍地杀死了。尼禄的第三个妻子斯塔蒂丽亚也是有夫之妇，为了得到她尼禄强迫她的丈夫自杀，但是尼禄对这个妻子也很快就厌倦了，在她怀孕的时候，发脾气踢了她一脚，斯塔蒂丽亚因流产大出血而死亡。

实事求是地说，尼禄刚登基的那几年对人民还是不错的，那段时间也是罗马历史上最繁荣兴旺的年代之一。在私人教师和顾问森尼卡的帮助下，尼禄取消了包税人的苛捐与奴隶拍卖税；制定了给老人以年金、给穷人以补助的法律；派遣优秀官员在海外任总督。尼禄的这些作为给罗马带来了短暂的繁荣。

但是尼禄抑制不了他自私、残忍的本性，总觉得周围有人阴谋反对他。他变得极度的恐惧和疯狂，只要觉得哪个人有问题，就会立刻把他处死。他在位的时候杀死了许多元老院议员、名人和卫队官员，这些人要么被斩首，要么被切开动脉，要么被逼自杀。即使是他的私人教师和顾问森尼卡也难以幸免，在森尼卡自杀后，尼禄还派人砍下了他的双手。他周围的人都小心翼翼，生怕一不小心就丢了性命。

尼禄骄奢淫逸，大肆挥霍。他出去游玩，必定要用 1000 辆华丽的马车作为仪仗；和人赌博时一掷千金面不改色。每当国库被他挥霍一空时，他就会抄几个有钱人的家来补充国库。他还废除了早年制定的减税法以及对老人和穷人的补助法，霸占寺庙的财产，贬值货币。这些都让罗马人民对他的统治非常不满。

64年7月，罗马城发生了火灾。这场大火整整烧了六天七夜，当时罗马城一共有14个区，其中3个被烧毁，7个区遭到严重毁坏。当时尼禄住在安齐奥，听到这个消息后就星夜赶回了罗马，开放了自己的宫殿和公共建筑物作为灾民的容身之地，还采取措施阻止投机活动，从奥斯提亚与邻近的城镇运来粮食赈济灾民。这时候有谣言说尼禄是纵火者，甚至有人还说亲眼看到尼禄站在高塔上对着火海载歌载舞。火灾之后，尼禄又大兴土木扩建了皇宫，这下民怨立刻沸腾了，人们公开说他就是纵火犯，目的就是给自己扩建皇宫。尼禄听到人们的指责也烦了，为了平息民愤挽回自己的形象，尼禄就宣扬是基督徒放的火，随后又派出军队抓了大批的基督徒，以各种方式予以虐杀。这是一桩千古谜案，即使到现在也没有找到尼禄纵火的证据，但是同样也无法为他洗脱嫌疑。

罗马大火后，人们对尼禄的不满变成了憎恨，各种抗议行为出现了。刚开始时，有人往尼禄的雕像上泼污物，接着有人在墙上写咒骂他的标语。随后军队和政界也开始反对他：罗马的军队造反了；北非和西班牙也发生了暴动；即使是尼禄的禁卫军也不再听从他的命令；元老院宣布尼禄为"祖国之敌"，众多的军团纷纷脱离尼禄的指挥。

尼禄看到众叛亲离，就仓皇逃出皇宫。离开的时候他要求自己的卫队护送他离开，可是卫队拒绝了他的请求，最后他只好在半夜穿了一件斗篷，带着四个仆人落荒而逃。

68年6月9日，当他逃到郊外一个废弃的农庄时，终于被追上来的人群包围了。尼禄见走投无路，就把匕首刺进了自己的喉咙。这个残暴的皇帝就此结束了他罪恶的一生。

—— 庞贝古城 ——

1594 年，人们在萨尔诺河畔修建饮水渠时发现了一块上面刻有"庞贝"字样的石头；1707 年，住在维苏威火山脚下的一户人家在花园里打井时，挖掘出三尊衣饰华丽的女性雕像。人们以为这些不过是那不勒斯海湾沿岸古代遗址中的文物，没有人意识到，一座古代城市此刻正完整地密封在他们脚下，占地近 65 公顷的火山岩屑中。

1748 年，维苏威火山脚下的人们挖掘出了一些被火山灰包裹着的人体遗骸。意大利的考古专家意识到，这里可能埋藏着一座古代的城市。经过查阅典籍和各种历史资料，考古专家终于确定这里就是曾经繁荣一时的古庞贝城的所在地。

庞贝城在罗马南面大约 300 公里的地方，西面是著名的西西里岛，南通希腊与北非。早在公元前 8 世纪，这里就有了一个叫庞贝的小渔村。因为土地肥沃交通方便，到了公元前 6 世纪，就成了仅次于古罗马的第二大城市——庞贝城。

在人们的辛勤劳动下，庞贝城建立了神奇的太阳神庙、巨大的斗兽场、恢宏的大剧院，城里还有蒸汽浴室和众多的商铺、娱乐场馆，成为吸引地中海沿岸各城邦豪商贵族的胜地。不过住在庞贝城的人们并不知道，城北的维苏威火山是一座休眠火山。

79 年 8 月 24 日，一声巨响打破了庞贝城人民的平静生活，一直处于休眠状态的维苏威火山爆发了！人们惊恐地抬头看去，只见维苏威火山的上面黑云蔽日，火山熔岩夹杂着碎石、烟灰和水蒸气一起喷上了天空，脚下的庞贝城地动山摇，仿佛世界末日来临。城内的居民纷纷逃离了他们的家园。两天后，火山不再喷发，天空没有了烟雾，人们以为危机已经解除了，就陆陆续续地回到庞贝城的家中。

然而，让这些居民没有想到的是，两天前的喷发只是一个序幕，规模更大的、正式的喷发开始了。随着轰隆隆的声音，天空再次被浓烟填满，红色的岩浆顺着山坡流了下来。惊醒过来的人们哭喊着再次向城外跑去。虽然有 2 万人幸免于难，还是有 2000 多人丧生，庞贝古城也被埋在厚厚的火山灰下面。和庞贝同样命运的还有北面的两个小镇，赫库兰尼姆和斯台比亚，从此消失在了历史长河之中。

千百年来，人们只是从历史记载和各种传说中知道，确实有这么一座古城存在，可是这座城市究竟是什么样子、它又坐落在什么地方一直是一个谜。庞贝古城的遗址被发现后，意大利政府极其重视，立即组织人力物力进行发掘。经过200多年的努力，在地下沉睡了1900多年的庞贝古城终于再一次展现在人们面前。

由于整个庞贝城都埋在深达6米的火山灰下，没有了风化产生的条件，所以城市里的建筑、街道、物品几乎还都是灾难发生前的样子。

即使过去了将近2000年的时间，仍然可以看出庞贝城是一座大型的城市。它占地面积大约有1.8平方公里，四周都是坚固的石头砌成的城墙，总长4800米，有8个又宽又高的城门。城内有四条笔直平坦的街道纵横交错，呈"井"字形，把全城分成9个区域，每个区域都有许多四通八达的用碎石子铺成的小街小巷。四条石板铺就的大街宽达10米，平坦得如同现代的水泥路面，街道的两边还设置有人行道，设计十分合理。

每个十字路口都有一个用石头砌成的水池，石头上雕刻着各种图案，里面的水是从城外的山上通过渡槽引进来的。大街两旁分布着酒馆、商店、水果摊、手工作坊等。

城西南有一个长方形的广场，广场的四周建有城内最宏伟的建筑，是庞贝城的政治、经济和宗教中心。广场的两侧各有一座神庙，分别供奉着众神之王朱庇特和太阳神阿波罗。东南方向是政府的议会厅和法院。法院是一座长方形的两层建筑物，设有法庭和牢房。它的另一半楼房，分给了商人，作为进行交易和订立贸易协议的场所，东方的香料、宝石，中国的丝绸，非洲的象牙，都在这里议价成交。

庞贝古城开放后，人们在那里立了许多受难者的石膏像，每个到这里参观的人都被这些石膏像所震惊。随着时间的推移，当年那些被埋在火山灰里的人们逐渐干枯、消失，最后在火山灰里留下了一个个保持着各种姿势的人形空洞。考古学家在这些空洞里灌上石膏浆后，就成了真人一样大小的石膏像。这些石膏像非常逼真，惟妙惟肖地反映了当时人们突遭大难时的神情和动作：有人在绝望地掩面痛哭；小女孩紧紧地抱着她的妈妈；一个乞丐在街头茫然地看着远方……

在一个酒窖里，人们发现一具女性的遗骸躺在地上，旁边有一个白银制作的酒杯，上面刻着"尽情享受生活吧，明天是捉摸不定的"，这个女性应该是酒杯的主人，但是相信她也并不知道死亡即将来临。这就是庞贝古城，通过这个遗迹，我们能够直观地看到1世纪罗马帝国城市的真实面貌。

—— 君士坦丁大帝 ——

君士坦丁大帝是罗马帝国君士坦丁王朝的开创者。大约在272年，君士坦丁出生在上默西亚省的内索斯小镇（今南斯拉夫东部的尼什城）。他的父亲君士坦提乌斯是罗马帝国著名的将军，后来在不列颠被士兵拥立为奥古斯都，掌控罗马帝国西部的政权。

君士坦丁的文化水平不高，据说只懂得一些希腊文。他十几岁时就进入了军队，在抵御外族入侵的战争中立下了许多功劳。不久，他就成为帝国的高级将领，为帝国的最高皇帝戴克里先镇守东方。

305年，君士坦提乌斯被立为奥古斯都后，君士坦丁来到了不列颠。第二年，他的父亲病死，君士坦丁接任奥古斯都，成为四帝中的西帝。

不过君士坦丁在不列颠的统治还不稳定，他父亲的一些部下不认可他的继承权，他花了6年的时间才完全掌控西部的军队。312年，他率军东进，在意大利击败了他最大的敌人马克森提乌斯，胜利地进入罗马，意大利、非洲和西班牙都成了他的属地。自此，整个罗马的西部都处于了他的统治之下，他的对手就剩下东部奥古斯都李基尼乌斯一个。

313年，君士坦丁在米兰与李基尼乌斯会晤，双方签署了"米兰敕令"。这个敕令签发后，基督教从地下走上了台前，从此成为受政府保护的合法化宗教，迅速在罗马帝国传播开来。

一年后，君士坦丁发动了讨伐李基尼乌斯的战争。10年后，君士坦丁在尼科米底亚包围并打败了李基尼乌斯，取得了最后的胜利，君士坦丁成了帝国的独裁统治者。

君士坦丁加冕罗马皇帝后，为了加强中央集权的专制统治，他在行政、军事、宗教等方面进行了一系列改革。

行政上，他取消了以前的四帝共治制，把他的亲信派到帝国的各个行省任最高长官，加强对地方的控制。

军事上，他把军队的指挥权从行省中剥离，军事首长直接向皇帝负责，从而使皇帝完全掌握了军事大权。

宗教上，他大力促进基督教的传播，基督教成为帝国政权的可靠支柱。

330 年，君士坦丁大帝把首都从罗马迁到东方的拜占庭，并改名为君士坦丁堡，意思就是"君士坦丁的城"。为了建设这个城市，他从帝国各地调集了大量的石料、木料，建造了宫殿、教堂、图书馆和大学等。他对文学和艺术也很重视，以优厚的条件邀请了许多杰出人才，君士坦丁堡一时间成为世界的文化中心。

335 年 5 月，君士坦丁大帝病逝于尼科米底亚。

—— 匈奴横行欧洲 ——

君士坦丁大帝统一罗马后，横跨三大洲的帝国又一次辉煌了起来。但是此时的罗马帝国已经日落西山，在此起彼伏的奴隶起义打击下，于 395 年分裂成东、西两个帝国。然而罗马帝国的灾难还没有结束，横行欧洲的蛮族即将到来。这场空前的浩劫结束了古典文明，预告了中世纪文明的到来。

"蛮族"是北方游牧民族的统称，包括匈奴人、突厥人和日耳曼人。因为它们的游牧文明落后于欧亚大陆各文明国家的农业文明，所以这些国家称它们为"蛮族"。

中国的汉王朝前期，汉武帝对匈奴发起了毁灭性的打击。匈奴为了避免灭族的下场，不得不向西迁移。他们在中亚停留了很多年，因为汉王朝的势力又发展到了这里，他们只好再次西迁，试图在欧洲夺得一块立身之地。

匈奴人的第一个目标就是顿河流域。当时在这里生活的是埃兰人，这个游牧民族在伏尔加河和顿河之间建立了强大的王国。埃兰王不愿意让出自己赖以生存的国土，于是倾全国之兵在顿河沿岸与匈奴人展开大战。可是埃兰人的军队主力是战车兵，根本不是匈奴轻骑兵的对手，结果被匈奴人一战灭国。

然而匈奴人对这样的战果并不满足，他们的铁蹄继续向西滚滚而去。埃兰国西面是东哥特王国。东哥特军队的战术是组成严密的步兵方阵，近战武器是刀剑，远程武器是标枪。而匈奴人全是骑兵，远用箭射近用刀砍。在机动灵活的匈奴骑兵面前，这种方阵只有挨打的份。于是东哥特人毫无悬念地全军覆没，国王赫曼立克自杀，他的儿子呼纳蒙特带着一部分人投降，其余的人向西逃到了西哥特王国。匈奴人尾随而来。

西哥特国王阿撒那立克得知匈奴人来袭，立刻在德聂斯德河西岸组织防御，准备在匈奴人渡河时半途而击。可是匈奴人根本就不上当，他们用一部分军队吸引西哥特人的注意力，主力从河的上游偷偷渡河，然后顺河而下夜袭了西哥特人的军营。这一战使西哥特人丧失了绝大部分的军队，不得不全族逃到罗马帝国避难。

匈奴人这时候已经抢下了足够的地盘，开始在匈牙利草原消化他们的胜利果实。5世纪初，匈奴人再次挥起了他们的屠刀。他们很快就打到了东罗马帝国的色雷斯地区，色雷斯总督抵挡不住，只好向匈奴国王乌尔丁乞和。

匈奴人接连打败东罗马帝国的几支军队，兵临君士坦丁堡。在匈奴人的威逼下，东罗马帝国被迫签下了城下之盟，答应每年向匈奴进贡黄金2100磅，割让给匈奴大片的领土，并允许匈奴人在多瑙河边一些东罗马城市进行互市。东罗马人对匈奴人非常恐惧，称匈奴王阿提拉是"上帝之鞭"，而阿提拉见东罗马帝国已经没有了油水，就把目光投向了西罗马帝国。很快他的机会就来了。

西罗马帝国皇帝瓦伦提尼安有个妹妹叫奥诺莉娅，这个16岁的女孩因为和人私通被关了起来。她听说了阿提拉的事迹，就派人给他送了一封信，表白自己对阿提拉的倾慕之情，愿意以身相许，并送了一个戒指作为定情的信物。阿提拉立即向西罗马帝国派出使者，告诉瓦伦提尼安把他的妹妹嫁给自己，并且要把西罗马帝国的一半国土作为她的嫁妆。西罗马皇帝当然不答应这个条件，可阿提拉要的就是他的拒绝。于是阿提拉就以此为借口，率领50万大军发动了对西罗马的战争。

西罗马皇帝不甘示弱，立刻带兵迎战匈奴人，被匈奴人赶到高卢地区的法兰克人、勃艮第人和西哥特人等日耳曼部落也赶来助战。451年4月，双方在高卢的沙隆与匈奴人展开了一场大战。这场大战异常激烈，仅仅几个小时的时间，双方就战死了16万人。阿提拉见联军斗志昂扬，即使胜利了也是惨胜，为了保存有生力量就暂时撤军了。第二年，他率军进犯西罗马帝国，一连攻陷了阿奎利亚、帕多瓦、维罗纳和米兰诸城，在当地烧杀抢掠无恶不作，古城罗马也危在旦夕。

在罗马教皇的斡旋下，西罗马帝国答应让阿提拉带走所有的战利品，也不派兵追击，而此时阿提拉也师劳兵疲，顺势答应了西罗马帝国的条件退兵了。但是阿提拉仍然威胁西罗马帝国把奥诺莉娅嫁给他，否则他还会发动更大规模的战争。

453 年夏天，阿提拉突然病死。随后他的儿子们为了争夺王位互相厮杀，匈奴帝国也随之瓦解。

匈奴帝国的疆域辽阔，横跨亚、欧两洲，东起咸海，南到巴尔干半岛，西至莱茵河，北抵波罗的海，首都在今天匈牙利的布达佩斯一带。匈奴人对欧洲各国的侵袭不仅给这些国家带来了灾难，在客观上也加速了欧洲各奴隶制国家——特别是东、西罗马帝国——的瓦解和衰亡，还标志着民族迁徙和融合的开始。

—— 日耳曼人大迁徙 ——

日耳曼人最早的居住地在波罗的海西岸与斯堪的纳维亚半岛南部一带。随着族群的扩大，他们在公元前 10 世纪时开始向外迁徙。

公元前 1 世纪左右，日耳曼人来到了多瑙河、莱茵河和维斯瓦河之间的广大地区，过着亦农亦牧的生活，因为南面就是罗马帝国，不可避免地有不少日耳曼人来到罗马境内。

其实早在公元前 2 世纪，日耳曼人部落中的基姆伯尔人和特乌托涅斯人就翻过阿尔卑斯山来到罗马，不过在罗马人的强势打击下又退了回去，但是他们一直没有停止这样的尝试。

到马可·奥勒利乌斯当罗马皇帝的时候，马科曼尼人再次进入罗马帝国，可奥勒利乌斯已经无法把他们打退了。不久，越来越多的日耳曼人进入罗马。奥勒利乌斯见自己的兵力不够，就动起了借刀杀人的心思，他允许一部分日耳曼人定居在多瑙河以南，但是要帮助罗马人阻止其他蛮族的入侵。这就打开了日耳曼人迁到罗马的口子，很快就有大批的日耳曼人涌进罗马，他们有的经商，有的务农，有人成为罗马的雇佣兵，甚至还有人成为罗马政府的官员。有了这些先来的日耳曼人，就为后来的大迁徙埋下了伏笔。

这时候的日耳曼人已经不再是以前的那种单一的氏族部落，因为战争的需要，各个部落不得不联合起来，开始有了东哥特人、西哥特人、法兰克人、汪达尔人、盎格鲁人、萨克逊人、勃艮第人等。

随着与罗马人的交往越来越频繁，日耳曼人从罗马人那里学会了许多先进的技术，生产工具和武器也有了质的提高。随着生产力的发展，日耳曼人创造了更多的财富，人口也越来越多，土地的矛盾也越来越尖锐。为了扩展更多的生活空间，他们把目光投向了罗马的北部。从这些地方抢来的财富和土地又进一步刺激了他们扩张的欲望，这就使得罗马帝国政府防不胜防，越来越疲于奔命。

然而这只是罗马人噩梦的开始。随着匈奴人的扩张，越来越多的日耳曼人不得不离开他们的故乡，来到罗马帝国境内躲避匈奴人的屠刀，日耳曼部落大迁徙的浪潮开始了。

当西哥特人被匈奴打败，请求进入罗马帝国避难时，罗马人提出，如果西哥特人组织军队帮他们打仗，那么罗马不但同意他们避难的请求，还会给他们分配土地并提供食物。西哥特人同意了罗马的要求，但是背信弃义的罗马人不但没有履行他们的承诺，还残酷地压榨西哥特人。西哥特人忍无可忍，开始起兵反抗罗马人。410 年，西哥特人攻陷罗马城，西罗马帝国也因此而灭亡。

就在罗马人忙着镇压西哥特人的时候，日耳曼人的另一个分支汪达尔人也兴起了。他们乘虚而入，把高卢洗劫一空后来到了西班牙，并在这里定居了一段时间。416 年，汪达尔人在西哥特人的攻击下逃离西班牙，渡过直布罗陀海峡来到非洲。虽然他们不是西哥特人的对手，可是这里的罗马人也不是他们的对手。仅仅 10 年的时间，汪达尔人就肃清了那里的罗马军队，建立了汪达尔王国。

法兰克人选择了向西迁徙。他们来到了今天法国的境内，以巴黎为首都建立了法兰克王国。法兰克人一直没有停下扩张的脚步，他们赶走西哥特人占领了高卢，法兰克王国的疆域已经和现在的法国大致相当了，成为当时欧洲最强大的国家。

盎格鲁人和萨克逊人迁徙的方向也是西面，可是他们打不过强大的法兰克人，只好渡海来到罗马帝国最远的行省不列颠。7 世纪初期，他们已经占据了不列颠岛的绝大部分，后来他们因为战争融合在一起，形成了盎格鲁人 - 萨克逊人。

易北河北岸的伦巴第人则抢占了意大利的波河流域，以巴威亚为中心建立伦巴第王国。至此，日耳曼人大迁徙才接近尾声。

—— 西罗马帝国的灭亡 ——

西罗马帝国自成立之日起就处于内忧外患之中：内部政局动荡，生产力急剧衰退，奴隶起义层出不穷；外部日耳曼人步步蚕食，匈奴人大军压境。

408 年，西哥特人的首领阿拉里克率领大军再次入侵罗马。短短几个月的时间，西哥特人就拿下了罗马城外的港口奥斯提亚，切断了罗马的粮食来源。罗马统治者惊恐万状，元老院经过紧急磋商，决定和阿拉里克媾和。

当使者来到阿拉里克的军营时，阿拉里克提出了苛刻的条件，并威胁使者，如果罗马不答应他的条件就杀得罗马鸡犬不留。慑于阿拉里克的淫威，罗马人只好屈辱地答应了。

阿拉里克要的东西有：黄金 5000 磅，白银 3000 磅，绸料 4000 块，皮革 3000 张，胡椒 3000 磅。为了凑足 5000 磅的黄金，罗马人甚至熔化了金质的神像。西哥特人收到这些赔款后解除了对罗马的包围。

然而罗马人并没有买到和平。410 年，阿拉里克再次卷土重来，他这次决定攻破罗马城。他的军队是由匈奴人和哥特人组成的联军，在出征前他就向士兵许诺，攻进罗马后可以让他们任意抢劫 3 天。

阿拉里克的军队刚到罗马的城下，里面的奴隶就打开了城门。西哥特人进城后四处搜刮，运走了一车车的金银财宝，就连金质的神像都没有放过。洗劫完罗马的财产后，他们又一把火烧掉了罗马城，巍峨的殿宇、壮丽的宫殿化为一片焦土。

到了 455 年，非洲的汪达尔人又攻破了罗马。这次汪达尔人不仅抢光罗马的一切，还把整个罗马城内的居民杀得只剩下 7000 人。罗马从此一蹶不振。

476 年，日耳曼人的首领奥多亚克废黜了 6 岁的皇帝罗慕路斯，西罗马帝国灭亡了，西欧历史从此翻开了新的一页。

第四章

中世纪的世界

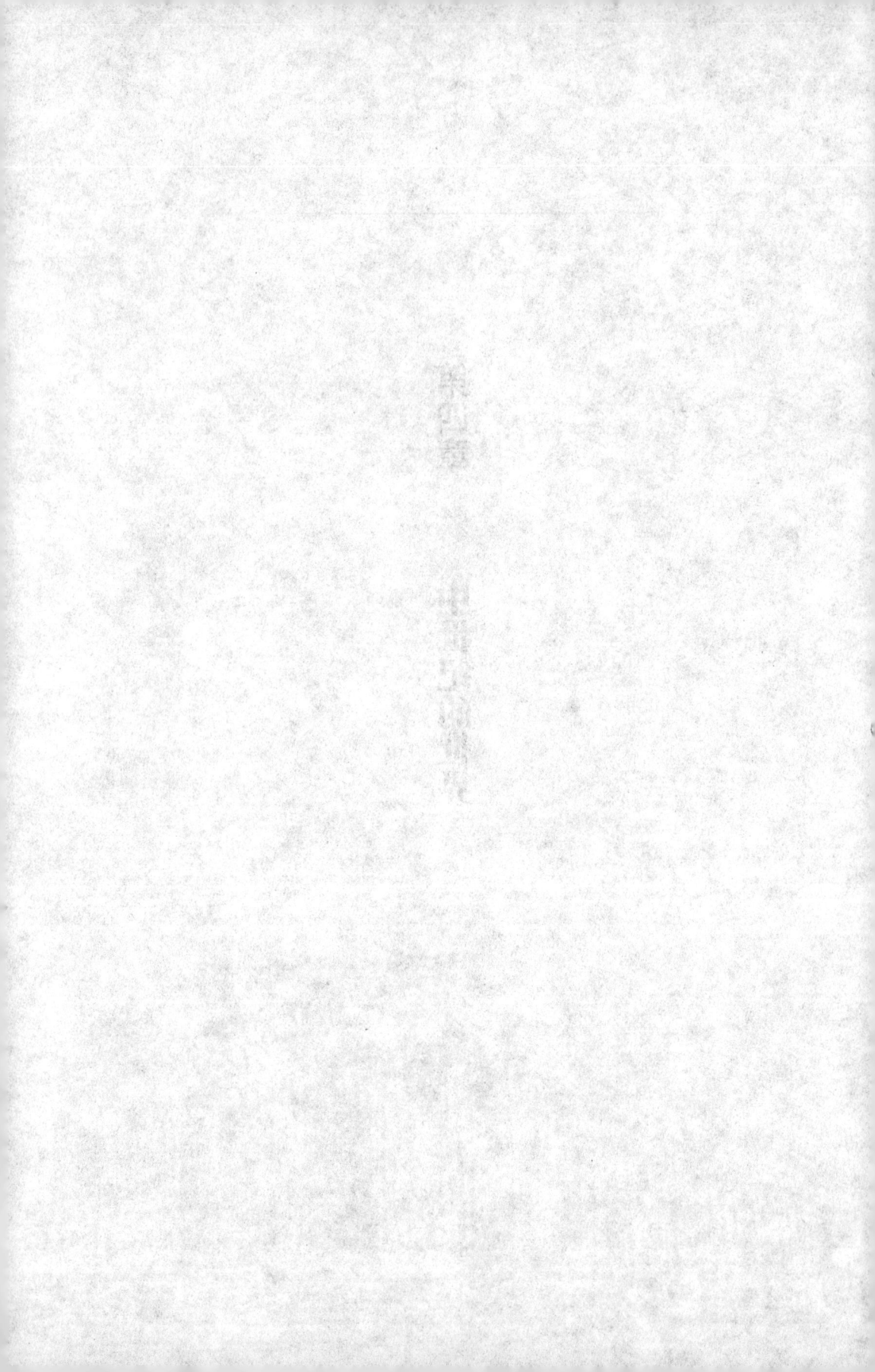

—— 创立基督教哲学的奥古斯丁 ——

奥古斯丁是罗马帝国晚期的伟大神学理论家和著作家，354 年 11 月 13 日出生在北非。他的家乡在塔加斯特城以北 60 公里的一个小镇上。父亲名叫巴特利亚乌斯，是个外教徒，一直到了临终的时候才皈依了基督教。他的母亲叫莫尼卡，罗马贵族出身，是一个虔诚的基督教正统派教徒，她的信仰对奥古斯丁有一定影响。

当时北非有三个比较大的宗教派别：摩尼教是人数最多的，也是影响最大的宗教；其次就是基督教的多拉图斯派，但是根据 313 年颁布的米兰敕令，这个教派没有合法地位；第三个是基督教正统派，它的实力最弱。奥古斯丁认为摩尼教实力强大，对自己以后的发展有好处，就成为摩尼教的信徒。

但是奥古斯丁没有想到，随着基督教正统派与罗马政权进一步结合，教会的势力在非洲迅速发展，摩尼教的势力反而越来越弱了。正好这时候奥古斯丁有一个教义上的疑问，当他去请教摩尼教的教首时，教首的回答却语焉不详前后矛盾，奥古斯丁非常失望，就退出了摩尼教。后来他接触到了新柏拉图主义和新斯多亚主义的著作，因为在迦太基教书不受学生的欢迎，就在 383 年去了罗马。

387 年春天，奥古斯丁在米兰加入基督教，权势显赫的米兰大主教安布罗西亲自为他主持洗礼，从此他成了一个虔诚的基督徒。按照修道院的习俗，他在 388 年回到家乡，开始了隐居三年的生活。

和一般修士不同的是，奥古斯丁并不是真正地隐居，而是拿隐居做幌子秘密串联，他和一些有同样志向的朋友结成了一个小的宗教团体，开始谋求势力的发展。为了讨好教会，他写了好几篇声讨摩尼教的文章，甚至在公开场合公然攻击和诋毁摩尼教。

教会很快就注意到了奥古斯丁，对他的行为给予了鼓励。在隐居期满后，他立刻来到了希波城。在拜会希波城主教瓦勒里乌斯时，因为渊博的知识和雄辩的口才得到了主教的欣赏。不久他就被选为希波教会的神父，主教为他举行了神职人员授职礼，并让他做了自己的助手。395 年，瓦勒里乌斯去世后奥古斯丁升为希波主教，此后一直任职到死。

因为希波城不是重要城市，希波主教在基督教界的地位并不高，也不是什么重要的人物。可是奥古斯丁凭着他卓越的才华，很快就成为基督教界最受尊敬的领袖之一。他因为体质羸弱，无法长时间写作，于是他就在秘书的帮助下，以口述的方式完成了大量的宗教著作。奥古斯丁的作品包括 113 本著作和 500 多篇讲章，《上帝之城》和《忏悔录》是他所有著作中最著名、最有影响的，《忏悔录》还是迄今为止最著名的自传之一。

《忏悔录》是奥古斯丁刚当上主教的时候写的，他写这部书的目的不是忏悔自己外教徒的过往，而是赞美基督的伟大，是如何使浪子回头的，当然，他也借这个机会对自己的过往做了新的诠释。书中用大量的笔墨歌颂了他的母亲莫尼卡，在所有的古代作品中，这对母子的关系是最令人感动的。这部作品蕴含着灵性之美，给我们展示了一个聪明而又迷茫的外教徒皈依基督教的心路历程。

《上帝之城》是一部鸿篇巨著，全书共 22 卷，奥古斯丁在书中系统地阐述了自己的宗教思想和历史哲学，展现了世俗与神圣、帝国与《圣经》，从创造到最后审判的历史全景。

奥古斯丁丰富和完成了基督教正统派的体系，虽然这个体系庞大而又复杂，但是它有一个基本的核心，那就是"精神高于物质，上帝高于一切"。他认为一切都是上帝创造的，因此上帝理所当然地要主宰一切；人类所获得的知识和所发现的一切真理都是因为上帝给了启示；因为上帝的恩赐，所以才有一部分人可以升入天国，等等。

奥古斯丁是基督教正统派的神学体系的集大成者，在他去世后的几百年里，他的神学都在西欧基督教会内居于最高权威的地位。鉴于他对基督教的贡献，他被教会尊称为"圣人""圣奥斯丁"。即使到了今天，奥古斯丁还是基督教世界最尊崇的人物之一。

430 年 5 月，北非的汪达尔人包围了希波城。同年 8 月 28 日，76 岁高龄的奥古斯丁在被围的希波城内病逝。

—— 法兰克王国的缔造者 ——

匈奴西进后，原本生活在北欧地区的日耳曼人开始了大迁徙，逐步进入了西罗马帝国，最终灭亡了这个古老的帝国。日耳曼人的各个民族在西罗马帝国的境内建立了许多自己的国家，其中以法兰克王国疆域最大，存在时间最长，对欧洲历史的影响也最大。

法兰克人最初的地盘只有莱茵河下游和河口三角洲一带，各个分支都建立了自己的部落联盟性质的公国，还没有形成统一的国家。481 年，墨洛温家族的希尔代里克一世去世，他 16 岁的儿子克洛维即位。克洛维雄才大略，自幼就跟随他的父亲南征北战，在军中享有极高的威望，也有着强硬而灵活的政治手腕。克洛维即位不久就消灭了其他几个公国，使法兰克成为一个统一的国家。

克洛维从小就有为法兰克开疆拓土的愿望。法兰克统一后，他可以全面调动整个王国的人力物力，开始为南征罗马做准备。

克洛维在完成军备后立即进军高卢。罗马的最后一个高卢总督西阿格里乌斯不甘示弱，也集结了大军北上迎敌。

486 年，双方在卢瓦尔河（巴黎东北）展开了会战。克洛维把步兵结成战阵，骑兵放在两翼，同时派出两支有力的部队绕到罗马人的后方。战斗打响后，克洛维示敌以弱，命令步兵佯装无法抵挡罗马人的骑兵，开始有秩序地后退。罗马人不知是计，投入了全部兵力进攻克洛维的步兵，不料两翼的法兰克骑兵突然合拢，从中间切断了罗马军队的联系，不久罗马人的后方也出现了法兰克人的部队。在四面包围下，罗马人丧失了斗志，纷纷跪地投降，西阿格里乌斯被俘。

卢瓦尔河战役后，罗马人失去了高卢的全部领地，法兰克人把他们的疆域扩展到了阿尔卑斯山北麓。这次战役也为法兰克王国的形成奠定了基础，使克洛维有了稳固的后方，为以后的侵略扩张打下了坚实的基础。

这次战役还让克洛维获得了教会的好感。战斗结束后法兰克人洗劫了卢瓦尔河城，获得了大量的财物，其中有一个又大又精美的广口杯，在战后分配战利品时到了一个士兵手里。因为这个杯子是教堂的圣物，神父就找到了克洛维，请求他让那个士兵把杯子还给教堂，并许诺向他提供支持。

克洛维知道基督教的力量非常强大，正打算和教会取得联系，在他看来，如果能得到教会的支持能获得巨大的好处，如此一来一个广口杯根本就不算什么了，于是就答应了神父的请求。

他叫来了那名士兵，让他把杯子还给神父。那个士兵愤怒地拒绝了克洛维的要求，并且把那个杯子狠狠地摔在了地上，杯子碎了。克洛维虽然十分生气，但是也无可奈何。因为按照法兰克人的习惯，士兵有权处理自己的战利品，这种习惯即使是国王也要遵守。克洛维虽然没有当场发作，但是为了照顾教会的情绪也没有放过那个士兵。几天后，他就用没有用心保养武器为借口用斧子劈开了那个士兵的头颅。这次事件之后，再也没有人敢违抗克洛维的命令。

在随后的几年里，克洛维的军队虽然所向披靡，但是他也从敌人的抵抗中发现，武力无法解决一切问题，还会带来仇恨。他认为如果有了教会的支持，就会从思想上同化敌人，更容易达成法兰克的扩张目标。而且法兰克人有着多神信仰的习惯，信仰基督教也不会引起人民的反感。正好他新娶的妻子是个基督教徒，天天劝说他加入基督教，于是克洛维就顺势率领 3000 名亲兵接受了基督教的洗礼，皈依了基督教。

此时的罗马已经处于风雨飘摇中，无力照顾教会。教会有着众多的土地和财产，时局的动荡使他们没有一点安全感，迫切需要寻找一个强大的政治势力加以保护。克洛维的皈依也正好达成了教会的心愿，因此教会也投桃报李，利用一切机会以"上帝"的名义为克洛维的扩张做辩护。

在教会的支持下，克洛维侵略扩张的步伐大大地加快了，他吞并了莱茵河中游西岸阿勒曼人的大片领土，不久又击败了西班牙半岛和高卢南部的西哥特人。507 年，克洛维在决战中打败西哥特国王阿拉里克，又夺得了大片领土。

在克洛维的领导下，法兰克的国势日益强盛，成为名震欧洲的法兰克王国，克洛维也开创了墨洛温王朝。克洛维对社会的发展也做出了杰出的贡献。他征服高卢后，把原来罗马帝国国有的土地、森林、荒地和奴隶主的庄园，大量分封给他的亲兵、贵族和教会，法兰克王国也开始由奴隶制社会向封建制社会过渡。

511 年，法兰克王国的开创者克洛维在巴黎去世，葬于圣彼得大教堂。他为后代留下了一个强大的王国，拉开了欧洲封建社会的序幕。

—— 查理大帝 ——

751 年，法兰克王国发生了政变。宫廷总管丕平勾结罗马教皇夺取了王位，在教皇加冕后开创了加洛林王朝，自称丕平三世。为了报答教皇的支持，丕平三世把罗马附近的意大利领土都抢了过来献给教皇，形成了一个"教皇国"，史称"丕平献土"。

在丕平的领导下，法兰克王国逐渐成为西欧最强大的封建制国家。丕平在遗嘱中把王国分给了两个儿子查理和卡洛曼，卡洛曼在三年后去世，查理成为法兰克王国唯一的君主，他就是被后世称为"查理大帝"或"查理曼"，也是唯一真正统治过欧洲中、西部大陆的帝王。

查理可谓是中世纪骑士的典型，他身材魁梧、精力过人，好像从来就没有过疾病，也从来不知道疲劳。他的一生几乎都是在征战中度过。

查理的妻子是意大利北部的伦巴第王国的公主，但是查理并不喜欢这个妻子，对她很不好，伦巴第国王对此耿耿于怀，一直叫嚣要教训查理。而查理也对伦巴第王国垂涎已久，一心想要吞并这个国家，只是一直找不到借口。

774 年，伦巴第王国侵袭教皇国，罗马教皇哈德良急忙向查理求援。查理大喜过望，立刻率军翻越阿尔卑斯山，准备把伦巴第王国纳入囊中。

法兰克军队势如破竹，很快就打到伦巴第的都城巴威亚城下。伦巴第国王狄西德里乌斯见查理的军队人如虎马如龙，知道不是查理的对手，就开城投降了。就这样，法兰克的版图又扩展到了意大利北部。

因为查理帮教皇国解除了威胁，教皇为了感谢查理的救援，就授予他"罗马人长老"的称号。

对萨克逊人的征服是查理耗费时间最长的战争。当时萨克逊人还处于原始社会，野蛮而又血性十足，他们不甘被法兰克人奴役，对查理的入侵进行了顽强的长时间的抵抗。从 772 年查理发动战争起，花费了 33 年的时间、组织了 18 次大型的会战才彻底征服萨克逊地区，在那里建立了伯爵辖区与教区。

查理对萨克逊地区的征服非常血腥，他屠杀了大批敢于抵抗的萨克逊人，对有敌意的人强行迁徙，然后在被占领区分封亲信进行有效的统治，建立教堂以基督教会同化萨克逊人。他要求所有的萨克逊人要向教堂纳税，参与宗教活动。不尊重教会，不守教规者，均处以死刑。不忠于国王，侵犯领主者处以死刑，信奉原始宗教习俗者，也处以死刑。

萨克逊战争对西欧意义十分重大，它瓦解了中欧、东欧地区的奴隶制社会甚至是原始社会，让这些地区进入更先进的封建社会，同时也是欧洲经济、政治、文化重心从地中海沿岸向大陆腹地转移的开端。

在萨克逊战争的同时，查理也没有放过比利牛斯山南面的阿拉伯人。经过20余年的不断出击，终于在比利牛斯山以南建立了西班牙边防区。

经过几十年的征讨，法兰克王国在查理的手中成了欧洲最庞大的帝国。它西临大西洋，东至易北河及波希米亚，北达北海，南至厄布罗河及意大利中部。

随着疆土的扩大，查理开始对"国王"这个称号不满意了，他认为自己更应该用"皇帝"这个尊号。教皇立奥三世看到查理势力强大，为了借助他的力量控制西欧，同时也为了讨好查理，就为查理举行了加冕仪式，称他为"罗马人皇帝"。从此，法兰克王国成为"查理帝国"，查理国王成了"查理大帝"。他把自己的帝国当作了古代罗马帝国的延续。

查理大帝在位期间很重视文化教育，他下令教会和寺院办学。他本人也建立了一个学院，聘请知名学者前来讲学。他不歧视寒门子弟，让他们和贵族子弟一起接受教育，甚至还任命学习成绩优秀的寒门子弟担任主教。当然，这时候的教育是教会垄断的，也是为教会服务的，但是从客观上来说，对于恢复古典文明和提高日耳曼人的文化水准，做出了积极的贡献，他在位时期的文化成就被后世誉为"加洛林文艺复兴"。而且他对于寒门子弟的提拔也让底层人民更加支持他的统治。

查理大帝是一个虔诚的教徒，对于基督教的传播极为热衷。他在亚琛兴建了雄伟壮丽的教堂，大门用坚固的黄铜铸成，到处都是金银饰品，就连照明用的烛台都是鎏金的。因为当地没有合适的石材制作大理石柱，他甚至不惜命人在千里迢迢的罗马和拉文纳那里造好再运过来。

在他的统治期间，绘画、雕刻等艺术也有所发展。他还派人收集和抄写了许多拉丁文和希腊文手稿，为后代保留了许多古典作家的著作。

814年，72岁高龄的查理大帝离开人世，因为他生前没有说过希望自己葬在哪里，他的儿子和大臣们对安葬地点争论不休。最后，大家都认为，作为一个虔诚的基督徒，再也没有地方比安葬在大教堂里更光荣了。

他的坟墓上有一座镀金的拱门，上面刻着他的雕像和铭文。铭文是这么写的：

在这座坟墓之下，安息着伟大的信奉正统宗教的皇帝查理。

他崇高地扩大了法兰克人的国家，隆盛地统治了 47 年。

他逝世时年逾 70，时值主历第 814 年 2 月朔日的前五天。

查理大帝一生雄才大略，但是他晚年在帝国继承人的安排上却出现了严重的失误，这个失误甚至使他庞大的帝国分崩离析。查理认为，他有三个儿子，不管把皇位交给哪个儿子，另外两个都会心怀不满引起萧墙之乱，所以最好的办法就是把帝国分成三部分，这样三个儿子都有了自己的国家也就不会发生内战了。不知道是幸运还是不幸，查理的三个儿子中有两个都死在了他的前面，查理的这个想法没有成为现实，但是却严重影响了他的儿子路易的决定。

查理去世后，路易成为法兰克帝国的皇帝，然而他并没有继承查理的雄才大略。路易也是个虔诚的基督徒，他相信天主会解决所有他所遇到的麻烦，整天忙着举行各种宗教仪式，而对朝中事务一概不理。大臣们天天到宫里来请示如何处理问题、三个儿子为争权夺利也闹得宫中乌烟瘴气，这一切都让他头痛不已。后来他想到了他父亲分封的主意，觉得这个想法不错，儿子们也不用争了，大臣们也不用找他请示了，他也能过上安生日子了。于是就把帝国分成了三部分：长子罗退耳掌管帝国东部，次子丕平得到了亚奎丹，三子路易分得日耳曼南部巴伐利亚及其附近地区。罗退耳还被确定为帝国继承人。

几年后，路易的麻烦来了：他又有了一个儿子！这个儿子是秃子，后世都叫他秃头查理，他的母亲尤迪丝强烈要求路易也要给查理一块土地。可查理把土地都分光了，又没有本事去其他国家抢，上哪儿去找土地给查理呀！路易被逼得没有办法了，就从三个儿子那里一人划出来一部分给了查理。从此四个儿子之间就展开了混战，路易一度被赶下了皇位。

838 年，老二丕平去世，三个人又开始争夺丕平的那份领地；两年后路易去世，老大罗退耳继承了帝位，可是老三和老四却认为他无德无能不配当皇帝，两个人就联手对付老大。

双方几次交手，却始终谁都无法取得决定性的胜利，于是三兄弟就觉得坐下来通过谈判解决分歧。843 年，三兄弟在凡尔登缔结了《凡尔登条约》，正式将查理曼帝国一分为三：

罗退耳获得帝国中部。北起北海，从莱茵河下游以南，一直到意大利中部，以及尼罗河流域的长条区域，号称中王国。老三路易的权力范围在莱茵河以东，号称东法兰克王国。秃头查理获得些尔德河和缪斯河以西的地方，号称西法兰克王国。

查理大帝一手创建的庞大帝国就此解体，此后再也没有统一。

罗退耳又按照他们家的传统把中王国分给了三个儿子：长子路易二世分得意大利，并拥有皇帝头衔，次子查理分得勃艮第王国，而老三罗退耳二世则分得洛林王国。863 年，查理去世，因为没有后代勃艮第王国被路易二世吞并。869 年，罗退耳二世去世，东、西法兰克王国为了争夺大洛林发动了大战。

870 年，东法兰克王国和西法兰克王国订立了《墨尔森条约》，他们瓜分了洛林王国，把勃艮第还给了路易二世。

至此，近代欧洲三个主要国家意大利、法国、德国的雏形形成了。由于地形的阻隔和风俗文化的差异，法兰克人的语言也开始明显分化，形成了法语、德语和其他西欧国家的民族语言。

—— 东罗马皇帝查士丁尼 ——

西罗马帝国虽然灭亡了，但东罗马帝国依然存在，而且人民的生活还相当富裕。东罗马帝国的首都是君士坦丁堡（旧称拜占庭），这个城市的地理位置非常重要，它位于欧亚两洲交界处，扼制着黑海和地中海的交通要道。得益于繁荣的海上贸易，东罗马帝国的经济发展得很快，特别是查士丁尼上台后，帝国的国势达到了顶峰。

查士丁尼生于 483 年，是查士丁一世的侄子。查士丁年轻时是一个农民，参军后因为作战勇猛和对皇帝忠诚得到了赏识，后来官至禁卫军首领，一个偶然的机会，他当上了东罗马帝国的君主。查士丁没有儿子，一直都把查士丁尼当继承人培养，他虽然目不识丁，可是却让查士丁尼得到了良好的教育。527 年，查士丁尼在查士丁去世后即位。

西罗马帝国被日耳曼蛮族灭亡后，查士丁尼一直耿耿于怀，常说："哥特人以暴力夺得了我们的意大利，却至今不把它还给我们。"他从年轻时就想把意大利收回来。查士丁尼从宗教感情上也不喜欢这些蛮族，因为这些蛮族国家的统治者信奉的是基督教的阿里乌斯派。和正统派不同，这个教派认为基督是上帝创造的人而不是神，所以基督不能和上帝享受一样的待遇，他们还反对教会占有过多的地产。正统派当然不会接受这些言论，就宣布这个教派是异端。

罗马皇帝一直是基督教正统的保护者，作为一个强硬的正统派教徒，查士丁尼有义务扫除这些信奉异端的蛮族国家，让罗马帝国不论是政治上还是宗教上都得到统一。

查士丁尼一登基就向波斯宣战，并在第二年派贝利撒留打败了波斯的主力，迫使波斯官员在532年签下了停战协议，贝利撒留带回了很多战利品。查士丁尼尝到了甜头，就于533年又把贝利撒留派到了北非，攻打蛮族的汪达尔王国。贝利撒留果然没有让查士丁尼失望，他仅用了半年的时间就几乎把汪达尔王国夷为平地。汪达尔的覆灭让罗马人得到了一个良好的畜牧基地，从此缺少骑兵的短板也补上了。

这下子查士丁尼的劲头更足了，野心也更大了。535年，贝利撒留奉命进攻意大利，准备为查士丁尼拿下东哥特王国。腐败懦弱的东哥特军队抵挡不住查士丁尼精兵强将的攻势，很快就被贝利撒留夺取了西西里和意大利南部。但是东罗马军队在意大利的烧杀掳掠激起了东哥特人民的奋起反抗，使东罗马军队陷入人民战争的汪洋大海之中。然而贝利撒留不愧是罗马帝国后期的名将，他在各种不利的条件下使出了浑身解数，甚至不惜以自辱的方式使东哥特人的高层中计，最终用了20年的时间把东哥特王国献给了查士丁尼。

在贝利撒留进攻东哥特王国的同时，查士丁尼也没有放过西班牙的西哥特王国。但是西哥特人民的反抗更加激烈，东罗马费了好大力气才占领了西班牙的东南部一带。但是查士丁尼认为战果太小，又从国内调集了大批援军，最后占领了地中海上的科西嘉岛、撒丁岛及巴利阿里群岛。

与外部军事方面的辉煌相对应的是，东罗马的内部开始出现了危机。在查士丁尼多年的穷兵黩武下，经济发展陷于停顿，平民的生活苦不堪言，到处怨声载道。特别是那些生活在社会最底层的奴隶们更是雪上加霜，奴隶主对他们的盘剥变本加厉，使他们濒临死亡的边缘。

查士丁尼为了彰显自己文治武功，开始在国内大兴土木建造各种宫殿、教堂。就以君士坦丁堡的圣索非亚大教堂来说，整个工程用了整整五年的时间，征用民夫一万多人，建造这个教堂的全部费用更是大得惊人，如果折合成黄金有18吨之多！与其说这座金碧辉煌的高大建筑是用石头建的，不如说是用奴隶的尸骨堆积成的！

然而高高在上的统治者们是不可能理会这些草民的悲伤的，他们就是一群永远不满足的恶魔，用东罗马人民的血肉来填他们无底的欲壑。查士丁尼的皇宫中夜夜笙歌，贵族们在酒宴上觥筹交错，而穷人们无隔夜之粮，不知道能不能见到明天的太阳。"朱门酒肉臭，路有冻死骨"就是此时东罗马帝国最真实的写照。

哪里有压迫，哪里就有反抗。东罗马人民再也忍受不了这样的压榨，再也抑制不住埋藏在内心多年的怒火，一场声势浩大的"尼卡"（希腊语，意即胜利）起义在君士坦丁堡爆发了。查士丁尼虽然最终平息了叛乱，但是他在民间已经没有了以前的威望，只能依靠国家的暴力来进行高压统治。当查士丁尼在565年去世的时候，东罗马帝国上下欢腾，举国同庆这个暴君的死去。

—— 消失的玛雅文明 ——

玛雅人属于印第安人的一个分支，他们生活在现代墨西哥南部的尤卡坦半岛和中美洲一带，曾经在中古时期创造了灿烂的文明。

早在公元前4000年~公元前3000年，玛雅人就脱离了游牧生活定居下来。进入农业社会后，玉米成为他们的主要食物，肉类就相对少了。他们已经掌握了制陶的技术，可以制作出精美的陶器。也正因为以玉米为主食，他们自称"玉米人"，他们的文明也被称作"玉米文明"。

玛雅文明的高峰在公元前后的两三百年间，以城市文明为主要特征，乌希玛尔和奇钦·伊查是玛雅宗教、政治和文化中心。在古代的美洲大陆，玛雅文明是最早的也是发展水平最高的文明，并创造了象形文字，所以玛雅人又被称为"美洲的希腊人"。

玛雅人有着高超的建筑艺术，这也是他们的出色成就之一。现代考古发现的玛雅城市大概有100多座，都是玛雅人在公元前后建设的。城内有金碧辉煌的庙宇、雄伟壮观的宫殿，宽阔的道路纵横交错，各个城市之间也有连通的道路。

一提到金字塔，人们首先就会想到埃及，但是很多人并不知道，古代玛雅人也建造过金字塔。在墨西哥尤卡坦半岛有一座库库尔坎坛庙，高6米，建筑在一座24米高、共9层的四方形金字塔的顶部，每层台基四面都有台阶通向顶层。

最令人瞩目的是金字塔台阶边墙上的浮雕，每一个都堪称世界级的艺术珍品。特别是那些带着羽毛的蛇头雕刻，蛇张开大嘴伸出了长长的舌头，如同金字塔的护卫般威风凛凛。浮雕的画面形象逼真、栩栩如生，给人一种破壁而出的感觉，充分显示了玛雅人高超的雕刻艺术。

玛雅人在天文学上也有着极高的成就，玛雅历法堪称世界上最完美的历法。他们的历法分成三个部分，即神历、太阳历和长纪年历，构成了一个完整的历法体系，可以准确无误地记下几千万年中的任何一个日子。玛雅人很早以前就有了历法。16世纪西班牙的入侵对玛雅人是一个沉重的打击，他们对这个事件发生的时间有着详细的记载，历史学家以此为起点倒推玛雅人的历法，发现玛雅纪年的元年竟然是公元前3114年8月13日！

玛雅人的数学也很发达。他们的进位方式为20进位法，可能这与人的双手双脚有20个手指脚趾有关。他们的数字有三个基本符号："点"表示1、"横"表示5、贝壳状的圆形表示"0"，例如"8"就是横的上面加三个点。"0"的概念的形成比印度晚些，但比欧洲人早800年。当欧洲人把168写成"100加50，加10，加5，再加三次1"的时候，玛雅人已经开始使用1、6、8这三个符号表示这个数了。

玛雅人有自己的象形文字，现代能够确认的有800多个书写符号，3万个词汇，一般是刻在祭坛、陶器和石柱上的铭文，但是由于存世的文献太少，至今仍然无法全部破译。玛雅人还把他们的文化、历史用毛笔记在鹿皮上，编写成书。这些书由专职祭司用不同的颜色写成、色彩绚丽、图文并茂。

不知道什么原因，玛雅文明突然在9世纪末消失了，而且没有任何衰落的征兆。从现代的考古发现我们可以看到，虽然各地的玛雅人放弃他们的城市的时间很长，但是有一个共同的特征，那就是走得非常匆忙，一些工程建了一半就放弃了。到了10世纪，已经没有任何一个玛雅人生活在他们以前的城市，有一部分玛雅人迁徙到了尤卡坦北方的荒野，其余的不知所踪。

一个辉煌的古典文明就此匆匆下了帷幕，给后人留下许多不解的谜团。

——《一千零一夜》——

据说，古时候阿拉伯一个海岛上有一个萨桑国，国王叫山鲁亚尔。有一天，山鲁亚尔到海边游玩，一个女子从海里走了出来，告诉他天下所有的女人都是邪恶的、不可信任的，并挑唆山鲁亚尔把所有的女人都杀掉。

山鲁亚尔不愿意相信这是真的，等他回到王宫的时候，正好发现王后有对他不忠诚的行为，他拔出刀来就把王后杀了。他想起从海中出来的那个女子的话，就决定报复天下所有的女子。从那一天开始，他就每天娶一位新的王后，第二天一早就杀掉，这个残暴的行为持续了三年多，被他杀掉的女子有一千多人。

人们不堪忍受这个杀人如麻的暴君，纷纷携带自己的妻女离开了萨桑国。宰相的女儿莎赫查德是个聪明机智的女孩，为了挽救这些无辜女人的命运，就决定去王宫劝阻残暴的山鲁亚尔。

在沙赫查德的苦苦哀求下，宰相依依不舍地把自己的女儿送进了王宫。当夜晚降临，山鲁亚尔要睡觉的时候，沙赫查德说："尊敬的国王，按照我们家那边的习俗，新娘在睡觉前要给自己的丈夫讲一个故事，以显示她的知识和教养。"国王想，反正她明天早上就要死了，就满足她的这个愿望吧。谁知道，莎赫查德的故事他听得入了迷，一直催着她讲下去。天亮了，可是故事却还没有结束，国王看了看东边升起的太阳，又看了看讲得口干舌燥的沙赫查德，若把她杀掉，又舍不得精彩的故事，不杀，又违背了自己的誓言。国王陷入了纠结中，最后他安慰自己，等她把这个故事讲完就杀掉她。到了晚上，沙赫查德又讲了一个新的故事，但是到了第二天天亮时，故事又在精彩之处停住了，山鲁亚尔无奈只好决定不杀莎赫查德。

就这样沙赫查德讲了一千零一夜的故事。山鲁亚尔终于被这些精彩的故事打动了，他明白自己被那个女子骗了，表示以后不再伤害无辜的少女。他把莎赫查德正式立为王后，美满地过完了一生。

后来，人们把莎赫查德讲的故事整理成了一本书，书名就叫作《一千零一夜》。实际上《一千零一夜》是一个集体创造的产物，里面的许多故事都是以古代波斯、埃及和伊拉克的民间传说为原型，经过阿拉伯人民的吸收后再创作的，真实生动地反映了当时阿拉伯社会的生活。这些故事大多都有着积极向上的意义，赞美和歌颂人民的善良和智慧，抨击和揭露坏人的邪恶和罪行。

《一千零一夜》故事形式多样，有神魔故事、爱情故事、动物故事、惊险故事以及寓言、童话等，充分表现了阿拉伯人民的美德、智慧、斗争精神，表达了他们对美好生活的渴望，真实、客观地反映了中世纪时阿拉伯人民的理想和情感。

例如最为著名的《阿里巴巴与四十大盗》的故事，显示了劳动人民的诚实、勤劳、勇敢与机智。阿里巴巴是一个勤劳、正直的樵夫，靠砍柴维持一家人的生活。这天阿里巴巴在山上砍柴时，看见一群强盗把他们抢来的财宝藏在一个隐蔽的山洞里，并且凑巧听见了如何开、关这个山洞的咒语。等强盗们离开后，他就拿走了一些金币。

阿里巴巴的哥哥知道了，就逼着他说出进出山洞的咒语，然后带着成群的骡马去运财宝，却被正好回来的强盗杀死了。随后强盗的首领装作卖油的商人，让其他的强盗都藏在油瓮中到阿里巴巴家求宿，企图在夜里杀害其全家。聪明机智的女仆马尔基娜识破了强盗的秘密，用热油烫死了全部强盗。

另一个广为人知的故事就是《神灯》。主人公阿拉丁是一个穷苦的少年，一个偶然的机会得到了一枚神戒和一盏神灯。在神灯的帮助下，阿拉丁过上了富裕的生活，还娶了公主为妻。后来一个魔法师从公主手里骗走了神灯，还把公主带到了非洲，他又变得一无所有。在神戒的帮助下，他赶到非洲，历经千辛万苦找回了公主和神灯。这个故事表明了阿拉伯人民对美好生活的向往与追求。

《一千零一夜》对后世产生了深远的影响，促进了欧洲的文艺复兴和近代自然科学的建立，对世界文化的发展功不可没。书中涵盖了中世纪阿拉伯社会生活的各个方面，是研究阿拉伯历史、文化、宗教、语言、艺术和民俗等多方面内容的珍贵资料。《一千零一夜》是亚洲文明中璀璨的明珠，享有"世界最大奇书"的美称。

—— 日本大化革新 ——

东亚地区的古日本是一个岛国，主要由本州、九州、四国三个大岛和一些小岛组成。古时候的造船技术还很落后，由于大海的阻隔，这些岛国与外界的接触极少，想要使生产关系更好地适应生产力的发展只有靠自身的改革才行。

到了3世纪，在本州岛出现了一个叫大和的国家，这个国家相比其他国家来说要稍微大一些，它的最高统治者称为天皇。5世纪时，大和已经统一了日本的大部分地区，定都平城京（今日本奈良）。

日本的政体是部民制。天皇和氏族贵族占有大量土地，所谓的部民就是被征服地区的平民和本族的破产成员。部民和奴隶的地位差不多，没有人身自由也没有生产资料，无偿为贵族耕作和负担其他劳役。

6世纪中期，随着阶级矛盾的激化，统治阶级内部也出现了斗争。天皇和以苏我氏为首的革新派希望利用佛教统一思想，建立中央集权制国家，而以物部氏为首的保守派则不愿意改变目前的局势。

587年，苏我氏在内战中打败了物部，获得了中央政府的控制权，随后就立支持改革的厩户皇子为皇太子，史称圣德太子。

当时日本内部的阶级矛盾已经到了不可调和的地步。上层人物争权夺利不关心人民的疾苦，残酷地剥削部民；中小贵族也在疯狂地兼并土地，许多平民的土地也被剥夺。由于承担不了如此沉重的赋税和徭役，部民和平民纷纷逃亡，抗税之类的暴动也时有发生。统治阶级不得不考虑如何找出更好的统治方法，以取代过时的部民制。

圣德太子决定先从国家的上层开始改革。当时日本西方的中国正处于辉煌的隋王朝时期，圣德太子就参照隋朝的官制，创立了《冠位十二阶》，废除了官职世袭的规定，提高了天皇的威信。随后又颁布了《十七条宪法》，这并不是真正意义上的现代宪法，而是关于君臣尊卑的政治思想。圣德天子还积极派遣隋使，学习中国先进文化，在日本弘扬佛教，提高皇室的地位。

但是圣德太子做好了改革的准备后就停了下来，因为当时的阻力非常大，即使是推他上台的苏我氏也不支持。622 年，圣德太子去世后，他的儿子山背大兄皇子准备进行全民改革。苏我氏当时在日本独霸朝纲，如果进一步的改革势必会损害他们的利益，就刺杀了山背大兄皇子，并且废黜了原来的天皇，另立天皇和太子。

随着与中国的交往越来越多，小国寡民的日本对中央集权的唐王朝极端羡慕，民间要求改革的呼声也越来越高。这时候日本已经开始大批地向唐王朝派出"遣唐使"，从这些"遣唐使"的口中，中大兄皇子知道了唐王朝是何等的繁荣和富强，决心让日本也成为一个强大的封建国家。于是他就秘密训练死士，联络对苏我氏不满的各方势力，准备一举剪除苏我家族的势力。

645 年 6 月 12 日，天皇在皇宫的太极殿接见高句丽、百济、新罗的使者。中大兄皇子把死士埋伏在了殿内，当苏我入鹿进入殿内后，他立即命人关闭了所有的宫门，刹那间伏兵四起，把苏我入鹿剁成了肉泥，随后又清理了苏我氏在朝中的党羽，苏我虾夷第二天在家中自杀。

政变成功后，皇极天皇退位，革新派拥立孝德天皇，改元大化，并把都城迁到了难波（今大阪）。以中大兄为皇太子兼摄政，那些遣唐使都被提拔到了重要的位置。646 年元月，天皇颁布《改新之诏》，史称"大化改新"。

改新的主要内容有：废止私有土地、部民，实行公地公民制，皇室贵族、地方贵族的部民和屯仓、田庄，均收归国有；确定中央、地方的行政区划和组织，中央分京师和畿内（京都周围地带），地方分国、郡、里；在军事上，实行征兵制，在京师设立了五卫府，在地方设军团，所有军队一律归中央统一指挥；官吏由国家任免，废除世袭制；编制户籍、计账，行班田收授之法，统定颁布给人民土地和应负租赋的数额；废旧贡纳制，实行租庸调的新税法及向皇室献纳仕丁、采女的制度。

701 年又发布了《大宝律令》，使改革以法律的形式固定了下来。

大化革新在一定程度上解放了生产力，加强了中央集权，是日本开始进入封建社会的标志。

—— 威廉入主英格兰 ——

英国虽然和欧洲大陆并不接壤，但是仍然受到来自大陆的一次次冲击。公元元年前后，不列颠被恺撒征服，成为罗马的不列颠行省，开始进入西方文明社会。随后，在日耳曼人大迁徙中，盎格鲁人和萨克逊人来到不列颠群岛，英国的历史开始进入新的时期。

1042 年，爱德华登上英格兰王位。爱德华的母亲艾玛是诺曼底公爵的女儿，身上有一半的诺曼人的血统。因为在诺曼底生活多年，爱德华对法国的文化极为崇拜，登上王位后，不仅任命了大批诺曼人在朝廷和教会中担任要职，还在公务和日常生活中都使用法语，一时间朝野上下学习法语蔚然成风，最后竟然连律师写法律文件都要使用法语了。

1051 年时，诺曼底公爵威廉（艾玛的娘家孙子，爱德华的表侄）访问英国，无嗣的爱德华答应自己死后将王位传给他。1066 年爱德华病逝后，已经对法国人极度不满的贵族们却没有让威廉即位，而是让哥德温家族的威塞克斯伯爵哈罗德当了英王。一心想登上英王宝座的威廉知道后怒不可遏，决定用武力夺回属于自己的王位，建立自己的王国。

威廉首先寻找政治同盟，以便师出有名。在他的游说下，教皇亚历山大二世认为威廉的行为是正义的，还赐给他一面"圣旗"；神圣罗马帝国的皇帝亨利四世也表示愿意帮助威廉夺回王位。

1066 年 9 月，威廉率领庞大的舰队登陆英国的佩文西湾。在建立了坚固的防御阵地后，威廉纵兵劫掠英国的内陆地区，试图引诱哈罗德前来决战。哈罗德果然中计，不久就带领军队来到了哈斯丁斯。

10 月 14 日，双方在哈斯丁斯展开了激战。战斗中，威廉用计将哈罗德引入包围圈，随后伏兵四起，哈罗德在混战中中箭身亡。

哈罗德死后，英国军队无心恋战，全线崩溃。威廉乘胜长驱直入，接连拿下坎特伯雷、韦斯特汉姆、西尔、吉尔福德等英国重地，接着又横扫英国北部。在威廉的军事威胁下，伦敦不得不答应由威廉做国王。1066 年 12 月 25 日，威廉在威斯敏斯特教堂被加冕为英国国王。

从此，英国进入了诺曼底王朝（1066~1154 年）时期。威廉入主英格兰后，英国像大陆一样实行了封建制度，在经济、社会、文化、军事等各方面都有了发展，也让英国与西欧大陆成为一个紧密的整体。

—— 英法百年战争 ——

"诺曼征服"以后，英国和法国的关系开始变得微妙起来。威廉成为英王后并没有放弃诺曼底的领地，他既是英国的国王，也是法国诺曼底的公爵，也就是说，诺曼底成了英国的一部分。而在封建义务中，诺曼底公爵是法国国王的附庸，诺曼底是法国不可分割的一部分。法国人想要独霸欧洲，自然不会答应将诺曼底并入英国，很快两国就发生了争执，这就成了后来英法百年大战的引信。

1328 年，法王查理四世的去世成了战争爆发的导火索。查理四世没有儿子，也没有哥哥弟弟，只有一个嫁到英国的妹妹，他的外甥就是英国国王爱德华三世，因此爱德华三世宣称自己是理所当然的法国王位的合法继承人。法国贵族根本没有理睬爱德华三世的叫嚣，推举了查理四世的堂弟为王，称为腓力六世。

腓力六世对爱德华三世的嚣张气焰十分愤怒，决心给他了一个教训。因此，他一登基就占领了富庶的佛兰德斯和阿基坦地区，这两个地区与英国的经济密切相关，英王断绝了这两个地方的羊毛供应；佛兰德斯为了得到羊毛，就宣布承认爱德华为法国国王。1337 年 10 月，爱德华三世自称身兼法国国王，法国针锋相对，宣布收回所有英国在法国的属地，英国随即率军进攻法国，百年战争就此开始。

1340 年，英国海军取得了斯吕斯海战的胜利，使得英国控制了英吉利海峡，自此英国取得了进可攻、退可守的战略优势，而且把战火烧到了法国本土，击败了法国的骑兵部队。

1346 年，爱德华三世再次率领部队在诺曼底登陆，7 月占领了法国的卡昂。

8月24日，英军和法军在阿布维尔以北的克勒西村展开了大规模的会战。战斗中英国的英格兰长弓大发神威，射得法军狼狈不堪，最后腓力六世仅仅带着60名骑士落荒而逃。英军随后占领了法国的港口重镇加莱，并把这里作为英国进攻法国的桥头堡。

克勒西战役后法军元气大伤，已经无法抵抗英军的入侵，然而令欧洲谈虎色变的黑死病来了，英军停下了进攻的脚步，法国逃过了一劫。

1356年，英军卷土重来，夺取了法国西南部的基思和加斯科涅；9月，双方在普瓦提埃城附近展开第二次会战。然而这一次法军败得更惨，连法王约翰二世和好多大臣都被英国人俘房了。

为了向英国支付赎金，法国不得不在国内横征暴敛，最终导致了巴黎起义和扎克雷起义，法国在内忧外患下不得不与英国在1360年签订了屈辱的《布勒丁尼和约》，和约规定：法国割让卢瓦尔河以南至比利牛斯山脉的全部领土，支付300万金币的补偿款。令法国人感到安慰的是，爱德华三世放弃了对法国王位的要求。战争的第一阶段结束。

法国人对战争的失败耿耿于怀，一心想要血洗前耻。查理五世即位后积极扩军备战，他用雇佣步兵取代部分骑士民团，并建立了野战炮兵和新的舰队。

1369年，战争再次爆发，这次法军大发神勇，在战场上打得英军狼狈而逃，取得了一连串的胜利。到了1380年，法国已经取得了战略优势。然而，就在查理五世打算一鼓作气收复全部失地时，却突然离开了人世。法国新的国王查理六世是个精神病人，连治理国家的能力都没有，更不要提指挥作战了。这就给了英国喘息的机会，英军开始退到海边全面防守。1396年，双方都打不下去了，就签订了20年停战协定，但是英国还占领着波尔多、巴约纳、布雷斯特、瑟堡、加莱五个海港，和波尔多与巴约纳间的部分地区。战争的第二阶段结束。

1415年，法国的勃艮第、阿曼雅克两派发生内讧，英王亨利五世乘机率兵在诺曼底登陆。10月，阿金库尔会战爆发，军心涣散的法国人再次惨败，英军占领了法国北部的大部分地区，查理六世已经丧失了抵抗的信心。1420年，双方签订《特鲁瓦和约》，英王亨利五世成为法国的摄政王，有权继承查理六世的王位，法国成为英法联合王国的一部分。为了从法理上解决继承人的合法性，亨利五世还娶了查理六世的女儿凯瑟琳公主为妻。

1422年亨利五世和查理六世先后去世，亨利与凯瑟琳所生的儿子，10个月的亨利六世成为英法联合王国的国王。由于亨利六世年幼，英国国内各派政治势力再次为夺权而展开斗争。查理六世的儿子、原法国王储查理跑到法国南部后，在当地贵族的支持下自立为法国国王，称查理七世。英国人闻讯后立刻派兵镇压，查理七世的乌合之众不是英国人的对手，很快就失去了主动权。1428 年 10 月，英国包围了通往法国南部的门户——奥尔良城，法国岌岌可危。在英军包围奥尔良后，战争的性质已经从王位争斗战变成了民族解放战争。战争的第三阶段结束。

就在国家存亡的关键时刻，刚刚 16 岁的少女贞德挺身而出。她首先组织了一支义勇队，随后就去求见查理七世，请求他派出军队，拯救法国。在贞德的劝说下，查理坚定了复国的决心，让贞德率领援军救援奥尔良。

贞德率军赶到奥尔良后，立刻向英军发起了猛攻。在战斗中，贞德奋不顾身，每次都是冲杀在第一线。在贞德的感召下，参战的法国士兵也奋力拼杀，奥尔良城内的军民也冲出城助战。英军在两面夹击下被打得落花流水，不得不退出了奥尔良地区，被包围了 209 天的奥尔良城终于自由了。

奥尔良战役后，法国彻底扭转了在整个战争中的被动局面，在此后的战争中连战连胜。到了 1453 年，法军收复了加莱，英国失去了在大陆的最后一个据点，英法百年战争至此结束。

战争胜利使法国完成民族统一，为以后在欧洲大陆的扩张打下基础。英格兰虽然丧失所有的法国领地，但也使英格兰的民族主义兴起。之后英格兰对欧洲大陆推行"大陆均势"政策，转往海外发展，成为全球最大的帝国。

—— "玫瑰战争" ——

百年战争失败后，英国国内出现了严重的问题，不仅统治阶级与被统治阶级的矛盾日益尖锐，英国皇室的内部也开始了激烈的王位争夺战。这场持续了 30 多年的战争双方都是爱德华三世的后代，一个是以红玫瑰为标志的兰开斯特家族，另一个是以白玫瑰为标志的约克家族，因此被后世称为"玫瑰战争"。

1455 年，来自兰开斯特家族的英王亨利六世患病，约克家族的理查公爵被推举为摄政王。兰开斯特家族不甘心把领导英国的权力移交给约克家族，就在西北部大封建主的支持下废除摄政，而约克家族也不愿意失去到手的权力，双方有了冲突。

5月，亨利六世在莱斯特召开会议，约克公爵赴会时带了一支部队，理由是害怕路上不安全。王后玛格丽特和萨姆塞特公爵听说了这个消息，就建议亨利六世带上自己的卫队以防不测。

5月22日，双方的部队在圣阿尔朋斯镇遭遇，亨利六世随即就进入了镇内。约克公爵来到圣阿尔朋斯镇后，就派使者向亨利六世提出，萨姆塞特公爵是个奸臣，必须处死以谢国人。亨利六世拒绝了他的要求，约克公爵就发动了进攻。几个回合之后，亨利六世的军队阵亡100多人，受伤的更多，剩下的士兵四散逃开。亨利六世也被射了一箭，他见找不到逃走的机会，就躲到了一个皮匠家里，不久就被约克公爵的部队搜了出来。约克公爵知道自己夺取王位的时机尚不成熟，便假意向亨利六世表示效忠，说自己起兵只是为了清君侧，没有染指王位的企图。

1460年7月10日，亨利六世再一次战败后被抓。约克公爵被这两次胜利冲昏了头脑，认为亨利六世也不过如此，就迫使亨利六世宣布他为摄政王和王位继承人。王后玛格丽特闻讯大怒，因为这意味着她和亨利六世的儿子失去了王位继承权。玛格丽特从苏格兰借了一支人马，集结了所有忠于兰开斯特家族的军队展开了反攻。12月底，玛格丽特在威克菲尔德击败了约克军，夺回了亨利六世。约克公爵在战斗中被杀死后，玛格丽特把他的首级砍了下来，在上面扣了一个纸做的王冠悬挂示众。

兰开斯特派士气大振，战斗结束后就向伦敦进军准备接受政权。但是玛格丽特没有给部队发军饷，就默许了他们抢劫富户补充军需。她的这个做法引起了英国上层的反感，伦敦市政府声明，如果玛格丽特皇后约束不住军队的话，就不许她入城。但玛格丽特已经无法收回自己放出的这个怪兽，只能任由部队抢掠，最后被挡在伦敦城外。

约克公爵的长子爱德华没有参加威克菲尔德战役，而是带着自己的部队在另外一路作战，这时他趁机收拢了父亲的残兵进入伦敦。在沃里克伯爵和伦敦市民的支持下，爱德华被立为英国国王，史称爱德华四世，开始了英国历史上的约克王朝的统治。

爱德华四世登基后，在沃里克伯爵的帮助下组织了一支大军北上讨伐玛格丽特。1461年3月，两军在陶顿相遇。陶顿战役是玫瑰战争中规模最大的一次战役，双方投入了总计 4 万 ~ 8 万的军队，死亡（包括战后处死的俘虏）超过了 2 万人，这个数字在当时的欧洲战争史上是极为罕见的。爱德华四世取得了决定性的胜利，兰开斯特家族的高层几乎全灭，玛格丽特趁乱带着亨利六世和幼子逃往苏格兰。1465 年，亨利六世再次被俘，被爱德华四世囚禁在伦敦塔，兰开斯特派的势力被完全肃清。

然而爱德华四世的战斗还没有结束，他又有了新的敌人。沃里克伯爵的势力在 1455 年到 1465 年的这 10 年间得到了极大的发展，成为英国前所未有的势力最大的贵族。他和他的手下把持了英国的朝政，在人们的眼里，年轻的爱德华四世只不过是沃里克立的一个傀儡而已。

不过爱德华四世并不是傀儡，他也不愿意别人和他一起分享权力。在兰开斯特家族的危险解除后，他开始着手削弱沃里克伯爵的权势。

在爱德华四世的婚姻问题上，双方的矛盾终于摆在了世人面前。1465 年，沃里克伯爵为了维护自己的权势，到法国礼聘了一位贵族小姐为爱德华四世的王后。然而当他回到英国后，才惊讶地发现爱德华四世已经成亲了，新娘是伍德维尔家族的伊丽莎白。沃里克暴跳如雷，却又无可奈何。

然而爱德华四世的手段还不止这些，他开始处处限制沃里克的权力。沃里克忍无可忍，就联合玛格丽特和爱德华四世的弟弟克拉伦斯公爵发动了叛乱。沃里克杀死了王后的父亲和哥哥，但是没有废黜国王。

爱德华四世忍辱负重，终于等到了机会。当沃里克去北部平叛时，他召集了亲信发动了政变，控制了有力的部队后开始讨伐沃里克。沃里克兵败后逃到法国，向法王路易十一借兵后开始反攻。这次轮到爱德华四世逃亡了，他逃到尼德兰投靠他的妹夫勃艮第公爵查理。

沃里克伯爵实行了复辟，让亨利六世重新当了英国国王，这引起了英国人民的不满，沃里克的支持率急转直下。爱德华抓住这一有利时机，在勃艮第公爵查理的支持下率领大军返回英国，杀死沃里克后夺回王位。5 月，爱德华四世又抓住了玛格丽特王后，并处死了她和她的儿子，随后展开对兰开斯特派贵族的屠杀，除了亨利·都铎幸运地逃了一命，其他所有兰开斯特家族的人都被杀死了。

然而爱德华四世也没有笑到最后。在爱德华四世死后，他的弟弟查理三世继位，但是查理没有得到英国人民的支持，人们开始怀念兰开斯特家族的统治。1485 年，亨利·都铎率军击败并杀死了查理三世，随后加冕英国国王，史称亨利七世。为了缓和与约克家族的关系，他立爱德华四世的长女伊丽莎白为王后。至此，两个家族又成了一家人，历时 30 年的玫瑰之战结束。

玫瑰战争让英国的政治得到了统一。而随着政治的统一，英国各地区的经济进一步加强，最显著的就是出现了许多资本主义农场，也出现了一批代表资本主义利益的新贵族。这些贵族的目光已经不再局限于农业生产，开始把积累起来的资本直接或间接地投入生产、制造，使得英国工业、手工业迅速发展起来，资本主义出现了萌芽。

—— "扎克雷" 起义 ——

在英法百年战争中，法国国王约翰二世战败被俘，英国乘机向法国索取巨额赎金。王太子查理为了筹集资金以赎回国王和维持高昂的军费，开始在国内横征暴敛，引发了巴黎市民的暴动，市民们将太子逐出了巴黎。查理急于平息巴黎的暴动，就向各地的农村发布命令，要求对农民加税，并征召大量的农民进入军队。

被贪婪无度的官府抢走最后一点粮食的农民们再也忍不下去了，1358 年 5 月，在吉约姆·卡尔的领导下揭竿而起。起义军很快就发展到了十几万人，卡尔将他们分成若干个分队，指挥他们分头攻打贵族、领主的堡垒和宅第，不少作恶多端的贵族被农民军抓住处死，地契也被烧掉。因为贵族们看不起劳动人民，就称这次起义为"扎克雷（乡下佬的意思）"起义。

巴黎市民起义的领导者是商会会长艾田·马赛，他听说农民开始起义，并且拥有庞大的兵力时，顿时大喜过望，为了解决城中的粮食问题，急忙派人去请求农民军前来支援。正好农民起义军也想和巴黎起义军取得联系，双方一拍即合，共同展开了对封建贵族的斗争。

被巴黎起义和农民起义打蒙了的统治者们勾结到一起镇压起义。约翰二世的女婿恶人查理是个急先锋，他纠集了一支部队，恶狠狠地向起义军扑来。与此同时，与法国封建领主一丘之貉的英国人也放下了与法国人的纠纷，派遣他们的远征军前来镇压起义军。

就在农民军集结了主力准备和政府军血战的时候，却遭到了盟友的背叛：巴黎城内的艾田·马赛摄于政府军的强大，害怕农民军连累了自己，在得到农民军的大量粮食后断绝了与农民军的联系，并把以前派出的援军也撤了回来。

然而农民军却没有因为这个事件而沮丧，有没有援军他们都要血战到底。人数不多的恶人查理看到农民军队列整齐、士气高昂，不敢和他们硬拼，就要了个花招，要求和农民军的首领谈判，诡称要和平解决农民起义的问题。

卡尔轻信了查理的花言巧语，不顾身边人的反对亲自到查理军中谈判。不料卡尔刚一到那里，恶人查理就把他抓了起来严刑拷打，逼他将起义军解散。遭到卡尔的严词拒绝后，恶人查理就把烧红的铁环戴在他的头上，并戏称这就是卡尔的"王冠"，最后活活地把卡尔折磨死了。

趁着农民军群龙无首，各个部分指挥不畅，政府军和英国的远征军一拥而上扑灭了这次起义。这些狠毒的刽子手不但屠杀了参与起义的男子，还杀害了2万多名妇女和儿童。轰轰烈烈的"扎克雷起义"失败了。

"扎克雷"起义是法国历史上规模最大的一次农民起义，在法国历史上留下了不可磨灭的光辉的一页。起义虽然失败了，但是削弱和动摇了封建主在法国北部广大地区的统治，沉重地打击了封建贵族，迫使他们不得不重视农民问题，不得不改善农民的人身依附地位，也使后来的农民起义有了血的经验和教训。

—— 基辅罗斯的盛衰 ——

东斯拉夫人进入文明社会的时间很晚，在6世纪前都处于氏族社会阶段。那时候他们还没有国家的概念，由血缘相近的氏族组成部落选出酋长，所有的重大事情都由部落会议决定。一直到了8～9世纪，私有制开始出现，一些部落长老和酋长霸占了部落的土地和战俘，开始向奴隶制转化，他们也就成了部落的贵族，部落的整体实力有了提高。不久，这些好战的东斯拉夫人开始向外扩张，建立了一个个公国。

在这些公国中，有两个地域最广、人口最多，一个是南方的基辅，另一个是北方的诺夫哥罗德。9 世纪末，基辅被诺夫哥罗德公国的大公奥列格征服，以它为中心建立了"基辅罗斯"，奥列格王公成为第一位"罗斯大公"。和所有的东斯拉夫人一样，奥列格崇武尚力，把开疆拓土当作自己最大的志向。在他的统治下，基辅罗斯逐步发展成欧洲的强国。奥列格的最大梦想就是统一整个欧洲，然而他一直到死都没有达成这个心愿。

继承奥列格大公位置的是伊戈尔大公。他比奥列格更加残暴，更加热衷于侵略别的国家。为了增加基辅罗斯的国土，他不惜抢走老百姓家里的最后一粒粮食。这个大公还是一个穷奢极欲的人，他喜欢拜占庭的丝绸、呢绒、香料和各种精美的金银器皿。为了得到这些奢侈品，他每年冬天都要亲自带队去各个村子挨家挨户地征收毛皮、蜂蜜、粮食等"贡物"。945 年冬季，伊戈尔在征税的途中被德列夫利安人杀死。

基辅罗斯的第三任大公是斯维雅托斯拉夫。他是伊戈尔的三儿子，据说为了体现自己的勇武，他把脑袋除了额发都剃光了，还戴了一只耳环。斯维雅托斯拉夫长大后也和他父亲一样成了一个好战分子，他把政务委托给了他的母亲，自己常年都在外面领兵打仗。在他的扩张下，基辅罗斯的地盘扩展到了伏尔加河流域。

968 年，在拜占庭的挑唆下，斯维雅托斯拉夫大公与拜占庭联手灭亡了保加利亚，得到了大量的战利品和土地。其实拜占庭人的原意是让基辅罗斯和保加利亚两败俱伤，现在斯维雅托斯拉夫得到了巨大的好处，拜占庭人觉得自己失策了，就唆使佩切涅格人进攻基辅罗斯，将大公的母亲和三个儿子都包围在基辅城内。斯维雅托斯拉夫大公闻讯后只好放弃保加利亚为基辅解围。然而拜占庭人又把他的行军路线告诉了佩切涅格人，结果基辅罗斯的军队几乎全军覆没，斯维雅托斯拉夫也阵亡了。

基辅罗斯经此一役后几乎一蹶不振，虽然后来也出了几个英明的大公，想要励精图治重振国威，但是一直没有恢复斯维雅托斯拉夫大公时代的国势。到了1054 年，基辅罗斯更是因为内乱而分裂成几个小国。这几个小国征战不休，基辅罗斯的国势也越来越弱。雪上加霜的是，南方的波洛伏齐人崛起了，开始侵蚀基辅罗斯的领土，然而此时的基辅罗斯哪里还有抵御外侮的能力？它的人民只好默默地盼望一位英雄能够拯救他们！

1185 年，人们苦盼已久的英雄果然出现了。一位名叫伊戈尔·斯维雅托斯拉维奇的王公，决心要将自己的子民从水火中拯救出来，带着他不多的军队向波洛伏齐人发起了进攻。可惜的是，敌我的力量相差得太悬殊了，虽然他和他的将士们奋勇拼杀，然而最后还是以失败而告终。

后人为了纪念他，撰写了《伊戈尔远征记》这部催人奋进的史诗。史诗中有许多优美的篇章，即使到了今天读起来依然脍炙人口："啊，我的武士们和弟兄们，与其被俘，不如死战；弟兄们，让我们跨上骏马，去望一望那蓝蓝的顿河。我愿，在波洛伏齐草原的边界折断自己的长矛，俄罗斯人，我愿同你们一道，要么抛下自己的头颅，要么用头盔掬饮顿河的水。"

然而，基辅罗斯已经到了油尽灯枯的地步，波洛伏齐又阻断了它和拜占庭的贸易联系，基辅罗斯最后终于分崩离析。

—— 中世纪的骑士 ——

在中世纪的欧洲，曾经出现过一个特殊的新兴阶层——骑士。

骑士阶层是西欧封建主内部争斗的产物，即封建主们的私人骑兵。当时西欧的国家中央集权薄弱，各个地方的封建主为了自己的利益而互相征伐，而且由于他们的残酷剥削，治下的人民也不断反抗。封建主们为了进行战争和镇压人民的反抗，就出现了骑士。骑士一般都有着精良的装备、优秀的战马和一些随从。

骑士最早来自中小地主，这些人也是骑士的主体，后来也有一些领主的家臣和富裕农民成为骑士。他们替大封建主打赢战争后会得到大封建主赏赐的土地和金钱，成为附庸于他们的小封建主。

骑士的教育也很严格。他们在很小的时候就会到领主家里学习各种战斗的技巧，还要向女主人学习礼仪，到了21岁时由领主授予他们骑士的称号。

大概在1200年，册封骑士的仪式被教会接管，于是这个仪式就增添了许多宗教礼仪。举行这样的仪式需要花费很多的金钱，这些都是由受封的骑士的家庭来负担的。

册封仪式的第一步就是沐浴，代表受封者的灵魂得到了洗涤；然后受封的年轻人穿着洁白的上衣、披着红色的长袍在祭坛前跪拜十个小时，他的盔甲和佩剑就放在祭坛上。

到了凌晨，领主带着一些老骑士和贵族女性来到祭坛前面，开始举行盛大的弥撒。这时受封者的担保人将他带到领主前，将他的武器和防具一件一件地递给他，每递一件，都要说上一句祈祷和祝福的话。

仪式中最关键的一步是为新骑士绑上马刺，通常年长的骑士还要用自己的手掌或剑身在新骑士的脖子或面颊上重重地打一下——这一击是所有的骑士都必须承受的。

接下来这个新鲜出炉的骑士开始宣誓，誓言大致是这样的：我的剑永远只为正义而战，我将以自己的生命来捍卫教会，孤儿和寡妇都是我的保护对象，要帮助那些可怜的人，所有的邪恶者都是我的敌人。

最后一步是马上比武，用来向大家证明今天的受封者是一个真正的骑士，他无愧于骑士这个光荣的称号。马上比武其实是一个模拟战斗的娱乐活动，双方骑在马上用平头的长矛和钝剑对打。因为是个喜庆的日子，谁都不会去伤害对方，都是点到为止。但是毕竟模仿的是实战，意外的事件也难免会发生，偶尔也会出现有重伤的，但是死亡绝对没有了。

整个仪式庄严而神圣，以至于很多诚挚的骑士终其一生都无法忘怀他们在祭坛前度过的一夜，也无法忘怀他们当年作出的誓言。

骑士有着很好的道德标准，除了他们誓言中"忠君、护教、行侠"等信条外，后来还要求他们"文雅知礼"，甚至要求他们学习音乐和作诗，后来更形成了一系列的道德标准。

骑士一度成为中世纪文艺作品的主角，无论是文字记载还是口头传说，故事里的著名英雄都是骑士，像罗兰、亚瑟王、兰斯洛特和黑太子爱德华等。

由于骑士一般都有着良好的家庭条件，也受过专业的训练，所以在骑术和战斗技巧方面都比普通人要高出许多，这就使得骑士可以比普通人得到更多的军功，受到更多的赏赐。有些骑士还拥有自己的骑士，住在易守难攻的城堡里，统治着周围的大片区域。在中世纪的早期，国王和中央政府都一度政令不出都城，地方的实权都落到了当地有名的骑士手里，有些骑士眼中根本没有国家和政府，甚至肆无忌惮地对外发动战争。

和战马与武器一样，盔甲也是骑士必不可少的装备。早期的骑士盔甲很简陋，使用的是布甲或者皮甲。就是用布匹或者皮革做一件能够遮盖住全身的长袍，然后在长袍外面加上一层网状的铠甲，脖子上有兜帽保护，头戴钢盔，有些头盔还会有保护面部的面罩。后来随着冶铁技术和锻造技术的发展，逐步出现了大片的甲叶，用来保护身体的各个部位，头盔的面罩也发展成了面甲，可以更好地保护骑士的面部。

骑士的武器有盾牌、剑和长矛等。盾代表着保护教会的职责，双刃剑则代表了正义和杀戮。盾牌是用轻质的木板制成的，面上包皮革，边上镶着金属。有的骑士会在盾上画上自己的徽章，也有的画着飞龙、大熊或狮子等野兽作为标志，称为"盾形纹章"。

长矛是骑士作战的主要武器，只有在长矛折断或者骑士从马上掉下来时才会用剑作战。有些力气大的骑士也会使用战斧、狼牙棒和铁球等重武器。

无论是比武还是作战，骑士都会遵守某些规矩，这些规矩都是写在纸上的成文的原则。例如：如果一个骑士还没有做好准备或者处于毫无防备的状态，那么作为他的敌人的骑士是不能发起进攻的，因为对于一个真正的骑士来说，偷袭是一种令人鄙视的行为。另外，如果一个骑士俘虏了另外一个骑士，那么胜利者要像对待客人一样来对待俘虏。

11 ~ 14 世纪是骑士阶层最兴盛的时代。到了 1500 年，随着欧洲大陆各个国家加强了中央集权，商业贸易也有了越来越多的利润，地方领主之间的冲突也越来越少了，维护社会秩序的力量逐渐从军事暴力变成法律法规，骑士也就越来越没有市场了。到了中世纪的后期，由于火药技术的发展，决定战争胜败的力量变成了炮兵，战场上已经不再需要重骑兵了，骑士阶层就此走向了衰亡。

—— 高高在上的教皇 ——

在封建时代的西欧国家里，国王掌握着最高的权力，可以对治下的百姓生杀予夺，可以对他的大臣陟罚臧否，过着骄奢淫逸的生活。可是有人比他们的权力还要大，如果没有这个人的同意，他的王冠可能随时都会失去。这个人就是教皇。

基督教在中世纪时期得广泛的传播，在欧洲已经有了众多的信徒，它的影响也已经渗入到了欧洲社会的方方面面。据说耶稣把象征统治世界的钥匙交给了他最信任的门徒彼得，并且告诉他："凡你在地上所捆绑的，天上也要捆绑；凡你在地上所释放的，天上也要释放。"

到了罗马帝国后期，鉴于信奉基督教的地区越来越多，教会已经无法及时有效地控制远方的区域，于是就开始按帝国的行政区域划分教区。首都罗马的教区地位最高，它的教长就称为教皇。"丕平献土"之后，教皇有了自己的直属领地，也就是"教皇国"，地位进一步加强。

中世纪时代的欧洲非常混乱，各个王国兴衰交替又攻伐不休，城头的大王旗一日三变，但是唯有教会的组织坚若磐石。形成这种局面的原因就是，当时几乎所有的民众都是基督徒，各国、各地的教会组织都是罗马教皇的下属团体，这就使得教会可以对交战的任何一方施加有力的影响。

11世纪，教皇格里高利七世为了进一步扩张教会的势力，发布了一道敕令。他在敕令中宣布：教皇的权力高于一切，教皇不仅可以任免主教，也有权废除君主，有权审判和惩罚国王；但没有人能够制约或审判教皇。

从此神权凌驾于世俗权力之上，罗马教皇也就成了各国国王的太上皇：国王登基必须要由教皇主持加冕仪式，否则就是不合法的君主；如果教皇和国王同行，教皇可以骑马，国王只能步行；教皇和国王会见的时候，教皇坐着，国王要屈膝敬礼。

从世俗国家夺得众多的特权后，教皇及他所任命的各地的主教就霸占了所在地区最肥沃的、最广的土地，拥有着最多的财富，兴建了众多的教堂、修道院和神学院。无论是在城市还是乡村，当地最高的建筑是教堂的尖塔，最宏伟的建筑就是教堂。

教会在各个国家都拥有大量的土地，残酷剥削着在土地上劳动的农奴，还要向各国百姓收取"什一税"（每人收入的十分之一交给教会）和种种临时摊派。

教会还有着自己的法庭和监狱，可以对违反教规的人和"异教徒"进行审判和执行处罚，甚至可以把犯人处死。对基督徒来说，"开除出教"可能是最严酷的处罚了。如果一个人被开除了教籍，教会将不再承认他的一切社会地位和社会关系，他也就失掉了一切保障。如果受到了这种惩罚，一般的贵族只有家破人亡一种下场，老百姓就更不用提了，即使是国王、皇帝也畏惧三分。

教皇不是世袭的，而是由教会的主教们选举产生，因此只要基督教还存在，教会、教皇也就不会消亡。

教会在初期对人们的生活是有一定的积极作用的，到了中世纪的后期，教会已经成为封建主的帮凶，变成人民反封建斗争的首要目标。这种斗争不仅仅是暴力的反抗，还体现在新的教派的兴起和传播，这些教派承认上帝的存在，但是强调信徒之间的平等互助，批判教会的霸权统治和封建秩序。资产阶级兴起后，为了取得政权也曾经举起反对教会的旗帜，但是当它掌权后，又把宗教当成了维护自己统治的工具。

1870 年 9 月，意大利抢占了教皇国的几乎全部领土，只剩下了教皇居住的小小一块地方，就是现代的梵蒂冈；而且教皇在世俗间的权力已经全部失去，只能在宗教方面才能体现他的尊严，早已没有了中世纪时那种主宰一切的威风。

—— 巴黎大学的创立 ——

欧洲的文化教育在中世纪的早期是非常落后的，教会为了维护自己的地位，有意识地让人民处于蒙昧状态之中，以避免任何反抗意识的产生。为了防止产生与宗教相违背的文化，教士们把写在羊皮纸上的古代学术著作刮掉，用来抄写那些宗教神话；同时还宣布大批的书籍为禁书，禁止人民传阅这些书籍，禁锢人们的思想。为了防止人们看到这些书籍，391 年，阿非罗主教竟下令烧毁了藏书几十万册的亚历山大图书馆，古代希腊、罗马学者多年积累下来的智慧和心血的结晶被付之一炬，一座古典文化的宝库消失在了历史长河之中。

因为教会的愚民政策，不光中世纪初期的老百姓都是文盲，即使是贵族中也有很多人目不识丁，甚至有些国王连自己的名字都不会写。只有少数高级教士才会书写拉丁文，而他们识字的用途也仅仅是阅读《圣经》和教义。

当时除了教会，其他团体包括国家都不允许开办学校，但是教会学校里的教材只有《圣经》，在这里求学的学子甚至都不知道还有其他书籍，文学、艺术、科学这些就更无从谈起了。

随着时代的发展，这种文化垄断的局面开始有了变化。尤其是阿拉伯人的入侵和十字军的东侵，人们接触到了东方文明，知道了基督教以外的世界，打开了教会教育垄断的缺口。

到了中世纪的中期，西欧的一些城市开始有了学校，这些学校就是后来大学的雏形。到了 11 世纪末，意大利建立了第一所大学，不久欧洲的大学就如同雨后春笋般相继出现了，如法国的巴黎大学，英国的牛津大学、剑桥大学等，其中以巴黎大学最为著名。

巴黎大学位于法国首都巴黎的塞纳河畔，是 1200 年法兰西国王腓力二世批准建立的。和欧洲其他的大学一样，巴黎大学也使用拉丁语授课，从成立之初就有很多欧洲各国的学子前来求学。

巴黎大学最初只有 4 个学科：文学、医学、法律和神学。文学是基础学科，主要课程有语法、修辞、辩证法、天文学、几何、数学和音乐，被称为"七艺"。文学科的学生最多，通过毕业考试可以得到学士学位。另外 3 个学科是高级学科，只有在基础学科毕业并获得学士学位的学生有资格升入，修完之后可以获得硕士学位。获得硕士学位之后可以继续进修，攻读博士学位。

学校里的教师都是取得了学位的人，但是不是每个学生都能够获得学位，一般来说只有 1/3 的学生能获得学士学位，1/16 的学士获得硕士学位，能够获得博士学位的就更少了。神学博士的学位是最难获得的，学生需要用 8 年的时间攻读神学硕士学位，然后再用 12 年的时间攻读博士学位，难度很大。

巴黎大学的学习方法主要是听讲、记笔记和参加辩论会。教材大多是古代传下来的那些名著，教师一边朗读教材一边解释，不允许学生提出问题；学校里面实验很少，即便是医学科也是如此，因为中世纪严禁人体解剖，所以很多解剖的知识都是学生们从翻译过来的阿拉伯医书上获得的。

巴黎大学创立初期，校内行政管理具有较浓厚的民主气氛。学生和教师享有同等的权利，共同选举学校的校长。学校由校长领导，不受任何上级管辖。这种大学自治的特点，体现了城市市民反抗封建教会的愿望。

西欧创办大学是世界教育史上一个具有划时代意义的重大历史事件，大学的出现意味着打破了宗教对文化教育的垄断。

—— 奥斯曼土耳其的崛起 ——

奥斯曼土耳其人的祖先是突厥人的一个分支，他们最早的活动区域在中国北方的蒙古高原和中亚一带，靠游牧为生。7 世纪，突厥人惨败于唐朝军队，余部不得不西迁到中亚的呼罗珊一带。蒙古人西征的时候，他们又西迁至小亚细亚，依附于塞尔柱突厥人建立的鲁姆苏丹国，在萨卡利业河畔继续过着游牧生活。

1242 年，鲁姆苏丹国被蒙古人消灭后，这支突厥人获得了独立，从此开始发展壮大。1300 年，头人奥斯曼自称苏丹，宣布他的部落为独立的国家，奥斯曼土耳其就此成立。

奥斯曼土耳其帝国最初只是一个小小的部落，人口稀少财力薄弱，既没有固定的税收也没有庞大的地盘，但是奥斯曼苏丹却一直有着一个崇高的理想，希望能像塞尔柱苏丹一样建立一个称霸西亚的王国。他吞并了其他的土耳其部族，力量壮大后又把目光投向了正在衰落的东罗马帝国，那里的财富和土地又成为他新的掠夺对象。

1301 年，富庶的卑斯尼亚平原成为奥斯曼的囊中物，1326 年，奥斯曼控制了马尔马拉海峡，并把首都迁到布鲁萨（原来拜占庭帝国的重镇）。这个时候，奥斯曼帝国的下一个目标已经清楚地显示在了世人面前，那就是欧洲，定都布鲁萨就是最好的证据。

不过这时候的奥斯曼土耳其还不能算是一个真正的国家，它既没有相对稳定的边界，也没有行政管理制度和体系，更没有可持续发展的经济，仅仅靠掠夺来维持发展。在奥斯曼死去后，他的儿子奥尔罕苏丹进行了改革。他划分了行政区域，建立了官僚体系，还成立了正规的常备军。常备军分为两种：一种是有采邑的封建主提供的军队，另一种是新建立的军队。新军装备精良训练严格，是奥斯曼帝国在战斗处于胶着状态的突破性力量。参加新军的战士要终身服役，不能结婚，但是他们的待遇很好，而且享有一定的特权。新军建立初期只有 1 万人，到 16 世纪中期发展到 4 万人，17 世纪初发展到 9 万人。

改革之后，奥斯曼帝国的国力和军事实力都得到了极大的发展，开始加快了他们的征伐。1354 年，奥尔罕占领了加利波里半岛，这里成为奥斯曼帝国进攻巴尔干半岛的桥头堡。穆拉德一世即位后，奥斯曼大军继续进攻已经衰落不堪的拜占庭帝国，一座又一座名城重镇倒在奥斯曼帝国的铁蹄之下。

土耳其人的侵略扩张引起了巴尔干各国的恐慌，这些国家开始联合起来，准备共同抗击土耳其人的入侵。

1389 年，穆拉德一世率领 6 万土耳其军队来到了科索沃平原，与塞尔维亚、匈牙利、波兰等国组织的"万联军"开始了新的较量。尽管土耳其军队在这一役损失惨重，甚至穆拉德一世都阵亡了，但是他们仍然打败了万联军，塞尔维亚、波斯尼亚和保加利亚先后被迫成为奥斯曼帝国的附庸国，后来又被兼并为奥斯曼帝国的行省。

欧洲被联军的惨败震惊了，为了自保，欧洲各国也联合起来。在教皇的支持下，匈牙利、波兰、捷克、法国、德国以及意大利的热那亚、威尼斯等城市骑士组成了联军。1396 年，匈牙利国王率领联军在多瑙河尼科堡与土耳其军大战，结果欧洲联军又被土耳其军队打败。从此，欧洲人再也无法阻挡奥斯曼帝国扩张的脚步，巴尔干半岛一点点地变成了奥斯曼帝国的领土，拜占庭帝国危在旦夕。

然而这时奥斯曼军队却不得不回援他们的祖国。在中亚的帖木儿汗国兴起了，他们的国王帖木儿自称是成吉思汗的继承人，要实现成吉思汗征服世界的梦想。1402 年，帖木儿汗率领 20 万蒙古铁骑进入奥斯曼帝国，与巴耶塞特苏丹率领的土耳其军队在安卡拉附近的原野开始了激烈的战斗。他们根本就不是蒙古铁骑的对手，不仅军队被彻底击败，就连苏丹巴耶塞特也成了帖木儿汗的俘虏。

安卡拉战役以后，由于奥斯曼帝国的中央政府受到了沉重的打击，地方割据势力抬头。巴耶塞特苏丹在 1403 年去世后，他的四个儿子为了王位开始了内战，被征服地区的人民不甘受到奴役，也趁机掀起反抗运动。奥斯曼帝国不得不推迟了向欧洲扩张的计划。

1421 年，奥斯曼帝国的内战结束，穆拉德二世获得王位。为了转移国内的矛盾，他立刻开始了新的扩张。在他的攻势下，东罗马帝国的土地被掠夺殆尽，只剩君士坦丁堡一座孤城。不久，土耳其人在科索沃打败了十字军，在欧洲战场上占据了绝对优势。

—— 土耳其攻陷君士坦丁堡 ——

君士坦丁堡位于欧亚交界的博斯普鲁斯海峡的南口，三面环海地势险要。作为拜占庭帝国的首都，几百年来一直都没有停止过维护和修缮，想要攻破这座城市确实不是一件容易的事。

然而，奥斯曼帝国新的皇帝却不这样看。这个年轻的皇帝当时才 21 岁，聪明多疑又雄心勃勃，一心要灭亡拜占庭帝国，把君士坦丁堡变成新的都城。为了拿下这座城高池深的坚城，他做好了充分的准备，并且集结了 20 万人的部队和数百艘的战船。

1453 年 4 月，奥斯曼帝国皇帝率军包围了君士坦丁堡。他发现，这座城市不仅在西面有坚固的城墙，在城东、城南面临海湾敌人很难接近的地方也筑起了坚固的城墙；城墙上每隔 100 米就有一个碉堡，墙外的护城壕也很深；城北金角湾的入口有粗大的铁链横锁水面，任何船只都无法驶入。

6 日清晨，这位新皇帝亲临前线，开始了试探性的攻击。当时土耳其人拥有欧洲最先进的攻城重炮，操作这种炮需要 60 头牛和 200 个壮汉，能够发射 1500磅重的石弹。在石弹的攻击下，高大坚固的城墙顿时出现了一个个的大坑。随后土耳其人又试图用粗大的树干和巨大的木桶填平护城壕，但是在城中严阵以待的军民的打击下不得不退了回来。

土耳其人见无法强攻，又企图用挖地道的方式进入城内，不料又被当地居民发现，地道被炸药炸毁了。土耳其人又想了许多其他的办法，但是始终无法突破城墙，战斗在很长的一段时间里都处于胶着状态。

这位新皇帝心急如焚，就召集了手下的将领和谋士研究对策。从君士坦丁堡的布防来看，后方的金角湾是个薄弱点，但是入口处有铁链封锁，又无法进入。最后，他们终于想出了一个办法。

5 月底，奥斯曼土耳其皇帝派人来到君士坦丁堡对岸的加拉太镇，重金收买了驻守在那里的热那亚商人，使他们同意了土耳其人借路的要求。奥斯曼土耳其皇帝派遣了大量的军队，在博斯普鲁斯海峡和金角湾之间铺设了一条长 1.5 公里的圆木滑道，一夜之间将 80 艘轻便帆船从陆上绕过封锁线拖进金角湾。他们还在金角湾的最窄处架设浮桥，在桥上配置了火炮。

5 月 29 日凌晨，君士坦丁堡北墙的守军发现金角湾出现土耳其军队，急忙从两线撤兵增援，但是这次临阵调兵完全打乱了原来的军事部署，西面的城墙只能交给热那亚士兵来防守。奥斯曼土耳其皇帝见城中的士兵陷入了混乱，立刻发布了总攻的命令，并且亲自到前方督战。不久，圣罗门以北的一段城墙被巨炮砸塌，奥斯曼士兵如潮水一般涌入城内。君士坦丁堡守军面对十倍于己的土耳其人毫不畏惧，在城墙失守后又展开逐街逐巷的巷战，把每一座建筑都变成土耳其人的坟墓、血腥的战场，土耳其人的鲜血染红了君士坦丁堡的大街小巷。

在君士坦丁堡军民的英勇抵抗下，土耳其人连续两次进攻都没有寸进，最后其皇帝亲自上阵才取得了突破性的进展。君士坦丁堡终于陷落了。

土耳其人进城后，疯狂地屠杀城中的居民，四处抢劫，许多居民被掳为奴隶，壮丽豪华的王宫被付之一炬，许多珍贵文物被掠烧毁。奥斯曼帝国把首都迁到这里，改名为伊斯坦布尔，这个名字现在还在使用，它是土耳其的第一大城市。

—— 阿兹特克文明 ——

墨西哥的国徽上有一个动物图案：一只威风凛凛的雄鹰展翅欲飞，如同钢钩一般的嘴里还叼着一条巨蛇。据说这个图案的灵感来自阿兹特克人的一个神话故事。

传说战神威齐洛坡奇特里（还有个名字叫墨西卡里）是阿兹特克部族神，他可怜阿兹特克人居无定所、漂泊流浪，就告诉他们：如果看到一只鹰叼着条蛇站在仙人掌上，那么你们就可以在那个地方定居下来。

听到神的提示后，酋长特诺奇带着阿兹特克人开始四处漂泊，苦苦寻觅这个梦寐以求的居住地。不知道过了多少年，也不知道他们经历了多少苦难，终于在特斯科科湖的一个岛上看到了一只鹰叼着一条蛇站在仙人掌上的神奇现象。激动万分的阿兹特克人在拜谢了他们的神灵后，就在那里定居下来，开始修建新的城市。

为了纪念带领他们迁徙的首领，阿兹特克人便把这个新城起名为特诺奇蒂特兰城；为了纪念指引他们的战神墨西，后来又将这个城称为墨西哥城。

1426 年，阿兹特克人与特斯科科部落和特拉科潘结成联盟，继续向外扩张，征服了附近的其他部落，到蒙特祖马二世时，阿兹特克已成为墨西哥各地的盟主，人口 600 余万，发展到了它的全盛时代。

在吸收了墨西哥和中美洲印第安人的各种文化成就后，阿兹特克人有了自己发达的宗教文化。他们相信灵魂永生并崇拜多种神祇，太阳神和战神的地位最高，被尊奉为主神。

阿兹特克人的农业很发达，主要农作物是玉米、豆类、蔬菜、棉花、烟草等，很早就掌握了灌溉技术。因为耕地不足，他们在水中打上一排排的木桩，在木桩上铺上木筏，然后往木筏上铺上湖泥，用这种方法扩大耕地面积，被称为"浮动园地"，这种办法充分显示了阿兹特克人的智慧。阿兹特克人还不懂得用金属制作农具，只能用尖木棒翻土耕地，不过他们知道灌溉和施肥。

他们已经把手工业从农业中分离出来，手工业产品比玛雅人先进，掌握了较高水平的织布和刺绣技术。这些手工业品以羽毛镶嵌最为著名，阿兹特克人可以用鸟羽缀贴编织成各种色彩缤纷、光艳夺目的头饰和礼品，现在已经成为美洲特有的工艺品之一。

阿兹特克人的城市建设水平也很高，特诺奇蒂特兰城不仅代表了阿兹特克人的最高建筑水平，也是世界建筑史上的经典之作。因为特诺奇蒂特兰城建在湖中的一个岛上，为了解决和陆地的交通问题，阿兹特克人建造了三条连接陆地的道路；他们还建造了两条石槽供水系统，解决了城内居民的饮水问题。

作为一座宗教城市，供奉各种神祇的坛庙成为城中最好的建筑。特诺奇蒂特兰城共有 40 座金字塔形的坛庙，大部分都位于中心区域。供奉主神坛庙最为恢宏壮观，占地约有 2 英亩，高 35 米，共有 144 级台阶，堪称世界建筑史上的一个奇迹。阿兹特克人在建筑艺术上成绩斐然，在气势上开阔宏大，在技艺上鬼斧神工。

阿兹特克人的历法和玛雅人非常相似，同样用的是太阳历。阿兹特克人将一年定为 365 天又 6 小时，分为 18 个月，每月 20 天，每周 5 天。他们以每 50 年为一轮，每一轮末都要举行盛大的庆祝仪式。

在宗教的影响下，阿兹特克人已经掌握了一定的医学知识，但是还没有形成系统的文字，发展水平大体处于图画文字的萌芽阶段。

—— 马丁·路德与宗教改革 ——

我请求世人不提我的名，不称为路德宗信徒，只称为基督徒。

路德算什么？

道理不是我的，我也没有为什么人钉十字架。

我不是，也不愿做人的师傅。

只有基督是我们的师傅。

——马丁·路德

中世纪后期，教会的上层愈加腐败，那些诸如"赎罪券"之类的做法引起了越来越多的人不满，宗教的改革势在必行。而提起宗教改革，就无法不提德国的马丁·路德。他是 16 世纪德国宗教改革运动的发起者，新教路德宗的奠基人。

1483 年，路德出生在德国埃斯莱本的一个矿工家庭，两岁那年举家迁往曼斯费尔德，他父亲靠租用领主的三座小熔炉起家。马丁·路德的父母都是虔诚的基督教徒，所以他从小就接受了严格的宗教教育。

1501 年春，路德进入爱尔福特大学求学，后来又转到了维滕贝格大学，1505 年，路德以优异的成绩取得硕士学位。在校期间受到反对罗马教皇的世俗思想的影响。

取得硕士学位后，按照路德父亲的意愿，他应该去做一名律师。但是相比做一个律师，他更希望能够做一个牧师。他总觉得神对他现在的做法并不满意，他经常在心里问自己："我究竟要做到什么程度才能够让神满意呢？"

一天晚上，路德走在从家里回法学院的路上时，天空中忽然发生了猛烈的雷暴，狂暴的闪电似乎要将天空撕裂。他吓坏了，以为这是神对他的惩罚，马上就跪在地上请求神的饶恕，并且起誓愿意进入修道院终生做神的仆人。令人奇怪的是，他刚一发完誓言，天空就立刻平静了下来，仿佛什么都没有发生过，路德更加坚定自己的想法。两个星期后，他履行了自己的诺言，进入雷尔福特圣奥古斯丁修道院当了一名修士。

1508 年，路德成为维滕贝格大学的神学教授。他目睹了教皇和天主教会的腐败奢侈，开始有了宗教改革的想法。1512 ～ 1513 年，路德逐步确立了自己"因信称义"的宗教学说。他认为，人的灵魂是否能够获救取决于他是否对上帝有虔诚的信仰，那些所谓的善功和教会的权威对此没有任何影响。他的学说否定了天主教的救赎理论，从根本上动摇了教会和僧侣阶层对社会的统治权。

在 1517 年的万圣节前夕，教皇又派人到德意志大量兜售"赎罪券"，宣称只要买了"赎罪券"，那么不管以前犯了多么大的罪，上帝统统都会赦免。路德对教皇的行为极为愤慨，于 10 月 30 日在维登堡大教堂的门前贴出了著名的《九十五条论纲》，即《关于赎罪券效能的辩论》一文。

路德在《论纲》中痛斥了教皇兜售"赎罪券"的荒唐做法，认为用钱赎罪是不可能的，提出了"信仰耶稣即可得救"的原则。《论纲》发表后，社会各阶层都表现出了浓厚的兴趣，可以说点燃了第一次德国资产阶级革命——宗教改革的火焰。《论纲》所引起的强烈反响甚至路德自己都没有料到，他一下子成为德国全民族的代言人。在社会各阶层的强烈支持下，路德走上了同罗马教廷彻底决裂的道路。

路德倡导的宗教改革影响越来越大，保守的教会感到了深深的不安。1519 年 7 月，罗马教会的神学家约翰·艾克在莱比锡同路德及其信徒举行了公开辩论，试图向信徒证明路德走的是一条错误的道路。在路德犀利的言辞和环环相扣的逻辑下，约翰·艾克被驳得哑口无言，最后不得不狼狈不堪地败下阵去。这场大辩论的胜利让更多的人知道了路德的主张，成为路德宗教改革生涯中的一次重大转机。

1520 年是路德宗教改革理论的高产期。在那一年里，以德文出版的书籍、文章共有 208 册，其中路德的著作就有 133 册之多。被称为宗教改革三大论著的《致德意志贵族公开书》《教会被囚于巴比伦》《基督徒的自由》都是在那一年发表的。

在这些著作中，路德攻击的并不是教皇或者某个教廷的奢侈腐败，而是整个封建神权政治。他的学说从根本上否定了中世纪的教会组织，否定了奴役人们的圣礼制度和教会法规，提出建立与资本主义发展相适应的资产阶级廉俭教会，并在宗教理论上以资产阶级自律的宗教取代了封建主义他律的宗教。

路德的学说喊出了人们的心声，唤起了人民进行教会的热情。但是以教皇为首的教会人员却对路德的学说恨之入骨。教皇于 1520 年 6 月发布训令，告诉教徒们路德的学说是异端邪说，并限令路德在 60 天内承认错误。路德则针锋相对地宣布教皇的训令是"反基督"的，并且称教皇为"怙恶不悛的异教徒"。同年 12

月 20 日，路德在维登堡公开烧掉了教皇的训令，表达了他对教皇的蔑视和反抗。教皇恼羞成怒，宣布开除路德的教籍。

1521 年，德皇为了讨好教皇，决定在沃尔姆斯帝国会议上执行教皇的神谕给路德判罪。有朋友劝路德不要去参加这个会议，以免德皇对他不利。但是路德对此毫不在意，他说："即使沃尔姆斯的魔鬼有如房顶上的瓦片那样多，我还是要坦然前往。"

在会议上，路德毫不在意对自己的指控，他义正词严地宣称："除了根据《圣经》证明我是错的外，我现在不会、将来也不会后退。"路德的话充分表达了当时德意志人民要求摆脱罗马教廷控制的强烈愿望和坚定信心，得到了在场的贵族和沃尔姆斯全市人民的同情与支持。

德皇无计可施，只好先让路德回去，然后判罪并下逮捕令。就在路德回去的路上，萨克逊选帝侯腓特烈等人用"绑架"的方式把他送进瓦特堡加以保护。路德在瓦特堡留了长发，因为他已经不再是一个天主教修道士了。但是他并没有放弃自己的事业，仍然孜孜不倦地写信或写文章，热心地宣传自己的教义。

在瓦特堡隐居期间，他开始着手把《圣经》翻译成德文的工作，不过他没有选择拉丁文的《圣经》，而是未被篡改的希伯来文及希腊文原本。1543 年，路德所翻译的德文版《圣经》面世了。他的翻译不仅为人民提供了对抗天主教会的思想武器，在一定程度上还促进了德国文学的发展，甚至使德文成为联系德意志各邦的重要纽带。

1546 年 2 月，路德在他的出生地埃斯莱本去世，享年 63 岁。在他死后不久，他所创立的新教就如火如荼地在欧洲各国传播开来。

—— "日内瓦的教皇"加尔文 ——

作为新兴资产阶级的代言人，马丁·路德所创立的新教也有着各种各样的流派，加尔文教就是其中的一大支派，以其创始人约翰·加尔文而得名。

加尔文出生于法国的北部，他的父亲是主教的秘书，这就使加尔文有了接受良好教育的条件。他在 14 岁时进入巴黎大学学习文学，在他父亲的建议下，他后来又去了著名的布尔日大学攻读法律。

在布尔日大学，加尔文接触到了路德的新教，他立刻就被这种新思想给吸引住了。毕业之后，他在教学工作之余还和新教团体保持着密切的联系。

当时法国正和德国争夺意大利，不过却在战争中一再失利。法国国王希望能够得到信仰新教的那些诸侯的支持，开始默许新教在法国传播。但是那些诸侯却对法王的暗示无动于衷，法王恼羞成怒，就下令法国境内严禁传播新教，对新教教徒一律格杀勿论。笃信新教的加尔文不得不在 1534 年开始了他的流亡生涯。他先到了德国，随后又去了瑞士。

这时的瑞士虽然在名义上隶属神圣罗马帝国，但其实是许多独立的州际联盟。因为瑞士有着发达的工商业、充分的自治权、民主的市议会，使得宗教改革的呼声日益高涨。在苏黎世，茨温利神父开始领导东北各地进行宗教改革。他的改革方案非常激进，例如，否认罗马教廷权威、反对赎罪券、解散修道院、教士可以结婚、民主选举牧师等，惊世骇俗。但是不可否认的是，这些言论也是新兴资产阶级的呼声，所以当地的议会鼎力支持他的改革。

信仰天主教的封建贵族们被茨温利的主张吓坏了，开始用一切方法来阻挠新教的传播。茨温利见新教推行缓慢，就用武力铲除阻挠新教推行的障碍，不料却引发了内战，他也死于一次战斗。

就在新教群龙无首的时候，加尔文流亡到了瑞士的巴塞尔。他刚开始默默无闻，但是两年后加尔文公开出版了《基督教原理》，对新教的原理做了系统的论述。新教徒们敏锐地意识到这将是新教派战胜天主教的一个至关重要的筹码，他们看到了希望的曙光。当时的瑞士到处都是议论《基督教原理》的声音，人们普遍认为，《基督教原理》在传播教义方面甚至要比马丁·路德的《九十五条论纲》还透彻。尤其是书里关于人的等级之分以及对人们洁身自律的要求，简直就是为新教徒们量身定做的，加尔文派诞生了。

1536 年，加尔文来到了瑞士宗教改革的中心日内瓦。这时日内瓦的宗教改革运动方兴未艾，不过天主教仍然是一股庞大的势力，新旧两教的辩论和斗争经常发生。而新教的另一个教派"再洗礼派"力量比较强大，主张也激进得多，不断组织平民起事，破坏教堂，拆毁修道院，受到日内瓦当局的迫害。加尔文教派遭到了池鱼之殃，加尔文也不得不逃亡到了斯特拉斯堡。

　　然而宗教改革是大势所趋，谁也无法阻挡历史的潮流。五年之后，新教在日内瓦终于站稳了脚跟，寻找一个能够平衡各个流派的领导人成了新教徒迫在眉睫的任务。1541 年，日内瓦市政当局向流落在外的加尔文发出了正式邀请，希望他能够回到日内瓦领导新教。

　　虽然这些年加尔文一直都过着漂泊不定、颠沛流离的生活，但是他始终没有忘记完善他的宗教理论，他的心里已经有了一个宏伟的改革计划的蓝图，只是没有实现的机会。因此接到日内瓦当局的邀请函后，加尔文毫不犹豫地踏上了重回日内瓦的归程。

　　加尔文一回到日内瓦就开始了改革。他告诉教徒们，教会是"上帝遴选出来的人"的组织，它既不需要服从罗马教皇的命令，也不是地方诸侯的下属。教会中只有牧师、教师、长老和执事这四种教职，他们都由信徒选举产生。其中长老的作用最大，一般由最富裕的市民担任。各组织单位由长老和牧师管理，实行宗教和政治合一，共同结成联盟，由定期召开的最高宗教会议领导。

　　这样，日内瓦实际上成为一个政教合一的神权国家。每个公民都要受到国家法律和宗教教规的双重约束。在加尔文的宗教改革主张成为现实后，日内瓦成了新教徒心目中的圣地，被称为新教的罗马，他也被称为"日内瓦的教皇"，成了日内瓦城高高在上的主宰。

　　然而加尔文很快就被权力迷住了双眼，变得自私、残暴、唯我独尊。除了他的加尔文派，新教中的其他派别都被他指斥为"异端"，对这些派别的迫害比天主教有过之而无不及。特别是当初传播较广的"再洗礼派"，更是成了加尔文的眼中钉肉中刺，他下令将这一派的信徒全部驱逐出境，否则格杀勿论。

　　1553 年，加尔文的老朋友、发现血液循环的西班牙科学家凯尔·塞尔维特到了日内瓦，来寻求他的帮助。因为他当年批评过加尔文的教义，加尔文一直怀恨在心，于是就借口塞尔维特是"再洗礼派"的支持者，将他处以极刑。此外，在加尔文当政期间，还有几个人因有耍巫术的嫌疑而被处以火刑。

　　加尔文对基督教的发展有很大的影响，在某些方面，他的影响力甚至超过了马丁·路德，尤其是在资本主义经济比较发达的国家，加尔文教得到了广泛的传播。

—— 勇敢的闵采尔 ——

15 世纪末 16 世纪初，德国农民的负担已经到了令人无法忍受的地步。处于社会最底层的农民不仅要承受大大小小的封建主的剥削，还要向教会缴纳什一税，服兵役和各种徭役，每年都会有很多农民破产成为农奴。而教会和统治阶级对此熟视无睹，根本不管农民的死活。在这种情况下，发生农民起义也就不足为怪了。闵采尔就是农民起义的领袖之一。

闵采尔出生于一个农民家庭。在他还是孩子的时候，他的父亲因为一件小事被当地伯爵吊死在绞刑架上，目睹父亲死亡的闵采尔从小对就对贵族统治阶级充满了仇恨。他上学时就组织过反对天主教会的秘密团体，进入社会后，他开始积极传播自己的思想，信徒遍布许多城镇，后来的农民起义的许多领导者都是他的学生。

闵采尔毕业后做了教师和神父，按说已经是统治阶级的一员，但是他没有忘记自己的出身，没有忘记农民所受的苦难。他对农民的疾苦感同身受，知道农民的心中翻滚着仇恨的怒潮。他利用自己的影响大声疾呼，呼吁求农民站起来主动改变自己的命运。他公开提出：整个世界必须来一个大震荡，一切政权都应交给普通人民，没有压迫、剥削的天堂不是在天上，而是在人间，建立天堂的办法只有一种，即拿起武器推翻一切不正义的事物和残暴的统治者，而不是消极地等待和向上帝乞求。

1524 年，封建主和教会对农民的压榨更加残暴，农民已经无法忍受下去，德国各地开始了零星的暴动和起义。这一年的秋天，他领导士瓦本南部的农民展开了拒绝劳役的运动，不久就发展成为大规模的武装起义。附近活不下去的农民闻讯来投奔，义军很快就扩展到 3000 多人，他们占领和捣毁寺院与城堡，冲进封建主的庄园强迫封建主交出粮食和土地。到了冬天的时候，起义军提出了《书简》作为各地起义斗争的基本纲领。这是劳苦大众要求摆脱压榨，推翻反动统治，由普通人掌握政权的革命主张。

《书简》强烈地控诉了教会、领主和政府对城市、农村的贫苦群众的压迫，严厉谴责了贵族、僧侣的特权地位，号召用人民的力量，清除封建领主，建立公正的秩序。

农民的起义和《书简》发布让土瓦本的贵族们极为恐慌，他们企图用谈判稳住起义军，然后再调集军队镇压。闵采尔知道了贵族们的阴谋，拒绝与他们谈判，指挥起义军攻占城市，获得了大量的武器和物资，并开仓放粮赈济周围的贫民。周边的农民和农奴纷纷加入起义军，不久起义军就猛增至 4 万人，席卷土瓦本地区。

1525 年 3 月，德国大地上农民起义风起云涌，各地起义军在梅明根举行集会，制定了有名的梅明根《十二条款》。《十二条款》规定收回贵族霸占的农民土地，恢复被压迫农奴的人身自由，限制地租和劳役等，这个条款部分反映了农民的利益要求。

土瓦本起义后，闵采尔又来到了图林根的米尔豪森城领导起义。这个地区有许多矿山，因此有许多矿工也参加了起义。3 月 17 日，闵采尔带领平民和矿工推翻了米尔豪森城市贵族的统治，建立了由民众自己掌权的"永久会议"，闵采尔被推选为主席。为了实现建立人间天国的理想，闵采尔宣布：没收教会的财产；废除贵族与农民订立的一切契约；废除封建特权等。起义农民到处焚城堡，烧寺院，惩办罪恶的封建领主，声势越来越大。

德国的诸侯和贵族们大惊失色，急忙派黑森邦伯爵菲力浦镇压缪尔豪森地区的起义军，而闵采尔这时候手里只有一支 8000 人的起义军。

有人劝闵采尔避敌锋芒，撤出米尔豪森与其他军队会集在一起，等力量壮大后再寻机与敌决战。可是闵采尔没有采纳这个建议，他坚决地说："豺狼已经从四面扑来，我们只有进行殊死的战斗。与其与恶魔们同活于世，不如与恶魔们同归于尽！"

起义军的将士们也都同意和敌人血战到底，不愿意一枪不发地撤走。战斗开始了，起义军个个奋勇杀敌，但是因为敌众我寡，武器简陋又缺乏训练，指挥官也没有作战指挥经验，于 5 月 16 日被官军击败。起义军有 5000 多人惨遭杀戮，闵采尔受伤被俘。

面对敌人的严刑拷打和威逼利诱，坚贞不屈的闵采尔始终不肯叛变革命，他义正词严地说："如果我会投降，上帝也会向你们投降！"

5 月 26 日，闵采尔在刑场壮烈就义，年仅 35 岁。

德国的农民起义虽然失败了，但是从根本上动摇了天主教在德国的统治地位，促进了整个欧洲的宗教改革和文艺复兴运动的深入发展，推动了社会的前进。

第五章

／

文艺复兴时期

—— 哥伦布开辟新航路 ——

提到世界著名的航海家，就不能不说克利斯托弗·哥伦布这个家喻户晓的人物，因为他曾带领船队横渡大西洋开辟了美洲航路，成为发现新大陆的第一人。

历史学家们一直都没有搞清楚哥伦布（1451~1506年）的出身和籍贯，不过大多数人都认为他出身于航海事业发达的意大利热那亚城。

哥伦布年轻时对航海和冒险非常热衷，或许这也是他日后远航的动力。成年后，哥伦布从一个熟练的水手成长为一名出色的船长。一个偶然的机会，哥伦布得到了一本《马可·波罗游记》，这使他对东方产生了浓厚的兴趣，渴望到东方去寻找黄金和财富。

当时欧洲和东方已经几乎没有联系，匈奴和蒙古的西侵截断了丝绸之路的贸易，落后的航海技术也很难让船只航行到遥远的东方。即使是欧洲封建主组织的十字军东侵，其目的也是打通到东方的道路，企图到东方掠夺一番，结果伤亡惨重不得不放弃了这个计划。

但是到了15世纪末的时候，这种情况终于得到了改观。因为在地理方面有了极大的发展，人们已经接受了大地是一个球形的假说，再加上此时中国的指南针已传入欧洲，而欧洲的造船业也已经可以造出适合远航的大船，这就使长途远航有了可能。

一直梦想能够到东方获取财富的哥伦布觉得机会来了，就开始四处拉人赞助，着手做远航的准备。但是他的工作进行得并不顺利，没有人相信他会到达东方，所以没有人愿意给他投资。哥伦布见拉不到私人赞助，就准备寻求王室的支持，但是同样也不顺利，他在1486年就向西班牙王室提出了自己的设想，但是直到1492年才得到国王的支持。

1492年8月3日清晨，哥伦布的远航计划终于开始了。他率领以旗舰"圣玛丽亚"号为首的三艘帆船，从西班牙南端的巴罗斯港出发了。

哥伦布的计划是从西班牙出发，一直向西航行到东方。在途中，他仔细观察每一片海域、每一个海岛，详细记下了那里的水文资料，为以后的航行打下了坚实的基础。

日子一天天地过去了，虽然一直都没有遇到大风大浪，但是放眼望去都是浩渺的大海，除了水里的鱼儿，连一只飞鸟都看不到，更别提大陆了。一开始激情满满的水手们失望了，他们对哥伦布的决定产生了怀疑，后悔和怨愤的情绪开始在船员中蔓延。

为了安抚大家的情绪，哥伦布不得不一次次地向他们谎报航行的距离。不过这时候哥伦布自己心里也没有底，因为按照他的计划，这个时候应该到日本了，然而却连大陆的影子都还没有看到。10月9日，船员的不满情绪爆发了，一致要求回航，哥伦布不得不做出妥协，他告诉大家，如果3天之内仍看不到陆地就转回去。幸运的是，10月12日的凌晨，桅杆上的瞭望手终于看到了陆地。

天亮后，他们来到了一个岛屿。哥伦布立即带人登上了海岛，欣喜地宣布这里是西班牙的土地，并命名为圣萨尔瓦多岛。"圣萨尔瓦多"的意思就是救世主，这个岛屿就是现在的巴哈马群岛中的华特林岛。

哥伦布认为他们已经到了印度，就不再向西航行，而是转道去了南方。他们沿着海岸线来到了今天的古巴和海地一带，在这里接触到了当地的土著，他称这一带的土著人为印第安人（即印度人）。

然而这里不是印度，根本没有哥伦布想象中的大量的黄金和香料，只有西方人从来没见过的动植物和大片的土地。他深深地失望了。尽管如此，哥伦布仍然没有放弃那里的土地，他在那里建立了殖民的据点，将这里纳入西班牙的疆域。当地的印第安人从来没有见过白皮肤的人，还以为这些人是天上下来的神，向他们献上了精美的食物。哥伦布充分利用了印第安人对他们的热情，用廉价的欧洲商品换取印第安人的贵重物品，后来还对这里的土著居民展开了残忍的屠杀。为了炫耀他的成功，他还带走了10个印第安人。

1493年3月15日，哥伦布带着大量的财宝和那些印第安人回到西班牙的巴罗斯港，骄傲地向欧洲人宣布，他找到了通往印度的航路。

哥伦布的成功在欧洲引起了轰动，一时间客如云至，纷纷向他打听东方是不是遍地财富。就连西班牙的国王也向他发出了邀请，封他为西班牙的贵族，并且拿出了大量资金让他再次远征。

第二次航行的规模就大了，随行的帆船达到了17艘之多，哥伦布这一次到达海地和多米尼加等地区。之后哥伦布又到了美洲两次，但是始终没有给西班牙的王室带回大量的黄金，王室见他无法给自己带来利益，也就不再向他投资。1506 年的 5 月 20 日，哥伦布在西班牙的瓦里阿多里城郁郁而终。

在哥伦布的美洲之行后，一个叫亚美利加的意大利航海家于 1499 年也来到了美洲，但是亚美利加穿过了中美洲的大陆，随后他就看到了浩瀚无际的太平洋。这就说明了哥伦布发现的并不是印度，而是一个以前大家都不知道的新大陆。后来人们就用他的名字把这里命名为亚美利加洲，简称美洲。不过哥伦布一直到死都不承认这个结果，他坚持认为自己发现的就是印度，西印度群岛的名称即来源于此。

虽然哥伦布没有到达印度，但是他的远航仍然有着极大的意义，堪称世界航海史上的一次壮举，也是世界交通史上的标志性大事。他当之无愧地称得上是发现美洲新大陆的第一人。哥伦布的远航使东西方的文化进一步得到交流和碰撞，也使西方殖民主义者在美洲开始了新的殖民活动。

—— 瓦斯科·达·伽马 ——

早在西班牙人之前，葡萄牙人就试图寻找通向东方的航路，不过与西班牙人向西航行不同，他们的方向是向南。从 13 世纪末开始，葡萄牙人就不断派遣探险队沿非洲西海岸向南摸索到东方去的航路。1415 年，葡萄牙人在非洲西北角的休达建立了最早的海外殖民据点，并以此为基地继续向南航行。15 世纪 70 年代初，葡萄牙人到达几内亚湾，并穿越赤道进入刚果和安哥拉地区。

1487 年，巴托罗缪·迪亚士的船在非洲西海岸航行时，因大风失去控制不得不随风漂行，一直向南飘了 13 天。等风力减缓，迪亚士修好船后开始向东航行，试图回到非洲大陆，但是不久他就失望地发现，他们已经越过了非洲南端进入印度洋了。由于船上的补给已经快要完了，水手们也亟待休整，不得不掉头向西回航。就在回航的途中，他们发现了非洲最南端的海角。迪亚士回国后，葡萄牙王将那个海角命名为"好望角"，并在那里建设了一个补给基地。这就为以后达·伽马开辟通往印度的海上航路奠定了基础。

瓦斯科·达·伽马出生于葡萄牙南方的海港希尼斯，出生年月不详，是葡萄牙的著名航海家。

青年时代的达·伽马参加过葡萄牙与西班牙的战争，后来到葡萄牙宫廷任职。1497年夏天，在葡萄牙国王的命令下，达·伽马率领船队开始寻找通往印度的航路。达·伽马的船队共有170名船员、4艘船，两艘排水量达200吨的帆船分别是达·伽马乘坐的旗舰"圣卡布列尔"号和他的弟弟保罗任船长的"圣拉斐尔"号，第三艘"巴利欧"号小一些，约100吨的排水量，还有一艘是运粮船。"圣卡布列尔"号和"圣拉斐尔"号是由发现好望角的迪亚士监造的。

在迪亚士的领航下，船队航行了整整四个月才到达非洲南端的好望角。他们在好望角遇到了罕见的暴风雨，经过三天三夜的拼搏，达·伽马才带着船队绕过好望角，进入西印度洋向北航行。然而他们又在这里遇上由北向南的洋流，船队几乎寸步难行。船员们害怕再遇上像前些天那样的风暴，而且不堪忍受船舱内恶劣的生活环境，纷纷要求达·伽马返航。达·伽马不为所动，下令将带头的船员抓了起来，并且告诉其他的船员，他不到达印度绝对不会返航。船队又向前继续行进。

第二年春天，达·伽马到达东非的马林迪。在马林迪酋长的帮助下，他们得到了一位有经验的阿拉伯领航员——著名的阿拉伯航海家伊本·马吉德。达·伽马一行于4月24日再次起航，在马吉德的带领下顺利地横渡印度洋，于5月20日抵达印度西海岸的著名港口卡利卡特。

甫一登岸，这些葡萄牙人被异域的风情和当地的繁荣富庶惊呆了。有一个当地居民知道了这些客人来自遥远的葡萄牙时，就惊奇地问他们："你们冒着这么大的风险，在海上漂泊了这么长的时间，究竟是为了什么呢？"葡萄牙人的回答只是短短的一句话，"我们来找宝石、香料"。话语虽然很短，但是却言简意赅地表达了葡萄牙人花费了80多年的时间，投入了无数人力物力的目的。

达·伽马从印度人那里交换了许多当地的土产、宝石、香料等，花费的仅仅是一些国内带来的物品和少得可怜的金币，这么便宜的价格让达·伽马他们的心里都乐开了花。

不过葡萄牙人的到来引起了当地土王的不满，长期垄断这里贸易的阿拉伯商人更是把他们视作自己的竞争对手，于是他们联合在一起逼迫达·伽马离开这里。

8月，达·伽马带着满满一船胡椒和肉桂开始起航回国。不过他们归国的旅途没有来时顺利，因为风向不顺，他们延迟了到预定补给点的时间，致使30名船员因坏血病而死亡。因为缺少足够的水手，他们不得不抛弃了"圣拉斐尔"号，把人员集中在另外两条船上。

1499年9月9日，达·伽马终于回到了葡萄牙。这次远航他花了两年零两个月的时间，出发时他带了170人，跟着他回来的只有原来的一半，剩下的人包括他的弟弟都葬身大海。

达·伽马的这次航行，使欧洲人找到了从海上通往东方的航路，激起了新兴资产阶级追求财富的疯狂热情，也找到了一个新的殖民方向，开始了殖民掠夺扩张的新时代。

—— 第一次环球航行 ——

著名的航海家麦哲伦全名费迪南德·麦哲伦，是一个冒险家和殖民者。1480年，他出生于葡萄牙北部的一个破落的骑士家庭，10岁时就进入葡萄牙宫廷服役，后来成为王后的侍从。

他在16岁时被编入国家航海事务所，1505年参加了葡萄牙第一任驻印度总督阿尔梅达的远征队，到过东部非洲、印度和马六甲等地探险和进行殖民活动。这段经历使他积累了丰富的航海经验。

麦哲伦曾经到过东南亚，知道东南亚的东面是一片汪洋大海，他判断大海东面的海岸就是美洲。他认为，如果从欧洲出发一直向西航行，绕过南美洲后就应该到达东南亚东面的海域，然后就能沿着达·伽马开辟的航线回到欧洲。

麦哲伦环球航行的念头越来越强烈，就向葡萄牙国王申请组织船队去探险。然而国王认为麦哲伦的环球航行的想法不值得资助，因为达·伽马已经开辟了去东方的航线，已经没有必要再去开辟新的航道了。

1517年，麦哲伦见自己无法得到葡萄牙政府的支持，就失望地来到西班牙的塞维利亚，希望塞维利亚的司令能够支持他的环球航行的计划。塞维利亚的司令很欣赏他的才能和勇气，认为他的计划很有意义，就答应把他引见给西班牙的国王，还把他的女儿嫁给了麦哲伦。

第二年的 3 月，麦哲伦见到了西班牙国王查理，献给了国王一个自制的地球仪，并且详细解说了自己的环球航行计划。西班牙国王很痛快地答应了他的请求，还给他准备了一支远航的船队。

1519 年 9 月 20 日，麦哲伦的环球航行终于启程了。他的船队有 5 条大船、265 名水手，出发的港口是西班牙塞维利亚城的外港。

两个多月后，麦哲伦来到了巴西的东海岸，船队在补给后继续沿海岸向南航行。第二年的 1 月，他们到了一个宽阔的海湾，以为这里就是美洲的南端，然而让他们失望的是，这里只是乌拉圭的拉普拉塔河的出口处。

船队只好继续向南航行。这时南半球已经是秋天了，海上的天气变得恶劣，巨大的船只被狂风巨浪拍得左摇右晃，他们必须找到一个过冬的港湾。3 月 31 日，麦哲伦的船队来到了风平浪静的"圣胡利安港"，准备在这里抛锚过冬。

但是上岸后的情况并不乐观。这里是一片荒芜的海岸，物产贫瘠人迹罕至，船员们怨声载道。雪上加霜的是，船员们因为生活条件的恶劣发生了叛乱，有三个船长不愿意听从麦哲伦的指挥。麦哲伦用计杀死了叛乱的船长，又向船员们许诺成功后会分给他们大量的金钱，终于安抚了他们的情绪。

1520 年的 8 月，南半球的春天到了，船队在冰雪融化后又踏上了行程。遗憾的是，此前有一艘船为探路而被浮冰撞沉，船队现在只剩下 4 条船了。

两个月后，船队在南纬 52 度处又发现了一个海口，这让麦哲伦再次燃起了希望。不过海口里面的水道相当狭窄，而且异常曲折，布满岛礁、浅滩，麦哲伦就派了一艘船去前面探路。然而这艘船上的船员扣住了船长，自行驾船逃回了西班牙。麦哲伦的船队现在只剩下 3 条船了。

麦哲伦没有气馁，继续派船探路。不久，探路船派人送回了消息，称他们已经走出了海峡，来到了美洲西面的大海。这条海峡就是后人所称的麦哲伦海峡。

11 月 28 日，他们驶出海峡进入美洲西面的大洋。他们在这个大洋中航行了3 个多月，海面一直风平浪静，因此他们就将这个大洋命名为"太平洋"。

在太平洋上的这段时间是麦哲伦船队最艰难的日子。在这 100 多天的航程里，他们没有遇到一个岛屿，无法得到任何的补给，根本就吃不到新鲜的食物，唯一可以填肚子的只有干面包。后来就连干面包都没有了，只能用生了虫子的面包屑充饥。最后就连生虫子的面包屑也没有了，为了活命，盖在船桁上的牛皮也成了他们的食物，他们甚至还吃过锯末。可以饮用的淡水也越来越少，最后只剩下缸底的一点浑浊的臭水。

天无绝人之路，就在淡水即将告罄、人们都饿得筋疲力尽的时候，他们终于来到了富饶的马里亚纳群岛，得到了充足的补给，这个时候已经是1521年的3月初了。

3月底，船队来到了菲律宾群岛附近。当他们在岸边遇到土人的小舟时，麦哲伦原来从马六甲带走的仆人亨利试着用马来语与土人说了几句话，让麦哲伦惊喜万分的是，那个土人竟然听懂了！这说明他们已经来到了东南亚，再向西就是印度洋了！他的环球航行成功了，这个无可辩驳的事实证明了地球确实是一个球体。

4月上旬，麦哲伦发现了菲律宾群岛的宿务岛。麦哲伦对这个富庶的岛屿非常满意，就决定把它当作殖民地献给西班牙国王。在他的威逼利诱下，宿务岛的酋王胡马波纳发誓效忠西班牙国王，并成为一名忠实的基督教徒。不过随后麦哲伦就卷入了当地土著的仇杀，在一次战斗中被一个土著砍死了。

麦哲伦死后，他的助手带着船队又出发了。1522年的9月6日，这只历经劫难的远航船队终于回到了西班牙，可是他们只剩下一条船和18个人了。

麦哲伦和他的船员们花了整整3年的时间，终于完成了人类的第一次环球航行。这次航行不仅仅是环行地球一周这么简单，还给西方开辟了一条贸易路线，使那些商人用船把欧洲廉价的商品卖给美洲的土著，随后又装上从美洲得到的金银来到东南亚，换上当地的香料和中国的丝绸、瓷器再次回到欧洲。而且麦哲伦横渡太平洋也是地理学和航海史上的一次革命，它证明占地球表面大部分的是海洋，而且这些海洋还是互相联通的，这就使后来的大航海成为可能。

—— 神秘的印加文明 ——

在美洲，有一个和玛雅文明、阿兹特克文明齐名的文明，这就是印加文明，这三个文明合称为"印第安三大古老文明"。"印加"是印加人最高首领的尊称，意思是"太阳的子孙"。

印加人的起源有一个传说：太阳神在帕卡里坦普地方创造了一男一女并让他们结为夫妻，这就是传说中的印加第一个国王曼科·卡帕克和王后。根据神的旨意，曼科率领他的部落征服了西面 35 公里外的库斯科。随后又教导他的子民学会了农耕和各种手工艺，建立了印加帝国。

印加帝国在 16 世纪时达到顶峰。它的疆域北起哥伦比亚，南到智利中部，西起太平洋沿岸，东到亚马逊丛林，人口达到了 600 万，创造了世界闻名的印加文化。

印加文化代表着南美安第斯山古代文化最高成就，不管是农业、建筑还是交通方面都达到了印第安文明的顶峰。

生活在安第斯山脉中的印加人不像处于平原地区的文明那样有着大片的耕地，为了能够种植更多的农作物，他们别出心裁地创造出了"梯田"。他们用勤劳的双手在山坡上垒起一道道低矮的石墙，在石墙内填上土壤，就造出了一片片的耕地。农作物是离不开水的，他们又修了水渠从远处引来溪水灌溉农田，所有的水渠加起来有 100 多公里长。为了增加土地的肥力，印加人还把各种动物的粪便施进了田里。

他们已经掌握了冶炼青铜的技术，现代考古中已经发现了印加人用青铜制造的斧、刀、镰和锄等农具和武器。

印加人很重视交通，应该已经明白良好的交通是加强管理和促进经济发展的关键。他们修建的道路有 24400 多公里，这些道路四通八达，隧道贯穿山岭，用藤蔓编织成的吊桥横越峡谷，横贯整个南美大陆。印加人修建公路时考虑得很周全，每隔一天的路程就设置一个驿站，驿站里有储存食物和各种物资的仓库，还驻扎有保卫道路和周边地区安全的士兵。这些驿站还兼具着传递命令的功能，可以在一天之内把政府的命令传递到240公里之外的地方。

他们的手工业规模不大，羊驼饲养和毛纺织业基本上都是由政府控制的。政府要求那些养殖户在规定的时期内剪毛，并且把羊毛送到各地的皇室仓库，然后会有专人把这些羊毛分到各个家庭纺织，并且在品种和数量上有着严格的要求。

印加人在建筑方面很有天赋，被后世的历史学家称为"印第安的建筑工程师"。在库斯科曾经发现一座城市的遗址，在城市的中心有一座太阳神庙。从遗留下来的砖石结构可以看出，他们的建筑工艺很先进，超过了中世纪大多数的欧洲国家。

不过他们的文字比较原始，还在使用古老的结绳记事，用绳索的结和颜色来区别不同的事件。但是也有人说这根本就不是文字，只是一种个人化的记忆辅助工具。

16世纪，西班牙人来到了这个古老的国家，用天花杀死了它绝大部分的人口，还处决了他们的皇帝，掠夺走了大量的黄金和财宝。仅仅一年时间，印加帝国大厦就轰然倒塌。据说有一部分印加人幸免于难，他们带着几百吨黄金逃到了安第斯山脉的深处，还建立了一座坚固的城堡作为他们最后的避难所和堡垒。但是不知道什么原因这些印加人都没有了消息，谁也不知道这个城堡在什么地方，也不知道那些黄金究竟被他们埋在了哪里。

1911年1月，年轻的美国学者宾海姆率领一支队伍来安第斯山脉探险。在距印加古都库斯科城120公里、海拔2400多米的群山之间，他们发现了一座被白云和密林覆盖的高原城堡。谁也不知道这个城堡叫什么名字，于是就用附近的马丘比丘山为它命名。由于以前一直都没人发现这个城堡，所以里面的建筑和一些遗物保存得比较完好。

马丘比丘城堡的发现引起了全世界的轰动。以宾海姆为代表的一些人认为，它就是印加帝国最后的避难所。但另一些人却不认同他们的观点，认为这只是一个普通的印加人的城堡。但是都没有足够的证据来证明他们的观点。我们仍然不知道这个城堡是在什么时候建造的，也不知道它是为了什么建造的。

秘鲁曾有一些考古学家研究过这里出土的陶器和金属制品，认为该城大约建于15世纪。而德国学者洛夫·穆勒等人根据该城建筑中反映出的"差岁"现象推测，其设计和建造是在公元前4000年至公元前2000年。这两种观点年代差异悬殊，谁也说服不了谁。

神秘的马丘比丘古城笼罩着层层面纱，每过一段时间，就会有考古学家揭开一层，露出它的一部分真容，但是面纱的下面还有面纱，始终都无法一窥全貌。或许它的真相已经随着印加帝国的坍塌而消亡了。

—— 但丁和他的《神曲》 ——

中世纪的后期，意大利诞生了一位伟大的诗人但丁。恩格斯对他的评价很高，他在《共产党宣言》中说："封建的中世纪的终结和现代资本主义纪元的开端，是以一位大人物为标志的，这位人物就是意大利人但丁，他是中世纪的最后一位诗人，同时又是新时代的最初一位诗人。"从这个评价我们可以看出，但丁和他的作品具有跨时代的意义，在新旧时代交替时承担着承上启下的作用。

1265 年，但丁出生于佛罗伦萨一个古老的贵族家庭，母亲在他 5 岁的时候就去世了，他的父亲后来又给他娶了继母。他的父亲是个商人，经常出门在外，是他的姐姐把他抚养成人的。他的姐姐对他很好，让他从小就受到了良好的教育。据记载，但丁自幼就聪明过人，勤奋好学善于思考，对当时的各个领域都有所涉猎，在文学方面特别有天赋，很早就开始了诗歌创作。他非常推崇古罗马的大诗人维吉尔，称他是自己的导师。

但丁在少年时有一段刻骨铭心的精神初恋。但丁在 9 岁的时候跟随父亲去参加一个聚会，在聚会上见到了美丽的女孩贝阿特丽齐。女孩端庄娴雅、温婉可人，但丁一下就喜欢上了她。八年以后，但丁又一次见到了长大成人的贝阿特丽齐，"穿着浅色的长裙，深褐色的衬衣，手上拿着一枝美丽的玫瑰花"，令但丁惊为天人，连话都不敢说了，女孩给他留下了一种震撼心灵的印象。然而还没等但丁去求亲，女孩的父亲就把她嫁给了别人，女孩几年后因病去世，但丁只能把这份纯洁的爱深深藏在心里。但是这段美好的恋情对但丁的影响很大，他不仅一生都没有忘记这个名字，还常常因此迸发出创作的灵感。

贝阿特丽齐去世后，但丁非常悲痛，写了 30 首怀念她的诗歌。1292 年，但丁把这些诗歌用散文串联了起来，整理成《新生》。在这部作品中，但丁抒发了对爱人深挚的感情、纯真的爱恋和无尽的思念。《新生》文风清新自然，感情细腻委婉，是欧洲文学史上第一部剖露心迹、公开隐秘情感的自传性诗作。

不过这只是一段单相思而已，但丁也没有因此而消沉。1291 年，在亲友的撮合下他和盖玛成了亲，婚后生了六个孩子，但是只成活了两男一女。

但丁不是只埋头于故纸不问世事的迂腐学者，他还积极投身于政治活动。当时的佛罗伦萨政界分为两派，一派是效忠神圣罗马帝国皇帝的齐柏林派，另一派是效忠教皇的盖尔非派。由于教皇的势力比较大，齐伯林派在逐鹿中失败。盖尔非派掌权后很快就分化了，因为教皇卜尼法斯八世试图控制佛罗伦萨，不愿意受制于教皇的一部分富裕市民组成"白党"，另一部分希望借助教皇的势力翻身的破落贵族成为"黑党"，两派的争斗异常激烈。主张独立自由的但丁是白党的中坚，并被选为最高权力机关执行委员会的六位委员之一。他有一句名言：走自己的路让别人去说吧。

1302 年，教皇的特使来到了佛罗伦萨，帮助黑党取得了政权，随后宣布驱逐当时在外地的但丁，命令士兵一旦看到但丁回到佛罗伦萨就当场击毙。但丁从此再也没有回过故乡，开始了近 20 年的流亡生活。

在漫长的流亡生涯里，但丁去过很多地方，更加清楚地认识到了教皇统治的黑暗，看到了城邦纷争的危害，强烈希望祖国的统一。这些经历给他的创造提供了素材和灵感，《飨食》《论俗语》《帝制论》等都是在这段时间写的。

意大利的北方有一个叫拉文那的城市，拉文那的城主是个骑士，很有文化素养，对但丁在文学上的成就很是仰慕。他知道但丁在外国流亡后，就派人去邀请但丁到拉文那去定居。但丁当时已经有了《神曲》的初步构思，正想找个安静平和的地方来创作这部伟大的作品，于是就去了拉文那。

《神曲》是但丁长期酝酿和构思的一部巨著，是采用中世纪梦幻文学形式写成的长诗。但丁说他写《神曲》的目的是"要使生活在这一世界的人们摆脱悲惨的遭遇，把他们引到幸福的境地"。在这部作品中，但丁表达了想要为意大利民族找到一个出路，渴求祖国和平统一，人民安家乐业的理想和愿望。

这个鸿篇巨著分为《地狱》《炼狱》《天堂》三部，每部有 33 首诗，加上前面的序曲一共是 100 首，计 14000 多行。但丁大约在 1307 年就开始了创作，《地狱》《炼狱》大约完成于 1313 年，《天堂》则直到但丁逝世前不久才脱稿，前后用了十多年的时间才完成这部作品。这部作品的原名是《喜剧》，后来意大利诗人薄伽丘因为尊敬但丁，就在名字前面加上了"神圣"两字，称为《神圣的喜剧》，传到中国后译为《神曲》。

《神曲》是以第一人称来写的，画面恢宏辽阔。诗人以梦中遇到的各种各样的人物来映射意大利的现实生活和各个领域发生的社会、政治变革，反映了实现人文主义的追求。《神曲》对中世纪政治、哲学、科学、神学、诗歌、绘画、文化等方面做了艺术性的阐述和总结，代表了当时最高的文学成就，也是一座划时代的里程碑。

但丁在《神曲》中写到，他在 35 岁的时候在一个黑暗的森林中迷路了，当他来到一个小山下的时候，突然出现了三头猛兽——豹（象征强权）、狮（象征淫欲）、狼（象征贪婪），他的生命岌岌可危。就在这时，圣女贝阿特丽齐——就是但丁少年时的那个精神恋人——派来了古代罗马诗人维吉尔，他救下了但丁，并带着但丁去了另外一个地方。

在维吉尔的带领下，但丁游历了地狱和炼狱。地狱共九层，就像一个上面宽下面窄的大漏斗。地狱里阴森恐怖、凄惨万分，里面都是些生前罪孽深重的人的灵魂，他们永远都会在这里受刑，永远无法超生。地狱越往下刑罚越重，根据生前罪孽的大小，那些灵魂会安排在不同层次，越往下层，所受的刑也越重。

炼狱比地狱要好一些，里面的灵魂都是生前犯过罪，但是还可以教育改正的。这里的刑罚也不像地狱那么残酷，有点小惩大诫的意思。炼狱是一座山，一共有七级，分别用来惩戒犯过骄、妒、怒、情、贪、食、色七种罪孽的灵魂。灵魂在洗去某种罪过后就可以升到上一级，最后到达山顶的天堂。

维吉尔把但丁带到天堂就走了，贝阿特丽齐亲自带着但丁游历了天堂。天堂也是九层，越往上灵魂越纯粹，九重天之上就是上帝居住的地方。但丁见过上帝后大彻大悟，他的思想已与上帝的意念融洽无间。整篇史诗至此也就戛然而止了。

但丁的《神曲》还有一个伟大之处，那就是舍弃了用正统的拉丁语书写的惯例，而是用意大利托斯卡纳方言写作，这使得托斯卡纳方言后来成了意大利语的基础，也对意大利的民族文学有着很大的促进作用。

—— 薄伽丘与《十日谈》——

继但丁之后，意大利的佛罗伦萨又出现了一个伟大的文学家，他就是薄伽丘。

薄伽丘出生于 1313 年，父亲是一个商人，母亲是法国人。薄伽丘是个私生子，在幼年的时候他的母亲就去世了。父亲再婚后，他在后母的白眼下度过了童年，或许是缺乏母爱想引起父亲的注意，薄伽丘小时候非常调皮，是那一带有名的爱惹是生非的"孩子王"。成年后，薄伽丘拒绝了父亲让他进入商界的要求，而是投身于对古典文化的研究和文学创作中。

薄伽丘是一个人文主义学者，意大利文艺复兴运动的杰出代表。他精通希腊文，对拉丁文和当时流行的俗语也能够运用自如。薄伽丘对政治也很感兴趣，他早年在那不勒斯时就接触过宫廷和贵族骑士生活。回到佛罗伦萨后，又积极参加反对封建贵族的斗争。1350 年，他认识了彼特拉克（与但丁、薄伽丘合称为佛罗伦萨文学"三杰"），很快两个人就成了好友，共同提倡古典文化。

1348 年，佛罗伦萨暴发了一场恐怖的瘟疫，从 3 月到 7 月，病死的人达 10 万以上，每天都有大量的尸体运到城外。灾难之后，他就以这场瘟疫为背景写下了一部当时意大利最著名的短篇小说集《十日谈》。这部作品是欧洲文学史上第一部现实主义作品，也是他的巅峰之作。时人称为"人曲"，是和但丁的《神曲》齐名的文学作品，甚至认为是《神曲》的姊妹篇。

《十日谈》写于 1348 年至 1353 年，以故事的形式抨击黑暗的社会现实。这些故事主要来源于历史事件，另外还有一些来自东方的故事和家喻户晓的逸闻趣事。

在序中，作者交代了写作的背景和主人公：为了躲避史无前例的可怕瘟疫，七位男青年和三位姑娘来到了佛罗伦萨的郊外。他们居住的地方是一个别墅，这里环境幽雅、景色宜人，有着良好的生活条件。但是这十个年轻人没有醉生梦死、寻欢作乐，而是约定每天每人都要讲一个故事。

他们在那里住了 15 天，中间有 5 天有事没有讲故事，一共讲了 10 天共 100 个故事。后来这些故事被收集成册，名字就叫《十日谈》。

《十日谈》中的故事都有着深刻的意义，旨在抨击禁欲主义，歌颂爱情。第一天的第二个故事"扬诺劝教"更是把矛头直指教会。

这个故事说的是巴黎有一个名叫扬诺的富商，是个虔诚的天主教徒，而他的好朋友亚伯拉罕却笃信犹太教。扬诺认为犹太教不是正宗，就宣扬自己信仰的天主教是何等的伟大和神奇，并劝说亚伯拉罕改信天主教。亚伯拉罕就决定先去罗马看一看教皇是一个什么样的人，教会都为人们做了什么。

等他来到罗马后，却发现教廷上下都是寡廉鲜耻的家伙，为了金钱和肉欲，连一点点顾忌、羞耻之心都没有，甚至妓女都能当上高贵的修女。想要办什么事必须要先向教廷请求，还要走后门。

亚伯拉罕对他看到的一切非常震惊，然而他却耐下性子继续观察，希望能看到扬诺告诉过他的那些高尚的人和事。然而事与愿违，他看到了更多的罪恶：贪得无厌，爱钱如命，买卖圣职……一件件触目惊心的事使亚伯拉罕得出结论：罗马根本"不是一个神圣的京城，而是一个容纳一切罪恶的大熔炉"！教皇、红衣主教以及所有的教职人员都无恶不作，这些人本应该是天主教的中坚力量，但是现在却都成了天主教的蛀虫，只有天主教灭亡了才能让人们过上幸福的生活。

通常来说，故事的情节发展到了这里，亚伯拉罕应该对天主教深恶痛绝，然后离开罗马。但是作者却打破了常规，匠心独运地让亚伯拉罕说："可是不管他们怎样拼命想把天主教推翻，它还是屹然不动……这么说，你们的宗教确是比其他的宗教更正大神圣。"结果亚伯拉罕竟然皈依了天主教！

"扬诺劝教"就像一把锋利的匕首，直刺天主教会的心脏，撕破了教会伪善的面具，让教会成了人们嘲讽的对象。

《十日谈》发表后，薄伽丘受到封建势力的迫害和打击，时常有教会的人来咒骂和威胁他。薄伽丘愤怒至极，一度有过把包括《十日谈》在内的所有著作手稿付之一炬的想法，他的好朋友彼特拉克对他苦苦相劝，《十日谈》的手稿才得以保存下来。

彼特拉克病逝后，薄伽丘在精神上受到沉重的打击，因为他失去了最好的朋友和唯一的知音。1375 年，薄伽丘因病痛和贫困在切塔尔多小镇去世，这里离他的家乡佛罗伦萨仅有 20 英里，但是他仍然无法叶落归根。即便如此教会仍然没有罢休，又派人挖掉了他的坟墓，砸毁了他的墓碑。不过教会所做的这一切都完全无用，因为薄伽丘已经用《十日谈》在人们心中树立了一座教会永远也无法砸毁的丰碑！

——达·芬奇和《蒙娜丽莎》——

儒略历 1452 年 4 月 15 日（公历 4 月 23 日），天才达·芬奇出生了，他的家乡是意大利佛罗伦萨城附近的芬奇镇。他的父亲皮耶罗是一个贵族，也是佛罗伦萨大行会的会员、公证人，家里很富裕。

达·芬奇很有绘画的天赋，在他很小的时候，他随手涂鸦的小动物都惟妙惟肖。皮耶罗见他对绘画很感兴趣，就让达·芬奇拜他的好友著名画家和雕刻家佛罗基阿为师，达·芬奇在老师的画坊里学习了六年。

他聪明好学，对身边的一切都想研究，从不满足于老师给他讲授的课程。除了绘画和雕刻，他在数学、音乐、建筑、机械、化学、生物解剖、天文、地理等几乎当时所有的领域都有相当高的成就。

达·芬奇还非常勤奋，他总是随身带着一个笔记本，如果在路上看到一个比较有特色的事物就会用速写的方式画下来。不仅有人物，还有动物、植物以及建筑、风景，等等，另外还记录有他听到的寓言、格言、哲学和科学结论的文学札记，图画、公式、建筑的速记，这个习惯使达·芬奇长大后有了渊博的学识。

16 世纪，画家还不属于上流社会，因此皮耶罗让达·芬奇学习绘画只是培养他的艺术情操，并不是想让他成为一个画家，他希望达·芬奇学习法律，将来和他一样做一名公证人。但是达·芬奇显然并不同意父亲对他的安排，他希望父亲能够尊重他的选择。

一天，有个农民自己做了一个木头盾牌，感觉光秃秃的不好看，就请皮耶罗带他去城里找个画师在上面画一幅画。皮耶罗就把盾牌给了达·芬奇，告诉达·芬奇如果他画的画让大家满意的话，就不再逼他学法律。达·芬奇答应了，决定画一幅让人印象深刻的画。

达·芬奇熟思良久，决定将妇孺皆知的女妖墨杜萨作为题材。不久，他就在盾牌上绘出了这样一幅画面：一个面貌凶恶的女妖站在大地上，一堆吐着舌头的毒蛇是她的头发，露着凶光的双眼令人生畏，口中喷着烈火，鼻孔里冒着浓烟。

达·芬奇画好后就让他的父亲来看，谁知道皮耶罗刚进门就吓得逃了出去。

皮耶罗仍然不看好儿子的画技，就带着盾牌来到佛罗伦萨，刚进城就有个商人喊住了他，用100金币的价格买下了那面盾牌。皮耶罗接过钱还没有离开，米兰公爵来到佛罗伦萨，正好看见那面盾牌，公爵对上面的画很感兴趣，就出300金币的高价从商人手里买了过来。皮耶罗感慨不已，就从商店里给那个农民买了一面上面绘有一个被箭穿过的红心的盾牌，从此再也不说让达·芬奇学法律的话了。

在达·芬奇24岁的时候，有人让他的老师佛罗基阿创作《基督受洗》这幅画，佛罗基阿就让达·芬奇做助手。佛罗基阿完成了大部分工作，后来因为有事，就让达·芬奇替他把画面左侧那个侧面天使画出来。在整幅画面出来后，老师所画的宗教人物面容死板毫无生气，而达·芬奇画的小天使却充满了灵性，显得活泼可爱、生动自然。佛罗基阿看后长叹一声，感慨自己的学生竟然有如此高的才华，已经青出于蓝而胜于蓝了，从此他接了绘画都交给了达·芬奇，自己专心从事雕刻了。

达·芬奇独立完成的第一批画作中就有许多精品，其中有一幅叫作《拈花圣母》，也叫作《贝努瓦圣母》，这幅作品立意新颖，表现形式完善，开了宗教绘画的先河。在以前的画作中，都是把圣母画成威严的、感伤的或者沉思的样子，以体现圣母的神圣和尊贵。而达·芬奇则摈弃了这种表现方式，把圣母塑造成了一个爱护自己孩子的母亲，充满着浓厚的人情味。

达·芬奇在绘画上精益求精，特别注意细节和人物的心理，他的作品有许多都是名垂千古的杰作，《最后的晚餐》和《蒙娜丽莎》这两幅画就是他的代表作。

《最后的晚餐》取材于《圣经》中犹大出卖耶稣的故事，画面定格于晚餐时耶稣说出"你们中间有一个人出卖了我"那一瞬间。在这幅作品中，达·芬奇精彩地描绘出了耶稣的12个门徒那一刻的表情，通过每个人不同的动作和表情，展示了12个门徒各自的性格和心理。

在画面中，耶稣处于中间最突出的位置，门徒们分坐在他的左右。耶稣的神情庄严肃穆，背后明亮的窗户衬托出他的光明磊落。叛徒犹大在画面的左侧，身体后倾，右臂支在桌上，手里紧握钱袋，还碰倒了盐瓶，满脸的惊恐与不安。其他的门徒惊恐、愤怒、怀疑、剖白、伤心等神态，以及手势、眼神和行为，都刻画得细致入微、惟妙惟肖。

据说达·芬奇为创作这幅画花费了很多的心思。为了能够准确刻画反面人物犹大，他经常到警局、赌场等场合，去观察那些罪犯、流氓和赌徒的一举一动，揣摩他们做出某一个动作和露出某一个表情时是什么样的心理。他把观察到的那些人物的动作都通过速写画在纸上，反复对比后终于确定了令人满意的犹大形象。这幅画作完成后，它的影响力太大了，以致以后的画家谁都不愿意再用这个题材来作画。

《蒙娜丽莎》是西欧艺术史上第一幅心理肖像画。据说画上的妇女是达·芬奇朋友的妻子。在创作这幅画前，达·芬奇详细询问了她的经历，对她的内心世界有了准确的了解。为了画出她最美好的形象，他仔细观察她的行为举止，最后发现她在微笑时是最美的。为了让她保持欢愉的心情，达·芬奇还专门请来竖琴师和歌手为她表演。达·芬奇极其准确地捕捉到了蒙娜丽莎那一瞬间的迷人微笑，把这个动人的画面通过速写画了下来，随后以此为基础创作出了《蒙娜丽莎》这幅旷世杰作。人们通常认为，虽然画中的女士既不漂亮，也不年轻，然而这幅画却像一面镜子一样，反映出女士的思想、感情和心绪的细微差别。这就是达·芬奇作品的艺术魅力。

达·芬奇是一个举世闻名的艺术家，然而他的成就远远不止在艺术方面，他同时还是一位多才多艺的科学家。他在科学研究上所花费的时间和精力不比绘画方面少，在天文、地理、物理、机械、医学、考古、建筑、军事、水利、地质方面都有着极高的成就。他曾模仿鸟的翅膀设计出类似飞机的飞行机械；设计过许多先进的纺车，高效率的机床、冲床；他最早提出了地质学的概念；第一次正确、全面地描述了人体骨骼、肌肉和人体的比例。后世的许多科学家都从他的这些研究中得到过灵感和启发。

1517 年 5 月，已经 75 岁高龄的达·芬奇来到了法国，法国国王授予他首席画师的称号。不过或许是身体上的原因，从这以后他再也没有传世的名作出现。1519 年 5 月 2 日，达·芬奇在克鲁城堡去世，文艺复兴时代的一颗巨星就这样陨落了。

—— 米开朗琪罗和他的作品 ——

文艺复兴时代的佛罗伦萨可谓是人才辈出，就在达·芬奇声名远播的时候，又一位天才的艺术家出现了，他就是伟大的雕刻家、画家和建筑师米开朗琪罗·波纳罗蒂。

1475 年，米开朗琪罗在意大利的小镇卡普里斯出生了。他的家境很好，父亲是本地的行政长官。和达·芬奇一样，米开朗琪罗也是幼年丧母，少年时违背了父亲的意愿走上了投身艺术的道路。

13 岁那年，米开朗琪罗进入了佛罗伦萨画家基兰达约的工作室，很快就掌握了绘画的技巧，速度快得惊人。他曾经临摹过许多老画师的作品，精妙得让人分不出哪幅是原画、哪幅是他临摹的。后来他又对雕刻产生了兴趣，离开了基尔兰达约的画室去学习雕刻了。

米开朗琪罗学习雕刻没有多久就显现出了他在雕刻上面的天赋和艺术造诣。他 23 岁的时候创作了《哀悼基督》，在这幅作品中，圣母俯视着躺在怀中的死去的基督，脸上充满了忧思与爱怜，给人以既悲哀又优美的感觉。作品展出后，整个罗马城都轰动了，谁都想不到这竟然是一个雕刻界新秀的作品。

1501 年，26 岁的米开朗琪罗开始了《大卫》的雕刻工作，历时三年才完成。这尊雕像现在存放在佛罗伦萨美术学院，佛罗伦萨市市政厅门前和米开朗琪罗广场上也分别矗立着一尊复制品。

在创作《大卫》时，米开朗琪罗没有按照当时的惯例雕刻大卫胜利后脚踩敌人的形象，而是选择了大卫准备迎敌时的那个状态。他雕刻的大卫是一个身材健美的青年，眼睛全神贯注地盯着敌人，露出必胜的信念。这尊雕像有着完美的艺术表现力，是米开朗琪罗的代表作之一，给他带来了极高的荣誉。

《大卫》完成之后，米开朗琪罗的创作热情更加高涨。据说米开朗琪罗在创作时睡觉不脱衣服，目的就是省下脱衣、穿衣的时间。在睡觉的时候还经常突然坐了起来，拿起刻刀在他的作品上刻上几刀，或者抓起铅笔记下他的构思。吃饭更是简单，他根本就不会坐在餐桌旁正式地用餐，都是把面包带在身上，感觉饿了的时候随手拿出来吃上几口，然后接着工作。在他看来，吃饭、穿衣这些都是生活中的琐事，不值得为它们浪费时间，而应该把时间和精力都投入工作中。

1505 年，教皇尤利乌斯二世准备在罗马的圣彼得教堂内建造陵墓，邀请米开朗琪罗去做设计师。然而教皇的艺术总监勃拉曼特嫉妒米开朗琪罗的建造才华，就建议教皇暂不修陵墓，让米开朗琪罗去画西斯廷教堂天顶壁画。米开朗琪罗用了四年零五个月的时间，以超凡的才智和毅力完成了世界上最大的壁画——西斯廷教堂天顶壁画《创世记》。教皇陵墓施工后，米开朗琪罗历又创作了著名的《摩西》《被缚的奴隶》和《垂死的奴隶》。

1519 ~ 1534 年，他在佛罗伦萨创作了生平最伟大的作品——圣·洛伦佐教堂里的美第奇家族陵墓群雕:《昼》《夜》《晨》《暮》。

到了 1536 年，教皇再次把米开朗琪罗召到了罗马。时隔 25 年后，他又一次来到了西斯廷教堂，这一次他的任务是在这里创作一幅大型壁画。米开朗琪罗整整画了 7 年，才画出了一幅高 10 米、宽 9 米、有 200 多人的气势恢宏的壁画。这就是著名的《末日审判》。

在这幅画中，米开朗琪罗进行了大胆的创新，所有的人物无论善恶都是裸体，因为对教廷的憎恨，他还把一个教皇的面孔画进了应该入地狱的那部分人中。有人对此强烈反对，认为在基督教最重要的教堂内，不能容忍如此的淫秽、"渎神"和不道德。后来，教皇克莱孟八世曾想要毁掉这幅作品，但慑于米开朗琪罗在群众中的崇高声誉，这幅杰作最终得以保存了下来。米开朗琪罗去世不久，教皇让丹尼埃·达·伏尔泰亨给这幅画上的所有人物的裸体下身都画了几根布条，后来有人给这个画家起了个外号叫"内裤制造者"。

米开朗琪罗终身未婚，也没有过情人，因此有人说他是同性恋。这个说法我们无从考证，不过他有一个梦中情人，就是著名的德·贝斯凯尔侯爵夫人维多利阿·柯罗娜，当然，是柏拉图式的精神恋爱。他舍弃了爱情和家庭，把自己的心血和对理想的追求全部倾注到他所酷爱的艺术中。

1562 年，他的学生、著名画家、艺术史家乔治·瓦萨里邀请他担任迪亚诺学院（佛罗伦萨美术学院）的名誉院长。之后他一直生活在罗马，从事雕刻、建筑和少量的绘画工作。虽然他已经是年逾古稀，但是他仍然勤学不辍，利用一切时间来提高自己的艺术水平。1563 年的冬天，红衣主教法尔耐兹看到这位老人在斗兽场旁边的雪地里行走，就停下车子问他:"天这么冷，路也不好走，你都这把年纪了，还出去干什么呀？"他回答说："去学院，趁还能动再学点东西。"这是他人生中的最后一个冬天。第二年的2月18日，米开朗琪罗病逝在自己的工作室中，享年89岁。

按照他的遗愿，佛罗伦萨人把他安葬在圣·洛伦佐教堂。作为文艺复兴的巨匠之一，米开朗琪罗在生前和身后都有着无与伦比的巨大影响。他和达·芬奇一样多才多艺，集雕刻家、画家、建筑家和诗人于一身。他经历人生坎坷和世态炎凉，其一生所留下的作品都带有戏剧般的效果、磅礴的气势和人类的悲壮。

—— "画圣" 拉斐尔 ——

拉斐尔·桑西是意大利文艺复兴时期的"后三杰"（另外两个是达·芬奇和米开朗琪罗）之一，被后人尊称为"画圣"。拉斐尔儒雅、热情而又矜持，尽管他羸弱的身影在人间一闪而逝，可是他辉煌的成就却永远在历史的长河中闪耀。

1483年5月28日，拉斐尔出生在意大利小城乌尔比诺的一个艺术世家。他的父亲乔瓦尼·桑西是乌尔比诺大公的专用画师，耳濡目染之下，拉斐尔在幼年就表现出了绘画的天赋，并且很快就超过了他父亲。拉斐尔的童年是不幸的，7岁丧母，11岁丧父，幸好大公的妻子贡萨戈收养了他。

贡萨戈不愿意埋没拉斐尔的绘画天赋，就在他13岁时把他送到画坊学画。不久，乌尔比诺就没有人敢自认是拉斐尔的老师了。为了进一步地提高绘画的技艺，16岁的拉斐尔来到了意大利北部安布利亚地区的裴路基亚城，从师于佩鲁基诺。他的老师对他要求非常严格，因此他的绘画技艺在这里提高得很快。拉斐尔善于临摹，他临摹的作品和老师的原作放在一起时，如果他不说出来，谁也不知道哪幅是他临摹的、哪幅是佩鲁基诺画的。

拉斐尔继承并发展了佩鲁基诺温和、秀丽的风格。到1502年他19岁的时候，他的绘画技艺已经超过了佩鲁基诺。不过佩鲁基诺没有因此而生气，他反而告诉拉斐尔，"我已经没有什么可以教你的了，你应该去佛罗伦萨，有了那些大师们的指点你才能更上一层楼"。

　　于是拉斐尔来到了佛罗伦萨，当时这里大师云集，到处都是这些天才画家的作品，这就使他有了大量的优秀范画可以参考。在那些艺术大师的指导下，他一面学习解剖学、数学、透视等科学知识，一面临摹达·芬奇等名家的作品。不久他的绘画技艺就有了质的提高，开始有了自己的风格，拉斐尔成了佛罗伦萨一个小有名气的艺术家。

　　1503 年，圣弗朗切斯科教堂的教士慕名而来，邀请他为教堂作一幅画。于是拉斐尔的成名作——《圣母的婚礼》——问世了。这幅画的创作成功，说明他已经完全吸收了佩鲁基诺的艺术精华，而且后来居上，无论构图与形象塑造都有所创新。尤其是画面平衡、背景的描绘，圣母马利亚的庄严、文雅都是以前同类型作品所没有的。《圣母的婚礼》现在珍藏于德国的一座艺术博物馆里。

　　《圣母的婚礼》公开展出后，拉斐尔声名远播，教皇也听说了他的名字，就在 1508 年让他到罗马负责梵蒂冈宫的壁画装饰工作。罗马当时是政治文化中心，而且米开朗琪罗也在这里为教皇绘制壁画，怀着向前辈学习的想法，年轻的拉斐尔欣然前往。

　　拉斐尔在这里工作了 10 年，为教皇绘制了大量的壁画，以梵蒂冈宫中的四套壁画最为出色，特别是第一套：《神学》《诗学》《法学》和《哲学》，更是其中的佼佼者。这些壁画绘制成功后，拉斐尔已经成为一位天才的构图大师和大型巨作的杰出画家。

　　《哲学》还有一个名字叫《雅典学派》，是拉斐尔的巅峰之作，充分显示了他优美娴熟的绘画技巧和高超的构思水平，使他当之无愧地成为意大利文艺复兴全盛时期第一流的艺术大师。现在梵蒂冈宫签字大厅的四幅壁画，就是 400 多年前拉斐尔的真迹。

　　1520 年的 4 月初，拉斐尔在装饰一个贵族的别墅时接到了教皇的紧急通知，让他立刻返回梵蒂冈。于是拉斐尔急忙赶了回去，但是刚刚到家就发起了高烧。在当时落后的医疗条件下，拉斐尔得不到有效的治疗，他孱弱的身体经不起高烧的折磨，于 4 月 6 日去世，临终时他手中还拿着画笔。世界上从此失去了一个才华横溢的年轻艺术家。

　　拉斐尔虽然英年早逝，但他却是一个高产的艺术家。在他短短的 37 年生命里，他给全世界人民留下了 3001 幅艺术精品。他是大家公认的罗马画派的首领，他的画作代表了文艺复兴鼎盛时期的艺术风格，在意大利的文化生活中占据着领先地位。

—— 莫尔和他的《乌托邦》——

　　1478 年 2 月 7 日，托马斯·莫尔出生在伦敦一个富裕的家庭。他幼年丧母，父亲曾经在英国皇家高等法院任职。他的父亲是一个正直而睿智的人，从小就对儿子有着严格的要求，这对莫尔的一生产生了很大的影响。老莫尔对儿子的期望很大，在莫尔很小的时候就把他送到了伦敦的圣安冬尼学校。而莫尔也没有辜负父亲的期望，在 14 岁时就考入牛津大学攻读古典文学。在读书期间，莫尔结识了荷兰的著名人文主义者伊拉斯莫斯，并深受他的影响，最终成为一名坚定的人文主义者。但是他的父亲却认为学文学没有出路，就逼着莫尔改学法律。

　　毕业后，莫尔顺利地成为一名律师，后来又进入了政界，43 岁时被英王封爵，两年后又被选为下议院的议长，1529 年又取代沃尔西成为英国大法官，成为英国仅次于英王的第一号要人。

　　应该说，莫尔的仕途是非常顺利的，他已经成了那个黑暗社会里受益的那部分人，应该维护统治阶级的利益，但是他却义无反顾地走上了另一条道路。

　　当时英国的国王是亨利八世，在他的统治之下，整个王室和政府都已经烂透了：王室贪得无厌侵略成性、官员横征暴敛腐败成风，贵族和大商人勾结政府鱼肉百姓。而且当时正处于英国工业革命的前夕，新兴的资产阶级贵族为了挖掘第一桶金，强行圈占无数农民的土地来牧羊，实行"羊吃人"的圈地运动。这些农民失去土地后的命运十分悲惨，要么饿死在异国他乡，要么成为强盗打家劫舍。

　　莫尔同情这些农民的遭遇，对黑暗的社会现实极度不满，于是就把自己的理想写进《乌托邦》一书，用来讽刺黑暗的现实。

　　《乌托邦》这个名字是这本书传到中国后的译名，它原来的名字很长，叫作《关于最完美的国家制度和乌托邦新岛的既有益又有趣的金书》。在《乌托邦》一书中，莫尔用讲故事的形式提出了自己的政治主张，阐述了自己的社会观点和改造社会的设想。

可能是为了避免政治迫害，这本书开篇就点明了莫尔遇到了一个水手，水手讲述了他在一个叫作乌托邦的奇异岛国上的经历。

乌托邦是个大岛屿，全岛有 54 个城市，每个城市分 4 个区。这里没有私有财产的概念，所有的一切，包括土地、房屋、生产工具等都是人民共有的。

这里的妇女地位很高，能够像男人一样接受教育，婚姻可以自己做主，也能够像男人一样从政，当然，也要和男人一样工作和承担社会义务。乌托邦高度重视农业，所有的居民不分男女都要从事农业生产，一天工作六小时，剩下的时间就可以自由安排了。

在这里没有灯红酒绿的酒馆、妓院、赌场等让人堕落的场所，也没有罪犯。所有的居民都勤奋敬业，生活俭朴，遵守法令，乐于助人，游手好闲和奢靡腐化都是令人鄙视的；禁止嫖赌、饮酒、欺骗、阴谋、虐待等恶行；没有货币，没有商品。

乌托邦的官员都是由公民选举的，裙带关系、以权谋私、贪污腐败在这里根本没有市场。他们制定的法律条文不多，但是简洁有效，没有模棱两可的操作空间，一般都是由道德约束自己。

乌托邦对教育和科学文化的发展非常重视。所有的儿童都要接受一定时间的教育，即使成年了也不能放弃学习，在业余时间还要从事研究活动。

这里的人们认为金银是"下贱"的东西，只有那些污秽的东西，比如便池、镣铐、刑具等才用金银打造。关于这一点书里还讲了一个有趣的小故事：

有一天，从岛外来了三位使节，他们带着一百多个奴仆。使节们为了彰显自己国家的实力，都穿着华贵的衣服，带着宝石做的饰品和黄金打成的项链手链。当然奴仆们就不会这样打扮了，他们都穿着朴素的衣服。谁知道上了岛后，居民们对那些奴仆非常热情，而对那三位使节却连理不理。使节们面面相觑，不知道这是怎么回事，正想打发人去问一下，却听见旁边有一个小女孩轻声地问："妈妈，那三个傻瓜是犯罪了吗？要不他们怎么带着金链子呢？可是链子那么细，他们要是弄断金链子逃跑怎么办呢？"三位使节很奇怪，这是什么审美观点呢？于是就问当地人这是为什么，当地人指了指一旁正在劳动的罪犯，果然这些人都戴着沉重的金镣铐，而那些普通的居民都是衣着简单朴素。他们赶紧回船上换了一身奴仆的衣服，岛上的居民这才热情地接待了他们。

《乌托邦》是世界上第一部空想社会主义名著，它从客观上反映了资本原始积累时期，无产阶级的先驱者对未来美好社会的向往。

1535 年 7 月 6 日，杰出的人文主义代表、卓越的社会主义思想家、空想社会主义的奠基人托马斯·莫尔因为得罪了英国国王，被国王斩首。

—— "时代巅峰的巨人" 拉伯雷 ——

在文艺复兴时期，欧洲各国都涌现出了许多艺术家和文学家，而在法国，文学家的代表就是弗朗索瓦·拉伯雷。拉伯雷是一个天才，在医学、天文、地理、数学、哲学、神学、音乐、建筑、法律和教育等各种学科都有着很深的造诣，通晓希腊文、拉丁文、希伯来文等各种文字，是当之无愧的文艺复兴时期的人文主义"巨人"。

拉伯雷的出生时间不详，有人说是 1483 年，也有人说是 1494 年。他的故乡在法国中部都兰省的施农城，父亲是个成功的律师，家庭条件富裕。拉伯雷的父亲有一座庄园，他在这里度过了自由自在而快乐幸福的童年。十几岁时，他被送到圣方济修道院做了修士，开始接受僵硬死板又枯燥无味的宗教教育。

拉伯雷在修道院里学到的不仅仅是宗教知识，他在这里接触到了各种各样的真正的科学著作。教会在中世纪实行严厉的宗教恐怖统治，只有修道院才会有这些书籍，也只有修士才有机会接触这些书籍。他曾以修道士的身份游历了半个法国，一路上不仅考察了大量的名胜古迹，还记录了各种各样有趣的传说和民间故事，为他后来撰写《巨人传》积累了大量的素材。

1530 年 9 月 17 日，拉伯雷成为蒙彼利埃大学医学院的一名学士，并在这一年的 11 月 1 日拿到了学士学位。此后行医就成了拉伯雷的主要职业，他在空闲时间开始了《巨人传》的写作。

1532 年 11 月，里昂的书店里上架了一本新书《庞大固埃》（其实是《巨人传》第二部），作者那西埃是个名不见经传的小人物。不过这本书语言幽默风趣，对教会和政府极尽挖苦之能事，一时卖得洛阳纸贵。一年之后，就在人们还在回味《庞大固埃》的时候，那西埃第二部小说，讲述庞大固埃父亲故事的《高康大》（《巨人传》第一部）又上架了，又一次在里昂引起了轰动。

那西埃是拉伯雷的笔名，他知道自己的作品会引起争议，不敢使用自己的真名字。果不其然，《高康大》和《庞大固埃》虽然受到了人们的喜爱，但同时也遭到教会和贵族的极端仇视，并被法院宣布为禁书，拉伯雷也被迫离开了里昂。他曾去拜见教皇，希望教皇能网开一面，不过教皇对他的请求不屑一顾。一直到了十年后的 1545 年，法国国王为拉伯雷颁发特许发行证，《巨人传》的第三部才得以出版，这次他用了真名。第三部的笔锋略为收敛，多处使用隐喻，然而仍然充满了对当时社会种种弊端的猛烈抨击。教会、法院又一次被激怒了，国王死后拉伯雷的作品再次被定为禁书，出版商被判处死刑，拉伯雷也被迫再次逃亡。

在逃亡的岁月里，他不得不东躲西藏，凭借着广泛的交际、过人的才华和医术才保住了性命，直到 1550 年才撤销了他的罪名，拉伯雷才得以回到法国。也就在这一年，《巨人传》的第五部完稿。1552 年，第四部正式出版，但第五部直到拉伯雷死后才面世。这五部小说合称《巨人传》，从开始到最后一部完成经历了 20 年的时间。

《巨人传》第一部是高康大的故事。高康大生下来就会说话，一顿要喝 17000 多头母牛的奶，他穿的衣服也要用 12000 多尺布制成。高康大幼时被中古经院的教育方式给教傻了，后来他的父亲请了人文主义的老师才挽救了他，把他教成了一个文武双全的人。长大后他去巴黎游学，在实际生活中增加了知识，得到了锻炼。后来他的国家受到了侵略，在约翰修士的帮助下他打败了敌人。为了酬谢约翰修士，他给约翰建立了德廉美修道院。

第二部讲述的庞大固埃的故事。他和父亲高康大一样也是个巨人，不过庞大固埃一开始接受的是人文主义教育（这一点反映了作者的人类在不断进步的思想），长大后的成就比他的父亲要高。

第三部讲述的是庞大固埃当了国王以后的故事。不过这一部对如何治理国家用墨不多，大部分内容在讨论巴汝奇要不要结婚的问题，其实是作者对宗教迷信加以揭露和嘲讽。

第四部和第五部是庞大固埃、约翰修士和巴汝奇一起去寻找"神瓶"的故事。他们走遍了世界各地，在路上遇到了不计其数的骇人听闻的事。最后他们在"灯国"的一个房间里终于找到了"神瓶"，而"神瓶"给他们的答案竟然是："喝呀！"作者的意思是教人汲取知识，以此来充实自己。

《巨人传》以神话般的人物形象，荒诞不经的故事情节，揭露了中世纪教会的黑暗和腐朽，反映了文艺复兴时期人文主义者对个性解放的追求；描绘了人文主义的乌托邦理想，具有鲜明的时代特点和丰富的思想内容。

拉伯雷主张人们自由发展，不受宗教教条的束缚。他的理想的行为准则就是："你爱做什么，就做什么。"在读拉伯雷的《巨人传》时，人人可以快意地笑，爽朗地笑，尽情地笑，拉伯雷也因此被人们誉为"伟大的笑匠"。

1553 年 4 月 9 日，拉伯雷在巴黎逝世。临终的时候他大声笑着说："巨人该休息了！"

—— 塞万提斯与《堂吉诃德》 ——

塞万提斯的全名是米格尔·德·塞万提斯·萨维德拉，文艺复兴时期西班牙小说家、剧作家、诗人，西班牙文学世界里最伟大的作家。1550 年，塞万提斯出生于西班牙首都马德里附近的阿尔卡拉德·埃纳雷斯小城。他的祖上曾是西班牙贵族，但是后来没落了，他的父亲是个医生，家里的生活很困难。

塞万提斯中学毕业后，家里就没有钱供他继续读书了。于是他就放弃学业，开始自学中学以后的课程。他对一切书籍都很感兴趣，走在街上时，即便是有字的废纸他也会捡起来看看。塞万提斯虽然没有上过大学，但是靠着这种勤奋刻苦的精神阅读了很多古希腊古罗马的经典名著和其他著作，成为一个博学的人。

1569 年，19 岁的塞万提斯加入了军队，成为一名海军士兵。他所在的部队曾到过意大利，他在那里接触到了意大利的文学和艺术，受到了人文主义的影响。

为了争夺地中海地区的利益，西班牙与奥斯曼土耳其产生了纠纷，于是西班牙海军就和意大利的威尼斯组成联合舰队，共同对付土耳其人，塞万提斯所在的部队也是联军的一部分。在 1571 年爆发的历史上著名的勒班陀海战中，塞万提斯的左手残废了。不过塞万提斯对此一点也不在乎，他告诉家人说："没有了左手又能怎么样呢？我只要有一只右手就足够了！"他也因此有了个"勒班陀的独手人"的绰号。

1575 年，北非的海盗袭击了塞万提斯乘坐的西班牙的客船，他被海盗送到了阿尔及尔，在这里过了 5 年的苦役生活。一直到了 1580 年，他的家人才凑够了 500 金盾的赎金，塞万提斯这才结束了这种非人的生活。据说《堂吉诃德》中的俘虏经历就是塞万提斯根据自己的遭遇来写的。

塞万提斯回国后就开始了文学创作活动，不过仅靠写作是填不饱肚子的，在生活的压力下，他不得不找到昔日军中的同僚，谋了一个军需官的职务，但是几年后因为刚正不阿被诬陷账目不清而锒铛入狱。重获清白后，他又在友人的帮助下做了一个税吏，1597 年又因为同样的原因"二进宫"，第二年才被放出来。

出狱后，塞万提斯认清了政府腐败黑暗的真面目，知道以自己的性格根本就在官场待不下去，就放弃了官场生涯，担任一些私人职务，同时开始了《堂吉诃德》的创作。1605 年，《堂吉诃德》的第一部出版了，这时塞万提斯已经 55 岁了。这部不朽的名著很快就风靡全国，成为当时的流行小说，一年中竟然再版了 6 次。

《堂吉诃德》讽刺了教会和贵族提倡的骑士，揭示了贵族的专横、社会的黑暗、人民的困苦与教会的愚蠢和伪善。反动贵族与教会被这部书的影响吓坏了，为了消除《堂吉诃德》对他们带来的不利影响，也为了诋毁塞万提斯的声誉，他们找人以塞万提斯的名义续写了《堂吉诃德》，在书里肆意歪曲主人公的形象。一时间社会舆论大哗，怎么也想不到堂吉诃德会变成这个样子，塞万提斯的名声也一落千丈。

塞万提斯极其愤怒，为了给那些封建反动势力有力的回击，他不顾有病在身疯狂地赶进度，终于，《堂吉诃德》的第二部在 1615 年出版了。如果说《堂吉诃德》的第一部是对骑士的讽刺的话，那么第二部就是活活撕下了骑士伪善的面具，从此骑士小说在社会上没有了市场，西班牙也再没有出版过一本骑士小说。

为了反击那些反动的贵族和教会，在《堂吉诃德》第二部的序言里，塞万提斯开了一个有趣的玩笑："……现在有个家伙冒充堂吉诃德，到处乱跑，惹人厌恶；因此好多地方都催着我把真正的堂吉诃德送去，好消除那家伙的影响。最着急的是中国的皇帝陛下，他早在 1 月前就派了一个钦差给我送了一封亲笔信，希望我——甚至可以说是恳求我把堂吉诃德送到中国去，因为他要建立一所西班牙文学院，打算用堂吉诃德的故事做课本；还说要请我去做院长。我问那个钦差，中国皇帝陛下有没有托他送我路费。他说压根儿没想到这层。于是我就告诉他，'既然这样，那老兄你还是原路返回吧。我身体不好，没有力气走这么迢迢的长路，况且我不但是病人，还是个穷人……'我就这样把他打发走了。"

当时正是中国的明朝，明神宗也确实曾经托传教士给西班牙国王带了一封信。塞万提斯就用这件事借题发挥，开了一个妙趣横生的"国际"玩笑。

或许我们应该感谢那些反动的贵族和教会，如果不是他们伪造《堂吉诃德》的第二部强烈刺激了塞万提斯，或许他就不会强撑病体接着写下去，也就不会有完整的《堂吉诃德》了。

《堂吉诃德》的全名是《奇情异想的绅士堂吉诃德·台·拉·曼却》，主人公堂吉诃德是个受到骑士小说毒害的小地主，精神都不正常了，天天想着出去行侠仗义，因此闹出了一个又一个笑话。

堂吉诃德出生的时候已经没有骑士了，不过社会上充斥着赞美骑士的书籍，他对骑士的生活非常羡慕和向往，一心想做一个扶困济危的骑士，铲尽世间所有的不平事，做一个扬名天下的英雄。

于是他从仓库里找出不知道哪一代的祖先留下的一副破破烂烂的盔甲，仔细擦洗干净后套在他麻秆似的身上，又带上一柄破烂不堪的长剑、一根锈迹斑斑的长矛，骑着一匹瘦骨嶙峋的瘸腿老马出发了。

堂吉诃德很快就遇到了第一个遭难的对象：一个放羊的孩子被他的主人绑在树上狠狠地抽打。堂吉诃德严词训斥了那个地主，责令他放了那个孩子，并且要如数把孩子的工钱支付给他。地主被堂吉诃德吓住了，就一一照办。但是等他走了以后，就又把小孩绑在树上，狠狠地抽打了一顿。不久他又遇到一个商人，商人抱怨说他的妻子是如何的不善解人意。堂吉诃德这下又不愿意听了，就逼迫商人改口说他的妻子是一个贤惠善良的贵妇人。商人当然不会买他的账，于是两个人就打了起来。结果瘦弱的堂吉诃德被强壮的商人打得遍体鳞伤，回去后好几个月都下不了床。

家人看到他这个样子，知道都是骑士小说惹的祸，就把家里所有的骑士小说都烧了。但堂吉诃德仍然执迷不悟，认为世上最迫切需要的是游侠骑士，而游侠骑士的复兴全靠他一人。他认为自己这一次失败的原因是没有仆人，因为书里的骑士都有自己的仆人。于是他就找到忠厚老实的邻居桑丘·潘沙，让他作为自己的随从一起去冒险，并且许诺将来会封他做总督。桑丘禁不住这样的诱惑，就答应了他的要求。

堂吉诃德等身体养好，就带着他的仆人又一次上路了。他们在路上看见远方有几十架风车，堂吉诃德就告诉桑丘："那边有几十个巨人，现在我去把他们打死，等有了战利品我们就发财了。"然后不顾桑丘的阻止就冲了过去。但是他刚把长矛刺进风车，就被高速旋转的风叶给狠狠地甩到了一边。

桑丘带着头破血流的堂吉诃德来到了一个客栈，然而堂吉诃德又开始胡闹了，非要说这个客栈是一个魔窟。他冲进了客栈的酒窖，把盛葡萄酒的木桶都砸烂了，然后指着流出来的葡萄酒说这就是魔鬼的血液。老板气坏了，让堂吉诃德赔偿损失后又把他们赶了出去。可是堂吉诃德根本就不认为自己错了，又做了许多令人哭笑不得的傻事，最后被忍无可忍的人们锁在笼子里送回了家。

然而堂吉诃德还是没有吸取教训，当他听说萨拉戈萨有比武时，就又带着桑丘出去行侠仗义了。他们碰到了各种奇遇，也干了更多的荒唐事，后来差点被人弄得连命都没了。他的邻居参孙为了让他回家，就化装成"白月骑士"找他比武，约定谁要是败了就要听从对方的处置。堂吉诃德毫无意外地输了，只好乖乖地回了家。这次他到家没有多长时间就卧床不起，到临死的时候终于醒悟了过来，原来骑士小说是个害人的东西。于是他就立下遗嘱，不许他的侄女——这是他唯一的亲人——嫁给读过骑士小说的人，否则就剥夺她的遗产继承权。

这部小说描写的场面恢宏庞大，细腻地刻画了将近 700 个人物。《堂吉诃德》真实地反映了 16 世纪末 17 世纪初西班牙的封建社会现实，揭露了正在走向衰落的西班牙王国的各种矛盾，谴责了贵族阶级的荒淫无耻，对人民的疾苦表示深切的同情。《堂吉诃德》出版后，依附于封建统治的骑士文学再也没有了市场，使西班牙的古典艺术攀上了新的高峰。

塞万提斯是欧洲近代现实主义小说的先驱，欧洲各国现实主义文学的发展都深受他的影响。

—— 文学巨匠莎士比亚 ——

欧洲有句著名的谚语："宁愿失去一个英国，也不愿失去莎士比亚。"莎士比亚是世界级的文学巨匠，他在短短的 52 年的生命里创作了 39 部戏剧、154 首十四行诗、2 首长叙事诗。他写的剧本全世界的主要语言都有译本，没有任何一个剧作家能够超过他。为了纪念这个伟大的剧作家，现在许多国家每年还在他的生日当天上演他的剧本。共产主义的奠基人马克思曾经评价他是"最伟大的戏剧天才"。

儒略历 1564 年 4 月 23 日，威廉·莎士比亚出生于英国的斯特拉福镇。他的父亲早年务农，后来到镇上做了一个小商人，还一度当过小镇的镇长。莎士比亚少年时家庭条件还算不错，曾经到当地的一个文法学校念了六年的书，掌握了写作的基本技巧与较丰富的知识。除此之外，他还学过拉丁语和希腊语。但是他父亲在他 13 岁的时候经商失利，家境一下子破落了，无力供养莎士比亚继续上学，莎士比亚只好辍学给父亲当助手。

18 岁时莎士比亚结了婚，不到 21 岁就有了 3 个孩子。迫于生活的压力，他不得不到伦敦谋生。关于他去伦敦的原因还有一个有趣的故事：当地有一个有权有势的财主，怀疑贫穷的莎士比亚偷了他地里的庄稼，就让管家揍了他一顿。莎士比亚很生气，但是又斗不过这个财主，就写了一首打油诗讽刺他。不料这首打油诗不久就传得人尽皆知，那个财主不管到了哪里都有人用这首打油诗嘲笑他。财主恼羞成怒，就准备狠狠地收拾莎士比亚。莎士比亚听说后，就吓得跑到了伦敦。

莎士比亚刚到伦敦时举目无亲，衣食都没有着落，后来遇到了他的一个同学，就把他介绍到一个剧院当勤杂工。莎士比亚的工作是为看戏的观众照顾马匹，可是自幼就喜欢戏剧的莎士比亚经常被优美的歌声吸引，以至于忘记了自己的本职工作，为此常被客人投诉。剧院的经理听说后，就把莎士比亚叫了去，准备好好地训他一顿。不过在谈话中发现莎士比亚对戏剧有着精辟而又独到的见解，就改变了原来的打算，让他去后台做了一名杂役，还不时地让他客串一些小角色。

当时的伦敦人对戏剧十分挑剔，如果一部戏不好，那么他们绝对不会到这个剧院来第二次。所以剧院对剧本的需求也很大，要求随时都要备上几个剧本，一旦发现观众对上演的剧本不满意，就立刻换上新的来演。莎士比亚的编剧才能就在此时开始显现了出来，不时给剧院提供一些小剧本。

1590 年，他的第一部历史剧《亨利六世》三部曲完成，剧本上演后好评如潮，他成为伦敦戏剧界的一颗新星。此后他文思泉涌，创作的热情一发不可收，先后写出《理查三世》《错误的喜剧》《泰特斯·安德洛尼克斯》《驯悍记》等剧本，都大受观众欢迎，在伦敦戏剧界站稳了脚跟。

1595 年，《罗密欧与朱丽叶》上演了。这是一个悲剧，以两个家族的冲突为背景，演绎了一个凄美的爱情故事。这一剧本奠定了莎士比亚悲剧大师的地位。

第二年，莎士比亚又推出了著名的社会讽刺喜剧《威尼斯商人》，在剧中成功地刻画了高利贷商人夏洛克的形象，使"夏洛克"一词成为吝啬鬼和剥削者的代名词。也就是从这个时候起，莎士比亚所在的剧院进入了英国王室的视线，成了"宫内大臣剧团"，詹姆斯一世即位后改为"国王的供奉剧团"，莎士比亚也成了侍从和剧院的股东。

1601~1607 年，莎士比亚进入了创作的高峰期。这个时期莎士比亚因为对英国黑暗现实的失望和人文主义理想与现实的矛盾加剧，创作的剧本大都是悲剧，旨在揭露和批判社会的种种罪恶和黑暗。其中最为著名的五大悲剧是：《哈姆雷特》《奥赛罗》《李尔王》《麦克白》《雅典的泰门》等。其中最脍炙人口的是《哈姆雷特》，这也是莎士比亚所有戏剧中篇幅最长的一部，具有深刻的悲剧意义、复杂的人物性格以及丰富完美的悲剧艺术手法，代表了西方文艺复兴时期文学的最高成就。

《哈姆雷特》叙述的是丹麦王子哈姆雷特为父复仇的事。正在德国上大学的哈姆雷特王子忽然接到了父亲的死讯，等他到家后却发现他的叔叔继承了他父亲的王位，还要和他的母亲结婚。就在他茫然不知所措的时候，他父亲的鬼魂却出现在他面前，告诉他自己是被他的叔叔毒死的，让他给自己报仇。

哈姆雷特为了保护自己，就用装疯麻痹他的叔叔。但是这时他还不敢确定父亲是不是叔叔毒死的，于是就按照鬼魂所说的情节编了一出戏并邀请他的叔叔观看。到了杀兄篡位那一段时，他叔叔的脸色马上就变了，找了个借口不再看戏。于是哈姆雷特确定他的叔叔就是凶手。

然而决心报仇的哈姆雷特却失手误杀了恋人的父亲，他的叔叔借题发挥把他送去英国，准备借英国国王的手除掉这个祸根。哈姆雷特在半路上找机会逃回了丹麦，不料又发现恋人精神失常掉河里淹死了。恋人的哥哥在他叔叔的挑唆下又找哈姆雷特决斗，他叔叔在他们俩的剑上都涂上了毒药，结果他们两败俱伤，都死在了他叔叔的奸计之下。哈姆雷特临死前奋力刺死了他的叔叔，终于为他的父亲报了仇。

《哈姆雷特》被誉为欧洲四大名著之一，也是莎士比亚四大悲剧之首。《哈姆雷特》之所以被世人所喜爱，不仅仅是因为它有一个令人扼腕的悲惨结局，更在于这部作品带给了人们沉重的反思。

1608 年，莎士比亚对当时的社会更加失望，觉得自己的人文主义理想无法得到实现，就离开伦敦回到了家乡。莎士比亚晚年的写作风格发生了改变，他把自己的理想和希望都放到了戏剧之中，因此写的剧本都具有浪漫主义色彩，有《暴风雨》《冬天的故事》《辛白林》3部，还有一部历史剧《亨利八世》。

1616年4月23日，莎士比亚安详地离开了人间。他在生前就写好了自己的碑文："看在上帝的面上，请不要动我的坟墓，妄动者将遭到诅咒，保护者将受到祝福。"亲人们将他安葬在他家乡的一座小教堂旁，每年都有成千上万的人来到这里，凭吊这个欧洲文艺复兴时期伟大的作家、时代的巨人。

—— 迦梨陀娑与《沙恭达罗》——

印度的文学界流传着这样一句话："在所有的艺术形式中，戏剧最美。在所有的戏剧中，《沙恭达罗》最美。"《沙恭达罗》这部诗剧具有很高的艺术价值。

《沙恭达罗》的作者是古印度人迦梨陀娑。迦梨陀娑的生卒年月不详，但是可以确定的是，他生活在5世纪以前，是个婆罗门，精通梵语、才华出众、学识渊博。他的名字是一个复合词，"迦梨"是一个女神的名字，而"陀娑"的意思就是奴隶，合起来就是"迦梨女神的奴隶"。关于他的名字在印度有很多传说，最典型的一个是这样的：

迦梨陀娑出生于一个婆罗门家庭，自幼父母双亡，跟着一个牧牛人长大。从来没有受过教育，行为举止都粗鲁不堪，不过倒是有一副好皮囊，长得眉清目秀。有一个土王的女儿看上了他，就和他成了亲。不过婚后不久就发现这个年轻人是个绣花枕头，于是就对他恶语相向，还不让他去卧室睡觉。迦梨陀娑觉得这是对自己的侮辱，就来到迦梨女神的庙中跪了三天三夜，虔诚地祈求女神赐给他聪明和智慧。女神被他的诚意感动了，就赐给了他聪明的头脑和渊博的知识，从此他就成了一个伟大的诗人和学者。回到王宫后，不仅妻子和他重归于好，还成了土王的宠臣，是"宫廷九宝"之一。为了感谢女神的恩典，他就把自己名字改成了"迦梨女神的奴隶"。

印度流传下来的迦梨陀娑的作品很多，但是经过考证后，大部分都是托名的伪作，真正属于迦梨陀娑的作品只有诗剧《沙恭达罗》，叙事诗《鸠摩罗出世》《罗怙世系》，抒情长诗《云使》《时令之环》，戏剧《优哩婆湿》《摩罗维迦与火友王》七部作品。

《沙恭达罗》的文学价值最高，叙述的是国王豆扇陀和美丽的少女沙恭达罗悲欢离合的爱情故事。

年轻英俊的国王豆扇陀在打猎时射中了一只梅花鹿，受伤的梅花鹿把他带到了遥远的净修林里。他在这里遇到了美丽的女孩沙恭达罗，两个人一见钟情就私下成了亲。然而豆扇陀不能抛下他的臣民，在这里停留了一段时间后就要回去了。临走时他给沙恭达罗留下了一枚刻有自己名字的戒指，告诉她自己一回去就派人来接她进宫。

谁知道豆扇陀走后好些天都没有消息，沙恭达罗食不知味睡不安寝，干什么都是恍恍惚惚的。刚巧有一个急脾气的神仙到了这里，沙恭达罗无意中怠慢了他。神仙认为沙恭达罗不尊重自己，就生气地诅咒说："国王一定会把你忘掉！"沙恭达罗的女友听见了，赶紧去向神仙求情，说她不是故意的。神仙也后悔了，觉得自己这样做太过分了，可是他是神仙呀，说出去的话就不能改了，于是就在诅咒后面又加上一句"除非他看到了他留下的戒指"，其实就是相当于撤销了以前的那个诅咒。

一晃几个月过去了。沙恭达罗不知道她和国王春风一度后就珠胎暗结，她的肚子开始大了起来。她的养父知道情况后，就派人送她到城里去和国王团聚。然而在过河的时候她不小心把戒指掉到了河里，怎么都无法捞上来。沙恭达罗大惊失色，害怕神仙的诅咒真的会实现，可是想起两个人的海誓山盟，她还是决定去找国王。

神仙的诅咒果然实现了，豆扇陀根本就不承认和沙恭达罗有任何关系，还说沙恭达罗是个水性杨花的女人，故意到这里来败坏他的名声，怎么都不肯把她留下。王宫里其他的人也对沙恭达罗恶语相向，沙恭达罗想要回去，可是送她来的人早就走了，她根本就不认识回家的路。就在这个可怜的姑娘万念俱灰走投无路的时候，天空中闪了一道金光，一个神仙把沙恭达罗接到了天上。

不久有个人从鱼肚子里剖出一个戒指，发现上面有国王的名字，就赶紧把戒指献给了国王。国王见到戒指后立刻想起了和沙恭达罗在一起的点点滴滴，不由得对自己的行为后悔万分。他找人画了一幅沙恭达罗的画像，天天对着画像唏嘘不已，恨不得时光能够倒流。

有一个神仙非常同情这一对年轻人，希望有情人终成眷属，也不愿意看到豆扇陀骨肉分离，就把他带到了天上。豆扇陀在天上找到了沙恭达罗和儿子，带着她们回到了人间。他们的儿子就是印度民族的祖先，也是印度传说中最早的一个国王。

虽然这部诗剧的主题是"爱情"，但是除了爱情还有更多现象令人深思，它让我们看到了古代印度森严的等级制度和种姓关系，能够了解那时候的社会、政治、经济、法律、风俗等方面的情况。而且仅仅就"爱情"来说也有着鲜明的时代印记，作者通过这个爱情故事表达了他对当时社会上的一些事物的爱憎。

《沙恭达罗》有许多语言版本，深受读者的喜爱，伟大的德国诗人歌德曾经写诗赞赏道：

若想说出春天的花朵和秋天的果实，
若想说出人心中的所有爱慕和喜悦，
若想说出高天和大地，只用一个词，
沙恭达罗啊！只要提你的名字便说尽了一切。

—— 哥白尼与《天体运行论》——

文艺复兴时期，科学技术的发展进一步动摇了宗教神学的统治。特别是天文学有了长足的发展，宗教伪造的地心说越来越无法自圆其说，不得不黯然收场。在这个过程中，哥白尼的太阳中心说起到了巨大的、至关重要的作用。

1473 年 2 月 19 日，哥白尼生于波兰东部的托伦。他的父亲是一个商人，曾经当过市长，在哥白尼 10 岁的时候染上瘟疫去世了，此后哥白尼和他的哥哥、姐姐就投奔了他们的舅舅务卡施。

务卡施是赫尔斯堡的大主教，他发现少年哥白尼很喜欢听关于天上的太阳和星星的故事，就送给他一些天文学方面的书籍。哥白尼读了这些书籍后，就对天文学产生了浓厚的兴趣。

哥白尼的动手能力也很强，早在中学时就在老师的指导下制造出一具日晷。18 岁的时候，哥白尼以优异成绩考入克拉科夫大学。当时著名的人文主义者、数学家和天文学家布鲁楚斯基在这所大学任教，在他的教导下哥白尼在天文学和数学方面的知识得到了极大的提高，还学会了用天文仪器观测天象。

大学毕业后，务卡施没有让哥白尼工作，而是资助他前往意大利继续深造。哥白尼曾先后就读于波伦亚大学、帕多瓦大学和法拉腊大学，继续钻研数学、天文学、医学和法学。在意大利，他拜到了著名学者诺瓦拉的门下，还结识了文艺复兴的杰出人物达·芬奇。诺瓦拉富有怀疑精神，从不泥古不化，在诺瓦拉的影响下，哥白尼结合自己观察到的天体运行现象后，对欧洲占绝对统治地位的"地心说"产生了怀疑。

早在公元前 4 世纪，古希腊哲学家亚里士多德就提出了"地心说"的概念，到 2 世纪时，罗马的天文学家托勒密又加以推演论证，进一步使它成为一个系统的理论。地心说的核心是：地球是宇宙的中心，它是静止的，所有的日月星辰都围绕地球运转。这个说法显然是符合教会的利益的，因为《圣经》中也说"上帝先创造了地球，然后又创造了日月星辰让它们服务"。因为维护地心说，也就是维护自己的利益，所以教会从诞生的那一刻起，就把地心说奉为金科玉律，不允许任何人对它质疑。

然而真理是无法被长期压制的，天体的运行也不会碍于而改变自己的规律。随着天文学的发展，已经有无数的人发现，无法用地心说来解释每一种天文现象，开始怀疑地球不是宇宙的中心，例如古希腊哲学家毕达哥拉斯就不同意"地心说"的观点，认为宇宙的中心不是地球而是太阳。哥白尼了解到这一点后，结合自己的观察发现，如果假设太阳是宇宙的中心，那么许多无法解释的天文现象就可以说得通了。特别是他知道了托勒密为了发展地心说而假设的"轮"时，他认为，既然前人可以假设出"轮"来解释星体的运行，那么他也可以假设地球是围绕着某个星体做环行运动。

1506 年，哥白尼回到波兰在弗龙堡大教堂担任教士，为了方便观察天体，他拒绝了教堂为他提供的优渥的生活和工作条件，把教堂围墙上的箭楼作为他的宿舍兼工作室。他在那里设了一个小小的天文台，自己动手制造出简陋的观察仪器，开始了长达 30 年的天体观测。正是这种艰苦不懈的努力，使他写出了震惊世界的巨著《天体运行论》。

哥白尼在这部巨著中明确地指出，太阳是宇宙的中心，包括地球在内的所有行星都围绕着太阳运动，只有月亮才真正绕着地球旋转。

但是慑于教会宗教裁判所的淫威，以及当地和罗马教会的威胁，哥白尼不敢发表宣扬日心说的《天体运行论》。直到1539年春天，在德国青年学者雷迪卡斯（后来他成了哥白尼唯一的学生）和其他一些朋友的敦促下，以及为了反击教会对他的侮辱，哥白尼才下定决心把这部著作付梓。1541年秋天，雷迪卡斯把哥白尼的手稿交给了纽伦堡的一个出版商。这个出版商为了顺利地出版，就请了路德宗派的一位神学家匿名撰写了一篇前言，宣称"这部书不可能是一种科学的事实，而是一种富于戏剧性的幻想"，并且对书稿进行删减以符合当时的主流思想，然后于1543年的3月付印。第一版的《天体运行论》是残缺不全的，里面也有一些观点和知识并不是哥白尼的原意。直到18世纪中叶，有人在布拉格一家私人图书馆里发现哥白尼的手稿后，才于1873年出版了原版的《天体运行论》，不过这一版还缺少有关原子说的章节。全部的原版《天体运行论》已经是1953年的第四版了，而这时哥白尼已经逝世了400年。

然而哥白尼还是没有等到这本书的正式出版。1543年5月24日，就在样书送到他这里时，躺在病床上的哥白尼用颤抖的手指抚摩了一下《天体运行论》样书，随后就微笑着闭上了双眼，终年70岁。

从现代的科学观点来看，哥白尼的"太阳中心说"无疑仍然是错误的，但是这并不能否定他在那个时期的先进性。日心说的意义在于解放了科学，动摇了宗教神学的基础，让人们不再对教会宣扬的一切都唯命是从，有了怀疑和否定的勇气，让自然科学从宗教神学中解放了出来。

—— 火刑柱上的布鲁诺 ——

哥白尼的《天体运行论》出版后，确实让教会恐慌了一阵。但是也仅仅就是恐慌，一来因为哥白尼的学说本身就有缺陷，二来《天体运行论》的第一版是删减版，而且里面还有着许多迎合教会的内容，人们依然生活在蒙昧的迷信中，宗教神学仍然在自欺欺人地统治着人们的思想。不过宗教神学的宿敌布鲁诺出现了，他撕下了宗教神学的遮羞布，否定了宗教神学的核心。

布鲁诺是意大利人，1548年出生在那不勒斯附近的诺拉城。他家以前是个贵族，不过后来没落了，因此布鲁诺到10岁的时候才开始上学。最开始他在那不勒斯的一所私立人文主义学校就读，为了学到更多的知识，15岁的布鲁诺进入了多明我会僧团的修道院，第二年转为正式僧侣。布鲁诺学习十分刻苦，仅用了10年就获得了神学博士学位，还成了神父。布鲁诺在修道院不仅学习了神学，还自学了多门学科的知识，特别是天文学。

因为有着教士的身份，布鲁诺有机会阅读修道院里的"禁书"，开始对宗教神学有了怀疑。哥白尼的《天体运行论》更是开阔了他的眼界，让他来到了一个新的科学世界。此后，布鲁诺开始对黑暗的基督教神学世界嗤之以鼻，经常在公开场合抨击教会奉为神圣不可侵犯的地心说，否定教会的经院哲学派发表的教义，而且在日常行为上也是"离经叛道"。教会对他的言行极为愤慨，就责令他收回自己的言论，可是布鲁诺对教会的警告不屑一顾，仍然发表了动摇教会统治基础的文章。于是罗马教皇就宣布他是"异端分子"，并且革除了他的教职。1576年，28岁的布鲁诺为了躲避宗教裁判所的迫害逃离了修道院。

然而在宗教裁判所的通缉令下，不仅是意大利，就是整个欧洲都没有了他的立足之地，他不得不在欧洲各国的城市过着颠沛流离的生活。但是即使是在这么艰苦的日子里，他仍然坚持宣传先进的科学理念，揭露宗教神学的黑暗和落后。1583年布鲁诺来到伦敦，在这里度过了两年多比较安静的日子。这时他的科学思想已经完全成熟，他利用这段时间写出了几部作品：《灰堆上的华宴》《论原因、本原与太一》《论无限、宇宙和众多众世界》《驱逐趾高气扬的野兽》《飞马和野驴的秘密》《论英雄热情》等。

布鲁诺仔细研究了哥白尼的日心说后，指出了哥白尼的许多错误，并且进一步发展完善了天体运行的学说。他认为，太阳只是太阳系的中心，太阳本身也在围绕着某个中心做环形的运动；而太阳系之外还有无限的星系，这些星系构成了宇宙；宇宙是自己形成的一个统一的整体，它既没有边界也没有中心；生命也不仅仅只是地球上存在，茫茫太空中的其他星球也同样有生命。

他的学说给了宗教神学沉重的一击：既然宇宙没有中心，那么也就没有了上帝的住所；如果其他的星球也有生命，上帝造人的说法也就不攻自破了。

布鲁诺的思想太超前了，他的学说也太惊世骇俗了！同时代的人根本无法理解，就连被尊为"天空立法者"的天文学家开普勒都无法接受，认为这是"骇人听闻"的事。罗马教廷更是气得牙痒痒，以卑鄙无耻的手段收买了布鲁诺的一个朋友，将他骗回了意大利。1592 年 5 月 23 日，布鲁诺进入意大利境内不久，教廷就逮捕了他，并在第二年的 2 月送到罗马关押在宗教裁判所的监狱里。

布鲁诺是一个真正的汉子，有着钢铁般的意志，在宗教裁判所的监狱里熬了七年的酷刑。在这他七年里，宗教裁判所为了让他"迷途知返"，用了各种各样的手段，但是不管是高官厚禄还是严刑拷打，布鲁诺的回答永远都是一个字："不！"最后负责审问的主教恼羞成怒，就威胁他："你现在后悔还来得及，如果再执迷不悟，那我只能宣判你死刑。"布鲁诺平静却有力地说："真理面前，我绝不退让半步。"教廷见布鲁诺不肯屈服，就残忍地宣布把布鲁诺以火刑处死。

1600 年 2 月 17 日，宗教裁判所在罗马的鲜花广场上竖起了火刑柱，用浸过水的麻绳把布鲁诺紧紧地绑在了上面。布鲁诺对即将到来的死亡毫不在意，平静安详地注视着那些来看热闹的人们。当刽子手问他还有什么遗言的时候，布鲁诺傲然回答："火并不能把我征服，未来的世纪会了解我，知道我的价值！"刽子手把手中的火把伸向了柴堆，熊熊的烈火燃烧了起来，52 岁的布鲁诺为真理献出了他的生命。布鲁诺死后，教会因为害怕人们把这位伟大思想家的骨灰带回去纪念他，匆匆忙忙把他的骨灰连同泥土一起抛撒到台伯河中。

教会可以烧掉布鲁诺的肉体，但是他们永远烧不掉布鲁诺的精神，也永远烧不掉人们追求真理的渴望。就在布鲁诺殉难这一年的 6 月 9 日，人们在鲜花广场上竖立起布鲁诺的铜像，纪念这位无比英勇的战士，为了人类的进步英勇献身的科学家。

真理是抹杀不了的。随着科学的发展，教会也不得不承认布鲁诺的理论是正确的。1992 年，梵蒂冈的罗马教廷做出决议，为 390 多年前被宗教裁判所用火刑处死的意大利哲学家布鲁诺平反，并恢复其名誉。

—— 科学斗士伽利略 ——

伽利略是欧洲近代自然科学创始人之一，一位百科全书式的科学家，在自然科学的多个学科都有着很高的建树。

1564 年 2 月 15 日，伽利略出生于意大利比萨市一个没落的贵族家庭。伽利略的父亲是个多才多艺的音乐家，精通希腊文和拉丁文，在数学上是也颇有造诣。在父亲的影响下，伽利略对音乐、诗歌、绘画以及机械都有着浓厚的兴趣。

按照父亲的安排，伽利略在 17 岁时考入比萨大学学习医学。但是年轻的伽利略对医学并不感兴趣，他更喜欢的是数学、物理和如何制造仪器。四年后，伽利略因为家里无法继续支付他的学费而退学，回到了家乡做了一个家庭教师。不过他在这四年里学到了很多有用的知识，还得到了宫廷数学家里奇的精心辅导。回到家乡后，伽利略把阿基米德的浮力原理和杠杆原理结合起来，获得了精密的测量方法，发明了用以测定合金成分的"液体静力天平"。25 岁时，伽利略写了一篇论固体的重心的论文，引起了学术界的注意，被誉为"当代的阿基米德"，伽利略也因此被比萨大学聘为教授。

伽利略重视实验，认为不管是什么理论，只有通过了实验的验证才是正确的。他不盲信古人，如果他感觉自己的想法和那些先哲的定论有不同的地方，就一定会想方设法地做实验来求证究竟是自己错了还是先哲错了。1590 年，他在比萨斜塔做了有名的"两个铁球同时落地"的实验，用事实否定了统治 2000 年的亚里士多德的落体运动法则（重物比轻物下落快）。

1591 年，伽利略的父亲去世了，他不得不挑起养活整个家庭的重担。于是他在第二年离开了比萨大学，前往学术空气自由的帕多瓦大学任教。伽利略的学术水平很高，讲课深入浅出、通俗易懂，而且涉及到的知识面极广。学生们都很喜欢他的课，每次他讲课时大厅里都挤得水泄不通，就连瑞典和苏格兰的学生也听说了他的名声，不远千里慕名而来。伽利略的学生中不少后来都成了著名的学者。

伽利略告诉学生们，所有的事物都在运动，宇宙中没有任何东西是绝对静止的，哪怕小到原子、大到星球，即便是宇宙本身也在运动，这一点是与亚里士多德的学说相悖的。

伽利略在仪器制造方面的天赋也是很高的。1609 年，伽利略听说荷兰人发明了望远镜，但是荷兰人保密工作做得很好，他并没有见过实物。于是他就根据听说过的一鳞半爪的原理自己制造了一个。刚开始的倍率为 3，他又做了改进，很快达到了 9 倍倍率，最后竟然达到了惊人的 32 倍倍率，这已经超过了荷兰人的望远镜了。他将自制的 32 倍率望远镜送给威尼斯的市议会，市议会对他的成就非常赞赏，对这位杰出的物理学家刮目相看。

伽利略通过他自制的望远镜观察月亮时，发现月亮和地球一样，它的表面覆盖着苍茫逶迤的"大山"和浩瀚无际的"海洋"。按照亚里士多德的学说及《圣经》的教义，月亮应该是完美无缺的，表面是完全光滑的银白色，可是伽利略却推翻了这个观点。他还用这架望远镜去观察银河，发现银河是由无数的星星组成的，只不过有的星星太远，光凭肉眼是无法发现的。

伽利略的观察证明哥白尼、布鲁诺的学说是正确的，他很快就把这些发现整理成书，以《星球的使者》为题向全世界做了介绍。伽利略的发现惊动了整个科学界，人们惊讶地说："哥伦布发现了新大陆，伽利略发现了新宇宙！"

虽然伽利略取得了巨大的成就，但是他仍然没有满足，想在科学领域里取得更多的成果。于是他辞去了帕多瓦大学教授的职务，接受托斯卡纳公国大公的聘请，担任宫廷首席数学家和哲学家的闲职与比萨大学首席数学教授的荣誉职位。1611 年，他观察到太阳黑子及其运动，对比黑子的运动规律和圆运动的投影原理，论证了太阳黑子是在太阳表面上；他还发现了太阳自转。

伽利略发表了近代自然数学化运动的宣言，阐述了近代机械自然观的基本立场："哲学被写在宇宙这部永远在我们眼前打开着的大书上，我们只有学会并熟悉它的书写语言和符号以后，才能读懂这本书。它是用数学语言写成的，字母是三角形、圆以及其他几何图形，没有这些，人类连一个字也读不懂。"

伽利略的研究渐渐地触及了宗教神学的禁区，而他又是个虔诚的基督徒，宗教裁判所于 1633 年 6 月 22 日宣布将伽利略终身监禁，不久又改成了在家软禁，1637 年他双目失明。即便这样，这位科学巨匠仍然没有放弃科学研究，还和托里拆利讨论如何应用摆的等时性设计机械钟，还讨论过碰撞理论、月球的天平动、大气压下矿井水柱高度等问题。

1642 年 1 月 8 日凌晨 4 时，伟大的伽利略——为科学、为真理奋斗一生的战士离开了人世，享年 78 岁。1992 年，教皇撤销了 1633 年对他的指控，恢复了这个基督徒的荣誉。

—— 哈维与《心血运动论》 ——

威廉·哈维于 1578 年 4 月 1 日出生于英国肯特郡福克斯通镇。他是家中的长子，父亲是当地有名的地主，一度当过福克斯通镇的镇长。

哈维从小好学，在坎特伯雷王家学校接受了严格的初、中等教育，16 岁时进入剑桥大学学习医学。1600 年，哈维又进入意大利的帕多瓦大学继续深造，师从著名的解剖学家法布里克斯，成为老师的得力助手。两年后，哈维以优异的成绩获得医学博士学位，教授们在他的学位证书上写下了这样的赞语："威廉·哈维以突出的学习成绩和不平凡的才能引人注目，并获得本校讲授解剖学、医学和外科教授们的赞扬。"

1603 年，哈维学成归国。不久哈维就结婚了，他的妻子是伊丽莎白女王的御医朗斯托洛的女儿。这桩婚姻对哈维的事业帮助很大，很快他的母校剑桥大学授予他博士学位；1607 年他当选为英国皇家医学院委员；两年后被委任为圣巴托罗缪医院的医师。

哈维不仅有着高明的医术，还有着高尚的医德。他每个星期都要抽出一天的时间亲自为平民坐诊，即使患者无力支付医疗费用他也毫不在意，如果患者行动不便，他还会上门医治。在他的心目中，医生就应该为穷人办好事。因为医术精湛又认真负责，哈维很快就成为伦敦的名医之一。

哈维还是一名出色的外科医生，他曾经用结扎动脉断绝病灶养分的方式治愈过肿瘤。也正是这个手术的成功，使他对盖伦的血液循环理论产生了怀疑。

盖伦是古希腊的医学家，生活在公元前 2 世纪，他认为人体中有两种不同功能的血液。但是他无法解释血液是怎样流动的，说这是上帝的安排。凡是能够体现上帝无所不能的理论都是教会的需要，因此盖伦的理论就被教会定为金科玉律，谁都不能怀疑和挑战。

在哈维之前不是没有人怀疑过盖仑的学说，但是他们都被教会处死了："解剖学之父"、比利时医生维萨里被宗教裁判所判处死刑；发现血液小循环系统的西班牙医生塞尔维特被当作异教徒活活烧死。哈维没有被吓倒，他在家中建了个实验室，决心弄清人体血液的奥秘。

哈维的实验首先从动物开始。他解剖了40多种动物，发现这些动物的血都是由心脏、动脉、毛细血管、静脉又回到了心脏，并不是像盖仑说的那样来回流动。他还设法测出了心脏每收缩一次的泵血量是50~70毫克。按照正常人每分钟心跳是70次，每次泵血量取最小值50毫升，那么每分钟的泵血量是3500毫升。由于血液的密度和水差不多，那么每分钟就是3.5公斤，一天就是5040公斤！按照盖仑的理论，这些血液都是人体自己造出来的，显然这是不可能的事，因为人一天内吸收的营养根本就造不出这么多的血液，人体内也无法存储这么多的血液！唯一的答案就是，人体内只有一定量的血液，这些血液在人体内循环往复不停流动。

随后哈维的研究又有了进展，他发现心脏并没有造血功能，只不过是血液循环的中转站和动力站。心脏的肌肉收缩给了血液压力，血管充血扩张产生脉搏；血液经右心室排出，从肺动脉、肺脏和肺静脉进入左心室，再由左心室进入主动脉，送往肢体各部，最后由肢体静脉回到右心室，这就完成了一次循环。如此周而复始，永远不停地向着一个方向循环。人体就是靠着这种血液循环，不断地进行新陈代谢。这就是著名的哈维血液循环理论。

1628年，哈维出版了《心血运动论》。此书一出世，反对他的人便恶意攻击他，说他是疯子、精神病患者。有人叫他"循环的人"，意思是行走在街上的卖药人，这是当时的贬义词。教会还攻击哈维，认为他的著作是"荒诞的、无用的、有害的"。找哈维看病的人也少了起来。

《心血运动论》这部只有72页的小书，确立了血液循环运动规律及其实验依据，是生理学史上划时代的巨著，它宣告了生命科学新纪元的到来。

到哈维晚年，血液循环的观点被大多数人所接受。

1657年6月3日，哈维获得了最终的荣誉，在伦敦去世，他也被后世尊称为"生理学之父"。

—— "现代实验科学之父" 培根 ——

  1561 年 1 月 22 日，伊丽莎白女王的掌玺大臣尼古拉·培根家里又增添了一个新的生命，这个孩子就是弗朗西斯·培根。培根的母亲安妮出身贵族，有着良好的教养和学术气质，曾参与宗教著作的翻译工作，在这样的家庭里，培根从幼时就得到了良好的教育。

  培根自小就身体孱弱，经常生病。他很爱学习，即使是那些大人读的书他也会看得津津有味，少年时就掌握了很多知识。有一次伊丽莎白女王遇见了他，就问了他很多问题，小培根回答得非常庄重得体，女王非常高兴，戏称他为"小掌玺大臣"。

  培根 12 岁就进入剑桥大学三一学院学习。在校期间，他不仅学习了哲学、语法、逻辑、修辞等课程，还广泛阅读了古希腊哲学家柏拉图、亚里士多德等人的著作。不过剑桥大学还是经院派哲学和宗教神学当家，将亚里士多德的话奉为经典，不允许学生提出疑问。这就使得培根开始怀疑传统的观念和信仰，于是就抛开了这些陈腐的教导，独自去思考社会和人生的真谛。由于培根非常聪明与刻苦，虽然他的年龄很小，却早已在学校中声名远播。

  他对什么是哲学家有个形象的比喻：理性主义者好比蜘蛛，只知从自己腹中吐丝织网；经验主义者好像蚂蚁，只知收集材料；而真正的哲学家应当如同蜜蜂，从花园与田野中广泛采集花粉，然后酿成蜂蜜。正是因为重视观察和总结，培根创立了由个别事例上升到一般原则的归纳法，用以代替长期统治西方的亚里士多德的偏重演绎法的形式逻辑。

  培根的家族可以说是个政治家族，这对他以后的仕途发展帮助很大。他 15 岁就作为英国驻法大使的随员来到了法国。他在法国工作了两年多的时间，几乎整个法国都留下了他的足迹。他接触到不少新的事物，汲取了许多新的思想，使得他的世界观产生了极大的变化。1579 年，他的父亲突然病故，培根不得不回国奔丧。因为失去了生活来源，他只好一边学习法律一边找工作。三年后培根取得了律师资格，随后又在1596年被女王聘为特别法律顾问。詹姆斯一世登基后他更是青云直上，被任命为英格兰的大陆官，还被封为奥尔本斯子爵。

但是培根的志向和兴趣不在国务活动上，他更喜欢把时间花在对科学真理的探求上。1597年，培根出版了自己的著作《培根论说文集》。这本书一出版就洛阳纸贵，曾经多次出版。1620年培根又出版了《新工具》，在这本书中，他提出了我们耳熟能详的"知识就是力量"。他认为，要想控制自然、利用自然，就必须掌握科学知识；真正的哲学必须要研究自然、研究科学。而研究自然、研究科学的最好的办法就是科学实验，只有实验才能获得真正的知识。《新工具》的出版给培根带来了巨大的成功，他在社会上的影响也越来越大。

不过培根很快就在政治上受到了严重的打击——有人控告他在法官的任上受贿。有趣的是，当时英国法律对受贿的定义是这样的：接受别人的钱财并妨碍了公正的审判。说白了就是"贪赃"没问题，但是如果"枉法"就不行了。而培根就是属于"贪赃"了但是没有"枉法"。本来他是可以胜诉的，但是因为顾虑詹姆斯一世的政治环境没有为自己做一个字的辩护。1621年，培根被判决监禁于伦敦塔内，终生被逐出朝廷不得为官，不得进入国会，而且被处以4万英镑的罚金。不过他也是伦敦塔关押时间最短的犯人，仅仅在这里两天就被詹姆斯一世特赦了，还把罚金退给了他。但是培根从此再也无心仕途，把全部精力都投入到自己的哲学和科学研究事业之中，他成为历史上最具有影响力的科学家之一，也成了后人口中的"科学之父"。

1626年3月底，伦敦下了一场大雪，当时培根正在潜心研究冷热理论及其实际应用问题。当他看到地上堆满了厚厚的白雪时，忽然想要试验一下低温对有机物腐败的影响，于是他就宰了一只鸡并除去内脏，把鸡肚子里填满了雪。然而这么低的温度不是他羸弱的身体能够承受的，当天夜里他的支气管炎就复发了。由于年事已高，在当时的医疗条件下也没有有效的药物和治疗手段，一代实验科学的创始人于1626年4月9日清晨病逝。

培根是西欧哲学史上第一个比较全面而深刻地批判经院哲学的伟大哲学家。他以自己的伟大著作奠定了英国经验主义的哲学基础，把经验从一向受贬斥的卑贱地位提升为一种科学原则、一种考察方法，对于哲学史与科学史都具有重大意义。他的贡献对于整个人类社会都具有巨大的革命性转变的影响。弗朗西斯·培根是英国的唯物主义与整个现代实验科学的创始者。

—— 伟大的数学家笛卡尔 ——

　　勒内·笛卡尔是文艺复兴时期法国著名的哲学家、数学家、物理学家，同时他还是一个神学家。

　　1596 年 3 月 31 日，勒内·笛卡尔出生在法国一个名叫拉哈耶的小城。在笛卡尔 1 岁多的时候，他的母亲因肺结核去世了。笛卡尔也受到了传染，幸亏保姆细心照料，笛卡尔才转危为安，"勒内"在法语中就是"重生"的意思。但是这场大病还是给幼小的笛卡尔留下了后遗症，他的童年一直都体弱多病。

　　笛卡尔的父亲乔基姆是一名法官，同时还是一名议员，家庭条件很富裕。父亲再婚后去了外地，年幼的笛卡尔跟着外婆生活。考虑到笛卡尔羸弱多病无法去学校上学，乔基姆不惜重金请来家庭教师让笛卡尔完成小学教育。或许是幼年丧母和常年见不到父亲的缘故，笛卡尔有了沉思的习惯和孤僻的性格。父亲见他颇有哲学家的气质，就亲昵地称他为"小哲学家"。

　　8 岁时，笛卡尔被父亲送进了欧洲最有名的贵族学校皇家大亨利学院读书，这个学校位于拉弗莱希。因为是耶稣会办的学校，讲授的课程都是被教会奉为经典的经院哲学，也就是一种为神辩护的哲学。这种课程脱离自然、反对科学，很多地方都是模棱两可甚至是前后矛盾的，很多生活中的常见现象都解释不了，只能推给"无所不能"的神。勤奋好学的笛卡尔对此很不满意，他觉得这几年除了数学以外根本没有学到任何知识。

　　按照父亲的建议，笛卡尔在 16 岁时开始攻读法律，并在四年后取得了法学博士学位。毕业后他开始游历欧洲，希望能够通过走万里路来寻求科学的真谛。在这段时间里，数学成了笛卡尔的最爱，只要有时间就会钻研各种数学问题。

　　1618 年，笛卡尔加入了军队。在荷兰服役的时候，笛卡尔曾经在布雷达的城墙上看到用荷兰语写的什么问题，一大群人围在旁边看。笛卡尔不懂荷兰语，就问旁边的一个老人上面写的是什么，老人告诉他是一道数学难题。笛卡尔很感兴趣，就请求老人帮他翻译成法文，老人答应了，还给笛卡尔留下了自己的联系方式，让笛卡尔解开这个难题后把答案寄给他。这个老人就是荷兰多特学院的院长毕克曼教授。两天后，笛卡尔把解题的过程和答案寄给了毕克曼。毕克曼十分欣赏笛卡尔，对他说："你的数学基础深厚，才思敏捷，离开军队，搞数学研究吧，你会成功的。"笛卡尔没有听从教授的建议马上离开军队，但是他没有放下对数学的研究，直到 1621 年才退伍。

笛卡尔退伍后回到了法国，不过法国当时正处于内乱，他无法安心地进行学术研究，于是就迁到意大利住了两年，后来又回到了巴黎。

1628 年，笛卡尔移居荷兰。这时荷兰资产阶级革命已经成功了，有了进行科学研究的社会条件，不必再担心教会的压制和迫害。

笛卡尔在荷兰住了 20 多年。也正是在荷兰期间，他的学术思想达到了大成境界，取得了辉煌的成就，他的主要著作基本上都是在荷兰完成的。1628 年，《指导哲理之原则》完稿；1634 年，完成了《论世界》，总结了他在哲学、数学和许多自然科学问题上的一些看法；1637 年，笛卡尔把《论宇宙或光》的主要部分整理成了三篇文章公开发表，这就是数学史上划时代的著作《几何学》《屈光学》《气象学》。与此同时，他还写了一篇序言，名为《科学中正确运用理性和追求真理的方法论》。

《几何学》是笛卡尔的主要数学成果。他创立了平面直角坐标系，又把代数和几何结合在一起创立了解析几何。解析几何开拓了变量数学的广阔领域；而变量数学标志着函数概念的萌芽，为微分、积分的创立奠定了基础。笛卡尔的这些成就，为后来牛顿、莱布尼兹发现微积分，为一大批数学家的新发现开辟了道路。

笛卡尔的哲学成就也很高。笛卡尔被广泛认为是西方现代哲学的奠基人，开创了自己的一套完整的哲学体系，把唯物主义和唯心主义融为一体，在哲学史上产生了深远的影响。他是二元论的代表人物，有一句名言"我思故我在"。在认识论上，笛卡尔崇尚理性，认为理性比感官的感受更可靠。

1649 年 10 月，笛卡尔来到了瑞典首都斯德哥尔摩，他是来为女王讲授哲学和数学的。但是瑞典的寒冷气候显然不是体弱多病的笛卡尔能够承受的，他很快就病倒了。1650 年 2 月 11 日，笛卡尔与世长辞。

笛卡尔的骨灰在 1819 年移葬到法国圣日耳曼的圣心堂里，墓碑上写着这样一句话："欧洲文艺复兴以来，第一个为人类争取并保证理性权利的人。"

笛卡尔是 17 世纪的欧洲哲学界和科学界最有影响的伟人之一，被誉为"近代科学的始祖"。

—— 科学巨匠牛顿 ——

就在伽利略去世那一年（1642年）的圣诞节，人类又一个科学伟人出生了，他所取得的成如此巨大，以至于开辟了一个新的时代。他就是英国的著名科学家艾萨克·牛顿。

牛顿的家乡在英格兰北部林肯郡的伍尔斯托普村。牛顿的父亲在他出生前就去世了，母亲因为悲痛而早产，牛顿出生时只有3磅重，很多人都担心他活不下来。等牛顿3岁多的时候，母亲又因生活所迫改嫁了，牛顿被留给了年迈的外祖母。

中学以前的牛顿并没有什么出彩的地方，学习成绩并不好，甚至可以说比较差，而且性格孤僻、沉默寡言，和其他人也合不来。不过小时候的牛顿喜欢思考，动手能力比较强，能够自己制作会活动的玩具，同时也喜欢数学和绘画。

12岁时牛顿到格兰山镇上中学。因为金格斯中学离家比较远，他就寄宿在药剂师克拉克的家里。当时还没有闹钟，为了按时起床上学，他就用木箱和玻璃瓶做了一个简易的"水钟"，每天到了起床的时间瓶子里的水就会滴到他的脸上把他叫醒。

然而中学没有上多久牛顿就辍学了。因为家里的经济条件比较差，他的母亲不得不停止了他的学业，以减轻家里的负担。可是牛顿此时已经对学习有了浓厚的兴趣，一有机会就读书，以致耽误了农活。他的舅舅好几次看到他躲在田地里看书、演算数学题目，被他的好学精神感动了，就劝说牛顿的母亲让他复学。

牛顿果然没有辜负亲人们的期望，1661年，19岁的牛顿以减费生的身份进入了剑桥大学的三一学院，从师于巴罗教授。在巴罗教授的教导下，牛顿的学业突飞猛进，三年后成为三一学院的研究生，接着又被选为校委。

1665年，牛顿从剑桥大学毕业了。牛顿决定留在大学的研究室工作。然而就在这一年的6月，淋巴腺鼠疫席卷英国，剑桥大学也未能幸免。为了躲避瘟疫，牛顿回到了伍尔斯托普乡村的老家。

牛顿在伍尔斯托普待了两年。在这两年里，牛顿对自然科学中的许多领域进行了研究，也取得了重大的进展。数学方面发现了二项式定理、微积分；物理方面发现了万有引力定律，还用三棱镜把白光分解成七色光，并确定了每种颜色光的折射率；天文学方面他开始探索行星椭圆轨道的问题，试图把苹果落地与月亮绕地球联系起来。

1667 年，牛顿重返剑桥大学，在巴罗教授的指导下继续从事科学研究。1669 年，牛顿当上了剑桥大学的卢卡斯讲座数学教授，年仅 27 岁，此后他一直担任此职到 53 岁。1672 年，他成为伦敦皇家学会会员，后来成为会长，同时他还是法国科学院的院士。牛顿还曾经当过皇家造币厂的负责人，被女王封为爵士。

牛顿对科研工作十分用心，他曾经一连六个星期不分昼夜地在实验室工作，直到实验做完才回家。还有一次他请朋友吃饭，大家都坐好了，他就去隔壁拿酒。他刚出去忽然想起了一个主意，可以解决实验中发现的问题，于是径直就去了实验室，把吃饭的事都忘了。另外有一次，他在厨房里煮鸡蛋，一边煮一边思考问题，竟然不知不觉地把自己的怀表扔进锅里煮了。

1687 年，牛顿在《自然哲学的数学原理》一书中阐述了万有引力定律和运动三定律，奠定了此后 300 多年的物理世界的科学观点，并成为现代工程学的基础。

1727 年，牛顿病逝于伦敦郊区。

牛顿是个伟大的科学家，他在物理（力学、光学、热学）、天文学、数学、哲学等各个领域都有着不可企及的贡献。虽然如此，他仍然非常谦虚，他在去世前说："我不知道世上的人对我怎样评价。我是这样认为的：我好像是在海滨上玩耍的孩子，时而拾到几块莹洁的石子，时而拾到几块美丽的贝壳并为之欢欣。那浩瀚的真理的海洋仍展现在面前。"

第六章

资产阶级革命时期

—— 尼德兰的资产阶级革命 ——

　　随着文艺复兴和科学技术的发展，欧洲的资产阶级已经成为一股不可轻视的力量，他们开始寻求更高的政治地位。不过封建统治者不会甘心让出自己手中的权力，斗争也就不可避免地发生了。资产阶级革命最早发生在尼德兰地区。

　　历史上的尼德兰是一个地区，包括现代的荷兰、比利时、卢森堡和法国的东北部的一部分。中世纪初期，尼德兰属于法兰克王国的一部分，法兰克王国分裂后分属于德意志皇帝和法兰西国王，1516年后成为西班牙的属地。

　　尼德兰的手工业和工商业早在13～14世纪时就相当发达，新航路发现后经济更是得到了飞速的发展。16世纪时，尼德兰已经成为欧洲最先进、最富庶的地区之一，资本主义工商业也得到了长足的发展。

　　西班牙的封建专制制度严重影响了尼德兰的经济发展。在经济上，因为西班牙的残酷奴役和剥削，尼德兰大批的手工工场倒闭、工人失业，极大地遏制了资本主义经济的发展；在宗教上，查理一世在尼德兰设立了宗教裁判所，残酷迫害新教徒，还命令尼德兰总督一切重大事务都要听从教会首领格伦维尔的意见。这一切都引起了尼德兰新、旧贵族和资产阶级的不满，新贵族力图摆脱工商业发展的枷锁；旧贵族则希望通过宗教改革，夺取教会的土地和财产；而资产阶级的态度更激进，他们要求推翻西班牙的专制统治，废除封建制度，发展资本主义。

　　在西班牙的腓力二世上台后，他拒绝偿还尼德兰的国债，让尼德兰的许多银行濒临倒闭；他又抬高了羊毛收购的价格，尼德兰的很多纺织工场因此倒闭。尼德兰失业的人越来越多，加上西班牙政府对新教徒的迫害，人们对西班牙政府的怨恨越积越多。

　　1566年4月，尼德兰的大贵族奥兰治·威廉、厄格蒙特伯爵和荷恩大将等人，穿着乞丐的衣服，出现在总督府门口，要求总督废除迫害新教徒的法令。当时的尼德兰总督玛格丽特女公爵是腓力二世的姐姐，她傲慢地拒绝了请愿团的所有要求，并且蛮横地把他们全部赶了出去。

尼德兰人民对总督和西班牙政府极度失望，于是轰轰烈烈的资产阶级革命爆发了。

腓力二世听说尼德兰发生革命后，鉴于局势失控，立刻撤掉了玛格丽特，任命列克森为尼德兰总督，同时命令阿尔法公爵统兵来尼德兰镇压起义。在血腥的镇压过程中，尼德兰人民牺牲了 8000 多人，起义的领袖奥兰治·威廉也逃亡到了国外。

然而尼德兰人不会因为流血牺牲而屈服。威廉在外国势力的帮助下又回到了尼德兰，重新组织军队对阿尔法进行了反击。在尼德兰人民的支持下，起义军和西班牙殖民势力不屈不挠地斗争了数十年。

1574 年 5 月，列克森率军包围了海滨城市来登。来登军民誓死抵抗，克服了一切困难坚守了几个月的时间。后来他们掘开了海堤，西班牙军队全军覆灭。

来登保卫战的胜利是这次革命的转折点，从此尼德兰资产阶级革命风起云涌，波及了整个尼德兰地区，他们还组建了以奥兰治·威廉为首的革命政权。

1576 年 11 月，北方起义军和南方起义军在根特举行会议，决定放弃分歧，共同打击西班牙人。

1581 年，北方七省联合成立荷兰共和国。腓力二世虽然无法容忍荷兰的独立，但是他已经没有力量继续打下去了。在 1588 年无敌舰队覆灭后，西班牙人实际上已经默认了荷兰的独立。

1609 年 1 月 9 日，西班牙国王腓力三世与荷兰共和国签订了《十二年休战协定》，承认了荷兰的独立。尼德兰革命自此在北方取得完全的胜利。

尼德兰革命是历史上第一次成功的资产阶级革命，为资本主义的发展开辟了道路，它吹响了资产阶级革命的第一声号角，其作用是不可忽视的。

—— "无敌舰队"与格拉沃利讷海战 ——

16 世纪中叶，西班牙正处于顶峰时期。到腓力二世即位的时候，西班牙的领土不但遍及西欧，而且占据了加勒比海上的众多岛屿，墨西哥、秘鲁和智利都成了它的殖民地，甚至太平洋都成了西班牙的内海。在腓力二世继承了葡萄牙的王位后，大西洋中部、非洲沿岸、波斯湾、印度与东南亚的一连串殖民地也成了西班牙的属地，一时间西班牙成了 16 世纪的"日不落帝国"。

西班牙在"新大陆"攫取了大量的利益，几乎每天都有几艘运宝船满载着美洲的黄金白银和东方的香料驶进港口，这让欧洲各国眼红不已。这时候，英国正处于上升阶段，迫切需要大量的资金来进行资本主义的原始积累，于是当时的英国国王就收编了大量的海盗，发给他们"私掠许可证"来抢劫西班牙的运宝船，得手后国王和海盗进行分赃，还经常派他们的正规海军装成海盗直接下手。这些海盗中比较出名的是横行加勒比海的"海上魔王"德雷克，因为抢劫西班牙运宝船"有功"，不仅加入英国皇家海军（曾参加过格拉沃利讷海战），女王伊丽莎白一世还亲自登船赐给他皇家爵士的头衔，成为海盗中的传奇。

西班牙对英国的行为极为愤慨，多次警告英国停止海盗行为。但是英国仍然我行我素，两国民间的冲突愈演愈烈。到 1587 年，战争在所难免了。

为了报复英国的海盗行为，保护运输航线，西班牙国王腓力二世组织了一支庞大的舰队，号称"无敌舰队"远征英国。这支舰队包括 130 多条船，8000 名海军和 18000 名水手。

英国得知消息后也不甘示弱，立刻召回了在各海域"游猎"的海军，其中就包括著名的海盗德雷克、豪金斯和雷利，而且这些海盗还是舰队的主力。

1588 年 8 月 7 日傍晚，"无敌舰队"和英国海军在法国加来附近的格拉沃利讷海域要遇，但是由于天色已晚，没有发生大规模的战斗。当时英军只有 34 艘舰船和 6000 多名海军，双方的力量对比悬殊。但是英国在战舰的性能和战术方面都要比"无敌舰队"先进。为了迎战"无敌舰队"，英国海军将领霍金斯降低了船的高度，甲板和两旁舷窗都装上了新型的大炮，这种大炮反冲力小、发射快，射程也更远。在战术上，英军改变了传统的"接舷法"（也就是双方船只靠近，步兵跳上对方船上展开肉搏战），主要以远距离炮击为主。

8 日凌晨，战斗正式开始。"无敌舰队"因为舰炮的射程、射速、受弹面积均不如对手，遭到英国舰队的吊打，两支分舰队的旗舰中弹、撞伤，一个分舰队司令被俘。激战持续了一整天的时间，直到英军打完了所有的炮弹战斗才结束。因为英国人堵住了英吉利海峡的南端，战败的西班牙战舰不敢在战场停留，乘着风势向北逃窜，准备从苏格兰、爱尔兰西面绕道回国。12 日，大西洋上起了飓风，"无敌舰队"被风吹散了队形，部分船只失控飘到了英国西海岸，船员被英国人杀死。

14日深夜，飓风再次来袭，持续的暴风雨使得船员们无法测定纬度，只能根据磁罗盘的指示继续南行。到9月3日，能跟上旗舰"圣马丁"号的只剩下了60多艘船了。

当"无敌舰队"回到西班牙的时候，只剩下了65艘船，还不到原来的一半。即便如此，"无敌舰队"的噩梦还没有结束：舰队的船员大部分都患上了严重的坏血病和营养不良，有很多有经验的水手和士兵失去了生命。

格拉沃利讷海战对西班牙的影响极大，虽然这次海战对整个西班牙海军来说并没有伤筋动骨，但是失去了大量有经验的水手，从此西班牙的海军走下坡路。虽然后来西班牙又组建了四次无敌舰队，但是最终仍然没有能够阻止英国的崛起，失去了海上霸主的地位。而英国则凭借这次海战一跃而成为海上强国，走上了"日不落帝国"的道路。

—— 印度与东印度公司 ——

英国崛起以后，霸占的殖民地越来越多，最后遍及世界七大洲，所以英国人称他们的帝国为"日不落帝国"。在这众多的海外殖民地中，印度的地位最为重要，号称"英王王冠上一颗最明亮的宝石"。

1600年，125个英国商人凑了72000英镑，成立了一家名为"伦敦商人在东印度贸易的公司"，简称"东印度公司"。英国伊丽莎白女王给这家公司发了特许经营证，允许它垄断好望角以东各国的贸易权15年，其他英国商人不得在这一地区从事贸易活动。

1613年，东印度公司来到了印度西部的苏特拉，并在这里设立了一个贸易站，不久又在印度东南部的马德拉斯建立商馆。1698年，东印度公司又买下了加尔各答，并把总部迁到了这里。当时加尔各答还是一个小村庄，由于地处孟加拉湾的恒河出海口，地理位置十分重要，能够在这里大量收购恒河平原出产的糖、稻米、硝石、蓝靛、鸦片、丝织品和棉织品。从这时开始，东印度公司以加尔各答为基地，把印度的粮食和工业原料源源不断地运回英国，获得了丰厚的利润。

东印度公司的实力得到发展后，就占领了马德拉斯和另外一个城市孟买。随后就将孟买、加尔各答、马德拉斯设为管区，每个管区由一名省督管理，将这里变成进一步侵占印度其他地区的桥头堡。为了镇压印度人的反抗，东印度公司在加尔各答修筑了一个巨大的堡垒，里面驻扎着全副武装的英国军人。此外，这些英军还训练了一批印度伪军作为他们的仆从军。随后东印度公司开始对印度步步蚕食，成了许多土邦的太上皇。

1756 年，法国人唆使孟加拉王公西拉杰·乌德·达乌拉向东印度公司提出抗议，要求拆除加尔各答的堡垒，并支援他 53 尊火炮和 40 名法国炮手。英国人拒绝了他的要求后，达乌拉以武力收回了加尔各答。

东印度公司总司令克莱武用大量的金币收买了达乌拉手下的将领，随后在 1757 年 1 月率英军在恒河口登陆并重新占领了加尔各答。1757 年 6 月 23 日，达乌拉调遣 7 万大军与克莱武的 900 英军在普拉西地区决战。正好天降大雨，法国人支援的火炮因火药受潮无法开火，而训练有素的英国士兵早就做好了防潮工作，可以正常开火。因此，当孟加拉人如潮水般涌来的时候，遭到了英军轮番的排枪打击。被克莱武收买的孟加拉将领趁机退兵，引起了孟加拉军队的溃败。英军趁势追击，孟加拉军惨败，达乌拉也死在了战场上，而英军的伤亡只有 75 人（22人死亡，53 人受伤）。

英国军队乘胜追击，又兵不血刃拿下了孟加拉的首府，随后抢劫了孟加拉的国库。据不完全统计，英军有组织地掠走总价值达 3700 万英镑的金银珠宝，而装进士兵腰包的无法统计，东印度公司职员个人抢走 2100 万英镑。

普拉西战役之后，英军又击败了法军，从此独自霸占了孟加拉。对英国人来说，普拉西战役只是一次微不足道的小战斗，但是它为英国人侵占孟加拉，乃至最后侵占整个印度铺平了道路。

1767 年，英国议会通过了《东印度公司管理法》。这部法律规定，原加尔各答的省督改名为总督，并由英国直接任命，其任务是代表英国政府全权管理英国占领下印度的全部领土。至此，英国政府开始直接统治印度。而后，英国陆续占领了印度其他地区。1774 年，英军占领了奥德。1799 年，经过长达 23 年的战争之后，英国又占领了印度南部实力很强的封建国迈索尔。1849 年，又占领了印度西北部的旁遮普省。从此，英国完全占领了印度，印度沦为英国的殖民地。

—— "五月花公约" ——

随着资产阶级力量的壮大，在激进的加尔文教派的影响下，英国人对英国国教日益不满。16世纪60年代，在国教会内部出现了新的宗教派别，他们要求"纯洁"国教会，这些基督徒被称为清教徒。一部分激进的清教徒甚至要求反对设立国教，主张共和政体。

到了16世纪末期，英国政府和教会势力联手打击清教徒，为了躲避政府和教会的迫害，部分清教徒迁往荷兰避难。但是荷兰也不是清教徒们的天堂，他们在这里仍然会受到教会的迫害，而且无法逃避战争对他们的影响。更重要的是，他们的后代无法在荷兰接受英国式的教育，如此一代代地下去势必会消弱对故国的感情。为了保存自己的文化和传统，这些清教徒们决定再次迁徙。他们把目光投向了刚刚发现不久的新大陆，这里既物产丰富，又没有宗教迫害。

1620年9月，清教徒的著名领袖布雷德福带着102名同伴开始了前往北美洲的旅程。他们乘坐的是三桅盖伦船"五月花"号，排水量约180吨，长19.5米。

这个时间段并不是横渡大西洋的最佳季节，但是荷兰的形势太紧张了，他们多停留一天就多一天的危险。他们在海里航行了两个多月的时间，几乎每一天都要和暴风雨搏斗一番。等他们到达北美大陆的科德角（就是今天美国马萨诸塞州的普利茅斯港）时，"五月花"号的船体已经残破不堪了，船帆上打着很多补丁。

令人惊奇的是，尽管海况十分恶劣，他们在这次危险的航行中只死了一个人，但是一个新的生命又诞生了，所以到达美洲的人数仍然是102人。

在登陆之前，这些人中的41个男子集合在船舱里开会宣誓："以上帝的名义，我们这些签署人是蒙上帝保佑的大不列颠、法兰西和爱尔兰国王的信仰和捍卫者詹姆斯国王陛下的忠顺臣民。为了上帝的荣耀，为了增强基督教信仰，为了提高我们国王和国家的荣誉，我们漂洋过海，在弗吉尼亚北部开发第一个殖民地。

"我们在上帝面前共同立誓签约，自愿结为一个民众自治团体。为了使上述目的能得到更好的实施、维护和发展，将来不时依此而制定颁布被认为是这个殖民地全体人民都最适合、最方便的法律、法规、条令、宪章和公职，我们都保证遵守和服从。据此于耶稣纪元 1620 年 11 月 11 日，于英格兰、法兰西、爱尔兰第十八世国王暨英格兰第五十四世国王詹姆斯陛下在位之年，我们在科德角签名于右。"

这就是有名"五月花公约"。

宣过誓后，这些清教徒转乘小艇准备登陆。按照以前流传下来的规矩，他们首先登上了一块高耸于海面上的大礁石，随后他们的双脚踏上了北美洲的土地。"五月花"号在船长的命令下向他们鸣炮致敬，庆祝他们开始新的生活。这些移民把他们脚下的土地命名为"新英格兰"，用来纪念他们的家乡。后来他们最先登上的那块礁石被称为"普利茅斯圣岩"，成为美洲新英格兰第一个永久性殖民地的历史见证。

然而他们的新生活并不顺利。因为他们来到这里的时候正值北半球的冬季，上船前也没有充足的准备，粮食、御寒的衣物都极度匮乏，很多人都在这个寒冷的冬天冻饿而死，即使那些活下来的人也对未来失去了希望。

然而随着春天的到来，他们的命运有了转机。就在冰雪开化的时候，一个印第安人来到他们的居住点。在这些清教徒的附近有一个印第安人的部落，酋长知道这里来了一些白人后，就命人来这里看看他们是否需要帮助。缺衣少食的移民们仿佛看见了救星一样，虽然语言不通，他们就用手势向印第安人比画着他们面临的困难。印第安人应该是明白了他们的意思，说了一句话后就离开了。

几天后，酋长马萨索德给移民们送来了很多生活用品，并派来了最有经验的印第安人，教他们种地、捕鱼、打猎和及饲养火鸡等。

在当地印第安人的帮助下，移民们解决了生活问题，开始建设新家园。辛勤劳作了一年之后，他们盼来了丰收。为了感谢上帝的恩赐和印第安人对他们的帮助，首任总督威廉·布莱德福建议搞一个庆祝会。1621 年 11 月的第四个星期四，他们邀请了马萨索德和 90 名印第安人举行了一场盛大的庆祝会，人们一连庆祝了三天。这个庆祝活动沿袭下来，每年举行一次，称为"感恩节"。后来感恩节成了美国最大的一个传统节日。

欧洲的那些清教徒得知他们的教友在美洲有了立足之地后，就不断地向这里移民。随着人口的增加，他们的实力也越来越强。当他们占据的土地无法满足要求时，他们就把枪口对准了曾经救过他们的印第安人。他们杀死了世代居住在这里的恩人，抢走他们的财产和土地。

—— 圈地运动 ——

15 ~ 17 世纪，英国发生了臭名昭著的"圈地运动"。所谓"圈地运动"，就是贵族和领主用暴力赶走自己领地上的农民，把他们的土地变成自己的牧场。那么，英国为什么会发生圈地运动呢？从历史的角度来看，英国发生这种悲剧是必然的现象。

15 世纪以前，英国的生产方式是以农民租种领主、贵族的土地和自耕农为主的农业社会。发现新航路后，国际贸易在英国的经济结构中的比重越来越大，毛纺织品的需求也越来越重。想要织出更多的毛纺织品，就需要更多的羊毛，这就导致了市场上羊毛价格的上涨。英国本来就是传统的养羊大国，唯利是图的商人和贵族当然不会放过这个发财的机会，纷纷开始投资和发展养羊业。

想要养羊就要有牧场，而且牧场越大越能形成规模效益；而牧场则需要大片的土地。刚开始的时候，贵族们还没有打农民的主意，他们主要以侵占公共用地为主，如果涉及了农民的土地还会给一些补偿。但是当时英国大部分的土地都是有主的，公共用地和荒地、沼泽很少，这么点土地根本无法满足贵族们的胃口。而且那些领主看到办牧场发了财，自己收到的那点地租和卖羊毛的利润相比简直不值一提，也纷纷加入了办牧场的行列。为了得到足够的土地，他们先是收回了租出去的土地，然后又用各种卑劣的方式驱逐走自耕农，甚至不惜使用暴力拆除他们的房子。很快，一片片的农田消失了，代之而来的是被木栅栏、篱笆、沟渠和围墙分成一块块的草地。

圈地运动的直接和最大的受害者就是农民。当时著名的作家托马斯·莫尔写了一本叫作《乌托邦》的书，他在书里把这种现象比喻为"羊吃人"。他说："绵羊本来是很驯服的，所欲无多，现在它们却变得很贪婪和凶狠，甚至要把人吃掉，它们要踏平我们的田野、住宅和城市。"这个简洁、真实、鞭辟入里的概括，正是对资本原始积累罪恶的控诉和揭露。

曾经有一群农民在向国王控诉一个叫约翰·波米的领主的上诉书中写道："这

个有权有势的约翰·波米用欺骗、暴力占有您的苦难臣民——我们的牧场，这些土地是我们世代所拥有的。他把这些牧场和其他土地用篱笆围上，占为自己所有。后来，这个约翰·波米又强行夺取了我们的住宅、田地、家具和果园。约翰·波米为了圈占我们的土地，不惜将我们投入监狱、毒打、致残，甚至杀害，我们现在连生命都难保全。"

那些农民失去主要生产资料的同时也没有了家园，只能在社会上流浪，过着饥一顿饱一顿的悲惨生活，成了社会上的不稳定因素。为了减少失地农民，英国国王颁布了限制圈地的法令。但是这个法令对那些已经失去土地的农民毫无帮助，而且要求这些流浪的农民去工资极其微薄的手工工场劳作。政府对这些人没有一点同情心，如果这些流浪农民被抓到了，第一次是毒打之后遣回原籍"从事劳动"；第二次被抓到就割掉半个耳朵；第三次直接处以死刑。

后来英国国会颁布了一个更加严厉的法令，规定那些流浪者如果一个月后还没有找到工作的话，一旦抓到就会被当作奴隶卖掉，他的主人有权让他做任何工作，过了一定的期限后可以成为自由人；这种奴隶如果逃跑后被抓到就要被判为终身的奴隶；如果连跑三次就要被判处死刑。任何人都有权将流浪者的子女抓去做学徒，当苦役。亨利八世和伊丽莎白一世两代国王统治时期，曾经处死了大批流浪的农民。

英国的圈地运动从15世纪70年代开始一直延续到19世纪初，分成两个阶段。第一个阶段是15～17世纪的"羊吃人的圈地运动"，主要的失地农民是那些佃农；第二个阶段是18～19世纪的"人吃人的圈地运动"，主要的失地农民是那些自耕农，目的是建设大农场生产肉类和商品粮以供应城市。

圈地运动的结果就是英国的农民越来越少，失去土地的农民只好流入城市，成为资本家的廉价劳动力。在这种无人性的手工工场里，工人的工资是十分低廉的，而且每天要工作十几个小时。

从资本主义发展的角度来说，圈地运动促进了大牧场、大农场的建立，为英国的资本主义发展提供了大量的劳动力，也为以后的工业革命打下了坚实的基础。但是不可否认的是，圈地运动严重损害了农民的利益。

—— 查理一世上了断头台 ——

1625 年，查理继位成为英国的国王，称查理一世。

当时英国的新兴资产阶级势力逐渐壮大，已经把持了议会。查理一世上台后，很快就发动了与西班牙、法国这两个天主教国家的宗教战争。因为当时的政府和王室合为一体，除了王室自己的开支外，国王还要负责军事、政务方面的开支。在欧洲，从中世纪开始的惯例就是"国王靠自己过活"，而英国国王最大的收入就是税收。所以，查理一世想要获得战争经费，正常的做法就是加税。由于有《大宪章》和议会的制约，查理一世不能随心所欲地加税。

1625 年 6 月，查理要求议会批准他加税的要求，但是议会不但没有批准查理一世的要求，还废除了国王终身征收关税的特权。查理非常愤怒，就解散了议会，自行向商人征收新税，向资本家强制性贷款。但是议会暗中领导民众抗捐抗税，于是英国的王权和民权又一次对立起来。

1628 年，查理看实在征收不到多少钱，不得不再次召开议会，希望他们能给自己提供军费。然而议员们却不信任他，议会一召开就给了他一份《权利请愿书》，告诉查理：如果你承认议会的传统权力，保证不经法律审判不得关押臣民，不经议会同意不得开征新税，任何人未被法庭判决有罪，国王不得剥夺他的财产，那我们就给你 35 万英镑。查理急着用钱，就答应了议会的条件。

但是第二年查理后悔了，认为议会给他的钱太少，就要求议会增加，议会拒绝后他就又一次解散了议会。

在此后的十年里，查理陷入了战争的泥沼而债台高筑。到了 1640 年 6 月，查理实在没有军费，就想着恢复议会，让议会给自己筹措军费。但是议会一开始议员们就要求他取消近年来的暴政，查理愤怒地又一次解散了议会。可是因为手里没有钱，士兵们的军饷都发不出来，眼看军队中就要发生兵变，查理只好又在 1640 年 10 月召开了议会。

然而这一届的议会同样不买他的账，不但提出了和上一届议会同样的要求，还逮捕了他的两个亲信——斯特拉夫伯爵和罗德大主教，并判处他们死刑。查理随即要求议会放人，但是被议会拒绝了。

双方的矛盾就此恶化，查理连夜派人去约克城调兵，准备用武力抢回他的两个宠臣，但信使还没出伦敦就被市民们抓住了。议会借这件事鼓动了 20 万群众向查理施压，查理一世被迫在死刑书上签了字。

虽然查理一世做出了让步，但是议会仍然不满足，还想着进一步限制他的权力，于 1641 年的 1 月通过了《大抗议书》。查理为了维护自己的权力，经过精心策划后亲自带领 400 名武装卫队冲入议会，试图以叛国罪逮捕贝姆和汉普顿等 5 名议员。但是议会严词拒绝了他的要求，并且煽动市民以武力对抗。

查理一世见在伦敦没有人支持自己，就去了英格兰北部的约克郡，准备纠集忠于自己的军队，讨伐议会。1642 年 8 月 22 日，查理一世率领军队在诺丁汉祭旗出征，正式宣布讨伐议会，英国的内战拉开了序幕。

战争刚开始时，查理一世的军队因为训练有素而节节胜利，一直打到了离伦敦只有 7 英里的布伦特福，但是又被伦敦市内的手工业者和平民组成的民兵打退了。到了 1643 年底，国王军占据了全国 60% 的领土。

然而到了 1644 年，战争的局势开始变得对议会军有利了。在两年的战争中，议会军中涌现出了一大批优秀的将领，经过战火淬炼的战士也都变成了精兵，还得到了英格兰等查理一世敌人的支持，又打得查理步步后退。到 6 月的时候，议会军已经打到了国王的临时首都约克城。7 月 2 日傍晚，在约克城西郊的马斯顿草原，克伦威尔指挥议会军不到两个小时就击溃了国王军，取得了第一次大捷。战后议会建立了英国历史上第一支正规军队，查理就更不是对手了。

1645 年 6 月 14 日，双方在英格兰中部的纳斯比村再一次展开了会战。国王军仅支撑了 3 个小时就被克伦威尔的部队打败了。这一战国王军的主力遭到毁灭性的打击，从此一蹶不振，查理一世仅率领 2000 名骑兵逃走了。

纳斯比战役后，国王军已经丧失了抵抗能力，在议会军的攻势下望风而降。到夏天的时候，查理一世逃到苏格兰军队的驻地戈尔罕，被利文勋爵软禁起来。

1647 年 2 月，苏格兰人把查理一世引渡给了议会。议会这时候还没有杀掉国王的打算，希望他能够接受君主立宪制。不过查理一世不愿意，在当年的 11 月找机会逃到了怀特岛，在英格兰人的支持下再次树起了平叛的大旗。然而他已经失去人民的支持，仅仅支撑了半年就被议会的新军打败了，再次成为俘虏。

然而如何处置他们的君主成了英国人民的难题。欧洲历史上还没有处死自己君主的先例，而新兴的资产阶级也不愿意放过他们的敌人。1649 年 1 月，议会组织了一个特别法庭开始审判查理一世，然而查理一世不承认这个法庭，因而也不为自己的行为辩护。27 日，135 名特别法庭成员中 59 人签署了由克伦威尔下达的处死国王的命令，罪名是背叛他的国家，背叛他的人民。30 日，伦敦法庭宣布查理一世是"暴君、叛徒、杀人犯和人民公敌"，宣布对他处以死刑。同日，查理一世被斩首。

处死国王查理一世后，英格兰宣布为共和国，由克伦威尔担任护国主，英国的资产阶级革命达到了高潮。

—— 无冕国王克伦威尔 ——

1599 年 4 月 25 日，奥利弗·克伦威尔出生于英格兰东部亨廷登郡一个官宦世家，他的祖辈曾是英王亨利八世的宠臣，父亲是伊丽莎白女王时期的国会议员。

1616 年，17 岁的克伦威尔进入剑桥大学，在锡德尼·苏萨克斯学院学习法律。学院的院长是著名的清教徒沃德，坎特伯雷大主教劳德称这个学院是"清教徒的保育院"。沃德对他的影响很大，虽然克伦威尔从来没有说过自己是个清教徒，但是从他的行动来看，他确实是一个清教徒。

从现有的文献来看，克伦威尔只上了一年大学，他的父亲去世了，他不得不回乡经营土地和牧场，成了一个农场主。由于斯图亚特王朝实行的税收政策和专售制度，使他的经营很不景气，不得不拍卖部分地产而沦为小地主。

21 岁时，克伦威尔娶了商人的女儿伊丽莎白·波琪。波琪不仅是个能干的家庭主妇，还带来了很多的嫁妆，使克伦威尔的经济状况得到了改善。

克伦威尔在当地的威望越来越高，1628 年，他作为亨廷顿郡的代表出席国会，成为国会议员，开始走上政治舞台。但是不久议会就被国王解散了，他又回到了故乡。

1640 年，克伦威尔再次当选为议员，参与起草《大抗议书》等文献。1642 年，当查理一世组织国王军讨伐议会的时候，克伦威尔毫不犹豫地站在了议会一边。战争的初期议会军节节败退，克伦威尔仔细分析每一场的战斗，认为失败的原因就是因为议会军纪律性不强，没有统一的指挥，缺乏机动性强的骑兵。

于是克伦威尔回到了家乡，在自耕农中招募了一批有骑术的青年，经过严格的训练后成为一支战斗力强的骑兵。这支队伍开始的时候很小，只有区区的 60 骑，但是这些士兵有着严格的纪律、坚定的目标和顽强的意志。克伦威尔的骑兵成立不久就参加了 1642 年 10 月的埃奇丘陵之战，并在战斗中崭露头角。此后这支部队连战连胜，队伍也渐渐地壮大起来，到 1643 年底的时候已经有了 14 个中队、11000 余人，成为议会军中举足轻重的力量。

1644 年 1 月，克伦威尔被升为中将，担任东部盟军骑兵司令。同年的 7 月 2 日，他率领骑兵在马斯顿草原之战中一举击溃了国王军，所部被称为"铁骑军"。克伦威尔在这次战斗中表现出了卓越的军事才能，赢得极高的威望。

1645 年，议会军决定改组军队，以募兵制组建"新模范军"，战功显赫的克伦威尔出任副总司令兼骑兵司令，不过克伦威尔掌握着实际指挥权。1645 年，克伦威尔指挥新模范军在纳斯比战役中歼灭了国王军的主力。1646 年，克伦威尔攻克了查理一世的大本营，第一次内战以议会军的胜利而告终。1648 年，克伦威尔又取得了第二次内战的胜利，并抓获了查理一世。因为在内战中战功卓著，克伦威尔这时实际上已经掌握了英国的军权。

1649 年 1 月 30 日，在克伦威尔的坚持下处死了查理一世，结束了英国近千年的封建制度。5 月 19 日，国会宣布英格兰为共和国，世界上第一个具有近代意义的资产阶级共和国成立了。

内战胜利后，克伦威尔的个人野心也膨胀起来，已不满足于仅仅指挥军队，他要独揽大权，准备成立新的政府，但是许多党派并不认同他的领导。一开始他准备用谈判的方式解决这个问题，但是反对派不愿意接受他的条件，于是克伦威尔决定用武力解决。

1653 年 4 月 20 日，克伦威尔命令士兵强行解散国会，7 月，又选择分布在英国各郡的亲信 140 人组成"国会"。12 月 12 日，小国会宣布克伦威尔为"英格兰、苏格兰、爱尔兰护国主"，随后就被克伦威尔解散。

克伦威尔这个护国主是终身制的，同时他还兼任英格兰、苏格兰、爱尔兰陆海军总司令；拥有立法权和对国家法令的最后否决权；和国务会议共同拥有行政权，实际上就是一个独裁者。但是即使这样克伦威尔仍然不满足，1657 年，他又组织了国会将终身制改为世袭制，随后又解散了国会。这样克伦威尔就成了一个没戴王冠的国王，已经从资产阶级革命家蜕变成了军事独裁者。

1658年9月，克伦威尔因患疟疾去世，死后被葬在威斯敏斯特墓地。1660年，查理一世的儿子查理二世复辟，他把克伦威尔的尸体挖出来吊在绞架上示众，随后又将他的遗体斩首，克伦威尔的头颅流落到了民间，直到300年后才被他的母校剑桥大学寻找回来并加以安葬。

—— 光荣革命 ——

克伦威尔死后，他的儿子理查·克伦威尔继任为护国主。然而理查既没有他父亲那样的威望也没有他父亲那样的能力，根本就镇不住他手下的那些骄兵悍将，仅仅当了八个月的护国主，就在军官集团的逼迫下辞职了，护国政府随之解体。

随后国家的政权就落到了这些高级军官手中。这时候的英国政坛一片混乱，城头变幻大王旗，你方唱罢我登场，整个国家陷入停滞不前的状态。为了能够保证国家正常的秩序和经济的发展，代表资产阶级利益的国会决定取消共和制，重新实行君主制。经过广泛的商议后，国会决定让查理一世的儿子查理二世回来当国王，并派人与他联系。

查理二世当时正在法国流亡，听到使者传来的口信不禁大喜过望。为了取得资产阶级和新贵族的支持，他立刻向使者保证，赦免所有参加过革命的人，实行宗教信仰自由，承认在革命期间获得土地的人的产权，甚至宣称如果他当上国王，政府将由国王、上院和下院联合组成。

资产阶级和新贵族非常满意，认为查理二世的保证已经让他们达到了革命的目的。1660年5月26日，查理二世在多佛登陆回到英国，第二年的4月正式加冕为英国国王，斯图亚特王朝复辟了。

但是查理二世甫一登基就忘记了他的诺言，开始对革命者反攻倒算，特别是那些参加过审判查理一世的人，他准备都以"弑君者"的罪名全部处死。后来在首席大臣海德的斡旋下，只处死了九名签署其父王查理一世死刑命令的圆颅党人。即使克伦威尔这个主凶死了，查理二世还是将他从棺材里拉出来示众并斩首。

在流亡期间，法国国王路易十四对查理二世的帮助很大，因此查理二世对路易十四很尊重，在国家大事上对其唯命是从。不仅如此，他还不顾国内人民的反对，以区区 40 万英镑的价格把敦刻尔克卖给了法国，这个地方可是由克伦威尔带着英国军队浴血奋战从西班牙人手中夺得的。敦刻尔克的失去不仅仅是丢掉了一个优良的商业港口这么简单，也使英国失去了在欧洲大陆的唯一立足点，给英国带来的损失无法用金钱来衡量。英国人民对他的这个行为极度不满，认为这是"丢掉了挂在腰带上的一把钥匙"。

查理二世在 1685 年去世，因为没有合法的婚生子女，王位由他的弟弟詹姆斯二世继承。詹姆斯二世刚一上台就公开宣布信仰天主教，释放大批被监禁的天主教徒，并把一些有军事经验的教徒安排到军队做军官。不久他又颁布《信仰自由宣言》，废除了限制天主教的法律，准备逐步将天主教变为国教。

然而这个法案引起了社会各阶层的普遍不满。对那些资产阶级和新贵族来说，这意味着他们将要失去在革命中抢来的天主教会势力的土地；对英国新教徒来说，他们的地位、领地、税收以及一切福利都将丧失。于是议会开始密谋让詹姆斯二世下台。

1688 年，议会中的辉格党和托利党派人来到了荷兰，请求荷兰执政威廉三世发兵对英国进行武力干涉，废黜詹姆斯二世的王位，并保证政变成功让他的妻子玛丽（詹姆斯二世的大女儿）加冕英国国王。

威廉三世早就对英国的王位垂涎欲滴，英国人的请求正中下怀，他毫不犹豫地答应了这个请求。由于此时荷兰与法国刚结束战争不久，不需要太多的准备，威廉三世就带着 10000 步兵和 4000 骑兵，乘坐 600 艘战船在英国西南部德文郡的托尔贝港登陆。

当时詹姆斯二世的军队多达 4 万人，但是他手下的将领都不愿意和威廉三世打仗，士兵们也不愿意为他卖命，国王军到了前线就倒戈了，就连他的总司令约翰·丘吉尔也于 11 月 24 日投向威廉。许多贵族，包括詹姆斯的小女儿安娜和她的丈夫也投奔姐姐、姐夫了。于是威廉三世兵不血刃就到了伦敦，众叛亲离的詹姆斯二世逃到了法国。

威廉三世用武力胁迫国会让他和玛丽共同执政，当上了英国国王，不过他也给了国会一个甜枣，同意了《权利法案》和《王位继承法》实施。这两个法案规定：

未经议会同意，国王不得下令废止法律，不得任意征税，不得任意招募军队及维持常备军。王位继承问题不能由国王个人决定，而是要由议会讨论通过。

1688 年政变没有流血，保住了英国的元气，所以英国人把这次政变叫作"光荣革命"。光荣革命结束了英国的专制统治，建立"虚君"的君主立宪制，为英国资本主义的发展提供了稳定的环境，不仅对英国以后的发展，而且对欧美许多国家的政治都产生了重要影响。

——"海上马车夫"——

就在西班牙人的海军如日中天的时候，他们没有注意到北边的那个原来不起眼的小国家，已经发展出了可和"无敌舰队"相媲美的海量舰船。这个国家就是新成立的荷兰。

航海大发现之后，欧洲大陆打通了通往美洲、印度、中国的航线，与这些地区的贸易量激增，运输逐渐就成了贸易的瓶颈。由于世界各国的贸易通道主要在海上，如同陆上运输离不了马车一样，海上运输也离不开船。换句话说就是，谁掌握了海上的运输，谁就掌握了海上的利益。当时荷兰的造船业占世界首位，在鼎盛时期荷兰海军是英法两国海军总和的一倍还要多，商船吨数占整个欧洲的3/4。挂着荷兰国旗的船舰游弋在世界各大洋。整个 17 世纪，荷兰是世界上最强大的海上霸主，因此，被称为"海上马车夫"。它公然宣称：挪威是它的森林，莱茵河岸和加龙河岸是它的葡萄园，德意志、西班牙和爱尔兰是它的羊圈，普鲁士和波兰是它的谷仓，印度和阿拉伯是它的果园。

荷兰以强大的舰队做后盾，几乎垄断了海上贸易，在捕鱼业、造船业和航运业中发了大财。当时的荷兰城市阿姆斯特丹是国际贸易的中心，港内经常有 2000 多艘商船停泊。

1602 年，在海军势力到达印度尼西亚后，荷兰也成立了东印度公司，垄断了这里的贸易。为了加强对印度尼西亚的统治和掠夺，国会任命了总督和一个由五人组成的东印度委员会，成为印度尼西亚的太上皇。此后，荷兰人就以这里为基地，开始疯狂地在东南亚"圈地"：盛产香料的安汶、德纳第、帝多利和班达群岛没有多长时间就成了他们的囊中物，1619 年吞并雅加达，不久又占领了斯里兰卡和马六甲海峡，把这里都变成了他们的殖民地。

荷兰人对殖民地的掠夺是极端残酷和无情的：他们抓捕当地的土著作为奴隶在自己的种植园里工作，有些土著还被当作奴隶卖到欧洲；以极其低廉的价格收购当地的特产，然后以几倍甚至十几倍的高价转卖，获得高额的利润；为了保证市场的饥渴度，他们把当地的香料施行分区种植的政策，例如丁香只能在安汶及其附近各岛种植，豆蔻只能在班达群岛种植，其他地方的香料树全部砍掉；规定土著要把所有的收获都卖给他们，如果卖给了其他商人将给予严酷的惩罚，班达岛上的土著居民由于把豆蔻出售给爪哇和其他欧洲商人，几乎被荷兰殖民者杀光。

垄断了香料贸易后，荷兰人的胃口更大了，他们又把目光投向了丝绸和瓷器的故乡——中国，试图垄断丝绸和瓷器的贸易。为此他们曾在 1604 年和 1622 年两次入侵澎湖，屠杀了岛上的许多居民，后来被明朝的水师击败不得不退了出来。然而荷兰人仍然贼心不死，又在 1624 年进犯台湾，并且建立了据点，直到 1662 年在郑成功的打击下才无奈退出。

在东南亚，由于从中国大陆上迁移来的华侨是经济发展的主体，荷兰人对华侨非常忌惮，便在一切方面对华侨实行限制。爪哇人民因为不堪忍受荷兰人的殖民而发动了起义，荷兰人害怕华侨也参加反殖民斗争，无耻地无任何理由就抓捕了许多华侨，随后说是送到锡兰当苦役，但是半路上就把这些华侨活活地投入海中。当地的华侨忍无可忍，就进行自卫，然而由于叛徒的出卖，荷兰总督以此为借口命令殖民军队"平叛"，1740 年 10 月 9 日，惨绝人寰的大屠杀开始了。大屠杀持续了 10 天的时间，被杀的华侨有一万多人，鲜血把雅加达的溪流都染红了。

荷兰人的"海上马车夫"并没有保持多久，另一个海上强国正在兴起。英国击败西班牙的"无敌舰队"后，已经有了一支不可轻视的海军力量，为了争夺海上的利益，英荷开始了全球范围内的海上争霸，后来法国也参与了打击荷兰的战争。这场争霸战最后以荷兰的惨败而告终，显赫一时的"海上马车夫"就此成了明日黄花，再也没有了往日的荣光。

—— 黑奴贸易 ——

在资本主义的发展过程中，资本家所犯下的罪行简直罄竹难书；而在这些罪行中，最黑暗、最无耻的就是历时 400 年的奴隶贸易，特别是黑奴贸易更是其中的典型，即使用最厉害的刑罚处置那些西方殖民者，也难以补偿被贩卖的黑奴的权益。

随着资本主义的发展，资产阶级对利润的欲求越来越大。而想要获得巨额的利润只有两条路，一个是压低成本，另一个是提高价格。但是资本主义提倡的是自由竞争，提高价格这条路并不好走，那么就只有压低成本了。在所有的成本中，人力成本无疑是最可控的，如何把人力成本压到最低成了资本家的追求。

新大陆被发现后，西方殖民者在这里找到了大量的金矿、银矿，也找到了大片的适合做种植园的平原。在压缩人力成本的思路下，这些殖民者在当地抓捕了成千上万的印第安人，让他们作为奴隶无偿地为他们采矿、开辟种植园。在繁重的劳作和恶劣的生活条件下，印第安人一批批地死去，又被一批批地丢在废弃的矿井中、埋在种植园里。

由于殖民者对当地土著的大量屠杀，他们的奴隶来源变得越来越少，已经无法得到足够的奴隶了。为了解决劳动力严重不足的问题，16 世纪初西方殖民者开始从非洲大规模地贩运黑奴到美洲。

当时贩运黑奴是一个能够达到几十倍暴利的行业。1730 年，在非洲内地四码白布就可以换一个黑奴，如果能把这个黑奴运到牙买加，就可以换 60 ~ 100 英镑。从理论上来算，一艘贩奴船一次贩运 300 多名黑奴，即使扣除所有的成本，也可以获得 2 万英镑以上的利润，这还不算贩奴船回程时所能带来的收入。在利益的驱动下，贪婪的西方殖民者纷纷开始了这项最有利可图的"活商品"生意。西班牙、荷兰、英国、法国，尤其是最先垄断奴隶贸易的葡萄牙，都在贩奴运动中发了横财。

为了掩饰自己的罪恶勾当，西方殖民者用许多冠冕堂皇的理由来做自己的遮羞布，还勾结教会把奴隶贸易说成是"神所悦纳的"，把贩奴船命名为"耶稣"号、"神的礼物"号、"圣母马利亚"号等，还规定贩奴船水手"每天服侍上帝，大家彼此相爱"。教会不仅成了奴隶贸易的保护伞，甚至直接参与到奴隶买卖之中。

在教会和殖民主义政府的支持下，黑奴贸易已经成了公开的商业行为。有一张贩卖黑人的广告留存到了后世，上面是这样写的："1769 年 7 月 24 日，查尔顿。下个月 3 号（星期四）将拍卖 94 个年轻、健康的黑奴。其中有 39 个成年男子，24 个成年女子，15 个男孩，16 个女孩。这些奴隶是由戴维和约翰·狄亚斯公司刚从塞拉利昂运达的。"从这张广告我们可以看出，奴隶贩子们是何等的残忍、何等的嚣张，完全是把黑人当成了货物来进行交易。

为了得到更多的黑人奴隶，那些奴隶贩子捕捉黑人的手法也不断改进。最初那些殖民者是亲自去捕捉黑人的，这样无疑就要面对黑人的反抗，会给他们带来无法接受的损失。而且他们也不熟悉当地的地形，只要当地土著逃跑了他们就不敢毫无忌惮地追下去，因此抓到的奴隶越来越少。为了改变这种状况，殖民者就换了一种方法：他们在非洲的西海岸建立起许多奴隶收购点，用枪支、弹药、甜酒、廉价花布、各种日用品和玻璃珠等小玩意儿引诱当地的酋长去内地为他们捕捉奴隶，或者挑拨两个部落发动战争，然后他们再去收购战俘。他们把收购到的奴隶关在沿海碉堡的地牢里，用铁链锁着，等候贩奴船转运。

到了 19 世纪后，西非的黑人已经被这些殖民者捕捉得差不多了，于是他们将收购奴隶的范围扩大到东非沿岸、莫桑比克和马达加斯加。

一般来说，贩奴船的航行路线是欧洲—非洲—美洲—欧洲，每一段旅程都能得到可观的利润。贩奴船满载商品从欧洲起航来到非洲贩运黑奴的大本营几内亚湾，在这里用船上的商品换来大量的奴隶。奴隶贩子把买来或掠来的奴隶在身上盖上烙印，然后戴上手铐脚镣塞进船舱，等装满船后就启程前往美洲。在横渡大西洋时他们每天只给奴隶们一点勉强能够维持生存的清水和食物，根本不考虑奴隶的健康状况，如果奴隶不幸生病了就直接扔进大海。有时候由于船舱内环境恶劣引起瘟疫整船的奴隶都会死去，这些奴隶贩子也只是惋惜这次少赚了多少钱，而对奴隶的死亡无动于衷。抵达美洲后，奴隶贩子就把幸存的奴隶以高出买价几十倍的价格卖给奴隶主，然后再装上美洲殖民地的蔗糖、棉花、烟草等返回欧洲，等这些货物在欧洲卖出去后又开始下一个航程。

根据现有的资料分析，非洲在长达 400 年的黑奴贸易中损失了 1 亿人口（这个数字相当于 1980 年非洲人口总和），这些人要么在抓捕时死去，要么被扔进了大西洋里，要么累死在奴隶主的庄园和矿山里，幸存下来的极少。

到了 19 世纪初，殖民者在非洲发现了大量的矿藏，急需大量的劳动力来挖掘这些埋在地下的宝藏，于是就开始限制奴隶贸易，直到 19 世纪末，奴隶贸易才基本停止。

黑奴贸易是人类历史上罪恶的一页，造成非洲传统文明衰落、经济社会倒退。

—— 启蒙运动的先驱伏尔泰 ——

继文艺复兴之后，欧洲的一些有识之士又发起了一场反封建、反教会的思想和文化革命运动，史称启蒙运动。这次运动有力地批判了封建专制主义、宗教愚昧及特权主义，宣传了自由、民主和平等的思想。为欧洲资产阶级革命做了思想准备和舆论宣传，并且导致了资本主义和社会主义的兴起。启蒙运动的主要代表人物就是法国的伏尔泰（原名弗朗索瓦—马利·阿鲁埃，伏尔泰是笔名），其对18 世纪的欧洲产生了巨大影响，所以后来有人说："18 世纪是伏尔泰的世纪。"

1694 年 11 月 22 日，伏尔泰出生于巴黎一个富有的中产阶级家庭，父亲是一位法院公证人。

伏尔泰在耶稣会创办的路易大王学校上的中学，毕业后学了两年的法律，因为他的父亲希望他以后做个律师。不过伏尔泰的志向是做个诗人，而且他确实也有做诗人的天赋，能够出口成章且文采斐然。

不过写诗给伏尔泰带来的不仅是声誉，还有牢狱之灾。1717 年，他写了一首诗讽刺宫廷的淫乱生活，结果被投入巴士底狱关押了 11 个月。伏尔泰的第一部悲剧《俄狄浦斯》就是在狱中完成的，他也因为这部作品一举成名。在此后的 60年里，他一直都是法国文学界的领军人物。

1728 年，贵族罗昂骑士在论战中被伏尔泰驳斥得哑口无言，恼羞成怒的骑士就指使当局以莫须有的罪名逮捕了伏尔泰，他被第二次关进了巴士底狱。伏尔泰这次在狱中待了一年，直到答应罗昂骑士以后不在法国生活才被释放，随后就被驱逐出法国。

伏尔泰在伦敦住了 3 年的时间，结识了许多英国的文豪，其中包括杰出的讽刺小说家斯威夫特，他尤其喜爱莎士比亚的盖世之作。他还详细考察了君主立宪的政治制度和当地的社会习俗，深入研究了英国的唯物主义经验论和牛顿的物理学新成果，形成了反对封建专制主义的政治主张和自然神论的哲学观点。

1729 年，伏尔泰在路易十五的默许下回到了法国。伏尔泰这次在巴黎大概生活了 5 年的时间，他在这段时间里写出了许多有名的作品，有歌颂民主和共和制度的历史剧《布鲁杜斯》，反对宗教狂热的悲剧《采儿》以及历史著作《查理十二史》等。伏尔泰的理财能力也很强，他在投资商业的活动中赚了一大笔钱，此后的生活一直都很富足。

1734 年，伏尔泰正式发表了《哲学通信》，宣扬英国资产阶级革命的成就，抨击法国的专制政体。他还在书中反对天主教会，激烈谴责教士的贪婪和愚民的说教，他称天主教教主为"恶棍"，称教皇为"两足禽兽"，号召人民粉碎教会这个邪恶势力。这本书一出版就被法国政府列为禁书，其对伏尔泰发出了逮捕令。《哲学通信》的发表，标志着法国启蒙运动的开始。

为了躲避迫害，伏尔泰逃到了他的情人德·爱特莱侯爵夫人家中，这里是一个位于法国与荷兰交界处的古老、偏僻的贵族庄园。他在这里隐居了 15 年，写下了悲剧《恺撒之死》，讽刺长诗《奥尔良的少女》，哲理小说《查第格》，历史著作《路易十四时代》以及科学论著《牛顿哲学原理》等。这期间他一度被宫廷任命为史官，并分别于 1743 年当选为英国皇家学会会员，1746 年当选为法兰西学院院士。

1750 年 6 月，应德皇腓特烈二世的邀请，伏尔泰来到了普鲁士的柏林。伏尔泰本来希望能够在这里实现启蒙主义理想，然而腓特烈二世只是把伏尔泰当作一个词臣，作为他尊重文学之士的象征，根本就不愿意为他做出任何改变。1753 年，伏尔泰得罪了德皇赏识的科学家莫佩尔蒂，愤而离开柏林。

回到法国后，伏尔泰在法国与瑞士边境的费尔奈庄园定居下来，在此度过了他一生中最后的 20 年。在这期间，他写下了大量的文学、哲学和政治著论，包括哲理小说《老实人》《天真汉》，哲理诗《自然规律》等，他还把中国元杂剧《赵氏孤儿》改编成《中国孤儿》。除了文学创作以外，伏尔泰把精力更多地投入到启蒙运动之中。他写了许多抨击教会和专制统治的文章和小册子，以化名和匿名的方式发表，在欧洲各地引起了极大的轰动。

1778 年 2 月 10 日，84 岁的伏尔泰回到巴黎，受到了人们的热烈欢迎。巴黎剧院上演了他的新作悲剧《伊兰纳》，演员们在舞台上抬出他的大理石半身像，还为石像举行了加桂冠的仪式。同年 5 月 30 日，伏尔泰因病逝世。

伏尔泰的思想代表了整个启蒙运动的思想，启迪了民众的心智，影响了整整一代人。伏尔泰是法国启蒙运动的泰斗和灵魂，他的一生几乎跨越了整个启蒙时代，他崇高的威望、广泛的社会影响和大无畏的斗争精神，推动了法国启蒙运动的发展，并使其影响扩展到整个欧洲。

—— 攻占巴士底狱 ——

查理五世统治法国的年代正是和英国鏖战正酣的时候，按照他的命令，法军在巴黎的城墙外面建立了一座军事要塞。后来随着巴黎市区的扩展，这座要塞渐渐地成了市区东部的一座普通建筑，失去了要塞的意义，于是国王就把它当成了一座监狱。当时法国国王有一项特权，如果觉得谁有问题可以不通过法庭就把这个人投入监狱，这个监狱一般都是巴士底狱。由于投入巴士底狱的基本上都是政治犯，就给人一种巴士底狱就是关押好人的监狱、是国王残暴统治象征的印象。

到了法国国王路易十六的时候，他因为挥霍无度使得国库空空如也，于是就想召开三级会议征税。那时法国的国民分为三个等级：第一等级是僧侣，第二等级是贵族，第三等级是平民。僧侣和贵族只占全国人口的1%，但占有全国1/3的土地，却不用缴税。他们还利用手中的权力提高税收，设置关卡，千方百计地剥削人民。三级会议就是由这三个阶层的代表组成的议会，主要职能就是决定国王是否能够征收新税，不过已经有175年没有召开过了。

1789年5月，三级会议在路易十六的要求下召开了。在会议上，第三等级的代表同意了国王加税的要求，但是要求国王把三级会议变成了国家的最高权力机关。这个要求突破了路易十六的底线，因为这实质上限制国王的权力，他毫不犹豫地拒绝了这个要求。于是第三等级的代表宣布退出三级会议，6月17日成立国民大会，后来在7月9日又改为制宪会议。

制宪会议的成立引起了国王的震怒和恐慌，他马上出动军警在巴黎戒严，试图阻止制宪会议的召开。

7 月 11 日，国王开除了支持第三等级的财政总监雅克·内克尔，这个事件成了巴黎人民攻击巴士底狱的导火索。

7 月 12 日，大批的巴黎市民来到了王宫门前，要求国王让内克尔复职。路易十六不但没有同意人民的要求，反而派出了军队进行了镇压。面对军队的屠刀，满怀激愤的人民强压怒火离开了王宫。

不过暂时的退却是为了更远的前进。第二天清晨，有人跑到巴黎的钟楼敲响了铜钟，这是起义的信号。不久，成群结队的市民涌上了街头，他们首先在残废军人院得到了几万支枪，随后又在军火库夺取了大量火药；再加上他们连夜赶制的 5 万多支长矛，基本上已经把自己武装了起来。随后他们就一个街区一个街区地展开了战斗。

到了 14 日的午后，除了巴士底狱这座封建的堡垒，革命人民几乎夺取了整个巴黎。巴士底狱守备司令德·洛纳见起义军来势汹涌，不敢出去迎战，就命令士兵升起吊桥紧闭大门，准备在这里死守。起义军没有重型武器，不愿意强攻这个坚固的要塞，就派了几个代表同巴士底狱守备司令德·洛纳谈判，希望他投降。

但是德·洛纳非常顽固，命令士兵向打着白旗的代表们开枪。起义军见敌人不肯谈判，就发起了猛攻。不过他们手中的火枪无法攻破坚固的堡垒，于是就有人赶到军营找来了一门大炮。不久巴士底狱被攻克，起义军释放了里面的政治犯，活捉并处死了守军司令德·洛纳。

巴黎人民攻克巴士底狱后，法国各地的人民纷纷仿效，都拿起武器夺回了所属地区的行政权，轰轰烈烈的法国资产阶级革命开始了。19 世纪末，法兰西第三共和国决定把 7 月 14 日这一天作为法国国庆日。

—— 罗伯斯庇尔与雅各宾派 ——

罗伯斯庇尔是法国杰出的资产阶级革命家，大革命时期资产阶级雅各宾派的领袖。

1758 年 5 月 6 日，罗伯斯庇尔出生于阿尔图瓦郡的阿腊斯城的一个律师世家。罗伯斯庇尔从小就勤奋好学，成绩优异。1770 年，罗伯斯庇尔获得了当地神父资助的奖学金，得以到巴黎的路易大王学校学习。1778 年，他于路易学校毕业后进入巴黎大学学习法律。在巴黎期间，他接触到了卢梭的著作并深受影响，希望能建立一个没有贫富差别、没有等级、有充分自由的民主共和国。毕业后他回到了家乡，当过律师和法官，渐渐地在当地有了名望。

1788 年，罗伯斯庇尔被推选为阿尔图瓦郡的第三等级代表，第二年的 5 月来到巴黎参加三级会议。罗伯斯庇尔在会议上非常活跃，很快就成为一个雄辩的演说家。据统计，他在三级会议和制宪会议上一共发言 276 次，在所有的代表中排第 20 位。他在演讲中支持男性公民普选权、反对国王否决权、支持赋予犹太人民权、呼吁废除奴隶制和死刑、反对新闻审查，这些都让他在民众中获得了很高的声誉和名望，人们称赞他是"不可腐蚀者"。

在革命初期的诸多革命派别中，雅各宾派是最有名的。罗伯斯庇尔最初只是雅各宾派的一个普通成员，随着他的声望的提高，他在雅各宾派里的地位也越来越重要，最终成为雅各宾派的领袖。他主张彻底消灭封建专制，建立一个真正人人平等的共和国，因此，他得到人民的热烈拥护，在人民中的威望与日俱增。

1791 年，奥地利和普鲁士试图武力干涉法国革命，战争的阴云笼罩着法国。罗伯斯庇尔不同意以战争解决问题，他认为战争会大大限制自由民主，而且很容易将国家政权引向军事独裁。但是代表大资产阶级利益的斐扬派掌握了政权，他们在第二年的 4 月向奥地利宣战。战争的初期法国连续失利，法国的革命到了紧急关头。

1792 年 8 月 10 日，雅各宾派领导巴黎人民进行了第二次起义。9 月，国民公会通过废除君主制的议案，宣布成立共和国，这就是历史上的法兰西第一共和国。在讨论如何处置路易十六的问题上，罗伯斯庇尔做了 11 次发言，强烈要求处死路易十六。在他的坚持下，路易十六于 1793 年 1 月 12 日被推上了断头台。

路易十六的死触动了欧洲的反动势力敏感的神经，他们对新生的民主政权恨之入骨，害怕自己的国家也会发生革命，把他们也送上断头台。不久，英、普、奥、西、荷等国组成了第一次反法同盟，向共和国进行了疯狂的进攻。在王党的煽动和英国的支持下，很多重要城市发生了叛乱，法国又陷入了危险的边缘。雅各宾派又一次挺身而出，在 1793 年 5 月底发动了第三次武装起义，推翻了吉伦特派。从此，雅各宾派掌握法国的政权。

雅各宾派专政时期是法国资产阶级革命的高潮，罗伯斯庇尔采取了一系列的措施巩固和增加了大革命的成果，从历史的角度来说，是罗伯斯庇尔领导的雅各宾派挽救了法国大革命。

然而，共和国的危机刚一解除，雅各宾的内部就发生了分裂，革命的力量被削弱了。雅各宾派的政敌趁机发动了"热月政变"，罗伯斯庇尔也在政变中被逮捕，于 1794 年 7 月 28 日被斩首。

—— 热月政变 ——

"热月政变"是法国资产阶级革命内部的政变，其目的是推翻雅各宾派罗伯斯庇尔。这一次政变，发生在 1794 年 7 月 27 日，因为当时法国的"共和历"是共和二年热月 9 日，故名"热月政变"。

热月政变之前，在罗伯斯庇尔领导的雅各宾派掌权下，法国在军事、政治、经济、思想文化上都采取了一系列的措施，彻底巩固了革命成果。但是罗伯斯庇尔的残忍好杀也使其失去了革命群众的支持。

7 月 26 日，罗伯斯庇尔在国民公会发表演讲时说"国民公会中还有尚未肃清的议员"。有人让他说出这个人是谁，但是罗伯斯庇尔一直都不肯说，这就使得国民公会的代表们人人自危，为了自保，他们开始酝酿除掉罗伯斯庇尔。

7 月 27 日，当罗伯斯庇尔来到国民公会的时候，场内出现了"打倒暴政者""逮捕罗伯斯庇尔"的口号，而且议长也拒绝了罗伯斯庇尔发言的要求。很快就有一群宪兵冲了进来，将罗伯斯庇尔和他的弟弟以及另外几名雅各宾派领袖押了出去。此后，罗伯斯庇尔被送往卢森堡监狱，他的弟弟被送到圣拉扎尔监狱，其他领袖则被分散押送到别的监狱。

罗伯斯庇尔被捕的时间是 1793 年 7 月 27 日下午 5 点 30 分。他刚被押进监狱不到一个小时，雅各宾派的支持者们就敲响了警钟，自行在各区分部发动起义，企图用武力解散国民公会。

国民自卫军司令昂里奥带着一部分人冲进监狱，将罗伯斯庇尔抢了出来。随后人们将他送到市政厅。到了晚上 8 点多的时候，所有被捕的雅各宾派领袖们都到了这里，外面的广场上聚集了许多有武装的群众。如果此时罗伯斯庇尔选择武装对抗的话，无疑这是一个最好的机会，但是他不愿意同室操戈，就把外面的群众都劝走了。

然而国民公会却没有丝毫顾虑，就在半夜的时候，议长宣布，罗伯斯庇尔等雅各宾俱乐部以及革命法庭的许多领导人不受法律保护，并命令忠于国民公会的军队冲进市政厅，如遇反抗格杀勿论。

7 月 28 日凌晨 2 点，市政厅被国民公会的军队包围了。罗伯斯庇尔不甘受辱，就掏出手枪准备自杀，然而宪兵们冲了进来，一个宪兵一枪托打碎了他的下颌。罗伯斯庇尔同他的 22 名战友又被押进了监狱。

当天下午 6 时左右，罗伯斯庇尔和他的战友们未经审判，在游街示众之后就被送上了断头台。

热月政变结束了雅各宾派专政，代表中小资产阶级的革命民主派失败了，新兴大资产阶级夺取了政权。

—— 拿破仑与雾月政变 ——

在法国的近代史上，拿破仑无疑是最著名的，他不仅是一个有远见卓识的政治家，还是一个功勋卓著的军事家。他巩固了大革命的胜利成果，建立了法兰西第一帝国，使法国变成了首屈一指的强国，几乎整个欧洲都在他的兵锋下瑟瑟发抖。即使到了今天，人们仍然对他的功绩念念不忘，巴黎市区到处都能见到与拿破仑有关的存在：以他指挥的著名战役命名的街道，埋葬他遗体的荣军院，收藏着他的军装和武器的军事博物馆，悬挂着他登基时画像的卢浮宫……

1769 年 8 月 15 日，拿破仑·波拿巴生于法国科西嘉岛阿雅克肖城的一个贵族家庭。也就在这一年，科西嘉岛正式归属法国。

10 岁时，拿破仑随着他的父亲来到了巴黎，进入法国布里埃纳军校学习。身材矮小又来自"穷乡僻壤"的拿破仑一度受到同学们的歧视，但是在他的顽强努力下，很快就用实力征服了这些本土学生。1784 年秋，拿破仑以优异的成绩从布里埃纳军校毕业，军校对他的评价是："会成为一名优秀水兵，值得送入巴黎军官学校。"他被保送进巴黎军官学校学习炮兵战术。

拿破仑在巴黎军官学校学习的时间不长，第二年就因为丧父辍学，随后进入拉斐尔军团并被授予了炮兵少尉军衔。在随部队驻防各地期间，拿破仑阅读了很多书籍，包括有关亚历山大的战史著作，应用物理学、数学、建筑学、各国风土人情记录等，还有许多启蒙运动时期的思想家作品，其中卢梭的思想对他影响很大。1791 年，他晋升为中尉，第二年又被提升为上尉。

大革命之后，拿破仑得到了雅各宾派的支持，成为国民自卫军的一名少校。1793 年，法国保王党人在英国和西班牙的大力支持下，占领了法国南部重镇土伦，共和军久攻不克。拿破仑临危受命，担任战役的炮兵总指挥。在他的指挥下，炮兵给了王党军队沉重的打击，迅速给步兵打开了进攻的缺口，为土伦的收复立下了汗马功劳。土伦战役后拿破仑声名大振，不久他被破格提升为准将。

1795 年 5 月，拿破仑因为拒绝去意大利指挥步兵而被免职。9 月 13 日，王党分子纠集了 2 万武装人员再次在巴黎发动叛乱，拿破仑又一次临危受命，指挥临时召集的 5000 人平定了这次叛乱。随后拿破仑被提升为少将，担任法国"内防军"副司令兼巴黎卫戍司令，成为军中的高级将领。

1796 年，拿破仑调任意大利方面军总司令，随后打败了意大利和奥地利，并把意大利的金银财宝和名贵的雕刻、绘画等艺术品，统统抢到了巴黎。

1798 年又远征埃及，攻克亚历山大后在金字塔一役中重创马穆鲁克，20 天后又占领了开罗。

1799 年的 2 月，拿破仑挥师进入了叙利亚；7 月又大败土耳其。8 月下旬，拿破仑得到了欧洲各国结成反法同盟、国内王党势力再次抬头的消息。拿破仑认为这是一个上位的好时机，就带着几个亲信秘密返回法国。

10 月 9 日，拿破仑在弗雷居斯登陆，受到了法国人民的热烈欢迎，他被认为是法国的"救星"。他一到巴黎就派亲信布鲁斯去拜访巴黎的各大银行家，希望说服这些资产阶级巨头们支持自己的行动。这些嗅觉灵敏的资产阶级银行家，早就从拿破仑身上看到了资产阶级崛起的希望，所以对布鲁斯的要求满口答应，并提供了 50 万法郎作为发动政变的资金。

11 月 9 日，拿破仑在经过充分的准备后发动了政变。第二天，把当时的法国议会解散，夺取了政权，宣布成立"执政府"，这一天是法国共和历雾月 18 日，所以历史上称这天的政变为"雾月政变"。

雾月政变维护了法国大革命的革命果实，同时也标志着拿破仑军事独裁的开始。掌握了法国军政大权的拿破仑不久后加冕法国皇帝，扭转了法国多年挨打的局面，以一个空前强大的法兰西帝国横扫欧洲。

—— 远征俄国 ——

拿破仑取得政权后，立刻在军事、政治、教育、司法、行政、立法、经济等方面进行了一系列的重大改革。其中最著名的就是《拿破仑法典》的颁布，这部法典直到两个世纪后依然还有着深远的影响，是由拿破仑下令起草、制定的，他本人也亲自参与讨论了许多条款。他着力打击教会势力，镇压反叛势力，采取各种积极政策推动经济发展，在他的治理下，法国成为欧洲最强盛的国家。

1804 年 12 月，35 岁的拿破仑废除共和制，建立法兰西第一帝国，他自称法兰西帝国皇帝。成为皇帝的拿破仑没有像一般的统治者那样去享受安逸的生活，仍然征战不休。在他的指挥下，法国军队横扫了几乎整个欧洲，当地的封建势力受到了沉重的打击，还有一些国王、君主被处死。在一定程度上来说，拿破仑的侵略给当地带去了先进的革命理念，所以不但没有受到当地老百姓的敌视，反而受到了他们的欢迎。

在连年的战争中，拿破仑五次击败了由欧洲各国组成的反法同盟，几乎所有的欧洲大国都是他的手下败将，曾经占领维也纳、柏林、马德里、罗马等都城。1810 年，荷兰并入了法国，法奥结成同盟，法兰西第一帝国达到鼎盛。拿破仑成为欧洲霸主，成为跟恺撒大帝、亚历山大大帝齐名的拿破仑大帝，拿破仑的人生达到了顶峰。

1811 年，拿破仑把眼光瞄准了俄国，开始做远征俄国的准备。第二年的 6 月，拿破仑亲率 60 万大军，越过涅曼河，进入俄罗斯控制下的立陶宛。

然而俄国的库图佐夫元帅说服俄国沙皇采取了诱敌深入、坚壁清野的战略，虽然法军进展神速，但是一直无法消灭俄国军队的主力，而且补给十分艰难。到了斯摩棱斯克后，拿破仑发现了这次远征存在的危机，但是他希望能用占领莫斯科来逼迫俄国同他决战，试图一次性解决对手，逼迫俄国议和。

9 月 7 日，拿破仑终于在莫斯科以西 125 公里的博罗季诺遇到了俄国的阻击部队，这支部队共有 12 万人，300 门大炮。战斗十分惨烈，俄国人为了保护他们的国家和妇孺死战不退，法国人为了他们皇帝的荣誉拼命攻击，双方进行了 9 次伤亡惨重的攻防战，法军最后付出了巨大的代价才取得了胜利。这次战役双方均损失惨重，法军伤亡了 3.5 万人和 38 名中低级将领，俄军伤亡了 4.5 万多人，他们的指挥官巴格拉季昂亲王、炮兵司令库来索夫也战死了。博罗季诺战役俄军虽然失败了，但是在战略上赢了，他们有效阻击了法军的进攻，为莫斯科的撤离争取了时间，并且给了法军极大的创伤，保住了自己的主力。

1812 年 9 月 14 日，拿破仑终于进入了俄国的首都莫斯科，然而他得到的是一座空城。库图佐夫带走了所有的军民和物资，并且破坏了城中的水源，在法军大举进入莫斯科后，他一把火烧掉了这个城市。

法军占领莫斯科后，他们的后勤补给线已经达到了极限，再也无法支持更远的行动了。而且库图佐夫组织了许多游击队骚扰法军的运输队，更是让法军脆弱的后勤雪上加霜。同时沦陷区的俄国人也一直没有放弃抵抗，时时处处地对法军实行袭击，仅 10 月 18 日一天法军就伤亡了 3000 余人。而且俄国的天气越来越冷，军中已经开始出现不同程度的冻伤。

面对这种情况，拿破仑意识到不能在俄国停留下去了，他现在必须退兵以保住实力。10 月 19 日，拿破仑正式退兵，他亲自率领 11.5 万人断后。然而拿破仑的回国之路太艰难了，库图佐夫集结了大量的哥萨克人尾随法军，一找到机会就从法军身上撕下一块肉。在小雅罗斯拉维茨，法军和哥萨克人的战斗中拿破仑险些被俘。11 月 29 日，拿破仑在渡过别列津纳河时又遭到俄军炮击，1.2 万人掉入河中淹死。

12 月中旬，拿破仑终于离开俄国，但是伤亡了 40 万大军，损失了所有的骑兵和炮兵，另有 10 万人被俘，带回法国的只有 10 万出头的残兵败将。

—— 滑铁卢之役 ——

看到拿破仑在俄国铩羽而归，原本被压制的欧洲各国终于找到了翻身的机会，于 1813 年成立了第六次反法同盟。拿破仑在俄国的损失太大了，特别是缺乏骑兵和炮兵，更是让他指挥起来捉襟见肘。虽然前期在拿破仑高明的指挥下取得了很多胜利，但是实力上的巨大差距还是让他输掉了 10 月的莱比锡战役，这也是他第一次败给了反法联盟。第二年的 3 月 31 日，反法联军占领巴黎；4 月 11 日，拿破仑被迫宣布退位，被流放到意大利海边的厄尔巴岛。

拿破仑退位后，法国又成了封建君主制的国家，路易十八做了国王，复辟了波旁王朝。然而路易十八的统治并不得人心，法国的人民并没有忘记拿破仑带给他们的荣耀。拿破仑也不愿意幽居度过自己的余生，于 1815 年 2 月 26 日逃离了厄尔巴岛。

3 月 1 日凌晨，拿破仑带着 700 多人在法国南部登陆，随即向巴黎进军，所到之处百姓们热烈欢迎。听到拿破仑登陆的消息后，路易十八急忙派遣部队前往堵截，但是这些部队一见到他就倒戈了，他昔日的文武大臣也回到了他的麾下。到了 3 月 20 日他来到巴黎的时候，已经拥有一个 14 万人的正规军和 20 万人的志愿军，路易十八仓皇出逃。晚 9 时左右，拿破仑乘坐马车来到了伊勒利宫，欢呼的群众把拿破仑抬起来，簇拥着把他放到了皇帝的宝座上。

然而欧洲各国不愿意继续生活在拿破仑的阴影之下，经过两个多月的串联，第七次反法同盟成立了，他们拼凑起 70 万大军共同围攻法国，威灵顿公爵率领的英盟军和布吕歇尔率领的普鲁士军队已经到达了比利时，等待和其他国家的军队一起发起进攻。经过俄国惨败后，拿破仑军中的精锐部队损失殆尽，现在的部队素质已经远远不如当初他南征北战的时候，而且数量上也低于联军，只有 28 万人，更重要的是，拿破仑的军官团已经不是当初那个优秀的军官团了，甚至已经不是一个合格的军官团了。

拿破仑认真地分析了敌我态势后，认为莱茵河、意大利方面的联军，只要派少量兵力进行牵制就行了；对法国威胁最大的是比利时方面的英、普军队，所以要集中主要兵力对付；如果能在联军全部会合之前先击溃英、普联军，第七次反法同盟自然分崩离析，法国也就渡过了这次危机。

制订好详细的作战计划后，拿破仑便率领12.5万人于6月15日进入比利时境内。16日，法军在利尼附近与普鲁士军队遭遇，法军付出了一定代价后将普军击败，但是普军的主力无损。这时拿破仑犯下了一生中最大的是最致命的错误：他命令格鲁希元帅率领3.3万人、96门大炮对普军实行警戒性的追击，犯了阵前分兵的大忌，使得他的主力和英盟军相比已经不占任何优势了。17日，法军进逼滑铁卢，威灵顿公爵率领的英军早已修筑了坚固的工事严阵以待，而这时的拿破仑只有7.1万人、254门大炮，不远处正在赶往战场的普军有5.6万人、160门大炮。

6月18日凌晨，拿破仑开始指挥军队进入阵地，由于前一天晚上下大雨导使地面泥泞不堪，整整一个上午的时间都在运输大炮的过程中浪费了。上午11时，双方开始了炮战，由于地面泥泞，双方都没有取得令人满意的战果；下午1时，法军的攻击正式开始。然而此时拿破仑又犯了一个严重的错误：他把前线的指挥权交给了刚愎自用又不懂得审时度势的内伊元帅，而不是像以前那样自己亲自上阵。

然而进攻刚刚开始，拿破仑就得到了格鲁希元帅派人送来的消息：布吕歇耳分兵了，其中一部分普军疑似正向滑铁卢方向进军。拿破仑不得不从预备队中抽出2个骑兵师阻击普军，同时命令格鲁希元帅尽快向瓦弗方向攻击前进，以阻止普军对滑铁卢的增援。

内伊元帅在步兵进攻受挫后，立刻改用骑兵进攻，两次攻下英盟军的阵地，还差点拿下英盟军的炮兵阵地，但是在威灵顿的顽强抵抗下最后还是退了下来。

到了下午6时，越来越多的普军来到了法军阻击线，那里的战斗也越来越激烈。拿破仑见形势危急，令内伊元帅不惜一切代价攻克英军中部，同时把手中最后的预备队——10个营的近卫军拿出8个给了内伊，另外2个去阻击普军。在近卫军的支援下，内伊占领了圣拉埃村，但是他没有让近卫军迅速扩大突破口，而是命令他们继续进攻英盟军的既设阵地，结果被英盟军的优势兵力歼灭。打到了这个时候，双方都已经筋疲力尽无力发动新的攻势，任何一方得到新的生力军的支援就必胜无疑。

7时，布吕歇尔终于突破了法军的阻击来到了战场的附近。法军无奈只好撤退，而普军随后掩杀，法军惊慌失措之下虽然奋勇抵抗，但已经于事无补，激战到深夜还是一败涂地，拿破仑也于9时离开了战场。

后世的史学界认为，这场战役法军失败的最大原因就是格鲁希元帅没有按时到达战场，而且他当时离拿破仑只有几英里的距离，而布吕歇尔离战场足有十几英里。这究竟是怎么回事呢？有人说格鲁希故意不去滑铁卢支援，有人说是拿破仑给他的指令不明确（拿破仑战后从来没有指责过格鲁希），格鲁希认为拿破仑是要他攻击另一个目标瓦弗，而不是向拿破仑靠拢。但是最重要的原因还是在拿破仑的军官团上，这时候他已经无人可用了，格鲁希本身就不是一个合格的将领，遇到这样的事惊慌失措也就不足为奇了。

1815 年 6 月 21 日，拿破仑回到了巴黎，第二天就宣布退位。拿破仑这次执政从登陆法国到退位一共有 100 多天的时间，史称"百日执政"。7 月 7 日，联军进入巴黎，拿破仑被流放到位于大西洋南部、远离欧洲大陆的圣赫勒拿岛，直到 1821 年 5 月死去。

—— 波旁王朝复辟 ——

拿破仑在滑铁卢战役失败后，路易十八也跟着反法联军回到了法国。1815 年 7 月 8 日，路易十八在联军的支持下再次宣布成为法国国王，波旁王朝第二次复辟了。

然而等待路易十八的不是国王的荣耀和奢靡的生活，他即位后第一个要迫切解决的就是错综复杂的法国社会矛盾。在这些矛盾中，又以政治矛盾最为尖锐，面对拿破仑留下的权力真空，所有的封建势力和资产阶级都红着眼睛开始了激烈的较量。

当时法国政坛上的政治力量有三种：一个是极端派王党。这个势力代表的是最反动的大贵族和高级僧侣的利益，他们的目的是让法国重新实行封建制度，恢复贵族的无上特权，恢复与教会勾结和依靠教会的封建贵族统治。

第二个是君主立宪派。这个势力代表的是比较温和的贵族以及与复辟王朝合作的那部分大资产阶级的利益，主张实行 1814 年第一次复辟时宪章规定的原则，实行以立宪为幌子的君主制，反对恐怖政策。

第三个是自由党。这个势力代表的是工商业资产阶级和知识分子的利益，但是这个势力内部也有不同的意见，一部分要求实行君主立宪制，一部分要求实行共和制。前者主张建立代议制政府，实现资产阶级人身、言论、出版、选举自由，在此前提下拥护波旁王朝。要求实行资产阶级共和制的多是中、小资产阶级分子、知识分子、大学生。还有一部分比较激进的自由党人成立了一个叫作烧炭党人协会的秘密组织，试图推翻波旁王朝的统治。

为了协调各方面的利益，路易十八进行了第一次议会政治试验：国王拥有行政权和立法动议权，议会则是咨询性质机构，表决法律和批准预算。在 1815 年 8 月进行的众议院选举中，极端派王党分子取得了压倒性的胜利：他们占据了 402 个议席中的 350 席，这些议员全是大地主贵族和高级僧侣。这个议会被称作"无双议会"，完全成了极端派王党分子的工具，其代表就是国王的弟弟阿尔图瓦伯爵（后来的查理十世）。

无双议会对法国大革命的"造反者"和拿破仑军队的将士有着极端的仇恨，刚刚成立就组建了特别法庭，在极短的时间内就对这些人做出了近万件的有罪判决，其中不少人被判处死刑。还有将近 10 万人被解除了在政府和军队中的职务，因为法庭认为他们有政治危险，取而代之的是从外国流亡归来的贵族。在这些反动贵族和僧侣的支持下，随处可见被私刑处死的革命党人，整个法国都处于白色恐怖之中。

议会不久又颁布了《煽动造反者惩治法》，严格检查出版物的发行，扼杀了出版的自由，还把拿破仑的部下全部逐出了军队，对人民的反抗加以残酷镇压。

路易十八见法国社会各阶层人心惶惶，人民的不满和反抗情绪日益高涨，担心无双议会会激起新的革命，不得不在 1816 年 9 月解散了它。在随后建立的新议会中，君主立宪派分子占优势，也有一部分自由党人。这个议会撤销了特别法庭，实行比较温和的政策。

然而到了 1820 年 2 月，革命者的生存环境又恶化了。事情的起因是马鞍匠鲁维尔刺杀了贝里公爵，贝里是极端派王党的领袖、王位继承者阿尔图瓦伯爵的次子，旧贵族以此为借口又发动了新进攻。6 月，议会通过了新选举法。按照这个选举法，3 千万法国人口中只有 1.2 万人有选举权。经过选举，极端派王党分子重新在议会中占据了优势，在 220 个议席中获得了 198 席。就在这一年，极端派王党分子黎塞留组织新内阁，重新启用了无双议会的反动政策，规定"阴谋者"

可以不经审判随意拘留 3 个月，还取缔了一些资产阶级自由派的报纸。

1821 年黎塞留内阁垮台后，又成立了以维莱尔为首的极端派王党内阁。这个内阁比黎塞留内阁更反动，它的目的就是消灭资产阶级革命的全部成果，让法国重新回到封建专制时代。

这时候年老体弱的路易十八已经无力制约这些极端派王党，他曾在病中指着自己睡的床说，"恐怕我的弟弟死不到这张床上"。1824 年 9 月，路易十八逝世，他的弟弟阿尔图瓦伯爵继位，称查理十世。查理十世是一个顽固的坚持君主专制统治的人，他曾经告诉别人："从 1789 年以来只有我一个人丝毫没有改变。"他即位后，为了恢复天主教的统治地位加强了天主教在国家事务中的作用，让教会管理学校。他颁布了《盗窃圣物治罪法》，凡被认为污辱圣物、圣像、教会祭器，窃取或毁坏教会财产者，均处以死刑，行刑前先砍去右手。

1825 年 4 月，他又颁布"赔偿逃亡者 10 亿法郎的法令"。颁布这个法令是为了赔偿那些在革命年代财产受到损失的贵族，赔偿的数目是 1790 年他们所受到的损失的 19 倍。为搜刮这笔巨款，复辟王朝把 5% 的公债利息降为 3%，因而使公债的主要持有人大资产阶级蒙受损失，严重地侵害了资产阶级的利益。

在波旁王朝复辟后，法国人民的生活每况愈下，农民因受到苛重的地租和各种捐税的剥削纷纷趋向破产，工人的生活也没有了保障。随着科技的发展，机器也越来越多地进入到各个行业，失业工人不断增加，即使能够保住工作的工人也不得不延长劳动时间，变相地降低了工资。同时物价也开始飞速上涨，到了 1829 年，小麦的价格已经是 1826 年的 1.5 倍。法国经济史学家认为，"13 苏才能买到一个 4 法斤重的面包"就是社会危机的信号，因为当时法国工人平均日工资只有 26 苏。然而物价还在上涨，到了 1829 年，4 法斤重的面包已经需要 21 苏才能买到了。

在波旁王朝的统治下，社会矛盾逐渐激化，人民开始起来反抗政府。1821 年和 1822 年，烧炭党人组织了两次武装起义，虽然这些起义最后被镇压下去了，但是为后来的更大规模的反抗斗争埋下了种子。

── 二月革命和六月起义 ──

　　查理十世的倒行逆施终于使法国人民发起了新的革命。1830 年的 7 月，金融资产阶级领导了"七月革命"推翻了波旁王朝的统治，议会召回路易·菲利浦即位法国国王，建立了"七月王朝"。

　　然而"七月王朝"代表的是金融资产阶级的利益，根本就不把劳动人民的疾苦放在心上。而且这时候欧洲又爆发了经济危机，加上 1845~1846 年的农业歉收，人民的生活更加困难。总之，到了 19 世纪 40 年代末，法国的农业危机、工商业危机、财政危机和政治危机交叠在一起，不仅产生了一大批新的失业者和破产农民，一些中小资产阶级也陷入困境，连大资产阶级也感到焦躁不安，这就彻底动摇了七月王朝的统治基础，加速了革命的爆发。

　　在这种情况下，从 1847 年 7 月起，资产阶级就以举行宴会为借口在全国召开政治集会，鼓吹改革，后来把这样的活动称为"宴会活动"。国王路易·菲利浦当然不会坐视这些人组织反对自己统治的宴会，因此当他听说资产阶级打算在 1848 年 1 月 19 日举行宴会时，就下令取消了这个宴会。随后资产阶级又准备在 2 月 22 日举行宴会，又被政府下令禁止了。资产阶级害怕国王报复，就宣布以后不再举行宴会活动。

　　但是，无产阶级却不畏惧，巴黎的广大群众，特别是工人和学生对此表示出极大的愤怒，决定仍然按照计划进行活动。

　　2 月 22 日早晨，以巴黎工人为主体的游行队伍冒雨走上了街头，浩浩荡荡地前往立法议会所在地波旁宫，边走边喊着口号。路易·菲利浦不但没有答应游行群众的要求，反而命令卫队开枪镇压，造成了几十人伤亡。

　　巴黎的人民被激怒了，第二天就举行了武装起义，史称"二月革命"。到了 2 月 24 日早晨，起义的人民已经占领了巴黎的各个战略据点。路易·菲利浦见大势已去，就带着几个亲随仓皇逃往英国，起义队伍冲进了王宫烧毁了专制权力象征的国王宝座。2 月 25 日，以拉马丁为实际首脑的 11 人组成革命临时政府，法兰西第二共和国成立。在这 11 个政府成员中，《国民报》派分子 7 人，《改革报》派 2 人，其余 2 人是小资产阶级代表路易·勃朗和社会主义者工人代表阿尔伯。

由于资产阶级共和派掌握着政府的权力，作为革命主力的人民群众仍然没有得到利益，工人的失业问题得不到解决，生活难以为继，经常有人走着走着就饿晕在路边。无产阶级与临时政府磋商，临时政府同意开办"国家工厂"，以解决数十万人的吃饭问题。

然而临时政府到了 6 月 22 日又反悔了，突然下令解散国家工厂，把青年送去当兵，把中老年送到外省去垦荒。人民对政府的行为忍无可忍，成千上万的工人拥向街头，以武力要求临时政府收回成命，"六月起义"开始了。

巴黎的工人聚居在城东的圣安东区，法国议会则在巴黎西区，工人们为防止政府军的进攻，拆下铺路的石头，迅速在市中心建筑了 600 多个街垒。政府军早做好了镇压起义的准备，刽子手卡芬雅克率领数万名政府军、带着数百门大炮，向工人队伍发动了进攻，后来一度达到了 25 万人。敌我力量悬殊的工人们用简陋的武器抵抗了四天，到 26 日黄昏，最后一个堡垒被攻下，六月起义失败。资产阶级对人民进行了血腥镇压，当时被判死刑的有 11000 人，被监禁的有 25000 人，被流放的有 3500 人。白色恐怖笼罩着整个巴黎。

二月革命推翻了金融贵族的统治，建立了资产阶级民主共和国，确立起资产阶级的全面统治，为资本主义在法国的进一步发展扫清了道路。

—— 彼得大帝改革 ——

在俄国历史上，彼得大帝是最杰出的沙皇之一，他的改革使贫穷落后的俄国成为欧洲的强国之一，还为俄国夺得几代人梦寐以求的出海口。

彼得生于 1672 年，10 岁时和他 20 岁的异母哥哥伊万并立为沙皇。由于伊万是一个傻子，彼得年幼，他们的异母姐姐索菲娅长公主担任摄政女王把持朝政。

彼得小时候和他的母亲住在莫斯科郊外的普列奥布拉任斯基村。他从小就聪明过人又隐忍坚毅，为了夺回自己的权力，他以"玩战争游戏"的方式组建了"少年军"兵团，后来这支队伍成为俄国的禁卫部队。

在彼得17岁的时候，索菲娅看出了彼得不愿意做一个傀儡沙皇，为了保住自己的权力，她命令忠于她的"射击军"发动了兵变，试图废掉彼得自立为沙皇。不料彼得早已在她身边安插了间谍，得到消息后率领少年军击溃了射击军，逼迫索菲娅出家做了修女。彼得亲政后被称为彼得一世。

在彼得一世执政以前，俄国基本上是个内陆国家，经济也很落后。彼得认为，要想改变俄国落后的状况就必须要有出海口，有了出海口，就等于打开了通向西欧的窗口。

1695年1月，彼得一世亲率3万大军进攻土耳其，企图占领亚速海。由于缺乏海军的配合，这次远征失败了。但是这次失利让彼得大帝看到了俄国的不足，他在顿河河畔的沃罗涅日建立造船厂，很快就成立了一支小型江河舰队，这是俄国历史上第一支舰队。第二年的春天，他带着俄国战舰开始了第二次远征，在战舰的配合下拿下了土耳其的亚速城堡，夺取了亚速海的控制权。

但是有了亚速海并不代表俄国就有了出海口，因为土耳其还控制着亚速海的门户刻赤，而且它强大的海军还是黑海的霸主。如果俄国想要取得黑海的出海口，就必须拥有能够打败土耳其舰队的海军。为了建设一支强大的海军，也为了改变俄国落后的面貌，彼得觉得应该向西欧学习，他决定派一个使团到西欧各国考察。

1697年，俄国的考察团终于出发了，他化装成一个名为彼得·米哈依洛夫的下士随同前往。彼得沿途参观工场、码头、大学，还曾在荷兰的造船厂当学徒，拜访过大科学家牛顿，广泛结交荷兰的科学家和艺术家。

彼得在西欧考察了那些资本主义发达国家的经济与政治，派出去的使团也引进了很多西欧先进的科学技术，并聘请大批科技人员到俄国工作。回国之后，他开始全面推行欧化改革：经济方面，鼓励发展工场手工业，振兴贸易，凿运河，开商埠，扩大出口，为俄国近代工业奠定了基础；政治方面，取消领主杜马，废除大教长，设立枢密院，打击保守势力，甚至不惜处死皇太子，加强以沙皇为首的中央集权；社会文化方面，建学校，办报纸，剃胡须、剪长服，革除陈规陋习，注重培养和选拔人才，主张唯才是举；军事方面，实行征兵制，统一编制，建立由步兵、骑兵、炮兵和工兵组成的正规陆军，并扩建海军舰队。

几年后，俄国变得富强了。彼得又与丹麦和萨克逊建立了反瑞典的同盟，约定在 1700 年的秋天共同进攻瑞典。

1700 年秋，彼得一世率领 3 万大军从莫斯科出发，经过两个月的行军后到达瑞典的纳尔瓦。然而瑞典人非常顽强，彼得一连猛攻了两个星期，炮弹都快打完了，纳尔瓦依然还在瑞典人手里。几天后，瑞典国王查理十二世指挥 1 万多名瑞典军人，首先击败俄国的盟友波兰和丹麦，然后来到纳尔瓦，增援被围的瑞典军队。俄军全线崩溃，几乎全军覆没，彼得只身逃回了莫斯科。

这次惨重的失败不但没有使他灰心丧气，反而更加激起了彼得开疆拓土的雄心壮志。他不顾瑞典对盟友波兰的攻击，趁着这个机会在国内大肆征税以整军经武。为了搜刮到足够的购买武器装备的金钱，他不仅把原有的赋税提高了 4 倍，还巧立名目增加了各种新的税收；为了获得足够的士兵，他又下令全国每 25 户农民出 1 名终身服役的士兵，很快就建立起一支 20 万人的陆军；他命令每 3 座教堂交出一口大铜钟，很快就用这些金属铸造了 300 门大炮；他还命令每 1 万个农民要缴纳 1 艘战舰的钱，然后又征集工匠建造船只，迅速地造了 40 多艘大船和 200 多只小船，建立了俄国第一支海军舰队——波罗的海舰队。

1702 年，已经有了一支强大军队的彼得一世再次进攻瑞典在波罗的海沿岸的要塞，占领了尼恩尚茨·纳尔瓦。然后在涅瓦河口附近的科特林岛上修建卡朗施塔特要塞，在叶尼萨利岛上建立彼得—保罗要塞。由于彼得 - 保罗要塞地处大涅瓦河、小涅瓦河的汇合点，控制着通向波罗的海的水路，彼得决定把这个要塞扩建成一个城市并改名为圣彼得堡。

瑞典国王查理十二世闻讯后急忙从波兰回师，然而已经无法阻挡俄军的攻势。1709 年，俄国和瑞典在波尔塔瓦展开了规模空前的决战。彼得亲临前线指挥，他的帽子和马鞍都中了枪弹。此战瑞典溃败，查理十二世也逃到土耳其，瑞典从此失去了战略主动权，俄军此后几乎每年都要侵略瑞典一次，侵占了瑞典许多领土。

1712 年，彼得把首都迁到了圣彼得堡。

1721 年，俄国逼迫瑞典签下了丧权辱国的和约，从瑞典那里获得了波罗的海的里加湾、芬兰湾及沿岸的爱沙尼亚、拉脱维亚等地，取得了波罗的海的出海口。同年，彼得改国号为俄罗斯帝国，他本人也被枢密院封为"大帝"和"祖国之父"。

1722 年，他又发动了侵略波斯的战争，夺取里海西岸和南岸部分地区；同时继续向远东扩张，侵占堪察加半岛和千岛群岛。

1724 年的冬天，有几个士兵在海滩上遇险，彼得一世毫不犹豫地跳下海救了这几个士兵，但是他因受凉得了病，第二年的春天就去世了。

经过彼得一世多年的努力，使得俄国日益强大、富强，俄国终于成为一个海上强国，建立了强大的海军，圆了彼得的海上强国梦，也使俄国成为西方列强之一。

—— 伊丽莎白女皇 ——

彼得一世死后，他的亲人们为了皇位争夺了 16 年的时间，最后由他的小女儿伊丽莎白·彼得罗芙娜夺得皇位，史称伊丽莎白女皇。伊丽莎白虽然长得花容月貌，但是却终身未嫁，她把姐姐的儿子过继过来做自己的儿子，取名彼得三世。

1745 年，在伊丽莎白女皇主持下，彼得迎娶安哈尔特 – 采尔勃斯特公国的索菲娅公主为妻。索菲娅嫁到俄国后改名叶卡捷琳娜。叶卡捷琳娜很聪明，只用了很短的时间就学会了俄语，并且按照俄国的宗教习俗皈依了东正教。但是她和彼得之间没有感情，这只是一桩政治婚姻。

1761 年底，伊丽莎白女皇去世，彼得三世即位。彼得三世采取了许多改善下层人民生活的措施，遭到了大地主和大贵族的反对。

1762 年 6 月，叶卡捷琳娜与奥尔洛夫私通生下孩子一事被彼得三世知道了，彼得三世大发雷霆，准备签署逮捕叶卡捷琳娜，被其副官劝阻。随后彼得三世又在与庆祝同普鲁士签订和约的国宴上公开侮辱了叶卡捷琳娜。叶卡捷琳娜决心发动宫廷政变除掉彼得三世，自己当皇帝。

1762 年 6 月 28 日，叶卡捷琳娜在几个欧洲大国的支持下，依靠近卫军发动了宫廷政变，杀死了即位只有 6 个月的彼得三世。于是，33 岁的叶卡捷琳娜踩着丈夫的尸体，登上了沙皇的宝座，开始了长达 34 年的统治，称"叶卡捷琳娜二世"。

叶卡捷琳娜在俄国历史上臭名昭著。她上台后加强了俄国封建农奴制的专制制度，积极扩大贵族特权，把许多土地连同居住在上面的农民都赏赐给贵族。这就使得贵族可以处置领地上的农奴，而农奴在任何情况下都不得控告贵族地主。

叶卡捷琳娜在发展俄国的经济上做出了一定的努力。她明白，作为一个以农业为主的国家，俄国必须把发展农业作为重点。为此她允许发表一些批评农奴制的言论，还接纳了许多外国移民，让他们在南方新征服的土地上生活。她还允许自由贸易，逐步地放弃重农抑商的政策，实行了一些有利于资本主义发展的政策。

但是叶卡捷琳娜经常自我标榜的"开明"仅仅停留在口头上。她为了证明自己要对国家制度进行全面改革，于 1767 年召开了一个立法委员会会议，并且为会议的召开精心地拟定了一个《训谕》，其中大量引用启蒙思想家的言论。《训谕》在欧洲各国引起了强烈的震动，法国甚至禁止它的传播。但是这一切都没有落到实处，而且仅仅一年后就以对土耳其开战为理由解散了会议，就连这样口头上的"开明"也都取消了。

叶卡捷琳娜非常荒淫，她一生情人无数，几乎所有的重臣和将领都成了她的裙下之臣；叶卡捷琳娜还非常虚伪，她一面嘲笑启蒙学派的演说，一面又与伏尔泰等启蒙思想家通信，说她准备按照他们的主张来治理俄国。为了显示自己的英明领导，她在信中告诉伏尔泰俄国农民每天都能吃到一只鸡，实际上她治下的农民只能以又粗又黑的面包充饥。

叶卡捷琳娜二世稳固了统治后，就开始疯狂地对外侵略，她勾结普鲁士、奥地利三次入侵波兰，灭亡并瓜分了波兰共和国，得到了波兰 46% 以上的土地；两次发动对土耳其的战争，夺得了黑海沿岸的大片土地，使俄国船队能顺利通过博斯普鲁斯海峡和达达尼尔海峡，实现了彼得大帝的梦想。

在亚洲，叶卡捷琳娜蚕食高加索，入侵中亚北部的哈萨克草原。到 18 世纪80 年代，俄国完全占领了西伯利亚北部，获得了丰富的森林和矿产资源。俄军还越过太平洋，占领了阿拉斯加，在美洲也有了一块土地。她在位时一共为俄国抢到了 67 万平方公里的土地，曾经豪情万丈地说："假如我能够活到 200 岁，全欧洲都将匍匐在我的脚下！"

叶卡捷琳娜二世对革命非常厌恶和仇恨。1789 年法国发生大革命时，她污蔑这场革命是"法兰西瘟疫"，决心要帮助法国剿灭革命，为此还派俄国海军到北海去封锁法国"制止革命"。叶卡捷琳娜不仅自己出手，还出资支持普鲁士、奥地利干涉法国革命。

1796 年 8 月，叶卡捷琳娜二世在人民的一片咒骂声中，死于沙皇村（今普希金城），终年 67 岁。

—— 普加乔夫起义 ——

自从俄罗斯帝国建立之后，俄国一直都没有停止过对外征战，连绵的战争加重了人民的负担，彼得一世去世后，高层的动荡使得昔日的彼得盛世开始衰落。等到了叶卡捷琳娜即位后，因为她代表的是贵族和农奴主的利益，对农民的剥削和压榨更加残酷。农民的土地渐渐被地主等贵族侵占，还要承担苛捐杂税和种种的劳役，阶级矛盾尖锐，身处水深火热之中的农民越来越不满，反压迫、反剥削的呼声越来越强烈。

到了 1763 年，俄国的农民终于在普加乔夫的领导下举行了大起义。

叶梅连·普加乔夫 1742 年出生于顿河沿岸齐莫维斯克镇的一个贫穷的哥萨克家庭。普加乔夫 18 岁时应征入伍，参加了第一次瓜分波兰的"七年战争"和对土耳其的战争，因其作战勇敢被升为少尉，后来因病退伍。

1762 年 6 月，叶卡捷琳娜皇后发动政变杀死了彼得三世，但却通告天下说彼得三世因患急病医治无效而死亡。之后，叶卡捷琳娜当上了女皇。

由于彼得三世在位时颁布了一些对农民和农奴有利的政策，俄国的下层人民对他有着一定的感情。现在他不明不白地死了，都对他有着深深的怀念，于是就有人说彼得三世并没有死，他已经逃到了国外；还有人说彼得三世被叶卡捷琳娜软禁在一个无名小岛上。

1773 年 9 月 17 日，普加乔夫来到了顿河流域，他告诉当地的农民自己就是从国外回来的彼得三世，来这里组织军队讨伐叛国者叶卡捷琳娜。他发布了诏书和讨伐檄文，带着 80 人于 18 日攻下了雅伊克城，掀起了普加乔夫起义的序幕。

起义军在雅伊克城得到了部分枪支和火药，附近的农民纷纷来投，起义军很快就得到了壮大。10 月 7 日，普加乔夫决定率起义军进攻奥伦堡。奥伦堡是当时俄国在东南地区的一个驻扎着很多军队的军事重镇，城池坚固易守难攻，还有 70 门大炮。由于起义军兵力薄弱又缺乏训练，更没火炮，对奥伦堡久攻不下。于是普加乔夫改变了策略，以少量部队包围奥伦堡，大部分部队准备用来打援，试图让奥伦堡的守军弹尽粮绝自己投降。

在围困奥伦堡期间，普加乔夫成立了军事委员会，加强部队建设。同时，普加乔夫展开了大量的宣传鼓动工作，到处传布檄文，声称要给巴什基尔人、哈萨克人、卡尔梅克人和鞑靼人土地、水源、草场、森林、自由和粮食，号召各族人民起义推翻叶卡捷琳娜二世。各族人民纷纷投奔起义队伍。

叶卡捷琳娜二世得到普加乔夫起义的消息后又惊又怒，急忙派遣三路大军会剿普加乔夫。第一路卡尔将军率领的 2 万多人在奥伦堡城下被普加乔夫打得落花流水，卡尔侥幸逃生；第二路舍尔上校率领的援军又中了普加乔夫的埋伏几乎全军覆没，舍尔和其他 30 多名军官也做了俘虏，随后被送上了绞刑架；只有第三路援军侥幸进入了奥伦堡。到 1773 年底，普加乔夫的队伍已经发展到了 3 万余人，火炮增至 86 门，势力扩展至俄东南部大部分地区。

在冬天的时候，普加乔夫犯下了战略性的致命错误：他命令主力部队在别尔达休整，放弃了向伏尔加河流域进军的机会。这个错误不仅使他丧失了部队发展的机会，也失去了战略回旋的余地，更是给了沙俄政府调集军队的时间。

1774 年春天，叶卡捷琳娜二世再次派大军增援奥伦堡。1774 年 3 月 22 日，双方在谢季塔瓦展开激战，起义军遭到失败。4 月 1 日，起义军在萨马拉激战中再次受挫，只好从奥伦堡撤退，向巴什基尔地区转移。7 月 12 日，普加乔夫攻破喀山，然而起义军仅仅在喀山停留了两天就遭到了沙俄军队的袭击，遭受大量损失后不得不继续转移。普加乔夫随后决定攻击察里津，意图攻下察里津后发动顿河流域的哥萨克人进攻莫斯科。

叶卡捷琳娜二世惊恐万状，急忙从土耳其战场上调回苏沃洛夫的部队去追击普加乔夫。当普加乔夫的起义军刚刚逼近察里津，准备攻城时，苏沃洛夫的部队就尾随而来。8 月 25 日凌晨，双方在萨尔尼科夫展开决战，起义军被击溃，普加乔夫带领 200 多人，东渡伏尔加河，逃往草原深处。队伍不断缩小，最后剩下不到 50 人了。

1774 年 9 月 4 日，起义军军事委员会成员特沃洛戈夫、炮兵司令丘马科夫等人叛变，把普加乔夫捆绑起来，交给了雅伊克镇的沙皇当局。起义失败了。

1775 年 1 月 10 日，普加乔夫在莫斯科被斩首后又被分尸、焚化，他的许多战友被绞死或者流放。

普加乔夫农民起义虽然失败了，但是它打击了沙俄的封建农奴制度，表现出人民群众非凡的勇气和果敢精神，沉重地打击了女沙皇叶卡捷琳娜的残暴统治和封建农奴制。

—— 莱克星顿的枪声 ——

1607 年，由英国国王詹姆斯一世授权成立的伦敦弗吉尼亚公司来到了北美洲，开始在弗吉尼亚和马里兰地区发展殖民地。此后，来到这里的英国人越来越多，他们疯狂虐杀、驱逐印第安人，毁掉他们生活在这里无数年的家园，在这里建立起自己的农庄和牧场。到了 1733 年的时候，英国殖民主义者经过 120 多年的争夺和经营，陆续在北美大西洋沿岸建立了 13 个殖民地，治理这些殖民地的总督都是英国派来的。

这时的殖民地已经开发了大量的种植园，还建立了纺织、炼铁、采矿等多种工业，经济比较繁荣。

到了 18 世纪中期，英国的财政收入越来越难以满足庞大的支出，政府又不想对本土的人民加税以防引起骚乱，于是就把加税的目标定为遍布全球的殖民地，对殖民地进行蛮横的压榨和残酷的剥削，美洲的殖民地当然也不例外。当时移民到北美洲的英国人大多是罪犯、破产农民、流浪者和受到迫害的清教徒，本来就对英国政府没有好印象，加税后对其憎恨就更深了。到了 1765 年，英国人又推出了一个敛财的新花样——印花税。这个税种规定：每一份商业单据、合同、凭证，每本书、每张报纸，甚至每份大学文凭乃至每张小学生的毕业证书都要贴上印花，否则就没有法律效力！这个税种的出现引起了殖民地人民的极大愤慨，他们同英国殖民当局的矛盾更趋白热化。

很快，"自由之子""通讯委员会"等秘密反英组织相继出现，各地都发生了反英事件，抵制英货、赶走税吏、焚烧税票、武装反抗等等。

反英事件引起了英国政府的恐慌，他们立即向主要的城市派出军队，以便随时镇压。然而这些在各地驻防的英军过惯了太上皇的日子，一到了地方就胡作非为、欺男霸女，与当地居民的关系急剧恶化。1770 年 3 月 5 日，驻守波士顿的英军与一名工人发生了争执，人民心中的怒火终于被这个导火索点燃了！当天晚上，波士顿的居民游行示威，高呼"让英军滚出去"的口号。英军开始向游行的群众开枪，当场打死 3 名市民，打伤 6 人，其中 2 人因伤势过重于次日死去，制造了震惊北美的"波士顿惨案"。

"波士顿惨案"让殖民地的人民看清了殖民者的真面目，他们知道如果没有人民自己的国家，这种情况仍然可能随时发生，于是争取独立和自由的运动在北美洲本土发起了。

1774 年 9 月 5 日，第一次大陆会议在费城召开，会议强烈谴责了英国对殖民地的残酷剥削和压迫，通过了组建民兵、向外界秘密购买军火的决议，并把军火库设在康科德。马萨诸塞州总督盖奇后来在波士顿得知了这个消息，就在 1775 年 4 月 18 日给当地驻军首领史密斯上校发出了命令，让他连夜前往康科德搜查这个仓库，伺机逮捕爱国者领导人。

幸运的是这个消息被当地的北美争取民族解放的秘密组织"自由之子社"得知了，其立刻让银匠保罗·雷维尔和工人威廉·德维斯骑马去报信。

保罗和威廉在途经莱克星顿时，把英军将要去康科德的消息告诉了这里的民兵，随后又去了康科德。当地的民兵知道这个消息后纷纷从家里赶到莱克星顿和康科德，在树林和草丛中埋伏下来，静静地等待着英军的到来。

19 日黎明，史密斯上校带着 800 名英军轻步兵来到了莱克星顿，遭到了 77 名民兵的阻击。史密斯上校随即就命令进攻，民兵们因为人少、地形不利很快撤离了战场，分散隐蔽起来。这场战斗民兵牺牲了 8 个人，但是为仓库和独立组织领导人的转移争取了时间，也让更多的民兵赶到了康科德。

等史密斯来到康科德镇上后，发现镇上空无一人，也找不到军火仓库，知道其已经转移了，急忙下令撤退。然而这时候已经晚了，镇外喊杀声、枪声陡然大作，他们已经被附近各村镇的民兵包围了。民兵们埋伏在灌木丛中、篱笆后边、街道拐角处、房屋顶上向英军射击，英军一批又一批倒在地上，而当他们举枪还击时，却连民兵的影子也打不到。

英军一路向波士顿方向退却，沿途遭到民兵的不断袭击，伤亡惨重。双方的战斗一直持续到黄昏，最后还是从波士顿开来的一支援军，才把史密斯等人救了出去。这一仗，英军死伤 247 人，民兵牺牲了几十人。

莱克星顿的枪声，揭开了北美独立战争的序幕。这枪声像信号一样，很快传遍英属北美 13 个殖民地。从此，反对英国殖民统治的战火燃遍了北美大地。

独立战争胜利后，美国人民为了纪念莱克星顿的战斗，在这个村镇的中心建造了一座手握步枪的民兵铜像。他们永远也不会忘记，正是这个小村庄的民兵，为美利坚民族的独立奠定了第一块基石。所以，莱克星顿成为美国自由独立的象征，被人们赞誉为"美国自由的摇篮"。

——《独立宣言》——

随着莱克星顿的枪声响起，英国的北美殖民地进入了独立战争时期，每个殖民地都开始了自发的反英斗争，而且愈演愈烈：查尔斯顿附近的邦克山一战，打死打伤英军 1000 多人。驻波士顿英军被围困 8 个月之久。

这时候的大陆会议还没有彻底独立的想法，他们只是想要得到更多的权力。然而英国并不愿意给他们更多的权力，不久就通过了强力压制殖民地自治的不可容忍法案。此后，英军对殖民地人民的反抗进行了变本加厉的镇压：封闭渔业区、搜捕捕鱼船，对居民烧杀掳掠，还向北美大量增兵。形势万分紧急，大陆会议终于达成了彻底独立的共识。

1776 年 6 月 7 日，弗吉尼亚代表理查德·亨利·李向第二届大陆会议提出了一个议案，殖民地解除对于英王的一切隶属关系，争取外国政府的援助，成为自由独立的合众国。经过几天的讨论，大会于 10 日决定任命托马斯·杰弗逊、约翰·阿丹姆斯、本杰明·富兰克林、罗杰·谢尔曼和罗伯特·李文斯顿组成一个五人委员会，负责起草一份宣言，宣布与英国决裂。

委员会随即又责成杰弗逊草拟这个宣言，然后交给委员会审核。杰弗逊从 6 月 11 日开始动笔，一直到了 28 日才完成了宣言的初稿，整整用了两周多的时间。五人委员会又对这个初稿进行了详细的审核，仅富兰克林一人就至少修订了其中 48 处。杰斐逊据此誊录了一份修订版，由五人委员会提交大会讨论。经过两天半逐字逐句地讨论和修改，最终版的《独立宣言》于 1776 年 7 月 4 日通过。

7 月 8 日，大陆会议在宾夕法尼亚州大会堂的院子里向群众宣读了《独立宣言》，宣告北美 13 个殖民地脱离英国，独立自由的美利坚合众国诞生了，并将 7 月 4 日定为美国的国庆日。

《独立宣言》分为三个部分。第一部分阐述了人生而平等，造物主赋予人们固有的、不可转让的权利，包括生存权、自由权和追求幸福的权利。主权在民，人民根据契约组成国家。

第二部分列举了英王乔治三世的种种罪行。阐述了殖民地人民要求独立的原因。

第三部分《独立宣言》向全世界宣告："我们以各殖民地善良人民的名义，向全世界郑重宣布，我们这些联合起来的殖民地从此成为，而且名正言顺地成为独立自主的美利坚合众国。从今以后，取消一切向英国王室效忠的义务，断绝一切和大不列颠的政治关系。我们是自由独立的国家，拥有宣战、结盟、缔约、通商以及一切独立国家所拥有的权力。"

《独立宣言》在历史上第一次以政治纲领的形式宣告了主权在民的原则，比法国的《人权宣言》要早 13 年。马克思称它为世界历史上"第一个人权宣言"，"推动了欧洲革命"。《独立宣言》鼓舞了美国人民，使他们英勇果敢地走上战场，最终取得了彻底的胜利。

—— "美国国父"华盛顿 ——

在美国的独立战争中，做出最大贡献的就是乔治·华盛顿。他不仅是独立军的总司令，还是美国的开国总统，由于他对美国的卓越贡献，被尊称为"美国国父"，又称"合众国之父"和后来的亚伯拉罕·林肯、富兰克林·罗斯福并列为美国历史上最伟大的总统。为了纪念这位伟大的总统，美国人专门在位于大西洋彼岸的波托马克河畔建立了一座城市作为首都，并以他的名字来命名。

华盛顿是弗吉尼亚人，出生于 1732 年 2 月 22 日，他的父亲奥古斯丁·华盛顿是一个大种植园主，在他 11 岁的时候就去世了，不过给他留下了一大笔遗产。在母亲的严厉管束下，华盛顿 16 岁就去西部做了一个土地测量员。1754 年，华盛顿加入了军队，在法印战争中曾代表维吉尼亚州的总督是罗伯特·丁威迪向法国的指挥官递交了最后通牒，成为风云人物。1759 年，已经官至中校的华盛顿退役，从军的经历让华盛顿拥有了丰富的战场指挥经验，为他以后出任大陆军的总司令打下了基础。离开军队后，华盛顿回到了故乡，经过十几年的艰苦奋斗后成为当地有名的大种植园主，还当选了弗吉尼亚州下议院的议员。

在波士顿倾茶事件之后，英国和北美大陆殖民地之间的矛盾逐渐明朗化，华盛顿深刻地认识到，北美大陆除了完全独立再没有别的出路，从此积极投身于大陆的独立事业。

1775 年 6 月，华盛顿作为弗吉尼亚州的代表出席了在费城举行的第二届大陆会议。在这次会议上，华盛顿被推举为大陆军的总司令。这时候莱克星顿的枪声刚响起不久，波士顿的民兵正在和英军鏖战不休，急需有经验的军事指挥人才来统一指挥。临危受命的华盛顿没有犹豫，立即就骑上马出发了。7 月 3 日，华盛顿抵达波士顿，接过指挥权后立刻亲临前线，用提康德罗加堡垒的火炮控制了整个波士顿港，最后经过一个多月的围困，不费一兵一卒将英军逐出了波士顿。这次胜利加速了美国的独立，大陆会议在胜利的鼓舞下通过了《独立宣言》。

然而华盛顿在接下来的时间连吃败仗。在独立战争的初期，美国军队只凭着一腔热血和英军以命相搏。首先这支军队没有经过训练，他们中的大多数人是临时招集来的农民；其次武器装备极差，这些农民有的从家里带来武器，有的根本就没有武器；最为严重的是，美军的后勤供应更是差到了极点，连战士们的吃穿都无法保证，在最困难的时候，曾经出现过一连五六天吃不到面包，只能以马料充饥，在寒冷的冬季里许多士兵不得不赤脚行军。而他们的敌人英军却装备精良，训练有素，后勤供应充足，同寒酸的美军相比，这些英军可以用武装到牙齿来形容了。

由于在各方面都和英军有着很大的差距，美军在正面战场上始终无法取得胜利，在保卫纽约的战役中还差点全军覆没。到 1777 年 9 月，连首都费城也被英军占领，有些意志不坚的将领竟率军向英军投降。

在这种极端严峻的形势下，华盛顿用他高超的指挥艺术和人格魅力稳定了美军军心，把这支队伍慢慢地带成了打不烂拖不垮的军队。1776 年 12 月 25 日的晚上，华盛顿率兵偷袭了特伦敦镇的普鲁士雇佣军，以 2 死 3 伤的代价歼敌千余；随后，华盛顿又指挥大陆军突袭普林斯顿，再获全胜；1777 年 1 月 2 日晚上，又突袭了查理斯·康沃利斯率领的英军，这些奇袭振奋了支持独立的殖民地阵营的士气。

1777 年的夏天，英军发动三路围攻，大陆军一度失利，在布兰迪万河战役中遭受了重大损失。华盛顿毫不气馁，率领部队屡败屡战，于 9 月 11 日终于取得了萨拉托加战役的胜利，迫使英国名将伯戈因的 8000 余人部队在哈德逊河西岸高地投降。这次大捷促成了 1778 年 2 月的美法结盟，美国开始摆脱被动的局面，逐渐掌握了战争的主动权。

与此同时，为了孤立英国，美国又多方展开了外交活动，争取法国等国的援助。1778 年 6 月，法国军舰开进美国，英军被迫从费城撤退，把主攻方向转向南方。

1780 年，英军把主力转移到南方港口城市约克镇。法军和美军两路并进，直逼约克镇。法军用海军封锁海港，切断英军海上补给线，断了英军的退路，华盛顿则率部从正面猛攻。

1781 年 9 月，英军统帅康华理率部上千余人向华盛顿投降，美国独立战争取得了最后的胜利。

战争结束后，华盛顿拒绝了所有的荣誉和奖赏，向大陆会议交出军权后回到了自己的庄园。然而刚刚独立的美国百废待兴，完全没有有效的政府管理，一度发生了谢司起义，新生的美国又到了生死关头，大陆会议再次召回了华盛顿。

1787 年，华盛顿再入政坛，主持召开了制宪会议，制定了沿用至今的美国宪法。1789 年，华盛顿当选为美国第一任总统。

华盛顿一共担任了两届共 8 年的总统，在任期间华盛顿一直兢兢业业如履薄冰，他认为，虽然自己手中掌握着可以与世界上的任何一位国王相媲美的权力，但自己始终是美国人民的"最恭顺的公仆"。

华盛顿在第二任期时，推辞了党内让他竞选第三届总统的提名。1796 年 9 月 17 日，华盛顿发表了他的著名的《告别辞》，总结了自己一生的政治经验，向他的同胞提出了明智的谆谆忠告。1797 年 3 月 3 日，华盛顿在担任公职的最后一天举行了告别宴会，他举起酒杯向来宾祝福，祝愿他们在新总统的领导下为美国做出更大的贡献。3 月 4 日，华盛顿在参加完新总统亚当斯的就职典礼后就离开了办公室，美国的"国父"永远离开了政界。

华盛顿回到家乡后，过着退隐的生活。1799 年 12 月 14 日，华盛顿因患喉炎去世，他的遗体就安葬在维农山庄。

第七章／工业革命时期

—— 英国工业革命 ——

资产阶级革命成功以后，资本主义得到了喷涌式的发展，人们对工业品的需求也越来越多，这就迫使人们不得不提高生产力以满足旺盛的工业品需求。正是在这种情况下，工业革命产生了。

工业革命是指欧洲资本主义的大机器工业代替手工业，机器工厂代替手工工场，也称产业革命或第一次科技革命。工业革命不仅提高了生产技术，也让当时的生产关系产生了重大改变。英国是最早发生工业革命的国家，持续了很长的时间，从18世纪60年代开始，一直到了19世纪中叶才基本完成。

英国最早发生工业革命不是偶然的，它有着历史的必然性。从政治上来说，完成了资产阶级革命的英国已经没有了阻碍资本主义发展的障碍，资产阶级掌权的政府制定了一系列的法律来促进资本主义的发展。

在圈地运动发生后，大批的失地农民被迫流入城市，为工业的发展提供了充足的廉价劳动力，而资本家占据了大量生产资料后也让大工业成为了现实。同时商品经济代替小农经济也促进了资本主义大农业的发展，使农业适应了大工业发展的需要。商品经济的发展又扩大了国内市场，对加速资本主义经济发展起到了重要作用。

在国际上，西班牙、荷兰和法国先后被英国战败，英国从这些国家抢占了大量的殖民地，这些殖民地成为英国资本主义发展的原料供应基地和广阔的工业品销售市场。

到了18世纪中叶，英国的手工工场已经无法满足国内外市场对工业品的需求，这是追逐利润的资本家们所无法容忍的，他们迫切需要提高工场的产量，让自己获得更多的利润。然而这时候扩大生产规模已经没有竞争力了，最好的办法就是提高劳动效率。

工业革命是渐进式发展的，遵循先易后难的规律。棉纺织机械的发明和运用标志着工业革命的开始，之所以从棉纺织机械开始也是因为这类机械技术要求比较低，需要投入的资金相对比较少，发明和制造比较容易。而且衣服是与人们的生活息息相关，属于必需消费品，社会需求量大，用手工业生产已不能满足生活需要。

当时的织布技术还是很落后的，完全以人工为主。纺织工人把梭子从左手抛到右手，然后踏一下控制经线的木板，然后又把梭子从右手抛到左手，再踏一下控制经线的木板，生产效率很低，一天也织不了几米布。1733 年，约翰·凯伊发明了飞梭，改变了靠手工穿梭织布的落后方法，使织布的效率比手工提高了两倍。

随着织布技术的提高，棉纱的供应开始紧张了，这又促使了纺纱技术的革新。1764 年，纺织工人詹姆斯·哈格里夫斯发明了新型的纺纱机，这种机械一台能同时纺 8 根纱，后来经过改进，竟能纺出 130 根纱。詹姆斯用他妻子的名字把这种纺纱机命名为"珍妮纺纱机"。"珍妮纺纱机"的发明是第一次工业革命的开端，使大规模的织布厂得以建立。但这种纺纱机的缺点也很明显：纺出的纱细而且易断，还需要人力作为动力。

1769 年，理查德·阿克莱特发明了"卷轴纺纱机"。这种纺纱机克服了"珍妮纺纱机"的缺点，可以用水力作为动力，而且纺出来纱既坚韧又结实。但是水力纺纱机体积很大，必须搭建高大的厂房，又必须建在河流旁边，并需要大量工人集中操作；而且纺出的纱太粗，还需要进一步改进。

10 年后，童工出身的纺纱工人塞缪尔·克伦普顿发明了走锭精纺机。这种纺织机汲取了珍妮机和卷轴机的优点，纺出的棉纱精细而又结实。后来又经他人改进成自动纺纱机，每架机器同时可纺三四百个纱锭，被称为"骡机"。

骡机出现后，棉纱的生产效率上百倍的提升，在完全满足织布工场的需求下还有很大的剩余，纺纱和织布之间再次出现了严重的比例失调，不过这次换成织布技术的革新了。

1785 年，卡特莱特发明了自动织布机，把织布的效率提高了 40 倍，纺纱和织布之间又基本恢复了平衡。与此同时，棉纺织工业中的其他工序如净棉、梳棉、漂白、染整等也采用了新技术。不仅是棉纺，毛、麻、丝等纺织部门也逐渐走上了机械化的道路。

然而动力又限制了机械化的生产。纺纱机、织布机由水力驱动，使工厂必须建造在河边，而且受河流水量的季节影响，造成生产不稳定，这就迫使人们研制新的能够保证输出稳定、高功率的动力机械。瓦特在总结了前人科研成功的基础上发明了蒸汽机用作纺织机械的动力，很快就推广到了需要高功率动力的各行各业。蒸汽机的发明是科学史上划时代的成就，也是第一次科技革命的标志，从此资本主义工业生产迅速发展起来。

到了 18 世纪下半叶和 19 世纪上半叶，几乎各个产业部门都发生了深刻的技术变革。这些领域的革新，又使运输物流成为了瓶颈，这就又刺激了交通运输业的发展，如开凿运河、改良公路、兴建铁路、制造运输更多货物的船舶等等。

1812 年，亨利·贝尔建造的蒸汽船试航成功。7 年后，英国成立了轮船航运公司，大西洋的各个地区都在它的运输范围之内。

1804 年，特里维西克发明了火车头，1823 年，英国出现了世界上第一条铁路。到 1850 年，英国已建成铁路 6000 英里，传统的内河航运和陆路运输不再是主要的运输方式。

交通运输业的技术革命成功后，既降低了运费，又加快了货物运输的速度，人员的流动也更加方便，对技术革命既起到了反哺作用，又刺激了经济的发展。

工业革命后，英国成为"世界工厂"，是当之无愧的世界头号强国，一直到第二次世界大战之前都无人能够撼动它海上霸主的地位。凭借强大的实力，英国加快了殖民扩张的步伐，在全球范围内攫取了大量的利益。

在英国的带动下，欧洲大陆也相继开始了工业革命，19 世纪的时候又传到北美地区，极大地推动了这些国家的工业生产，帮助这些国家的新兴资产阶级打击封建势力、夺取政权奠定了基础。

—— 英国"宪章运动" ——

到了 19 世纪 30 年代，英国的工业革命已经完成。英国的资产阶级在经济上的地位有了空前的提高，对他们的政治地位不再满足，有了更多的政治上的要求。

1832 年，英国的议会进行了改革，资产阶级的政治要求得到满足，登上了统治地位，为了维护自己的利益，他们制定了一系列针对工人阶级的法律。在"宪章运动"之前，广大的无产阶级深受资产阶级的剥削，在政治上毫无权利，在经济上处于贫困状态。工人们每天要工作 16~18 个小时才能拿到一点低廉的工资，女工和童工则只有男工工资的一半甚至四分之一。为了争取改善经济条件和政治地位，工人阶级决定发起一场争取普选权的运动。

1836 年，一个叫洛维特的木匠在伦敦发起成立了"伦敦工人协会"的号召，第二年就和同会中激进的议员商讨拟定了有关普选的 6 项主张：

第一，凡是年满 21 岁，身体健康、没有刑事犯罪记录的男子都应该拥有选举权。

第二，选举时必须是秘密投票。

第三，全国各选区应该按照当地的居民人数排定，选区选出的议员名额也应当与人数相适应。

第四，国会应当每年改选一次。

第五，取消对候选者的资格限制。

第六，当选的议员应当支付薪金。

1838 年 5 月，这 6 项主张被以法案的形式公布，并命名为《人民宪章》，因此为实现宪章内容的斗争就称为"宪章运动"。

广大的工人阶级对《人民宪章》的公布非常欢迎，"宪章运动"很快从伦敦扩展到全国各地。工人们在各地举行大规模的集会，经常有四五万人参加，有的集会甚至多达 10 万人。工人们对宪章运动的认识非常深刻，有人在演说中说："普选权问题，归根结底是刀子和叉子的问题，是面包和乳酪的问题！"

1839 年 2 月 4 日，来自各地的工人代表到了伦敦，准备在这里召开第一届宪章派工会会议。在会议上，代表们一致决定向议会递交请愿书，以和平请愿的方式来达成他们的诉求。不过也有代表提出，如果议会不肯答应他们的请愿，那就举行武装暴动逼迫议会同意他们的要求。5 月，这份请愿书公布后得到了工人阶级的大力支持，在请愿书上签名的人数超过 125 万人，请愿书的重量达 300 公斤。

7 月，请愿开始了，工人们把请愿书放在装饰着彩旗的担架上抬到了议会，"宪章运动"进入了第一次高潮。7 月 12 日，议会拒绝了请愿书所提出的要求，并要求政府派军警镇压前来请愿的工人。

议会和政府的行为让工人们非常愤怒，希望破灭的工人们开始酝酿武装暴动，全国各地纷纷举行示威游行。1839 年 11 月，南威尔士的矿工率先发动了起义，1000 多名拿着木棍、长矛和短枪等简陋武器的工人向南约克郡进军。政府立即派出了大量的军警，在达纽波特，军警们对工人们展开了血腥镇压，很多工人倒在了血泊中。随后政府以此为借口逮捕了宪章派领导人欧康纳，解散了宪章派工会，"宪章运动"进入了低潮。

1842 年，英国又爆发了新的经济危机，工商业倒闭，失业人数空前增加，同时农业歉收发生了全国性的饥荒。"宪章运动"又重新高涨起来，形成了第二次高潮。2 月，宪章派提出新的请愿书，这次请愿书比第一次进了一步，除原先六条外，还进一步提出了废除新济贫法，限制工作日，提高工资，实行政教分离，特别是提出消灭资产阶级和地主对机器、土地、交通工具的独占，以及支持爱尔兰与英国分离等许多要求。签名的人数也增加到 350 万左右，值得一提的是，当时英国的成年男子也就 700 万左右。但是议会又一次否决了请愿书。宪章派号召举行总罢工以示抗议。曼彻斯特的工人首先响应，兰开夏、约克郡、斯塔福德郡以及威尔士等地的工人也迅即投入罢工斗争，不少地方发生了工人和军警的冲突，许多城市陷入瘫痪状态，形成 8 月罢工浪潮。不过"宪章派协会"仍然没有明确的行动纲领和斗争策略，这次的大罢工还是处于各自为政的松散模式。9 月，政府再次出动大批军警镇压了罢工，逮捕了 1500 多名宪章运动领导人和活动分子，封闭了所有进步报刊，开始在全国范围内实行恐怖统治。宪章运动再一次陷入低潮。

到了 1847 年，又一次经济危机发生了，而且法国革命也给了"宪章运动"鼓舞和力量，"宪章运动"的第三次高潮在 1848 年发生了。当时，格拉斯哥失业工人在"不给面包就革命"的口号下举行游行，军警开枪射击，死伤多人。统治阶级的暴行激起了伯明翰、曼彻斯特、利物浦和全国各地工人的义愤，他们纷纷发起抗暴斗争。在声势浩大的群众斗争面前，资产阶级慌忙把财产转移到国外，贵族纷纷逃离伦敦。

4 月 10 日，宪章派决定在伦敦召开群众大会，准备在会后进行示威，不幸消息走漏被统治阶级知道了，政府预先调集了大批军队准备镇压。在这个紧急的关头，以奥康瑙尔为首的宪章派运动的领导人发生动摇，劝说工人解散回家，由他们自己把请愿书送交国会，使这次示威半途而废。5 月 13 日，政府下令解散宪章派组织。随后，国会第三次否决了宪章派的请愿书。

"宪章运动"虽然失败了，但它在英国历史及国际工人运动历史上仍具有重要意义。宪章运动是世界上第一次工人阶级的独立的全国性政治运动，它所取得的经验和教训，对以后国际工人运动起了很大的借鉴作用；"宪章运动"的经验，对马克思和恩格斯创立科学共产主义理论产生了重要影响，促进《共产党宣言》

的发表。"宪章运动"也为英国工人阶级争取到一些权利，资产阶级政府不得不对工人阶级作出一些让步。在"宪章运动"失败后，一部分参加者逃亡到了美国、澳大利亚或新西兰，他们把民主思想的种子传播到这些地方，为这些地方民主运动的发展做出了重要贡献。

俄国革命的先驱——12 月党人

随着资产阶级革命的成功，英国、法国等欧洲主要国家日益强大起来。而欧洲的另一个大国俄国还处于落后的封建农奴制中，一些开明贵族开始试图通过改革来改善俄国的现状，使俄国也成为一个富强的国家。

在 1812 年拿破仑侵俄失败后，一些年轻贵族军官在第七次反法同盟时来到了法国的巴黎，在这里受到启蒙思想的熏陶，看到了大革命给法国带来的天翻地覆的变化，希望能够改变俄国黑暗的现实，让俄国人民也过上自由、民主、平等的生活。

1821 年，在图利钦成立了以佩斯捷利上校为首的南方协会，在彼得堡成立了以穆拉维约夫上校为首的北方协会。这两个组织都拟定了自己的纲领。南方协会通过了佩斯捷利起草的《俄罗斯法典》主张废除农奴制和等级制，建立共和国；公民应拥有一块不能买卖的土地以保证生活，同时允许拥有私有土地以使生活富裕；年满 20 岁男子按财产资格拥有选举权；国家最高立法机关为人民议会，最高行政权归五人组成的最高杜马，国家监察机关为最高会议等。这是一个相当进步的资产阶级性质的宪法。北方协会有穆拉维约夫草拟的《宪法》，主张废除农奴制和等级制，建立君主立宪制和联邦制国家；联邦的最高政权机关为两院制的人民议会，行政权归皇帝。《宪法》比《俄罗斯法典》保守得多，但仍有一定进步意义。

恰达耶夫和雷列耶夫都是驻守在彼得堡的近卫军的年轻贵族军官，也是希望改革俄国的北方协会的领袖。他们成立了秘密的革命团体和小组，在俄国各地从事宣传鼓动工作，准备在适宜的时间在彼得堡发动一次武装起义推翻沙皇的统治。

1825 年底，沙皇亚历山大一世突然去世，由于他没有子女，由他的弟弟尼古拉继承皇位，准备在 12 月 14 日举行正式的登基仪式。雷列耶夫认为这是一个好机会，可扩大起义的影响，就决定在这一天发动起义。

12 月 14 日清晨，雷列耶夫、恰达耶夫带着 3000 多名近卫军突然开进彼得堡的元老院广场，围绕着彼得大帝的铜像排成一个战斗的方阵，高呼"打倒专制暴君沙皇！""制定宪法！""要求民主！""要求自由！""废除农奴制！"的口号。

正在皇宫准备登基的尼古拉恼羞成怒，命令炮轰元老院广场。广场上的起义队伍伤亡惨重，不得不退出广场，随后又遭到了沙皇骑兵的血腥屠杀，不少聚集在广场周围的群众也倒在了屠刀之下。恰达耶夫和雷列耶夫被沙皇抓住关进监狱。

彼得堡起义的消息传到南方后，乌克兰的军队也在 12 月 29 日发动了起义，结果也被残酷镇压下去。

由于这两次起义都是在俄历的 12 月，又是同一个组织发起的，后来的历史学者就把领导这两次起义的成员称为"12 月党人"。

起义失败之后，沙皇政府对"12 月党人"进行残酷的镇压，著名领袖佩斯捷利、穆拉维约夫·阿波斯托尔、别斯图热夫、卡霍夫斯基和雷列耶夫被判处绞刑，穆拉维约夫、特鲁别茨科伊等百余人被流放到西伯利亚服苦役或定居，大批士兵被判处夹鞭刑。

"12 月党人"起义虽然失败了，但他们不怕流血牺牲，英勇地发起了向俄国专制制度的第一次冲击，推进了俄国的政治现代化进程。

—— 马克思和《资本论》 ——

马克思全名卡尔·海因里希·马克思（1818 年 5 月 5 日—1883 年 3 月 14 日），是马克思主义的创始人之一，第一国际的组织者和领导者，被称为全世界无产阶级和劳动人民的伟大导师，无产阶级的精神领袖，国际共产主义运动的先驱。马克思是德国伟大的思想家、政治家、哲学家、经济学家、革命家和社会学家，主要著作有《资本论》《共产党宣言》等。

马克思于 1818 年 5 月 5 日出生在德国的特利尔城。他的父亲是一个非常有名的犹太人律师，在父亲的影响下，马克思具有丰富的思维、严密的逻辑和雄辩的演说才能。马克思少年时家里比较富裕，这就使得他能够得到良好的教育。

马克思从小就有着为人类的解放奉献终身的理想。中学毕业的时候，老师布置的毕业论文题目是《青年在选择职业时的考虑》。马克思在作文中谈到了自己的理想，其中有两段是这样写的："如果人只是为了自己而劳动，他也许能成为有名的学者、绝顶聪明的人、出色的诗人，但他决不能成为真正的完人和伟人。"

"如果我们选择了最能为人类福利而劳动的职业，我们就不会为他的重负所压倒，因为这是为全人类所做的牺牲，那时，我们感到的将不是一点点自私而可怜的欢乐，我们的幸福将属于千万人，我们的事业并不会显赫一时，但将永远存在。"

在这篇文章中，马克思阐述了他的择业观，把"最能为人类福利而劳动的职业"作为自己的目标。看过他的论文的教师们都惊叹不已，深刻的内容和高尚的理想给老师们留下了深刻的印象。这一年他才 17 岁。

1835 年，马克思来到当时著名的波恩大学，第二年又转到柏林大学去学习法律，不过他对哲学和历史更感兴趣，就在上学期间加入了激进的青年黑格尔派。1841 年，马克思获得耶拿大学哲学博士，毕业后担任了自由主义反对派创办的《莱茵报》的主编。在这段时间里，他了解了下层人民的贫苦生活，切身体验到普鲁士国家制度和法律的虚伪性。1842 年 10 月，他在报纸上发表了《关于林木盗窃法的辩论》一文，谴责立法机关偏袒林木所有者的利益，剥夺贫民捡拾枯枝等权利，系统地提出了自己的森林立法观。普鲁士政府对这篇文章非常气愤，一度查封了《莱茵报》。马克思一气之下辞去了报纸的主编职务，不过他后来的许多文章还是通过这家报纸发表的。

这时的马克思还没有形成自己的哲学观念，但是他已经对唯心主义的观点有了怀疑，通过研究政治、经济和社会问题，他已经认识到了靠纯理论的批判不能消除资本主义的社会弊端，而要靠行动来解决。

1842 年 2 月，恩格斯也投身工人斗争的洪流中，他在马克思主编的《德法年鉴》上发表《政治经济学批判大纲》，初步揭示了资本主义私有制的绝对不可调和的内在矛盾。8 月底，恩格斯在回国途中绕道巴黎会见了马克思。他们倾心交谈了各自的政治理论观点，取得了完全一致的见解，从此开始了他们创立科学的世界观的伟大合作。在马克思以后的生活和学术著作中，恩格斯给了他很大的帮助。

第二年，马克思和恩格斯合著了《神圣家族》，这部著作批判了黑格尔唯心主义，第一次提出了人民群众在历史中起决定作用这一重要的历史唯物主义原理，论证了无产阶级解放人类的历史使命。《神圣家族》是马克思和恩格斯在制定无产阶级世界观的理论基础，即辩证唯物主义和历史唯物主义过程中的一个重要里程碑。

1848 年，马克思和恩格斯来到了巴黎。他们在巴黎认真总结分析了历次革命的经验教训，认识到革命不能依靠资产阶级，要建立无产阶级领导的工农联盟；想要解放全人类就必须要打碎旧的国家机器，建立无产阶级自己的政权。这对于指导今后的工人运动具有重要的意义。同年，他们又合作起草了共产主义者同盟的纲领《共产党宣言》

1849 年，由于马克思领导了工人运动，法国政府认为他是一个"不受欢迎的人"，告诉他要么被驱逐要么去蹲监狱。8 月，法国再次把马克思驱逐出境。

这是马克思第四次被驱逐了，此前普鲁士政府、比利时政府、法国政府均曾驱逐过他。马克思被资产阶级政府的暴行激怒了，他愤而放弃了普鲁士的国籍，要做一个没有国籍的"世界公民"。随后马克思变卖了所有家产，带着家人来到英国的伦敦，他在这里一直生活到去世。

1849 年的 12 月，马克思通过朋友得到了一张英国博物馆的阅览证，从此阅览室就成了他的"办公室"。他每天一大早就从家里出来，步行来到阅览室，从上午 9 点一直工作到晚上 8 点左右才回家。到了家里还要整理当天查阅材料时所做的笔记，通常都要到第二天的凌晨两三点才休息。

在伦敦的这段时间也是马克思最困难的日子。他们一次又一次地因为付不起房租而被迫举家迁移，为了省钱租住的房子越来越小、越来越阴暗；因为拖欠房租，房东叫来了警察，收走了马克思一家的全部东西，甚至连婴儿的摇篮、女儿的玩具也没留下。当时马克思的收入只有一点微薄的稿费，然而就是这点钱也不是每个月都有的，因为贫困，马克思的四个孩子夭折了三个。如果没有恩格斯的接济，马克思根本无法完成后来的皇皇巨著。

然而即使在这样恶劣的环境中，马克思也没有退缩，仍然常年累月地在英国博物馆研读政治经济文献，埋头从事经济学研究，为无产阶级锻造理论武器《资本论》。他在给友人的一封信中说，"我为了为工人争得每日 8 小时的工作时间，我自己就得工作 16 小时"。在世界一流的伦敦博物馆中，马克思阅读过的书籍有1500 多种，所摘录的资料和整理的笔记有 100 余本。据说他每天都坐在同一个位置上，以致座位下面的地板都被他磨出了脚印。

为了更好地完成《资本论》，他广泛收集有关各学科资料，不管是农艺学、工艺学、解剖学，还是历史学、经济学、法律学，只要是与《资本论》有关的，不管多么艰难他也要找来研究。不仅是这些学术性的著作，甚至连政府发行的"蓝皮书"他都一本本阅读了。"蓝皮书"是英国议会专门发给议员的报告材料，因其封面为蓝色，所以叫蓝皮书。英国议会的蓝皮书每到一定时候就会下发到议员手中，对于议员来说，此书并没有多大用处，所以一拿到就把它扔到了废纸篓里。然而对马克思来说这些蓝皮书就是珍贵的官方资料，因为书里面记录着英国每年、每季度的经济报告及经济政策，是研究资本主义经济的第一手资料，可以帮助他从政治经济学的角度去研究资本主义剥削工人的本质。

马克思忘我地工作着，为了写出《资本论》，他无暇顾及家里，所有的事情都交给了他的夫人燕妮。不管是刮风还是下雨，他都会准时出发前往博物馆的阅览室，饿了啃一口干面包，渴了喝一杯白开水，疲倦了就站起来跳两下，然后继续工作。终于，《资本论》的第一卷在 1867 年出版了。

《资本论》的出版，是国际共产主义运动史上的一件重要大事，它使以后的无产阶级运动有了理论基础，开辟了新的斗争历程。《资本论》是马克思主义的重要百科全书，同时也是马克思研究资本主义社会经济形态的巅峰之作。马克思在这部著作里，以唯物史观的基本思想为指导，通过深刻分析资本主义生产方式，揭示了资本主义社会发展的规律，这样就使唯物史观得到了科学验证和进一步的发展。

在这部书中，马克思通过大量事实，详细而深刻地分析了资本主义的发展历史，揭穿了资本主义迅速发展的"秘密"，暴露了资本主义残酷剥削工人阶级的丑恶本质，也指出了工人阶级之所以极其贫困的原因。

《资本论》中一个重要的理论就是"剩余价值"学说。马克思指出，从表面来看，工人付出了劳动而资本家给工人发了工资，好像是一种"等价交换"；但是实际上这种交换是不等价的，工人的劳动为资本家所创造的财富远远大于自己所得的报酬。如果说一个工人一天的工资是 10 元钱，而他在这一天内为资本家所创造的利润是 20 元钱或者更多，那么 10 元之外的那部分就是"剩余价值"，被资本家无偿地剥削了。

在马克思把资本家获得利润的这个秘密揭穿之后，人们就知道了资本家剥削工人的本质、手段、诀窍，也认清了资本家的剥削方法，让工人阶级为自己争取更高的待遇有了理论基础。

马克思在《资本论》中明确地指出，资本主义的必然灭亡和无产阶级的必然胜利是历史发展的必然趋势，都是不可改变的。《资本论》为无产阶级的革命斗争提供了理论武器，增强了无产阶级革命斗争的决心和信心。

—— 《共产党宣言》和第一国际 ——

《共产党宣言》是马克思和恩格斯一起为共产主义者同盟起草的纲领，国际共产主义运动的第一个纲领性文献，标志着马克思主义的诞生。《共产党宣言》第一次全面系统地阐述了科学社会主义理论，指出共产主义运动将成为不可抗拒的历史潮流。《共产党宣言》的诞生对全世界的无产阶级革命运动起了巨大的推动作用。

1847 年底，共产主义者同盟第二次代表大会在伦敦召开，代表们觉得应该用宣言的形式写一个纲领，并把这个任务委托给了马克思和恩格斯。马克思和恩格斯吸收了《共产主义原理》的基本观点并充分交换意见后，又共同商定了《共产党宣言》的全部内容和结构，最后由马克思执笔写成。

《共产党宣言》是科学社会主义的第一个纲领性文件，它对马克思主义的三个组成部分——哲学、政治经济学和空想社会主义，做了有机而完整的叙述。

《共产党宣言》有引言和四章正文。引言勾画了早期共产主义运动的图景，描述了共产党人成长的进程，以及发表《共产党宣言》的目的。

在四章正文里，《共产党宣言》指出：

一、阶级斗争是阶级社会发展的动力，无产阶级反对资产阶级的阶级斗争必然要发展为夺取政权的政治斗争，导致无产阶级革命，最后消灭一切阶级，实现共产主义。

二、揭示了无产阶级进行暴力革命和建立无产阶级专政是实现无产阶级历史使命的必由之路。

三、提供了关于建立无产阶级政党学说的基本要点，指明共产党是无产阶级的先锋队，无产阶级没有共产党就不能获得解放。

四、对那些以社会主义旗帜为掩护的封建的、小资产阶级的和资产阶级的政治思想进行阶级的分析、评价和批判，指明了这些流派实际上都是敌视无产阶级而为剥削阶级利益服务的。

五、宣布了共产党人在对当前反动统治的社会斗争中的方针和策略，声明共产党人支持一切反对现存的社会制度和政治制度的革命运动，共产党人努力争取全世界的民主政党之间的团结。

《共产党宣言》在结束时，提出了无产阶级国际主义的战斗口号："全世界无产者，联合起来！"

《共产党宣言》的问世，标志着科学社会主义的诞生，标志着人类思想史上的一次伟大革命。它解决了马克思主义诞生以前的社会主义者和共产主义者所难以解决的问题，使社会主义同具体的工人运动相结合，使国际共产主义运动从此进入了一个新的历史阶段。

《共产党宣言》发表后，欧洲工人阶级的斗争进入了新的阶段。工人阶级已经认识到，以前那种各国分散的斗争是不可取的，也是不可能胜利的，全世界的无产阶级必须联合起来，去对抗资产阶级。于是第一国际就应运而生了。

1863年，英国工人召开大会抗议沙皇俄国镇压波兰起义，声援波兰人民的正义斗争，并呼吁法国工人和英国工人加强团结，共同战斗。

1864年9月28日，英国工人代表和法国工人代表在伦敦圣马丁教堂召开联合大会，讨论如何声援波兰人民对俄国的斗争。参加会议的还有其他国家的一些代表。在会议上，一位代表提议成立一个无产阶级国际联盟，这个建议得到与会者的一致赞同，当即成立了"国际工人协会"（第一国际）。

10月5日，第一国际举行了第一次会议，马克思也参加了这次会议，并被选进领导机构——中央委员会，担任德国通讯书记（实际上他领导着中央委员会的全部工作，是国际的真正领袖、每届中央委员会的"灵魂"，中央委员会所发表的一切文件几乎都出于马克思的手）。大会结束以后，中央委员会又委托马克思起草第一国际的纲领和宣言。

马克思当时已经是疾病缠身了，但是他没有推脱这个任务。经过和与会代表的认真沟通后，他付出了七个昼夜的辛勤劳动，终于向委员会提交了能够让各方面满意的文件：《第一国际成立宣言》（简称《宣言》）和《第一国际共同章程》（简称《章程》）。

《宣言》充分体现了马克思主义的工人阶级统一战线思想，既有原则上的坚定性也有策略上的灵活性，把全世界的工人阶级联合成了一个整体。

《章程》开门见山地阐明了无产阶级运动的目的就是推翻资本主义，建立工人阶级自己的政权。它还宣布了工人运动的基本原则：工人阶级的解放应该由工人阶级自己争取。纲领规定，在追求共同目标即追求工人阶级的保护、发展和彻底解放的前提和条件下，允许一切工人团体参加。

第一国际建立时，不同国家工人阶级各种队伍的发展条件极不相同，它们反映实际运动的理论观点很不一样，蒲鲁东的无政府主义者就是其中的典型代表。蒲鲁东主义是由法国人蒲鲁东创立的，核心是通过和平改良的办法来建立小手工业生产制，实现社会主义。马克思主义者驳斥了蒲鲁东主义的种种错误观点，取得了初步胜利。

1867 年 9 月，第一国际在瑞士洛桑举行代表大会时，蒲鲁东主义者又在会议上提出维护私有制、坚持土地个人所有、反对工人参加政治斗争的观点。马克思主义者严厉地驳斥了这个错误的观点，肯定了工人阶级进行政治斗争的必要性，强调工人阶级的社会解放和他们的政治解放是不可分割的，而争取政治自由是不可缺少的首要措施。

在 1869 年 9 月的布鲁塞尔会议上，马克思主义者彻底击败了蒲鲁东主义者。大会明确指出，矿山、土地和交通工具都归社会公有。

蒲鲁东主义在国际上遭到失败以后，巴枯宁主义又跳出来捣乱。巴枯宁主义也是无政府主义，它比蒲鲁东主义更激进：宣扬绝对的个人自由，否认任何权威，反对一切国家，反对无产阶级专政；主张建立绝对自由的无政府状态的社会。从表面上看，巴枯宁主义和马克思主义的分歧是如何消灭私有制，而实质则是无产阶级要不要建立自己的独立政党和建立无产阶级的政治统治。与巴枯宁主义的斗争持续了将近五年，后来通过马克思和恩格斯的不断努力才消除了巴枯宁主义在第一国际的影响。

第一国际成立后就对各国的工人斗争做出了实质性的支持，1866 年英国裁缝工人大罢工、1867 年巴黎青铜工人大罢工、1868 年日内瓦建筑工人大罢工都在第一国际的领导下取得了重大胜利。

第一国际在欧美各国推动了工人运动的发展，提高了无产阶级的思想水平和组织程度；它广泛深入地宣传马克思主义，为马克思主义在工人运动中取得统治地位做了准备，为各国建立无产阶级独立政党奠定了基础。

—— "铁血宰相"俾斯麦 ——

德国一直到 19 世纪上半叶时还只是一个松散的德意志联邦，实际上仍保持着封建割据的局面，这种情况对资产阶级的发展很不利。就在这个时候，德国出现了一位传奇式的人物，他不仅把松散的德意志各个邦国统一成了德国，还把它变成了当时的世界第二强国。这个人就是俾斯麦。

1815 年 4 月 1 日，俾斯麦出生在普鲁士一个传统的贵族家庭，父亲是政府官员。值得一提的是他的母亲威廉明妮，这个受过良好教育的妇女是俾斯麦家族中第一个来自非贵族家庭的，而是出身于资产阶级家庭。

俾斯麦的家族在柏林以北的波美拉尼亚有三个小庄园，就在他出生后不久全家就搬到那里。俾斯麦小时候非常聪明也非常活泼，在学校读书时曾经有过"该生今后必须克制好发怒的习气，在学校的娱乐活动中应注意适度，不能放纵自己，更不能对作业敷衍塞责"的评语。他在 1832 年进入哥廷根大学，一年半后转入柏林大学，主攻法律，对历史和外语尤其感兴趣。他在大学期间对学业并不重视，反而有许多恶习，曾经与同学发生过 28 次决斗。大学毕业后，他回到家乡管理自己的两处领地。

俾斯麦早年对革命十分敌视，德国 1848 年爆发革命时，他就把自己的领地上的青壮年组织起来准备武力镇压革命。普鲁士腓特烈·威廉四世对他的这种强硬态度非常欣赏，平叛成功后，俾斯麦被任命为普鲁士王国驻法兰克福邦联会议的代表，不久后又被升为大使，1857 年又改任驻俄大使。

1861 年，威廉一世继承普鲁士的王位后，俾斯麦被任命为内阁首相兼外交大臣。俾斯麦的对外态度非常强硬，他在著名的"铁血演说"中宣称："当代的重大问题不是说空话所能解决的，而必须用铁和血来解决。"这里的"铁"指武器，"血"指战争，俾斯麦"铁血宰相"的称号就是来源于这里。他的这个演说用一句话概括就是"用战争解决所有的政治问题"，而这个所谓的"政治问题"就是由普鲁士领导完成德意志的统一，而不是由联邦中的现任"主席国"奥地利来完成。

1863年11月，丹麦违反1852年的伦敦议定书，将石勒苏益格公国和荷尔斯泰因公国并入丹麦，引起普、奥两国民众的抗议。俾斯麦很好地利用了国内民众的情绪，他说服国王和议会暂时放下与宿敌奥地利的争端，并与奥地利结盟共同对付丹麦，等战胜丹麦后再对付奥地利。随后俾斯麦又向奥地利痛陈丹麦的恶劣行径将会引起的后果，成功地把奥地利绑上了他的战车。1864年1月，普、奥联军进入丹麦境内，丹麦战败后不得不放弃两地。在战后的地盘分配上俾斯麦又耍了个花招：普鲁士占领了北面的石勒苏益格公国，与普鲁士接壤的荷尔施泰因公国反而归奥地利管辖。俾斯麦完成了统一德意志的第一步，这令俾斯麦信心大增，随即就开始了针对奥地利的行动。

由于俾斯麦的巧妙安排，使得普鲁士在石勒苏益格公国的占领部队不得不经常通过奥地利占领的荷尔施泰因，而奥地利对荷尔施泰因的行政管理权因此没有得到保障，两国经常为了这些事产生摩擦和冲突，擦枪走火的危险日益增加。

1866年6月10日，俾斯麦指示普鲁士驻法兰克福公使向邦联议会提出一个提案：建立一个把奥地利排除在外的德意志邦联国家的改革计划。这个提案的目的就是让奥地利提出反对，以达到与奥地利决裂的目的。奥地利果然中计，两国在会上发生冲突，到了6月15日，战争终于按照俾斯麦的希望爆发了。

普鲁士对这场战争早就做好了准备，早在1860年的时候，普鲁士就对国内的军队做了改革，实行了普遍兵役制，军事动员能力大大增强，而且在世界范围内最先实现了后装步枪的全面装备，而且普鲁士的大炮也是世界领先。战争爆发后，形势顺利地按着俾斯麦的预计发展，到了7月3日，普鲁士军队在萨多瓦战役中取得了决定性的胜利，迫使战败的奥地利签订了屈辱的不平等条约：奥地利退出德意志邦联；普鲁士获得汉诺威、黑森、拿骚、美因河畔法兰克福、石勒苏益格、荷尔斯泰因等地。

1867年，以普鲁士为首的北德意志联邦成立，包括21个邦、3个自由市，唯有德意志南部紧邻法国的四个小邦国仍旧保持着独立。俾斯麦完成了统一德意志的第二步。

然而俾斯麦统一德意志的第三步，也就是统一这四个小邦国是最困难的，如果不打败法国，德国的统一将不可能实现，也无法进入世界强国之列。

1870 年，俾斯麦再次用计使法国对普宣战，使普鲁士占据了道义的制高点，随后大败法国，迫使法国赔偿了 55 亿金法郎并割让了阿尔萨斯和洛林。1871 年，普鲁士军队开进巴黎附近的凡尔赛，并在凡尔赛宫宣布以普鲁士为首的德意志帝国成立，普鲁士国王威廉一世加冕德意志帝国皇帝，俾斯麦为首相。至此，德意志的统一完全实现。

俾斯麦被称为"德国的建筑师"."德国的领航员"。从历史的角度来看，俾斯麦完成了德意志的统一，并使统一后的德国实力逐渐强大。但是强大后的德国受"铁血政策"影响成为世界战争的策源地。

—— 普法战争 ——

到了 1870 年的时候，除了紧靠法国南部的四个小邦国外，俾斯麦已经统一德国的其他地方。但是这四个小邦国紧邻着法国，法国也早就对这些地方虎视眈眈，一直在阻挠德国的统一。而俾斯麦也不肯放弃统一德国的理想，况且他也对法国矿产资源丰富的阿尔萨斯和洛林两个地区垂涎已久，企图将它们据为己有。局势到了这个地步，除了战争已经没有其他的解决办法了。

这时候的法国再次恢复了帝制，史称法兰西第二帝国，皇帝是拿破仑的侄子路易·拿破仑·波拿巴，被后人称为拿破仑三世。拿破仑三世志大才疏又狂妄无比，他对拿破仑文治武功崇拜不已，立志要为法兰西第二帝国开疆拓土，经常对外发动战争，但是他既没有拿破仑的政治手腕，也没有拿破仑的军事才能。他曾经公开宣称："德意志决不能统一，它应该被分成三部分！"

7 月 14 日，俾斯麦在做好充分的准备后，就在西班牙皇位继承问题上刻意激怒法国。拿破仑三世果然中计，于 7 月 19 日正式对普鲁士宣战。在拿破仑时代，法国以一国之力几乎抗衡了整个欧洲的所有大国，号称欧洲第一军事强国，但是此刻早已名不副实。到了 1870 年，法国只有将近 60 万军队，已经实行了普遍兵役制的德国却可以轻易动员 100 万人，其中一线作战部队就可以达到 70 万，而且普鲁士的大炮也远远超过了法国。狂妄的拿破仑三世却对此一无所知，以为凭借自己强大的军事势力可以很快击败普鲁士，他轻松地告诉部下："这不是战争，只不过是从巴黎到柏林的一次军事游行！"

法国的军事动员进展缓慢，一直到了 7 月底才在普、法边境集结了 22 万人，而普鲁士则已经集结了 47 万人，1584 门火炮。

8 月 2 日，法军率先进攻，但是一直没有进展；8 月 4 日，普军转入反攻，于 8 月 6 日在法国东北边境重创麦克马洪指挥的军队，阿尔萨斯沦陷；同日，法国弗罗萨尔将军的第 2 军也在福尔巴克被普军第一军团以压倒性的人数优势击退，打开了进入洛林的大门。

此时的普鲁士没有料到战事进行得如此顺利，根本没有做好进军法国的准备，只好停下来整顿部队。拿破仑三世趁此机会将指挥权交给巴赞元帅，自己乘马车逃到西面的色当要塞。普军休整完毕后立刻又发起了进攻，巴赞在抵抗了一阵后，败退到麦茨要塞，随即被普军包围；麦克马洪率领 12 万法军退到色当要塞，和早先到这里的拿破仑三世会合，又被尾随而至的普军包围。

9 月 1 日早晨，色当大战爆发。普军首先以 700 门大炮猛轰法军营地，一时间色当全城一片火海，硝烟弥漫，伤亡惨重的法军只好进入堡垒死守，麦克马洪元帅负伤。在经过强大的炮火洗礼后，普军 20 万人向色当发起猛攻。到了中午的时候，普军占领了符里济、栋舍里等地，成功切断了法军西撤的道路。拿破仑三世吓坏了，急忙命令部队突围，然而一连几次的突围都以失败告终，而且此时又传来了巴赞元帅被困在麦茨要塞的消息。拿破仑三世见事不妙，就于 1 日的下午 3 时在色当城楼举起了白旗，他还向普鲁士国王写了一封信，信中说："我亲爱的兄弟，因为我未能死在我的军中，所以我只得把自己的佩剑献给陛下。我希望继续做陛下的好兄弟，拿破仑。"

9 月 2 日，拿破仑三世会见德国首相俾斯麦，正式签署了投降书。普法战争至此接束，拿破仑三世、法军元帅以下的 39 名将军，10 万名士兵全部做了普军的俘虏，650 门大炮也成了普军的战利品。

1871 年 1 月 28 日，普法签订《巴黎停战协定》，宣布法国投降。5 月 10 日，双方在法兰克福签订《法兰克福和约》，法国割让阿尔萨斯及洛林两省，赔偿 55 亿金法郎。

普法战争后，德国完成了最后的统一，从此成为资本主义世界的一个新兴强国，但是《法兰克福和约》的条款十分苛刻，法国和德国之间的矛盾愈加深化，并最终成为第一次世界大战（1914—1918）爆发的一个原因。

—— 传奇英雄加里波第 ——

罗马帝国灭亡后，意大利一直处于四分五裂之中：奥地利占领了北部的几个小国，西班牙占领了南部的西西里王国，而中部的领土属于罗马教皇的教皇国，只剩下西部的撒丁王国等几个小国才是真正属于意大利人的领土。为了让意大利成为一个统一的国家，无数意大利的仁人志士做出了不懈的努力，他们建立了"烧炭党""青年意大利党"等许多秘密组织，前赴后继地进行着斗争，加里波第是其中最富有传奇色彩的一位人物。

朱塞佩·加里波第是意大利统一运动的领导者，"建国三杰"之一。他于1807年出生在撒丁王国，父亲乔瓦尼·加里波第是一个船长，母亲罗萨·雷蒙迪是普通居民。幼年的加里波第虽然家境并不富裕，但勤奋好学，酷爱罗马史，喜欢冒险和狩猎。加里波第参加了意大利海军，在同风浪搏斗的航海生活中锻炼出了强壮的体魄，具有坚毅豪爽的性格。

1836年，加里波第准备组织起义的消息被萨沃纳的奥地利总督得知，他被迫逃到巴西，开始了在南美洲长达13年的流亡生涯。他在南美洲组建意大利军团，参加当地的民族解放斗争，在这里积累了丰富的军事经验。

1848年，西西里首府爆发了反抗教皇的起义。加里波第得知消息后，马上招募了许多志愿者回国参战。由于找不到足够的运输船只，他带着63名战士乘坐193吨的"希望"号作为先头部队出发。

5月11日凌晨，加里波第终于在西西里岛的尼斯登陆，他受到了故乡人民的热烈欢迎。在加里波第的指挥下，起义军取得了很大的战果，然而在教会和外国势力的干涉下这次起义还是失败了，加里波第再次流亡到了美国。

1860年，西西里岛再次出现了统一起义的高潮，加里波第又一次组织了红衫军回到了西西里岛。在人民的支持下，加里波第在 6 月就解放了西西里，9 月攻占了那不勒斯。那不勒斯人民热烈欢呼，载歌载舞，夹道欢迎这位意大利独立运动的领袖。

到了这一年的 11 月，撒丁国王维托里奥·埃曼努埃莱来到那不勒斯，对权势毫无兴趣的加里波第随即把红衫军和西西里的权力交给了他。

1861 年 3 月 19 日，意大利王国宣告独立，维托里奥·埃曼努埃莱成为意大利国王，任命加富尔为首相，此时的意大利除威尼斯和罗马两个地区外，已基本上实现了统一。然而新的政府打算就这样苟且下去，并不准备统一整个意大利。然而志在统一的加里波第不愿看到这种情况，于是就不顾意大利官方的反对，又组织了一支志愿军远征罗马。8 月 28 日，加里波第的部队在勒佐附近的高地宿营时被意大利军队突然包围，加里波第不愿意同室操戈，就只身来到阵地前呼吁和平，然而惊慌失措的意大利军队突然开火，他被击中了脚踝，第一次进攻罗马无功而返。

1866 年意奥战争爆发，加里波第组织志愿军参战，屡次打败奥军，迫使奥地利把威尼斯还给了意大利。

1867 年，加里波第再次组织军队准备收回罗马。但是不求进取的意大利政府害怕得罪法国，就用计软禁了他。10 月，他在战友的帮助下逃出后又率志愿军进军罗马，然而在政府军和法军的夹击下伤亡惨重，统一的大业再次受挫。

在政府的牵制下，加里波第一直无法完成收回罗马的梦想。直到 1870 年法国在普法战争中失败，意大利政府才终于不再担心法国，加里波第才得以收复罗马，将教皇赶入梵蒂冈，意大利的统一大业终于完成。

祖国统一之后，加里波第再也没有遗憾，解散了志愿军，放弃了手中的一切权力，在卡普里岛过起了隐居生活。然而意大利的人民没有忘记这个致力于祖国统一的伟人，对他的生活呵护备至，巴勒莫市政府通过决议，每年拨给加里波第 3000 里拉作为养老金，意大利参议院也批准自 1875 年起，每年从政府利息中提取 6% 给加里波第作为生活费，但他一概拒绝。只是到晚年，加里波第经济拮据，不得不出卖自己的勋章时，他才极不情愿地接受了政府的补助。

1882 年 6 月 2 日，这位意大利独立运动的英雄溘然长逝。

—— 巴黎公社 ——

普法战争失败后，法国议会于 1871 年 2 月批准了以反动政客梯也尔为首的政府。到了 2 月底，梯也尔政府和普鲁士草签了《法兰克福和约》，准备把阿尔萨斯和洛林割让给普鲁士并赔款 55 亿金法郎。

这一卖国条约令巴黎人民极度失望，于是他们成立了统一的领导机关"中央委员会"，组建了一支以工人为主体的国民自卫军，还筹款铸造了 400 门大炮。梯也尔政府既害怕国民自卫军激怒普鲁士人，也为了巩固自己的反动统治，决定夺取国民自卫队的大炮，消灭国民自卫军。

1871 年 3 月 18 日凌晨 3 时，梯也尔政府的军队偷偷爬上了自卫军驻守的蒙马特尔高地，企图夺取巴黎国民自卫军的大炮，逮捕国民自卫军中央委员会成员。

凌晨 5 时，政府军到达蒙马特尔高地，杀死了炮兵阵地上的卫兵从高地上往下拖曳大炮。就在这时被自卫军的暗哨发现了，暗哨随即鸣枪报警，从睡梦中醒来的国民自卫军战士纷纷拿起武器，跑到蒙马特尔高地阻止了政府军的行动。

蒙马特尔事件唤醒了整个巴黎的人民，让他们看清了国防政府的卖国面目，他们纷纷投入到了反对政府的行列之中。到了当天晚上，人们已经占领了巴黎的各个要地，开始从四面八方围攻市政厅。

临时政府的首脑梯也尔见群情激奋，急忙逃到了巴黎西南的凡尔赛宫，其他的政府官员树倒猢狲散，也都纷纷逃出巴黎。到了晚上 10 点的时候，国民自卫军占领了市政厅，两名身手矫捷的战士爬上市政厅大厦，升起一面鲜艳的红旗。巴黎人民的武装起义取得了胜利。

3 月 26 日，巴黎人民开始选举公社委员。几乎全部的巴黎市民都参加了这次人民自己的政府选举，他们一共选出了 86 位公社委员，这些委员基本上都是工人或者在工人中威望素著的老革命家，如瓦尔兰、弗兰克尔、布朗基、鲍狄埃等。28 日，公社委员在市政厅前的广场举行了就职仪式。

公社成立后宣布了一系列的改革措施和社会法案，发布这些法案的目的是力求打碎资产阶级国家机器，建立无产阶级政权。公社委员会宣布，巴黎公社是法国唯一的合法政权，凡尔赛及其附庸发出的命令、通告一概无效。公社委员会取缔旧警察机构，废除征兵制，国民自卫军为唯一军事力量，并对法国司法、邮政等机构进行改组改造。

巴黎公社打碎了旧的国家机器，在建立无产阶级政权方面做出了重大尝试，力求建立一个新的国家政权。它设立了执行、军事、财政、司法、治安、劳动与交换、粮食、教育、社会服务、对外联络十个委员会作为新的政权机构，执行以前各部门的职能。

公社实行无产阶级民主制，国家的权力全部归属人民，由人民来管理国家。公社委员由普选产生，可根据选民要求随时撤换。为了防止委员腐化堕落，还成立了公社委员调查委员会，由这个机构监督公社委员，防止国家机关和国家公职人员变成人民的老爷。

公社在所有制、分配、管理和劳动立法方面进行了一些具有社会主义性质或倾向的改革试验。例如，通过将逃亡业主遗弃的工场变为工人协作社法令；改变薪金收入高低悬殊现象，实行保持合理差别的劳动报酬制度；批准经工人讨论通过的章程，开始劳动者直接参与企业管理的试验；制定保护工人直接利益的劳动立法等。

此外，公社还采取了一些具体措施维护人民群众的切身利益，例如政教分离、妇女有选举权、废除工人的夜班等，还进行了教育改革。

巴黎公社是世界历史上推翻资产阶级统治、实行无产阶级专政的第一次尝试，它是19世纪中叶法国社会阶级矛盾和民族危机不可调和的产物。巴黎公社的成立，给统治阶级以沉重的打击。

——— 五月流血周 ———

巴黎公社从成立的那一天起就成了资产阶级的眼中钉肉中刺，必定要把它除掉而后快。

逃到凡尔赛的梯也尔手里只有 2 万残兵败将，根本就不是巴黎公社的对手。为了消灭巴黎公社，他派出代表秘密去见俾斯麦，请求俾斯麦释放一部分法国俘虏，来增强凡尔赛政府的军事力量。同样非常敌视巴黎公社的俾斯麦与梯也尔一拍即合，不仅同意了凡尔赛政府的请求，还主动将释放俘虏的人数增加到 10 万，甚至允许法军穿越普鲁士军队的阵地，从北面进攻巴黎。

巴黎公社从刚成立的时候就在军事策略上犯了严重的错误，没有进行统一、有效的指挥，只不过当时的梯也尔政府兵力薄弱，而且公社的战士作战英勇顽强掩盖了错误的影响。但是随着战争的继续，公社战士的伤亡越来越大，敌人越来越强大，这种错误带来的负面效应也越来越大，巴黎的防御很快就变得困难起来。

公社战士当时只有 1.8 万人，由于被敌人团团围住，难以得到有效的兵源补充。巴黎需要防守的地区太大了，而兵力捉襟见肘的公社战士又无法放弃这些地区，这就造成了处处防守、处处兵力薄弱的局面。例如巴黎的西南门户圣克鲁门一带，如此重要的防线几乎没有部队防守，而这里的敌人到了 5 月中旬已经达到了 13 万人，还有 700 门大炮。即使是这样，由于公社战士的顽强抵抗，敌人因不知虚实而不敢贸然入城。

然而到了 5 月 21 日，敌军终于发起了攻击：梯也尔政府的一个间谍从城中混了出去，向敌军报告了城中的情况。在凡尔赛的梯也尔政府喜出望外，在中午的时候命令部队疯狂地冲进了城区。由于敌强我弱，公社战士被迫放弃了外围阵地，和敌人展开了激烈的巷战，悲壮的"五月流血周"开始了。

公社战士在巴黎的大街小巷都修筑了街垒，每一个街垒都是消灭敌人的火力点，他们在这些街垒打死打伤了一批又一批敌人，牢牢地守卫着这些防线，直到最后的时刻来临。

由于公社战士的英勇抵抗，梯也尔政府军虽然有着人数和装备上的绝对优势，但是仍然无法顺利拿下巴黎，每前进一步都要付出巨大的代价。看到梯也尔反动政府的军队进展艰难，同样是公社敌人的普鲁士军队在圣乌昂门一带松开封锁线，大批凡尔赛士兵从这里疯狂地冲了进去，在巴黎的西北部又开辟了一条战线。这就使得本来就兵力不足的公社战士陷入了被动。

随后敌人又把重炮拖进了城区，一座座的街垒在重炮的轰击下倒塌，公社战士防守的街区也相继失陷。到了 5 月 27 日中午，能够拿起武器的公社战士只剩下 200 人，但是他们没有放弃，仍然坚守着公社的最后一道防线——拉雪兹公墓。

下午 4 时，梯也尔政府军纠集 5000 人发动了最后的总攻，战士们一个个倒下了。到了傍晚，公墓的大门失守，剩余的战士在坟墓间同敌人展开了白刃战，许多身负重伤的战士和敌人同归于尽。天黑的时候，拉雪兹公墓沦陷，公社有组织的抵抗宣告结束，然而零星的抵抗仍然没有停止，一直到了第二天的下午敌人才占领了整个巴黎的城区。

5 月 28 日，大规模的报复和屠杀开始了。梯也尔政府军把一批又一批的公社战士押到了拉雪兹公墓，准备在这里把他们全部屠杀。

随着"公社万岁"的呼喊，敌人的枪响了，战士们一排又一排地倒了下去，鲜血染红了整个墓地，染红了社员们身后的墓地围墙，存在了 72 天的巴黎公社失败了。

为了纪念公社社员，后来人们在拉雪兹公墓建造了一座纪念碑，这就是举世闻名的"公社社员墙"。

5 月 21 日至 28 日，巴黎公社的社员战士们，为了捍卫公社的胜利果实，与敌人进行了一周的激战，这就是历史上有名的"五月流血周"！

巴黎公社革命虽然失败了，但是仍然有着不可估量的历史意义，它是无产阶级专政的一次伟大尝试，有着历史性先导的作用，丰富了马克思主义关于无产阶级革命和无产阶级专政的学说，它的经验和教训为以后的国际社会主义运动提供了宝贵的经验。

—— 谢司起义 ——

经过八年的艰苦卓绝的战争，美国终于获得了独立，然而在战争中付出了包括他们的生命在内的巨大代价的美国人民仍然食不果腹衣不蔽体，只有资产阶级和投机商发了大财。在战争期间，为了解决财政困难，大陆会议和各州政府不加限制地发行了大量纸币，造成了极其严重的通货膨胀。到了1781年底的时候，纸币几乎变成了废纸的同义词，有人用它来裱糊墙壁，有人用纸币做成衣服穿在身上游行，表示对政府的不满。

然而各州政府为了保证债主的利益，又颁布法令要求借债人按照借债时的硬币数额折价偿还。由于在战争时期借了许多外债，政府为了偿还这些债务又成倍地增加税收，就马萨诸塞州来说，税收竟达农民收入的1/3，甚至有的地方农民一年的收入还不够缴税的。各地的税吏都把征税当成了政治任务来完成，如果交不上税就会被政府抓到监狱，当时的监狱里挤满了负债的农民、手工业者和退役军人。人们实在无法承受如此的重负，忍无可忍下纷纷拿起武器举行起义。谢司领导的马萨诸塞州农民起义就是其中最大的一起农民起义。

丹尼尔·谢司生于马萨诸塞州的一个贫苦的农民家庭。为了争取独立和自由，他在独立战争爆发后就离开故乡加入了大陆军。在几年的战争中，谢司因为作战勇敢而战功卓著，后来被提升为上尉。当时来北美支援独立战争的法国志愿军将领拉法叶将军非常欣赏这个作战英勇的小伙子，还曾经送他一把宝剑。

独立战争结束后，谢司退役回到了家乡，在政府中担任过底层官吏，后来又回去务农。在马萨诸塞州的经济危机爆发后，他和其他农民一样背上了沉重的债务，穷得家徒四壁。为了能够吃两顿饱饭，他不得不卖掉拉法叶送他的宝剑。谢司深深体会到战后美国农民的悲惨处境，他决定用武力向政府反抗。

1786年秋天，谢司和鲁克·德率领600名农民举行了起义。他们从康科德出发向波士顿挺进，每到一处都高呼口号，散发传单，宣传自己的主张，许多农民加入进来，起义队伍不断壮大。马萨诸塞州政府听到农民起义的消息后，马上组织了一支 4000 多人的军队，准备围剿起义军，当地的资本家一天之内就为军队捐款 4 万英镑。还没有形成战斗力的起义军被资本家的军队打散了，被迫撤出了马萨诸塞州。

然而被政府沉重的税收压迫得活不下去的农民和手工业者太多了，他们纷纷加入起义军的行列，到了年底的时候，起义军已经发展到了 1.2 万人，占领了马萨诸塞州的许多城镇。1787 年 1 月，谢司率领 2000 多人占领了斯普林菲尔德的军械库，夺取了大批的武器装备，准备再次攻打波士顿。

马萨诸塞州的州长是个阴险狡猾的家伙，他看到起义军来势汹汹，波士顿的兵力无法抵挡，就派人告诉起义军的领袖说他愿意以谈判来解决农民的诉求，而他的真实目的是赢得时间调集军队。没有斗争经验的谢司等人误认为政府已经屈服，就答应同州长谈判，起义的农民们也认为自己的目的就要达到了，谈判一开始就三三两两地离开军队回家了。

政府一直在装模作样地和谢司等人谈判，等从外地调来的军队到齐后，立刻向起义军发动了进攻。失去警惕的起义军被打了个措手不及，虽然他们顽强抵抗了十几个小时，寡不敌众下不得不向西部的荒野撤退，政府军随即又追到荒野包围了他们。仓促撤离的起义军根本没有时间携带辎重，弹药也只有随身携带的一点，正好又下起了大雪，弹尽粮绝的起义军在 1 月 25 日不得不放下了武器。谢司和其他的起义领导者被政府逮捕。

1787 年 3 月，法院以"阴谋推翻政府罪"判处谢司死刑，后来迫于各地人民的抗议改判终身监禁。即使这样人们对法院的判决仍然不满意，一年后谢司被假释，他移居纽约一直到 1825 年。

谢司起义虽然失败了，但是对美国有着历史性的影响。

—— 西进运动与美国牛仔 ——

在美国描写西部生活的影片中，经常会有这样的情节：就在一群匪徒施暴的时候，突然出现了一个或者多个骑着高头大马的壮汉，他们身穿紧身衣、窄腿裤，脚蹬长筒靴，从腰间拔出左轮手枪左右开弓，匪徒一个个应声倒地后，他们吹了吹枪口的硝烟，然后潇洒地纵马而去。这些英雄形象就是牛仔，在电影里，似乎枪战、打斗、美女、骏马构成了牛仔生活的全部内容。但是这毕竟只是电影，在美国历史上，真实的牛仔的生活可没有如此快意。作为美国开发西部的先锋，他们的生活饱含辛酸和痛楚，也养成了富有冒险和吃苦耐劳的精神，被美国人称为"马背上的英雄"。

所谓的西进运动，是指美国东部居民向西部地区迁移和进行开发的群众性运动，这种运动早在殖民地时候就开始了。1673 年，亚伯拉罕·伍德上尉就派了两个"边疆人"去考察彼德蒙特南部地区，以寻找新的贸易机会。从保存下来的资料来分析，这两个冒险者到达了田纳西东部的法兰西布罗德河。

到了 18 世纪初，越来越大的毛皮需求使得追逐利润的商人们开始寻找更多的货源。这些商人刚开始只是通过易洛魁人同西部进行皮货贸易，但是不久他们就亲自深入俄亥俄河流域，以及阿利根尼山以西的许多地方。

在商业发展的同时，殖民地对土地的需求也越来越大，越来越多的种植园主要求扩大自己庄园的面积或者开辟新的种植园，于是就出现了以"俄亥俄公司"为代表的一些土地投机公司。这些土地投机公司专门从事土地的低买高卖，并且以此发了大财。当他们发现东部的土地已经没有什么利润之后，就把目光投向了俄亥俄河流域的大片土地。

除了这些种植园主，自耕农和佃农也同样有着开辟新土地的需求。当时东部的土地开发已经成熟，自耕农和佃农们不堪土地所有者的高压与盘剥，纷纷要求到西部去开垦一片属于自己的土地。在诸多因素的影响下，开发西部成了一股热潮。

除经济因素外，还有着政治方面的原因。刚刚独立的美国只有东海岸的 13 个州，仅仅只有这些国土美国是无法成为一个强国的，它必须增加自己的国土面积才能加大国家的战略纵深，才能拥有更多的矿产来开展工业革命，而且美国也为开发西部创造了一切必要的条件。

1803 年，美国用一英亩 3 美分的地价从拿破仑手里购买了路易斯安那州，将其领土扩大了将近一倍；1818 年，美国从西班牙手里强行购买了佛罗里达州；1845 ~ 1848 年，美国从墨西哥手中夺取了得克萨斯、亚利桑那、加利福尼亚、内华达、新墨西哥等州；又从英国手中夺取了俄勒冈州。到了 19 世纪中叶，美国的领土终于扩展到了太平洋沿岸。

18 世纪末，在美国准备西部大开发时，著名的政治家杰斐逊预言："美国人定居到整个北美大陆需要将近一千年的时光，然而只过了不到一个世纪，美国人就占据了几乎整个北美大陆。在后世美国人看来，西部拓荒是一个充满着浪漫主义气息的'田园牧歌'式的运动，其实整个西进的过程伴随着血腥和艰辛。"

当时人的平均寿命只有四五十岁，婴儿死亡率高达 30%，在荒凉的西部肯定还达不到这个数字。然而为了争取更多的土地、财富和资源，移民们往往将已开垦好的土地、家园卖掉，扶老携幼的去西部寻找新的机会。

在现代的美国国土上，除了东部原来的 13 个州，其他各州基本上都是从东部迁移过去的移民发展起来的。在迁移和开发中，这些移民付出的不光是汗水，还有他们的鲜血和生命。

在长达 200 年的西部拓荒历史中，出现了一个浪漫的词语"牛仔"。顾名思义，"牛仔"最初的意思就是放牛的年轻人，后来才有了现在的含义。

牛仔的生活并没有我们想象的那么浪漫，在放牧牲畜时，大多数时候他们都要独自面对大自然的赐予他们的一切，不论是幸福还是天灾。想要成为一个合格的牛仔，身体强壮、吃苦耐劳只是最低的要求，他们还要机智、勇敢、沉着、冷静，能应付各种意想不到的天灾、人祸、各种动物的袭击。

牛群不可能一直在同一个地方放牧，必须过一段时间就要转移到水草丰美的地方。在牛群转移的时候，牛仔跟在牛群旁边，紧紧盯住那些还没有完全驯服的牛，特别是性情凶野的西班牙牛，一刻也不能放松。转移的途中也不会是风平浪静的，不仅要注意狼群等野兽和毒蛇、毒虫的袭击，还要防范敌对的印第安人的冷箭、标枪。恶劣的气象也是牛群的敌人之一，如果在转移途中遇到雷雨天气，牛群会被闪电和雷声吓得到处乱跑，这时候牛仔就要沉着冷静地把它们围在一起，安抚它们的情绪，消除它们的恐惧。这种除了自己再也没有依靠的环境造就了西部牛仔顽强、自信、乐观和豪放的性格。

如果牛群比较大或者转移的路程比较远，通常都会有多个牛仔来负责赶运。这些牛仔们有着明确而又严格的分工，每个人都是多面手，既熟悉自己的工作，也要随时能够帮助其他同伴工作，必要时一个人还要干两个人甚至多个人的工作。他们往往会选出两个最有经验的人，一个做"总指挥"整体协调，一个做"通信员"负责随时传递消息；其他的人就分为"前锋"，负责查探前方的情况；"游骑"，负责巡视牛群的周围是否有潜在的威胁；"翼骑"，行走在牛群的两旁防止有牛走散；"尾骑"，走在牛群的最后面防止有牛掉队，还要负责收拢小牛、病牛和那些不愿意走路的"懒牛"。

有些牛仔本身就是牧场主，但是大多数都是牧场主雇来的工人。这些牛仔在放牧时的长途迁移本身就带有开拓性，他们在迁移的同时也摸清了沿途的水文、地理等情况，在客观上为西进的人直接开辟了道路，在美国东部居民的向西迁移过程中起了重要作用。

美国的西部进军是卓有成效的，到了19世纪末的时候，原本荒凉的美国西部在人口、农业和工业等方面都有了全面的发展，美国也由一个弱小的国家变成了世界经济大国，到了1890年的时候，美国工业总产值已经超过了英国，跃居世界首位。美国能够得到如此迅速的发展，西部的开发是一个重要的因素，而且这个因素在相当长的时间内都起着作用，并且与美国各方面的发展都息息相关，这种情况即使放眼整个世界历史也是很少见的，甚至可以说是绝无仅有的一例。就连共产主义的奠基人马克思和恩格斯也对美国的西部开发赞叹不已："美国只用一百年就完成了英国数百年才完成的那些变化。"

美国向西部的领土扩张和开发，对美国的政治、经济生活都有重大的影响。广大的西部土地并入美国，使美国成为幅员辽阔、自然资源丰富的国家，具有发展经济的极优越的自然条件。它大大扩张了耕地面积，而且地处宜耕宜种的气候带，使农业迅速发展起来；西部的开拓还带动了大规模铁路的建筑和大批移民的流入，使美国形成了广大的国内市场。

—— 废除黑人奴隶制的林肯总统 ——

继华盛顿之后，美国又出现了一位名垂千古的总统，他就是亚伯拉罕·林肯。

1809 年 2 月 12 日，林肯出生于肯塔基州一个农民家庭。小时候他的家很穷，我们现在不清楚林肯的童年有什么突出的特长，只能从他的回忆录里知道他从很小的时候就开始帮家里干活。同样也是这个原因，林肯几乎没有接受过多少正式教育，他后来回忆说："我一生中进学校的时间，加在一起总共不到一年。"不过林肯从小就是一个勤奋好学的孩子，帮家里干活的时候总是随身带着一本书，趁着休息的时候抓紧时间看上两眼，有疑问的地方就做个记号，一有机会就向别人请教。因为没钱买纸笔，他就用木棍在地上写字。艰苦的农家生活使林肯养成了顽强的性格和诚实、淳朴的优良品格。

林肯在 18 岁那年独自一人去了新奥尔良，为了生存，他什么活都干：打过短工、当过水手、店员、乡村邮递员、土地测量员，即使是伐木、劈柴这种重体力活他也干过。不管是什么工作，他都遵守着诚实守信的美德。他在一个小乡村当店员时，有一次一个顾客多付了几分钱，他竟然追了十几里路把钱送到顾客手中；还有一次，他发现少给了顾客二两茶叶，跑了几里路把茶叶送到那人家中。

在繁重的工作和艰苦的生活里，林肯一直没有忘记学习，他利用一切能够利用的时间来刻苦学习，自学了历史、文学、哲学、法律，最终成了一个知识渊博的人。由于林肯一直从事着底层的体力劳动，他对人民的疾苦非常了解，在一次集会上，林肯发表了一篇要求政府兴建公共事业、提高人民福利的演说，使他在当地赢得了很好的名声，加上他优秀的人品，他于 1834 年被推选为伊利诺伊州的州议员。

1836 年，林肯通过自学成为一名律师，后在斯普林菲尔德与人合伙开办律师事务所。林肯在做律师期间有一件趣事，足以显示他的机智和善于揣摩、利用民众的心理：一次开庭时，原告律师不厌其烦地把一个显而易见的论据翻来覆去地向陪审员解说了两个小时之久，搞得陪审员们都昏昏欲睡。等他好不容易说完了，下面就该林肯上台替被告辩护了。可是林肯走上讲台并没有说话，他把外衣脱下放在桌上，然后端起杯子喝了一口水又把杯子放下，接着重新穿上外衣，然后再脱下外衣放在桌上，又再喝水，再穿衣……这套动作他反反复复做了五六次，听审的民众和陪审员甚至法官都笑得前仰后合，而林肯却一脸严肃郑重其事地重复着，好像他的这些行为是多么的重要。等他宣读完了辩护词后，他的对手毫无悬念地输了。

林肯做水手时多次到过南方，目睹过奴隶主的野蛮残暴和黑奴遭到的残酷折磨，对黑奴的悲惨生活有深刻的了解，很同情他们的遭遇，这让他有了改变美国当前的奴隶处境的想法。他成为议员之后，经常发表演讲抨击蓄奴制，要求废除奴隶制，在民众中的威望越来越高。

1846年，37岁的林肯当选为美国众议员，第二年又成为国会的议员，来到华盛顿。在国会里，林肯发表了许多要求废除奴隶制的演说，要求在华盛顿特区率先废除奴隶制，使关于奴隶制度的争论成了美国政治生活中的头等大事。林肯的主张严重损害了南方奴隶主的利益，引起了他们的忌恨，在代表南方奴隶主利益的蓄奴主义者的疯狂攻击下，林肯在1850年愤而离开国会，继续当律师。

1854年，林肯加入了美国的共和党，因为这个党派主张废除奴隶制，符合林肯的信念和追求。林肯很快就成为共和党的主要领导人之一，并被提名为副总统候选人。他在竞选演说中说："我们为争取自由和废除奴隶制度而斗争，直到我国的宪法保证议论自由，直到整个辽阔的国土在阳光和雨露下劳动的只是自由的工人。"虽然这次竞选没有成功，但是他给美国人民留下了深刻的印象，为他四年后竞选总统打下了良好的基础。

1860年，林肯被提名为共和党的总统候选人。他在一次竞选演说中抨击了南北两种制度并存的局面，并形象地比喻为"一幢裂开了的房子"。他说："一幢裂开了的房子是站不住的，我相信这个政府不能永远保持半奴隶、半自由的状态。"林肯的政治态度和执政方针符合北方资产阶级的要求，也反映了全国人民群众的愿望，这为他赢得了很高的声誉。同年的11月，林肯当选为美国总统。

林肯的当选对南方种植园主是一个沉重的打击，他的废奴主张对这些大奴隶主的利益构成了严重威胁。1860年12月，南方的南卡罗来纳州首先宣布独立，脱离了联邦的领导，随后密西西比、佛罗里达等蓄奴州也相继宣布脱离联邦，它们建立了自己的政权——"南方同盟"。林肯为维持合众国的统一做了许多工作，然而南方同盟还是在1861年4月12日向北方的联邦政府挥起了刀枪，侵犯并占领了联邦的萨姆特要塞。林肯毫不犹豫地命令联邦军队讨伐叛军，并签署了《宅地法》和《解放黑人奴隶宣言》，得到了广大美国人民尤其是南方黑人的拥护。

经过四年艰苦卓绝的内战，林肯终于领导北方军队战胜了南方。葛底斯堡战役胜利之后，林肯见南方大势已去，就促使国会做出决定：不追究南方的责任、不设置战犯、所有参与叛乱的南方人都正常享有公民的权利。

林肯用一颗仁慈的、宽宏的心对待他的同胞，他曾经的敌人；然而他曾经的敌人却对他伸出的橄榄枝视若无睹，决心要从肉体上消灭这个摧毁了他们经济基础的伟人。

1865 年 4 月 14 日晚，就在南方军队投降后的第 5 天，林肯到华盛顿的福特剧院观看戏剧。10 时 15 分，同情南方的演员约翰·布斯趁总统保镖离开之时，悄悄溜到总统包厢中，他一共开了 8 枪，其中 5 枪击中了林肯的要害。4 月 15 日，美利坚合众国第 16 任总统亚伯拉罕·林肯与世长辞。

林肯遇刺在国内和国外引起了巨大的震动。在林肯停丧期间，有 150 万人瞻仰了林肯的遗容，出殡时 700 多万人站在道路两旁向他的灵车致哀。林肯是一位杰出的政治家，为推动美国社会向前发展做出了巨大贡献，受到美国人民的尊敬。在美国人的心目中，他的威望可以和开国总统华盛顿相提并论。

—— 南北战争 ——

1860 年 11 月，倡导废除奴隶制的林肯当选为美国总统。这让南部各州的种植园主们大为恐慌，他们保留甚至扩展奴隶制度的梦想破灭了，为了保护他们的私人利益，这些奴隶主悍然发动了叛乱。

1860 年 12 月 20 日，南卡罗来纳州的奴隶主召开代表大会，宣布南卡罗来纳脱离联邦，从此和"美利坚合众国"没有任何关系。随后又有 10 个州相继退出联邦。1861 年 1 月，南部叛乱各州成立"美利坚同盟国"，2 月定都里士满，由戴维斯担任临时政府的总统。由于和北方的实力差距太大，南方政府决定先发制人，4 月

12 日，南军不宣而战攻占了联邦政府军驻地萨姆特要塞，南北战争爆发。

林肯就任总统后，面对南方愈演愈烈的叛乱，为了维护美国的统一，维持安定和谐的局面，他并没有一开始就采取强硬的措施。林肯派人告诉那些奴隶主，他不会武断地马上就废除奴隶制，而是会慢慢地解决这个问题，给他们一个适应期。但是南方的奴隶主不愿意做任何的妥协，坚持要施行奴隶制。一直到内战爆发后，林肯才在 1861 年 4 月 15 日宣布南部各州叛乱，号召人民为恢复联邦的统一而战。

从实力对比上来看，当时的北方拥有压倒性的优势：北方联邦有 23 个州、2300 万人口，而南方联盟只有 11 个州，900 万人口，其中还有 400 万人是渴求解放的黑人奴隶；几乎所有的重工业、军火工业和轻工业都集中在北方，而南方属于农业经济，以出产粮食和棉花为主，只有为数不多的几个小型兵工厂。

不过南方的优势在于他们早就做好了叛乱的准备。南方从国外进口了大量的武器弹药，组织了一支装备精良、训练有素的军队，还利用他们出产的原材料为条件换来了英、法两个列强的支持。

战争开始后，林肯发表讲话，要求忠于合众国的各州在 3 个月内每州提供75000 名士兵，以便联邦政府把叛乱镇压下去。虽然北方在短短的几个月内就组织了超过 50 万人的部队，但是在内战的初期却始终无法取得优势，就连首都华盛顿都差点被南军打下来。这里面的原因很多，但是最主要的有这样几个方面：第一是军队缺乏训练，因为组成北方军队的士兵大多是仓促召集来的民兵；第二是部队中缺乏合格的军官，特别是高级军官的素质和南方的罗伯特·李这样的优秀将领不可同日而语；第三是军队中充斥着同情南方的军官，在战斗中不肯坚决地执行命令；第四是政府对废除奴隶制只是停留在口头上，没有明确的法令颁布。

在前线屡次失利的情况下，美国人民对政府的不作为和不明确的态度极为不满，强烈要求"以革命的方式进行战争"。林肯了解了民间的呼声和军队中的情况后，就在 1862 年签署了《宅地法》，清理了军队中同情南方的军官，同时又积极地展开了外交活动，迫使英国、法国不敢再明目张胆地支持南方。1863 年 1 月1 日，林肯抛出了重量级炸弹：正式颁布《解放黑人奴隶宣言》，宣布南部各州的奴隶永远获得自由，并允许黑人参加北方军队。宣言沉重地打击了南部的奴隶主，奴隶们有了自由的希望，纷纷起义逃到北方参加军队。同时开始实行征兵制，以代替募兵制，增强了北方的兵力。针对东、西两个战线各行其是无法配合的问题，林肯调整了军事领导机构，实行统一指挥，任命有卓越军事才能的格兰特将军为全军统帅。在施行了这些举措后，整个战局开始发生变化。

1863 年 7 月，北方取得了葛底斯堡战役的胜利。这次胜利成为内战的转折点，战场上的主动权转到北方军队手中，同时也切断了南军东、西线的联系。

1864 年 9 月，西线的谢尔曼将军一举攻下亚特兰大，两个月后开始著名的"向海洋进军"，在进军中彻底摧毁了南军的各种军事设施，沉重地打击了南部的经济力量，使南方经济陷入瘫痪。在东线，格兰特将军已经打到了南方的首府里士满附近。

到了 1865 年，南方联盟已经到了山穷水尽的地步，经济崩溃、兵源匮乏、对外贸易断绝，内部也出现了反对派，南北战争已经接近了尾声。4 月 1 日，南北战争的最后一战在彼得斯堡附近爆发，南军惨败。4 月 9 日，在里士满以西 95 英里（约 152 公里）处的阿波马托克斯村的一间小房子里，南部联盟军队总司令罗伯特·李将军在投降书上签了字，正式向北军格兰特将军交出了他的全部军队。至此，历时 4 年的南北战争以北方的胜利宣告结束。

北部的胜利不仅维护了联邦的统一，也使资产阶级革命延续与深入，为资本主义的发展开辟了广阔的道路，因此也被称为美国的"第二次资产阶级革命"。在废除了奴隶制之后，美国的资产阶级获得了大量的劳动力，资本主义经济有了前所未有的发展，在短短的 30 多年里，美国的工业生产总值由 1860 年的世界第四位一跃而为世界之冠，成为世界上经济力量最强大的国家。

—— 血战葛底斯堡 ——

在持续四年的南北战争中，葛底斯堡战役无疑是最有意义的一次战役。经过这次战役，南军失去了战略主动权，从此再也没有向北方发起战略性的进攻，而葛底斯堡战役的胜利，也更加坚定了北军夺取最后胜利的信心，从此北军越战越勇，取得了最终的胜利。所以葛底斯堡战役是南北战争的转折点。

在内战的初期阶段，由于林肯政府的错误决策以及北军的作战不力，北方连连失利，首都华盛顿两次告急。特别是负责东部战线的北军指挥官，对政府的命令执行不力，拥兵 10 万却几个月按兵不动。后来在林肯的严令下不得不进攻南军老巢里士满，然而又畏敌如虎贻误战机，被罗伯特·李打得溃不成军。与之相反的是，北军在西线节节胜利，几乎打通了南北大动脉密西西比河。

1863 年 6 月中旬，南军司令罗伯特·李将军率三个军再次向北方挺进。为了扭转东线的被动局面，林肯总统于提拔当时仅为准将的米德为波托马克军团司令，这个军团当时是东部战线的主力部队。另外命令库奇将军指挥的宾夕法尼亚州的 30 个民团和纽约州的 19 个团和米德协同作战。

米德和库奇认真分析了南军的行动后认为，南军的战略目标就是华盛顿北方的重镇费城，因为这里有北方军队的军需仓库，还有大量的食品；而罗伯特·李的军队远离南方，缺乏给养和武器弹药，如果能够夺取这里的补给将大大提高南军的战斗力。于是米德和库奇就在通往费城的必经之地葛底斯堡设下埋伏，静静地等待着罗伯特·李的到来。

1863 年 6 月 30 日，南军司令罗伯特·李将军率 10 万大军、250 门大炮来到了葛底斯堡附近。

7 月 1 日早上 7 时 30 分，南军开始向葛底斯堡进发。上午 10 点，前锋于麦克佛森山遭到北军的伏击，伤亡惨重，不得不退了下来。下午 2 时，罗伯特·李率领主力抵达战场，随即命令全线进攻北军的外围阵地。下午的战斗进行得异常惨烈，南军、北军都有几个将军负伤乃至阵亡，南军的北卡来纳那第 26 旅仅仅战斗了一个下午就只剩下了 212 人，到战役结束的时候能站起来的只有 60 多人。到了晚上的时候，北军在葛底斯堡西面和北面的阵地全部失守，但是南军的伤亡太大，不得不休整了整整一个白天。

第二天傍晚，罗伯特·李分兵两路，以强大的炮火轰击北军的左翼阵地作为佯攻，而主攻目标则是到北军防守薄弱的右翼。6 时，佯攻部队首先集中自己的大炮猛烈轰击库奇的阵地，又发起了两次冲锋，但很快被库奇击退，不过南军成功调动了北军在右翼的防守部队。7 时，南军的主攻部队也发动了攻击，但是罗伯特·李将军没有料到守军会如此顽强，他们在兵力不足的情况下依靠坚固的工事打退了南军的多次进攻。战场上到处都是南军的尸体，虽然北军也伤亡惨重，但是成功地守到了援军的到来。

罗伯特·李不甘心就此退军，就命令挑灯夜战。然而北军处于内线作战，物资和部队的调度都要比南军方便得多，激战到深夜南军不得不以撤退告终。

7月3日凌晨，北军以重炮猛轰南军占领的寇普岭，夺回了这个重要阵地，使南军失去了在左翼进攻的桥头堡。南军为了夺回自己的出发阵地，接连发起两波攻击，但是苦斗了七个多小时仍然没有成功，这就迫使罗伯特·李不得不改变了原先的作战计划。

下午1时，罗伯特·李集中了170门的新式加农炮，用当时刚研发出来的开花弹轰击墓园岭。猛烈的炮火一直打到了下午3时，守卫墓园岭的北军一个师伤亡了三分之一。随后南军以12500人发动了后世称为皮克特冲锋的决死冲锋，然而还是在墓园岭的北军阵地前铩羽而归。这次冲锋南军的伤亡率高得吓人，作为先锋的皮克特师8000人在半个小时内就伤亡殆尽，其他的部队也伤亡过半。据说李将军策马在伤亡惨重的子弟兵间穿梭，口中不停说道："这都是我的错，弟兄们，这都是我的错。"

皮克特冲锋之后，战斗的双方都停止了战斗：北军摄于南军的战斗意志不敢进攻，这也直接导致了南军撤退时米德根本就不敢下令追击；南军则是被北军的新式后装步枪和手榴弹吓坏了，也失去了进攻的勇气。在这一天的战斗中还发生了两场大型骑兵遭遇战，虽然参战的南军将士在马背上打出一场传奇性的战争，包括马背上的徒手肉搏，但已经对大局无补了。

7月4日整整一个白天，战场上的双方都在默默地舔着自己的伤口，谁也没有主动发起攻击。傍晚，罗伯特·李得到了西线维克斯堡之役南军惨败的消息，于是连夜趁着滂沱大雨沿着哈吉斯城公路撤离葛底斯堡。北军的司令米德不敢追击，而只是把前线胜利的消息报告给了林肯总统。

这场惨烈的战役持续了三天的时间，在不到25平方英里的土地上，双方集结了将近17.2万名士兵和1634门大炮，总共消耗了约569吨火药。战斗结束后，残破的战场上横陈着超过5000匹战马的遗体，而双方共伤亡约5.1万人，其中北军2.3万人，南军约2.8万人。

葛底斯堡战役结束后，为了祭奠牺牲将士的英灵，联邦政府决定在这里修建葛底斯堡国家公墓和葛底斯堡国家军事公园。1863年11月19日，葛底斯堡公墓落成时，林肯总统亲自主持了典礼，并发表了著名的葛底斯堡演讲，热情讴歌了勇士们为自由民主而献身的精神，鼓舞活着的人完成那些烈士们为之战斗的未竟事业，为民有、民治、民享的政治理想而奋斗。

—— 明治维新 ——

在 19 世纪之前，日本只是一个闭关自守、封建落后的国家。这个国家的所谓最高领导人"天皇"并没有任何权力，由幕府来处理国家的一切。当时的幕府由德川家族把控，实行闭关锁国的政策，只允许和中国、朝鲜、荷兰进行贸易，而且只能在长崎一个地方，对世界的变化既一无所知也漠不关心。

1853 年 7 月 8 日，美国人佩里率领 4 艘黑色的铁甲战舰来到了日本的江户湾（今东京湾），要求日本开放贸易和港口，威胁日本如果不答应就开炮。幕府既不想答应佩里的要求，又害怕佩里真的发动攻击，就让幕府的阿部正弘敷衍佩里说要报告天皇，让他下一年再来。1854 年 2 月 13 日，佩里带着 7 艘铁甲舰再次来到日本，并且深入横滨。面对佩里更加强硬的态度，日本幕府不得不签下了"日美亲善条约"：开放下田、箱馆（今函馆）两港口，美国船可以在这两个港口加煤上水，并得到粮食等物品的供应；允许美国在上述两港派驻领事，并享有最惠国待遇。

这是日本与西方列强签下的第一个不平等条约，消息传出之后，英、俄、荷等国纷至沓来，都要求按照美国人的例子来签订条约，日本政府在武力的威胁下不得不答应这些国家的要求。

这些不平等条约严重冲击了日本的经济。大批农民和手工业者因为外国廉价工业品的倾销纷纷破产，日本人民受到双重的压迫和剥削，处境更加痛苦。

在西方列强的军事和经济的强烈冲击下，日本的统治高层开始出现了分化：与外界接触较多，已经有了资本主义萌芽的萨摩藩和长州藩主张改革，实行君主立宪制，富国强兵，废除不平等条约；以幕府将军德川庆喜为首的保守派为了维护自己的利益，主张维持现状，反对改革。

倒幕派认为，推翻幕府的统治要名正言顺，必须取得天皇的支持，但是对幕府统治心有余悸的孝明天皇不肯下倒幕的诏书，于是倒幕派就毒死了畏惧幕府的孝明天皇，扶植年幼的明治天皇上台。当时只有 15 岁的明治天皇也不甘心做幕府的傀儡，当即答应与讨幕派联合起来，推翻幕府统治，倒幕派取得了宫廷的支持。

1867 年 10 月上旬，明治天皇写了一份"讨幕密诏"，交到了倒幕派的首领大久保利通等人的手里。大久保利通等人接到密诏后欣喜若狂，立刻开始倒幕行动。德川庆喜听到风声后实行了缓兵之计，佯装把政权还给天皇，实际上却在大阪集结重兵，试图以此来分化瓦解倒幕派，等待时机卷土重来。倒幕派看穿了德川庆喜的打算，就把忠于他们的部队调集到京都附近，准备发动宫廷政变。

1868 年 1 月 3 日，西南各诸侯率兵包围皇宫，解除德川幕府驻后宫警卫队的武装。明治天皇随即发布《王政复古大号令》，废除幕府，令德川庆喜"辞官纳地"，建立由天皇领导的中央政府，并委派西乡隆盛和大久保利通这些改革派主管政事。

接到诏书的德川庆喜气急败坏，但是他在京都的势力已经被倒幕派连根拔除，于是连夜逃到大阪，纠集旧部后宣布《王政复古大号令》并不是天皇的原意，是在倒幕派的威逼下颁布的。10 日，德川庆喜率 1.5 万人"清君侧"，兵分两路，准备以钳形夹击京都。

1 月 27 日，大久保利通率领以萨摩藩和长州藩为主力的倒幕派军队 5000 人，在京都附近的鸟羽、伏见一带与幕府军展开了决战。为了鼓舞士气，明治天皇还亲自到阵前督战。

这场战役幕府军队全线溃败，倒幕军取得了决定性胜利，德川庆喜败走江户。倒幕军乘胜追击，直逼江户，德川庆喜被迫投降。至此，统治日本 200 多年的德川幕府倒台。

倒幕胜利后，明治政府又在 1868 年的春天接连颁布了《五条誓文》和《政体书》，提出了推行资本主义新政的基本方针政策，正式开始了维新运动。

为了清除国内的封建势力，明治政府把原来的"藩"废除改为"县"，全国一共设了 3 个府、72 个县。此外还废除了封建的等级制度，完全剥夺了大名和武士对地方的统治权。为了促进贸易，明治政府还废除了国内的重重关卡和行会制度，允许土地自由买卖；修建铁路，兴办邮政、电报、电话；整顿统一货币，奖励贸易；大量引进西方先进技术和设备，兴办工厂；实行义务教育等。

明治维新之后，日本清除了封建势力，资本主义得到了快速的发展，日本也成为亚洲第一个资本主义国家。但是随着明治维新的成功，日本的军国主义思想也开始膨胀，成为世界上的不稳定因素之一，给亚洲人民带来了沉重的灾难。

—— "五一"国际劳动节 ——

　　每年的 5 月 1 日，被称为"五一"国际劳动节。那么这个全世界劳动者的节日是如何来的呢？

　　这还要从 1886 年的芝加哥工人大罢工说起。

　　进入 19 世纪以后，资本主义在美国和欧洲得到了迅速的发展，到了 80 年代的时候，欧美已经发展到了帝国主义阶段。资本家为了榨取更多的剩余价值，除了提高生产技术以增加生产效率之外，还采取了增加劳动时间和劳动强度的办法来残酷地剥削工人。

　　当时美国的工人平均每人每天要工作 14 ~ 16 个小时，有的甚至达到 18 个小时。但是即使工作了这么长的时间，工人们也无法保证一家老小的温饱。在高强度的劳动下，许多工人都未老先衰，过早地透支了他们的健康。在马萨诸塞州，有一个鞋厂的监工说："让一个身强力壮体格健全的 18 岁小伙子，在这里的任何一架机器旁边工作，我能够使他在 22 岁时头发变成灰白。"

　　据当时的资料统计，那时候的工人平均寿命还不到 40 岁，而童工很少有活到成年的。工人们再也无法承受如此沉重的压迫了，他们联合起来同资本家展开了坚决的斗争，要求提高工资待遇、实行 8 小时工作制。唯利是图的资本家当然不会答应他们的要求，于是工人们开始向政府请愿，但是政府也蛮横地拒绝了他们的合理要求。代表资产阶级利益的美国总统这样说过："我不认为 8 小时工作制符合宪法，世界上没有一种力量能使我做出违反宪法的事。"

　　忍无可忍的工人见资本家和政府都对自己的合理要求视若无睹，就开始展现自己的力量。1877 年，美国的工人举行了全国总罢工，大约有 25 万人参加了罢工示威活动，向政府提出改善劳动与生活条件，要求缩短工时，实行 8 小时工作制。工人们举着红旗，高唱着《8 小时的歌》：我们要把世界改变，我们厌倦了无休止的劳动，只能得到糊口的工资，没有时间让我们思考。我们要晒太阳，我们要闻花香。我们相信上帝也允许 8 小时工作制，我们从车间、农场和船坞，召集我们的队伍，争取 8 小时工作、8 小时休息、8 小时归我们自己。

这次罢工之后，越来越多的工人加入了公会，美国各地关于缩短工时所发生的罢工也越来越多，将罢工运动推向新的高潮。

在工人运动的强大压力下，美国国会被迫制定了 8 小时工作制的法律。但是大部分的资本家根本就不愿意执行，工人们仍然要一天在机器旁边工作十几个小时，使得这项法律成了一纸空文。忍无可忍的工人们决定再次举行罢工来争取自己生存的权利。

1886 年 5 月 1 日，美国 2 万多个企业的 35 万工人停工上街，举行了声势浩大的示威游行，仅芝加哥一个城市就有 4.5 万名工人罢工。这次罢工使工业瘫痪、火车停运、商店关门，即使仓库也都贴上了封条。

5 月 3 日，芝加哥麦考米克收割机厂的资本家不肯向工人屈服，就雇用了300 多名替工者准备进入工厂工作。守在门口的该厂罢工工人不许这些人进入，双方发生了激烈的冲突。和资本家勾结在一起的政府早就调来了 500 多名警察藏在附近，冲突发生后立刻来到现场，不问青红皂白、没有任何警告就向工人们开枪射击，工人们当场 4 人死亡、多人受伤，造成了令人震惊的麦考米克事件。

警察的暴行激起了全市工人和社会各界的极大愤慨，他们决定举行集会哀悼死难的工友，并向政府和资本家进一步施压。

5 月 4 日晚上 7 点，3000 多名工人聚集芝加哥秣市广场，抗议警察的暴行，哀悼死难的工人兄弟。这次集会的秩序很好，工人们安静地听着工人领袖的演讲，有序地高呼着抗议政府和资本家的口号。

然而在晚上 10 点集会就要结束的时候，一队全副武装的警察冲进会场，抢起棍子，朝工人头上、身上打去，广场上顿时一片大乱。混乱中有人在人群中引爆了一枚炸弹，炸死了 1 名警察、4 名工人，另外有多人受伤。警察以此为借口，立即向群众开枪，打死打伤了 200 多名群众，并逮捕了很多工人。事后证明这次爆炸事件是当局的预谋，企图以此陷害工人，并制造屠杀罢工工人的借口。

第二天，资产阶级控制下的报纸颠倒黑白，声称他们有证据证明是工人投掷的炸弹。与资本家一丘之貉的政府不加调查，就以报纸上的说法作为证据向法院起诉了 8 名工人领袖，诬告他们犯了杀人罪。

在开庭时，工人领袖斯庇斯在法庭上慷慨陈词："如果你们以为绞死了我们就可以扑灭工人运动，就可以平息那些贫困和悲惨的千百万工人心中的怒火的话，那就绞死我们吧！你们可以扑灭一个火花，但在你们四周，会燃起更多的火花，这是来自地底的烈火，你们是无法将它们扑灭的！"法庭根本不听这些工人领袖的陈词，当庭判处 7 人死刑，1 人 15 年徒刑。

消息传出后，世界各国的工人纷纷举行集会，向美国政府提出强烈抗议。在巨大的压力面前，州长被迫取消了原判，但是法庭仍然在证据不足的情况判处其中 4 人绞刑，3 人终身监禁（已经有一名工人领袖在狱中自杀）。

芝加哥工人的鲜血没有白流，他们用自己的鲜血和生命唤起了工人阶级的斗志，全世界的工人纷纷举行罢工运动声援他们。在世界进步舆论的广泛支持下，美国政府终于在一个月后宣布全面实施 8 小时工作制，美国的工人运动终于取得初步的胜利。

美国工人提出的"8 小时工作制"的要求不仅是他们的要求，也是世界上所有受资本家压迫的各国工人的愿望，受到了所有工人的重视和欢迎，国际工人运动组织也对这个提议非常重视。

1889 年 7 月 14 日，恩格斯组织召开的第二国际成立大会在法国巴黎隆重开幕。大会决定接受法国代表拉文的建议，把 5 月 1 日定为国际无产阶级的共同节日。这一决定立即得到世界各国工人的积极响应。从而，这个光辉的国际性节日诞生了。

—— 瓦特改良蒸汽机 ——

在第一次工业革命中，颠覆性的、革命性的技术无疑就是蒸汽机的发明和使用了，可以说，没有蒸汽机的发明和使用就没有工业革命的成功，改进蒸汽机并使之成为动力机械的瓦特对工业革命功不可没。有人这样形容这位伟大的科学家、发明家："一个人的奋斗，不论成败，只是把世界雕琢完美，尽你所能，沉静和坚毅地尽力去做。"

詹姆斯·瓦特是英国人，1736 年出生于苏格兰格拉斯哥城附近的格里诺克镇，这里的造船业十分发达。他的祖父曾经是一位教师，教授数学、测量学和航海学，叔叔是机械工人，父亲是造船工人并拥有自己的船只与造船作坊，母亲出身于一个贵族家庭并受过良好的教育。瓦特小时候体弱多病，几乎都没有上过学，是他的祖父和母亲给他的启蒙教育。由于家里懂机械的人较多，瓦特在他们的影响下也学习了很多机械制造方面的知识，对制造机械很感兴趣，也有很强的动手能力。

在瓦特17岁的时候，他的母亲去世了，父亲的造船工坊的生意也每况愈下，他不得不出去做学徒贴补家用。他先去了格拉斯哥城，后来又到伦敦学习仪表修理，仅用了一年的时间就能够独立修理仪表。于是瓦特回到了格拉斯哥城，准备在这里开一个仪表修理店，但是由于他的学徒期不够当地公会要求的七年时间，因此没有获得当局的批准。

1757年，瓦特认识了格拉斯格大学的约瑟夫·布莱克教授，教授是个物理学家，还是个化学家。在布莱克教授的帮助下，瓦特在格拉斯格大学做了一名机修工，主要负责制作和修理教学仪器。这份工作为瓦特提供了良好的学习与实践的机会，布莱克教授也成了瓦特的良师益友，瓦特从他那里学到了关于热学的知识，这对他日后的发明益处很大。瓦特很好地把握住了在格拉斯格大学的工作机会，他在这里学到了当时最高端的物理知识和机械制造原理。瓦特的进步很快，后来已经能够和大学里的教授讨论科学技术问题了，而且他的观点和想法也让教授们赞叹不已。为了能够随时了解国外的科技动态，瓦特还自学了德文和意大利文。

到了17世纪后期，英国的采矿业特别是采煤业已经发展到相当大的规模，由于开采得太深，矿井内的积水就成了很大的问题，依靠传统的人力、畜力已经无法及时排除矿井的地下水。为了保证煤矿的生产，有人想到了用蒸汽机来排水，这样就可以利用现场丰富而廉价的煤了。但是当时的蒸汽机技术太落后了，需要耗费很大的人力、财力和财力，所以英国政府公开悬赏，希望有人能解决矿井的排水问题。

其实蒸汽机早就发明了。早在1世纪时，亚历山大港的古希腊数学家希罗就发明了汽转球，这是蒸汽机的雏形。1679年，法国工程技师巴本研制出了第一台活塞式蒸汽机，但是并不实用。1698年，英国的塞莱斯发明了无活塞式蒸汽机，能应用在矿井中，被称为"矿山之友"，但受当时材料和技术的限制，无法推广。直到1712年，纽可门发明了空气蒸汽机，这才使蒸汽机有了推广的价值，但是纽可门蒸汽机热效率太低，除了煤矿其他企业都无法承受昂贵的燃料费用。

1763年，格拉斯格大学买了一台纽可门蒸汽机用来做实验，作为机修工的瓦特有机会对这台蒸汽机进行深入的研究。瓦特发现，号称世界上最先进的纽可门蒸汽机仍然有着巨大的缺点：第一是太费燃料，80%的热量都做了无用功；第二是体积庞大，对场地的要求高；第三是应用范围有限，只能用于矿井抽水和灌溉。瓦特决心改进出更好更实用的蒸汽机。

瓦特拿出了自己全部的积蓄，又找朋友借了一部分钱，买了必要的设备后在一间地下室里开始了他的工作。蒸汽机的模型制作其他都很顺利，但密封问题一直无法得到解决，只要一点火就开始漏汽，造成蒸汽机无法正常工作。

瓦特试验了许多材料，最终解决了密封问题，但是在制作真正的蒸汽机时瓦特遇上了困难：他没钱了。当时，造一台蒸汽机需要几千英镑，而瓦特一年的工资也不过 35 英镑。

就在瓦特一筹莫展的时候，伯明翰的铁器制造商马太·波尔敦答应给瓦特投资，但是条件是占有蒸汽机专利权的三分之二。瓦特答应了这个要求。

1776 年，新型蒸汽机在波罗姆菲尔德煤矿现场展示了它的优越性能：所需燃料是老式蒸汽机的 25%，但是效率却是老式蒸汽机的三倍。这种蒸汽机甫一问世就赢得了诸多矿业巨头的青睐，给瓦特赢得了大量的订单。

但是瓦特并没有满足，因为这种蒸汽机只能往复直线运动，除了能够抽水无法运用到其他行业。1782 年，瓦特再次改良了蒸汽机，加上了连杆、飞轮和离心调速器，使蒸汽机的往复直线运动变成连续而均匀的圆周运动，可以经过传动装置带动一切机器运转，成为能普遍用于工业和交通运输业的"万能动力机"。

瓦特改进的蒸汽机非常成功，在这之后的 50 年之内几乎没有什么改变。瓦特改良蒸汽机的重要性是难以估量的，它被广泛地应用在工厂成为几乎所有机器的动力，改变了人们的工作生产方式，极大地推动了技术进步并拉开了工业革命的序幕。它使得工厂的选址不必再依赖于煤矿而可以建立在更经济更有效的地方，也不必依赖于水能从而能常年地运转，这进一步促进了规模化经济的发展，大大提高了生产率的同时也使得商业投资更有效率。到 19 世纪 30 年代，蒸汽机广泛应用于纺织、冶金、采煤、交通等部门，并引起了一场技术革命。这就是所谓的"蒸汽时代"。

除了改良蒸汽机以外，瓦特也有许多其他的发明，比如他发明了一种新的利用望远镜测距的方法、一种新的透印印刷术，对油灯进行了改进，蒸汽碾轧机以及延续至今的机械图纸着色法。

1819 年，瓦特于英国斯塔福德郡汉兹沃斯的家中去世，享年 83 岁。后人为了纪念这位伟大的科学家，把功率的计量单位称为"瓦特"，现代电器上的"瓦"就是"瓦特"的简称。

── 轮船的发明 ──

随着瓦特改良的蒸汽机进入工厂矿山，就有人动了把蒸汽机作为交通工具的动力的念头。美国工程师富尔顿就希望能够把蒸汽机装到船上，使船舶的航行不再受到风向的限制。

1789 年，富尔顿来到英国拜访了瓦特，向他说了自己想把蒸汽机用在船上的想法。瓦特对富尔顿的想法很感兴趣，给了他许多建议，鼓励富尔顿进行实验，使航运也进入蒸汽时代。

1803 年，富尔顿在法国制作了第一艘轮船，它用瓦特蒸汽机做动力，用明轮作为推动工具。在塞纳河上试航的时候，人们都以为这是一个怪物，因为它高耸的烟囱里冒着滚滚的浓烟，还发出轰隆隆的声音，摇摇晃晃地无风自动。最令富尔顿失望的是，这艘轮船的速度竟然还没有人走路的速度快，而且没有开出多远就抛锚了。围观的人们纷纷嘲笑富尔顿的作品，称这艘轮船为"富尔顿的蠢物"。第一次试航就在人们的哄笑声中结束了。

不过富尔顿并没有因为这次失败而泄气，他知道所有新事物的诞生都不是一帆风顺的。他告诉人们，这是一个新发明，当然有着这样那样的缺点和不足，不过我们的眼光要放长远一些，要看到它的优点和长处，将来的航海业肯定会是轮船的天下。不过谁都不相信他的话，更没有人肯为他的研究投资，就连雄才大略、高瞻远瞩的拿破仑也把他当成一个骗子给轰了出去。

富尔顿见在法国找不到肯投资的人，就在 1806 年回到了美国纽约，希望能在祖国找到他的知音。不久富尔顿就遇到了他的"贵人"——列文斯顿。列文斯顿是一个富有的农场主，也是一个发明家，有着常人所没有的眼光，他认为富尔顿的研究很有前途，就投入了大笔资金供富尔顿制作轮船。

有了列文斯顿提供的资金，富尔顿终于可以放手研究轮船了。每次遇到困难的时候，他都会默默地安慰自己："这只是一个小问题，我一定可以解决的。只要蒸汽动力船研制成功，将是世界船舶史上最伟大的发明之一。我一定能行！"

苦心人天不负，经过了一年的努力，富尔顿终于成功地制造出了一艘新的轮船。这艘细长的木板船长45米，宽4米，吃水深度6米，安装了一台当时最好的瓦特蒸汽机，富尔顿把它命名为"克莱蒙特"号。

1807年8月17日，富尔顿驾驶着"克莱蒙特"号来到美国纽约附近的哈得逊河上，准备从这里逆流向上驶往奥尔巴尼。

岸边的人见河里来了一个奇怪的东西，纷纷过来围观。这艘船的样子确实和当时人们常见的帆船不一样，它没有橹，也没有帆和桅杆，只有一根大烟囱，船体两侧各有一个大水车式的轮子。有"消息灵通"的人告诉大家，这就是"富尔顿的蠢物"。

富尔顿一点都不在意旁边的人说些什么，他来到岸上，邀请了人们体验轮船的速度和感觉。一些好奇心比较重的人上了他的轮船，不过所有的人都认为这艘船跑不了多远就会像以前那样抛锚。

就在两岸观众的议论声中，"克莱蒙特"号的烟囱冒出来的烟更浓了，随着一声汽笛响起，轮船慢慢地启动了。刚开始船的速度很慢，简直就像蜗牛一样，然而不久就越来越快，赶上了一艘艘的帆船并把它们远远地抛到了后面。

"克莱蒙特"号用了32个小时逆流跑到了240公里外的奥尔巴尼，而普通的帆船航行这段航程需要四天四夜。回程的时候因为是顺流而下只用了30个小时，最高速度达到了每小时9公里。

这次的试航十分成功。上船体验的人们惊奇地发现，富尔顿发明的轮船不仅比帆船要快，还十分平稳，舒适度也比帆船要好得多。

"克莱蒙特"号试航成功，宣布了船舶发展史进入了一个新的时代，意味着蒸汽轮船取代了帆船、机器代替了人力和风力。

富尔顿的成功在人类水运史上揭开了新的一页，为世界人类航海事业的发展做出了卓越的贡献，他也因此被人们称为"轮船之父"。

── 世界上第一辆火车 ──

就在蒸汽轮船问世后不久，火车也出现了。

瓦特改良蒸汽机时就断定，蒸汽机不仅可以给工厂提供稳定的动力，也可以应用到交通方面。当时瓦特有一个叫威廉·默多克的得力助手，这个小伙子一直记得瓦特的这句话，他从瓦特的公司辞职后，就开始着手研究如何用蒸汽机驱动车辆。他花费了五年的时间，终于制作出一辆能够使用的蒸汽机车。他的这种机车很受矿山的欢迎，人们专门修建了供蒸汽机车行驶的轨道，用来运送矿石及其他物品。

威廉·默多克的蒸汽机车给了人们很大的启发：既然这蒸汽机车可以在矿山运输矿石，那么也就可以把货物从 A 地运到遥远的 B 地；既然能运输货物，那么同样也可以运输旅客。

1807 年，英国的矿山技师特莱维茨克造出了世界上第一辆火车，时速达到了 6 公里左右。因为这种蒸汽机车的燃料是煤炭或者木柴，行进的时候烟囱里不时有火星冒出来，所以当时人们称之为"火车"，这个名词一直沿用至今。

不过特莱维茨克的火车并没有实用价值，因为剧烈的震动会使得火车上的一些零件松动乃至脱落，致使火车不得不过一会儿就要停下来检修一遍，而且脱轨问题也比较严重。

一直到了 1814 年，英国工程师乔治·史蒂芬逊才解决了这些问题，使火车成为一个实用的交通工具，从此走进了人们的生活，改变了延续上千年的交通方式。严格地说，史蒂芬逊并不是火车的发明者，而是一个改进者，不过由于他才使火车得到了广泛的应用，一般后世都把他称为火车的发明者。

史蒂芬逊的成功可谓是一个传奇的励志故事，后世不少人和书籍都喜欢用他的事迹来激励年轻人，教育他们不要因为艰苦的条件和上天的不公而放弃努力，只要坚持就总会成功。

1781 年，史蒂芬逊出生在英国一个贫穷的矿工家庭，8 岁时就到煤矿当了童工。他在 18 岁时才开始和 7、8 岁的孩子一起上学，从前根本就不认识几个字。成年后生活条件有了好转时，他的女儿夭折了，第二年他的妻子也因病去世；不久他的父亲又因为蒸汽机漏汽烫瞎了眼睛。25 岁的史蒂芬逊既要照顾年幼的儿子又要照顾残疾的父亲，还背着沉重的债务。雪上加霜的是，1806 年他被英国政府抓了壮丁，去前线参加讨伐拿破仑的战争，幸运的是他毫发无损地从战场上回来了。

退役后的史蒂芬逊来到了达林顿矿区的奇林沃兹煤矿，因为有着丰富的机械修理经验，于 1812 年被任命为煤矿的总机械师。为了提高蒸汽机车的运输效率，他决心制造出更好的火车。

1814 年，史蒂芬逊研制出了第一辆蒸汽机车"皮靴"号，不过在试运行时发现效果不太理想。虽然比特莱维茨克研制的机车在速度和动力方面有着明显的进步，但是还存在着运行不平稳、锅炉散热不畅、热损耗太大等缺点，无法投入使用。史蒂芬逊随后又做了改进，用导气管把废气从烟囱排出，使锅炉的燃烧室形成负压的抽风方法，这样就提高了燃烧效率，节约了燃料，还使机车的动力提高了 2 ~ 3 倍。

不仅如此，史蒂芬逊还改进了车厢，增加了弹簧以防止震动过于猛烈，他还用熟铁来代替生铁用作路轨，并且在枕木下加铺小石块，用来分散压力。史蒂芬逊还想到了要把锅炉安装在车头，这样可以减少爆炸带来的损失和伤害。经过改进后的火车已经完全可以投入使用了。

1823 年，他与别人合伙在纽卡斯尔成立了一家铁路机车制造公司，专门制造铁路机车所牵引的列车。同年，英国政府决定由史蒂芬逊主持修建"煤都"达林顿和海港城市斯多顿之间一条商用铁路。铁路建成后，史蒂芬逊说服政府在这条铁路上用蒸汽机车作为牵引动力（当时英国铁路上的车厢是用马拉的）。

1825 年 9 月 27 日，史蒂芬逊的"旅行"号列车拉着 6 节车厢总重量达到 90 吨的煤、20 节车厢的乘客，以每小时 24 公里的速度飞驰而去。从此火车实现了商业上的应用。

1829 年 10 月 6 日，在竞选优秀铁路机车的比赛中，史蒂芬逊和他的儿子设计和制造的"火箭"号铁路机车，以时速 58 公里的优异成绩获胜，受到了全世界的关注。这是世界上真正意义上的第一部火车。

—— "乐圣" 贝多芬 ——

路德维希·凡·贝多芬是 18 世纪后期世界最著名的德国音乐家、维也纳古典乐派代表人物之一、世界音乐史上最伟大的作曲家之一。

1770 年 12 月 16 日，贝多芬出生于波恩的一个音乐世家，他的祖父是波恩宫廷乐团的乐长，父亲是宫廷乐队的男高音歌手。

贝多芬的父亲对他的期望很高，一心想把贝多芬培养成一个一流的音乐家。在父亲的严格要求下，贝多芬在 4 岁的时候就开始练习钢琴，而且很快就展现出他在音乐方面的天赋。5 岁时贝多芬患了中耳炎，这是他后来耳聋的原因之一。

贝多芬的父亲对他的表现喜出望外，对他的要求更严格了，每天都要强迫贝多芬练很长时间的琴。他的父亲脾气暴躁又嗜酒如命，经常醉醺醺地三更半夜回家，而他到家后的第一件事就是把贝多芬从床上拖起来，让他去继续练琴。或许贝多芬应该感谢他父亲的野蛮教育，这使得他从小就练就了扎实的基本功。

天赋惊人的贝多芬在 6 岁时就可以完美弹出许多乐曲，不到 8 岁就在父亲的逼迫下开始登台演出，11 岁就开始在剧院的乐队里工作。在剧院里，贝多芬跟随乐队指挥克里斯蒂安·戈特洛宝·奈弗学习钢琴和作曲，还跟弗兰兹·安东·里斯学习小提琴，在新老师的指导下贝多芬开始形成自己独特的风格。12 岁时到瓦尔特斯坦伯爵的宫廷乐队担任管风琴师助手，13 岁参加宫廷乐队担任风琴师和古钢琴师。

1787 年，贝多芬在母亲去世后到了维也纳，跟莫扎特学作曲，后来又转到了音乐家海顿门下。海顿在交响乐和室内乐方面都有着高深的造诣，是德国著名的音乐大师，年轻的贝多芬在他那里学到了不少知识和技巧。后来贝多芬又跟随申克、阿勃列希贝尔格和萨列里等人学习交响乐、四重奏与歌剧的创作方法。

尽管贝多芬在海顿这里只学习了不长的时间，但海顿仍然把他视为自己最出色的学生，他曾在写给朋友的一封信中写道："贝多芬早晚会成为欧洲最伟大的作曲家，到时候我会为有这样一个学生而感到骄傲。"

　　贝多芬这个时候已经开始学习谱曲了，《F小调前奏曲》就是在这个时期创作的。贝多芬在创作时非常认真，基本上不会为外界的事物所干扰。据说，他有一次去饭馆吃饭，一边走路一边在脑海里构思着一支钢琴曲。进了饭馆后，他找了一把椅子就坐了下来继续思考，完全忘了来吃饭的事。饭馆的老板早就认识了贝多芬，见他这个样子就知道他在创作乐曲，也就没有过去打扰他，免得影响他的灵感。把全部心神沉浸在音乐中的贝多芬不知不觉地抬起手，像弹钢琴一样开始用手指在餐桌上敲了起来，发出有节奏的"咚咚咚，咚咚咚"的声音。正在就餐的客人们都抬起头向他看来，而他却丝毫没有察觉。餐馆的客人来了一批又走了一批，他还是在那里"咚咚咚，咚咚咚"地敲着。一个多小时过去了，老板实在看不下去了，就走过去敲了敲桌子，提醒他该吃饭了。贝多芬见有人打断了自己的节奏，就生气地抬起头来，看到是餐馆老板时，马上明白这是在餐馆里，就抱歉地对老板说："对不起，我刚才太投入了。我马上给你结账，请问一共多少钱？"餐馆里的人哄堂大笑，贝多芬被大家笑得摸不着头脑，就疑惑地看着老板。老板也忍俊不禁，笑着对他说："先生，您还没吃饭呢！"贝多芬一听也大笑起来，说："我正觉得奇怪呢，我刚吃完饭，怎么还这么饿呢？"

　　贝多芬靠着这样的艰苦努力，在维也纳的名气越来越大，终于成了维也纳最好的钢琴家和最优秀的作曲家。

　　1800年，30岁的贝多芬在维也纳举办了第一次公开演奏会，向人们展示了他卓越的、超人的音乐才华。从此他进入创作的高产期，每隔两三年就要举行一次演奏会，让大家欣赏他的新作品。

　　然而天妒英才，尽管贝多芬在乐曲创作上表现出了不凡的才能，但他本人却连遭不幸和打击。1796年，贝多芬的听力开始下降，到1818年的时候已经完全失去了听力。对于一个音乐家来说，无法听到声音简直是致命的打击，贝多芬陷入了极度的痛苦中。他也曾消沉过，甚至一度想要自杀，但多年来在生活中磨炼出的坚毅的性格和对音乐的热爱，使贝多芬不愿意屈服于命运的安排。他从沉沦中走了出来，克服了一切困难继续创作。

　　他对作品的质量要求十分严格，每一首乐曲都要仔细地推敲，经常要修改很多次才会拿出来发表。例如他为歌剧《菲德利奥》第二幕作的序曲竟改写过18次之多，著名的《莱昂诺拉》序曲也经过十几次的修改才最后定稿。

　　1801年到1812年这10余年间，贝多芬作出了许许多多成功的作品，除《月光奏鸣曲》之外，还有《第二交响乐》《第三交响乐》（又叫《英雄交响乐》）、《曙光奏鸣曲《热情奏鸣曲》以及后来的第四、第五、第六、第七、第八交响乐。其中，《第五交响乐》创作于 1808 年，被认为是贝多芬最受欢迎的交响乐，也是他的作品中最完美的典范作品之一。其主要内容是告诉人们不要屈服于命运的安排，要积极勇敢地与命运作斗争。

《第三交响乐》发表于 1804 年，也是贝多芬的代表作之一。当时法国驻维也纳的大使请求贝多芬为拿破仑谱写一篇交响乐，来歌颂拿破仑为法国革命所做出的贡献。贝多芬欣然从命，因为在他的心目中，拿破仑就是一个如同古希腊的普罗米修斯那样为民请命的英雄。作品完成后，贝多芬还在扉页上写上了"献给拿破仑·波拿巴"几个大字，以表达他对拿破仑的敬意。然而就在作品完成不久，拿破仑抛弃共和当了皇帝，贝多芬非常气愤，就把这几个字改为："英雄交响乐——纪念一位伟人！"虽然这部作品是为拿破仑而作的，但是其中洋溢着贝多芬向往自由、向往革命的精神，塑造了一群为革命理想而奋斗的英雄形象，洋溢着战斗的气息、自由的理念。

晚年的贝多芬已经聋得听不到任何声音了，与他人交流也只能靠纸和笔来进行，这使得他的创作极其困难，整整用了 9 年的时间才完成《第九交响乐》。即便如此，他仍然有着庞大的创作计划，就在他去世的前几天，他还进行的《第十交响乐》的创作。

1827 年 3 月 26 日，贝多芬在维也纳辞别了人世，享年 57 岁。好像苍天也不忍心这个音乐奇才离去，在他去世的那天一直都下着连绵细雨。下葬那天，有 2 万多人参加了贝多芬的葬礼，一直把他的灵柩送到了墓地。

贝多芬一生写了 9 部交响曲，1 部歌剧《费德里奥》，5 部钢琴协奏曲，1 部小提琴协奏曲，1 部钢琴、小提琴、大提琴三重协奏曲，32 首钢琴奏鸣曲，10 首小提琴奏鸣曲，16 首弦乐四重奏，还有管弦乐序曲《埃格蒙特》《柯里奥兰》《列昂诺拉第三》等，以及大量的声乐、器乐和戏剧音乐作品，许多作品是在失聪以后写成的。

因为贝多芬在音乐事业上有着伟大的贡献，还有伟大的心灵、超凡的灵魂，人们称他为"乐圣"。

—— 达尔文和"进化论" ——

文艺复兴和工业革命之后，宗教神学的许多领域都被科学击败，但是在生物科学上仍然没有突破性的进展，"上帝造人说"仍然盛行于世。到了 19 世纪中期，终于有人站出来对"上帝造人说"提出了质疑，他就是进化论的创始人、英国自然博物学家达尔文。

达尔文全名查尔斯·罗伯特·达尔文，1809 年出生于英格兰的施鲁斯伯里。他的父亲是一个杏林高手，医学上的造诣极深，有着渊博的医学理论知识；母亲爱好花草树木的种植，这对他以后成为一个生物学家有着深远的影响。

达尔文从小就对大自然有着浓厚的兴趣，他喜欢骑马、打猎、钓鱼，经常去野外采集矿石、鸟卵和昆虫，钻进树林观察鸟类的习性，研究甲虫的特征。

达尔文的父亲对他的这种行为深恶痛绝，认为他是一个不务正业的问题少年。为了让达尔文不至于玩物丧志，长大后能够继承他的事业，他就把年仅 16 岁的达尔文送入爱丁堡大学学医。但是达尔文认为医学和解剖学都没有意思，也不愿意当一个医生，于是在爱丁堡大学就真的不务正业了，天天都去学校外面制作各种动植物的标本。他的父亲见达尔文对医学实在不感兴趣，只好把他送到剑桥大学改学神学，希望他将来能够做个令人尊敬的传教士。

这一次达尔文没有让他父亲失望，在三年后的毕业考试中，他以第十名的成绩顺利毕业。然而他父亲不知道的是，达尔文把更多的时间和精力放到了对自然界的观察和研究上。在剑桥大学，达尔文认识了地质学教授塞奇威克和植物学教授亨斯罗，并成为亨斯罗最喜爱的学生，被他的神学导师称为"走在亨斯罗身旁的人"。特别是读了洪堡的《南美洲旅行记》之后，他立志投身于自然科学研究。

1831 年，达尔文从剑桥大学毕业了，不过他没有立刻就去教会报道，而是准备去马德拉群岛研究热带植物。不久，有了一个更好的机会：英国政府准备让"贝格尔"号军舰做环球考察，然而因为找不到合适的博物学者未能成行。在亨斯罗教授的推荐下，达尔文以不要薪水的代价加入了这个考察队。

在随后五年的里，达尔文跟着"贝格尔"号几乎跑遍了整个世界，他考察过荒无人烟的加拉帕戈斯群岛（即科隆群岛），调查过太平洋、印度洋和南大西洋的一些岛屿。在漫长的航程中，达尔文看见了许多自然奇迹，发现了大量的各种各样的动植物化石，观察过无数种植物和动物，并且把他所观察到的一切都做了详细的笔记。

考察队到巴西的时候，达尔文在海拔 4000 多米的安第斯山脉的山顶上发现了贝壳化石，这使达尔文明白了地壳升降的道理。此外，他还在这里发现了一种动物化石，与自然界中的犰狳极为相似。在广袤的南美洲，即使是同一种动物，南方和北方的也截然不同。这种发现让达尔文对《圣经》中的上帝创造了各种生物以及上帝造人的说法产生了怀疑，并萌发了生物进化论的思想。从英国出发时，达尔文还是一个坚定的"上帝创造世界"的信徒，等到了旅程结束的时候，他已经摈弃了宗教神学的糟粕，成为一个科学的唯物主义者，那就是植物和动物的形态不是一成不变的，而是发展变化的，更不是上帝创造的。

1836 年 10 月，达尔文终于回到了英国。到家之后，达尔文立刻着手整理带回来的标本和笔记资料，同时到图书馆查阅大量书籍，为他的生物进化理论寻找根据。经过六年的努力，他于 1842 年写出了《物种起源》的简要提纲。他又花了十几年的功夫寻找详细的资料并去芜存菁，经过 20 多年的艰辛创作，鸿篇巨制《物种起源》终于在 1859 年 11 月出版了。这部书的第一版只印了 1250 册，上架的第一天就被抢购一空。

在这部书里，达尔文创造性地提出了"进化论"的概念，指出物种是在不断地演变的，现在我们看到的所有物种都是自然选择的结果，都是由低级到高级、由简单到复杂演变而成的，而且在不同的时期、不同的地域有所不同。

《物种起源》推翻了"上帝创造世界"和物种不变的理论，史无前例地从科学的角度来分析生物学，形成了全新的生物进化思想。《物种起源》的发表标志着进化论的正式确立，也确定了达尔文在世界生物学的宗师地位。

进化论的提出对宗教神学而言是一个致命的打击，因为进化论攻击的是它的基础——上帝创造世界，所有以此为前提发展出来的理论都成了空中楼阁。这就使得神创论、物种不变论、目的论和灾变论者们极为恐慌，认为进化论是对上帝的叛逆，有失人类尊严，触犯了"君权神授"的"天理"。如果是在中世纪，他们肯定会把达尔文像布鲁诺一样烧死。不过现在已经发生了资产阶级革命，言论自由的观念已经深入人心，他们只能以论战的方式来展开斗争。

不过达尔文也不是孤军作战，一些进步的科学家挺身而出积极支持和捍卫进化论。赫胥黎和虎克就是其中最有名的两个，他们写了很多力挺进化论的文章发表在报纸和杂志上，还在各种场合同宗教神学与保守势力展开激烈斗争。在这些论战中，最著名的便是"牛津大辩论"。

这次论战达尔文因病未能参加，由赫胥黎代表他出席，赫胥黎的表现非常出色。辩论会一开始神创派代表牛津主教威尔柏斯就跳了出来，对达尔文的进化论横加指责，他的发言空洞无物，全部都是从《圣经》中引用的陈词滥调，完全是以势压人，没有任何科学内容。

赫胥黎不慌不忙地站了起来，用身边随处可见的科学事实深入浅出地阐述了达尔文的进化论。他的辩词论据充分，有理有据地驳斥了牛津主教的歪曲和污蔑。赫胥黎的话音刚落，青年学生和进步学者立即发出热烈的掌声和欢呼声向他祝贺。

牛津大辩论在生物学上有着深远的历史意义，它标志着进化论对"上帝创造世界"的胜利，到19世纪70年代，达尔文的进化论已为学术界普遍接受。

1877年，剑桥大学终于承认了达尔文对科学的伟大贡献，授予他荣誉学位。此前剑桥大学一直受到来自教会的压力，不敢过多地支持它的优秀学子。

1882年4月9日，73岁的达尔文辞别了人世。他的墓穴就在牛顿墓的旁边，这是人们对达尔文在生物学上的伟大贡献的肯定和褒扬。

—— "俄国文学的太阳"普希金 ——

在18世纪初期，俄国出现了一个精彩绝伦的人物，他的作品既简单凝练又有史诗般的情节，让人一读就能引起内心的共鸣。这个人就是普希金，俄国著名文学家、诗人、小说家。他在俄国文坛上的地位很高，不仅是现代俄国文学的创始人、19世纪俄国浪漫主义文学主要代表，同时也是现实主义文学的奠基人，更是现代标准俄语的创始人，被誉为"俄国文学之父"，后来的文学巨匠高尔基曾评价他是"俄国文学的太阳"。

普希金 1799 年出生于莫斯科的一个历史悠久的贵族家庭。普希金的乳母是一个知识渊博的农奴，经常给他讲民间故事和各种传说，对普希金以后的创作影响很大。

普希金很聪明，很小的时候就认识了很多字，可以阅读书籍，到 8 岁时就阅读了许多世界文学名著，已经可以自己写诗了。

1811 年，普希金进入皇家中学学习。虽然这是一所贵族子弟学校，不过仍然有许多进步教师，普希金在这里接触到了很多自由主义思想，阅读了大量的启蒙运动时期的著作，并和一些进步的革命党人接近。拿破仑入侵俄国后，还是少年的普希金被俄国人民视死如归的战斗精神深深地感动了，他怀着激动的心情，写了很多抵抗侵略、歌颂英雄的爱国诗篇。

因为有着良好的家世，普希金从皇家中学毕业后就立刻进入俄国的外交部任职，这时候他才 18 岁。这个工作使他对西欧的资产阶级革命有了更多的了解，和十二月党人走得越来越近。在进步的革命党人影响下，写出了大量歌颂自由、反对专制暴政的政治抒情诗，如《自由颂》《致恰达耶夫》等。普希金的斗争态度很坚决，他在自己的诗里公开号召民众为推翻专制暴政而斗争，把矛头直接指向沙皇。

普希金当时在上层圈子里的影响很大，这些政治抒情诗在进步的贵族青年中间广为流传，使得反对沙皇的人越来越多，沙皇亚历山大一世觉得不能再让普希金留在政府工作了。1820 年 3 月，沙皇决定把普希金流放到西伯利亚，后来在宫廷诗人杰尔查和茹科夫斯基的劝说下改为流放到南方。

在流放期间，普希金接触了大量的劳动人民，目睹了他们遭受的是何等沉重的苦难，使得他推翻暴政的想法更强烈了。劳动人民的苦难也激发了他的创作热情，在南方流放的四年时间里，他创作了大量的抒情诗和长诗，著名的长诗《茨冈》就是在这里写成的。

1824 年，普希金得罪了敖得萨的总督沃隆佐夫，沃隆佐夫为了报复他就加大了对普希金的信件检查的力度，在普希金的信里发现了反对宗教的内容。沃隆佐夫如获至宝，立刻就上报了沙皇，沙皇又把普希金送到他父亲的领地——普斯科夫省米哈伊洛夫斯克村幽禁起来。

米哈伊洛夫斯克太荒凉太偏僻了，普希金在这里根本就无法和十二月党人取得联系（估计这也是沙皇把他幽禁在这里的主要原因），只好把他的精力都投入到对乡村文学的了解上。普希金经常到集市上听农民讲述民间故事和口头传说，从这些故事里吸取了许多有益的养料，对他后来的创作产生了很大的影响。这两年里，普希金创作了不少优秀的作品，如《囚徒》《致大海》《致凯恩》和《假如生活欺骗了你》等几十首抒情诗，叙事诗《努林伯爵》，历史剧《鲍里斯·戈都诺夫》，以及《叶甫盖尼·奥涅金》前六章。

1825年12月，彼得堡爆发了十二月党人起义。起义虽然失败了，但是新上台的沙皇尼古拉一世却看到了革命者的力量，他想把普希金拉拢过来，于是就把普希金召回了莫斯科。

然而普希金对沙皇的拉拢和威胁根本就不放在心上，仍然写政治抒情诗和讽刺诗，歌颂革命党人，揭露沙皇政府的腐败和无能。沙皇对普希金的行为非常恼火，但是害怕引起新的起义又无法对他采取流放的措施，只好命人对他严密监视。

1830年5月，普希金迎来了他个人生活的春天：他终于把莫斯科第一美人娜塔丽亚追到手了。普希金婚后迁居到彼得堡，二人生育了四个子女。这段时间也是普希金的高产期，他写出了许多优秀的作品。如小说《上尉的女儿》《黑桃皇后》《杜勃罗夫斯基》、叙事诗《波尔塔瓦》《青铜骑士》、抒情诗《致诗人》《秋天》和《纪念碑》等都是这段时间完成的。

普希金的进步诗歌对沙皇政府的威胁越来越严重，沙皇就使出了借刀杀人的手段。他们唆使法国公使馆的丹特士男爵去追求娜塔丽亚，普希金一怒之下就和丹特士展开了决斗，在决斗中不幸腹部中弹，两天后在家中去世，年仅38岁。

普希金的遗体从圣彼得堡运往他先前流放时住过的米依洛夫斯基村，葬在圣山（今名普希金山）镇他的母亲的墓旁。

普希金虽然去世了，他追求自由的革命精神仍然长存在人间，他的诗歌激励着更多的人去推翻沙皇的专制，他赢得了俄罗斯人民的尊敬和爱戴。

——"文学史上的拿破仑"巴尔扎克 ——

在法国的文学史上，巴尔扎克一个里程碑式的人物，他使法国的小说摆脱了故事的局面。他还是欧洲批判现实主义文学的奠基人和杰出代表，他的作品在世界文学史上树立起一座不朽的丰碑。

奥诺雷·德·巴尔扎克出生于 1799 年 5 月 20 日，他的家乡图尔是法国南部一个偏僻的小城。巴尔扎克的父亲以前以种地为生，在大革命中机缘巧合发了财，成为当地的中产阶级。

巴尔扎克的父母对他并不怎么喜欢，刚满月的时候就把他送到了乳母的家里，只有周末的时候才回到自己的家里。因为长期在乳母家寄养，他的童年既没有得到父母的疼爱，也没有得到多少欢乐。8 岁时，巴尔扎克到当地的一所教会学校读书，不过他在学校里的表现没有什么亮点可言，既调皮捣蛋又成绩落后。在一次拉丁文考试中，全班 35 名学生他倒数第四。老师和他的父母都对他的前途感到悲观，认为他将来不会有什么出息。然而巴尔扎克却不这样看，他幼小的心灵里有一个大作家的梦，认为自己将来会名扬天下。

1816 年，巴尔扎克按照父亲的意愿来到巴黎的一所大学学习法律。为了让他尽早熟悉未来的职业，他的父亲曾先后让他在一位诉讼代理人和一位公证人的事务所见习。几年的见习生活让他受益匪浅，不但熟悉了民事诉讼程序，还从法律的角度见到了很多巴黎社会的悲欢离合，看到了掩藏在繁华盛世下的贫苦和罪恶，为未来的创作积累了大量素材。

巴尔扎克毕业后拒绝了父亲让他去做一个律师的安排，他希望能够专心写作，圆他成为·个大作家的梦。他的父亲见他的态度很坚决，就和他签了一份有趣的合同：巴尔扎克可以住在外面写作，家里每月给他提供 120 法郎的生活费。如果他在两年内不能成为一个知名的作家，那么他就要回来接受家里为他安排的工作。

可以说这个合同是个单方面的霸王合同，可是巴尔扎克坚信自己能够做到。为了证明自己，他足不出户地奋战了一年多，终于写出了诗剧《克伦威尔》。巴尔扎克兴奋地拿着他的处女作回到了家里，大声地朗读他的作品，想让他们分享自己的快乐。可是所有的人都听得昏昏欲睡，这让他明白，这部诗剧并没有他想的那样优秀。

巴尔扎克认为这只是个小挫折，或者自己并不适合写悲剧，于是就开始写小说。然而他毕竟太年轻了，以前的生活也很顺利，并没有那么深厚的生活底蕴，写出来的小说同样无法打动人们。

转眼间两年的期限就到了，巴尔扎克别说成名了，就连一篇像样的作品都没有。当父亲让他回去做律师的时候，他仍然坚持继续写作。父亲非常生气，就停了他的生活费，试图用现实的生活压力来逼他低头。

失去了经济来源的巴尔扎克试图用稿费来养活自己，但是没有几个报纸愿意采用他的文章，他过着有一顿没一顿的贫困生活。面对残酷的现实，巴尔扎克明白他必须要先解决自己的生活问题，然后才能考虑如何去实现他的理想。1825年，巴尔扎克开始学着做生意，先后开办过印刷厂、铸字厂，可是每次都以失败告终，赔得一塌糊涂，所欠的债款高达9万法郎。债主把他告上了法庭，法庭命令他要么还钱要么去坐牢。巴尔扎克既没钱还债也不想坐牢，只好改名换姓躲进了贫民区生活了很长时间，后来还是他的母亲心疼儿子替他还了债务，他才得以自由地写作。

在贫民区生活的这段时间让巴尔扎克受益匪浅，让看到了下层人民的市井百态，接触了各种人物，真正地了解了"生活"这个词的含义。同时几年的写作失败也让他知道了自己的不足，他开始夜以继日地读书充实自己，从写作理论到知识储备都有了很大的提高，终于具备了一个作家的基本素质。为了激励自己，他在书房里放置了一座拿破仑的塑像，在塑像的剑鞘上刻下一句话："他用剑未完成的事业，我要用笔完成！"

1829年3月，他的长篇小说《朱安党人》出版了。为了写这部小说，他曾细心研究有关暴动的历史文献，亲自去布列塔尼调查农民的生活，访问暴动的目击者和参加者，还从他的朋友柏尔里公爵夫人那里收集了许多关于朱安党人的故事。这本小说在巴黎卖得洛阳纸贵，使他一举成名，从此进入了写作的高峰期。

在此后的20多年里，巴尔扎克以惊人的毅力和速度创作，写出了一部又一部的优秀作品。他经常每天工作18个小时：从半夜12点到第二天中午12点写作，也就是说要在椅子上整整坐12个小时；从中午到下午4点修改校样，下午5点半上床睡觉，半夜又起来工作。每当疲劳时，他就喝浓烈的黑咖啡来提神，据说他一共喝了 5 万杯。

他的写作速度也相当惊人。在写作顺利的时候，他甚至可以一个晚上就完成两部短篇小说，三天写一部中篇小说，两个星期就写完一部长篇小说。当然，他的小说并不是粗制滥造的，巴尔扎克的每一部作品都要经过一遍又一遍的修改，力求精益求精。

巴尔扎克的一生总共写了 96 部小说，合称为《人间喜剧》，是世界文学艺术宝库中的璀璨的明珠。这些小说中最有名的就是《欧也妮·葛朗台》和《高老头》。

巴尔扎克创作时充满了激情，时常把自己代入到作品之中，以至于有时候都把小说中的情节当成了现实。有一次，他的一个朋友来看望他，朋友刚推开门，巴尔扎克突然指着他大声斥责道："你，就是你，你害死了这个可怜的姑娘！"他的朋友一愣："我害死谁了？"巴尔扎克这才明白过来，大笑着说："对不起，我把你当成小说中的人物了！"

长期的高强度写作透支了巴尔扎克的精力，刚刚 50 岁他就百病缠身，患了脑炎、慢性心脏病和支气管炎。即使在生命垂危的那一刻，巴尔扎克仍然在构思一部小说，他恳求医生想办法让他多活一天，这样他就能再写出一部作品。

1850 年 8 月，这位创作《人间喜剧》的作家，终于离开了充满悲剧的人间，结束了他辛勤劳累的一生。在去世时他还呢喃着自己作品中的人物"高里奥、葛朗台……"。

他死后，成千上万的人参加了他的葬礼。他的灵柩被安葬在拉雪兹神甫公墓。他由于一生孜孜不倦地创作，而被人们誉为"文学史上的拿破仑"。

—— 浪漫大师雨果 ——

维克多·雨果是法国 19 世纪前期积极浪漫主义文学的代表作家，人道主义的代表人物，法国文学史上卓越的资产阶级民主作家，被人们称为"法兰西的莎士比亚"。罗曼·罗兰曾这样评价雨果："在文学界和艺术界的所有伟人中，他是唯一活在法兰西人民心中的伟人。"

1802 年 2 月 26 日，雨果出生在法国南部的贝桑松城。他的父亲是西班牙国王约瑟夫·波拿巴（拿破仑的哥哥）的亲信，曾在拿破仑手下做过军官。而他的母亲则是波旁王朝的拥护者，在母亲的影响下，年轻时的雨果更倾向于保皇主义。

雨果的文学天赋很早就表现出来了，9 岁时就可以写出优美动人的诗歌。15 岁的雨果在参加法兰西学院文学大赛时，以一篇《读书乐》脱颖而出，受到了很高的关注。1822 年，法国国王路易十八看到他写的诗集《颂歌与杂诗》后大加赞叹，赐给他享受年金的待遇，雨果也因此少年成名，被誉为"法兰西文学的希望"，并被吸收为法兰西文艺学会成员。

1827 年，雨果创作了剧本《克伦威尔》，还写了一篇序言。这篇序言在法国文学史上的地位很高，却被认为是法国浪漫主义的宣言。当时文学创作的主流是古典主义，都是骈四俪六的文字游戏，矫揉造作附庸风雅，除了文字、语句优美，没有任何思想性可言，只是上流社会王公贵族们的消遣。雨果在序言中反对古典主义的艺术观点，提出了浪漫主义的文学主张：坚持不要公式化而是具体地表现情节。他特别宣扬了滑稽丑怪与崇高优美的对照原则。这篇序言则成为声讨古典主义的檄文、浪漫主义运动的重要宣言、浪漫主义文艺理论的经典。

1831 年，雨果发表了《巴黎圣母院》。这是雨果的第一部最富有浪漫主义的小说，表现了雨果对封建政府和教会的强烈憎恨，同时也反映了他对下层人民的深切同情。

1848 年 6 月，巴黎人民推翻七月王朝成立了共和国。当时身为上议院议员的雨果对革命并不理解，但当大资产阶级阴谋消灭共和国时，雨果却成了一个坚定的共和主义者。在路易·波拿巴上台建立法兰西第二帝国后，因为雨果参加了反对他的起义，失败后不得不流亡国外。

在长达 19 年的流亡生活里，雨果一直坚持对拿破仑三世的斗争，出版了一本名为《小拿破仑》的政治小册子，辛辣地嘲笑拿破仑三世，同时还撰写了揭露政变过程的小册子《罪恶史》，猛烈抨击拿破仑三世的独裁统治。

1862 年，雨果的又一部鸿篇巨制——长篇小说《悲惨世界》出版了。这部小说是雨果的代表作，揭露了资本主义社会的尖锐矛盾和贫富悬殊，描写了下层人民的痛苦命运，提出了当时社会的三个迫切问题："贫穷使男子潦倒，饥饿使妇女堕落，黑暗使儿童羸弱，"猛烈抨击了资产阶级法律的虚伪。《悲惨世界》是法国文学由浪漫主义向批判现实主义过渡的标志，不管是思想意义还是艺术成就，这部小说都是世界文学史上一颗璀璨的艺术明珠。

1885 年 5 月 22 日，雨果在巴黎逝世。法国人民为这位伟大的诗人举行了前所未有的隆重国葬。他的遗体被安葬在专门安葬伟人的先贤祠。

—— 触摸雷电的富兰克林 ——

很多人都知道美国的《独立宣言》，也有一些人知道富兰克林参与了《独立宣言》的起草和修订，是一个政治家，他的头像被印到了美元上。但是恐怕很少有人知道富兰克林还是一个科学家，他曾经揭开了雷电之谜。

富兰克林 1706 年 1 月 17 日出生于美国波士顿。他的父亲以制造蜡烛和肥皂为业，有 17 个子女，富兰克林是最小的一个儿子。富兰克林上过两年学，而且学习成绩十分优异，但是他父亲微薄的收入无法供这么多的子女上学，他不得不放弃了心爱的学业，回到家里帮他的父亲做蜡烛，后来又去了哥哥詹姆斯经营的小印刷所当学徒。他辍学后一直没有忘记学习，所有的零花钱都用来买书，买不起或者买不到的就想方设法地找亲朋好友借。为了读书，他还有意结识了几个在书店当学徒的朋友，每天在书店打烊后把书偷出来看，第二天一早再还回去。靠着这种刻苦和勤奋，富兰克林学到了丰富的知识。

1726 年秋，已经是一个熟练印刷工的富兰克林来到了费城，自己开了个印刷所，印刷和发行《宾夕尼亚报》，有时候他也亲自撰写一些与艺术、科学有关的文章。第二年，他和几个志同道合的朋友在费城创办了"共读社"，每个星期五的晚上都在一起讨论有关哲学、政治和自然科学等问题。他们还建了一个小小的图书馆，帮助工人、手工业者和小职员进行自学。

后来富兰克林又进入了政界，在繁忙的工作之余，他仍然孜孜不倦地学习，先后掌握了法文、意大利文、西班牙文及拉丁文，广泛地接受了世界科学文化的先进成果，为他的科学研究奠定了坚实的基础。1743 年，他开始筹备一家学院，一直到八年后才正式成立，后来发展成为宾州大学。

1746 年，一位英国学者来到了波士顿，在这里给大家做了关于电学的实验。富兰克林也观看了这次实验，立刻就被神秘的电学吸引住了，从此开始研究这个新兴的学科。

富兰克林通过很多试验发现，不同性质的电相接触时会发生火花。这使他联想起了雷雨天气时的闪电，他开始思考雷电究竟是什么，至于人们说的"雷电是天上的神发怒了"之类的话他是不信的，他认为肯定能用科学的方法来解释这一现象。

经过反复研究，富兰克林断定雷电也是一种放电现象，它和在实验室产生的电在本质上是一样的。于是他根据自己的发现写了一篇论文寄给了英国皇家学会，然而他的这个伟大发现明珠暗投了，充满了守旧思想的皇家学会对他的发现横加指责，甚至有人嗤笑他是"想把上帝和雷电分家的狂人"。

富兰克林决心用事实来证明他的发现。他在屋顶上装了一个又长又尖的金属杆，又用铁丝把金属杆同地面连接起来，在雷雨时果真把天空的闪电引到了地下。这就是避雷针的制作原理，即使到了现在依然为全世界所使用。

但是金属杆太短了，无法接触到高高的云层，即使能够做出足够长的金属杆也没有人能够拿动。那么该怎样做才能直接接触到天空中带电的云层呢？

1752 年 7 月，富兰克林做了一次令世界为之震惊的试验。他用丝绸做了一个大风筝，在风筝的顶端特意装上了长长的像触须一样的铁丝，风筝用又长又结实的细线系牢，在细线的下端还系着一串钥匙。在一个雷雨交加的天气里，他把风筝放到天上，风筝越飞越高，肉眼几乎看不见。这时，天空中忽然闪过一道闪电，他握着风筝线的手突然感到一阵麻，紧接着挂在风筝线下端的钥匙发出了响声，同时还冒着点点火花。他终于用实验揭开了雷电的秘密，彻底破除了千百年来人们对雷电的迷信。

富兰克林的这个实验是极其危险的，可以说他是用生命来做这个实验。后世有科学家为了验证他的发现也做了这个实验，结果却被电死了。也有科学家做过研究，如果富兰克林当时直接接触到了那串钥匙的话，那么富兰克林同样也无法幸免。

后来，富兰克林通过进一步研究发现，电是会流动的，而且可以分为性质截然不同的两种，他把这两种电荷命名为正电和负电。富兰克林也因为这些发现成为电学的创始人之一。

富兰克林还是个发明家，为其他学科的研究也做出了巨大贡献。他发明的"富兰克林炉"比其他的火炉节约四分之三的燃料;他发明了老年人用的双光眼镜,既可看远,也可看近;他发明了医学上使用的具有伸缩性的导尿管;他试验了物体发热的灵敏度,测出了液体蒸发时热量散失的情况,研究了北极光的性质和原理等。我们生活中经常使用的摇椅、避雷针也是他的发明。另外,他在气象、地质、声学及海洋航行等方面都有所研究,并取得了不少成就。

富兰克林不仅是一位优秀的科学家,还是一位杰出的社会活动家,他一生用了大量时间去从事社会活动。富兰克林特别重视教育,为了提高各阶层人民的文化素质,他兴办了学校和图书馆,还组织和创立了多个协会。他退休后还捐款修建了以他的名字命名的富兰克林·马歇尔大学。

他还是外交家和政治家,也是独立战争的老战士。面对英国殖民者的残暴统治,为了民族的独立和解放,他毅然放下了实验仪器,积极地站在了斗争的最前列。从 1757 年到 1775 年,他几次作为北美殖民地代表到英国谈判。独立战争爆发后,他参加了第二届大陆会议和《独立宣言》的起草工作。1776 年,已是古稀之年的富兰克林又远渡重洋担任驻法大使,这也是美国的第一个大使。在法国期间,他做了许多卓有成效的工作,赢得了法国及欧洲人民对北美独立战争的支持。1787 年,他协助华盛顿制定了美国的第一部宪法,并组织了反对奴役黑人的运动。

鉴于富兰克林在科学上的重大贡献,哈佛大学、耶鲁大学、威廉玛丽学院都曾授予他名誉学位。

1790 年 4 月 17 日夜里 11 点,一代伟人富兰克林溘然长逝。4 月 21 日,费城人民为他举行了葬礼,为他送葬的人群达 2 万多人,并且自愿为他服丧一个月。

—— 法拉第与电磁感应 ——

随着欧美各国工业革命的完成,人类社会的发展日新月异,不仅机械、能源等传统工业得到了迅速的发展,对电磁的研究也逐渐兴盛起来。

早在 1800 年,丹麦的奥斯特就发现电可以产生磁效应,随后法国人毕奥和萨伐尔毕发现了毕奥—萨伐尔定律；到了 1825 年，德国物理学家欧姆又发表了欧姆定律，揭示了导线中电流和电位差的正比关系。这一系列重大的发现为法拉第最终发现电磁感应打下了基础，而电磁感应的发现则是第二次工业革命的前提。

迈克尔·法拉第是英国的物理学家、化学家，1791 年 9 月 22 日生于伦敦。他的父亲是个铁匠，靠着微薄的收入养活 10 个孩子，他们住在伦敦的贫民区。他的父亲非常注意对孩子们的教育，要他们勤劳朴实，不要贪图金钱地位，要做一个正直的人。这对法拉第的思想和性格产生了很大的影响。因为家庭贫困，小法拉第只上了两年学，他后来的成功都是靠着自学打下的基础。

法拉第不放过任何一个学习的机会，他在 13 岁的时候找到一份在书店当学徒的工作，这个工作使他有机会读到各种各样的书籍，也能够接触到当时最先进的科学理念。法拉第有着强烈的求知欲望，如饥似渴地阅读各类书籍，汲取了许多自然科学方面的知识，初步掌握了物理、化学、天文、地质、气象等方面的基础知识，为以后的研究工作打下了良好的基础。

书店的一位老主顾被法拉第的好学精神感动了，经常给他指点一些学业上的疑惑。1812 年 4 月，大化学家戴维在皇家研究所举行一系列化学讲座，他想办法找了一张入场券送给了法拉第。法拉第很珍惜这个机会，戴维的每次讲座他都认真地听，并记下了厚厚一大本笔记。听万戴维的讲座后，他把自己的笔记整理好，命名为《汉弗莱·戴维在皇家研究院 4 次化学哲学讲演的记录稿》，然后于当年的 12 月将笔记寄给了戴维教授，请他审阅。他还随笔记寄去了一封信，在信中表达了对戴维的仰慕，诚恳地请求他能给自己一次在他的实验室工作的机会，以便能够向他随时请教。

戴维收到法拉第的笔记后发现，这本厚达 380 页的笔记不仅记录他的演讲内容，还有很多他没提到的，后来补充进去的化学知识。当戴维得知法拉第只上了两年学，全部都是靠自学积累知识后，被他的这种刻苦钻研的精神深深地感动了，他决定帮助这个勤奋好学的青年。

1811 年，20 岁的法拉第在戴维的帮助下成为皇家学院的一个勤杂工，月薪25 先令。法拉第对这个工作很满意，这让他有机会向诸多的科学家学到更多的先进的知识。1813 年，戴维带着他去欧洲各国考察，对外宣称他是自己的仆人，不过法拉第对这个身份并没有什么抵触，毕竟这是个学习的好机会。这次考察持续了两年的时间，法拉第跟着戴维同法国、意大利、瑞士等国的许多科学家进行了学术交流，并且做了部分研究工作，这使法拉第得到正规的科学训练并且终身受益。

回到伦敦后，法拉第开始在戴维的指导下进行独立的研究工作，并且取得了一些成果。1821年，法拉第当上了皇家学院实验室总监和代理实验室主任，1824年他当选为皇家学会会员，第二年被聘为教授。

1821年，法拉第在试验中发现，如果线圈内的磁铁是固定的，那么线圈通电后就会产生转动。他用这个原理制造出了世界上第一台电动机。

第二年，他又开始着手研究如何把磁转化为电。法拉第最初的试验步骤是这样的：把线圈和电流计连接好，把磁铁插入线圈或从线圈中拔出后（注意，是"后"，而不是同时）再去观察电流计，结果什么现象也没发生。我们现在当然知道法拉第这个试验的错误在哪里，但是当时谁也不知道这一点，因为谁也不知道电磁感应现象只是一个瞬间的过程。法拉第受奥斯特的实验影响很大，他一直认为电磁感应应该是一种长期的、稳定的效应，所以他的试验一直都没有什么成果。

这种情况在10年后才发生了改变。1831年10月17日，法拉第得到了一个灵敏度比较高的电流表，就想着再做一个同样的试验。这次他根本就没有抱什么希望，心不在焉地在用磁棒在线圈中插拔时看着电流表，忽然他看见指针晃了一下。他还以为自己眼花了，就把磁棒又插进线圈里，电流计的指针果然又发生了偏转！他非常兴奋，连续做了几十个类似的实验，终于认识到电磁感应现象原来是一种很短暂的现象。

电磁感应的发现具有划时代的意义，有了这个发现就有了发电机的出现，它结束了人们只能从电池中获得电流的历史，从此人们可以利用各种能源获得持续可靠的电能。

然而法拉第并没有就此止步不前，在科学探索的道路他从来都不是一个容易满足的人。他抛下了这些荣誉，又开始做新的试验。有一次，法拉第试着把一些铁屑撒在磁铁周围，他发现铁屑在磁化的同时还在磁铁两极间排成规则的曲线。这个现象让法拉第推导出后来在电磁学界十分重要的一个概念——磁力线。随后他又深入地研究，发现电也有电力线，而且电和磁周围有着电场和磁场。这是法拉第电磁理论的核心思想。正是力线概念的提出，使得许多电磁现象的定性解释变得十分简单。

法拉第发现的电磁感应原理，连同他的其他贡献共同构成了发电机、电动机发明的基础，促使人类开始了第二次工业革命，从蒸汽时代跑步进入了电气时代。

1867年8月25日，法拉第因病医治无效在伦敦逝世。法拉第没有后代，他的墓碑也很简单，只有名字和生卒年月，然而人们不会忘记这样一个伟大科学家，谁来到这里都会感叹，这平凡的墓碑代表的却是一个伟大的灵魂。

—— 大发明家爱迪生 ——

19世纪可谓是一个科技爆发的世纪，不仅各种学科都有着爆炸式的发展，还有大量的各种各样的发明问世，给人们的生活带来了极大的便利，改变了人们的生活方式。许多发明家发明的东西一直到现在我们还在使用，充分体现了"科技改变人类"这句话的正确性。在这些伟大的发明家中，如果要说谁是妇孺皆知的那一个，恐怕爱迪生会毫无意外地当选。

托马斯·阿尔沃·爱迪生是美国著名的发明家、企业家，1847年2月11日诞生于俄亥俄州的米兰镇。爱迪生的父亲是木匠，母亲南希是教师，他在家中是最小的孩子。他的家境很差，后来不得不迁到密歇根州休伦港北郊的格拉蒂奥特堡。

爱迪生从小就是个精灵古怪的孩子，求知欲特别旺盛。他只上了三个月的小学就被老师送回了家，老师毫不隐讳地告诉他的母亲："您的儿子经常问一些诸如'一加一为什么等于二而不是三'之类的弱智问题，我不认为这样的低能儿童将来会有什么出息，所以还是给您送回来吧！"

不过，身为老师的南希并不认同老师的这个判断，她知道自己的儿子是一个什么样的孩子，既然老师不愿意教，那么就自己教好了。从此爱迪生就白天跟父亲做木工活，晚上跟母亲学文化。

在母亲的教育和指导下，幼时的爱迪生阅读了大量的书籍。后来他对化学产生了兴趣，就想在家中建一个小实验室。为了购买做实验必需的仪器和化学药品，他开始四处做小工。

爱迪生在12岁时找到一份在火车上卖报纸的工作，同时还捎带着卖一些水果。后来经过列车长的同意，他将火车上一个闲置的休息室改造成一个小实验室，这给他的化学实验带来了许多便利。然而福兮祸所依，他在一次实验时发生了意外，车厢内发生了火灾。虽然没有造成什么损失，但是闻讯而来的列车长还是把爱迪生的实验设备都扔下车去，还打了他几记耳光后把他给赶走了，爱迪生的右耳也被这个列车长给打聋了。

1862 年，一个叫麦肯齐的火车站站长教会了爱迪生发电报，次年又介绍他到了一个车站当了报务员。这个工作他干了五年的时间。

1868 年 10 月 11 日，爱迪生发明了"投票计数器"，获得生平第一项专利权。这是大家公认的他的第一个发明，也是第一个获得金钱报酬的发明。这一年他 22 岁，他的发明生涯就从这一年开始了。

1877 年，爱迪生在改进贝尔发明的电话时发现，如果在听筒内的膜片上放一根金属针，那么随着人说话声音的高低不同，与膜片接触的金属针会发生有规则地震颤。注意到这个现象，他的脑海里有了一丝明悟：如果把这个过程反过来，不就可以把声音录制下来了吗？于是爱迪生把锡箔纸卷在带螺纹的圆筒上，圆筒下有一层薄铁皮，铁皮中央装上一根短针。当他用钢针滑动锡箔纸，果然就发出了声音。爱迪生按这一原理设计制造了世界第一台"会说话的机器"，后来人们称之为留声机。

第二年，爱迪生又着手新型照明工具的研究。当时的照明主要是煤气灯，但是爱迪生认定电力照明必然取代煤气照明。他吸取了煤气照明的经验教训，为电力照明灯定下这样几个标准：一是要简便，至少要像煤气灯那样，能够遍布各处，适合各种条件下的室内外使用；二是必须结构轻巧；三是必须价格便宜，经久耐用；四是必须无声、无臭、无烟，对人的健康没有任何损害。

严格来说，爱迪生并不是电灯的发明者，他只是白炽灯的发明者，在他之前已经有人发明出用电的照明工具了。爱迪生翻阅了大量的有关电力照明的书籍，最终决定从白炽灯着手。其实白炽灯的原理很简单：把一段耐热的东西装在玻璃泡里，通电后它的温度会越来越高，当达到白炽状态后就会发出耀眼的白光。这个道理一说谁都明白，但是用什么物质才能做出能长时间保持白炽状态的灯丝才是关键所在。

爱迪生最开始想到的就是炭丝，因为碳丝在自然界中最容易得到。但是当他把炭丝装进玻璃泡里后，刚一通电炭丝就没有了。他意识到这是玻璃泡内有氧气，碳丝在高温下氧化变成了二氧化碳。于是他就做了一个抽气机，尽可能地把玻璃泡里的空气抽掉，通电后果然没有了氧化现象，但是只持续了 8 分钟，灯还是灭了。

这次试验尽管失败了，但是白炽灯的研究却有了突破性的进展，说明灯泡内必须保持真空状态，现在的关键就是找到能够长时间保持白炽状态的灯丝了。

爱迪生把自己能想到的各种耐热材料全部写下来，共 1600 种，然后召集了大批助手一一试验，但没有一种材料适用，他只好又回到了碳丝上面。当他试验到用棉纱制作的碳丝时，发现这种材料竟然可以保持 13 个小时的白炽状态。这个发现让他精神一振，马上开始了进一步的试验，最后从 13 个小时一下子延长到 45 个小时。

然而爱迪生仍然对这个数据不满意，他的目标是 16000 个小时，最少也要是 1000 个小时。这时候他已经有了研究的目标，那就是灯丝的材料还要从碳质的植物纤维中寻找。最终他发现，用竹子的纤维做成的灯丝效果最好，可以达到 1200 个小时！

可是爱迪生还是不肯就这样推出他的发明，他想，既然美国的竹子可以让灯泡亮 1200 个小时，那么是不是其他地方的竹子纤维会亮得时间更长呢？又经过长时间的对比试验，他发现日本的一种竹子最合适，便大量从日本进口这种竹子。过了不久，美国人民便用上这种价廉物美、经久耐用的竹丝灯泡。

竹丝灯用了很长时间，直到 1906 年，钨的冶炼技术得到突破性的进展后，爱迪生改用钨丝来做，使灯泡的质量得到提高，钨丝灯泡一直沿用到现在。

随着电灯走进千家万户，爱迪生的名字也开始家喻户晓，不过他根本就没有在意这些，而是又开始了新的发明创造，这次他的目标是把人的动作记录下来。他从医学资料上看到，人的眼睛一秒钟只能辨认 24 幅图像，那么只要设计一种可以每秒钟拍摄超过 24 次的照相机，然后把这些照片依次迅速地展现在人的面前，人看到的景物或物体就会是运动的。根据这个思路，爱迪生在 1889 年发明了摄影机，两年后他又制成了可以连续播放胶片的放映机。到了 1910 年，爱迪生又发明了集留声机和摄影机的功能于一体的电影摄影机，至此有声电影出现了。

爱迪生的一生都在研究、发明中度过，他似乎从来没想过退休这件事，即使到了 80 高龄的时候仍然进行发明创造活动。不但如此，他还从电气的发明向化工领域转移，晚年成功地从野草中提炼出橡胶，得到人们极高的评价。

他一生的发明共有 2000 多项，拥有专利 1000 多项，被美国的权威期刊《大西洋月刊》评为影响美国的 100 位人物第 9 名。

1931 年 10 月 18 日清晨 3 时 24 分，爱迪生带着欣慰的笑容在睡梦中离开了人间，享年 84 岁。为了纪念他对人类的贡献，美国政府决定在他的葬礼之日停电一分钟。10 月 21 日，美国从东海岸到西海岸、从密西西比河到墨西哥湾都陷入了一片黑暗，就连自由女神手中的火炬都熄灭了，在那一分钟的时间里，好像整个世界都从电气时代退回青铜时代。

—— 电话的发明 ——

长距离通话现在已经是司空见惯的事情了，人们几乎人手一部智能手机，可以使用多种聊天软件和外地的朋友即时交流，即使是和几万公里外的太空空间站通话也不再是什么稀奇事。可是你知道吗？就在 100 多年前，人们想要和 100 米外的人用语言直接交流还是一件很麻烦的事。这个麻烦是贝尔发明的电话解决的。

贝尔的全名是亚历山大·格拉汉姆·贝尔，祖籍英格兰的爱丁堡，出生在1847 年。贝尔 11 岁在爱丁堡皇家高等学校学习，他 17 岁进入爱丁堡大学攻读语音学。1870 年，贝尔随父母移民到了加拿大，一年后又去了美国，在波士顿大学教语言学。

电磁效应发现之后，人们很快就把这个发现应用到了生活之中。1837 年，莫尔斯发明电报机，从此缩短了任意两地的距离。这引起了贝尔的兴趣，他想：电流能够传递电波信号，那么能不能传递音波信号呢？贝尔认为这个课题值得研究，就辞去了工作，全身心地投入到电话的研制中去。

不过贝尔当时并没有多少电气方面的知识，更没有制作过这方面的东西。他有点不知道该从哪里下手，就来到华盛顿请教著名科学家约瑟夫·亨利。亨利听了贝尔的设想后给了他极大的鼓励，当他听到贝尔说自己没有多少电气方面的知识，回答只有一个字，"学"。

从亨利那里回去之后，贝尔鉴于自己动手能力不足，就找了一个助手。这个助手名叫沃森，刚刚 18 岁，还没有从学校毕业，但是动手能力极强，开过电气店，有着丰富的高超的电气制作技能。

由于两个人有着共同的理想和目标，他们很快就行动了起来。贝尔租了个旧马车棚，把这里当成了他们的研究室和车间，开始夜以继日地进行研究。

在沃森的帮助下，贝尔很快就研制成功了电磁铁片的振动膜、螺旋线圈的振动簧片和信号共鸣箱。不久贝尔又把送话器与受话器研制成功了。为了进行下一步的研究，贝尔和沃森把实验室搬到了一个僻静的小楼，在楼上和楼下分别改造了一间隔音效果十分理想的"听音室"和"喊话室"。

1875年6月的一天，贝尔他们终于研制成功了可以使用的电话机。这一年贝尔28岁，沃森21岁，这个研究整整花了他们三年的时间。第二年的3月3日，贝尔的发明获得了专利，非常巧合的是，这一天正好是贝尔的生日，可能这是他最好的生日礼物了。

1878年，贝尔在波士顿和纽约的沃森进行了人类第一次长途电话通话。波士顿和纽约之间的距离有300多公里，但是电话让两地之间的距离无限接近于零。这次表演式的通话结束后，电话马上引起了人们的关注，很快美国各地就出现了安装电话的热潮。

贝尔也有着敏锐的商业眼光，他在发明电话后正式成立了"贝尔电话公司"，后来又成立了贝尔实验室，为人类的科技发展做出了巨大的贡献。

1922年8月2日，电话的发明者亚历山大·格拉汉姆·贝尔离开了人世。

—— 诺贝尔和诺贝尔奖 ——

在19世纪，化学工业也得到了迅速的发展，诺贝尔就是成就最高的化学家，不过他的研究对象是烈性炸药。有了烈性炸药之后，人类改造自然的步伐明显加快了，从此巨石险滩、崇山峻岭都成了坦途。

阿尔弗雷德·伯纳德·诺贝尔1833年10月21日出生在瑞典首都斯德哥尔摩。他的父亲伊曼努厄尔·诺贝尔是一个科学家，对炸药、水雷及其他爆破性化学有着独到的研究，在父亲的影响下，诺贝尔后来也走上研制炸药的道路。

诺贝尔小时候随着父亲迁居俄国，后来又游历了德国、意大利、法国。在此期间，他看到为了在荒山野岭里开辟铁路或公路，工人们一锤一锤把拦路的石头砸开搬走,如果开辟隧道或者在规划的路线上有山头,所要花费的人力和时间就更多了。这种情景给了小诺贝尔极大的震动,他经常想:如果能够发明一种东西一下子把大山劈开就好了!

1850年,诺贝尔远渡重洋到美国学习化学。两年后他学业有成,又回到了彼得堡帮父亲给俄国人造水雷。他发现父亲制造的水雷爆炸力极差,而且点火、发射也都存在很多的问题,就和父亲探讨如何改进。老诺贝尔告诉他,目前的炸药质量不好,只要有了好的炸药,那么所有的问题都迎刃而解。这就使得诺贝尔更加坚定了研制出烈性炸药的信念。

1859年,诺贝尔在父亲的支持下回到瑞典创建化学工厂,专门研究炸药。几年后,诺贝尔发明了硝化甘油,这种炸药爆炸力极强,人们把它称为"诺贝尔炸油",立刻就被全世界运用到了工程上。但是硝化甘油的易爆性太强了,运送它的火车和船舶常常因震动和颠簸而引起爆炸,造成了很多事故。由于使用硝化甘油的危险性太大,各地不久就禁止了它的使用。

为了钝化硝化甘油,诺贝尔又开始了新的研究。在这个研发过程中,诺贝尔付出了巨大的代价。1864年9月3日,他的实验室在一次事故中化为灰烬,弟弟被炸死,父亲被炸成残废。诺贝尔忍住悲痛,处理完弟弟的丧事后继续研究。又过了4年的时间,诺贝尔终于把硝化甘油钝化成功,发明了矽藻土炸药。

这种炸药的稳定性很好,即使加热到一定的温度或者用力地摔在地上也不会出事,必须要有专门的引爆装置才能爆炸。为此诺贝尔又发明了人类历史上第一个引爆装置——雷管。这就给人们提供了很多方便,使人类有计划地使用炸药,进行开山劈岭,钻隧打井,节省了很多力气。

不过矽藻土炸药也有一个缺点,就是威力比硝化甘油小。诺贝尔对这个缺点很不满意,又着手发明威力更大的炸药,不过研发的危险性也更大了。1875年,诺贝尔发明了威力更大的胶质炸药,代价是他的实验室再一次被炸毁,本人也被炸成了重伤。1887年,诺贝尔又发明了威力强大、没有浓烟的炸药——无烟炸药。此后诺贝尔在很多国家建造了炸药厂,并申请专利,很快就成为富甲一方的"炸药大王"。

然而让诺贝尔没有想到的是,他为了方便人类而发明的炸药并不是只用在了工业上,更多的是被造成军火用于战争,例如无烟炸药最多的用途就是充当子弹、炮弹的发射药。诺贝尔无意中成为那些野心家屠杀人民的帮凶,当时有很多人都认为,如果不是诺贝尔发明了烈性炸药,那么战争双方的伤亡就不会这么大。

1888 年，诺贝尔的哥哥去世，报纸错误地以为是诺贝尔去世了，因此评论道：靠发明火药大发横财的诺贝尔终于死了，整个世界将会变得太平。看到这篇文章后，诺贝尔十分痛苦，经常夜不能寐，希望能为多灾多难的人类做些什么，来弥补自己的过失，他在 1895 年写道："由于炸药，世界上死了不少人，我得为此补偿。"

1895 年 11 月 27 日，诺贝尔立下遗嘱，把他绝大部分的财产——大概有 920 万美元——全部存入银行，并把每年的利息（大约 20 万美元）作为奖金分别奖给在物理、化学、生物和医学、文学、和平五项事业上成就最突出的人。这就是一年一度的"诺贝尔奖金"。

为了纪念诺贝尔，在 2011 年 6 月 8 日，人造元素锘（Nobelium）以诺贝尔为名。

—— X 光的发现 ——

19 世纪的发现和发明层出不穷，在物理学上最伟大的发明就是 X 射线。这个发现不仅为开创医疗影像技术铺平了道路，还直接影响了 20 世纪许多重大科学发现，让物理学也发生了一次革命。

X 射线的发现者是德国的物理学家伦琴教授。他的全名是威廉·康拉德·伦琴，1845 年 3 月 27 日生于莱茵州的莱耐普城，他是独子，家庭条件十分富裕。他在中学时因为误会被开除了学籍，他只好到苏黎世大学求学，因为只有这里不要中学的毕业证书，1869 年他在这里获得哲学博士学位，并成为苏黎世大学的助教。

伦琴一直都是以教书育人为职业，先后在好几所大学担任教授。1894 年，伦琴被选为威茨堡麦米伦大学的校长，同年开始了对真空放电现象和阴极射线的研究。

1895 年 11 月，伦琴偶然发现阴极射线管在黑暗中会发出奇异的绿色光线，而且这种光线能穿透固体物质。伦琴对这种以前从来没有发现过的射线很感兴趣，就在屏幕和放电管之间放了多种金属进行实验。结果他发现，除了铜和铂以外，其他的金属都能被射线穿透。当他无意中把自己的手挡在光电管和纸板之间时，一下子惊呆了，他清楚地看到每个手指的轮廓，并隐约地看出手骨骼的阴影！

伦琴回家后把这个消息告诉了他的妻子，并且说服了妻子做他的试验对象。在妻子的配合下，伦琴完成了世界上第一张"X"射线照片。"X"是伦琴给这种射线起的名字，因为他不知道这种射线是什么，所以就用"X"来代表。直到今天，人们还把它称为X射线，有些地方为了纪念伦琴称之为"伦琴射线"。

经过整整7个星期的研究，伦琴把他的研究成果整理成了一篇名为《关于一种新的射线——初步报告》的论文，于12月28日送交威茨堡物理学会和医学协会会长。次年的1月5日，《维也纳日报》在头版头条对这篇论文做了详细的报道。

发现X射线的消息立刻轰动了物理学界，所有研究机构的物理学家都开始仿造伦琴的实验设备，抓紧时间重复他的实验。当然也有人对此持怀疑态度，甚至还有人表示强烈谴责，认为这是对人体的亵渎。

伦琴不屑去反驳那些攻击他的人，他开始了对X射线的进一步研究。在1895年到1897年间，他一共发表了3篇关于X射线的论文。他的这些论文十分严谨，迄今为止还没有人从这些论文找到学术性的错误。伦琴在论文里写道："X"射线的发现，将对物理学尤其人体医学方面，产生极大的影响。

如今X射线已经应用到了许多行业，特别是在医学和透视方面的广泛应用，更是给人类带来了莫大的福音。

伦琴发现的X射线具有很大的意义，他也因此获得了第一届的诺贝尔物理学奖，元素周期表里的第111号化学元素"Rg"也是以伦琴的名字命名的。

—— 居里夫人和镭 ——

诺贝尔奖是世界上荣誉最高的奖项之一，能够获得一次诺贝尔奖就是莫大的荣耀了，而获得两次就几乎只有天才才能做到了。然而在世界上三个两次获得诺贝尔奖的人中，居里夫人就是其中的一个，而且还是唯一两次获得诺贝尔奖的女性。她第二次获奖的原因就是发现钋和镭，居里夫人因此被称为"镭的母亲"。

"居里夫人"这个名字是她嫁给著名物理学家彼埃尔·居里后改的。她原名玛丽·斯可罗多夫斯卡，1867 年 11 月 7 日出生在波兰的华沙。玛丽从小就喜欢读书，24 岁时一个人来到巴黎大学学习物理。

年轻的玛丽在大学时学习非常刻苦，每天上课来得很早，总是坐在教室的第一排，全神贯注地倾听教授讲解。下课之后，除吃饭之外，不是到实验室做实验，就是到图书馆读书。很快，便成为全班最优秀的学生，备受教师的重视和同学的尊敬。

玛丽最初住在姐姐家，但是姐姐、姐夫是医生，常有病人、朋友来访，姐夫又喜欢弹钢琴，学习环境不好，于是她就搬到学校附近的一个阁楼里居住。但是这里的生活环境很差，而她的经济状况又不好，经常过着饥一顿饱一顿的日子。由于长期的过度学习和营养不良，玛丽一度患上了贫血病，甚至还饿晕了一次。

然而付出总有回报，这位贫穷的女学生两年后以第一名的好成绩在物理系毕业，获得物理学硕士学位，这一年她 26 岁。第二年，也就是 1984 年的夏天，她又以第二名的成绩在数学系毕业，获得数学硕士学位。

学成毕业后，玛丽本想回波兰为祖国服务。但由于认识了志同道合的法国物理学家彼埃尔·居里，就决定留下来在居里的实验室里继续进行物理研究工作。1895 年，玛丽和居里结婚，以后，人们称玛丽为居里夫人。

就在他们结婚的这一年，德国科学家伦琴发现了 X 射线。第二年，法国物理学家贝克勒又发现铀矿中能放射出一种与 X 光相似的奇妙射线。是什么物质放射出这种射线呢？居里夫妇对此产生了浓厚的兴趣。

居里夫人在研究中发现，不仅铀能放射出这种射线，还有其他的诸如钍、钍等元素也可以。于是居里夫妇把这种射线命名为"放射线"，把能放射出放射线的元素称为"放射性元素"，他们也因为对贝克勒发现的放射性现象进行了深入研究获得了 1903 年的诺贝尔物理学奖。

他们还发现，铀矿放射的光线要比单质的铀放射的光线强得多。居里夫妇认为，铀矿中不仅仅有铀，还有其他的放射性元素，而且这种还没有发现的元素的放射性很强，至少应该是铀的几百倍。1897 年，他们经过艰苦的努力后，终于找到了这种元素，居里夫人为了纪念她的祖国，就把这种新发现的元素命名为"钋"，它的放射性是铀的 400 倍。

　　然而新的问题来了：沥青铀矿里还有一种新的未知的元素，而且这种元素的放射性要比铀和钋加起来还要大。居里夫人把它定名为"镭"，因为在拉丁文中，它的原意就是"放射"。这一年，居里夫人才 31 岁。

　　当时很多学者都对居里夫妇的发现嗤之以鼻，还有一些尖酸刻薄的人当面问他们："既然你们说镭存在于自然界，那你们就拿出来让大伙看看呀！"因为按化学界的传统，一个科学家在宣布他发现新元素的时候，必须拿到实物，并精确地测定出它的原子量。而居里夫人既没有镭的原子量，手头也没有镭的样品。

　　居里夫妇当然想提炼出镭，可是这种元素只存在于沥青铀矿中，而且只占沥青铀矿的几亿分之一，以他们微薄的收入根本买不到足够的铀矿。

　　居里夫妇分析后认为，提炼过铀盐的沥青铀矿中肯定还有镭的存在。经过一番努力，奥地利政府决定无偿为她提供一吨已提取过铀的沥青矿残渣，同时告诉居里夫人，如果不够随时可以继续供给。

　　可是提取的场地又成了问题，由于居里夫人只是理论上推测但无法证明新元素镭的存在，所以巴黎大学的董事会拒绝为她提供她所需要的实验室、实验设备和助理员，她只能在校内一个无人使用的四面透风漏雨的破旧大棚子里进行实验。

　　经过一千多个日日夜夜的努力，经过几万次的提炼，处理了几十吨矿石残渣，终于得到 0.1 克的镭盐，测定出了它的原子量是 225。

　　镭的发现轰动了全世界，为了表彰两人的贡献，法国在 1899 年 10 月授予他们物理博士学位。几个月后，居里夫妇获得了伦敦皇家学会的最高奖励——戴维奖章。1903 年，居里夫人以《放射性物质的研究》为题完成了她的博士论文，获得巴黎大学的物理学博士学位。

　　后来人们发现镭射线能够杀死癌细胞，癌症患者有了康复的希望，这使本来已经非常昂贵的镭变得更加珍贵，一度达到了每克 75 万美元。当有人劝说居里夫妇去申请专利，以获得大量的金钱，淡泊名利的居里夫妇毫不犹豫地拒绝了这个建议，并且把镭的提取方法向全世界公布了。

　　1906 年，居里先生因车祸去世，居里夫人强忍悲痛，又投入了科研之中。在此后的日子里，她为居里先生出版了作品集并写了序，在 1911 年又获得了诺贝尔化学奖。在第一次世界大战中为协约国服务过，教会了军医如何利用放射线找到人体内的弹片，又将她的战时笔记整理写成《放射学和战争》。1922 年，她当选为巴黎医学科学院院士。

　　值得一提的是，居里夫人还把她的女儿伊雷娜·居里教导成了一个伟大的物理学家。伊雷娜获得了 1935 年度的诺贝尔化学奖，还和她的丈夫建立了法国第一个核反应堆。

1934 年 7 月 3 日，由于长期接触放射性物质，居里夫人去世于法国萨瓦省桑塞罗谟疗养院。为了纪念她的功绩，国际放射学理事会规定放射性单位为"居里"，同时采用了居里夫人提出的镭的国际标准；化学元素周期表中的第 96 个元素"锔"也是为了纪念居里夫妇所命名的。

—— 莱特兄弟与飞机 ——

无论古代还是现代，许多人都有一个飞天的梦想，也流传着许多飞天的故事。到了 20 世纪初期，美国的莱特兄弟终于圆了人类想飞上天空的梦。

莱特兄弟中的哥哥叫威尔伯，1867 年 4 月 16 日生于美国印第安纳州的米尔维尔，弟弟叫奥维尔，1871 年 8 月 19 日出生在俄亥俄州的达顿城。

莱特兄弟从小就对机械设计、维修有着浓厚的兴趣，经常从外面捡一些人们不要的零件回来，自己动手制作一些玩具。有一次，他们得到了一个会飞的蝴蝶玩具，觉得这个玩具飞得不够远也不够高，就照着这个玩具的样子做了几个更大的。他们仿制得非常成功，有的能够飞越树梢，有的飞了几十米远，特别是最大的那个，竟然带着一只小狗飞了 100 多米远。这让他们很振奋，萌发了制造载人飞行器的想法。

当时已经有了热气球和飞艇等飞行工具，但是飞行效果都不理想。因为气球升空后飞行速度、方向完全取决于风力、风向；而飞艇自身虽然有动力和方向控制装置，但其体积过于庞大（有时它长达数百米，直径也有几十米），控制起来极为不便。于是人们开始研究新的飞行器。

1890 年，他们在报纸上看到了德国的李林塔尔制造出滑翔机的消息，就开始试着制作滑翔机。不过没有人愿意为他们的研究投资，他们就办了一个自行车修理店（后成为莱特自行车公司），一边干活挣钱，一边研究飞行的资料。他们整整学习了 10 年的时间，才掌握了航空方面的知识。1900 年，他们仿制滑翔机的计划终于开始了。

这年 10 月，他们试飞了第一架载人滑翔机。但是试飞的结果却差强人意，飞机勉勉强强地飞了一米多高，歪歪扭扭地飞了几秒钟就一头栽了下来。不过他们并没有失望，反而感到非常欣慰，因为这说明他们的思路是正确的，剩下的就是改进了。第二年的秋天，他们的第二架滑翔机开始试飞，这次很成功，飞行高度达到 180 米，还可以在空中转变方向。

莱特兄弟的载人滑翔机成功了！但是这只是个阶段性的成功，他们的目标是自带动力的飞机，而不是依靠风力滑翔的滑翔机。

当时并没有飞机用的发动机，更不会有人愿意为他们的飞机专门研发一种专用发动机，他们只能用汽车的发动机来推动飞行。可是他们制造的飞机除了一个驾驶员外，就只剩下 90 千克的运载能力，而当时通用的发动机最轻也得 140 千克。为了解决发动机重量的问题，他们找到了天才的机械师狄拉，三人一起设计制造了一台重 70 千克的发动机，该发动机具有 12 马力的功率。

经过无数次的试验和改进，他们终于把发动机安装到了滑翔机上，并且赶制了两叶推进式螺旋桨，在发动机与螺旋桨之间以链条相连。人类历史上第一架飞机完成了，他们把这架飞机命名为"飞行者一号"。

1903 年 12 月 17 日是"飞行者一号"试飞的日子。莱特兄弟进行了试飞前的最后最后一次检查。当确认飞机的每一个部件都没有任何问题后，弟弟奥维尔·莱特率先登上飞机。

奥维尔发动了引擎，螺旋桨开始飞快地旋转。随着奥维尔松开刹车，飞机开始慢慢地动了起来。它越来越快，随后机头一抬就离开了地面。飞机的一切性能都达到了设计的标准，飞行稳定，操纵性良好。12 秒钟后，燃料用尽，飞机平稳地降落在沙地上。

飞机的第一次试飞在现在看来好像非常可笑，因为它的滞空时间只有微不足道的 12 秒，飞行距离也只有 36.6 米，和现在动辄速度 3000 公里、航程几万公里的飞机根本无法相提并论。但是我们应该看到，莱特兄弟的飞机实现了"零"的突破，我们现在的一切都是从这"12 秒""36.6 米"发展而来的。

试飞成功后，激动不已的莱特兄弟把这个消息告诉报社，可报社不相信有这种事，根本不愿在报纸上发布这个"虚假"消息。好在莱特兄弟也并不是非要让大家知道他们的成功，两人从报社回去后继续改进他们的飞机。

两年后，他们制造的"飞行者三号"已经可以飞行 38.6 公里，滞空时间达到 38 分钟，这说明莱特兄弟的飞机已经较好地解决了平衡和操纵问题。1906 年，莱特兄弟向政府申请专利。不过当时美国政府和新闻业都对他的发明不感兴趣。

1908 年，莱特兄弟的飞机已经可以飞 100 多公里远了，还开发出了可以运输旅客的"客机"。这时美国军方看到了飞机在军事上的使用价值，开始密切关注飞机研发的进程。8 月 8 日，威尔伯·莱特驾驶飞机在法国进行公开表演时，他们的飞机已经可以滞空 1 个多小时，而且能够爬高、倾斜、平衡地飞"8"字。

随着莱特兄弟在欧洲名声大噪，美国军方也终于意识到了他们的研究价值。在罗斯福执政期间，军方向莱特兄弟下了订单，他们于 1909 年 7 月 30 日向军方交付了第一架军用飞机，还帮助训练了第一批军事飞行员。这架飞机现在陈列在华盛顿的国家航空航天博物馆。

不久，法、英、俄、德也向莱特兄弟购买了专利，开始建设工厂研制飞机。随着各国在航空业投入巨资，新的科学理论开始出现，也有了专门的航空发动机的研发，人们千百年来梦想的航空时代真正到来了。

1921 年，威尔伯·莱特因患伤寒医治无效而病逝，终年 45 岁。弟弟奥维尔·莱特则于 1948 年去世。莱特兄弟一生致力于飞行事业，甚至都未结婚。

—— 巴斯德发现病菌 ——

每个家长都会教导孩子要讲卫生，例如要饭前洗手、不要碰脏东西等，目的就是为了防止病菌的感染而产生疾病。那么"病菌"究竟是什么东西呢？它们又是谁发现的呢？

其实"病菌"是细菌的一种，不过这是一种可以使人和动物致病的细菌。它们非常小，最大的病菌也不到 0.1 微米，肉眼是根本看不见的，只有在显微镜下它们才会"现出原形"。它们的发现者是法国杰出的微生物学家和化学家巴斯德。

路易斯·巴斯德 1822 年出生于法国东部的多尔城。巴斯德上中学时和爱迪生小时候一样，总是刨根问底地问老师一些他们答不上来的问题，使得一些老师对他很是头疼，不过幸运的是，他没有像爱迪生那样被老师送回家里。因为家境贫寒，他中学毕业后就在家乡的一所中学当助教，到21岁时才进入巴黎高等师范学院学习化学专业。

巴斯德毕业后从事晶体结构方面的研究，在酒石酸盐、类酒石酸盐方面取得了相当高的成就。1854年以后，巴斯德逐步转入微生物学领域。

说起巴斯德改行研究微生物还有一个有趣的故事。当时法国的啤酒、葡萄酒在欧洲都是很有名的，不过啤酒、葡萄酒的保存很困难，稍不注意就会变酸，然后只能倒掉。这让酒商叫苦不迭，有的甚至因此而破产。巴斯德喜欢喝酒，所以也就认识了许多开酿酒厂的朋友。在一次和朋友喝酒时，朋友向他诉苦今年又有多少桶酒变酸了，他又赔了多少钱云云，后来他就问巴斯德有没有办法解决这个问题。

巴斯德答应了朋友的请求，从他那里带了一桶发酸的酒和一桶没有变质的陈年葡萄酒回到了他的实验室。他把这两种酒分别取了一点放到了显微镜下，看到陈年葡萄酒里有一种圆球状的细菌，而发酸的酒里则有一根根细棍似的细菌。他通过试验发现，那种圆球状的细菌在酒里越多酒的味道就越好，他把这种细菌命名为酵母菌；而那种细棍似的细菌越多则酒的味道越酸，他把这种细菌命名为乳酸杆菌。随后他就把密封的酒瓶放在不同温度的水里，想找到一个既能杀死乳酸杆菌又不至于让酒变质的办法。经过多次试验，他终于找到了一个简便有效的方法：只要把酒放在五六十摄氏度的环境里，半小时后酒里的乳酸杆菌就会全部死掉。这就是著名的"巴斯德杀菌法"（又称低温灭菌法），这个方法至今仍在使用，市场上出售的消毒牛奶就是用这种办法消毒的。这让巴斯德对微生物学产生了兴趣，从此开始了微生物的研究。

1860年后，欧洲的养蚕业发生了一场可怕的蚕病。这种病传染性很强，只要发现一条蚕生病，那么很快就会传染到其他的蚕，不久绝大部分就会死掉。而且最令人绝望的是，谁也不知道那些活下来产茧的蚕哪个是有病的、哪个是没病的，但是可以肯定的是，这些蚕茧中一定有病蚕的茧，如果使用这些蚕种来年肯定会发生新的蚕病。当时欧洲大批大批的蚕死掉，许多以养蚕为生的农民受到毁灭性打击，欧洲的养蚕业面临崩溃，而法国也未能幸免。

刚刚研究微生物没有多久的巴斯德临危受命，带着助手和仪器来到了法国南部的养蚕重镇阿拉斯。

他采取的还是用显微镜观察的老办法。他取来病蚕切片后放到显微镜下，发现切片里似乎有一些椭圆形的微粒在移动，但是显微镜的倍数较小，无法看清究竟是什么东西。于是他马上命人买来最新的放大倍数最高的显微镜，结果发现这些比细菌还要小的微粒能游动，还能迅速地繁殖后代，在病蚕吃过的桑叶上也发现了这种微粒。

随后他又找来没病的蚕和从树上刚摘的桑叶，在显微镜下却没有发现那种微粒。他能够肯定，这种微粒就是蚕发病的根源。于是他就告诉蚕农，把病蚕和被病蚕吃过的桑叶统统烧掉，同时不能让健康的蚕同病蚕接触过的任何东西发生交集，法国的蚕病就这样被暂时控制住了。巴斯德带着病蚕回到了在巴黎的实验室，在进行了两年的研究后终于找到了防止蚕病传染的办法，挽救了法国的养蚕业。

巴斯德把在病蚕身上找到的微粒叫作"病菌"，意思就是"能够让人和动物发病的细菌"，这也是人类第一次找到致病的微生物。怎样防止蚕病传染呢？巴斯德带着病蚕回巴黎的实验室进行研究。

从此巴斯德开始研究让人类致病的微生物，发现了多种病菌。他在试验中发现，病菌在高温下很快就会失去活力，后来他的这个发现成为高温杀菌法被医院广为传用。

巴斯德在微生物学的最大的贡献并不是发现了病菌，而是发现了疫苗。他对疫苗的研究从是鸡霍乱疫苗开始的。

1880年，巴斯德发现把鸡霍乱病菌培养物的浓缩液注射到鸡的身上，鸡很快就快就会死掉；而注射放置了几个星期的菌液后，鸡不但不会死，而且还对霍乱产生了抗力。

这个发现让他创立了减弱病免疫法，有了这个原理就可以制出预防某种疾病的疫苗。他组织学生和助手进行了无数次实验，制成了伤寒、霍乱、白喉、鼠疫等多种疫苗，控制了这些传染病。他的这种方法就是我们俗称的"打防疫针"，一直到现在还在使用。

巴斯德防疫研究的顶峰就是狂犬病疫苗的发现。狂犬病并不是常见病，但是它的致死率是100%，在所有的地方都令人谈虎色变。1885年6月，巴斯德第一次使用减毒疫苗治愈了一名患狂犬病的男孩，从此狂犬疫苗进入实用阶段。

为了表彰其在微生物学领域的杰出贡献，巴黎建立了巴斯德学院，现已成为著名的生物医学研究中心，其主要方向为抗血清和疫苗的研究与生产。

巴斯德还是一位爱国的科学家。波恩大学曾授予他名誉学位证书，但是普法战争爆发后他把证书还给了波恩大学，他说："科学虽没有国界，但科学家却有自己的祖国。"这句话后来成为不朽的爱国名言。

—— 弗洛伊德的心理学研究 ——

我们的精神和肉体是什么关系？我们只会有意识地去做某些事吗？为什么我们有时候会做出一些不可思议的事？

几千年来，一直有哲人试图解释这些问题，但是他们给出的答案都不足以令人信服，要么是推到神身上，要么答案的本身支离破碎无法自圆其说而且出现了很多种解释。一直到了 1900 年，弗洛伊德出版《梦的解析》后，才让我们终于知道了这些问题的答案。

西格蒙德·弗洛伊德是奥地利人，1856 年出生于摩拉维亚省（现属捷克共和国），父亲是一个犹太籍羊毛商人。弗洛伊德的少年和求学岁月并没有什么地方能看出来他后来会成为一个心理学大师，如果非要找他的闪光点的话，那就是他的语言能力特别强，通晓拉丁语、希腊语、法语、英语、西班牙语和意大利语。

1881 年，弗洛伊德在维也纳大学获得医学博士学位，获得医师资格。毕业后他没有立即去上班，而是在恩斯特·布吕克的生理实验室做了一段时间的研究。1882 年，他在布吕克的建议下到维也纳综合医院工作，主要供职于神经病理科。1885 年，他又在布吕克的推荐下获得了一大笔奖学金，使他得以去巴黎向著名的神经学家沙柯特学习。沙柯特对弗洛伊德产生了很大影响，把他从一个神经学家转变为一名精神病理学家，从对躯体的研究转向对心理的研究。

"心理学"的修辞学含义是"谈论（或研究）灵魂"。当时心理学研究的主流是只研究心理而不考虑肉体，而弗洛伊德则认为二者之间有着相辅相成的关系，研究心理不能不管肉体，治疗肉体上的病症，有时需要从心理治疗开始。

弗洛伊德的研究是从"梦"开始的。他把自己的工作比作考古学，从人们心灵里发掘出东西，而这些东西早就埋藏在那里了。弗洛伊德经过十几年的临床观察和研究总结，在 1900 年发表了《梦的解析》一书，声称他发现了三大真理：梦是无意识欲望和儿时欲望的伪装的满足；俄狄浦斯情结是人类普通的心理情绪；儿童是有性爱意识和动机的。

弗洛伊德认为，梦不是偶然形成的联想，而是压抑的欲望（潜意识的情欲、伪装的满足）。在日常生活中，我们会通过某个人喜欢开什么样的玩笑、说什么样的口头语、说话时容易出现的口误来判断他的潜意识是什么，但是在这个人做的梦里，他的潜意识会表露无遗，所有梦的解析是认识通向心灵里潜意识活动的康庄大道。

潜意识的形成通常来自儿时，如果当时想要得到某个事物，但是限于客观事实又无法得到，就会形成一种强烈想要得到的愿望。这种愿望即使成年后仍然存在，只是被人的理智所压制，但是如果有了合适的诱因就会不由自主地表现出来。这个发现对治疗心理疾病有着积极的意义。

所谓的"俄狄浦斯情结"就是恋母情结。弗洛伊德的这个理论来源于他的家庭生活体验，自他父亲去世后，他开始理解他所谓的"俄狄浦斯情结"。他认为，男孩第一个接触的异性就是他的母亲，所以在潜意识里就觉得母亲是最好的，母亲成为自己第一个爱慕的对象。而且这种爱慕是自私的，他希望自己能够独霸母亲的爱，所以就会把与母亲同样有着亲密关系的父亲看成是母亲之爱的竞争者。

与恋母情结对应的是恋父情结，弗洛伊德把它命名为"伊莱克拉情结"，不过恋父情结的学说不像恋母情结那样广泛地适用。

弗洛伊德声称，男人必须要完成三个生活目标：第一，把自己从母亲那里解脱出来；第二，与父亲和解；第三，找一个与母亲不同的爱人。

他认为，儿童的精神伤害往往来自"性"。他在书中写道，儿童很早就有了性的意识，这个时间要远远早于我们认为儿童应该有性意识的年龄。或许大人的某个不经意的动作或者某句不经意的话就会对他们造成伤害。不过很多人都不认可他的这个理论，人们宁愿相信孩子们是天真无邪的，而不是生下来就有着性的欲望。

1905 年，弗洛伊德又发表了《性欲理论三讲》，全书由"性变态""幼儿性欲"和"青春期的改变"三篇论文组成，用精神分析的研究方法对人类性功能做了认真的科学探讨。《梦的解析》和《性欲理论三讲》是弗洛伊德最重要的著作。

1938 年，维也纳被德国占领，弗洛伊德为了躲开纳粹的迫害不得不移居英国。1939 年 9 月 23 日，他因口腔癌复发在伦敦去世，享年 83 岁。

—— 摩尔根创立基因论 ——

1933 年的 9 月，一年一度的诺贝尔奖又开始颁奖了。获得这次诺贝尔生理学及医学奖的是个叫托马斯·亨特·摩尔根的美国人，获奖原因是创立了基因学说。

1866 年，摩尔根出生于肯塔基州的列克星敦。他的父亲担任过美国驻外领事，家庭生活十分优裕。摩尔根在上学时成绩很好，还喜欢旅游，对大自然中千奇百怪的生物有着无限的兴趣，从而为他后来走上探索生物奥秘之路奠定了坚实的基础。

1886 年 20 岁时，摩尔根在肯塔基州立学院获得生理学学士学位，随后又考入霍普金斯大学研究院读研究生，主要研究生物形态学。他比较了 4 种水中无脊椎动物的形态变化，确认了它们的种属，写出了《论海蜂蛛》的论文，由此获得了博士学位。在以后的日子里，摩尔根一直致力于生物学的研究，曾任哥伦比亚大学、加利福尼亚理工学院的实验动物学教授。他是美国全国科学院院长，美国遗传学会主席、实验动物学和实验医学学会会员。

在 19 世纪末和 20 世纪初，生物学的研究已经有了长足的发展，人们发现"遗传学之父"孟德尔的遗传学有着独到的见解，可以完美地解释生物遗传的问题。但是摩尔根发现孟德尔的学说和染色体理论还有一点不足，他提出一个非常尖锐的问题：生物的性别肯定是由基因控制的。那么，决定性别的基因是显性的，还是隐性的？

为了进一步探索染色体中基因的存在状态和排列特征，摩尔根在 1908 年开始了著名的果蝇实验。之所以采用果蝇而不是其他动物作为遗传研究对象，是因为果蝇有着其他动物难以企及的优点：第一，成年的果蝇只有 0.25 厘米长，占用空间小；第二，饲养成本低，性价比高；第三，繁殖速度快，不到 10 天就可以变成成虫；第四，它的细胞中只有 4 对染色体，减小了实验的工作量。

摩尔根的试验经历了无数次失败。他曾这样自嘲说：我所做的试验有三种，第一种是愚蠢的试验，第二种是蠢得要命的试验，第三种是比第二种还要愚蠢的试验。虽然如此，他还是坚持不懈地试验下去，因为他知道，科学上的成果从来都是不容易获得的。在长期的试验中，摩尔根发现生物的性别是由性染色体决定的。这在生物学上是一项重大的发现，但摩尔根没有足够的证据来证明染色体就是遗传因子，他还要继续做实验来寻找证据。

1910 年，摩尔根的实验又获得突破性进展。一次，他对一群野种红眼果蝇进行了放射性照射，结果在子一代中获得了一只白眼雄果蝇。用这一只白眼雄果蝇与一群正常红眼雌果蝇交配，所生第一代雌雄果蝇均为红眼；他让这些第一代杂种杂交，生出的第二代果蝇白眼性状只在雄性中出现。摩尔根对此分析后认为，眼色由一对基因控制，其中红眼为显性，白眼为隐性。

为了清晰地解释这一过程，摩尔根把雌性染色体称为 X，雄性染色体为 Y。他认为未经 X 线照射的果蝇的 X 染色体携带红眼基因，而 Y 染色体只携带性别基因，没有决定眼色的基因。

在 X 线的照射下，其中的一只雄果蝇的 X 染色体生成了隐性白眼基因。子一代中雌蝇的两条染色体分别来自母方的 X（带红眼基因）和来自父方的 X（带白眼基因），最终显性的红眼基因性状得以表现；雄蝇的染色体组成是来自母方的 X（红眼基因）和父方的 Y（仅带性基因），也呈现红眼特征。子二代个体的眼色出现分化，按照孟德尔法则揭示的规律，红、白眼果蝇数量比为 3：1，而且白眼果蝇均为雄性。

摩尔根对果蝇研究了 20 多年的时间，也取得了许多成果。1928 年，摩尔根的遗传学名著《基因论》发表了。摩尔根在书中强调，遗传物质基因是一种颗粒体，就像珍珠项链一样有序地排列在染色体中；染色体是遗传基因的物质承担者，每一个基因都在染色体里占据一定的位置，随着细胞的分裂自己也跟着分裂。同时他还阐述了基因的连锁和互换规律，解开了生物变异之谜，弥补了达尔文进化论的不足。

他创立的基因理论实现了遗传学上的第一次理论综合，用遗传学把胚胎学和进化论联系到了一起，使生物学研究从细胞水平发展到了分子水平，同时遗传学又把生物学的其他学科糅合成了一个整体，为生物学实现综合性的大发展奠定了基础。

—— 青霉素的发明与应用 ——

一直到第二次世界大战前，西医对于炎症——尤其是对流行性脑膜炎、肺炎、败血症——都没有好的办法，原因就是没有能够有效杀死这些病菌的药物。当时的人们可能因为一个小伤口发炎就丢掉了性命，特别是在战争中，受伤感染死去的伤员是战场上阵亡数字的几倍。但是青霉素的发明改变了这种可悲的状况，从此人们不再害怕感染，而且一些顽固的、可以致命的传染病也有了有效的治疗手段，人类的平均寿命也得以延长。青霉素的发明者是弗莱明，他也因此获得诺贝尔化学奖。

亚历山大·弗莱明是英国微生物学家，1881 年 8 月 6 日出生于苏格兰。他20 岁时进入伦敦大学圣玛丽医学院学习，毕业后留在母校的研究室，帮助其师赖特博士进行免疫学研究。第一次世界大战爆发后，他带着一个医疗组来到了法国前线。在救护伤员时他发现，用浓盐水清洗伤口可以有效地预防感染。他还改进了输血技术。

一战结束后他又回到了圣玛丽医学院，继续进行细菌的研究工作，并于 1922年发现了"溶菌酶"的存在。他对溶菌酶做了七年的研究，但是最后失望地发现，溶菌酶的杀菌能力不强，对多种病原菌都没有作用。不过在研究中的"副产品"却让他功成名就，这个副产品就是青霉素。

1928 年 9 月，弗莱明发现培养皿里葡萄球菌的边缘像发霉了似的，长出一团青色霉菌。而在青色霉菌的周围是一小圈空白，原来在这里生长的葡萄球菌都没有了。弗莱明怀疑是这种青色霉菌的分泌物把葡萄状球菌杀死了，就刮下来一点点青色霉菌放在显微镜下观察。他发现这些青色霉菌具有青霉葡萄球菌氧化酶的特征，于是就把剩下的霉菌放在营养液里开始培养。

几天后，当培养出了足够多的青霉菌后，弗莱明开始了青霉菌杀死细菌的试验。结果发现这种霉菌能够杀死葡萄状球菌、白喉菌、肺炎菌、链状球菌、炭疽菌等多种病菌，证明它有着强大的杀菌能力。

随后他开始了活体试验，研究青霉菌液体对动物是否有害。弗莱明小心地把它注射进了兔子的血管，然后紧张地观察它们的反应，结果发现兔子安然无恙，没有任何异常反应。这证明这种青霉菌液体没有毒性。弗莱明将这种青霉菌分泌的杀菌物质称为青霉素。

1929年6月，弗莱明将一篇题为《青霉素——它的实际应用》的论文发表在《新英格兰医学杂志》上，标志着人类在抗菌素研究中取得了关键性的进展。然而青霉素还无法马上用于临床治疗，因为弗莱明无法解决工业生产的问题，仅仅靠实验室生产根本无法满足临床的需要，弗莱明只好暂时停止了对青霉素的培养和研究工作。

青霉素的研制在1939年有了转机。当时澳大利亚的病理学家佛罗理正在牛津大学主持病理研究工作，他看到了弗莱明关于青霉素的论文后产生了兴趣，就和他的助手德国化学家钱恩联系了一些生物学家、生物化学家和病理学家，组成了一个联合实验组。

联合实验组经过一年多的探索和无数次实验后，终于提取出了一小匙青霉素。在随后进行的小白鼠活体试验时发现效果良好，即使稀释到二百万倍后仍然具有杀灭能力。取得以上结果之后，佛罗理和钱恩开始了人体实验。第一个试用者是一位晚期败血症患者，使用青霉素后病情明显好转。遗憾的是青霉素太少了，当药品用完后患者病情再度恶化，不久就死了。

这次人体试验让佛罗理看到了青霉素应用的远大前景，联合实验组经过大量的努力终于解决了大规模工业生产的技术难题。但是当时正是第二次世界大战期间，在德国猛烈轰炸下的英伦三岛根本没有大量生产青霉素的条件。

1941年6月，佛罗理和钱恩远涉重洋，到美国去寻求投产药厂。刚开始他们的进展缓慢，直到日本偷袭珍珠港，美国卷入战争后才得到了快速发展。到了第二次世界大战后期，美国已经可以生产出足够战场使用的青霉素，挽救了很多受伤的盟军战士。

战争结束后，英国细菌学家弗莱明博士、病理学家弗洛里博士和德国化学家钱恩共同获得了1945年度的诺贝尔生理学和医学奖。

—— 巴甫洛夫与条件反射 ——

俄国第一个获得诺贝尔奖的人是生理学家巴甫洛夫。1904 年，他因为在消化生理方面的研究有突出的贡献获得该年度的生理学和医学奖，成为世界上第一个获得诺贝尔奖的生理学家。他的这项研究太专业了，普通人可能都不是太熟悉，可是他的另一项研究大家就耳熟能详了，那就是条件反射。

巴甫洛夫的全名是伊凡·彼德罗维奇·巴甫洛夫，1849 年出生在俄罗斯梁赞城一个贫苦家庭。他的父亲是个传教士，母亲有时候要去给人做佣人来贴补家用。巴甫洛夫是长子，从懂事起就要照顾弟弟妹妹，所以养成了负责任的好习惯。因为家里太穷，他只能上不要学费的教会学校。按照正常的发展路线，他毕业后会是一名牧师，但是巴甫洛夫在上学期间受到了革命思想的影响，不再相信上帝的存在，就在毕业后进入彼得堡大学攻读生理学专业。

巴甫洛夫在大学里前期表现并不出色。到三年级时，齐昂教授开讲生物生理课，他对这门课产生了兴趣，从此投入生理学的研究，并为之奉献了一生。1875 年他获得了生理学学士学位，随后又去了外科医学研究院继续攻读博士，并于 1879 年毕业。为了充实自己关于人体生理和病理学的知识，巴甫洛夫又到德国莱比锡大学路德维希研究室进修了两年。

从 1888 年起，巴甫洛夫开始了对消化生理的研究。他发明了新的实验方法，不是用被麻醉的动物做急性实验（每次实验完了，动物也就死掉了）而是用健康的动物做慢性实验，从而能够长期观察动物的正常生理过程。他还创造性地把外科手术引向整个消化系统，彻底搞清了神经系统在调节整个消化过程中的主导作用。

当时的沙皇政府对科学事业漠不关心，根本就没有试验拨款这个支出项目，巴甫洛夫的研究需要的动物只有自己掏钱买。他微薄的收入无法负担这个开销，致使他的家庭生活也陷入极度的贫困之中，甚至买不起冬天烤火的柴禾，有时连照明的灯油也买不起。有一次，他的一个朋友到家里来拜访他，看到他们的日子过得很艰难，就私下里给了他一笔钱，让他给自己和孩子们添置几件过冬的棉衣。可是朋友一走他就把这笔钱拿去买了几只狗，因为在他看来进行试验比取暖重要。

经过长时间的研究之后，巴甫洛夫创造了一种观察胃腺活动的新方法：他把狗的食道切断，然后把连接口腔的那一端缝在狗脖子的外面。这样当狗吃肉的时候肉根本进不了胃里，而是顺着食道到了狗的体外，然而狗根本就不知道这些，还是津津有味地吃着。同时他在狗的胃里插入一根导管通到体外，这时他发现了一个有趣的现象：尽管狗没有把肉吃到胃里，但是导管里仍然流出了大量的胃液，不一会儿就流满了一个量筒。这个试验说明了胃液的分泌不在于胃里有没有食物，而在于动物有没有吃食物。

由于胃液的分泌是由迷走神经的冲动引起的，巴甫洛夫就从这只狗的迷走神经引出一根丝线。在狗进食的时候，只要他稍微动一下丝线，就切断了大脑与胃之间的联系，结果尽管狗还是不断地吞咽鲜肉，但胃液却停止分泌了。这就是著名的"假饲"实验，它可以使人们观察到狗的消化腺的分泌情况。

在做"假饲"实验的时候，巴甫洛夫发现狗看见食物时会产生流口水的现象，认为这种现象应该是大脑控制的高级神经活动，就展开了进一步的研究，第一次发现了大脑皮层机能的活动规律。于是他每次在喂狗之前都会摇响一个铃铛，经过 20 ~ 40 次后，他发现狗只要一听到铃声，即使不给食物也会分泌唾液。

巴甫洛夫根据这个现象提出了他著名的神经系统"条件反射"学说：狗听见铃声后分泌唾液是一种条件性的反应，只要它听到铃声就要分泌唾液，就像真的有食物出现一样，而且这个反应是不可控的。当然分泌唾液的条件反射也可以解除，若当铃声出现时即给狗以电击，并不给它食物，这样重复多次以后，狗再听到铃声时不但不会分泌唾液，而且会出现畏缩反应。不过这又是另一种条件反射了。

巴甫洛夫的"条件反射"学说可以清楚地解释动物高级神经活动的基本规律，从对人和其他动物高级神经活动的研究中，证明了辩证唯物主义基本原理的正确性：物质是第一性的，意识是第二性的，意识是大脑的产物。

1935 年，巴甫洛夫主持了在苏联召开的第 15 届国际生理学大会，在这次大会上，巴甫洛夫被授予"全世界生物学界元老"的称号。第二年 2 月，这位被人们赞颂为"生理学无冕之王"的科学家去世，享年 87 岁。巴甫洛夫逝世后，苏联政府在他的故乡梁赞建造了巴甫洛夫纪念馆，并立了纪念碑。

—— 东方"诗哲"泰戈尔 ——

19 世纪初期，印度出现了一位影响力很大的诗人、文学家，并且在 1913 年以一部《吉檀迦利》成为第一位获得诺贝尔文学奖的亚洲人。他就是享誉世界的东方"诗哲"——罗宾德拉纳特·泰戈尔。

1861 年 5 月 7 日，泰戈尔出生在印度加尔各答。他的父亲有 14 个孩子，泰戈尔是最小的一个，也是这些孩子中成就最高的一个。

泰戈尔的父亲是著名的哲学家和诗人，他的家庭成员中有不少思想进步、学有所成的爱国者。由于家族中有着浓郁的文化气氛，也有着良好的教育条件和开明的思想，天资聪颖的泰戈尔很早就显示出他的文学天赋。他童年的时候就可以写诗、写剧本，13 岁发表的长诗《野花》《诗人的故事》等都已经有了一定的艺术价值。

1878 年，泰戈尔赴英国留学。他父亲让他学法律，但是他对法律不感兴趣，就转入伦敦大学学习英国文学，研究西方音乐。在 1880 年回国后，泰戈尔出版第一部诗集《黄昏之歌》，引起文坛注目。

泰戈尔早期的作品主要是一些短篇小说和故事诗，如《晚歌集》《晨歌集》《画与歌集》《刚与柔集》等。这些作品表达了诗人反对封建礼教、宗教和种姓对立，反对暴君的革命理念；还赞颂了自由和生命、大自然与爱情，具有浓郁的浪漫主义色彩，既充满爱国激情又富于民族特色。泰戈尔早期的文学作品激励过无数青年，被称为"精神生活的灯塔"。

20 世纪的早期是泰戈尔的中期创作阶段，也是泰戈尔探索民族解放道路的重要阶段。为了支持印度人民反抗殖民统治，泰戈尔写下了《祖国的土地》《祝福孟加拉国土》《战胜自身》等著名诗篇，《吉檀迦利》也是这个阶段的作品。

泰戈尔在这一时期创作的另一个亮点就是中、长篇小说，代表作是《沉船》和《戈拉》。《沉船》是一部里程碑式的作品，标志着现实主义创作方法的成熟。这部小说讲述的纳里纳克夏和卡玛娜这对无比虔诚、无比善良的年轻夫妻的悲欢离合。《沉船》这个故事是从暴风雨后的一个美丽的错误开始的，泰戈尔把这之后的阴差阳错都归结于神的安排，或上帝的旨意，我们可以看到，泰戈尔其实是通过这个故事来表达他的人生观和世界观。

而《戈拉》则是泰戈尔现实主义创作的最光辉的成就，这部史诗式的小说表达了作者对祖国独立之路的思考。

戈拉是一个典型的印度民主主义者，坚信祖国一定会独立，并且一直在为这个目标而奋斗。但是戈拉又是一个很守旧的人，他固执地认为，印度想要独立就必须彻底奉行印度教的传统，包括种姓制度等这些落后的制度。但是后来印度残酷的现实和复杂的斗争形势戈拉改变了这些错误的观念，尤其是当他知道自己根本不是婆罗门的后代之后，他终于摆脱了种姓和教派的束缚，最终明白印度的独立不仅需要反对殖民主义，还要反对封建主义。

此后泰戈尔一直致力于民族独立运动。在阿姆利则惨案后，泰戈尔气愤地给英国驻印度总督写了一封义正词严的抗议信，声明放弃英国国王给他的"爵士"称号。他还是一位国际主义战士，对德国和意大利的法西斯主义行径多次进行谴责和怒斥。

1941 年 8 月 6 日，泰戈尔在加尔各答祖居宅第里平静地离开了人世，享年80 岁，出殡时成千上万的市民自发地为他送葬。

在长达 60 多年的文学创作中，泰戈尔总共给人们留下了 50 多部诗集、12 部中篇和长篇小说、100 多部短篇小说、30 多部散文作品、20 多部剧本、1500 多幅美术作品和 2000 多首歌曲。在印度独立后，他所创作的歌曲《人民的意志》被定为国歌。

泰戈尔在 20 世纪 20 年代访问过中国，他的诗对中国现代文学产生过重大影响，郭沫若、徐志摩、冰心等一代文豪都受过他的指点。矛盾曾评价他"是一个人格洁白的诗人""一个怜悯弱者，同情被压迫人们的诗人""一个鼓励爱国精神，激起印度青年反抗英国帝国主义的诗人"。

——"硬汉"海明威——

　　1899 年 7 月 21 日，欧内斯特·海明威出生在美国伊利诺伊州的芝加哥。他的母亲喜爱文学，父亲是一个医生，喜欢打猎、钓鱼等户外活动。海明威受父母的影响很大，完美地继承了他们的这些爱好。

　　海明威从小就有着写作的天赋，高中时成为校报的编辑。18 岁高中毕业后，海明威没有去上大学，而是去了在美国举足轻重的《堪城星报》当记者，正式开始了他的写作生涯。

　　第一次世界大战爆发后，海明威加入美国军队，但是因为视力不合格只能成为红十字会战场服务队的一员。战争结束后，海明威因为杰出的功勋被意大利政府授予十字军功奖章、银质奖章和勇敢奖章，获得中尉军衔。

　　回到美国后，海明威成为《多伦多星报》的记者、自由作家和海外特派员。20 年代是海明威文学创作的早期，主要作品有《在我们的时代里》《春潮》《没有女人的男人》和长篇小说《太阳照样升起》《永别了，武器》等。

　　《在我们的时代里》是一个短篇小说集，也是海明威对那个时代战争的反思和谴责，书里充斥着对战争、暴力、痛苦和死亡的厌恶。《在我们的时代里》是海明威的成名作，表现了海明威的文学革新思想，体现了海明威此后小说的艺术特点。书里的主人公尼克·亚当斯是海明威系列硬汉形象第一人，也是"海明威最早的和最具有自述性质的主人公，有着海明威本人从童年到成年经历的印记。

　　1926 年，海明威完成了他的第一部重要长篇小说《太阳照常升起》。这部小说的主角是一群在欧洲流浪的年轻人，他们因为这样那样的原因放浪形骸，不管是生活还是精神世界都有了极大的改变。他们也知道这样不好，但是又找不到努力的方向和动力，只能一天天地沉沦下去。这代人被美国作家斯坦称为"迷惘的一代"，海明威和《太阳照样升起》成为"迷惘的一代"的代表。

　　《永别了，武器》被称为是海明威"迷惘的一代"文学的最好作品。这部小说出版于 1929 年，很大程度上可以说是海明威的自传体小说，因为主人公前期的经历几乎就是海明威在一战时的经历。小说的主人公亨利是个志愿参战的美国救护车司机,在意大利战场上负伤后被送到了米兰的战地医院,爱上了英籍女护士凯瑟琳。亨利出院后又上了前线,但是在一次撤退时被误认为是逃兵而被宪兵逮捕,在押上刑场枪毙时他找机会跳河逃走了。亨利因此厌恶了战争,就带着凯瑟琳逃到了中立国瑞士。他们在那里度过了一段美好难忘的幸福生活,但是不久后凯瑟琳因难产离开了人世,婴儿也因窒息夭折,亨利又成了孤苦伶仃的人。

西班牙内战爆发后,海明威以战地记者的身份来到了西班牙前线,在1939年以西班牙内战为背景创作了著名的长篇小说《丧钟为谁而鸣》。主人公乔顿是一个美国青年,志愿帮助西班牙人民进行反法西斯斗争。大反攻前,他受命联系敌后的游击队去炸毁一座关键地点的桥梁。他和游击队员们克服了重重困难终于在指定时间炸毁了这座桥,但是他不幸腿部中弹无法行动,他不愿意拖累战友,就主动留下来独自狙击敌人,最终为西班牙人民献出了他的生命。这部作品是海明威中期创作中思想性最强的作品之一,说明他的创作思想发生了改变,孤独、迷惘与悲泣的情绪在他的作品中越来越少,开始提倡把个人融入社会中,为正义事业而献身的崇高精神。

在这个创作阶段里,他不仅改变了创作思想,还改变了写作风格。他尊崇美国建筑师罗德维希的名言"越少,就越多",提出了"冰山原则",只表现事物的1/8,并开始按照这个原则来创作,作品越来越精练,使得作品更充实、含蓄、耐人寻味。

1952年,海明威的中篇小说《老人与海》发表了。这部小说是海明威最满意的作品之一,也是海明威个人世界观和人生观的结晶,他也凭借这部作品荣获了1953年的普利策奖和1954年度的诺贝尔文学奖。

这部小说塑造了一个典型的硬汉:桑提亚哥老人独自驾着小船出海捕鱼,在海上漂流了84天却一无所获,所有人都认为他该放弃了,但是他仍然坚持了下来。就在第85天,他终于钓到一条巨大的大马林鱼,但这条鱼实在太大,比他的小船还要长。经过两天的殊死搏斗,桑地亚哥终于制服了大马林鱼,把它拴在船上准备回家。但是鱼伤口中流出的血引来了鲨鱼的争抢,老人与鲨鱼搏斗了三天三夜,但还是没有保住他的战利品,回到海港时只剩下了鱼头、鱼尾和一条脊骨。

小说的主人公桑提亚哥老人的生活信念是:"一个人不是生来要给打败的,你尽可以把他消灭掉,可就是打不败他。"这正是海明威想通过《老人与海》要表明的思想。桑提亚哥是海明威所崇尚的完美的人的象征:坚强、宽厚、仁慈,充满爱心，即使在人生的角斗场上失败了，面对不可逆转的命运，他仍然是精神上的强者，是"硬汉"。

在海明威的作品中，几乎所有的主人公都是"硬汉"，而且"硬汉精神"也是永恒的主题。不管承受多大的压力，不管遭到多么沉重的打击，他们都不会弯腰，不会屈服，哪怕付出生命的代价。即使他们失败了，但他们却保持了人的尊严和勇气，有着胜利者的风度。

然而令人遗憾的是，这个创作出许多硬汉的人却对现实屈服了，1961年7月2日，海明威用猎枪结束了自己的生命，享年62岁。有人说海明威在创作出《老人与海》后已经江郎才尽，他不想让他的读者感到失望。但是无论如何，海明威和他的作品都影响了整整一代甚至几代美国人！

—— 爱因斯坦和相对论 ——

如果问谁是20世纪最杰出的科学家，许多人都会说爱因斯坦。他创立的相对论开创了物理学的新纪元，他最早提出了原子能的设想，他解释了光电效应，他提出了著名的质能公式……正是有了这么多的贡献，他被公认为是继伽利略、牛顿以来最伟大的物理学家。1999年12月26日，爱因斯坦被美国《时代周刊》评选为"世纪伟人"。

阿尔伯特·爱因斯坦是个犹太人，原籍德国，1879年出生。他的父亲是一个电器作坊的小业主，母亲温雅贤淑，倾心于艺术，他有一个温馨、和睦的家庭。

爱因斯坦的童年是在慕尼黑度过的，那时候就表现出了非凡的天分。他10岁就能读懂通俗的科学读物和哲学著作，12岁开始自学高等数学，用四年的时间掌握了微积分。1896年，爱因斯坦考入了瑞士的苏黎世理工学院，在电气工程系学习。21岁时，爱因斯坦以一篇《由毛细管现象得到的推论》获得了硕士学位，随后就开始攻读博士。

爱因斯坦毕业后就加入了瑞士的国籍，并在伯尔尼的专利局找了一份工作。

这个工作对爱因斯坦的影响很大，他在这里接触到了许多发明创造，这激起了他强烈的求知欲，不断地探索物理学。在工作之余，他阅读了大量书籍，对牛顿理论的部分不妥之处有了怀疑，相对论就是在这段时间产生了萌芽。

1905 年 4 月，爱因斯坦向苏黎世大学提交了名为《分子大小的新测定法》的论文，顺利获得博士学位。5 月，爱因斯坦在德国《物理学年鉴》上发表《论运动物体的电动力学》，开始试着用狭义相对论解释牛顿经典力学所不能解释的现象。因为狭义相对性原理是在这一年面世的，因此有人把 1905 年称为"爱因斯坦奇迹年"。

《论运动物体的电动力学》提出了关于等速运动相对性的完整理论和关于空间—时间的崭新观念。与此同时，他根据狭义相对论推导出物体的质量也与运动密切相关，并得出质能关系式 $E=MC^2$（E 代表能量，M 代表质量，C 代表光的速度），它告诉我们，一定质量的转化必定伴随着一定能量的转化，反之亦然。这个著名的公式成为原子弹、氢弹以及各种原子能应用的理论基础，由此而打开了原子时代的大门。

但是狭义的相对论仍然无法解释某些物理问题，爱因斯坦又开始了他的研究工作。经过十年的艰辛研究，爱因斯坦于 1916 年又发表了《广义相对论的基础》。这一旷世之作标志着他的研究水平已达 20 世纪理论物理的顶峰。爱因斯坦曾就相对论解释说："狭义相对论适用于引力之外的物理现象，广义相对论则提供了引力定律以及它与自然界其他力之间的关系。"

1933 年，爱因斯坦在美国访问时得知希特勒查抄了他在柏林的寓所，并且悬赏 10 万马克买他的人头，他就留在了美国担任普林斯顿高级学校研究院的客座教授，并于 1940 年取得美国国籍。

爱因斯坦是个不修边幅的人。据说爱因斯坦移民美国后不久，一个朋友见他穿的大衣破旧，就提醒他换一件新大衣。爱因斯坦却笑笑说："这有什么关系？反正在纽约谁也不认识我。"几年后，爱因斯坦已经成了家喻户晓的名人，他的那个朋友又来拜访他，见他仍然穿着几年前的那件破大衣，就再次建议他换件新大衣："你现在是个名人，这件破大衣和你的身份不符，还是去买件新的吧。"爱因斯坦又笑笑："这又何必呢？反正这儿的每一个人都已经认识我了。"

世人一直认为爱因斯坦是原子弹的发明者，其实这个看法是错误的，他只是提出了质能公式这个原子弹产生的前提，而没有参与原子弹的制造，真正的"原子弹之父"是奥本海默。如果非要把他和原子弹的制造扯上关系，那就是他在给罗斯福总统的建议研制原子弹的请愿书上签了名。而且爱因斯坦一直反对原子能军事化，战后，爱因斯坦为开展反对核战争的和平运动和反对美国国内法西斯，进行了不懈的斗争。

爱因斯坦还是一个淡泊名利的人。1952年，以色列总统魏茨曼去世，总理戴维·本·古里安正式提请爱因斯坦为以色列共和国总统候选人。不过爱因斯坦拒绝了这个提名，他认为："当总统可不是一件容易的事。""方程对我更重要些，因为政治是为当前，而方程却是一种永恒的东西。"

1955年4月，76岁的爱因斯坦在普林斯顿病逝。这位伟大的科学家不愿意在死后成为别人心中的"圣人"，在遗嘱中要求不要为他举行丧礼，不筑坟墓，更不能立纪念碑，只要把他的骨灰撒在不为人知的地方就行了。不过这个科学伟人的愿望显然无法实现，因为他那献身科学的精神和充满光芒的相对论学说已经在后人心中树立了一座丰碑。

—— "火箭之父"戈达德 ——

现代的航天事业离不开火箭，不管是发射人造卫星还是宇宙飞船，它们脱离地球引力的运载工具都是火箭。人类对火箭的研究很早就开始了，但是世界上真正意义的火箭直到1926年才被制造出来，它的发明者美国人罗伯特·哈金斯·戈达德，后来被尊为"现代火箭技术之父"。

1882年，戈达德出生在马萨诸塞州的伍斯特。他小时候从母亲那里传染上了肺结核病，身体很虚弱，无法正常上学，还留过级，年龄比同班的同学都要大。戈达德不是个好学生，而且他对数学很讨厌，不过在他后来的事业中数学反而是最重要的。

戈达德22岁才上大学。他的高等教育进行得很顺利，四年后在伍斯特理工学院拿到物理学士学位。1910年从克拉克大学获得硕士学位，一年后获博士学位，1912年成为普林斯顿大学的研究员。

因为身体不好，戈达德小时候无法和其他的孩子一样出去玩耍，只能一个人待在家里，看着自由飞翔的小鸟羡慕不已，希望自己也能像鸟儿一样飞上蓝天。正是有了这个梦想，他才有了研制火箭的动力，而且学习自己最讨厌的数学。

他在上大学时就开始四处寻找关于火箭的资料，毕业之后就开始悄悄地研制火箭，当时谁也不知道他正在进行着一项改变世界的研究。在1912年到1920年间他主要进行的是理论研究。1913年，戈达德通过计算得出一个重要的数据：想要把一公斤的物体送出大气层，就必须做出一枚200公斤重的火箭。到了1919年，他的理论研究已经基本上完成，于是就把他的研究成果整理成一本小册子，起了个名字叫《达到超高空的方法》。这个小册子只有69页，发表后根本就没有引起人们的注意。

在理论研究完成后，戈达德决定进行实践操作，想用成功的事实来证明他的理论的正确性和可行性。他刚开始制作的是固体燃料火箭，但是限于当时的技术条件始终无法找到有足够推力的燃料，火箭的制作迟迟没有进展。到了1922年，戈达德放弃了使用固体燃料的想法，转而研究技术要求更严格，但是有着足够推重比的液体燃料。经过多次的试验和失败后，他最终确定了使用汽油和液氧作为燃料，并且开始研究专门的火箭发动机。1925年，世界上第一台使用液体化学燃料作动力的火箭发动机试车成功。

1926年初，戈达德终于制作出了世界上第一枚用液体化学燃料做动力的火箭，这枚火箭长约3.4米，空重2.6公斤，加注燃料后发射重量为4.6公斤。3月16日，他把火箭运到马萨诸塞州的一个农场上，准备进行人类历史上第一次火箭发射。

下午2时30分，戈达德的助手亨利·萨克斯用一根约2米长的喷灯点燃了火箭。几秒钟后，火箭离开地面冲向了天空。

如果只看数据的话，那么这次试验无疑是很可怜的，飞行时间大约是2.5秒，最大高度为12.5米，飞行距离为56米。不过历史学家们看重的是它的意义，这是人类脱离地球引力的开始，也是走向太空的开端。这枚火箭虽然还很简陋，但是它就是"二战"中V2型弹道导弹的雏形，也是阿特拉斯火箭的前身，更是世界上所有火箭的始祖。

在以后的日子里，戈达德又对火箭进行了许多改进，添加了诸如陀螺仪、尾翼、电子点火、多级发动机等，他在火箭项目上一共获得了214项专利，是美国最早的火箭发动机发明家，被公认为"现代火箭技术之父"。

1945 年，戈达德因喉癌在马里兰州的巴尔的摩不幸去世，享年 63 岁。1959 年，美国航空航天局把太空飞行中心命名为"戈达德太空飞行中心"，这是美国第一个完全用于太空科学的大型科学实验室。科学家也把月球上的一座环形山命名为戈达德山峰。

—— 电视的发明者贝尔德 ——

人类是不知道满足的，随着电报机、电话机的出现，他们又希望能够用电子信号来传播图像。世界上许多发明家，包括那些伟大的科学家和工程技术大师都希望能够解决这个问题，但是都没有成功。不过在 1925 年，一个名不见经传的英国工程师终于发明了这种机器。他就是贝尔德，电视机的发明者。

约翰·洛吉·贝尔德 1888 年生于英格兰的格拉斯哥，他从小就身体不好，好几次都差点病死。大学毕业后，他在一家电气公司做技术员，很轻松地就修好了公司的几台已经报废的机器，深受公司器重。

1923 年，贝尔德因身体原因辞职。在家休养的时候，他仔细研究了马尼可的远距离无线电的工作原理，觉得图像也应该可以用电子信号来传输，于是就开始了电视机的研究。在前期的理论研究中，贝尔德认为想要用电子信号传播图像，就必须把图像分解成一个个或明或暗的小点，再以电信号的形式发送出去，最后在接收的一端让它重显现出来。这样来看，想要看到另一个地方的图像就必须有三套装置：一个是如何把图像变成电子信号；另一个是传输电子信号；还有一个是把电子信号还原成图像。

想要搞明白原理不容易，想要制作出实物就更难了。贝尔德当时的经济条件很差，根本就没有余钱去买先进的仪器和制作电视机所需要的零部件，就连实验室都租不起。他把自己的卧室当成实验室，用一只盥洗盆做框架，把它和从旧货摊上拾来的茶叶箱相连，箱上安装了一只从废物堆里捡来的电动机，它可转动用马粪纸做成的四周戳有小洞洞的"扫描圆盆"，还有装在旧饼干箱里的投影灯、几块透镜及从报废的电报机上拆下来的部件等。这一切凌乱的东西被贝尔德用胶水、细绳及电线连在一起，成了他发明电视机的实验装置。

就在这间小小的屋子里，他忍受着病痛的折磨开始了试验，饿了吃块面包，渴了喝口凉水，困了就窝在床上打个盹。

功夫不负有心人，1924 年的春天，贝尔德成功地发射了一朵十字花。虽然发射的距离只有 3 米，图像也只是一个忽有忽无、模糊不清的轮廓，但是这却是世界上第一套电视发射和接收器。

贝尔德认为，发射距离近和图像不清晰可能是因为电压不足，于是他找来几百个干电池连接起来，约有 2000 伏电压。然而他在接下来的操作中不小心碰到了一根裸露的电线，强大的电流瞬间把他击昏了，幸亏有人把他送到医院才大难不死。

无孔不入的记者得知了这个消息，第二天的伦敦《每日快报》马上用大字标题报道了贝尔德触电的消息，一时间贝尔德成了英国的新闻人物。就在贝尔德住院的时候，伦敦的一个无线电老板看到了这个消息，对贝尔德的研究很感兴趣，愿意为他提供经费进行下一步的研究。然而直到这笔经费用光贝尔德也没有突破性的进展。那个无线电老板失望之余也就停止提供经费。

贝尔德的日子更加艰难，没钱吃饭，没钱付房租。为了生存，他被逼得把制作电视机的零件低价卖掉去换一点面包。他老家的两个堂兄弟听说贝尔德的窘境后，给他寄来了 500 英镑。得到这笔钱后，贝尔德立即又投入了试验。

又过了一年多的时间，贝尔德的研究终于成功了，他在另一个房间的影像接收机中清晰地看到了自己的玩偶比尔的脸。兴奋若狂的贝尔德狂奔到楼下，抓着一个 15 岁的小男孩跑到楼上后，不由分说地把小孩按坐在一个椅子上，开始调制他的机器。小男孩被这个蓬头垢面的"疯子"吓坏了，流着眼泪任凭他摆布。几秒钟后，在他的"魔镜"里出现了第一张人脸，眼睛、嘴巴甚至眉毛和头发都清晰可见，只可惜这张脸充满了惊恐。这一天是 1925 年 10 月 2 日，一个值得纪念的日子。

贝尔德研究电视机成功的消息很快就传了出去，一时间他小小的实验室里宾客如云，很多人愿意资助他进行下一步的研究。贝尔德终于有钱买最新的设备了，他也可以开始更大规模的研究了。

1928 年，贝尔德把伦敦传播室的人像传送到纽约的一部接收机上。不久他又创造了新的奇迹：他在伦敦把一位姑娘的图像传送到了她正在远洋航行的未婚夫的轮船上。这个事件也有着非凡的意义，标志着卫星电视的雏形出现了。

1936 年秋，英国广播公司正式从伦敦播送电视节目。此时的贝尔德又开始埋头研究彩色电视。

到了 1941 年 12 月，贝尔德已经可以传送清晰完整的彩色图像了。但是可惜的是，他的实验室被纳粹德国的飞机炸得片瓦不存，里面的研究资料和试验仪器也荡然无存。贝尔德没有被这个打击吓倒，他又找地方建了一座实验室，从头开始他的实验。1944 年，他的第一个电子彩色电视机出现在公众面前。

1946 年 6 月，就在英国广播公司开始播送彩色电视节目的那天，贝尔德因劳累过度病倒了，没能看到他的研究结果是如何使英国人欣喜若狂的。6 天后，他离开了人世，终年 58 岁。

今天，在现代人的生活中，电视已经不可或缺。贝尔德的发明，改变了信息传播和人们的生活方式，具有划时代的意义。

—— 汽车大王福特 ——

汽车早在 1865 年就已经发明出来了，但是真正走进千家万户，成为老百姓的交通工具是 20 世纪初期的事。在汽车的工业化进程中，美国人福特功不可没。他是世界上第一位使用流水线作业的人，这种生产方式使汽车成为一种大众产品，它不但革命了工业生产方式，而且对现代社会和文化产生了巨大的影响。

1863 年，亨利·福特出生在美国密歇根州的一个农场主家庭。福特小时候就对机械有着浓厚的兴趣，在上小学时，他在上课时把一只手表给拆开了。老师发现后很生气，放学后就把他留了下来，告诉他如果不能把手表装好就不准回家。然而让老师惊讶的是，这个孩子不到 10 分钟就把手表装好了。

福特的父亲希望他将来做一个农民，所以福特小学毕业后就开始帮父亲干农活，从此再也没有接受过正规的教育。但是他不愿意把自己的一生都浪费在农田里，他的理想是成为一个出色的机械工程师。

1879 年，16 岁的福特与家人不辞而别，独自一人来到底特律，在一家工厂当起了机械学徒工，学成后进入西屋电气工作。1891 年，福特成为爱迪生照明公司的一名工程师，两年后晋升为主任工程师。

福特在西屋电气工作的时候就已经开始了汽车研究。1891 年，福特完成了内燃机的设计草图；1893 年 12 月 25 日，福特成功制作出一台汽车引擎，并在家中厨房的水槽里试车成功。

引擎是汽车的心脏，这个部分完成后制作成整部汽车就只是时间问题了。然而这个时间好像有些漫长，因为福特只有夜晚和周末才有时间去制作，而且他既没有称手的工具，也没有助手。福特对造车十分狂热，只要一有时间就在自家屋后的工作室里叮叮咣咣地制造，邻居们都戏称他"疯子亨利"。

1896 年 6 月 4 日凌晨两点，"疯子亨利"又发疯了，他把工作室的墙壁砸了一个大洞，然后驾驶着一个有四个轮子的怪物跑到了大街上。福特的汽车终于制造出来了！在以后的几个星期里，福特经常开着他的汽车在底特律的大街小巷逛来逛去，吸引了许多人的目光，不时有人来询问福特这辆车卖不卖，要是卖的话想卖多少美元。几个月后，他以 200 美元的价格卖掉了这部车。

福特见汽车的需求很大，就辞去了爱迪生公司的工作，和几个朋友合伙成了底特律汽车公司，他担任公司的销售主管。不过福特醉心于汽车的研发，对销售反而不是那么上心，不久公司就倒闭了。后来有人投资，福特成立了亨利·福特汽车公司，主要产品是福特研发的赛车，然而就在公司走上正轨不久，投资人就用计迫使福特离开了亨利·福特公司，后来这家公司改名为凯迪拉克。

这两次投资的失败对福特来说是宝贵的教训，让他知道了销售是王道，顾客的需求是根本。1903 年 6 月 6 日，他筹措了 2.8 万美元成立了福特汽车公司，这个公司后来成为世界上屈指可数的大公司之一，福特也成了世界上著名的汽车品牌。但是福特公司草创时却十分寒酸，只是一家小小的机器厂，除制造汽车外还进行赛车的改进和汽车的维修。但是福特却有着远大的理想，他给自己定的目标是："打造一款大批量生产的汽车，它足够大，能够满足全家人的出行需要，也要足够小，一个人就可以轻松驾驶与维护；它有最简单实用的设计，低廉的价格要让每个普通家庭都负担得起，使购买它的人与家人一起享受汽车带来的乐趣。"

福特的这个理想实现起来是有相当难度的。首先是价格上，当时美国中产阶级的年收入大概是 600 美元，而当时的汽车动辄都几千美元。其次是汽车的质量，当时汽车技术正处于起步阶段，质量根本没有保证。或许上一秒还在路上风驰电掣，下一秒这辆车就趴窝了，而且司机根本没有维修的能力，只能等汽车厂来拖车。

然而福特是个天才中的奇才，在他的改进下，汽车的成本一降再降，可是安全性和可靠性却一升再升。公司开张不久福特就研制出一款汽车，他命名为 A 型车，是当时汽车产品中的佼佼者，获得了很好的销路，不过价格仍然居高不下。福特对这型汽车很不满意，接着进行改进，随后又推出了 N 型、K 型和 S 型等车型，质量越来越好，价格越来越低。

1908 年，福特终于成功地设计出世界上第一辆家庭型汽车——T 型车。这款车可以说代表了汽车工业的巅峰：2.9 升四缸引擎，最高时速 72 公里，有挡风玻璃、车灯、一体式前车轴、钢制轮毂和悬挂系统等，这些在当时都是属于土豪级的配置，让故障率和行车风险都大大降低。然而如此"高大上"的一辆车，售价却只有 825 美元，大致相当于当时美国中产阶级一年半的个人收入，之后随着产量提升，T 型车更是一路降到 300 美元左右。不仅如此，福特还开创了分期付款和汽车贷款的风潮，让每一个美国人都买得起车，使汽车普及到普通百姓家庭，汽车工业革命由此开始。

1913 年，福特又开发出世界上第一条流水线，只需要 93 分钟就从零件状态变为一辆汽车了。这是一个创举，采用流水线作业后，福特公司每天能生产出 9000 多辆 T 型车，创下了历史纪录。福特 T 型车从上市到下线的 18 年间总共售出超过 1500 万辆，这个记录保持了 45 年。

福特不仅在汽车制造技术方面有着伟大的贡献，也是一个出色的工程师，他还是一个成功的商人和管理者，有着独特的企业经营策略，他提出了 5 美元工作日方案、提高工人福利、大力提拔有贡献的技术工人、给予工人发言权、出奇制胜的营销措施等。这些措施极大激发了员工的工作热情，提高了生产效率，反过来又降低了公司的生产成本。例如，实行 5 美元工作制后的 1914 年，福特公司以不足 1.3 万人生产了 73 万辆汽车，获利 3000 万美元。

T 型车的开发成功不仅给福特带来了大量的金钱，也给他带来了无上的荣誉。《纽约时报》评论说：福特不仅是福特汽车公司的创始人，同时也带动了整个汽车行业的发展。还有人称他是"给世界装上轮子的人"。

1947 年 4 月，福特在迪尔伯恩的家中去世，享年 83 岁。《财富》杂志将福特评为"20 世纪最伟大的企业家"，以表彰他和福特汽车公司对人类发展所做出的贡献。2005 年，在《福布斯》杂志公布的"有史以来最有影响力的 20 位企业家"中，亨利·福特排名第一。

—— 艺术大师毕加索 ——

1881 年，毕加索生于西班牙安达鲁西亚自治区的马拉加市。据他的母亲说，小毕加索学会发的第一个音节是"匹兹"。在西班牙语中，"匹兹"（piz）是铅笔（lapiz）的缩音。或许儿时的毕加索是在向母亲索要铅笔画画吧。这个说法的真实性我们无法考证，但是毕加索在 9 岁就创作了一幅名为《斗牛士》的画，一直流传到现在。

少年时的毕加索对学习没有一点兴趣，他唯一的爱好就是画画。每次他父亲检查他的作业时，他的作业本上全都是各种各样的素描。他父亲见他喜欢画画，而且也有画画的天赋，就把他送到巴塞罗那美术学校学习。这是一所正规的艺术学校，在当地的规模和名气都很大。入学考试的题目是画一个披着被单的模特儿和一个站立的裸体人像的素描，要求考生在一个月完成。可毕加索仅用一天的时间就交卷了，素描的艺术水准让阅卷老师震惊，就让他跳过初级班直接到高级班学习。

1897 年，毕加索去了马德里的皇家圣费南多美术学院，在这里求学时创作的油画《科学与慈善》获马德里全国美展荣誉奖，后来又在马拉加获金牌奖。

从 1900 年起，毕加索成了巴黎的常客，他在这里受到了印象派以及后期印象派画家的影响，逐步形成了自己的风格。自 1904 年他定居巴黎到 1906 年的这段时期是毕加索创作的早期阶段。毕加索在这段时间的生活条件很差，不得不租住在巴黎的贫民区，对巴黎的下层人民的生活深有体会，也对人吃人的资本主义社会深深地失望。由于心情压抑，又受到德加、雅西尔与土鲁斯·劳特累克画风的影响，加上在西班牙受教育时染上的西班牙式的忧伤主义，这时期的作品弥漫着阴沉的蓝色的忧郁。这一时期毕加索画出油画、水彩画 200 多幅，素描几百张，从形式到内容都有现实主义的品质与古典主义的某些手法。主要作品有《少女肖像》《年老的犹太人与孩子》《球上少女》《丑角之死》《人生》等，都表现出他对处于社会底层的劳苦大众的同情。毕加索的传记作家根据这些作品的色调倾向，把这几年分别称为"蓝色时期"与"粉红色时期"。

1906 年，毕加索在巴黎已经小有名气，经济也好转了，更重要的是，毕加索恋爱了。甜蜜的爱情给了毕加索幸福和欢乐，也改变了他的画风，开始从抑郁的、冰冷的蓝色转向暖洋洋的、柔和的粉红色。这一时期创作被称为"玫瑰色时期"，代表作有《演员》等。

不过"玫瑰色时期"持续的时间不长，当激情过后毕加索又迷上了非洲的艺术雕塑，尤其是它鲜明的立体感。在塞尚的影响下，他开始尝试立体主义的画法，最著名的一幅画就是《亚威农少女》，这幅画是毕加索的成名作，也是立体主义画法的开端。

《亚威农少女》的构思和创作用了毕加索四个月的时间，完全打破了传统绘画的全部技巧。画面上是五个裸体少女，她们的身躯是粉红色的，没有什么装饰，背景是蓝色。这五个人物不同侧面的部位，都凝聚在一个平面中，把不同角度的人物进行了结构上的组合。看上去，就好像他把五个人的身体先分解成了单纯的几何形体和灵活多变、层次分明的色块，然后在画布上重新进行了组合，形成了人体、空间、背景一切要表达的东西。

这幅画甫一问世便震动了巴黎的画坛。人们对这幅画和毕加索的表现手法莫衷一是，褒贬不一。有人说毕加索疯了，画出来的东西不知所谓；也有人对他赞叹不已，认为毕加索创造了一种全新的表现手法。但是不管是哪种看法，毕加索都成了巴黎艺术界的名人，从此跻身于知名画家的行列。

1936 年 7 月，西班牙内战爆发。毕加索听到这个消息后加入了国际纵队，来到西班牙帮助西班牙人民抗击法西斯。1937 的 4 月，纳粹德国的空军轰炸了西班牙北部重镇格尔尼卡，这也是人类历史上第一次轰炸不设防的城市。轰炸过后格尔尼卡成了一片废墟，小镇的居民死伤惨重。毕加索以这个事件为题材绘制了大型壁画《格尔尼卡》。

这幅旷世之作 4 米多宽，约 9 米长。虽然画面上没有飞机、没有炸弹，却仍然能让人感到残暴、恐怖、痛苦、绝望、死亡和呐喊。被践踏的鲜花、断裂的肢体，手捧死去的孩子号啕大哭的母亲、仰天狂叫的求救，身残倒地，断臂仍然握着断剑的战士、濒死长嘶的马匹、冷冰冰的抽象的太阳……这是对法西斯暴行的无声控诉，撕裂长空。画家以象征和半抽象的立体主义手法，以超时空的形象组合，打破了空间界限，蕴含了愤懑的抗议，成就了史诗的悲壮；在支离破碎的黑白灰色块中，散发着无尽的阴郁、恐惧，折射出了画家对人类苦难的悲悯和哀伤。

这幅画充分展示了毕加索的表现技巧，已足以驾驭大型时事题材，堪称毕加索画笔下的一部"史诗"。这幅杰作已经成为警示战争灾难的文化符号之一，也使格尔尼卡的悲剧永远留在了人类伤痕累累的记忆中，如果没有这幅画，毕加索至多只能算是杰出的画家；但是在创作这幅画后，他已经成为一个不朽的艺术家。

在纳粹德国占领法国期间，一个德国军官来到毕加索的画室，指着这幅画的复制品说："这是你的杰作？"毕加索面无表情地说："不，这是你们的杰作。"

第二次世界大战后，毕加索的画作进入田园时期，这个阶段主要以石版画为主，代表作是《和平鸽》。这幅石版画是 1949 年毕加索向国际会议——保卫世界和平大会专门创作的，画上是一位俊秀美丽的少女头像，边上有一只振翅欲飞的鸽子。这幅画以简洁明快的线条表达了人民爱好和平的热切愿望，画上那只可爱的白鸽也成为了和平的象征，被人们称为"和平鸽"，毕加索则被称为"和平鸽之父"。

1973 年 4 月 8 日，毕加索在法国穆甘逝世，享年 92 岁。他一生的作品，据不完全统计，有油画 1885 幅，素描 78089 幅，版画 20000 幅，雕塑 1228 件，陶品 3222 件，平版画 6121 幅，另有速写数百本。

毕加索的一生是辉煌的，在他去世之前卢浮宫就收藏了他的画作，而以前卢浮宫从来没有收藏过在世的画家的作品，毕加索是有史以来的第一个。1999 年 12 月，法国一家报纸发起了一次"20 世纪最伟大的十个画家"的民意调查，毕加索高居榜首。

第八章 ／ 亚非拉星火

── 从奴隶到将军 ──

1804 年 1 月 1 日，是拉美悠久历史上的一个重要日子，这一天，发生了一件让全世界人民为之震惊和侧目的事情：海地人民取得独立！此事件意义深远，从此，世界各地殖民地地区的人民纷纷投入争取民族独立的历史浪潮中。

新大陆被发现之前，海地是加勒比海上一个拥有 20 万印第安人的小岛，后来西班牙殖民者入侵，所有印第安人不幸被杀，大批非洲黑人奴隶被运到海地的种植园和矿山进行强制性劳动。

直至西班牙被法国打败，海地才被法国的总督和殖民管理机构统治。18 世纪末，海地种植园的收益为法国积累了大量原始资本，在欧洲市场上，其蔗糖和咖啡出口贸易额占了法国殖民地总贸易额的二分之一。

在殖民者的强行压迫和剥削下生活的海地人想着有朝一日可以像白人一样得到平等的公民权，时间一长，反抗者奋勇而起。1790 年，混血种人文森特、奥热第一次率领着二三百号的起义军掀起了反对法国殖民者的起义，用烧毁种植园等暴力手段索要公民权。但因为没有提出反映广大黑奴要求革命的口号，而被法国殖民者强力镇压，最终以失败告终。

法国殖民者的血腥镇压并没有遏制住海地人民独立自由的反抗。第二年 8 月，黑人布克曼倡导广大黑白混血人、自由黑人和黑奴积极加入起义队伍，喊着"宁愿死也比当奴隶好"的口号又一次向殖民统治者和白人奴隶主发起了主动攻击，武装起义再次打响。

黑人领袖杜桑·卢维杜尔带领千余名奴隶起义军英勇抗战。短短几天，不仅烧毁了 1000 多个种植园，还杀死了 2000 多名法国殖民者。

1743 年，杜桑出生于海地北部海地角附近的黑人奴隶家庭。后来，他像那些身为非洲人的祖辈们一样被法国殖民者强迫押运到海地，与其他黑人一样，从布雷达种植园主的奴隶到马车夫，他一直在殖民者的强力压迫下生活。不过，曾研读过法国启蒙思想家著作的杜桑深受启蒙思想的影响，很快，其丰富的学识和卓越的组织能力让他在起义军中成为佼佼者。在他的领导下，被推向高潮的起义极为迅速地传播到整个圣多明各北部，殖民者和种植园主不得不逃往有殖民军保护的大城市。

1793 年，庞大的海地起义军将法军彻底打败，却不料西班牙人和英国人乘虚而入，轮番潜入海地。杜桑奋勇而战，带领其起义军再次将北部的西班牙人赶出海地，三年之后，蓄势待发的杜桑又以北部为根据地，顺利打败英国人，终于，海地岛解放了。

解放后，海地开启了自己的统治之路，杜桑被选为终身总统。1801 年 6 月，海地召开了第一次制宪会议，制定了废除奴隶制度的宪法，明确规定不同肤色、人种的海地人均可享受公平自由的公民权，各自拥有独立的财产权，贸易自由，海地正式独立。

不久，令人震惊的事发生了。1801 年 12 月，不甘心被海地起义军打败的法国执政拿破仑再次准备 55 艘战舰和 3 万名装备精良的士兵，任命其妹夫勒克莱尔为远征军司令进攻海地。

法军刚潜入海地就滥杀无辜，生活在海地岸边的黑人无一幸免。海地人再次被强暴的法军激怒，杜桑立即召开了动员大会，召集所有的海地人，铿锵有力地说："我们已经取得了自由，我们黑奴世代受欺凌的时代已经一去不复返了！现在，法国人又回来了，他们企图从我们手中夺去我们的自由，我们宁可战死也决不能答应他们！让我们共同奋斗吧！我们要让法军饿死、渴死、累死，让海地变成这些强盗的活地狱！努力吧，自由属于我们！"

"自由万岁！"高呼着口号的海地人民兵分两路，一路人将粮食全部转移到山里，即便带不走也要将其烧掉，以免法国人抢走；另一路人锁紧房门，把毒药投入井里。终于，法军因饥饿难忍而耗不起长久之战，军力大减。而熟悉地形的海地人民则早已遍布各个角落，狼狈不堪的法军不断阵亡。

此时，看到手下不断阵亡的勒克莱尔想出了一个阴险毒辣的招数，他给杜桑写了一封信，企图将他远在法国留学的两个儿子作为筹码威胁他投降。看到信的杜桑心中一颤，虽然也为儿子们担心，但仍异常坚定地回信说："我决不投降！我决不能为了自己的儿子而牺牲海地！"于是，杜桑再次加大火力，进一步进攻法军。

法军的战势越来越弱，勒克莱尔决定再给杜桑写一封信，信里写道："法国和海地虽相距遥远，但我们世世代代都很友好，以后还要继续友好下去。目前，我们之间存在一些分歧，这是误会，我们应该把误会消除，所以，我建议，我们坐到一起进行谈判。请来我们这里吧，我的朋友，我们真诚地邀请您，您来到之后，就会发现，没有比我更诚实的朋友了。"

杜桑虽然有所防备，但还是陷入了勒克莱尔设的圈套，以为其诚心求和，便单枪匹马地来到了法军驻地。果然，勒克莱尔见杜桑孤身前来，立即示意手下将其逮捕。杜桑意识到上当受骗了，破口大骂道："你们背信弃义、卑鄙无耻！你们是强盗，一伙强盗！你们杀死我，只不过是在海地砍倒了一棵自由之树，你们砍倒了这棵，将有成千上万棵生长起来，你们是砍不完的，等着瞧吧，你们这伙强盗，你们都将一个个滚出海地！"勒克莱尔和他的部下卑鄙地在一旁哈哈大笑。

1802年5月，勒克莱尔把杜桑押送到法国。在船上，杜桑愤怒地指着法国的红白蓝三色旗说："你们宣扬的自由、平等、博爱在哪里？你们的国旗只不过是强盗的遮羞布而已！我们海地人一定会战斗到底！"

半年后，在法国监狱受尽折磨的杜桑悲惨去世。

杜桑死后，海地人奋起反抗的决心并没有被磨灭，反而越战越勇。一年不到，染上黄热病的勒克莱尔和其手下便纷纷不治身亡，法军死伤过半。

1803年10月，兵力衰退的法军主动投降，海地人民获得了自由。1804年1月，海地正式宣布独立，世界上第一个黑人共和国成立。

——"多洛雷斯呼声"——

1810年9月16日凌晨，墨西哥北部偏远的多洛雷斯村，正上演着一场激情澎湃的演讲，成百上千的印第安人聚集在台下，伊达尔哥在台上演讲："孩子们，你们愿意成为自由人吗？你们愿意从西班牙人手中夺回自己的土地吗？"

大家热血沸腾，纷纷高举手臂，将长期积压在心里的愤怒喊叫出来："独立万岁！美洲万岁！打倒坏政府！"

这一幕家喻户晓的场景，便是点燃了墨西哥独立运动导火索的"多洛雷斯呼声"。

早在 16 世纪中叶，拥有海上优势的西班牙凭借其强大的军事力量，强力压迫和剥削拉美人民，最终占领了拉美的广大地区，拉美人民遭受了一场巨大灾难。后来，欧洲经济的迅速发展使得殖民地出现了资本主义经济关系，启蒙思想广泛传开。与此同时，西班牙在欧洲的地位不断落败，殖民地与宗主国之间的矛盾直线上升。终于，拉美人民掀起了起义的高潮。

1810 年 9 月上旬，伊达尔哥召集手下，决定 10 月 1 日发动起义。但万万没想到，西班牙殖民者得到了起义的消息，调兵遣将，企图镇压起义。于是，伊达尔哥紧急地召集手下，宣布正式发动起义。

于是，伊达尔哥带领几千名手持棍棒、砍刀的印第安人气势磅礴地向瓜纳华托逼近。10 月中旬，挺进首都的起义军已高达 8 万人，兵少力薄的西班牙军只有3000 人驻守，而主力部队远在寒冷的北方。短短 9 个小时，热血沸腾的起义军便将敌军击败，踏入首都的大门。

几天后，西班牙驻墨西哥总督得知了兵败的消息，一时被吓得心惊胆战，立即将神庙里象征西班牙权力的圣母像搬了出来，在圣母像脚下高喊哭拜道："至高无上的圣母呀，墨西哥的印第安人造反了，我这个总督无智无能，敬请您显显神威退走敌军吧！"

本可顺利拿下首都的起义军突然接到伊达尔哥的旨令撤回瓜纳华托，而此时西班牙主力军正急速南下，正好撞在一起。结果可想而知，很快，装备精良、训练有素的西班牙主力军攻破了丝毫没有作战经验的起义军。随后，起义军只好兵分两路，向西北和南方撤退。

11 月 26 日，伊达尔哥率领起义军进驻墨西哥第二大城——瓜达拉哈拉，成立了革命政府。次年 1 月，堪称"残暴"头衔的西班牙将领卡耶哈率领一万名西班牙殖民军抵达瓜达拉哈拉。1 月 17 日，伊达尔哥否定了指挥官阿连德采用游击战的想法，带领数万大军主动出城迎战，两军在城东南交锋。

战场上充斥着厮杀声，战斗非常激烈，一时难以分出胜负。傍晚，卡耶哈派遣一支 400 人的浩大军乐队进入战场，随着西班牙民曲"斗牛士"的号角声与鼓声交错响起，西班牙殖民军迅速杀气高涨，起义军也高呼着冲击，战事越来越猛。

与此同时，在一旁煽风点火的卡耶哈将 10 门大炮集中指向起义军阵地，一炮击中，大火连天。乘虚而入的西班牙殖民军顺势反扑，起义军溃败。

这次惨败使得伊达尔哥失去了统帅权，阿连德率军向北撤退，卡耶哈率军紧追其后。谁知，中途路过萨尔提略附近时，起义军不慎陷入另一支西班牙殖民军的埋伏，伊达尔哥等人被俘。7 月 30 日，西班牙军杀害了伊达尔哥等人。

伊达尔哥被敌人杀害后，后继者继承了他的遗志，决心完成独立大业。1813 年 11 月 6 日，墨西哥宣布独立，但还有部分西班牙殖民者未清除干净。1821 年 9 月 28 日，起义军彻底击败西班牙殖民者。

不久，深受墨西哥人民尊敬的伊达尔哥连同其手下的遗骸被隆重地迁回首都埋葬。人们尊称伊达尔哥为"墨西哥独立之父"，将发出"多洛雷斯呼声"的那天定为国庆日。

—— 玻利瓦尔解放拉丁美洲 ——

"解放者"西蒙·玻利瓦尔不仅是南美洲北部地区民族独立战争中最为重要的领导人，还是整个拉丁美洲反抗殖民统治的革命运动中最为杰出的领袖。

1783 年，玻利瓦尔出生于西班牙殖民地委内瑞拉加斯市的一个西班牙血统的贵族家庭。同当地其他家境殷实的地主资本家一样，不仅拥有大片种植园，还经营着金矿、糖厂、房产及呢绒等商店。

1799 年，玻利瓦尔前往西班牙首都马德里留学。玻利瓦尔勤学好问，博览群书，深受启蒙运动思想家约翰·洛克、卢梭、伏尔泰和孟德斯鸠等人的影响。

有一天，身着南美洲贵族衣服的玻利瓦尔骑着马在街上闲逛，突然，街头一个警察对他大声吼道："小子，下来！"玻利瓦尔不屑地转头看了看那个警察，心中疑惑道："为什么呢？"以前在家乡时，身为贵族的自己深受人民的爱戴，怎么西班牙的一个小小的警察就可以对自己这么无礼呢？看到玻利瓦尔站着不动，那个街头警察立即走上前去，一把拽下玻利瓦尔，还严厉地呵斥道："这是西班牙，不是南美洲殖民地，你少在这里耀武扬威！下来！"

从那以后，深受刺激的玻利瓦尔终于醒悟，原来在西班牙人眼里，殖民地人民的地位根本不值一提，一个小小的警察就可以如此呵斥一个贵族。于是，玻利瓦尔做了一个勇敢的决定，一定要推翻西班牙的统治！

1806 年，返回祖国的玻利瓦尔立即着手准备反抗殖民统治、争取民族独立的斗争。1812 年，委内瑞拉第一共和国成立，积极革命的玻利瓦尔成为领导人之一。但令人惋惜的是，经验不足的第一共和国很快就被西班牙殖民者攻破了。

1813 年，重新组织起革命军的玻利瓦尔解放了加拉加斯等地区，顺利建立了委内瑞拉第二共和国。玻利瓦尔喊着"向可恨的奴役者宣布一场决死战"的口号，号召人民加入革命军，其"解放者"的称号便是在这个时候被授予的。然而，接连失利，第二共和国再次失败，玻利瓦尔不得不潜逃到牙买加、海地等国家。

正当玻利瓦尔走投无路时，海地总统将其国家的 7 艘船和大批武器弹药送给了玻利瓦尔。海地是拉丁美洲第一个独立的国家，海地总统和人民积极地支持玻利瓦尔的独立事业。玻利瓦尔甚是感激，立志要像海地那样，将殖民者彻底赶出委内瑞拉的土地。

两个月后，1816 年 3 月，玻利瓦尔率领 200 多名爱国人士从委内瑞拉北海岸的奥里诺科省登陆，悄无声息地潜入西班牙人统治薄弱的农村地区，试图在那里发展力量。他知道，与装备全面的西班牙人面对面打硬仗是不可能获胜的。

果然，玻利瓦尔的选择是正确的。在那里，玻利瓦尔将西班牙王室和反动派大量的财产和土地分给参加起义的战士们，并宣布解放当地黑奴，取消印第安人的人头税并分给其土地。这样一来，深得民心的玻利瓦尔将当地所有的白人、黑人和印第安人组成了一支浩大的军队，大家团结一致，决心为推翻西班牙人的统治而奋斗。

1818 年 10 月，委内瑞拉第三共和国正式成立，位于奥里诺科河下游的安哥拉徒城非常热闹，玻利瓦尔异常激动，似乎已经看到前方胜利的曙光。

激动之余，玻利瓦尔冷静了下来，决定先翻越安第斯山，偷袭秘鲁的西班牙殖民者。但崇山峻岭荒无人烟，战士们必须在这种极为艰难的条件下顽强不息地前进。地势险恶，他们不得不精神高度集中，手抓野藤、脚登险石，一群人相扶而过，稍有不慎便会跌下悬崖，摔得粉身碎骨；山地空气稀薄，战士们呼吸困难，很多人走到悬崖峭壁时，因缺氧而头晕目眩，一头栽入万丈深渊。

终于，历经千辛万苦的战士们越过了安第斯山，他们高声叫喊着："独立万岁！""自由万岁！""消灭西班牙殖民者！"声声逼近西班牙殖民者。

西班牙殖民者惊慌失措，被这些从天而降的战士们吓得纷纷弃枪而逃。玻利瓦尔趁机一举攻克波哥大，解放了哥伦比亚地区。紧接着，玻利瓦尔又率军横扫委内瑞拉境内的西班牙殖民者，望风而逃的西班牙殖民者根本不堪一击，最终惨败。终于，战士们声势浩大地向首都加拉加斯挺进，解放了全国。

委内瑞拉彻底解放后，战士们又南下厄瓜多尔，与当地西班牙殖民者展开了激烈的厮杀，大胜！于是，战士们占领了首府基多城，厄瓜多尔也宣布解放。

就这样，南美洲西北部地区全部解放。1819年，由哥伦比亚、委内瑞拉和厄瓜多尔组成的"大哥伦比亚共和国"成立，玻利瓦尔被选为总统。1830年5月，玻利瓦尔辞去大共和国总统职务，同年12月17日，因病去世。

—— "万古不朽"的圣马丁 ——

1810年至1826年，拉丁美洲独立战争在阿根廷民族英雄圣马丁的领导下历经16年后，解放了智利、秘鲁，并打败了西班牙殖民军。圣马丁被誉为杰出的领袖。

1778年2月26日，圣马丁出生于西班牙殖民地拉普拉塔亚佩尤的一个阿根廷土生白人的官吏家庭，父亲曾在亚佩尤任副都督。8岁时，圣马丁随其父母移居马德里，懵懂的他博览群书，深受卢梭、伏尔泰、孟德斯鸠、狄德罗、霍尔马赫等启蒙思想家的影响。到了22岁，圣马丁完成学业后在西班牙军队中顺利服完了兵役，积累了丰富的军事指挥经验。后来，阿根廷五月革命爆发，密切关注着阿根廷形势发展的圣马丁也随之坚定了自己的信念——决心为阿根廷的自由独立献身。

1814年1月29日，圣马丁组织了一支主要由黑人和混血种人组成的安易斯山解放军，纪律非常严明。

从圣马丁开始着手拉丁美洲独立战争起，他就认为阿根廷独立必定是一个漫长而艰难的过程，要想彻底取得胜利，就必须先打败整个南美洲的西班牙殖民统治者，也就是西班牙殖民统治的堡垒和主力地区——秘鲁及其首府利马，而后才能进一步解放阿根廷和其他西班牙殖民地。于是，勇敢又聪明的圣马丁决定率领军队越过安第斯山，首先解放智利，再从海上潜入秘鲁消灭西班牙殖民军主力，解放秘鲁。

1817 年初，圣马丁按计划率领 5000 人越过高达 1.2 万英尺的安第斯山，将西班牙守军彻底击溃。这次解放智利的胜利不仅增强了军队的士气，也使南美解放战争由战略防御转入战略进攻。次年 2 月，智利宣布独立。

1820 年，圣马丁开始进攻秘鲁，解放军在他的率领下成功登陆秘鲁南海港帕拉卡斯，并迅速占领了附近的皮斯科镇。

成功打响第一炮后，圣马丁命令手下封锁沿海的所有港口，迅速包围西班牙殖民军。随后，圣马丁又挺进秘鲁北部交战，解放军战士们英勇作战，视死如归。终于，到了 1820 年底，秘鲁北部地区基本上全部解放，不得不退出利马的西班牙殖民军队潜逃至内地山区，圣马丁高声欢呼，率军进驻利马，正式宣布秘鲁独立，并担任护国公一职，成立了新政府。

圣马丁在南美解放运动中功不可没，后来，出任阿根廷北方军总司令的他还被授予"南美洲的解放者"，秘鲁、智利、阿根廷三个共和国的"祖国之父"和"自由的奠基人""南方的华盛顿"等各种称号。

谁知，正当阿根廷人民准备热烈欢迎他时，战功显赫的圣马丁却悄悄地消失了。

而他突然消失的原因，外界有着各种各样的传言，最为可靠的原因，当属那次举世闻名的"南北巨子"瓜亚基尔会谈。

1822 年 7 月 25 日，在瓜亚基尔会谈中，圣马丁与玻利瓦尔会谈时产生分歧，圣马丁悄然离去。随后，圣马丁宣布将其奋斗一生而取得的胜利果实连同其最高权力和荣誉让给了玻利瓦尔。因为这件事，圣马丁被称赞为"一个万古不朽的灵魂"。同年 9 月，圣马丁在国民代表会议上发表了辞职演说，将自己的政权交给了代表会议。

就这样，圣马丁离开了秘鲁，经智利回到阿根廷，随后又辗转欧洲，移居法国。1850 年 8 月，圣马丁在法国因病逝世。

── 古巴共和国成立 ──

古巴拥有大片原始森林，因其优越的地理环境，故而盛产蔗糖、雪茄烟叶，也因此让殖民者们虎视眈眈。早在 16 世纪，西班牙就占领了古巴，从此，古巴人民一直被西班牙殖民者强行压迫和剥削，摆脱西班牙殖民者统治成了古巴人民最大的愿望。1868 年 10 月 10 日，古巴人终于起来反抗了。

这天，奥连特省异常热闹，以塞斯佩斯为首的 38 名种植园主敲响了大钟，宣布古巴正式独立，古巴共和国成立了。刹那间，古巴人民高声欢呼，纷纷响应加入了起义队伍，仅仅几个月，就组成了一支 2.6 万多人的队伍。但很快，毫无作战经验的古巴人民就被西班牙殖民者打败，只能进行小规模的游击战争。

第一次失败的最主要原因是因为他们没有一个斗争纲领，于是，1869 年 4 月，起义领导者在卡马圭省的圭马罗召开了制宪会议，通过了古巴第一部共和国宪法，建立了政府和起义军领导机构。随着新政府成立，局面慢慢打开，优秀将领戈麦斯和马赛罗立即率领起义军再次进攻西班牙殖民军，给了西班牙殖民军沉重的打击。

1884 年，马赛罗在纽约会晤了古巴杰出的革命领导人何塞·马蒂。身为诗人和政论家的马蒂长期从事古巴的独立运动，作战经验非常丰富。马蒂很欣赏马赛罗，交谈后，决定重用他和他的同伴戈麦斯。1892 年 4 月，积极准备起义的马蒂在纽约组织了古巴革命军，并从美国的古巴侨民中筹措了购买武器的资金，任命戈麦斯为古巴解放军总司令。1895 年 1 月 28 日，古巴吹响了独立战争的号角。

4 月 1 日凌晨，晨雾笼罩着一片寂静的多米尼加港口，马蒂和戈麦斯率领几十个古巴革命者爬上了一艘船。10 天后，抵达古巴东海岸，当地革命者热烈欢迎，并带领他们与马赛罗的义军会合，形成了一支强壮的军队。5 月 19 日，西班牙殖民者突然意识到局势不对，便立即命令明坎波斯率领 5 万精兵前往镇压，妄图把古巴义军全部扼杀。

终于，两军不期而遇，马蒂纵马率领起义军，边挥着战刀边高呼："为了古巴的独立，冲啊！"数名敌军倒在他的刀下。后来，马蒂不幸中弹落马，西班牙殖民军顺势而上，起义军最终惨败。

马蒂的牺牲，让戈麦斯和马赛罗等人深痛不已，他们决定继承马蒂的遗志，誓要解放古巴。于是，二人化悲痛为力量，率领起义军再次发动了横扫古巴岛的"突进战役"，这支兵力不足 5000 人的军队由东向西，在 2400 公里的行程中交战27 次，击败殖民军 11 万，解放了 22 个沿边城镇。

后来，西班牙又任命号称"屠夫"的魏勒尔担任古巴都督，试图将所有的古巴人民都集中在集中营里统一看管，切断他们与起义军的联系。但是，西班牙殖民者的恐怖政策和血腥镇压并没有让起义军屈服，反而让他们越挫越勇，他们不仅再次解放了大片土地，还包围了首都哈瓦那，魏勒尔成了瓮中之鳖。

这时，暗地里对古巴虎视眈眈的美国乘虚而入，企图拿下古巴。1898 年，美国以美西战争为由出兵古巴。7 月 16 日，驻扎在古巴的西班牙殖民军被美国军队打败，西班牙军队最终投降。美国再次占领了古巴。美国殖民军在古巴进行军事管制。1901 年，巴尔玛当选古巴第一任总统。次年 5 月，美国将政权移交给巴尔玛并撤走军队，古巴共和国成立。

—— 巴拿马运河 ——

中美洲像一根狭长的扁担，连接了南北美洲，而在这根扁担的最窄处，便是今天巴拿马共和国的所在地。众所周知，巴拿马之所以家喻户晓就是因为巴拿马运河的存在。

横跨太平洋和大西洋的巴拿马运河像一座水桥，西起克里斯托巴尔、东至巴尔博亚，全长 68 公里，再加上连接两洋的深水段，共长 81.3 公里。

最初，巴拿马运河的建立是为了解决绕道南美洲航程遥远的问题。当时，人们为了寻找便捷的通道而千方百计地研究南北美洲的地理形势。果然，在南北美洲的大陆之间发现了北起危地马拉、南至巴拿马，一条从西北向东南延伸、长达

2900 公里的狭长地带，命名为"中美地峡"。

在中美地峡的南端，从中美洲的哥斯达黎加到南美洲的哥伦比亚，横亘着一条南北长 740 公里、东西宽 60 ~ 180 公里的地带，命名为"巴拿马地峡"。

1513 年 9 月，西班牙探险家巴尔博亚第一次在巴拿马地峡做了考察，他发现在巴拿马地峡一侧的一座山峰上可以看到另一侧一望无际的蔚蓝色海洋，也就是现在的太平洋。因此，巴尔博亚也被称为"太平洋的发现者"。

后来，西班牙国王卡洛斯一世发现，如果从巴拿马地峡通航，人们从大西洋沿岸到太平洋沿岸就不用再绕过南美洲的南端了。于是，他指示当地的巴拿马人用石板在巴拿马地峡修筑了一条连接两大洋的道路，专门用以转运西班牙人从太平洋掠夺来的财富。尝到了好处的卡洛斯一世为了更加方便，决定再开凿一条运河，这样就可以通过船只了。但当时的技术条件有限，虽然制订了具体的方案，但最终也无疾而终。

19 世纪后，研究巴拿马运河的人越来越多，欧美各国都在揣摩，绘制出各种各样的运河蓝图。1826 年，拉丁美洲民族解放领袖大哥伦比亚总统玻利瓦尔提议由美洲各国协力合作开凿运河。

美国于 1850 年 ~ 1855 年筑起了横贯巴拿马地峡的铁路，铁路建好后，美国要求修筑和控制地峡运河。随后的几十年里，美、英、法等国纷纷为了在巴拿马建造一条人工运河展开了激烈的竞争。最终，法国"全球巴拿马洋际运河公司"与 1878 年从当时统辖巴拿马的大哥伦比亚联邦那里取得了运河的承租权，两年后，成立了法国运河公司。

1881 年 3 月，巴拿马运河正式开凿。后来因经费枯竭而被迫停工。5 年之后，法国人又投入二期工程，6 年时间里花费 3 亿美元建成了巴拿马运河的 1/3，但工程再次破产，法国人被迫放弃了。

1901 年，号称头号强国的美国签订了《海·庞斯福特条约》，废除了英国对运河的支配权，全权掌握了运河的命运。

运河终于开工了。或是在热带雨林的烈日暴雨肆虐下，或是在遍布猛兽毒蛇、悬崖沼泽的原始地带中，或是在蚊虫猖獗、病毒广布的险恶条件里，历尽艰险的数万黑人及部分意大利、西班牙、菲律宾和中国工人以血肉之躯筑成了这条运河，创造了这个奇迹。一条人命占据着一平方米运河，整个运河更是夺去了 7 万人的性命。其中，有 40 名中国劳工的冤魂都被筑造在这条运河里。

1920 年，巴拿马运河正式建成。作为交通咽喉要道的巴拿马运河成了一条流淌着财富的"黄金通道"。美国每年不仅可以从这里得到巨额通行税，仅1921年至1959年间便收入25亿美元，而且航程缩短后也为美国政府节省了数百亿的经费。

20世纪中期，巴拿马政府开始就运河的主权问题对美国提出坚决抗议。1977年9月7日，美国和巴拿马签订了新的《运河条约》。最终，巴拿马收回运河主权，运河区由巴美两国共管。

—— 印度反英大起义 ——

19世纪50年代中期，印度人民与英国殖民者的矛盾日益激化，民族起义在弥漫全国的反抗声中秘密酝酿。

工业革命后，到19世纪中期，为了寻求原料产地的英国殖民者已经占领了印度三分之二的土地。他们为了确保在印度的地位，训练了一批印度人作为他们的士兵，却不断降低士兵的待遇。终于，英国人骄横跋扈的行径激起了印度人民的愤怒，1857年5月10日，驻守在米鲁特的士兵杀死英国军官，为反英大起义吹响了号角。

随后，市民和附近农民纷纷响应，起义者们按计划打开监狱、释放政治犯，割断电线，封锁交通要道，烧兵营，杀死英国军政官员，毁教堂，砸烂殖民衙门。他们经过了一夜四十英里的急行，于次日清晨抵达德里城下。

英国上校闻讯率军迎战。当两军一对阵，起义军看到德里的英军士兵都是印度人，立即振臂高呼："打倒英国统治！"德里的印度士兵迅速将枪口转向英国军官，"叭！叭！"两声，英国军官应声倒地。两支起义军队高声欢呼，像一股不可抵挡的洪流，冲向德里城。

5月16日，起义军经过与英国军队几天的交战，占领了德里城，把英国人赶出了德里城。随后，全国各地纷纷响应起义，迅速收复了大片国土。

此时，印度人民起义如同燎原之火，让英国驻印度的总督肯宁很是恐慌，于是，肯宁慌忙召集了所有驻印高级官员商议对策。最终，他们决定以旁遮普为后方基地，从东北、西北两路向德里进攻。

9月3日，英军兵分几路进军到德里城下，与印度起义军展开了激战。一连持续了十几天，起义军仍然控制着德里。14日，英军火力大开，用50门大炮猛轰德里，"嗵、嗵"几声，城墙便倒塌一大截，英军侵入城内。

英军入城后，大肆杀戮印度平民。

六天之后，德里起义军因粮尽弹绝而被迫向勒克瑙转移，英国殖民者紧追其后，疯狂屠杀了2万余起义军。

1858年3月，起义中心在勒克瑙成立，集结20万起义军。英军闻讯赶来，并调集9万军队和180门大炮逼进勒克瑙。起义军以马刀为主，却丝毫不怕枪炮装备精良的敌军，勇敢地与其展开激烈的斗争。半个月后，起义军惨败在敌军的猛烈炮火下。3月21日，起义军放弃勒克瑙开始撤离，英军攻陷勒克瑙。

3月25日，英军将领休·罗斯爵士率领军队进攻另一个起义中心詹西城，对詹西城展开了激烈的炮轰。而能力超群的指挥官詹西女王亲临城头，带领起义军还击英军，英军进攻受挫。

4月1日，坦提亚·多比率领2万多起义军赶往詹西支援解围，因遭到英军截击而溃败。4日，詹西城内投降主义者叛变，暗地引领英军从南门攻进城，詹西女王随即挥动武器，带领起义军冲锋陷阵，与敌人争个你死我活。顽强的起义军虽杀死了无数敌军，但因寡不敌众，詹西女王只得趁着夜色突出敌军重围，离城而去。

随着德里、勒克瑙和詹西三大起义中心的相继沦陷，各地起义军纷纷转入游击战。他们充分利用地形机动灵活地与英军周旋，寻找时机打击敌人。但最终以失败告终，詹西女王和坦提亚·多比先后遇难，起义彻底失败。

—— 祖鲁战争 ——

18 世纪末，南非的原始社会渐渐瓦解，兴起了部落联盟。隶属南非土著居民的祖鲁人在恰卡和丁干的率领下，将 3000 多个分散的部落统一起来，组建了祖鲁王国，并曾训练了一支 10 万余人的部队，组织严密，战斗力极强。

恰卡出生于南非纳塔尔地区姆利彻河畔的一个村寨小部落，他的父亲康纳是个有 2000 人的氏族小酋长。童年时期，恰卡便寄居在母亲的氏族，从小坎坷的牧童生活使他练就了坚强勇猛的性格。1803 年，他离开本部落，投奔一个由丁吉斯瓦纳领导的部落，丁吉斯瓦纳是纳塔尔地区最杰出的酋长，他将附近各部落联合起来组成了一个部落联盟。

1809 年，恰卡应召入伍。很快，英勇善战的他被提升为指挥官。1816 年，恰卡的父亲去世，他率领一支部队杀回本部落，夺回了祖鲁氏族酋长的宝座，并建立了一支以本氏族青年为主的部队，威慑力极强。后来，丁吉斯瓦纳在一次征战中被俘处死，恰卡重建了姆塞思瓦联盟集团，自己担任联盟首领，成为附近地区最大的盟主。

此后，恰卡为了发展其部落的经济，经过一系列的改革，促进了各部落之间的贸易往来，稳定了各部落的联系，为南非祖鲁人民反抗殖民侵略奠定了坚实的基础。

1838 年 11 月 20 日，荷兰后裔布尔人命比勒陀利乌斯带领一支由 500 名士兵、57 辆牛车和 2 门火炮组成的军队对祖鲁人宣战。他们用猛烈的炮火打败了祖鲁人，并屠杀了大量祖鲁人。经过这次打击，祖鲁人力量日益削弱，被迫退守纳塔尔最北部地区。

1870 年，开支瓦约率领祖鲁人进行武装起义，这支加强了武器装备的精锐部队有 4 万人。与此同时，英国殖民者企图让祖鲁人解散军队，接受英国总督的监管。但祖鲁各部的酋长坚决反对，纷纷积极抵抗英军的入侵。

1879 年 1 月 22 日，在夜色的掩护下，开支瓦约率领部队包围了驻守在伊桑德尔瓦纳山的殖民军。祖鲁人冲进敌营，展开肉搏战。而准备不足的英军最终因人数处于劣势而被打败，祖鲁人趁势收复大片土地。

7月4日，英军失利后再次调集2万人和大量枪炮支援，在乌隆迪附近与祖鲁人展开决战。在这片开阔而平坦的战场上，在殖民军猛烈的炮火攻击下，祖鲁人最终惨败而退，祖鲁王国被英军攻占。

英军占领祖鲁王国后，不仅加大了对祖鲁地区的残酷统治，还强制剥夺了各部落酋长的权力。于是，强强联合的各部落发动起义，打算消灭英军殖民者，恢复他们的统治权力。1906年3月起，他们在格雷敦、英姆峡谷等地同英军展开激烈搏斗，几千名祖鲁士兵最终惨死于英军的屠刀之下。

—— 姆克瓦瓦的头颅 ——

坦桑尼亚位于非洲西部，由坦噶尼喀和桑给巴尔组成。19世纪下半叶，非洲被欧洲各殖民者国家强行占领，坦噶尼喀也成了德国日夜惦记的对象。

1884年，德军首次入侵坦噶尼喀，他们压迫剥削坦噶尼喀人，烧毁抢夺土地财物，甚至连手无寸铁的儿童和妇女都不放过。坦噶尼喀人对他们恨之入骨，称他们为"双手沾满鲜血的人"，但德军不以为然，并继续为所欲为。

德军装备精良，坦噶尼喀的酋长们无法阻挡，只得将其土地白白割让给了德国。不料，坦噶尼喀人的软弱助长了德军的嚣张气焰，他们把桑给巴尔苏丹在一些港口城市的旗帜换成了"德国东非公司"的旗帜。随后，见桑给巴尔苏丹不敢抗衡，德军立即又派一艘军舰闯入坦噶尼喀的一个港口，将其占为己有。

终于，满腔怒火的坦噶尼喀人被激怒了，他们将军舰上的德国专员们包围起来，企图让德军撤退。坦噶尼喀人本以为苏丹会派军队支援他们，但是，却等来了苏丹军队对自己的镇压。

苏丹背叛国家和民族的行径让坦噶尼喀人更加愤怒，他们聚集在一起，高声喊呼"把殖民者赶出坦噶尼喀"的口号，将心中的不满宣泄出来。此时，一位有威望的老者走到前面，让大家冷静下来，说道："我们不能再承认出卖国家利益的苏丹的权力了，我们应该推举一位有能力的领导人，带领大家把可恶的德军赶出这块土地。"大家纷纷响应："说得对，我们应该选举一位热爱祖国的领导者。"最终，坦噶尼喀人推选阿布希里为领导者。

当时，坦噶尼喀人使用的武器只是一些原始的梭镖和木棍，根本就抵挡不住德军的现代化武器，战败连连。1885年，阿布希里在一次战争中被俘，英勇就义。

德军一直处于上风，但他们也意识到，坦噶尼喀人是不可能心甘情愿地接受他们的统治，要想征服他们，只有一条路，那就是用武力来征服。于是，德军以巴加莫港口为据点，在加强沿海地区统治的同时，逐步向内地推进。

刚开始，一些德军以"商人"的身份混到坦噶尼喀，用一些在欧洲已经很过时的小东西来跟坦噶尼喀人交易，换取他们的牲畜或象牙等东西，坦噶尼喀人起初只是好奇，对这些小东西很是喜欢，但后来看破了德军的面目后，再也不做这样的交易了。德军看此路已然不通，便开始用武力来压制坦噶尼喀人。

阿布希里死后，姆克瓦瓦接替了他的位置，率领着坦噶尼喀人同德军继续抗争。

姆克瓦瓦是赫赫族的酋长，为了和德军抗争，他将地处坦噶尼喀腹地的王国领地设了重重关卡，让德军损失惨重。后来，姆克瓦瓦又封锁了商道，阻断了"洋商"越入其领地的所有路径。

1891年，驻坦噶尼喀的德国专员向姆克瓦瓦下达了最后通牒，命令姆克瓦瓦只身前往巴加莫约港，而且要带上一把泥土。

姆克瓦瓦不屑地呵斥道："德国人就是这样让我屈服吗？就算是砍掉我的头颅，我也决不会投降。"于是，他气愤地派人给德国专员送去了一支表示斗争到底的箭。

德国专员见这种"和平"的手段并不能收服姆克瓦瓦，便亲自率领德国远征军攻进赫赫族王国。

得知消息的姆克瓦瓦冷静地思索道："德军来势汹汹，如果硬拼肯定是不会取得胜利的，所以只能智取。"于是，他决定让士兵们潜伏在德军必经之路上，一旦德军进入埋伏圈，就立即冲上去杀死敌人。果然，德军损失了200多名士兵，德国专员只得率残部退回巴加莫约港。

德军并不甘心，1894年，德军再次率领大批军队进攻姆克瓦瓦的领地，姆克瓦瓦率领士兵奋勇抵抗，但最终以失败而告终，只得放弃王城卡伦加，率领剩下的士兵潜入丛林，展开了游击战。

1898 年，姆克瓦瓦因操劳过度而身患重病，只好带领几个随从去养病。与此同时，德国总督以 5000 卢比悬赏姆克瓦瓦的头颅。一天，姆克瓦瓦养病的地方突然被德军包围了，听到动静的姆克瓦瓦很快就意识到肯定是有人出卖了自己。紧要关头，他镇定自若，脑子里首先涌现出来的是坦噶尼喀人决不能被德国人俘虏的誓言，于是，姆克瓦瓦举枪自杀。最后，攻打进来的敌人残忍地将其头颅割下，前往柏林请功。

1918 年，在第一次世界大战中战败的德国彻底从坦噶尼喀撤军，作为对战败国提出的条件，坦噶尼喀人民要求德国归还姆克瓦瓦的头颅。就这样，姆克瓦瓦的头颅终于回到了祖国。坦噶尼喀人民还专门为姆克瓦瓦修建了一座纪念馆，将其头颅安放在那里，并把这座纪念馆起名为"姆克瓦瓦纪念馆"。

—— 马赫迪反英大起义 ——

19 世纪 20 年代，埃及统治了苏丹，到了 70 年代，英国又控制了埃及，苏丹也沦为了英国的殖民地。后来，英国殖民者不仅垄断了苏丹的象牙、鸵鸟毛和阿拉伯胶等商品的贸易，还用惨无人道的奴隶贸易来残酷地压榨苏丹人民。终于，备受当地统治者和外国殖民者双重剥削的苏丹人忍无可忍，纷纷起来反抗。1881 年，规模浩大的马赫迪反英大起义在苏丹爆发了。

1844 年，马赫迪出生于一个工人家庭。少年时随父亲漂泊，青年时被送进古兰德学校学习。到了 19 世纪 70 年代初，马赫迪修完神学课程，学识广博的他被任命为可接受门徒的教长。从此频频与下层群众接触，深刻体会到了下层人民所遭受的苦难。

1881 年 8 月，马赫迪在阿巴岛上竖起了义旗，对下层的贫苦人民高呼道："我就是众所期待的救世主（马赫迪），我要带领你们进行圣战，解除你们身上的枷锁。受苦受难的苏丹人民，站起来吧，让我们携起手来，赶走英国强盗！"于是，他以"宁拼千条命，不缴一文税"的战斗口号，倡导人民一起建立一个"普遍平等、处处公正"的美好社会，苏丹人民热烈拥护，越来越多的人来到他身边，跟随他同英国人抗争。

不料，马赫迪的举动引起了英军的注意，英国政府立即下令将这些人全部拘捕。于是，双方在阿巴岛展开了第一次激烈的对抗，最终，100多名英军被起义军杀死。

首战的胜利坚定了马赫迪起义的决心。于是，马赫迪率领起义军进入山区，并在科尔多凡省境内的卡迪尔山区建立了根据地，队伍不断壮大，发展到了5000多人。

同年12月，苏丹总督命拉希德率领1400多名"讨伐军"偷袭马赫迪起义军根据地。拉希德率军刚进入卡迪尔山口，就狂轰滥炸，却没有杀死一个起义军。他不知道，马赫迪已率领军队埋伏在他们行进的路边，只等他们走到那里，就下令炮兵开火。当拉希德走到山林深处时，看到前方立着一面绿色的大旗，他还以为可以悄无声息地进攻起义军，便立即下令兵分三路上前包围。终于，他进入了马赫迪的埋伏圈，最终被打得惨败，起义军大获全胜。

1882年，新任总督盖格勒又派遣尤来福·沙拉得率领3500名士兵进攻起义军。马赫迪再次采用突袭战略，趁这支部队因长途跋涉而立足未稳之时，再次奇袭，全歼了这支敌军。同年9月，马赫迪趁机攻入苏丹乌拜伊德。历经数月的激战后，1883年1月，成功攻下苏丹第二大城市乌拜依德，起义队伍已发展到3万余人。

英国殖民者不甘失败。1883年9月，将军希克斯率领一支由1.1万人的埃及远征军、14门大炮、6挺机枪、500匹战马和5500头骆驼组成的浩大军队再次征伐起义军，气势汹汹地大举进犯苏丹。和英军相比，马赫迪率领的3万人马实为弱小。

但英勇睿智的马赫迪并没有气馁，而是急中生智，悄悄将希克斯军队必经的乌拜伊德地区附近的水井封填，让他们在进军的途中无水解渴。除此之外，他还派人跟踪打听英军的部署战略和动向，在英军进军途中的希甘森林空地四周埋伏下了部队和重武器，并派遣一支小部队迎击敌人、一支5000人的队伍绕到敌后夺取敌人的辎重。马赫迪再次胜利，将曾狂言"我要横扫苏丹，活捉马赫迪"的希克斯杀死。

后来发生的乌拜依德战役，是马赫迪起义的一个重要转折点，从那以后，起义军连战连捷。到1884年初，马赫迪已率领起义军攻占了苏丹南部大片土地，直接挺进首都喀土穆。

为了挽回败局，英国政府派遣"刽子手"戈登为苏丹总督。1884年2月，戈登到达苏丹后，企图用收买的方式任命马赫迪为科尔多凡省的省长，但马赫迪不屑一顾，给戈登捎去一件苦修僧长袍，建议他弃恶从善。

戈登向伦敦发出了一封紧急求援的电报，双方交战指日可待。1885年8月26日凌晨，还没等英国援军前来，马赫迪便率领起义军进攻喀土穆，接连冲破了戈登的重重防守。短短几个小时，起义军便占领了喀土穆。而看到大势已去的戈登慌忙地下楼逃跑，正好被一个起义军逮个正着，起义军一声吆喝："往哪儿跑！"紧接着，起义军的长矛便刺中了戈登的心脏，这个恶贯满盈的刽子手终于被杀死了。

同年9月，除了沿海的萨瓦金港外，苏丹已全部解放。历时四年的马赫迪武装起义宣告成功，统一的国家——马赫迪王国终于建立了。而大刀阔斧地废除英国殖民主义制度、建设新生的"马赫迪国家"的马赫迪却不幸染上天花，于1885年6月22日逝世。

马赫迪死后，马赫迪王国变成了一个统一的封建神权国家，起义军的力量被大大削弱。到了1898年，起义军在柏柏尔地区的阿特巴拉河畔被英军打败，惨遭英军大肆屠杀。1900年1月，马赫迪起义最终以失败告终。

—— 东学党起义 ——

19世纪70年代，朝鲜政府在日本的强迫下签订了不平等条约，沦落为半殖民地国家。随后，日本的强行压迫使得朝鲜政府不断地对人民强力剥削，朝鲜国内民怨四起，百姓处境悲惨。正如当时的一首诗歌所绘："金樽美酒千人血，玉盘佳肴万姓膏。烛泪落时民泪落，歌声高处怨声高。"这无疑是当时朝鲜社会的真实写照。

1893年，朝鲜出现了严重的饥荒，生活困苦的民众更是穷困潦倒。而即使在这种情况下，被日军控制的朝鲜政府并没有丝毫收敛，甚至还变本加厉地对农民进行剥削。全罗道的古阜郡农民因无法忍受政府征收水税和杂捐过重的负担，派出了代表向郡守请愿，而郡守非但没有解决这一问题，还妄图对农民实施酷刑。

终于，忍无可忍的农民决定起义。1894 年，即旧历甲午年，全琫准率领包括东学党成员在内的农民军队在全罗道古阜郡举行起义，也就是"东学党起义"。

其实，最早的东学党是崔济愚在 1860 年创立的。起初，东学党处处宣传人人平等的思想，后来朝鲜沦陷，又开始宣传反帝反封建的思想。1874 年，小官吏出身的全琫准加入东学党，并很快成为东学党的首领。

在东学党起义中，成百上千的百姓群情激奋，纷纷高举着鸟枪、长矛、大刀、铁叉、锄头、木棍，甚至祖传宝剑，在全琫准的率领下攻进郡衙。听到动静的官员赵秉甲吓得仓惶逃窜，起义军立即占领郡衙，将仓库里的粮食和钱财纷纷分给了农民。

3 月底，全琫准带领起义军在白山建立了大本营，并号召全国人民拿起武器推翻朝鲜腐朽的统治，将日本侵略者赶出朝鲜。朝鲜人民纷纷响应，很快，起义队伍发展到七八千人。

朝鲜政府对日本侵略者奴颜婢膝，却残酷镇压本国的起义军。越战越勇的起义军每攻占一处，就严惩当地贪官污吏，开仓放粮，吸引了越来越多的人加入起义军的队列。

后来，全琫准攻占南方重镇全州后，又制订了攻打汉城（今韩国首都首尔）的计划。听闻此讯的朝鲜政府惊慌失措，立即召开紧急会议商量对策。一个老臣向国王建议道："眼下的情况，我们只能采用缓兵之计，一面假意与起义军谈判，一面去请求大清国援助。"国王很是无奈，回应道："也只好这么办了。"

国王一方面派专员去与全琫准进行谈判，一方面派使臣去当时的大清国请求清政府的援助。

而在起义军这边，10 万人的庞大军队已控制了全国五分之三的土地，横扫朝鲜全境指日可待。但当时，以崔时亨为首的一派却决心反对北上攻打汉城，遭到全琫准的驳斥后，崔时亨竟然带领一队人马脱离起义军，大大削弱了起义军的力量。又恰逢农忙时节，起义军内的大部分农民归乡心切，本不打算与政府和解的全琫准在担心军心动摇的情况下与政府签订了合约。朝鲜政府虽然表面上接受了起义军平分土地、取消债务的要求，但其条件却是让起义军撤出全州。

起义军撤出全州后，朝鲜政府请来的清军也抵达了朝鲜。与此同时，正愁找不到进一步占领朝鲜借口的日本侵略军看到清军进入朝鲜，便也以镇压起义军为由进入朝鲜。

10 月，全琫准率领起义军攻打汉城，在路过公州时，遭到装备精良的日军的进攻，损失惨重。为保存力量，全琫准只得率领剩余的起义军后撤，待机续战。不料，2 个月之后，全琫准和其他起义军领导人因叛徒出卖而被朝鲜政府军和日本侵略军抓获。

1895 年，被诬陷为大逆不道之罪的全琫准被判处死刑。宣判时，全琫准指着参加审判的日本领事怒斥道："你们是朝鲜人民最大的敌人，虽然你们处死了我，但朝鲜的爱国农民已经团结到一起，他们会同你们斗争到底的。"

就这样，轰轰烈烈的东学党起义被镇压下去了。

—— 苏伊士运河 ——

位于埃及境内的苏伊士运河是连接大西洋、印度洋和太平洋的重要航线，北通地中海、南通红海，每天运送上亿吨的货物，被誉为"国际航道"。

早在古埃及的中王国时期，人们开凿出连接尼罗河和红海的运河，这是苏伊士运河最古老的前身。北段是尼罗河的支流；中段是大苦湖（现在的戈尔柯湖）；南段是由埃及人开凿的一段很短的运河，由克莱斯马港（现在叫苏伊士城）通入红海。后来，苏伊士运河又经过了几次修浚。

17 世纪中叶，一些妄图打开通往东方所有国家门户的欧洲国家扬言要征服埃及。到了 1798 年，拿破仑率先入侵埃及。他认为开通一条运河，将地中海和红海连为一体很是重要，不仅可以直接攫取印度和远东的财富，还可以切断英国与东方殖民地的联系，削弱它的实力。所以，他亲自带领专家对苏伊士地区进行实地考察。但最终因为埃及人民强烈反对，拿破仑开凿苏伊士运河的梦想破灭。

19 世纪，企图笼络中东势力的法国人在印度洋争夺霸权，并对开凿苏伊士运河十分上心。终于，到了 1845 年 11 月，法国人勒塞普斯说服埃及总督赛义德，开凿苏伊士运河，并取得了开凿运河的租让权。

随即，双方签订了《关于修建和使用苏伊士运河的租让合同》。合同规定，从运河通航之日起，租期99年，期满后归埃及所有；埃及无偿提供开掘运河所需的一切土、石、劳动力；运河是埃及的一部分，运河公司是埃及公司，受埃及法律和习惯所制约。

1859年4月25日，合同生效，由勒塞普斯组建的"国际苏伊士运河公司"正式开凿苏伊士运河。

但是，开凿这样长的运河并非易事，当时落后的施工手段更是加大了埃及人的劳动量。据统计，在运河开凿的过程中，共死伤劳工12万人，苏伊士运河是埃及成千上万劳工用血汗贯通的。

1869年11月，苏伊士运河正式通航。经历了10年的艰苦劳动，埃及劳工共挖土7400多万立方米，通行前共耗资4亿多法郎。苏伊士运河通航后，总长为190.25千米；深为22.5米；允许通过的最大船只吨位为21万吨；满载油轮限速13千米/小时、货舱船限速14千米/小时。

苏伊士运河是世界上最长的无船闸运河，航道极为安全，事故发生率几乎为零，并且可以昼夜通航。

随着苏伊士运河的重要战略地位和经济价值越来越被世界公认，苏伊士运河管理权也被相继争夺。从法国对苏伊士运河的独霸，到英、法两国共管，再到《君士坦丁堡公约》的签订，苏伊士运河的管理权一直为列强所争夺占有，最终规定"一切国家在任何时候对苏伊士运河均可自由使用"。

直至1956年，埃及人才将运河收归国有。但到了1967年，西奈半岛被以色列占领，埃及被迫关闭了运河。1975年，运河重新开放。

至今，苏伊士运河仍起着重要的作用，成为一条连接欧亚非的交通大动脉。

第九章

两次世界大战时期

—— 三国同盟与三国协约 ——

第一次世界大战的对立双方分别是以德国、奥匈帝国、意大利为核心的三国同盟和以英、法、俄为核心的三国协约，为了追求各自利益，它们在全球战场上展开了激烈持久的厮杀。

19 世纪 70 年代后，随着资本主义经济政治的发展，各国的实力也随之大幅度提升。到了 20 世纪，美国和德国经济逐渐复苏，并超赶了老牌资本主义国家英国。可当时的世界早已被各国列强所瓜分，英国霸占殖民地最多，相当于俄国的 2 倍、法国的 3 倍、德国的 11 倍。后来，德国终于崛起，把矛头首先瞄准了法国，列强争雄，必起祸端。

1871 年 1 月 18 日，普鲁士的国王威廉一世头戴皇冠、身披五彩王袍，拜访了法国皇宫——凡尔赛宫。这并不是一次简单的访问，威廉一世坐在皇帝宝座上，宣布德意志帝国建立，自己便是德国皇帝。法国人将这一日定为"国耻日"。

后来，在普法战争中胜利的德国，从法国那里获得了 50 亿法郎的巨额赔款和阿尔萨斯与洛林两地丰富的资源，经济得到了迅猛的发展，不久便跃居世界第二位。

但实力雄厚的法国并没有在这次重创中一蹶不振，经过几年的经济复苏，法国又站了起来，并四处寻找伙伴对抗德国。就这样，德国和法国为两大对立阵营插下了各自的战旗。

法国的迅速崛起让德国不得不重视。于是，德国也立即开始拉拢盟友，与法国对抗。也正是在这个时候，奥匈帝国与俄罗斯帝国因争夺巴尔干半岛而不断发生冲突，战争随时都有可能爆发。德国发现，如果俄国在与奥匈帝国的争端中获胜，对自己将会极为不利，于是，德国便让俄国在争夺巴尔干半岛上没讨到任何好处。从此，俄德关系恶化。而得到好处的奥匈帝国立即与德国站在了一边，1879 年 10 月，两国签订了《德奥同盟条约》，结为同盟。

后来，德国又在法意之间为争夺突尼斯而出现的矛盾中将意大利拉入同盟。

1882 年 5 月 20 日，三国签订了三国同盟条约，规定："如果法国进行侵略，德国、意大利将援助，如果三个同盟国中任何一方受到两个或两个以上强国攻击，其他两国保证给予援助。"

另一方面，看到俄德关系恶化的法国人也开始对俄国进行拉拢。

1888 年，法国向俄国贷款 5 亿法郎，次年，法国又向俄国贷款 19 亿法郎。直到 1893 年双方签订条约为止，法国已累计向俄国贷款 100 多亿法郎。1893 年，法俄两国签订了《俄法协定》，协约规定："如果意大利或奥匈帝国在德国支持下进攻俄国，法国应与俄国并肩作战。"

找到了伙伴的法国依旧惴惴不安，先不说对方有三个国家，俄国虽国土广阔，经济实力却比较落后，于是，法国准备再拉拢一个有实力的伙伴，以便同对手作战。放眼四周，法国觉得只有英国最合适，虽然当时的英国已经褪去了昔日的辉煌，但在世界上还算得上是名列前茅的强国，更重要的是，英国恰巧正在遭受着德国的威胁。

1904 年，英法签订了英法协定。在法国的牵引下，英俄之间也开始相互接近。

1907 年，英俄签订了《英俄协定》，这样，法俄协约再加上英法协约和英俄协约，便构成了"三国协约"。

终于，两大对立的帝国主义军事集团形成。1914 年，欧洲大陆弥漫着呛人的火药味，积怨日深的双方几乎到了剑拔弩张的地步，世界大战一触即发。

—— 萨拉热窝的枪声 ——

1914 年 6 月 28 日，是被历史铭记的一天。这天，平静的波斯尼亚首府——萨拉热窝的大街上突然响起了两声震耳欲聋的枪声，也正是这两声枪响，点燃了第一次世界大战的导火。

20 世纪以来，奥匈帝国不仅用武力霸占了波斯尼亚，还企图将邻近波斯尼亚的塞尔维亚纳入帝国版图，塞尔维亚民族主义者极为愤怒。后来，奥匈帝国在德国的支持下，决定在邻近塞尔维亚边境的波斯尼亚的萨拉热窝市举行大规模军事演习。

6月28日，萨拉热窝热闹非凡，原来，两年前的今天，他们战胜了土耳其，摆脱了500多年屈辱的被奴役史，巴尔干斯拉夫人特地将这一天定为"欢乐的节日"。于是，一大早，街头便挤满了庆祝的人群。

9点刚过，一列豪华的列车驶进萨拉热窝车站。在车站两侧，分别站着两队近百名奥匈帝国的士兵，随后，奥匈帝国王储弗兰兹·斐迪南大公及其妻子索菲女公爵从车厢里走了下来，斐迪南大公四周环视了一下人群，便偕妻子坐进了一辆敞篷汽车。几分钟后，敞篷车队离开火车站，向萨拉热窝市中心驶去。

斐迪南大公是奥匈帝国皇帝弗兰茨·约瑟的兄弟、卡尔·卢威格大公的长子。因为皇太子早逝，约瑟没了后代，只得选年纪尚小的斐迪南为皇储，继承奥匈帝国的皇位。

斐迪南是一个极端的军国主义分子，十分狂野。他一直幻想着，有朝一日将垂涎已久的邻近波斯尼亚的塞尔维亚列入其帝国版图。就在来萨拉热窝前，他还亲自指挥了一次军事演习，而假设的进攻对象，正是萨拉热窝。

当然，斐迪南也明白，虽然这次军事演习的进攻对象是塞尔维亚，但背后真正强大的对手却是俄国。

斐迪南这次访问仅仅带了部分仪仗兵，想博得统治民族的一些好感。但塞尔维亚人却并不认可，对斐迪南此次的访问充满了防备之心，他们早已派出以加弗里洛·普林西普为首的7人暗杀小组埋伏在车站到市政厅的街道两旁，用愤怒的眼睛注视着这个敌人，一切都已准备就绪。

斐迪南大公的车队已到达亚帕尔大街的肯麦雅桥，缓慢行驶，一辆接一辆地驶过大桥。斐迪南大公夫妇坐在第二辆敞篷车里，穿行在繁华热闹的街市上，他们不觉沾沾自喜起来，露出趾高气扬的神情，但路旁的人们却很是愤怒。

终于，缓慢向前行驶的斐迪南大公车队距离隐没在一座桥上的第一个暗杀者越来越近，这个塞尔维亚青年顿时热血沸腾，心跳极快，年轻的面容已被心中愤怒的烈火烧得通红，紧握炸弹的右手也被汗水浸湿，左手暗暗用劲，目不转睛地直视着第二辆敞篷汽车里的斐迪南大公，不停地安慰自己："镇静，镇静，一定拿稳枪，整个民族的希望就握在我手里。"

但谁也没想到，正当他即将采取行动时，一个警察不偏不倚地走到了他的面前，呵斥道："喂，干什么的？"这个青年吓了一跳，赶紧向警察挤出一个笑脸。"向后退!"没有注意到青年异常的警察只是维持了一下秩序,就走开了。而此时的车队早已驶过桥面,看着车队渐渐远去的青年遗憾地叹了一口气,悄悄地离开了人群。

不一会儿,车队便到了市中心,这里埋伏着第二个暗杀者察布里诺维茨,他也很紧张,但他想都没想就把一颗炸弹掷向斐迪南大公!可说时迟那时快,看到炸弹飞来的敞篷车司机连忙加速行驶,导致炸弹落在车篷上后又弹到了地上,"轰"的一声,将第三辆车炸得起火了,炸弹的碎片击伤了总督的副手、索菲的侍女和一些旁观者。

而暗杀者察布里诺维茨在掷出炸弹后便立即服毒跳海,几分钟后,人们将他打捞上来时,忍受着毒药剧烈疼痛的他什么也不说。斐迪南当然知道是怎么回事,但他仍故作镇静地说:"这家伙有精神病!不必管他,我们继续前进!"说完,车队又开始前行。

到了市政厅门口的广场上,一大批波斯尼亚警察在路边等候,斐迪南觉得应该不会再有危险了。本想借这次帝国皇储巡视之际好好讨好下斐迪南的市政厅不曾想斐迪南会险遭刺杀,市长和总督吓得满头大汗。

惊魂未定的萨拉热窝市长刚准备致欢迎辞,十分愤怒的斐迪南就上前紧紧地抓住他的胳膊,呵斥道:"市长先生,我到这里进行和平访问,难道你就用炸弹来接待我吗?"

"不是的,殿下,你没发现刚才那个人是个精神病人吗?你大可以按照原计划进行访问,我保证不会再发生这样的事了。"市长唯唯诺诺地弓着腰。

斐迪南表现出一副不屑的表情,假装仁慈地说:"好吧,不过在这之前,我得先去医院看看我的随从。"

于是,斐迪南和他的夫人又上了车,向医院方向开去,萨拉热窝市长和波斯尼亚总督赶紧派了一大批宪兵和警察保护在斐迪南大公的汽车旁。

然而,再庞大的车队也抵不住暗杀者愤怒的心。当车队行驶到拉丁桥时,第三位暗杀者已准备就绪,年仅19岁的普林西普显得异常冷静,将怒火压在胸中的他脑子里只涌现出一个念头,那就是杀死斐迪南。

很快,斐迪南的敞篷车离他不到2米,只见他一个箭步冲上前去,还没等侍从官回过神来,举枪对准斐迪南夫妇就扣动扳机。"呼!""呼!"两声枪响,一颗子弹射进了斐迪南的脖子,一颗子弹洞穿索菲的腹部。旁边站在车子踏脚板上的侍从官被吓得不知所措,总督慌忙命令司机返回总督府。

普林西普见斐迪南夫妇双双死去，便立即将枪对准自己的头部准备自杀，但还未来得及开枪，就被警察所控制，在双方挣扎之中，普林西普服下了一小瓶毒药，虽疼痛难忍，但也未当场死去。

就这样，随着普林西普发出的两声枪响，欧洲的火药库彻底被"击中"，一直对塞尔维亚虎视眈眈的奥匈帝国终于找到了进攻的借口。于是，在得到德皇的支持后，82 岁的奥匈皇帝向向塞尔维亚提出了苛刻的条件，塞尔维亚没有同意。7 月 28 日，奥匈帝国向塞尔维亚宣战，短短的几天，德、俄、英、法等欧洲帝国主义大国便纷纷卷入了战争，第一次世界大战终于爆发了。

—— "施蒂芬计划"的破灭 ——

1914 年，第一次世界大战爆发。而早在 1905 年，德国的总参谋长施蒂芬就提出了详尽且周密的"施蒂芬计划"。

"施蒂芬计划"深受德皇的重视，后经反复的论证、补充、修改，最终形成了德国发动大战的基本蓝本。因德军的主要敌人在西方，故将战略的重中之重着眼于西欧，欲采用先发制人的手段，将主要优势兵力集中在西线进行"闪电战"，经比利时突袭法国，然后再迁回到东线来集中力量对付俄国。整个计划大约三到四个月就能取得最终胜利，德皇任命毛奇为参谋总长。

1914 年 8 月 4 日早晨，埃米希将军率领德国第一、第二集团军迅速越过比利时国境，从纵深方向潜入，正式开始实施"施蒂芬计划"。

首战是进攻比利时的列日要塞。列日要塞地势险要，易守难攻，它的周围环绕着 12 个由装着装甲炮塔的钢筋混凝土构成的坚固炮台，每个炮台不仅设有 400 挺机枪、8 英寸口径大炮等武器，还挖有 30 英尺深的壕沟，并配有探照灯，所有的灯和重炮都可以降到地下。

炮台内，驻守着 4 万名比利时士兵，埃米希将军认为作为小国的比利时没有打仗经验，而自己又率领着庞大的军队，比利时军一定会服软。于是，埃米希将军便派一名使者去见比利时指挥官勒芒将军，要求其投降。

"勒芒将军，我奉德国埃米希将军的命令来督促贵国投降。如若贵军放下武器，让我军顺利通过要塞，我以军人的名誉保证你们的安全。否则，我军将会踏平比利时。"使者神情傲慢地传达了将军的旨意，勒芒将军并没有投降，反唇相讥道："比利时是中立国家，你们竟置国际法于不顾，公然侵犯我国，反而劝我们投降！请阁下回复埃米希将军，尽早退兵回国。"使者听了只得恶狠狠地说："好吧，那你们就等着大炮和飞机的袭击吧。"勒芒将军掷地有声地答道："根据国王陛下的命令，我们将坚守要塞！"

就这样，使者见勒芒将军丝毫没有投降的意思，便灰溜溜地回去报告了。

使者回去一汇报，埃米希顿时火冒三丈，立即下令用大炮轰击列日要塞，并动用飞机向其投放了十几颗炸弹。

德军潮流般涌上，发动了第一轮攻势，但很快就被比利时人猛烈的炮火击退。一天下来，双方势均力敌，各有伤亡，直到日落时分，才停了下来。

第二天，德军再次进攻，动用飞机从上而下轮番轰炸列日炮台。顿时，炮台四周浓烟滚滚，火光冲天，很快便成了一片火海。

见空袭成功，德军趁机挺进炮台，但冲锋几次，均被勇猛的比利时军队击退。一天下来，炮台前德军的尸体堆积如山，而列日炮台却全都屹然挺立着。

德军势力猛减，德国第二集团军副参谋长鲁登道夫将军亲自前来督战，并调来一门口径比协约国大炮还要大的巨型攻城榴弹炮。只听"砰"的一声，列日炮台便在巨大的爆炸声中化为一片瓦砾。比利时总指挥勒芒将军被俘，德军攻占列日要塞。

随后，德军又迅速向西挺进，兵分五路，直扑法国首都。

这个消息传到了法国总司令霞飞将军耳中，他竟然拍手叫好道："好！德军从北方进攻我们，我们则从东北出击，乘机收回阿尔萨斯和洛林。"

而德法边境上驻扎的军队较少，绝大部分的德军都被派到比利时攻打法国。最终，长驱直入的法军很快便收复了阿尔萨斯和洛林地区。法军万分激动，纷纷庆祝此次胜利。

但是，让法军没想到的是，他们这次的胜利却是德军"施蒂芬计划"中特意设置的圈套。德军以有意的退让拉开法军与他们的距离，以便适时反攻。

果然，德军趁机反攻，法国霞飞将军便接到一个个失利的消息——德军已击溃前来援助的英军和法第三、第四集团军。

按当时双方战事的情况，表面上看"施蒂芬计划"的确马上要成功了，而实际上，法军也正因此圈套而躲开了德军，保存了实力。

德军参谋总长毛奇见手下连连胜利，得意忘形，把主力军兵分几路去进攻法国，还调出两个军去东线对付俄国。而本以为胜利在望的他却万万没想到，发现了德军兵力分散的法国将军霞飞立即将法军主力调到左翼，对德军形成夹击之势。

很快，德军因受到法军的两面夹击而被迫在马恩河与法军进行遭遇战。这次大战便是一战时期著名的"马恩河"大会战。9月5日到10日，双方总计150多万名士兵在长达200公里的战线上展开了激烈的阵地战。一连五天，马恩河一线硝烟弥漫，法军阵亡2万多人、受伤12万余人，而德军损失更为惨重，4万多人阵亡、17万余人受伤。最终，兵力不敌的德军向北败退，双方进入了对峙阶段。

9月14日，"马恩河"大会战结束，毛奇哀叹道："我们输掉了整个战争！"随即便被德皇撤职。至此，德军妄图通过"施蒂芬计划"速战速决的计划终究没能得以实现，而德国在战争中的地位越来越不利。

—— 德俄坦仓堡战役 ——

第一次世界大战初期，德国的"施蒂芬计划"一方面将绝大部分德军安在西线，企图通过闪电战术，利用兵力优势来一举攻克巴黎，打败法国。另一方面，将第八集团配备在东线，他们认为充满危机感的俄国实力较弱，只用一个集团军就能抵御，只要战争一爆发，就立即进攻东普鲁士。

但万万没想到，俄国的军事计划是同英法两国一同制订的，一旦德军集中兵力进攻法国，俄军就在东线同时进军东普鲁士和奥地利的加利西亚，使德国陷入东、西两线作战的困境，分散其兵力。

所以，当德军从西线进攻法国时，俄国参谋总长吉林斯基便调集65万大军兵分两路大举进攻东普鲁士。果然，守在东线的德国第八集团军被打得措手不及，只得向西撤退。

初战告捷，俄军傲气顿生，自以为胜利就在眼前。但俄军有一个致命的弱点，那就是食物和运输工具缺乏，需要随时补给。不料，在俄军突入东普鲁士后不久，正向西撤退的德夫霍夫曼上校敏锐地洞察了俄军的这个弱点，再加上俄军两个集团的配合太差，两军之间已经出现了一条宽100公里的空隙地带。

于是，霍夫曼上校立即建议攻打萨松诺夫率领的第二集团军的左侧翼。参谋长很是疑惑，质问霍夫曼道："这能行吗？如果莱宁堪普率领第一集团军来援救怎么办？"霍夫曼上校坚定地摇了摇头，肯定地说："我认为不会！他们之间有100公里的间隔地带，到时恐怕来不及，即使来得及，莱宁堪普也不会援救萨松诺夫！"参谋长看上校胸有成竹，心里若有所思，好像想到了什么似的："你有什么秘密情报？"霍夫曼上校看了参谋长一眼，笑了笑，回答道："这算什么秘密！这两个集团军司令是一对冤家，10年前，在日俄战争时，莱宁堪普因在一次战争中没有支援萨松诺夫，而被萨松诺夫骂得狗血喷头，萨松诺夫气愤至极，竟在中国沈阳火车站的月台上对莱宁堪普大打出手，让莱宁将军很没面子，这次，莱宁堪普非报十年前被打之仇，我判断，他不会援助。"

参谋长听信了霍夫曼上校的话，立即任命一个师去牵制莱宁堪普的第一集团军，并将大部分兵力迅速调集到萨松诺夫的第二集团军两翼。

一切准备就绪后，参谋长又任命一个小分队前去引诱萨松诺夫，双方刚一交战，德军便被攻破，立即掉头向西逃跑。果然，误认为这是德军全线溃逃的萨松诺夫在打败小分队后穷追不舍，企图一举歼灭德军。

一天过去了，萨松诺夫全军疲惫不堪，却怎么也找不到那支德军的踪迹，正当他迟疑之时，骑兵侦察兵便前来报告，说两翼出现大量德军。

见势不妙，萨松诺夫立刻电请莱宁堪普的第一集团军火速支援。霍夫曼上校再次言中！莱宁堪普真的对萨松诺夫的请求置之不理。次日清晨，在坦仓堡附近，德军包围了萨松诺夫的第二集团军。

随后，德军从四面八方进攻俄军阵地，俄军阵地响起了猛烈的炮火声，越来越小的阵地无处不被鲜血浸染。紧接着，德军加大火力，强力冲击，将饥疲交加、士气低落的俄军全部缴获。见大势已去，俄军官兵纷纷放下武器，向德军投降。

最终，悲愤至极的萨松诺夫举枪自杀，第二集团军9万多名士兵被俘，3万多人战死或失踪。

随后，吉林斯基发现第二集团军失去联系，这才意识到自己的判断失误，便立即命令莱宁堪普去支援第二集团军。

但是大势已去，攻破第二集团军的德军稍加休整后又立即猛扑向莱宁堪普的第一集团军，莱宁堪普被打得措手不及，掉头就跑。德军大获全胜，丢下第一集团军独自逃回俄国的莱宁堪普也被沙皇尼古拉二世撤了职。

这次战役便是著名的"坦仑堡战役"，而功劳显赫的霍夫曼上校晋升为少将，并担任德军东线总参谋长。

——"凡尔登绞肉机"——

1916 年初，"施蒂芬计划"破产，不敢贸然深入俄国的德国将战略重点转移到法国。

在法国，凡尔登不仅是通往巴黎的枢纽，也是德军深入攻击法国、比利时的必由之路。于是，德国新任参谋总长法尔根汉便选中了凡尔登作为攻击目标，将此次行动计划称为"处决地"，并预定于 2 月 12 日展开。但当时天气状况一直不好，德军只得一再推迟计划。

德国的异常举动，法军有所察觉，但并未理会。这是因为，此时的法军总司令霞飞因备战索姆河战役而无暇顾及凡尔登要塞，再加上凡尔登要塞由四道防御阵地组成，筑垒地域正面宽达 112 公里，异常坚固。此外，凡尔登要塞的第四道防御阵地由永备工事和两个堡垒地带构成，驻守着 4 个师、10 万人。

不过，法军也对此有所防备，法尔根汉下令把俄国、巴尔干半岛前线以及克虏伯兵工厂的大炮全部集中到进攻现场周围，12 公里长的战线上排列着近千门大炮，前沿阵地还配有 5 千多个掷雷器，27 万进攻的兵力是防守凡尔登的法军的三倍，可谓是在数量和力量上压倒了对方。

1916 年 2 月 21 日清晨 7 时 15 分，随着德军的大炮声，凡尔登战役拉开帷幕。德军将近千门大炮弹在高空爆炸，以每小时 10 万发的发射速度，全部倾泻在凡尔登的野战防御阵地上，一时间，法军阵地一片火海。

随后，德军又用 13 门 16.5 英寸口径的攻城榴弹炮轰击最坚固的第四道永备工事，法军的一段段堑壕变成了平地。

12 个小时的轰击连绵不绝，德军一边用小口径高速炮以步枪子弹的速度发射霰弹，对惊惶乱跑的法军进行扫射；一边用喷火器把法军前沿阵地变成火海。终于，凡尔登要塞附近三角地带的战壕彻底被摧毁，森林被烧光，山头被削平，整个法军防线笼罩在浓烟烈火之中。

炮火刚刚停，德军六个步兵师便呐喊着从 2 公里外的战线上向法军防线发起冲击。虽然德军在炮火军力方面处于优势，法国士兵们还是凭借余力奋勇抵抗，斗志高昂，勇猛异常，由军官带头冲出战壕同德军展开白刃战，将德军的冲锋一次次压了回去。

战事一直持续到 24 日，德军才攻破了法国的主要防线，俘虏了 1 万名法军，缴获 65 门大炮和大量机枪，法军形势危急。

正在此时，得知战败的霞飞将军后悔莫及，立即传命令下去："凡尔登决不能丢给德国人，要不惜一切代价守住阵地。"

2 月 25 日，霞飞率领大量援军前来增援，并委任最优秀的将领贝当将军为凡尔登地区司令官，集结兵力，准备增援。

到了凡尔登，看到前沿阵地堆满尸体，贝当预感到凡尔登即将被包围。这时，德军又攻占了要塞东北部的杜奥蒙炮台。这个炮台经过德军 12 万发炮弹的狂轰滥炸后，将士全部阵亡，被德军占领。

贝当越想越觉得不妙，立即在前线划定了一条督战线，命令阵守凡尔登的全体士兵："绝不能让德军通过此线。"

法军前线军事会议随即召开，讨论怎样才能保证后方援军和军火物资迅速到达。贝当说道："当前情况十分危险，我已和霞飞司令联系过了，让他赶快派大部队增援，在一星期内调集大约 20 万人马和 2 万多吨军火物资，这样才能保证凡尔登不落入德国之手。诸位认为哪条交通线可以完成这么多人员和物资运送？"一名负责后勤的指挥官皱着眉头说道："除了通向西南的一条巴勒杜克—凡尔登公路还没彻底破坏，其他已全部被德国人的大炮切断了。"贝当问道："这条公路的路面怎样？能经得起 6000 辆载重车昼夜通行吗？""不行！必须修复一下，否则，这么多汽车来往穿行，会造成很多车祸。"后勤指挥官回答道。贝当立即下达命令："立即组织一支抢修队，在沿途平民的协助下，铺设和拓宽公路路面，要保证车辆安全通行，凡尔登的得失在此一举！"

于是，刚刚发言的指挥官立即前往督促修路，以保证 27 日通车。再加上大批巴黎市民以高涨的爱国热情投入抢修，终于把被德军炸得坑坑洼洼的巴勒杜克—凡尔登公路修通了。

终于，法军的汽车在这条公路上不停歇地奔驰着，源源不断地将十几万援军和 2.5 万吨军用物资运到了凡尔登，这条为保卫凡尔登立下了汗马功劳的公路后来被法国人称为"圣路"。

至此，敌对双方军事力量势均力敌，而法尔根汉却怎么也想不到，法军怎么会在这短短的一周时间内派出这么多援军呢？虽然疑虑重重，他还是冷静下来重新部署好作战计划，休整下军队，准备更大规模的战斗。

3 月 5 日，大规模的战斗开始了。德军一方，由法尔根汉率领德国步兵从 30 公里的战线上一齐向法军阵地发起进攻；法军一方，贝当下令所有的法国大炮一齐开火，还击德军。经过几个回合，德军伤亡惨重，法尔根只得命令德军停止全面战斗，集中兵力突击马斯河左岸，并由闪电的冲击改为稳步进攻。

4 月份，经过了 70 多个昼夜苦战的德军仍未突破法军防线。双方不仅出动飞机进行了空战，还纷纷轰炸了对方的机场和补给线。7 月份，双方伤亡都非常惨重，德军仅前进了 7~8 公里，仍然无法取得进展。

1916 年 10 月 24 日，法军开始反攻。他们采用小纵队分散指挥的战术，迅速收回丢失的炮台，德军被追退出凡尔登。

12 月 18 日，凡尔登战役结束。不久，法尔根汉便辞去了德军参谋总长的职务，回老家种田去了。

凡尔登战役被称为战争史上的"绞肉机"。在这次战役中，法军几乎投入了全部军力，德军也派出了 44 个师，双方伤亡人数共超过 70 万人。可以说，凡尔登战役不仅是第一次世界大战中具有决定性的一战，而且也是德军从战略进攻转向战略防御的转折点，德军已无法挽回失败的命运。

—— 日德兰大海战 ——

日德兰大海战是第一次世界大战中规模最大的一次海战，又称"英德海上大决战""斯卡格拉克海战"。

1916 年 4 月 25 日，德国海军袭击了英国的大亚茅斯和洛斯托夫特港口，英国加强了对德国的防范封锁。而企图彻底摆脱英国海军封锁带的德国，决心与英舰队展开决战。

1916 年 5 月 30 日，英军截获了德军的无线电报，知道德国海军要进攻其海军。

得知消息后，英海军上将约翰·杰利科勋爵认为这是歼灭德海军主力的大好机会。于是，他先命贝蒂率 4 艘战列舰和 6 艘巡洋舰为前锋，迅速驶向日德兰半岛西北部海面，自己则亲率 24 艘战列舰、3 艘巡洋舰和众多辅助舰只断后。

但他们没想到，这次英军截获德军的无线电报是德国海军司令冯舍尔的一个计谋，将英军引蛇出洞，自己已做好埋伏。

5 月 31 日下午 2 点许，德军已在日德兰西北部的海面上准备就绪，两方舰队仅仅相距 50 公里，但英军并不知道德军就在眼前。

突然，英国舰队上的一名瞭望员喊道："远方出现异常蒸气！"接着又喊道："是一艘丹麦货船。"

德国前锋的一艘轻型巡洋舰也望到了丹麦货船，便转舵向它驶去，恰好与前来察看情况的一艘英舰相遇。

2 点 52 分，两舰首炮互击，但都未命中。紧接着，英军贝蒂立即率领 6 艘战斗巡洋舰迎击德国 5 艘战斗巡洋舰，展开了激烈的轰炸。只见船体一晃，贝蒂的旗舰"狮"号中弹了，贝蒂却哈哈大笑，原来经验丰富的他立即判断出德军使用的是 12 英寸口径的大炮，不免心存侥幸地暗想："德国佬，让你尝尝我 15 英寸大炮的厉害！"随即下令开炮。

于是，只听"轰隆"一声，15 英寸口径的大炮发出了一枚重型炮弹，不料炮弹却在德舰旁边爆炸了，只把一些海水掀到了德国军舰上。

德舰指挥官希佩尔也不由得笑出了声，嘲笑对方："再大口径的炮弹也无非是打打海水！"随即又对准英军发出一炮。

就这样，双方你一炮、我一炮，互相对轰起来。日德兰海面上震荡着"隆隆"的炮声，就连远处的德英大部队都能隐约听见，自以为计谋得逞的杰利科和冯舍尔都下令所有舰只全速前进，彻底解决对方。

处于前线的德舰以新式全舰统一方位射击指挥系统将所有炮火一齐发射，范围小、精确度高，给了英舰队不小的冲击，两艘英舰船相继沉沦。眼看战势越来越弱，再加上德军主力的猛扑，英舰队急忙后撤。

6时左右，急忙赶到的英国主力舰队发现了德国主力舰队的方位，杰利科立即下令："全部列舰向左排成舷侧单行，准备迎战！"

很快，杰利科的24艘战列舰排成长长的的一列，等只顾猛追贝蒂的冯舍尔发现英国主力舰队时，双方已形成了"T"形作战阵势。这样一来，英舰能够使用所有大炮轰击德舰，而反观只能使用舰首炮的德舰却因距离太远而不能射击英舰，处于优势的德国立即慌了手脚。

紧抓时机的英国人立即齐发所有炮火，一阵"隆隆"声响过，德国3艘军舰均遭到重创，就这样沉入了海底。

见势不妙的冯舍尔立即调转船头，企图借助薄雾，从英国舰队的后面撤回本土。哪曾想冤家路窄，再次碰上了英国的大舰队。

"快放烟幕弹！""各驱逐舰立即发射鱼雷！"冯舍尔只得急促地命令手下，在烟幕的重重掩护下逃往本土。而英舰又岂能轻易放过冯舍尔，杰利科立即派出一些舰只封锁了冯舍尔必经的水域。

深夜11点半左右，双方再次发生混战。凌晨3点半，冯舍尔摆脱英国舰队，逃回本土军港，终于躲过一劫。

在这次大决战中，德军被击沉1艘大舰、10艘小舰，死亡2500百余人；英军则被击沉3艘大舰、11艘小舰，死亡6000余人，最终因为双方势均力敌，德国妄想控制海上通道的企图并未实现。

—— 列宁的斗争 ——

1870 年 4 月 22 日，列宁出生于俄国的伏尔加河畔西姆比尔斯克镇，原名弗拉基米尔·伊里奇·乌里扬诺夫。列宁生长在一个充满了民主主义气氛的知识分子家庭里，父亲不仅是中学的数学和物理老师，也是辛比尔斯克省的国民教育总监。

当时，俄国被赤裸裸的暴力所统治，人民根本就享受不到任何民主自由。列宁也参加了革命，走上了反抗沙皇的道路。

1887 年秋，列宁进入喀山大学法律系学习，沉迷于各种社会学说，勤奋学习。12 月，因参加反抗运动被学校开除的列宁被逮捕，在押送监狱的途中，警官教训他道："小伙子，你为什么造反？要知道你的面前是一堵墙。"年轻的列宁无所顾忌，直言不讳地回答道："但这不过是一堵朽墙，只要一推就会塌的。"

在监狱里，列宁与被捕的同学相互交谈，被问道出狱后想做什么时，列宁坚定地说："我的面前只有一条道路——进行革命斗争。"

1887 年 12 月 19 日，列宁被放逐到离喀山 40 多公里远的柯库什基诺村，并受警察的暗中监视，但他丝毫不在乎自己被限制自由。在村里的那段日子，列宁详细地为自己制订了计划，博览群书，潜心自学，不断地丰富着自己的身心和灵魂。

一年后，又回到喀山的列宁成为了当地一个马克思主义小组的积极分子，开始研究马克思的《资本论》和普列汉诺夫的著作。1891 年，他以校外生的资格通过了彼得堡大学法律系全部课程的国家考试，获得毕业文凭，并注册为助理律师。

不过，让列宁真正感兴趣的并不是律师的职业，而是研究马克思、恩格斯的著作。1892 年，列宁组织了当地第一个马克思主义小组，将《共产党宣言》从德文译成俄文，并开展了社会调查，将俄国的历史、经济和阶级斗争状况写在了《农民生活中新的经济变动》这篇最早的论文里。这时，列宁已经由革命民主主义者转变为了共产主义者。

　　1895 年秋，列宁建立了一个统一的、由 20 多名彼得堡的马克思主义工人组成的组织，命名为"工人阶级解放斗争协会"，工人运动即将开始。

　　1895 年 12 月 20 日晚上，沙皇政府将列宁和斗争协会的大部分人全部抓捕，企图镇压工人运动。但是，监狱里坚固的墙壁并不能阻止列宁的革命活动。一方面，他秘密通信于其他被捕的会员，鼓舞他们的斗志；另一方面，他千方百计地联系狱外的会员，指导他们工作。

　　列宁用牛奶将字写在书籍的行文中间，把各种指示、信件传出去。同志们收到后用火一烤，无色的牛奶字就变成了黑色。为了避免被发现，列宁还特地用面包做成小"墨水瓶"，将牛奶盛在里面，只要看守一开门，列宁就把盛满牛奶的面包吃下去。列宁曾在一封信里诙谐地写道："我今天吃了六个'墨水瓶'。"

　　1900 年，列宁流放期满。7 月，列宁出国，侨居国外，在慕尼黑莱比锡创办了第一家马克思主义的全俄政治报——《火星报》。1902 年，列宁为批判经济派而著作了《怎么办》一书，提出了建党的基本原则和计划。

　　1903 年 7 月 30 日，列宁在布鲁塞尔召开了俄国社会民主工党第二次代表大会。此次大会，勇于斗争的列宁通过了以建立无产阶级专政为基本任务的党纲，还形成了以列宁为首的布尔什维克派和以马尔托夫等为首的孟什维克派，正式形成"列宁主义"。

　　1904 年，列宁著作了《进一步，退两步》，一方面系统地阐述了无产阶级的政党学说和组织原则，另一方面批判了孟什维克在组织问题上自由涣散的机会主义。

　　1912 年 1 月，列宁出席了俄国社会民主工党在布拉格举行的第六次代表大会。孟什维克被清除出党，布尔什维克党正式成为一个独立的政党。

　　后来，随着第一次世界大战的爆发，资产阶级趁机大发战争财和国难财，沙皇政府又大举借债，俄国的社会经济趋向萧条，大部分工厂开工不足，甚至倒闭，大片田地荒芜，物价飞涨。

　　这样的经济状况使列宁无不为人民担忧。一方面，他提出了"变帝国主义战争为国内战争"的革命口号；另一方面，他发表了《社会主义与战争》《论欧洲联邦口号》《论尤尼乌斯的小册子》和《帝国主义是资本主义的最高阶段》等著作，全面分析了帝国主义的本质、特征和矛盾，论述了资本主义经济政治发展不平衡的规律，指出帝国主义是无产阶级革命的前夜，并提出了社会主义将首先在一些或一个国家胜利的理论。

终于，在列宁的领导下，反对沙皇专制统治、反对战争的革命运动蔓延到全国。1917年2月，沙皇专制统治被推翻了。

"二月革命"后，窃取了革命果实的资产阶级临时政府继续坚持反民主、反人民的帝国主义政策。

1917年3月，列宁从瑞士经德国回到俄国。当剃光胡子、戴着假发的列宁再次出现在布尔什维克党的特别会议上时，全场高声欢呼，密切筹划着由列宁亲自部署和指挥的武装起义。

随后，俄国政府调集了5万多名士兵开始加紧扼杀起义的行动。形势骤然紧张，列宁果断下令立即起义。11月6日深夜，化装后的列宁顺利通过敌人的封锁和巡逻，进入起义司令部——斯莫尔尼宫。

与此同时，起义队伍在列宁的指挥下迅速占领了火车站、电报局、邮局、银行等战略据点。政府首脑克伦斯基被吓得不知所措，化装成女人乘汽车逃离了冬宫。而他指定的继承人杜鹤宁也被愤怒的群众用拳头打死了。

11月7日，"阿芙乐尔"号巡洋舰向世界播发了列宁起草的《告俄国公民书》，宣告临时政府已被推翻。11月8日，在列宁的领导下，革命武装发起了攻占反动势力最后的堡垒——冬宫的战争。

—— 攻占冬宫 ——

1917年，列宁率领20多万名革命军在彼得堡发动了武装起义。11月7日，也就是俄历10月25日，除了临时政府所在地冬宫和少数几个据点，革命军几乎占据了整个彼得堡。随后，列宁下令攻占冬宫，四面八方的革命军将冬宫团团围住。

冬宫位于彼得堡市中心的涅瓦河畔，是一座堡垒式建筑，是历代沙皇专制统治的象征。它的西北方是涅瓦河，东南方是一条水渠，正前方是一个开阔的广场。11月7日清晨，临时政府命令士兵将成垛成垛的木头搭建成深厚的街垒，将冬宫的入口全部堵住。并在街垒里面架设机枪和小型火炮，派出2000多名守卫在这里。

临时政府头脑克伦斯基乘汽车逃之夭夭。

列宁命令起义部队领导人安东诺夫派人给临时政府发出了最后通牒。但临时政府拒绝了起义部队的要求，认为冬宫坚不可摧，再说克伦斯基请求的援军马上就到，怎么会轻易就被攻破呢？

于是，列宁再次坚定地向安东诺夫下达命令："必须在今天夜里占领冬宫，逮捕临时政府的全部成员！"

这天夜里，夜幕刚刚降临，一只小船趁着夜色悄悄地划向停泊在涅瓦河里"阿英乐尔"号巡洋舰，一个年轻的小伙子从小船上跳到舰上。一个放哨的士兵听到了动静，便走过来厉声喝道："干什么的？"年轻小伙子气喘吁吁地说道："我要见政治委员别雷舍夫！"那个哨兵端详一番，说道："请跟我来！"于是，两人一起走进舱内。只见一个中年汉子正对围在自己身边的几个人说着什么，见进来两个人，便急忙问道："有什么事吗？"年轻小伙急忙上前，迫不及待地问道："您就是别雷舍夫同志吗？"中年汉子声音洪亮地回答道："是的，我就是！"年轻小伙确认了身份后，从怀中掏出一封信来，恭敬地说道："这是革命军事委员会给您的命令！"别雷舍夫接过一看，转身对大家说道："同志们，军事委员会命令我们，今晚 9：40 分向冬宫开炮！"话一落，众人纷纷兴奋地高声欢呼。

别雷舍夫也非常高兴，但很快就冷静下来，整理下秩序后，认真地向全体人员部置了一番。然后，他对那位年轻小伙说："请你转告军事委员会，9：40 分，我们准时开炮！"年轻小伙满意地点了点头，与众人告别后走出船舱，上了小船，又慢慢地向岸上划去。

别雷舍夫是巡洋舰上的政治委员，对他来说，能指挥这次行动很是荣幸。按捺不住心中兴奋之情的他不时低下头去看表，一双炯炯有神的眼睛一直望着前方。

9：40 分时，别雷舍夫果断地发出命令："舰首炮，准备——"话音刚落，炮手们"咔嚓"一声，把炮弹推上膛。

随后，他毫不迟疑地将高举的右臂向下一挥，喊道："放！"只听"轰！"的一声巨炮，带着硝烟的炮弹从炮口直冲冬宫。紧接着，其他大炮也一齐轰鸣，颗颗炮弹全部指向冬宫。

一瞬间，冬宫便成了一片火海，不顾敌人疯狂扫射的起义部队勇敢地冲向冬宫。街垒的士兵哪里见过这种阵势，纷纷逃跑，还有的干脆扔下枪支投降。

"冲呀！"起义军奋力挺进，边喊边射击，很快便穿过空地，抵达宫门前的阶梯。

但是，巨大的铅制宫门却拦住了他们的去路，很多从未见过这样威严坚固的门槛的战士一时也不知所措。

正在这时，有人高声喊道："爬过去打开大门！"于是，几十名战士顺着铜杆爬了上去。终于，沉重的大门缓缓地打开了，上千名战士将他们心中的怨愤和对沙皇的仇怨化为响亮的呐喊声，强有力地涌了进去。

起义军涌进冬宫后，四处捕捉敌人。但偌大的冬宫有很多建筑物，起义军们不仅没有发现临时政府的要员，还不时被隐藏在阴暗的楼梯和栏杆后面的士官射击。

见战事不利，安东诺夫决定让一些支持革命的冬宫仆役带路，有组织地袭击敌人。终于，激战过后，敌人几乎全部被杀，但未抓到一个临时政府的要员，即便把一楼和二楼翻了个底朝天，也一无所获。

安东诺夫身先士卒，决定带领一支队伍直冲三楼。随后，俘获击毙了几个开枪的守卫敌人后，他们冲到一个大房间，果然看到几个东躲西藏的人影，安东诺夫举枪呵斥道："缴枪不杀！"于是，这群衣着讲究、脸色苍白的家伙纷纷站起来颤抖着举起了双手，他们便是临时政府的副总理和诸位部长。安东诺夫见他们都已投降，便严厉地说道："我们以革命军事委员会的名义宣布：你们被逮捕了！"终于，这些平时专横跋扈、不可一世的达官贵人低下了他们高傲的头颅。

胜利的消息立即传开，两天两夜没有合眼的列宁顾不得休息，连日起草了《和平法令》和《土地法令》，准备在第二天召开的苏维埃代表大会第二次会议上通过。这次大会上，苏维埃政府正式成立，列宁当选为人民委员会主席。

就这样，工农革命的曙光照亮了整个地球，人类历史上第一个由人民当家做主的政权正式诞生了。由于这次革命发生在俄历十月，人们将其称为"十月革命"。

—— 基尔水兵起义 ——

第一次世界大战后期，德国不仅面临着严重的经济、政治危机，而且国内的社会矛盾也进一步加深。那些垄断资产阶级在战争中大发横财，而劳动人民却遭到了前所未有的灾难，德国人民的不满和反战情绪不断地增长。

在 1917 年一年的时间里，德国发生了 561 次罢工，146 万多人参加，他们向统治者提出立即结束战争、迅速改善劳动人民生活等基本要求，但只顾与协约国交战的统治者压根就不顾百姓的死活。其中，由柏林 30 万工人和莱比锡 5 万工人举行的"四月大罢工"影响最为深远。

与此同时，德国军队也纷纷开始了反抗运动，海军的不满情绪最为强烈。1917 年 8 月，威廉港 12 艘军舰上的水兵爆发起义，不料遭到反动政府的残酷镇压，许多水兵被捕，起义领导人马克斯·来希斯比奇和阿尔宾·科比斯被判死刑。德国人民彻底被激怒了，德国革命运动一触即发。

1918 年，德国统治者的地位越来越被动，垂死挣扎的他们并不甘心就这样退出历史的舞台。3 月，德军在西线集结了 205 个师向联军发动了 4 次攻势，终以惨败收场。9 月，德军被全线出击的联军打得败退。德国军事上的接连失败促进了国内反战运动的发展，德国处于风雨飘摇中。

9 月 30 日，德皇威廉二世下达诏书，改组政府，实行国会制，并授命巴登亲王组阁。但为时已晚，这些措施已经无法阻止德国革命的爆发，更挽救不了反动统治失败带来的动荡。

10 月，代表德国工人阶级和德意志民族利益的斯巴达克派号召打响德国境内的革命运动，德国统治者孤注一掷，决定做最后一搏。他们认为，如果这一仗胜利了，自然就可以名正言顺地消除德国工人群众日益增长的不满情绪，反过来，即使战败了，水兵们也算做出了自己的抉择，也能就此消除水兵骚动带来的威胁。于是，他们把所有的鱼雷艇、小型巡洋舰、战斗舰，甚至是有毛病的军舰都集中起来，同英军作战。

10月25日，德国海军司令部下令基尔港的德国远洋舰队出海，而本就对政府极为不满的基尔港8万水兵一听到这个命令就嗅到了危险的气味，这可是让他们去白白送死啊。

10月29日晚，基尔港水兵熄灭炉火，拒绝起锚，不管海军司令部说什么他们也不出海。无奈之下，海军司令部只好放弃了这个计划，将几百名水兵押捕到军事法庭上进行了审判。

而海军司令部的这一做法更是激起水兵们强烈的反抗，11月1日到2日，基尔港的水兵商议汇集，要求释放被捕水兵，但遭到了拒绝。

11月3日，基尔港的水兵又举行了大规模的示威游行。他们在军舰的每一根桅杆上都系上了一面面红旗，并在自己的军装上佩戴上红绸带，帽子上别上红色的徽章，走下战舰，走上基尔城街头。

水兵们高喊着革命口号，强烈要求海军司令部释放被捕者。很快，见游行无效的水兵们又立即召集基尔城的工人们，发展成了武装起义。他们解除了军官的武装，迅速占领了战略要地。不久，工人代表苏维埃和士兵代表苏维埃在基尔成立了。5日，基尔工人实行全城总罢工，以支持水兵起义。

得知基尔水兵起义的德国反动政府忙从外地调集4个步兵连对其镇压。不料，3个步兵连倒戈相向，另一个也迅速被起义军解除了武装。几天后，工人士兵代表苏维埃掌控了整个基尔城。

11月3日到8日，基尔水兵起义胜利的消息迅速传遍全国，将革命的火焰蔓延到各个城市。短短一周内，各个邦的君主纷纷被赶下台，几乎所有的城市都建立了苏维埃政权。

基尔水兵起义是德国十月革命的起点，同时导致德国被迫停战，第一次世界大战结束了。

—— 巴黎分赃协定 ——

1919 年 1 月 18 日，在第一次世界大战中取得胜利的各国在巴黎凡尔赛宫召开"和平会议"，讨论制定缔结和约，处理战后问题。

出席巴黎和会的一共有 32 个国家，包括中国。在和会召开之前，美国、英国、法国、意大利和日本 5 国举行了非正式会谈，企图控制此次会议。在和会上，美国总统威尔逊、英国首相劳合·乔治、法国总理克列孟梭、意大利首相奥兰多和日本元老西园寺公望亲自率领代表团出席和会，并阻止苏俄和战败国德国、奥匈帝国、土耳其和保加利亚参加和会。

在索取战败国的赔款时，因为德国要被迫付出 316.8 亿美元的战争赔款（后来实际付出为 7.14 亿美元），大家纷纷对这笔巨款红了眼。英国首相劳合·乔治和法国总理克列孟梭更是为此吵得不可开交。

"法国拿 50%，英国拿 30%，怎么样？"英国首相劳合·乔治首先提议道。

"不行，绝对不行！法国是这次战争最大的受害者，所以我们理所当然地应该拿更多，我们要 58%。"法国总理克列孟梭极为不满地说。

"我们英国为这次战争出的力可不比你们法国少啊。"英国首相劳合·乔治听后愤怒地注视着克列孟梭。

"老兄，法国就得要这个数，少一点儿也不行！"78 岁高龄的克列孟梭虽已满头白发，但仍像只野兽般凶猛，而劳合·乔治也不想牺牲自己的利益。

这时，周旋在英法之间美国总统威尔逊只好出来打圆场："好了，好了，我们美国一分钱也不要。你们两国都让一点，还得让别的国家分一点呢！我看法国拿 56%，英国拿 28%，行了吧？"

最终，在美国的调停下，德国的赔款被瓜分完毕。

克列孟梭见在赔款方面没有占到太多便宜，便把目光转向割地，他指着地图说："法德边界得以莱茵河为界：除阿尔萨斯—洛林归还法国外，德国的萨尔区也归我们！"话音刚落，他国均不满。如果法国得到萨尔区，岂不是意味着其控制了欧洲最重要的军事工业区？谁希望法国在欧洲大陆称霸呢？于是，他们从1月吵到4月，谁也不肯让步。甚至，威尔逊和克列孟梭还以退出和会来要挟对方。

最后，在美、英两国的坚持下，法国只好退让，同意将萨尔地区交国际联盟代管。此外，英国得到了国际联盟所规定的委任统治制度下拥有1000万人口的领土，法国得到750万人口的地区，日本也得到了德国在太平洋上的属地，而美国也通过了"门户开放"，美国的商品与资本有权进入这些地区，机会均等，大家一起分享好处。

此外，巴黎和会还要求德国撤回在莱茵河以东50千米的驻军，并由联军占领莱茵河以西15年，同时，德国只能保留10万陆军，禁止生产军用飞机、重炮、坦克和潜艇等武器。

6月28日，巴黎和会的最后一天，全体战胜国在和约上签字，但作为战胜国的中国代表却拒绝签字。

原来，巴黎和约里有3个条款涉及了中国的主权，其中一个是战前德国侵占山东胶州湾的领土，包括那里的铁路、矿产、海底电缆等，和会上英美法却自作主张地将其送给日本。中国曾支援协约国大量粮食，派出的17.5万名支援劳工牺牲了2000多人。

忍无可忍的中国人掀起了轰轰烈烈的"五四"运动。在全国人民的支援和影响下，中国代表团向和会提出两项提案，一则取消帝国主义在中国的特权；二则取消日本提出的"二十一条"，收回山东的权益。

但提案被否决，远在北京的北洋军阀却一再命令中国代表团在和约上签字。6月27日和28日，3万多爱国华人聚集在中国代表团的住所外面，强烈抗议。

最终，中国代表团成员顾维钧向和会发表了一项声明："山东问题不解决，我们决不在和约上签字！"声明后，顾维钧匆匆离开了大会会场。

总的来说，巴黎和会并没有解决帝国主义之间争夺殖民地的矛盾，而且对战败国德国的苛刻勒索，也为其埋下了复仇的种子。事后，法国元帅福煦说："这不是和平，这是二十年休战。"1939年9月，希特勒在欧洲掀起大战，世界人民又一次陷入灾难和痛苦之中。

——"土耳其之父"——

1880 年，穆斯塔法·凯末尔·阿塔图尔克出生在巴尔干半岛的港口城市萨洛尼卡，也就是如今的希腊。凯末尔的祖先原是迁居至此的犹太人，父亲阿里·李查当过海关职员，又做过木材商和盐商。凯末尔 7 岁时，父亲去世，随后一直跟着祖母生活。

凯末尔自小才智过人，但脾气倔强。13 岁时，他瞒着祖母去考了当地的一所陆军预备学校；14 岁，升入玛纳斯提尔军事预备学校；毕业后，凯末尔又进入首都伊斯坦布尔军官学校；1902 年，毕业后继续在参谋学院学习；1905 年，被授予上尉军衔，从此走上带兵作战之路。

1920 年 4 月，凯末尔带领手下在安卡拉另行召开新议会，极力反对帝国主义的侵略和苏丹政府的卖国行径，并成立了临时政府，亲自担任临时总统兼国民军总司令，开始着手组织正规军。很快，临时政府得到了国际无产阶级的同情和支持，并与列宁领导的苏维埃俄国签订了友好条约，得到了各种支援。

1921 年初，在伊诺努战役中，凯末尔率领 1.5 万名国民军打败了强于自己四倍军力的希腊入侵军。8 月，希腊在英国支持下，率领 10 万大军向安卡拉的凯末尔临时政府发起了进攻。8 月 23 日，一场决定土耳其生死存亡的决战正式打响。

面对强劲的对手，刚刚建立起来的土耳其国民军兵少力弱，根本就不是希腊军的对手。但尽管如此，凯末尔还是坚定地提出"一切为了前线"的号召，动员全体军人英勇抗敌。于是，土耳其所有的男子都上了前线，妇女们也成了为国民军运送弹药的帮手，不仅冒着枪林弹雨将一发发炮弹送入战壕，而且还有甚者直接勇敢地端起枪和士兵们并肩战斗。

凯末尔则亲自在前沿阵地巡察，指挥战斗。突然，一发炮弹呼啸而来，"轰"的一声，凯末尔从受惊的战马上摔了下来，肋骨当场折断。"将军，您受伤了，应该回后方休息。"旁边一名士兵立即扶着凯末尔，担心地说道。但凯末尔却忍着疼痛，摆了摆手，虚弱地说："别声张，没关系，这种时候我无权休息。"他边说边挣扎着爬上马背，用手支撑着腰，继续指挥作战。终于，国民军和全国人民在他的鼓舞下英勇杀敌，势如破竹，击退了希腊军队的上百次进攻，精疲力竭的希腊军被打得晕头转向，节节败退。

土耳其军民经过不懈努力终于看到了曙光，两周之内，把希腊军全部赶出了安那托利亚，收复了伊兹密尔，并俘虏了希腊军的总司令库皮奇将军，苏丹只得逃亡国外。凯末尔被大国民议会授予"加齐"（胜利者）的称号，并晋升为土耳其国家元帅。

1923 年 10 月 29 日，土耳其国民军进军伊斯坦布尔，实现了全国统一。随后，召开了大国民议会，宣告新兴的土耳其共和国正式成立，凯末尔当选为共和国第一任总统，安卡拉为共和国首都。同年，土耳其与英、法、意、希等协约国成员在瑞士洛桑签订了《洛桑条约》，废除了治外法权，确认了土耳其领土和其主权的完整。

土耳其共和国成立之后，凯末尔先后在政治、经济、文化、教育等各个方面进行改革，他计划将土耳其改变成资产阶级共和国，这个伟大的计划被人民称为"凯末尔主义"。

1938 年 11 月 10 日，凯末尔因病逝世，举国哀悼。人们为了纪念这位共和国的缔造者，还特意在博斯普鲁斯海峡岸边为他塑造了一座雕像。这座面向东方、正对着小亚细亚草原的人体雕像有一张雕刻得非常细致的脸——浓密的眉毛，锐利的目光，薄薄的嘴唇上留着两撇小胡子，身着西装，仿佛正在昂首挺胸阔步前进。

凯末尔的改革使曾经被称为"西亚病夫"的土耳其走上了民族复兴的道路。因此，凯末尔也被誉为"土耳其之父"。

——"圣雄"甘地 ——

在印度，甘地被印度人尊称为"圣雄"。他剃着光头，上身赤裸，皮肤黧黑，总是随身携带着一架木制纺纱机，给人们留下了非常深刻的印象。

1869 年，甘地出生在印度西部波尔邦达一个土邦大臣之家，家境富裕。甘地从小就喜欢助人为乐，乡里人都很喜欢他。

13 岁时，甘地与一个同龄女孩结婚。成婚后，被送往伦敦学习法律。三年后，通过了法律考试的甘地返回印度，成为了一个名望很高的律师。

有次，一个公司请他到南非办一件诉讼案。

当时，这个公司给甘地买了到南非联邦行政首府普列多利亚去的头等车票。不料，当甘地刚刚在头等车厢坐下时，走进来一个欧洲白人，这个白人一见到甘地是有色人种，便怒气冲冲地向车长指责道："为什么要白人与'臭苦力'同乘一节车厢呢？"虽然甘地身着英国式的衣服，那个白人还是霸道地让甘地滚出车厢，但甘地对气歪了鼻子的白人不屑一顾，仍稳稳地坐着，两人就这样僵持着。很快，列车行驶到了下一站，那个白人竟然叫来警察，不由分说地把甘地逐下车。于是，甘地就这样被赶下了车。也正是这件令他感觉极受屈辱的事，改变了甘地的一生。

后来，回到印度的甘地立即组建了国大党，当时他回忆道："这是我生平从未受过的侮辱。我的积极非暴力行动就从这天开始。"

"非暴力不合作运动"是指"非暴力抵抗"和与英国殖民者"不合作"的态度，具体内容有辞去英国人授予的公职和爵位；不参加殖民政府的任何集会；不接受英国教育，以自设的私立学校代替英国统治者的公立学校；不买英国货，不穿英式服装，自己纺纱织布；不买英国公债，不在英国银行存款等。

很快，甘地领导的"非暴力不合作运动"受到印度人民的支持，迅速在印度扩大。

甘地 60 多岁时，英国殖民当局在印度制定并颁布了食盐专营法，垄断食盐生产，任意抬高盐税和盐价，引起了当地人民的不满。当时，甘地虽然上了岁数，却仍身体力行地率领人民反抗食盐专营法，带领一些人从印度北部阿默达巴德城修道院向南前进，准备到海边煮盐。

一路上跋山涉水，历尽千辛万苦，甘地却毫不在意，还给沿途的村民发表演说，宣传自己的思想。历经漫长的 24 天后，终于成功抵达海边，人数已扩大至千人。

就这样，甘地和他的信徒们在海边坚持了三个星期。他们每天清晨先在海边祈祷，然后经过一系列打海水、蒸煮、分馏、过滤、沉淀的程序，才得到了盐。劳动的过程异常艰苦，对于曾多次进行绝食斗争而疾病缠身的甘地更是雪上加霜，但他却自始至终都积极参加劳动。

终于，甘地的"食盐进军"行动迅速在全印度得到响应，各地群众纷纷开始自制食盐，反抗热潮也随之掀起，有的罢工、有的罢课，纷纷加入运动。被人们的反抗热情吓坏的殖民当局立即派兵镇压，并逮捕了甘地。

甘地被捕后，印度出现了史无前例的全国性革命高潮，数万名自愿者要求与甘地一同坐牢。不久，各地就纷纷爆发了武装起义，甚至有的地方还宣布独立，建立了自治政权。

1931 年 1 月，殖民当局释放了甘地，撤销了取缔国大党的禁令，并与甘地达成了《甘地—艾尔文协定》，规定国大党停止不合作运动，政府方面停止镇压。当局则释放政治犯，允许沿海人民煮盐。但协议的签订只是满足了印度人民的部分要求，印度并没有获得全面独立。

当时，甘地之所以签订这个协议，是因为他不想看到暴力和流血事件发生，不愿以"暴力"形式斗争。随后，他又发动了几次"个人不合作运动"，继续为印度独立而奋斗。甘地多次绝食祈祷、多次被捕入狱，但在他和其他一些志士的努力下，印度民族独立的运动一直被坚定地进行着。

1947 年 8 月 15 日，印度终于独立了。在成立印度联邦制宪会议上，甘地被人们尊称为"过去 30 年来的向导和哲学家""印度自由的灯塔"，还被英国驻印度总督蒙巴顿称为"印度自由的建筑师"。

1948 年 1 月 30 日，甘地逝世。这天晚上，印度半岛上的人们纷纷从四面八方拥向新德里，向这位英雄做最后的告别。

—— 资本主义第一次经济危机 ——

20 世纪 20 年代，资本主义在世界范围内迅速发展。1926 年，世界上主要的资本主义国家都达到了"一战"前的经济水平，出现了不同程度的繁荣景象，那些刚从第一次世界大战劫难中挣扎出来的欧洲人民仿佛看到了巨大的希望，以为可以再享受几十年的和平与富贵。

但好景不长，从 1929 年开始，资本主义国家纷纷爆发了世界经济危机，成为了历史上史无前例的一次破坏力最大、持续最久、最严重的"生产过剩"危机。

当时各资本主义国家的资本家为了追求最大利润，不仅加紧生产进度，而且还加强对劳动者的剥削，使得广大劳动者无钱来购买足够的食物用品，出现了有卖无买的"生产过剩"。后来，资本家将这些过剩的产品纷纷毁掉，而"物以稀为贵"，这样一来，资本家就可以在市场上高价卖出产品，保持高额利润。

以美国为例，我们来看看经济危机给劳动人民带来的苦难。

1929 年 10 月 24 日，美国人民称之为"黑色星期四"。这天，美国纽约华尔街的交易所股票出售近 1300 万股，开盘 1 小时内，价格就猛烈下跌，到中午时分，下跌幅度达到最高峰。很快，这种空前规模的股票市场大崩溃从华尔街传到美国各地，并由此引发起灾难性的经济危机，拉开了资本主义世界经济危机的序幕。

一天之内，成千上万的美国人因为股票大跌而失去了他们终生的积蓄。有很多人因此而自杀。

当时，美国第 31 任总统胡佛宣称要在两个月内解决危机。但他却对大批失业者和穷人实行"饥饿政策"，拒绝发放救济金。

美国失业的工人带着一家老小被迫四处漂泊，寻找工作，没有地方住，就用纸箱和罐头盒搭建起临时帐篷，称为"胡佛小屋"；还有人把废汽车改成骡子拉的车，称其为"胡佛车"；那些在公园长椅上过夜的人，把御寒的旧报纸称为"胡佛毯"。

经济大危机迅速从财政扩展到工农业，从美国扩展到世界，给资本主义各国纷纷带来了强烈影响。危机期间，资本主义世界工业生产缩减了 36%，贸易额缩减近三分之二，失业工人达 3000 多万，几百万小农破产，上万家银行倒闭。整个资本主义世界经济遭到沉重打击。

据历史资料统计，美国在这次经济危机中有 640 万头猪被活活扔到河里淹死，5 万多亩棉花被大火烧光；在英国、法国、巴西、丹麦、荷兰，甚至是整个欧洲，整箱的橘子、整船的鱼、整袋的咖啡豆都被倒进大海，无数的奶牛、猪被杀死或淹死。

当资本家大量销毁农产品时，贫苦农民却挣扎在饥饿的死亡线上；当资本家把大量棉花、羊毛烧掉时，广大劳动者却在瑟瑟寒风中冻得直发抖。比如美国的宾夕法尼亚和肯塔基乡村的人民，只得靠挖野菜根、嚼野葱头充饥。仅 1934 年一年的时间，资本主义各国因饥饿死亡的人数就高达 240 万。

与此同时，资本主义各国随之又出现了严重的信贷货币危机，大批银行倒闭，整个信贷制度趋于崩溃，财政金融危机无疑大大地加深了世界性的生产危机。

经济危机还造成了国际关系的激烈动荡，比如德国和日本为了获取新市场，用战争掠夺殖民地人民的物资和廉价劳动力，建立起法西斯政权，疯狂地扩军备战，为重新瓜分世界而挥舞起血腥的屠刀。

—— 罗斯福新政 ——

1932 年美国举行总统大选，得票最多的民主党人罗斯福脱颖而出。1933 年，罗斯福就任美国总统。

当时，已遭受四年经济危机的美国几乎到了山穷水尽的地步，国家经济情况进一步恶化。为了摆脱危机，新任总统罗斯福总统采取了广泛的有力措施，称为"罗斯福新政"。在美国历史上，"罗斯福新政"占据着极为重要的地位，对西方世界的经济发展也产生了重大的影响。

就职当天，罗斯福采用演讲的方式号召人民以毫无畏惧的精神克服经济危机带来的灾难，并承诺美国经济局面将迅速扭转，断言美国一定能复兴，无疑给这个万分沮丧的国家带来了希望。

罗斯福快刀斩乱麻，立即对国内混乱的经济秩序采取新政策。美国大萧条是由金融危机引起的，所以新政也先从整顿金融入手。从 1933 年 3 月 9 日到 6 月 16 日的"百日新政"期间，新政首先采取了一系列的国家干预和调节经济的措施，其内容可以用三个"R"来概括，即复兴（Recover）、救济（Relief）、改革（Reform）。此外，"百日新政"期间还制定了 15 项重要立法，有关金融的法律占了三分之一。

1933 年 3 月 4 日，罗斯福宣誓就职时，全国几乎没有一家银行营业，支票根本无法在华盛顿兑现。3 月 9 日，国会通过《紧急银行法》，罗斯福决定对银行采取个别审查颁发许可证的制度，允许对有偿付能力的银行尽快恢复。15 日，已有 14771 家银行重新开业。罗斯福整顿金融的非常措施很受民众青睐，不仅收拾了残局，还稳定了人心。民众纷纷评论这个行动宛如"黑沉沉的天空出现的一道闪电"。

同时，罗斯福还竭力促使议会先后通过了《农业调整法》和《全国工业复兴法》。《全国工业复兴法》实行行业计划，政府干预经济；放弃金本位制，使美元不再含黄金。新法让衰落了整整 4 年的美国经济开始复苏，工业的轮子终于转起来了。

据统计，《纽约时报》每周商业指数在罗斯福就职时为 52.3，6 月中旬便达到 87.1，可以说是这两年多来的最高水平。工厂的烟囱又冒起了烟，农场主的产品又运到了市场出售，而不是把它们烧掉。此时，虽然经济萧条的经济状况并未结束，但民众们对前途满怀希望。

紧接着，罗斯福将新政重心放到了救济工作上。1933 年 5 月，国会通过《联邦紧急救济法》，成立联邦紧急救济署，将各种救济款物迅速拨往各州。1934 年，为了给失业者提供从事公共事业的机会，把单纯的救济改为"以工代赈"，维护了失业者的自力更生精神和自尊心。

"二战"前夕，联邦政府支出的种种工程费用和直接救济费用高达 180 亿美元，美国政府修建了近 1000 座飞机场、12000 多个运动场、800 多座校舍与医院，不仅为工匠、非熟练工人和建筑业者创造了就业机会，还给成千上万的失业者提供了形形色色的工作，算得上是迄今为止美国政府执行过的最宏大、最成功的救济计划。

"百日新政"不仅为罗斯福执政打下了坚固的基础条件，让他在以后的执政道路上越走越稳，还帮助美国摆脱了经济危机，促进了美国经济的复苏。后来，罗斯福进一步促使国会制定一项新的立法纲领——《社会保险》，实行更多的所得税，加强对银行和公用事业的控制。此外，还制订了一个专门针对失业者的庞大救济计划，设立了养老金、失业保险、孤儿救济金机构和一些卫生机构等。

1934年6月28日，新政出台整整一年，罗斯福在炉边谈话中向公民问道："你们的日子比去年好过吗？你们的债务负担减小了吗？你们的银行存款安全了吗？你们的工作条件好些了没有？你们对自己的前途信念有了更牢固的基础吗？"当然，多数选民的回答是非常肯定的。

这年的中期选举，民主党人大获全胜，民众们大力追随罗斯福；当罗斯福在夏天乘船旅行时，所到之处无不受到热烈的欢迎。他的助手威廉·艾伦·怀特赞叹道："人民几乎把他立为国王。"此后，罗斯福又连续蝉联四任总统。

—— 希特勒上台 ——

阿道夫·希特勒是德国法西斯纳粹党头目，是德意志第三帝国的首脑、政府总理和最高统帅，是第二次世界大战的头号战犯。

1889年4月20日晚上6点半，希特勒出生于德奥边境奥地利一侧的布劳瑙镇，他的父亲曾是一名鞋匠，并担任海关职员。小时候，希特勒喜欢画画，曾经幻想当一名画家，但后来因为各科成绩太差，没毕业就退学了。18岁时，他曾到维也纳报考美术学院，但最终因成绩不理想而未被录取。后来，父母双亡，希特勒流浪到维也纳，他身着一件破旧的黑大衣，头上戴着一顶油腻发光的黑呢帽，有时急匆匆地走向施粥站去乞讨食物，有时坐在街头靠卖画糊口。

当时，希特勒已经开始热衷于政治，他强烈憎恨哈布斯堡王朝及其统治的多民族奥匈帝国境内所有的非日耳曼民族，反而对日耳曼的一切都十分热爱，成了一个至死不渝的日耳曼民族主义者。

在维也纳生活的经历中，希特勒还看了大量反犹太的书籍，从而增加了他的种族偏见和对犹太人的仇恨。

1913 年 5 月，对德意志民族充满着狂热情绪的希特勒离开了维也纳，移居慕尼黑，他想在那里找寻到自己的追求。但当时的他没有正常职业，只好继续靠卖画为生。那段时间，他常常闭门谢客，将图书馆里的一大堆政治书籍抱回家苦读。

1914 年，第一次世界大战爆发，早就倾心于日耳曼民族主义的希特勒欣喜若狂。他志愿加入巴伐利亚步兵团，在西线一待就是四年。战后，他成为慕尼黑陆军政治部的一名侦探。

1929 年 9 月，陆军指派希特勒去调查一个自称"德国工人党"的集会。集会上，希特勒在这个仅有 25 人的集会上发表了建立一个强大的、统一的民族主义德国的主张，他富于煽动力的演说和出色的组织能力迅速引起了众人的重视。

第二天，希特勒收到一张明信片，被邀请出席"德国工人党"会议。希特勒很是好奇，便参加了会议。在这次会议上，希特勒成了"德国工人党"的党员，并很快成为这个党委员会的第七名委员，负责宣传工作。

1920 年 2 月，别有用心的希特勒在德国工人党会议上提出《二十五点纲领》，用所谓"社会主义""取消地租"等口号用来欺骗百姓，并将党的名称改为"国家社会主义德国工人党"，德文音译为"纳粹"。

1921 年，希特勒宣布"领袖原则"，当上了纳粹党的"元首"，并将一批退伍军人组织成身穿褐色衬衫的"冲锋队"，也就是他打算用来对付政敌的凶恶打手。

希特勒做了纳粹党的"元首"后，还亲自设计了一面红底白圆心、中间嵌有黑字的党徽，很是引人注目。他甚为满意地问手下："知道我为什么这么设计吗？"手下一个个摇头，他得意地笑了笑，说道："告诉你们，红色象征着我们这个运动的伟大社会意义，白色则是我们民族主义思想的代表，黑色的'卐'字则象征争取斗争胜利的使命。"从此，这面党徽便成了纳粹党和纳粹德国的恐怖标志。

1923 年 11 月 8 日，希特勒在慕尼黑率领一群纳粹冲锋队员包围了一家名叫格勃劳凯勒的大啤酒馆。当时，酒馆里的 3000 多人正一边喝着啤酒，一边听巴伐利亚邦的官员卡尔讲述施政纲领。突然，希特勒跳上讲台，大声叫道："全国革命开始了！政府已被推翻，我们的军队正向市内开进！临时政府已经成立！"谁都没想到，这只是希特勒为了夺取政权而编造的谎言。原来，他企图采用暴力手段，先夺取巴伐利亚邦政权，继而向柏林进军，推翻中央政府，夺取全国政权。

紧接着，他将卡尔和另外两名官员押到一间小屋里，要求他们与他合作组成新政府，但他们却并不情愿。正在这时，德国军队中一位很有名气的将军鲁登道夫恰好应邀来到啤酒馆。在鲁登道夫的劝说下，三位官员同意和希特勒合作了。希特勒欣喜若狂，立即率领众人冲上讲台，高喊效忠新政府。

不料，三位官员只是在希特勒面前打幌子，哪里是真想跟他合作，纷纷趁机逃走了。希特勒气得暴跳如雷，只好孤注一掷地率领着冲锋队员冲向市政府。而早已闻讯赶来的市政府已经做好了防备，很快便将暴动镇压，逮捕了希特勒和政变头目，希特勒被判处五年徒刑。

希特勒的啤酒馆政变至此失败，但谁也没想到，希特勒却成了全国性的新闻人物，他宣扬的反动思想也纷纷被四处传播。

在狱中，不思悔改的希特勒大肆宣扬民族优劣论，叫嚣着要对外扩张，以求得"生存空间"。甚至，还口授秘书，写下了臭名昭著的《我的奋斗》。但为了早日实现自己的抱负，他不得不在表面上向巴伐利亚政府"臣服"，表明自己以后一定会安分守己。

巴伐利亚司法部长见希特勒能如此心悦诚服地"忏悔"，便放心地说道："这头野兽已被制伏了，我们现在不怕放松铁链了。"就这样，在狱里待了不到一年的希特勒被释放了。

1929 年，资本主义世界爆发了经济危机。德国工人斗争高潮迭起，建立在议会制度上的软弱政府已经难以自保。于是，内外交困的资产阶级企图建立希特勒的法西斯独裁政权，对内镇压人民革命，对外夺取殖民地。

出狱后，吸取了政变失败教训的希特勒决定通过宪法手段来夺取政权。很快，他展开了大范围的竞选活动，到全国各地演讲，向人民许下各种美好的谎言，处在绝望中的工人、农民、市民和学生几乎都被希特勒煽动性的言语给蒙蔽了。

1930 年，纳粹党徒高达 38 万人。1932 年，纳粹党在大选中获取 230 个席位，成为德国第一大党。此时，超过国防军人数的纳粹党已经拥有了 10 多万名冲锋队员，17 个工业、银行巨头集体上书总统兴登堡，要求任命希特勒为总理，让他组阁。

1933 年 1 月 30 日 8 点，希特勒这个曾在维也纳街头乞讨的流浪汉、在啤酒店发动政变而锒铛入狱的囚徒驱车来到总理府，接受总统兴登堡授予的总理印章。终于，希特勒上台了，预示着德国政局的急剧转变，还预示着德国和全世界将陷入灾难的深渊。

—— 国会纵火案 ——

希特勒上台后，为压制德国共产党和左派的势力，策划了惨无人道的"国会纵火案"。

1933 年 2 月 27 日晚上 9 点多钟，柏林共和广场上的国会大厦冒起浓烟，烈焰四起。只见一道照亮夜空的红光一划而过，大厦的中央圆顶便被大火吞噬。紧接着，国会官员休息室、国会大厅、议员物品寄存间、议会厅纷纷起火，这座历经十年之久才建成的巨大建筑物最终被大火摧毁。

起初，21 岁的排字工维尔纳·塔拉最先看到国会失火。在国会着火的一刹那，他看到有个人影在火光中慌忙地逃走了，于是，他立刻向一个正在往南侧走的警察报告，但警察却不以为意，瞪了一眼就走了。维尔纳·塔拉只好气喘吁吁地继续向北跑，终于碰上了管事的警察。便立即报告了火警。

9 点 15 分，勃兰登堡凯旋门警察局接到了一位民间人士的火警电话，随即巡查部长拉泰特带上两名警察驱车直奔国会大厦，但这位不知名的民间人士却在中途溜掉了。几乎同时，林登街消防总署也接到了火警电话，并立即命令离国会大厦较近的第六和第七消防队出动。一瞬间，国会大厦附近便乱成了一锅粥。

拉泰特巡查部长原本计划将消防车从南侧的二号便门进去，但这个便门被关，只好带人绕到北侧的五号便门进入国会大厦。这时，国会守卫长舒克拉诺维支也赶来了，他们一起跑向起火点。在现场，拉泰特发现一个火石，断定为人为纵火，便立即带着一名警察跑出五号便门追赶，并请求增援。

舒克拉诺维支则同另一名警察继续边察看火势边扑火。当他们来到大厦东南部的"俾斯麦厅"救火时，一个身影突然转身就走。两人立即追过去，端枪高喊："站住！举起手来！"那个男人被吓得浑身发抖，立即停住脚步。舒克拉诺维支呵斥道："为什么放火？"只见那个男人情绪激动地脱口道："这是信号！这是革命的烽火！"随即，一名警察上前搜查男人的裤兜，掏出了一张传单、一本护照和一把钥匙，传单上写着德国共产党所鼓动的"阶级斗争"内容，护照上贴着一张免冠照片，写着："玛丽努斯·范·德·卢贝、1909 年 1 月 13 日生、莱登、荷兰。"卢贝被捕，舒克拉诺维支拿到钥匙打开了二号便门。

救火工作仍在紧张地进行着，消防队员奋力扑救，食堂等处的火势很快被扑灭了，只剩下会议厅仍被火海笼罩。9 点 30~9 点 45 分，议会厅的火势达到高潮，站在 10 公里以外就可以看到从房顶喷出的浓烟和火焰。11 时，大火才被彻底扑灭。

在政治警察部长鲁道夫·狄尔斯的指挥下，接到纵火通知匆匆赶来的刑警展开了侦查。当他们向国会大厦的守卫、职员和闻讯赶来的纳粹党议员询问最后离开国会大厦的是谁时，守卫温特答道："是共产党议员托格勒和凯念。"问到他们离开的时间时，温特答道："晚上 10 点。"此外，还有三名纳粹党议员提供了证词："当天上午，托格勒会见了一个素不相识的男人，共产党议员团室许多人进进出出，很忙乱。"

第二天上午 9 点 30 分，身为国会议长和普鲁士内务部长的戈林第一个赶到国会大厦。10 点 20 分，希特勒和纳粹宣传部长戈培尔也匆忙赶来。希特勒对一旁的外国记者说道："这是神的指示，我们要消灭共产党人！"当夜，德国政府便发表通告宣布德国共产党人放火烧了国会大厦，并声称纳粹冲锋队在现场抓到的"纵火犯"是一个名叫卢贝的荷兰"共产党员"。

随后，希特勒党徒按照早已拟定好的名单开始了大搜捕，并颁布了紧急法令，勒令解散除纳粹党以外的一切政党，取缔工会及一切结社、集会。

根据魏玛刑法，警察对有犯罪之虞的人只能拘留 24 小时。可纳粹政府一上台，普鲁士邦便修改了这项规定，改为可以拘留 3 个月，并附加"被拘留者如有不服，有权上诉到法院"。这样一来，数以千计的共产党员、社会民主党人、和平主义者、进步知识分子、律师和新闻记者纷纷被当局逮捕。

德国共产党议员团团长托格勒本想带着他的朋友和律师去柏林警察厅说明情况，谁知他刚到就立即被当作纵火嫌疑犯逮捕。还有凯念，也流亡到了巴黎。3 月 3 日，德国共产党总书记恩斯特·台尔曼落到警察手里。3 月 9 日，共产国际西欧局负责人兼保加利亚共产党领导人格奥尔基·季米特洛夫、保共活动家布拉戈伊·波波夫和瓦西里·塔内夫因饭店侍者赫尔麦的告发而被捕。越来越多的共产党人被抓。

其实，国会大厦纵火案的真正元凶是纳粹头子希特勒，他提出了"伟大的政治家必须会撒大谎"的指导思想，出了如此一阴招。

就这样，希特勒及其喽啰们为了夺取权力实行独裁，党同伐异，不惜一切代价地制造出这场耸人听闻的国会纵火案。从此，纳粹德国逐步走上专制之途，并迅速拧紧了战争的发条，不少西欧现代史学家也因此将这一事件视为第二次世界大战的"引子"。

—— 专制"魔王"墨索里尼 ——

第一次世界大战爆发前，意大利加入了同盟国，大战爆发后，又转身加入了协约国。当时，作为战胜国的意大利虽从巴黎和会上分得了奥地利和土耳其帝国的部分土地，但持久的战争导致意大利元气大伤，将近 70 万劳动力在战争中损失，紧接着，国内经济濒临崩溃，百业凋零，民不聊生，对这个曾被称为"贫穷帝国主义"的国家来说无疑是雪上加霜。

随后，意大利统治阶级为了弥补这些损失而加重了对人民的剥削，而意大利国内的工农革命运动也迅速随之掀起——工人罢工夺取工厂，农民则夺取地主的土地。而恰在此时，墨索里尼凭借自己敏锐的政治嗅觉在历史夹缝中看到了夺取政权的希望。

1883 年 7 月 29 日，墨索里尼出生于意大利普雷达皮奥省的瓦拉诺·迪科斯塔。他的铁匠父亲是早期意大利社会党党员，母亲是农村小学教员。而墨索里尼却并没能继承到父母的优良秉性，从小就骄奢野蛮，小偷小摸、打架斗殴是常有的事，甚至还常常躲在厕所后面看女老师大小便。因此，墨索里尼不是被这所学校开除，就是被那所学校劝退。不过，墨索里尼很能说，有次考试时，他一口气说了半个小时，主考老师却丝毫不屑，呵斥道："我佩服你的口才、你的雄辩。可是，你离题十万八千里了。"说着，便在试卷上打了个零分。

墨索里尼喜欢在家练习演说姿势，母亲问他："你为什么老是这样？"墨索里尼不紧不慢地回答道："这有什么奇怪？我将来要让整个意大利听我的指挥。"

到了十三四岁时，墨索里尼重归校园，被送到福林波波利的师范学校学习，苦熬六年后终于获得了毕业文凭。可毕业后，他只教了一年书便离家远行，独自到瑞士、奥地利等国闯荡。为了填饱肚子，墨索里尼要过饭，做过泥瓦匠、伙夫、裁缝、脚夫、翻译等。此外，他打一枪换一个地方，每到一个地方都要参加当地的群众集会、在公共场合发表演说。

有次，墨索里尼在大庭广众之下口若悬河地演讲着教会对于罗马帝国的罪恶，引经据典，条理分明，赢得了全场听众的热烈掌声。而瑞士警察局却认为他的主张太过激烈，出于治安考虑而对他下了驱逐令。

1908 年，墨索里尼被迫移居到奥地利，在《特伦托新闻报》做编辑，后来又在《人民报》做助理编辑。在此期间，他不断地利用报纸来猛烈攻击奥地利的宗教势力，并企图讨回意大利已失去的土地。不久，被捕入狱，再次被驱逐出境。

墨索里尼只得回到家乡，并在父亲的影响下加入了社会党。1912 年，能言善辩的墨索里尼被推举为社会党的机关报《前进报》的总编辑。但好景不长，第一次世界大战爆发后，反对社会党立场的墨索里尼因主张意大利参加英、法阵营对德作战而被社会党开除。

1915 年，从意大利参战回来的墨索里尼投笔从戎。1917 年，在一次地雷爆炸中身负重伤，先后动了 27 次手术，从身上取出 44 个弹片，只得退伍。

1919 年 3 月，墨索里尼在米兰组织了一个由 150 人组成的组织，并命名为"法西斯战斗团"，宗旨是"用军队的组织，组成一个革命团体，恢复意大利固有的国性，铲除赤化势力"。在意大利语中，"法西斯"一词解释为"束棒"，即一根木棒上插上一把斧头。

1919 年，以墨索里尼为首的法西斯党在大选中只得了 4000 票。两年后，却骤增至 17.8 万票。1922 年底，法西斯武装党徒已高达 50 万人。1921 年 11 月，墨索里尼把"法西斯战斗团"改组为"国家法西斯党"，并自诩为法西斯党的领袖，夺权大战一触即发。

1922 年 9 月，墨索里尼组建最高司令部，企图统一指挥法西斯民军。10 月 24 日，法西斯党在那不勒斯召开大会，墨索里尼在会上发表了演说。当会议即将结束时，墨索里尼高声呼喊道："向罗马进军，我们一定会取得胜利的。"法西斯党徒一呼百应。

进军的当天，墨索里尼以四军团总指挥的名义在《意大利人民报》上发表了所谓的《革命宣言》："法西斯蒂！全意大利！"随后，坐镇米兰的墨索里尼立即指挥法西斯党徒从各集结地分成三路兵，向罗马城前进。一路上，党徒们势如破竹，沿途的政府军和警察大都严守中立，只有少数共产党领导的革命群众敢于阻击，但最终也因为力量悬殊而被残酷地镇压。

10月29日，被吓得惊慌失措的意大利政府邀请墨索里尼组阁。10月30日，墨索里尼率领法西斯党徒挺进罗马，接管政权。法西斯党徒在罗马城中高喊着"我们要土地！""我们要工厂！""我们要帝国！"的口号。顿时，罗马城一片沸腾，甚至，那些还没搞清楚发生了什么事的群众也纷纷加入到游行队伍中。抵达罗马市中心时，队伍已经发展到五六万人，一眼望去，看不见首尾。

终于，墨索里尼实现了自己多年的梦想，登上了决定意大利命运的首相宝座。此后，墨索里尼便开始了血腥的专制"魔王"统治，对内采取血腥政策、对外采取侵略掠夺政策。

墨索里尼跟希特勒狼狈为奸，给世界人民带来了深重的灾难。

—— "二二六" 暴动 ——

希特勒在德国建立了法西斯专政，并形成了世界大战的欧洲策源地，亚洲日本的法西斯势力也随之蠢蠢欲动。

1868年，日本在明治维新后提出了"富国强兵"的口号，建立了强大的军事警察机构。此后，日本便经常发动侵略战争，确立军阀制度，日益膨胀的军部势力逐渐掌握了军事大权。因此，内阁、议会总是因为意见不合而与拥有特权的军部发生争执。

第一次世界大战中，大发战争财的日本在战后成为了债权国。这时，力量不断壮大的资产阶级及其政党企图削弱军部的力量。

1918年9月，律师出身的政友会总裁原敬组建了日本历史上第一个资产阶级政党内阁。1921年11月4日下午7时，原敬在东京车站遇刺身亡。

后来，随着世界经济危机的冲击，日本资本家为了转嫁经济危机而大量裁减工人，降低工人工资，导致日本国内的阶级矛盾日益尖锐，经济危机逐渐演变成了政治危机。

1929 年底和 1930 年 4 月，东京的电车和公共汽车工人两次举行大罢工，大阪、横滨的电车、公共汽车工人与资本家也发生了劳资纠纷。据统计，1931 年日本国内的罢工次数比 1928 年增加了 1.5 倍。情况危急，惶恐不安的日本统治阶级决定建立强权政治。

1930 年夏，在桥本王郎的煽动下，参谋本部和陆军省的一个部分中佐以下军官建立了法西斯组织"樱会"，企图在日本天皇的名义下建立法西斯独裁政权，实行对外侵略扩张。

和德、意法西斯一样，日本法西斯也在"防止赤化"的口号下公开反共，并斩杀了一切进步力量。此外，他们还制造了一连串暗杀事件，统治集团中那些政见不合的个别首脑纷纷遭到暗杀。从此，日本逐步走上了对内独裁、对外扩张的道路。

在日本法西斯的崛起中，法西斯陆军分子分为两派：一派由天皇依靠军队直接进行统治，主张建立军国政权，刺杀大臣，称作"皇道派"；另一派则联合官僚、财阀"统制"军队行动，主张动用军部现有地位，掌握内阁实权，通过建立高度国防国家来加速对外侵略，称作"统制派"。

1936 年 2 月 26 日晨 5 时，天空刚刚露出鱼肚白，日本东京已是一片沸腾。由皇道派军官安藤辉三、村中孝次和栗原安秀等率领的 1400 名士兵浩浩荡荡地向日本政府首脑的官邸行进。这些士兵边走边挥动着手里的大字标语，高喊口号，路旁看热闹的群众还不知道发生了什么事，就被手中端枪的士兵吓得躲到角落里。

在皇道派军官的鼓动下，士兵们冲入政府首脑官邸，杀死财相（财政大臣）高桥是清、教育总监渡边锭太郎和前首相斋藤实，占领了陆军省、参谋本部、国会和总理大臣官邸、警视厅及附近地区，并要求任命荒木贞夫为关东军司令官，罢免统制派军官。

随后，日本陆军当局为了平息皇道派军官的叛乱而颁布了《戒严令》。2 月 29 日，日本陆军部下达镇压命令，将大部分叛军头目抓捕，逼迫参加叛乱的士兵回到各自的营房。"二二六暴动"就此失败，但日本的法西斯势力却发展起来。

后来，日本陆军由东条英机为首的统制派占领导地位，确定了全面对外进行侵略扩张的国策，并进行扩军，至此，日本法西斯军国主义体制最终确立。

—— 埃塞俄比亚的独立 ——

埃塞俄比亚是非洲东北部一个幅员辽阔的国家，有着重要的战略位置。它地处沙漠地带，经济十分落后，人民的生活极为贫穷。但相比于其他国家，埃塞俄比亚的地下资源非常丰富，埋藏着大量的黄金、白金和其他金属。

1935 年 10 月 2 日，意大利法西斯头子墨索里尼向全国发表战争演说，公开宣布要以武力吞并埃塞俄比亚。他意气风发地说道："为了这一天，我们已经忍耐了 40 年，再也不能忍耐下去了。"并且，墨索里尼还断言，只要装备精良的意大利侵略军一进入埃塞俄比亚国土，埃塞俄比亚就一定会投降。

当时，意大利已经占领了埃东面的索马里和北面的厄立特尼亚。所以，墨索里尼企图迅速占领埃塞俄比亚这个地处战略交通要道的国家，并以此为据点吞并整个非洲。

对于埃塞俄比亚这样一个几乎还处于原始社会状态的封建王国来说，意大利无疑是一个号称现代巨无霸的国家。虽然当时的意大利比不上德国，但它们也同样拥有最为先进的现代化武器，有大量的飞机、坦克和装甲车，而埃塞俄比亚却只有属于海尔·塞拉西皇帝的卫队和各封建领主的私人军队，连一个统一军队也没有。除此之外，埃塞俄比亚的武器主要是一些原始的长矛、弓箭、棍棒，不管是从军队上还是从武器上，埃塞俄比亚都无法与之相比，难怪墨索里尼如此狂妄。

不过，敢于对抗的埃塞俄比亚人民并没有被强大的敌人所吓倒，他们决心为保卫自己的祖国而英勇作战。10 月 17 日，埃塞俄比亚皇帝塞拉西在首都亚的斯亚贝巴举行阅兵仪式，这位年轻的皇帝健步走上检阅台，他的身影在清晨的阳光中显得异常高大。他没有发表长篇演说，只是亲切地询问他的臣民说："法西斯侵犯我疆土，鱼肉我人民。我们怎么办？"

"坚决抗敌，宁死不屈！"台下的 10 万名臣民齐声发出了震天的怒吼。

"对！誓死抗击侵略者，保卫我们的家园！"话音刚落，塞拉西便亲自率领一支由 5 万人组成的联合军队赶往前线作战。

战争中，埃塞俄比亚人民不仅表现出了英勇无畏的精神，还展示出了崇高的自我牺牲精神。其间，因为地处沙漠而水源奇缺，牧民们就越过干旱的沙漠，把水装进皮带运到兵营，而他们自己却总是因干渴而晕倒在路上。

与此同时，青年学生们走上街头进行宣传动员；妇女们也组织起红十字协会和妇女协会，运送伤员，组织后方供给。还有一些封建庄园主也拿出钱来向国外购买武器弹药和粮食，前往前线支援。

终于，埃塞俄比亚人民的顽强抵抗使得墨索里尼速战速决的部署完全落空。一怒之下的墨索里尼将意军驻非洲的总司令撤换成由纳粹分子组成的"黑衫军"，并增派了空军，竟然对埃塞俄比亚人民使用了毒气！更有甚者，意军还对瑞典和芬兰派出的红十字救护队进行轰炸，瑞典红十字会的50多名救护队成员惨死在这些灭绝人性、丧尽天良的暴徒的轰炸中。

很快，埃塞俄比亚人民便处于劣势。1936年5月1日，海尔·塞拉西一世离开埃塞俄比亚，流亡到英国。意军长驱直入。5月5日，意军占领首都亚的斯亚贝巴。5月9日，墨索里尼在罗马宣布吞并埃塞俄比亚，由意大利国王兼任埃塞俄比亚皇帝。

就这样，埃塞俄比亚彻底沦陷了，人民的生活陷入了更加绝望的境地。但令人赞叹的是，他们并没有屈服，反而更多的人拿起武器，参加了游击队。他们高喊着"打倒最后一个人，流尽最后一滴血"的口号，英勇巧妙地展开了斗争，不断破坏铁路、炸毁桥梁，劫持意军的运输车，炸掉他们的军火库，甚至还刺伤了意大利总督。1939年，游击队已高达40万人次，并控制了大部分国土。

1941年，经过了长期艰苦斗争的埃塞俄比亚人民终于彻底赶跑了意大利侵略军。

—— 保卫马德里 ——

1936 年 2 月 16 日，西班牙进行国会选举。在选举中，由共产党、社会党和其他进步力量组成的人民阵线取得胜利。

很快，人民阵线成立了以左翼共和党人为首的共和国政府，并采取了一系列社会改革和促进民主的措施，深受广大民众拥护。如社会保险、养老金和工人休假制度；宣布西班牙各族人民拥有自决权；进行部分土地改革，禁止强迫农民迁离承租的土地等。新政府的成立阻碍了与德、意相勾结的西班牙法西斯势力，双方矛盾日益增加。

7 月的一天，佛朗哥叛军兵分两路进攻西班牙首都马德里，企图端掉共和国。一路由西班牙驻摩洛哥军司令佛朗哥带领从南向北进攻，另一路由叛军将领莫拉率领由北向南挺进。

很快，装备精良的佛朗哥叛军就占领了南部的大片土地，西班牙这个新生的人民共和国危机四起。

正当国难当头，共产党高喊着"保卫马德里！""保卫人民共和国！"等口号，立即召集全体西班牙人民同叛军英勇抗击。于是，对封建君主制度和法西斯主义万分痛恨的人们纷纷站了起来。妇女和男子一起报名参加志愿军，迅速在工厂和矿山组建了工人营，他们一个个手持旧式步枪、猎枪、手枪、刀、手榴弹等一切可以作战的武器，与忠于共和政府的士兵们共同浴血奋战，终于守住了马德里。

不料，正当佛朗哥叛军快要被打败时，意大利、德国法西斯却进行了公开的武装干涉，这年 11 月，意大利墨索里尼政府率先与佛朗哥叛军签订协定，并向其支援了 15 万军队和 1000 架飞机、2000 门大炮、900 辆坦克、24 万支步枪等大量武器。

1937 年 3 月，德国再次与佛朗哥叛军缔结了提供军事援助的协定。纳粹德国不仅出动"舍尔上将"号、"德意志"号两艘战舰、三艘巡洋舰及大批驱逐舰帮助佛朗哥将大批叛军运送到西班牙海岸，还派 5 万德军直接加入叛军作战。

3月8日，佛朗哥同德、意干涉军的4个纵队猛烈进攻马德里。但最终因为西班牙军民的顽强抵抗，德、意法西斯和佛朗哥的阴谋未能得逞。

随后，世界各国的进步力量纷纷支援马德里。苏联向共和国提供了648架飞机、347辆坦克、1183门火炮及其他一些武器；还有4万名由苏联、中国、法国、加拿大等54个国家的志愿军组成的"国际纵队"，其中，白求恩大夫就是支援共和国正义事业的一位成员。此外，中国的音乐工作者还特地谱写了一首《保卫马德里》，歌词开头是："拿起暴烈的手榴弹，对准杀人放火的佛朗哥！"

国际纵队很快就投入到了激烈的战斗中，始终英勇地冲在最前线。哪里最危险、最艰苦，哪里就能看到他们的身影。战争最激烈时，他们也顾不得稍事休整便又直接投入战斗。一个多月的时间里，他们只能在掩体里睡觉、在风地里就餐。当他们击败敌人走出战壕时，个个已经"面目全非"——浑身污黑，衣衫褴褛，甚至头发胡子都被战火烧焦了。

在这片土地上，国际纵队的士兵们无怨无悔地为之奋战，甚至还献出了宝贵的生命。据统计，光荣牺牲的国际纵队战士约有7000余人。

1939年2月27日，支持法西斯的英、法等国对外承认其掌控佛朗哥政权的事实，并与西班牙共和国断绝外交关系。于是，德、意法西斯对西班牙内战的干涉更加猖狂了。

不久，共和军内部的卡萨多上校和右翼社会党分子与叛军里应外合，在马德里发动政变，夺取了政权。3月28日，佛朗哥叛军乘机全线出击马德里。4月初，叛军控制了西班牙全国。终于，经历了两年零八个月战火洗礼的新生共和国失败了。此后，西班牙建立了以佛朗哥为首的法西斯政权。

虽然，西班牙人民保卫马德里的战斗最终失败了，但却有很多可歌可泣的英雄事迹，成为了世界反法西斯战争中的光辉典型。后来，国际纵队成为了反法西斯战争的中坚力量。

—— 慕尼黑阴谋 ——

20 世纪 30 年代后期，德意两国法西斯统治建立，浓厚的战争气氛弥漫着整个欧洲。1938 年 3 月，德国一枪未发便吞并了奥地利。随后，目标锁定了捷克斯洛伐克。

捷克位于欧洲中心，西邻德国，东近苏联，北接波兰，南通巴尔干，战略地位十分重要，是德国东侵的严重障碍。除此之外，军事工业发达的捷克资源也比较丰富，最为著名的有斯科达工厂，使得德国一直对其虎视眈眈。

希特勒曾计划先占领德捷边境的苏台德区，然后再吞并整个捷克斯洛伐克。一旦占领了捷克斯洛伐克，就可以迅速向东挺进苏联，并随时向西进击英、法的重要阵地。

苏台德区虽隶属捷克领土，却居住着 250 万名与德国同一种族的日耳曼人，这让希特勒喜出望外。于是，希特勒立即在当地开展了纳粹党组织，致使他们不断地制造事端，向捷克乞讨"自治"权，使其脱离捷克斯洛伐克管制而归附德国。

希特勒带领这些日耳曼人对捷克发动战争，大规模地向捷克边境调集军队，拟订了"绿色计划"，并拟定 10 月 1 日为进攻捷克的日子。

战争一触即发，捷克政府也加强了边境的作战兵力，而和捷克有盟约的英、法两国也甚是紧张。根据英、法与捷克订定的盟约，一旦德国侵略捷克，英、法也必须对德宣战。

1938 年 4 月底，67 岁的英国首相张伯伦邀请法国总理达拉第到伦敦商谈，告知英国不会为了捷克而作战，劝达拉第向德国屈服。5 月，在德捷边境集结兵力的希特勒以战争的借口威胁张伯伦，并假意宣称如果英国政府满足德国对捷克的要求，德国将准备同英国达成广泛的协议，这便是所谓的"五月危机"。

9 月 15 日清晨，不愿发动战争的张伯伦独自飞抵德国拜见希特勒，而希特勒却并没有去迎接他。于是，张伯伦只好自己乘车走过蜿蜒的山路，来到了希特勒的高山别墅。此时，天空下起了小雨，希特勒却站在台阶上面无表情地等待着，丝毫没有迎接的意思。

随后，希特勒和张伯伦在一间密室进行秘密的谈判，口若悬河的希特勒不给张伯伦任何讲话的机会。他很是不屑地说道："依德军的能力是绝对能拿下苏台德区的，但考虑到邻国的感受，我们才迟迟没有动手，谁知捷克政府反倒认为我们不敢发动战争。本来我们只是支持苏台德区自治，现在看来已不只是自治的问题，而是把这一地区割让给德国的问题了，不知英国是否同意割让苏台德地区给德国？"这时，希特勒已经越过苏台德日耳曼人自治的问题，而是赤裸裸地要求把这一地区割让给德国。此话一出，张伯伦并没有因此而惊慌失措。

原来，英、法历来主张绥靖政策，"事不关己高高挂起"，也就是牺牲别国利益来达到自己的目的。所以，张伯伦在来谈判之前就已同法国商定好了，两国绝不会帮助捷克作战，并决定牺牲捷克的利益与希特勒求和。

于是，张伯伦不紧不慢地回答道："我个人的意思是同意苏台德区脱离捷克，但这还需要回国后做进一步的商议，我相信我的同事们也会支持我的想法的。"

9月16日，张伯伦回到伦敦。当晚召开内阁会议上，他指出只有把苏台德区割让给德国才能阻止希特勒进犯整个捷克。9月18日，英法两国首脑及外长制订了出卖捷克的计划："凡是苏台德日耳曼族居民占50%以上的全部领土，都直接割让给德意志帝国。"

第二天，英、法两国向捷克政府提出割让苏台德区给德国的"建议"。起初，捷克政府迫于人民的压力而拒绝。英、法见捷克不服软，便以解除盟约为由，警告如果此次战争的发动威胁到欧洲的利益，捷克要负全部的责任。无奈之下，捷克政府只好屈服于纳粹德国和英法两国的淫威，捷克总统沮丧地说道："我们被卑鄙地出卖了。"

9月22日，张伯伦手持装有英法两国方案的公文包再次来到慕尼黑，向希特勒转交了捷克政府将苏台德区割让给德国所签订的协议。但张伯伦根本就没有想到，希特勒已不再仅仅满足获得一个苏台德区了。希特勒威胁道："由于形势的发展，苏台德区对我来说已经没有多大用处了，我希望包括苏台德在内的其他所有说德语的地区全部都归德国。"

顿时，张伯伦慌了手脚，他看着高高在上的希特勒，知道自己再怎么哀求也无济于事，只好灰溜溜地返回了英国。

与此同时，深受纳粹德国暴力威胁的捷克人民义愤填膺，在全国掀起了抗议高潮，德、捷双方军队都处于警备状态，战争一触即发。英法进退两难，万分惊恐，一边故作姿态地向德国施加压力，一边又由张伯伦亲自出面恳求希特勒息怒，并表示将用尽一切力量来镇压捷克人民。甚至，他们还致电墨索里尼，要求他出面安排英、法、德、意四国首脑会议，企图"和平解决"捷克斯洛伐克问题。

9月27日，张伯伦公开发表广播演说："我们对一个在强大邻邦压境下的小国，不论抱有多么大的同情，但总不能仅仅为了它而不顾一切地使整个不列颠帝国卷入一场战争。"这时，美国也赶来了。见时机已到，狡猾的希特勒立即同意召开国际会议。

9月29日，希特勒、墨索里尼、张伯伦和法国总理达拉第等在慕尼黑的"元首官邸"里进行会谈。事实上，其实这次会谈只是将已达成的交易补办手续，即要求捷克必须从10月1日起的十天内，把苏台德区及其附属的一切设备无偿地交给德国。当时，前来参加会谈的两名捷克代表被禁止参加会谈，只能在会议室外等着几个大国的最终判决。9月30日凌晨一点半，希特勒、张伯伦、墨索里尼、达拉第依次在协定上签字。

慕尼黑会议上，希特勒表明占领苏台德区是他最后一次对西方领土的要求。但到了第二年的3月，德国就侵占了整个捷克。5个月后，德国又以侵略波兰为由，向英、法全面进攻。而英、法两国政府为了自保，不惜牺牲小国来助长法西斯的野心，却不料搬起石头砸了自己的脚，也给欧洲人民带来了无穷的灾难。

—— 突袭波兰 ——

第二次世界大战前夕，希特勒开始实施"为德意志民族争取生存空间"的战略计划，决定先拿波兰开刀，占领波兰点燃了实施战略计划的导火索。

波兰位于欧洲的东部，是欧洲的交通枢纽，战略地位十分重要，法西斯德国一直对其很是青睐。因为一旦德国占领了波兰，不仅能获得大量的军事经济资源，还能消除进攻英、法两国的后顾之忧，并可建立起袭击苏联的基地。于是，在签订《慕尼黑协定》后不久，希特勒便开始为侵占波兰做准备。

第一次世界大战结束时，作为战败方的德国曾被迫割让但泽给波兰。1939年3月21日，德国率先向波兰提出了一系列无理要求，企图让波兰将但泽"归还"给德国，并企图侵占在"波兰走廊"建筑公路、铁路，波兰政府果断拒绝了。

随后，德、波关系日益紧张，波兰连忙向英、法靠拢。3月22日，波兰向英国建议，要求立即缔结一项英波协定。3月31日，英国首相张伯伦宣布："如果波兰受到进攻并进行抵抗的话，英国和法国将给予波兰政府全力支持。"

1939年4月3日，希特勒针对波兰制定了秘密的"白色方案"，强调道："一切努力和准备工作，必须集中于发动巨大的突然袭击。"4月28日，德国废除了《德波互不侵犯条约》，再次向波兰提出了领土要求，希特勒命令德国部队于9月1日前完成对波兰作战的准备工作。

与此同时，希特勒为了赢得德国民众的支持，在报纸、广播中大肆鼓噪"波兰扰乱了欧洲和平，以武装入侵威胁德国"，为德国侵略波兰制造借口。此外，8月23日，德国与苏联签订了《苏德互不侵犯条约》。一切准备就绪，战争一触即发。

1939年8月31日晚，希特勒派遣一支身穿波兰军装的德国党卫军冒充波军，袭击了德国边境的格莱维茨电台，在广播里用波兰语辱骂德国，并丢下几具身穿波兰军服的德国囚犯尸体。随后，全德各电台便开始纷纷广播"德国遭到了波兰突然袭击"的消息。

1939年9月1日凌晨4点45分，德国出动6000门大炮、2000架飞机和2800辆坦克对波兰发动了"闪电战"。德军的轰炸机群呼啸着飞往波兰境内的部队、军火库、机场、铁路、公路和桥梁；万炮齐鸣，炮弹如雨般倾泻到波军阵地上。1小时后，德军的地面部队发起了全线进攻，从北、西、西南三面一起向波军开进。与此同时，以友好访问为由潜入但泽港外的德国战舰"霍尔斯坦"号也向波军基地开炮。

波军猝不及防，500架第一线飞机还没起飞就被炸毁在机场，无数的火炮、汽车及其他辎重还没撤退就被摧毁，交通枢纽和指挥中心遭到严重破坏，部队陷入一片混乱。很快，以装甲部队和摩托化部队为前导的德军开始从几个主要地段突破波军防线。上午10点，希特勒异常兴奋地向国会的议员们宣布帝国军队已攻入波兰，德国进入战争状态。

波军战势越来越弱，而波军统帅部不仅觉得自己有足够的实力来对抗德国，还坚信英、法肯定会在关键时刻前来援助。于是，波军将其部队全部部署在德波边境。不料，这样毫无进退伸缩弹性的部署迅速导致波军被德军歼灭或分割包围。

其实，此时的德国西线也存在着致命弱点，他们在那里只有 23 个师的兵力，而西线马奇诺防线背后的英、法联军却有 110 个师，只要英法联军齐头并进，肯定能将德军一举缴获。但令人惋惜的是，受到德军侵袭的英、法两国竟然宣而不战，士兵们纷纷坐在阵地上静静观望，眼睁睁地看着波军完全陷入了被动挨打的境地。后来，英国军事史家富勒曾为此著文道："当波兰正被消灭之时，西线也正发生了一场令人惊奇的冲突。它很快就被称为'奇怪的战争'，而更好的名称是'静坐战'。"

短短一周时间，德军的闪电行动便全面奏效，波兰不攻自破。而波兰上空的滚滚硝烟，悄悄地拉开了第二次世界大战的序幕。

—— 奥斯威辛集中营 ——

第二次世界大战中，法西斯德国占领了欧洲大片土地，强力压迫剥削那里的各国人民。后来，各国人民纷纷起来反抗法西斯的暴行，而为了镇压人民的反抗，法西斯专门建立了许多集中营，企图关押和杀害这些无辜的群众和战俘。其中，最著名的当数坐落在波兰南部的奥斯维辛集中营。

奥斯维辛原本是一个宁静而美丽的农村，这里的波兰人民一直过着祥和安静的生活。直到 1939 年，波兰被德国侵占，这里便被法西斯们用铁丝网编制成了一个个杀人专用的毒气室、焚尸场和化验厂，建立了最大规模的杀人工厂——奥斯维辛集中营。

当时，集中营是由党卫军和警察局高级指挥机关的教官阿尔帕德·维甘德设计的，他之所以将主营地选在奥斯维辛城边的开阔地带，是因为这里的铁路运输很是便利，有利于他们运送"囚犯"。

在臭名昭著的集中营长官鲁道夫·胡斯的看管下，一批训练有素的德国纳粹开始着手修建集中营。很快，便修建了 14 座平房、6 座两层楼房。后来，那 6 座两层楼房变成了整个奥斯维辛地区集中营的管理部门。

1940 年 6 月起，每天都有一批批来自世界各地的战俘和无辜的百姓被运送到这里。如果是有劳动能力的男人或女人，一进来就立即被送进消毒站。一个个被迫将头发剃光，换上一身破旧的囚衣，并在左臂编上了号码，佩戴上一块颜色不同的三角布，红色代表政治犯、黄色代表犹太人、黑色代表拒绝劳动的人。

随着"囚犯"人数的剧增，集中营也以同样的速度扩建，他们加高了所有的建筑物，还扩充修建了另外 8 栋楼房。1941 年，约有 1.3 万 ~ 1.6 万人的犯人被关押在这里；1942 年，最多时达 2 万余人，甚至连地下室和屋顶间也都押满了人。

1942 年到 1944 年的两年时间里，纳粹又先后在当地的冶炼厂、矿山和工厂区修建了几十所分营，企图更好地利用在这里干活的免费劳动力。

集中营里关押的囚犯来自世界各地，有美国人、中国人、波兰人、犹太人、俄罗斯人等，有的是平民，有的是战俘。而看守集中营的那些杀人不眨眼的"盖世太保"都是杀人魔王希特勒手下最忠实的走狗，他们穿戴的领章和军帽上都标有一个黑底上刻着一个白色骷髅头和两根交叉的骨头。

这些"盖世太保"个个心狠手辣，对于稍不听话的"囚犯"不是抽打 25 皮鞭或 25 钢索，把他打得皮开肉绽、血肉模糊；就是使用一种狭小的、只能站下两个人的笼子，将一个活"囚犯"和一个死"囚犯"同时挤进去，活"囚犯"紧贴着死"囚犯"，直到活"囚犯"变成一个死"囚犯"。更有甚者，对于少数"特别囚犯"，干脆注射石脑油致死。而那些奉命填写死亡证明书的集中营纳粹医生们，只要在死亡原因中随便填一项就完事了。

集中营里，最令人气愤的地方当属毒气室。从外表上看，毒气室入口处挂着"浴室"的牌子，两旁播放着美妙的轻音乐，四周的草地上栽满了鲜花，看起来一点都不可怕。那些"犯人"蜂拥而入，刚开始，他们还认为只是让他们进来除去身上的虱子，却不料一走进"淋浴间"，便发现这完全是个骗局，哪里会有像沙丁鱼似的 2000 多人同时挤在淋浴的浴室里去虱子呢？只听"砰"的一声，德国兵关上了厚重的大门，并加了锁。随后，密封的"淋浴间"里从屋顶上砌有蘑菇形的通气孔里流下来了紫蓝色的毒药。很快，毒气充满了整个房间，里面的人个个身上发青，血迹斑斑，直至痛苦地死去。二三十分钟后，德国兵用抽气机把毒气抽掉，打开大门，将一个个尸体运往焚尸炉烧焚，再将骨渣运到工厂磨成粉末，最后用卡车运到拉索河边，倒入河中。整个过程令人心惊胆战，就是这个毒气室，一天竟能毒死 6000 多人。

就这样，成千上万的人被罪恶的纳粹屠杀。据不完全统计，单单整个欧洲被虐杀的犹太人就高达 570 万人。

今天，奥斯维辛集中营被建成了一个博物馆，前来参观的人无不控诉德国法西斯的暴行。

—— 敦刻尔克大撤退 ——

敦刻尔克是位于多佛尔海峡、法国一侧的一个优良港口，是一个有着 1000 多年悠久历史的古城堡，也是历来兵家必争之地。

1940 年 5 月，德国迅猛攻击，5 天征服荷兰，18 天征服比利时，随后又以迅雷不及掩耳之势推进，绕过法德边境上的马奇诺防线，企图从防御薄弱的法比边境攻入法国。

很快，德军将 40 万英、法军压缩在法国北部的狭小地带，只剩下小港敦刻尔克作为海上退路。

形势万分危急，敦刻尔克港口根本就承受不了轰炸机和炮火的持续攻击。一旦德军 40 万浩大军队从此撤退，再加上强烈的炮火袭击，后果将不堪设想。于是，美国驻英大使肯尼迪立即向华盛顿报告说："只有奇迹才能拯救英国远征军免于全军覆没。"

突如其来的灾难使得整个法国深深陷入惊恐和瘫痪之中。英国远征军司令戈特勋爵当然不愿让手下的几十万精兵强将为法国人陪葬，便立即命令海军部拟订一个紧急撤退的"发电机"计划，打算趁德军尚未封闭包围线时带军撤离。

最后，且战且退的联军官兵全部聚集到了敦刻尔克海滩。而与此同时，德国军队正从南、北、东三个方向逐步向海滩逼进，最近的一个坦克离这个港口只有 10 英里远，只有西面的英吉利海峡才能给联军战士们提供绝处逢生的唯一希望。

就在这时，德军突然接到了希特勒亲自下达的命令，德国坦克师停止进军 3 天。后来，很多军事历史学家认为这个命令是希特勒在二战中发出的第一个奇怪的命令。

当时，德国指挥官们纷纷认为这是一道极为荒唐的命令，都极为抗拒地质问上级，却只得到了"元首亲自下的命令，不得违抗"的答复。5月26日，德国坦克师刚要重新投入战斗，却又接到执行其他任务的命令。此外，纳粹空军也不得发挥最大威力。可以说，希特勒的这些决定拯救了数十万英、法军队。

希特勒为什么这样做呢？"二战"以来，人们一直关注这个问题。史学界更是把它当作热点来研究，众说纷纭、莫衷一是，直到现在还是一个历史之谜。

英国紧急调集了所有能抽调的军舰和民船，无数名应召而来的业余水手和私人船主驾着驳船、货轮、汽艇、渔船，甚至是花花绿绿的游艇，往返穿梭于海峡之间，最终将一批批联军官兵送回了英国本土。

后来，一位亲身投入接运部队的英国人曾回忆道："在黑暗中驾驶是危险的事。阴云低垂，月昏星暗，我们没带灯，也没有标志，没有办法辨别敌友。在渡海航程还不到一半时，我们开始和第一批返航的船队相遇。我们躲避着从船头经过的船队的白糊糊的前浪时，又落入前面半昏不明的船影里……我们边靠猜测边靠上帝地航行着。"

5月26日到6月4日，短短10天时间，敦刻尔克舰队便拯救了包括11.2万名法军在内的34.6万名士兵，为盟军日后的反攻保留了大量军力。这就是举世震惊的"敦刻尔克大撤退"。

然而，并不是所有的联军都撤了出来，在德军恢复进攻后，最后留在敦刻尔克的4万多名法军全部被俘，法军700辆坦克、2400门大炮和7千吨火器弹药也全部成了德军的战利品。

—— 法国自由运动 ——

法国陆军部长马奇诺在任期间，在法国东部的边境地区修筑了一条防御阵地体系——"马奇诺防线"。防线内堡垒林立，地下筑有坚固工事，还有地下铁道、隧道公路和各种生活设施，被法国人视为"万无一失"的坚固屏障。

在大战以前，英法政府对希特勒的军事扩张一再妥协退让，使得德国的扩张野心日益膨胀，希特勒攻占波兰后，又相继占领了丹麦、挪威、荷兰、比利时、卢森堡，1940 年 5 月，希特勒率领军队绕过法国的马奇诺防线进攻法国。

1940 年 6 月 5 日，德军向法国发动了总攻势。13 日，巴黎被宣告为"不设防城市"。次日，枪弹未响，德军便轻而易举地占领了法国首都。6 月 22 日，由贝当组成的新内阁向德国投降，整个法国蒙受了巨大的耻辱。

国防部副部长戴高乐将军竭力反对贝当的卖国行径，坚决主张与德国战斗到底。6 月 17 日，戴高乐毅然决定与投降派决裂，独自飞往伦敦。6 月 18 日，他在伦敦发表了《告法国人民书》，号召法国人民为维护法国的自由和独立而英勇战斗。于是，戴高乐掀起了法国的抵抗运动。

6 月 18 日下午，在英国首相丘吉尔的支持下，戴高乐在英国广播电台发表了《告法国人民书》，向法国人民和全世界庄严宣布："法国的事业没有失败……法国并非孤军奋战！它不是单枪匹马！它不是四处无援！……法国的抵抗火焰决不应该熄灭，也决不会熄灭……总有一天我们会转败为胜。"

电波里激情澎湃的声音笼罩了英伦三岛，并穿越英吉利海峡，传遍了法国每一个角落，人们随之热血沸腾，称戴高乐为"六·一八英雄"。

6 月 25 日，戴高乐创建法兰西民族解放委员会，后来又改称为"自由法国政府"。他们高举着"自由法国"的旗帜，用顽强的毅力全身心地投入拯救法国的斗争中。当时，"自由法国"的总部在泰晤士河畔的一座大厦里，而戴高乐本人则仅仅住在伦敦的一套普通公寓里，几乎一无所有，两条裤子、四件衬衫和一张全家照算是他最重要的家当。

随后，重视武装部队筹建的戴高乐又在伦敦积极地招募军队，他认为："没有武装就没有法国，建立一个战斗部队比什么都重要。"很快，志愿人员由几百人壮大到 7000 人。

然而，就在戴高乐全身心投入到抵抗运动中时，法国新任国防部长命令他回法国自首，要求他接受军事法庭的审判，但戴高乐对此不予理睬。不久，卖国的法国政府见他缺席审判，将四年徒刑又改判为死刑。

1940 年 7 月 14 日，法国国庆，戴高乐在伦敦检阅了"自由法国"军队。7 月 21 日，戴高乐激情澎湃地向世界宣布："自由法国重新投入战斗了！"随后，自由法国部队的飞行员参加了对德国鲁尔区的轰炸。此后，自由法国战士活跃在各地反法西斯的战斗中。

1940 年 8 月，戴高乐将军率领一支英、法联合舰队向法国进攻，遭遇失败，但戴高乐将军并没有被击垮，仍然以顽强的精神继续战斗。后来，戴高乐将军又在非洲建立了一个可靠的作战基地和精干的行政机构，并出版了名为《自由法国》的报纸。

1943 年 5 月，共产党等 16 个政党团体在法国国内共同组建了全国抵抗运动委员会，由戴高乐派往国内的代表让·穆旦担任第一届主席。1944 年 3 月，法国国内各抵抗组织的武装力量整合为统一的内地军，与德军展开了英勇的战斗。

1944 年 6 月，苏联红军解放了波兰，从诺曼底登陆的盟军向法国挺进。8 月 20 日，戴高乐将军率领"自由法国"的部队随同盟军向巴黎挺进，受到了法国人民的热烈欢迎。1945 年 5 月，德国投降，戴高乐以法国临时政府的名义，和盟军一起接受了德国的投降。

最终，戴高乐以他顽强的毅力和无畏的爱国精神，拯救了法国人民，维护了法国的民族独立，做出了不可磨灭的贡献，深受法国人民的爱戴。

—— 德国空袭不列颠 ——

1940 年 6 月，希特勒攻占法国后，几乎占领了整个西欧，只剩下隔海相望的英国，迅速将目标投向了英国。与此同时，一贯奉行亲德政策的英国首相张伯伦被迫辞职下台，主张对德国采取强硬态度的温斯顿·丘吉尔正式上位。

很快，新上任的丘吉尔就召集保守党、工党和自由党组成了一个全新的联合政府。6 月 18 日，丘吉尔在下院发表演说，号召人民英勇地站起来同敌人战斗。他满怀信心地说："我们将不惜任何代价保卫领土……我们决不投降，即使我们这座岛屿被征服并陷于饥饿之中……至于我，没有别的，我只有热血、辛劳、眼泪和汗水贡献给大家。"全国人民纷纷拥护。

7 月 16 日，希特勒下令实施对英登陆作战的"海狮计划"。但希特勒自知德国的海军不敌英国，便又将计划改为让空军发动空中闪电战来取得制空权，最后再登陆作战。

于是，希特勒任命空军元帅戈林以猛烈轰炸的主攻方式来削弱英国的防务。戈林也认为德国强大的空军只需空袭便可征服英国，还特意为此制订了"鹰计划"。德军的空战成了对英作战的唯一优势。

8月10日，德国空军空袭英伦本土，戈林集结了2660架战斗机和轰炸机进攻海峡舰队、港口、机场和重要的军事设施。而英国仅有700架战斗机和500架轰炸机，两军的军备力量悬殊太大。不过，当英国空军奋起反击后，德国空军遭受到了很大的损失。

这是因为，英国空军的飞机虽数量少却性能更为先进，并拥有1800门高射炮和完整的防空系统。最终，英国成功地破译了德军的密电码，使希特勒的"空中闪击战"不攻自破。德国猖狂地将英国地图画在战斗机的机身上，写着"伦敦完蛋"的偌大字样，气势汹汹地扑向英国的机场和港口，这并没吓倒英国人民，反而激发了英国军民的斗志。

8月24日，德军开始有计划地袭击英国空军的雷达站和机场，平均每天出动1000多架次飞机，几乎摧毁了那里的整个通信系统。英国空军损失巨大，南部的5个战斗机场均遭到了巨大的破坏；7个关键的地下指挥系统，有6个受到猛烈的轰炸；有四分之一的驾驶员身受重伤，甚至死亡。正如丘吉尔后来所言："如果这种情况再继续几个星期，英国在天空中就没有了组织的防御力量。德国入侵肯定会成功。"

然而，谁也没想到，一次错误的航飞竟然扭转了战局。

8月23日晚上，有12名德国轰炸机驾驶员奉命对伦敦郊外的飞机工场和油库进行轰炸，但由于航向错误，炸弹被扔到了伦敦市中心，不仅炸毁了很多住房，还炸死了很多无辜的老百姓。第二天晚上，英国空军也派了81架飞机轰炸了柏林。那天晚上，英国空军只有半数找到了目标，柏林上空虽然烟云密布，但柏林的损失却不及英国损失大。但是，这是柏林第一次受到轰炸，也是英国第一次在德国首都打死了德国人。

早在第二次世界大战之前，戈林就吹嘘德国的防空能力，妄言道："一颗炸弹也扔不到鲁尔（德国的工业区）来。要是有一架敌机到达鲁尔的话，我的名字就不叫赫尔曼·戈林，你们叫我什么都行。"而现在，英国的炸弹竟然落到了首都柏林，英国空军还撒下了许多写着"希特勒要打多久我们就打多久"的传单，而德军居然连一架入侵的英军飞机也没打下来，戈林的牛皮让自己给吹破了！于是，希特勒和戈林改变了对英国空袭的目标。

9月7日到11月3日，伦敦市区连续57个夜晚遭受到德国空军的恐怖袭击。1000架轰炸机先是投下重磅炸弹和燃烧弹，伦敦市区硝烟弥漫，被炸得到处起火。紧接着投下了延时炸弹，使伦敦市区的铁路线、交通枢纽和重要道路多次成段被摧毁。

据统计，德国空军在这3个月的空袭里一共投下了1万多吨炸弹，炸死了1.26万居民，受伤和无家可归的更是不计其数。但是，英国人民并没有被打垮，他们虽极为仇恨法西斯暴政，却仍沉着应战。起初，一遇到空袭，人们就慌忙地逃进防空壕或地下铁道。后来，到了严重的大轰炸阶段时，他们反而都不害怕了，不再逃到地下，而是直接登上屋顶，手拿望远镜和步话机，组织对空监视网，一边报告敌机的动向，配合飞行员作战；一边报告火警的所在，或组织抢救火灾，或组成拆卸延时炸弹的信管小组。

终于，在英国人民和军队的顽强抵抗下，德军入侵英国的计划破产了。无奈之下，希特勒决定推迟"海狮计划"。10月12日，希特勒正式下令对英国的本土作战计划推迟到来年春天。1941年7月，再次将其推迟到1942年春。1942年2月，整个计划被完全搁置，再也没有被提及。

这场"二战"史上历时最长、规模最大的空战中，英国损失巨大，死伤约86000多人，被炸毁100多万栋建筑物。但是，英军也以915架飞机的代价击毁了1733架德机，摧毁了希特勒强占英国的野心，使希特勒的侵略计划第一次破产，并在反法西斯的战争史上谱写了光辉的篇章。

—— 斯大林格勒保卫战 ——

1941年6月22日，希特勒突然撕毁《苏德互不侵犯条约》，并对苏联发动了大规模袭击。从此，苏联人民在斯大林领导下掀起了伟大的卫国战争。

1942年7月17日，鲍罗斯将军率领第6集团的27万名精锐士兵向斯大林格勒逼进。

斯大林格勒位于伏尔加河下游西岸，原名察里津，不仅是连接苏联欧洲部分南北水陆的交通枢纽，还是重要的军事工业基地。这里一旦被德军攻破，必将会切断莫斯科和高加索地区的联系，直接影响到巴库石油和库班粮食产地的所有权。于是，苏联决定死守于此，一场决定性的大战在伏尔加河畔一触即发。

1942 年 7 月中旬，德军相继投入了 150 万大军，集中了将近 40 个师的精锐部队，每天出动上千架次飞机，把 100 多万颗炸弹投向这座城市，几乎炸毁了斯大林格勒的全部建筑。甚至，希特勒还命令德国空军："将斯大林格勒这个城市从地图上抹掉！"

9 月 13 日，在近 500 辆坦克和 1700 门火炮的掩护下，17 万德军攻入市区。一场最为残酷、最为激烈的市区争夺战正式开始。

苏军第六十二集团军司令朱可夫将军不断收到战事报告：

"7 点 30 分，敌人进入学院大街。"

"7 点 40 分，第十三机械旅第一营与主力失去联系。"

"8 点，火车站陷入敌手。"

"8 点 40 分，火车站在我军手中。"

"9 点 40 分，敌人又占领了火车站。"

敌人疯狂进攻，苏军步步紧随，斯大林高呼"不让敌人前进一步，用一切力量消灭敌人"的口号强烈号召苏联军民誓死抵抗，他们纷纷手持武器在废墟中同冲进市区的德军展开搏斗，前面的倒下了，后面的再冲上，战斗异常激烈。

9 月底，战斗重心转移到北部工厂地区。在这里，发生了许多可歌可泣的感人故事。

当时，在"红十月"拖拉机厂距敌军仅有 500 多米时，厂里的工人们仍毫无惧色，还在冒着炮火坚持生产，在战火激烈的 9 月共生产了 200 辆坦克和 150 辆牵引车。敌人越来越近，工人们镇定自如地装配好最后一批坦克，立即钻进了坦克，亲自驾驶冲出厂门，直接投入战斗。

苏军战士赫沃斯坦米夫正守在工厂区的一条街道上等待敌人的到来。当敌人 6 辆坦克沿着街道向他驶来时，他立即断墙拐角，用火炮、反坦克枪等武器一连击毁了其中的 5 辆坦克。紧接着，第六辆坦克几乎逼到他的身边时，他毫不犹豫地举起了最后一颗手雷，拉响引爆索，冲向坦克，只听"轰隆"一声，那辆坦克像火把一样迅速燃烧。

在白天，德军以大量士兵的生命作为代价，才肃清了 200 米左右的残垣断壁。但一到夜里，苏军战士就趁着夜色杀了回来。他们灵活机敏地游窜在德军的阵地中，杀死敌人，并重占阵地。德军官兵的士气越磨越弱，都哀叹在和苏军打一场"老鼠战争"。

激烈的战斗日夜不息，没有前线和后方的界线，作战的部队里有 16 万多名党员和 24 万多名共青团员。其中，78 名共青团区委书记里包括 47 名前线的战士。此外，共青团还将 7.5 万名姑娘培养成为高射炮手、无线电兵、卫生员或护士。一名护士为了掩护伤员，不顾一切地端起机枪消灭了 30 多个德军，即使身负重伤也要坚持等自己的部队赶到。

参战期间，苏联的男女老少皆为战士，每一个角落都是战场。原本，希特勒企图速战一举拿下斯大林格勒，但却未曾料到苏联军民的意志如此坚定，德军陷入极为被动的境地，即使伤亡惨重也仍无法占领全城。在德军面前，斯大林格勒"相距如此之近，却同时又像月亮那样遥远"，依然挺立在那里。

11 月，斯大林格勒雪花飘飘，伏尔加河上漂浮着片片薄冰。没有准备御寒衣服的德国士兵们把各自所有的衬衣、单衫全部套在身上，把干草塞进冻得硬邦邦的人造草鞋里，但即便如此，士兵们还是冷得直哆嗦，疲惫不堪，叫苦连天，战斗力一天比一天弱。

11 月 19 日，在斯大林的命令下，经过殊死战斗的苏联红军终于迎来了激动人心的时刻，开始对德军展开了大反攻。11 月 23 日，德国 33 万名士兵被苏军包围在斯大林格勒地区，德军的粮食和弹药极度缺乏，大量的伤兵缺衣少药。

见情况不妙，希特勒立即命令德军司令鲍卢斯坚守待援，并组织了 30 个师的兵力杀向包围圈。12 月底，苏军歼灭了援军的主力，把战线延长到距被围德军 200 公里之外的地方。鲍卢斯已经绝望，企图要求分散突围，却一再被拒绝。

2 月 2 日，历经 6 个月的斯大林格勒大会战终于结束，德军全部覆灭，14 万名德军被击毙，鲍罗斯及其他 23 名将军、9 万多官兵被俘。

斯大林格勒战役是第二次世界大战的伟大转折。这次战役的胜利，让世界人民不仅受到极大的鼓舞，还看到了胜利的曙光。从此，德军转入战略防御，直至最后灭亡。

—— 阿拉曼战役 ——

1940 年 9 月，意大利法西斯侵入埃及，企图夺取苏伊士运河，切断英国盟军与其东方殖民地之间的联系。于是，以英国为主的同盟军在突尼斯、利比亚一带与德意军队拉开了持久战。

1942 年 6 月，号称"沙漠之狐"的德军统帅隆美尔带领德意联军攻克了号称"不屈的要塞"托希鲁克，紧接着，他们乘势追击，挺进埃及境内、距英地中海舰队基地亚历山大港仅 110 千米的阿拉曼。阿拉曼号称"保护埃及腹地的屏障"，非洲军的进攻无疑像一把尖刀顶住了英国人的胸膛。

1942 年 8 月初，丘吉尔同英军参谋长布鲁克飞到埃及前线，亲自调兵督查强化北非英军第 8 集团军的力量，并任命个性活跃、自信心强的蒙哥马利为第 8 集团军司令。随后，美国支援的 300 辆新式薛曼式战车和 100 门机械炮将陆续运到前线。

阿拉曼前沿阵地一片混乱，蒙哥马利见战士们士气低落，并没有暴跳如雷，而是立即叫来几十名军官和参谋长训话，他充满自信地说道："阿拉曼是我们最后的防线，如果失去它，如果我们将失去整个非洲。我命令烧毁所有撤退的计划和指示。我们不能在此生存，那我们就在此献身……"顿时，蒙哥马利的话让垂头丧气的军官多了份勇气和力量。

随后，蒙哥马利将陆军和空军联合在一起，并在险要地形的前方布满浓密的雷阵，派遣重兵据守阿兰哈法岭，以增强阿拉曼的防御能力。这样一来，无论敌人从哪里进来，都可以从侧面加以反击。

8 月 30 日，隆美尔指挥德、意非洲军对防线发起攻击。他们从北、中、南三面同时展开攻势，南面主力进攻，中、北部辅助。与此同时，蒙哥马利派出飞机和大炮对非洲军阵地不间断地轰炸，耗其实力。最终，武器相对落后的德、意非洲军在英军的坚固防御和猛烈的空中攻击下不攻自破，隆美尔的计划失败了。

9 月 1 日，非洲军被迫放弃大规模进攻。短短两天时间，他们的 3 艘补给油船被英军全部击沉，严重缺乏燃料。无奈之下，隆美尔在前方阵地埋下 50 万颗地雷、炸弹和炮弹，只用前哨据点扼守，其余士兵在雷区后做防御战准备。

9 月 22 日，隆美尔因病情严重而将指挥权交给了斯徒美将军，并返回德国就医。

这时，蒙哥马利趁机入手，他把主力打击安排在北面，派一个装甲师驻守阵地南端，分散敌人的注意力，并用了 13 军牵制敌人右翼的辅助性进攻。10 月 6 日到 23 日夜间，英空军加紧对敌人的交通线及运输工具的轰炸，企图阻断其供给。为掩盖其作战意图，蒙哥马利实施了一个用假帐幕、仓库、战车、车辆、炮位、水塔和油管伪装而成的大规模掩蔽计划——隐蔽各部分兵力，诱骗敌人错误预测攻击的日期和方向。

10 月 23 日晚上，在月光下，英军在辽阔的阿拉曼沙漠上开始了大规模的反击。战车隆隆，炮声震天，英国夜航轰炸机一次又一次地对德军轮番轰炸；英军那像冰雹似的炮弹沉重地落在德军的阵地上，整个战场被照明弹照得如同白昼一般明亮。

第二天，在英军炮火的猛烈轰击下，斯徒美因心脏病突发而丧命，希特勒立即敦促隆美尔于 10 月 25 日返回非洲指挥军队。

隆美尔紧急返回，立即带领部队进行防御。他判断出英军的主攻方向，并着手向北调集军队，将意大利军留在南部防守。29 日晨，隆美尔指挥部队遏制了英军的进攻。

随后，蒙哥马利根据战场的变化调整了兵力部署，将战斗力最强的第七装甲师调到北面，实行"增压作战计划"。11 月 2 日凌晨，英军在猛烈炮击和轰炸机的支援下开始进攻。英军的飞机和炮兵转向轰击德军防御阵地，而德军的火炮根本就不能击毁可远距离发炮的美式薛曼式战车。战事紧急，隆美尔调集全部的坦克拼命抵抗。但最后虽阻挡了英军的长驱直入，却仅剩下 35 辆战车。

11 月 2 日晚，隆美尔准备带兵后撤到 50 英里外的富卡。但希特勒第二天就在电报里说："在你目前所处的情况下，不能有别的考虑，只能坚守阵地，不后退一步，并把每一支枪和每一个士兵都用于战斗。不胜利毋宁死！"

看完电报的隆美尔瘫坐在地上，就像一个被判处死刑并缓期执行的犯人，再也无法站立。他愤愤不平地说道："我们需要的是枪炮、燃料和飞机，而不需要让我们死守的命令。"等他冷静下来后，还是强迫自己执行希特勒的命令——"停止西撤"。当时的部队已乱了方寸，他失灵的指挥直接导致继续后撤的部队乱成了一锅粥。

11月4日，英军突破德意防线，意军全军覆没。隆美尔知道，所失去的交通线和制空权是无法补给的，只好下令撤退。9日，隆美尔退回利比亚，阿拉曼战役结束。

这次战役，德军共死伤27万余人，被俘3万人，被击毁1000门大炮和500辆坦克。击溃隆美尔无疑是英国对德作战的首次决定性胜利，成为了北非战场的转折点。此后，驻守在北非地区的德意法西斯军队开始节节败退。1943年5月，被完全逐出非洲。

—— 偷袭珍珠港 ——

珍珠港事件是第二次世界大战中的一个重大的历史事件。它的发生，促使了美国直接参战。从此，第二次世界大战从欧洲范围变为全球范围。

1941年12月7日凌晨4点，珍珠港一片安静，舰艇整齐地停泊在港内，飞机也密密麻麻地排在瓦胡岛的7个机场上。驻扎在那里的美国太平洋舰队的官兵们正在度周末，有的在酣睡，有的准备去吃饭，有的已上岸去度假了。

但谁也没想到，一支正飞速驶来的日本舰队打破了珍珠港的安宁。这支舰队里有6艘航空母舰和14艘战舰，每一艘航空母舰的飞行甲板上都排满了双翼展开的飞机，有的挂着鱼雷，有的装着巨型炸弹。

珍珠港上，两个值班美国兵正在雷达监视器前悠闲地摆弄着仪器。突然，荧光屏上显示出东北方向130海里外有一群飞机正朝珍珠港方向飞来。

"敌机，敌机！"值班美国军立即拿起电话通报了陆军基地。

"别神经过敏，那是我们自己的飞机。"值班军官很是不屑。

原来，值班军官早已接到了"今天早晨将有一队美国空军飞机从本土飞来"的通知。于是，他放下话筒，打开收音机，悠闲自在地欣赏着音乐。港内的其他美国士兵，甚至美军司令部都没有意识到这是一场真实的战争。而雷达屏上显示的机群正是从日本航空母舰上起飞，企图空袭珍珠港的 183 架日本飞机。

实际上，日本法西斯早已预谋偷袭珍珠港。日本在第二次世界大战爆发后急不可待地想要扩大侵略战果，并将占领印度支那和南太平洋诸国、夺取石油资源作为主要目标。驻守在夏威夷群岛上的美国太平洋舰队是日本军国主义南进太平洋的最大障碍。

于是，日本天皇为了扫清南进道路上的障碍，便授意日本联合舰队司令山本五十六，秘密制订了远渡重洋偷袭珍珠港的计划，并决定由南云海军中将率领舰队去完成这一任务。

在偷袭珍珠港之前，日本大使来栖三郎亲自到美国继续与美方谈判，以"日本和美国没有任何理由打仗"来掩盖其南进的意图。而对于日本军国主义者的意图，美国总统罗斯福将其主攻对象指向了印度支那和东南亚，没有料到日本会把矛头首先指向珍珠港。与此同时，日本偷袭珍珠港的特遣舰队早已在 11 月 26 日秘密出发。

就这样，日本舰队在寒冷多雾的北方航线上隐蔽前进，在海上秘密航行了 12 天也没有被发现。随后，在舰队到达距离瓦胡岛 230 英里处，航空母舰上的作战飞机被指令起飞，直扑珍珠港。偷袭珍珠港机群的指挥官渊田美津中佐已飞临珍珠港上空，其后是由 49 架水平轰炸机、40 架鱼雷机、51 架俯冲轰炸机及 43 架制空战斗机组成的混合机群。

渊田中佐低头往下一看，厚厚的云层挡住了海面，根本就看不见是否抵达珍珠港，忽然，耳机里收听到了檀香山电台播放的夏威夷音乐和檀香山地区的气象预报："半晴，山上多云，云层高 3500 英尺，能见度良好……"

"太好了！"渊田高兴地笑起来。

7 时 55 分，渊田中佐收到报告："前面发现海岸！""我看到了珍珠港！"

"发出攻击令，立即攻击！"渊田立即下令。

这场震惊世界的偷袭终于开始了。日本机群呼啸而下，喷吐着火焰的机关炮将炸弹如飞蝗般撒落，刹那间，珠珍港便成为了一片火海。

珍珠港上的美国官兵个个都惊慌失措，面对闪电式的攻击猝不及防。

"空袭！空袭！"不知是谁第一个声嘶力竭地喊出来。这时，舰队司令部的军官们才缓缓清醒，原来飞机上的人并不是自己人。

但是，为时已晚。几分钟内，希凯姆机场、惠列尔机场、埃瓦机场和卡内欧黑机场均被炸得一片狼藉。一小时后，日军 171 架战机又一次飞临珍珠港进行轰炸，直到 9 点 45 分才离开。前后历时 1 小时 50 分钟的袭击，日军共炸沉美军主力舰 4 艘，重创 1 艘，炸伤 3 艘；另外，炸沉、炸伤驱逐舰、巡洋舰等各类辅助舰 10 余艘，击毁飞机 188 架，机场全部炸毁，美军官兵死伤 4500 多名。而日军仅损失 29 架飞机。

两小时后，日本驻美大使馆的野村和来栖两位大使前往美国国务院，向美国国务卿赫尔递交了日本政府的最后通牒。赫尔很是气愤，呵斥道："我在 50 年的公职中，从未见过这样厚颜无耻的文件！"见野村还有话要说，赫尔立即挥手制止，将他们赶了出去。

日本偷袭珍珠港点燃了太平洋战争的导火索。12 月 8 日，罗斯福总统向全世界宣布："美国对日本宣战！"紧接着，澳大利亚、荷兰等 20 多个国家也宣布对日宣战。随后，德、意对美宣战，第二次世界大战的范围随之扩大。

—— 中途岛大海战 ——

1941 年 12 月 7 日，日军偷袭珍珠港时，美国的航空母舰并不在港内，所以一艘也没有受损。于是，日本决定再次集中优势兵力，妄图彻底歼灭美国航空母舰。但是，要实现这一计划，就必须先拿下美国位于夏威夷群岛东北方的重要航空基地中途岛，将其作为作战基地。

日本海军仍派策划并指挥偷袭珍珠港的山本五十六海军大将率领舰队进攻中途岛，并将舰队分为八支特遣队。其中，第一支由南云中将指挥，从西北方向主攻中途岛；第二支至第七支分别担任掩护、侦察、警戒等任务，协同进攻作战。而山本五十六则亲自率领第八特遣队，守候在中途岛西北海面上，指挥整个作战。

但日本海军的这次偷袭行动不可能成功了。原来，美国遭受珍珠港教训后，也迅速加强了防备，官兵们时时刻刻保持着高度警惕，美国破译小组成员日夜不停地轮班监听日本的密码电报。

1942 年 6 月的一天，译电员向美国海军司令部报告："报告长官，我们截获了一份日军密码电报，据破解，日本的水上飞机可能要到中途岛上加油。"

在日本偷袭珍珠港之后，美国太平洋舰队司令尼米兹临危受命，他托着腮思索片刻："我们最好能将计就计，设下埋伏，让日本海军自投罗网。"

6月4日，洋面上连日笼罩的海雾早已散尽，一轮红艳的旭日跃出中太平洋的碧水，隐蔽在预定海域的日本舰队开始进攻了——4艘巨型航空母舰灯火齐明，108架飞机飞离甲板，纷纷向东南方的中途岛飞去。

与此同时，美军总指挥官尼米兹上将也早已率领中途岛的美军做好了应战的准备。当日机距离中途岛还有30英里时，美军由25架"野猫式"战斗机组成的拦截队出现在日本机群前，日本护航的"零式"战斗机随即上前缠住"野猫式"，双方展开了激战。日本轰炸机继续飞赴中途岛，并穿过美军高射炮的猛烈火网，12架水平轰炸机开始用800公斤重的炸弹轰炸机场和跑道。然而，机场和跑道上空空如野，日军炸弹只破坏了跑道和供油系统。随后，岛上的119架美国飞机纷纷升空迎战，逃避轰炸。

日军在第一批飞机离开母舰后，南云中将又下令将第二批飞机升到甲板，装上鱼雷，准备袭击美军军舰。正在这时，第一批轰炸中途岛的日机指挥官突然返航，向南云中将报告了轰炸的情况，并请求对中途岛进行第二次轰炸。

于是，南云又命令士兵卸下鱼雷，换上炸弹。顿时，甲板上一片忙乱。此时，日军侦察机发现10艘美舰正位于东北200英里处。南云中将很是吃惊，立即下令战斗机卸下炸弹，装上鱼雷，改去袭击美军舰队。

不料，日军的第一批轰炸中途岛的飞机此时归来，而第二批飞机还停在甲板上，使它们无处降落。于是，南云下令把飞行甲板腾出，让返航的飞机降落。而恰恰就是这短短几分钟的时间，战场形势发生了根本性的转变。

3架美国"无畏式"轰炸机出现在日本舰队上空，以飞快的速度朝日本"赤诚"号航空母舰垂直俯冲下去。随着一阵尖嘶声，一颗颗黑色炸弹飞泻而下，发出震耳欲聋的爆炸声。顿时，"赤诚"号被炸得弹片纷飞，火焰冲天，南云只得离开了已成一片火海的"赤诚"号。

此时的山本五十六正端坐在号称当时世界上最大的战舰——"大和"号战舰上，却不料南云惨败，山本目瞪口呆。山本直视着烈火蔓延的"赤诚"号，艰难地发出了将其炸沉的命令。于是，"野分"号驱逐舰迅速射出强大的新型鱼雷，随着猛烈的爆炸声，"赤诚"号便葬身海底。没想到，这竟是"野分"号在这次海战中的第一个射击目标。

随后，山本五十六命令所有的舰队集中，企图诱使美国舰队西移到日军舰队的炮火射程内。但美舰指挥官识破了山本的计划，并没有上当。

6月4日中午，日军的航空母舰只剩下了"飞龙"号，意识到战势不利的山本五十六不得不硬着头皮死撑到底，立即命令"飞龙"号实施报复性攻击。于是，"飞龙"号上的18架日本俯冲轰炸机在6架零式战斗机的掩护下，向美国的"约克敦"号航空母舰发起猛攻。结果，双方无一幸免，全部葬身海底，日方败局已定。

5日凌晨，山本痛苦地嘶喊道："取消占领中途岛的行动！"

在中途岛海战中，日军的惨败使它丧失了4艘航空母舰、1艘重巡洋舰、234架飞机及几百名海军飞行员、2200名水兵。而美军仅仅损失了1艘航空母舰、1艘驱逐舰和147架飞机。

中途岛海战是太平洋战争的转折点，此后，日本由进攻转为防御，战事每况愈下。

—— 德黑兰会议 ——

1942年1月1日，中、苏、美、英等26个国家在华盛顿发表了《联合国家宣言》，表示要全力对抗德、意、日法西斯，并形成"国际反法西斯统一战线"，又称"国际同盟"。

随后，国际同盟国在各条战线上纷纷顺利进军，苏、美、英三国首脑要求召开高峰会议，以解决协调行动、共同作战等迫切的问题。1943年11月下旬，美国总统罗斯福、英国首相丘吉尔和苏联领导人斯大林在伊朗首都德黑兰共同商议对德作战的军事问题。这便是第二次世界大战期间反法西斯联盟三大国首脑的第一次会晤。

11月28日下午3点左右，三国首脑举行正式会晤前的一个小时，斯大林走进了罗斯福总统的别墅，进行礼节性的会晤："见到你太高兴了！"斯大林热情地同坐在轮椅上的罗斯福握手。

罗斯福的脸上洋溢着刚毅的笑容，迎合道："同你的心情一样，我也盼望着同你就当前的形势谈谈看法。"

下午 4 点，苏、美、英三国领导人会议正式开始。

美国总统罗斯福主持了第一次会议，致辞道："今天是俄国人、英国人和美国人第一次为了共同的目标相聚一堂。我们的唯一目标，是赢得战争的胜利。希望自由讨论，畅所欲言。"

丘吉尔说："这次会议也许象征着人类有史以来整个世界力量空前的大聚会，人类的幸福及命运已完全掌握在我们手中。"

斯大林对罗斯福和丘吉尔的讲话深表同意，说道："苏美英三大国的友谊是非常重要的，希望大家很好地利用这个机会。"三位首相谦和互让，第一次会议圆满结束。

随后，召开了第二次会议，商议具体行动计划。在第二次会议举行之前，奉英国国王之命的丘吉尔将一支特地为纪念斯大林格勒保卫战而铸造的宝剑赠给了斯大林。斯大林郑重地接过宝剑，轻轻地吻了一下，转身递给了伏罗希洛夫元帅，命他交给苏联仪仗队。这一友好的互动使得会议有了一个良好的开端。

但是，当会议讨论到具体问题时，三国首脑发生了分歧。斯大林强调说："英美两国不能再拖延时间了，必须早日开辟第二战场。现在我们苏联人抗击着大部分德国军队，承受着无比沉重的物质和人力压力。"

早在 1941 年斯大林就曾几次要求英国开辟第二战场，均遭到了丘吉尔的婉言拒绝。后来，随着形势的发展，开辟另一条战线势在必行，美英两国才制订了代号为"霸王行动"的作战计划，并准备在 1944 年从法国诺曼底登陆，开辟欧洲第二战场。随后，几经电话交流和书面磋商，美英两国终于答应了斯大林的要求。但是，丘吉尔虽答应了开辟第二战场的要求，却迟迟不行动。

紧接着，丘吉尔思索一番，又提出"地中海战略"，主张英美先从地中海进攻意大利、后进军巴尔干，企图推翻从法国诺曼底登陆的"霸王行动"计划。

斯大林一听很是生气，却不得不耐着性子说："目前我们需要的是给德国人狠狠一击。巴尔干离德国心脏太远，不可能达到这一效果。因此，还是赶快执行'霸王行动'计划为好。"

"如果两路并进是不是更好呢？"丘吉尔见斯大林一头怒火，也只得做出让步。但实际上，让丘吉尔真正担心的是，一旦按斯大林的建议进行，苏联红军就可能会进入奥地利、罗马尼亚和匈牙利，而这对战后的英国并没有好处。

斯大林终于再也按捺不住了，只见这位工人出身的领袖霍地站起，"啪"地一拳砸在桌子上，怒声道："难道你想把战争向后推迟几个月吗？那样将给世界带来多么大的威胁啊。如果你坚持要这么做，我将单独执行'霸王行动'计划。"说完，斯大林便气冲冲地准备离开会场。

这时，罗斯福也觉察到丘吉尔的用心，但他并不同意丘吉尔的意见，婉言说道："如果在地中海登陆作战，就会把战役推迟两三个月，我是不想推迟'霸王行动'计划的。"罗斯福一边拉着要走的斯大林，一边劝丘吉尔。

几天后，经过三位首脑的反复磋商与争论，美英苏三国最终达成了一致协议，决定在1944年5月，英美实行"霸王行动"计划并进攻法国的南部，开辟欧洲第二战场。与此同时，斯大林也发动攻势，阻止东线德军西调。此外，苏联还答应在打败德军后，将对日本宣战，不过要在苏联得到库页岛和千岛群岛的前提下。

1943年12月1日，斯大林、罗斯福和丘吉尔签订了《苏美英三国德黑兰宣言》和《苏美英三国德黑兰总协定》（后者作为秘密文件，当时没有公布）。签完字后，罗斯福首先伸出了他的手，斯大林随即跨上几步，紧紧握在了一起。丘吉尔稍则迟疑了一下，也伸出了双手。于是，三位巨人的手握在了一起，而这历史性的一握，改变了世界历史进程，加速了法西斯的灭亡。

—— 诺曼底登陆 ——

德黑兰会议上，苏美英三国首脑决定开辟第二战场。经过周密的准备和部署后，将时间定在了1946年6月6日。

1943年12月6日，任命美国的艾森豪威尔将军为联军总统帅，300万盟军陆海空将士集结在英伦三岛，打算横跨英吉利海峡到诺曼底登上欧洲大陆，开辟第二战场，同东线苏联红军一起夹击德军。这个大规模的作战计划便是"霸王行动"。

盟军为什么要选择在诺曼底登陆呢？原来，诺曼底距英国的空军基地很近，还设有港口。这样一来，部队不仅可以在空军掩护下陆续上岸，建立牢固的桥头堡，还可以使登陆部队及时得到各种后勤物资和后续部队的支援。

为了登陆诺曼底，盟军足足做了一年多的准备。他们在海峡下面铺设了一条输油管道以供登陆部队使用，并在离开海岸的两个地点建成了两个由 70 条大船构成的人造港，还周密计算了登陆时月光、潮汐、日出的时间。完工后，盟军迅速准备在登陆日前运送 30 个师到诺曼底，其中，有 10 个师可以在登陆日一天内运到。

此外，盟军为了迷惑德军，还计划了疑兵之计——将专门请英国电影制片厂的布景道具师们设计的"登陆艇""弹药库""医院""兵营"和"飞机、大炮"布置在英国东南沿海一带；盟军谍报人员开始在各中立国到处收集法国加莱海岸的详细地图；英国建筑师在沿海显眼的地方制造起"油船码头"，还配备了发电厂和储油罐；并将一支"100 万"人的集团军调往东南沿海，准备进攻加莱。

果然，盟军巧妙地骗过了德军，让希特勒相信了英法盟军会在 7 月份进攻加莱。于是，希特勒把德军最精锐的 15 个军团集结在加莱，而诺曼底却只有一个装甲师驻守防御。

"哈哈，敌人果然中计了！"英国首相丘吉尔暗自高兴。

1944 年 6 月 5 日晚，波涛汹涌的海面上狂风呼啸，堪称历史上最强大的舰队从英国的南部海岸启航，驶向了诺曼底。6 月 6 日凌晨，3000 余架载有 3 个伞兵空降师的盟军运输机和滑翔机从英国的 20 个机场上纷纷起飞，抵达法国诺曼底海岸。

而此时的德军仍然蒙在鼓里。正在睡觉的德军西线司令伦斯特突然被一个诺曼底前线士兵的紧急报告吵醒："有一股英美空军部队着陆，看来这是一次大规模行动……"

伦斯特不以为然，漫不经心地回答说："这并不是什么大规模行动，这是英美惯用的声东击西伎俩。"

"报告，报告，海岸雷达荧光屏上有大量黑点，一支庞大的舰队正向诺曼底开来……"

"开什么玩笑！这种鬼天气里会有庞大舰队？一定是你们搞错了，也许是一群海鸥吧？"

黎明时分，盟军的各种飞机轮番轰炸海岸目标和内陆炮兵阵地。英国皇家空军 1136 架飞机对准事先选定的德军海岸的 10 个堡垒投下了 5853 吨炸弹；美军第八航空队 1083 架轰炸机又对德军海岸防御工事投下了 1763 吨炸弹。

太阳高高升起，盟军的海军战舰准备向沿海的德军阵地开火。炮火伴着炸弹在天空中划出了万道火光，和初升的阳光一同烧红了辽阔的天空。诺曼底海滩已成火海，山地随之动摇。

6 点 30 分，在强大炮火的掩护下，美军第七军的第一师和第四师分别趁机潜入奥马哈滩和犹他滩。在犹他滩，美军第七军第四师仅遇到了断断续续的炮击。3 小时后，肃清了驻守在这里的所有德军，并将后续部队和装备运到了岸上。

但在奥马哈滩，美军第七军第一师却遭到德军的顽固抵抗，历经 6 小时的激烈战争，美军才前进了 10 码，就已尸横遍野，血染滩头，美军只得请求海军对德军阵地实施近射；最终，美军士兵冒着被自己海军炮火杀伤的危险且战且进，在付出了 2500 人伤亡的代价后，才夺下了滩头阵地。

中午时分，伦斯特和几个德军将领慌忙向希特勒汇报情况，要求急调两个精锐的坦克师支援诺曼底。希特勒却不以为然，淡定地回答说："这两个坦克师不能轻举妄动，要看看形势的发展再决定。"说完，他便上床午休了，根本不理会西线不断发来的告急电话。

下午 3 点，希特勒午睡醒来，接到"盟军已有大批部队登陆，并深入陆地几公里了"的报告，才如梦初醒。于是，希特勒连忙指派两个精锐的装甲师前往诺曼底支援，企图在天黑前消灭登陆的盟军，但为时已晚。

原来，此时的盟军已在欧洲大陆建立了牢固的立足点。深夜，将近 10 个师的部队连同坦克、大炮及其他武器都已上岸，后续部队纷纷赶来。6 月 12 日，盟军在诺曼底的几个滩头连接成了一条阵线。

最终，盟军的诺曼底登陆取得了胜利，15.6 万名士兵中仅损失了 8000 人。从此，德国陷入了盟军的夹击之中。为了避免覆灭，德军仓皇后撤。德国法西斯即将灭亡。

—— 墨索里尼倒台 ——

墨索里尼是意大利的独裁者，是法西斯党的党魁，更是希特勒的忠实追随者。随着盟军的不断反攻，墨索里尼统治也走到了尽头。

1943 年 5 月，美国将军艾森豪威尔率领英美联军在突尼斯歼灭了一支曾经一度横行北非的轴心国劲旅的残部，将进攻目标指向了意大利本土。得知消息的墨索里尼心力交瘁，幻想破灭。失败主义的情绪徘徊在他的人民和军队之间，工业城市米兰和都灵纷纷发生了大规模的罢工，腐败的法西斯政权威信扫地，迅速瓦解。

连续几个月，墨索里尼不断呼吁希特勒同斯大林议和，企图把德国军队调到西方，联合意大利军队在地中海防御正在英国集结、准备横跨海峡入侵大陆的英美军队日益增长的威胁。希特勒不以为然，却很想给这个意志消沉的伙伴打打气。

而实际上，墨索里尼对随后即将连续发生的事件并未做好准备。5 月间，盟军占领突尼斯。7 月 10 日，英美军队又在西西里胜利登陆。不愿意在自己本土上发生战事的意大利军队已经濒临崩溃。

7 月 19 日，希特勒不得不叫墨索里尼到意大利北部的菲尔特雷举行会议商议此事。这次会议正好是两个独裁者的第 13 次会谈，情况同之前举行的几次一样，大部分时间都是希特勒一个人在说话，在一旁洗耳恭听的墨索里尼沉默不语。很显然，希特勒这个狂热的德国纳粹法西斯头子竭尽全力想使他这位"有病"的朋友和同盟者振作起来，但是并未收到效果。而当时，还不到 60 岁的墨索里尼却已显得非常疲惫衰老。他已到了智穷力竭的地步。墨索里尼回到罗马时，发现大轰炸所造成的结果不堪设想，自己面临的无疑是众叛亲离的境地。最终，一群军官和政客发动政变，将墨索里尼赶下了台，并把他软禁在一座高山的顶上。

9 月 13 日，希特勒派德国的特种部队"弗里登"突击队前往囚禁地解救了墨索里尼。两天以后，在希特勒的扶植下，墨索里尼在德军占领的意大利北部地区成立了"意大利社会共和国"。

1945 年初，反法西斯起义摧垮了德军的防线，席卷了整个意大利北部。墨索里尼见势不妙，连忙收拾起金银财宝，带上他的情妇，伪装成德军军人的模样混在德军车队里，企图逃出边境到瑞士过流亡生活。

深夜里寒气逼人，墨索里尼紧缩在车里，用一条破旧的毛毯裹住身体，并用大衣领子和帽子盖住自己的脸。在漆黑的夜色中，德军车队向意大利边界的穆索急驶着。

"停车！停车！"突然，道路上出现了全副武装的意大利游击队员。原来，得知消息的他们早早就埋伏在了这里。

前面的几辆德国军车停了下来，而后面意大利的军车却开始逃窜，有的掉过车头往回开，有的则拐向旁边的崎岖山路。于是，游击队员立即分头追击，将逃跑的人抓住全部关进了附近的一所学校里。

"报告长官，听说墨索里尼就在德军这个车队里。"一个满脸大胡子的中年士兵走到游击队队长奈里身旁，低声说道。

奈里眼睛一亮，立即走近德军车队，一辆一辆地检查。终于，他在一辆卡车上发现了一个人蜷缩在驾驶室里。

"他是谁？"奈里问道。

"一个酒鬼。"德国人战战兢兢地回答道。

奈里心里早就确定了，便装作若无其事的样子跳下车，对几个游击队员小声说："注意这辆车，别让它离开！"随后，走向指挥部去报告他发现的可疑人物。

随后，游击队员和宪兵纷纷走到这辆车旁边，车上的德国人被吓得连忙跳下车，站在一边注视着。紧接着，这个穿着金色条纹军裤的人慢慢站起来，举起双手，弯着腰下了车。

一审讯，果然是意大利法西斯头子墨索里尼。此外，和墨索里尼一起被捕的还有法西斯其他几个头目，以及墨索里尼的情妇。

4 月 28 日，得知墨索里尼被捕的意大利举国欢庆。这天下午，游击队总参谋部派瓦莱里奥上校立即赶到东戈，代表总参谋部对墨索里尼和其他几个法西斯头目进行就地处决。

傍晚时分，墨索里尼和他的情妇被押上汽车。为了预防意外，瓦莱里奥把墨索里尼的军帽往下拉了拉，以免别人认出他来引出麻烦。汽车开到贝尔蒙特别墅附近的一块高地停了下来，游击队员把墨索里尼等人拉下车，让他们站到别墅的篱笆旁边，荷枪实弹的士兵守卫在四周。墨索里尼一看这阵势，就吓得颤颤发抖，自己的末日真的来了。

紧接着，瓦莱里奥以全体意大利人民的名义宣布判处他们死刑。只听"砰砰"几声枪响，墨索里尼和他的同伙纷纷倒在地上。瓦莱里奥为解仇恨，又对准墨索里尼补了一枪。

第二天上午9点30分，在法西斯的诞生地——米兰，墨索里尼的尸体被放在最热闹的洛莱特市场里，被人们用电线倒吊在一个废弃加油站的钢梁上。墨索里尼这个臭名昭著的法西斯，最终落得个暴尸街头的下场。

—— 攻克柏林 ——

1945年3月，第二次世界大战已经接近尾声。在苏联红军和英美盟军的强大攻势下，德国法西斯陷入了绝境，只剩下最后一道防线——号称"法西斯魔窟"的德国首都柏林。

集德国政治、经济、军事中心和重要交通枢纽为一体的柏林是德国纳粹分子最后的巢穴，一旦柏林被攻克，就意味着法西斯德国的灭亡和欧洲战争的结束。于是，苏军根据英、苏、美等国关于把柏林划为苏军战区的协议，计划攻打柏林。

苏军为了攻克柏林，派出十分庞大的4个方面军和10支舰队参加柏林战役。其中，包括兵力250万人，坦克6250辆，飞机7500架和各式火炮42600门。而希特勒虽命悬一线，却也集中了百万余众，1500辆坦克，3500架飞机和上万门火炮，构筑了三道防线，负隅顽抗。

4月16日，苏军元帅朱可夫到达库斯特林附近奥得河岸的第8司令部。凌晨5时，朱可夫下令进攻德国首都柏林。

随即，苏军的几千门大炮齐声高吼，德国已无力还击。半个小时后，德军阵地上仅有的几声抵抗枪声也消失了，变得死一般的沉寂。

突然，数千枚信号弹升上了天空，燃起了五彩缤纷的火花。与此同时，地面上150台大功率的探照灯齐放光芒，将强烈的光束齐刷刷地射向德军，德军阵地亮如白昼。

这种"灯光战术"德军未曾听闻，他们搞不清楚苏军用了什么新式武器，也猜不出将会发生什么。此时，强烈的灯光刺得德军睁不开双眼，根本无法看清对面苏军的情形，更谈不上开枪开炮予以还击。甚至，德军搞不清自己阵地上的情况，指挥官找不到士兵、士兵看不见指挥官，炮兵连大炮的各部位也只能靠手来摸。

德军混乱不堪，苏军趁机猛扑过去，步兵和坦克同时出击，用轰炸机轮番轰炸，最终顺利突入德军阵地2公里。

随即，苏军突破了敌人的第一道防线，但在进抵德军的第二道防线泽劳弗高地时，尽管朱可夫一再集结大量兵力和坦克进攻，却屡屡失败，苏军遇到了阻碍。

斯大林得知苏军进展缓慢，连忙致电朱可夫，协助他调整了战略部署。最终，苏军攻占了泽劳弗高地。

苏联红军成功扫清了柏林外围的德国守军。随后，苏军与美、英联军会师，突入市区，开始了激烈的巷战。

在柏林城高大的砖砌楼房和各类建筑物之间，最后的残酷战争开始了，苏联人的坦克开进了柏林。而这些坦克虽然可以摧毁德军工事，但在这狭窄的市区里却显得很笨拙。正当苏联红军"像辛勤园丁在花园里洒水般"倾泻炮弹时，德国士兵已经悄悄地躲到了地下室里。一旦炮击停止，他们就会爬到地面上，潜伏在街道和楼房之间向苏军射击。

很显然，只要有一辆苏联坦克在垃圾成堆的柏林街道里被击中，道路就会被堵塞。于是，德军企图用反坦克火箭弹逐个从侧面消灭苏军，利用机动兵力，潜伏在苏军背后突击。

但德国法西斯已经成了强弩之末，再多的抵抗也只不过是垂死的挣扎罢了。被强大攻势吓破了胆的希特勒好像一只缩头乌龟似的躲进了离地面50英尺的地下室。

4月29日，地下室收到了从外面世界传来的最后一批消息。希特勒的同盟伙伴墨索里尼已经命丧黄泉。希特勒为了不让自己落在苏军手里，立即着手进行着他死亡前的最后准备。

当天，希特勒口述了两份遗嘱。一份政治遗嘱，任命海军元帅邓尼茨为他的"继承人"；一份生活遗嘱，他决定与情妇爱娃·勃劳恩结婚。

当天夜里，希特勒与爱娃的婚礼在地下室的地图室举行，由柏林市政府参议员瓦格纳主持婚礼。

大约3时30分，希特勒与爱娃回到地下室那间墙上镶嵌着白绿两色瓷砖的书房里。希特勒关了两扇门，戈培尔、鲍曼和其他几个人在外面的走廊里等候着。

两扇门隔住了所有的声音，只能听到空调的嗡嗡声和炮弹爆炸的回声。爱娃坐在床上，希特勒靠着她坐下来，他们的右边摆着他母亲的照片，前面摆着腓德烈大帝皱着眉头的画像。两人对望了一会儿，便不约而同地打开了药品包装，拿出装着氰化钾的小玻璃瓶，爱娃服下了氰化钾，蜷缩在希特勒的旁边。

希特勒用颤抖的双手，将小玻璃瓶内的东西放入嘴里，拿起重型7.65口径的瓦尔特手枪，对准右太阳穴，咬碎了嘴里的氯化钾，扣动了扳机。

只听一声尖锐的枪声，希特勒自杀了。卫队长格林和几个随从军官立即走了进来，遵从希特勒生前的旨意，把他们用毛毯裹住放进总理府花园里的一个小坑内，用汽油点燃了尸体，熊熊火焰扑天而起。

当日傍晚，苏军攻入德国国会大厦。5月1日清晨，胜利的红旗高高飘扬在德国国会大厦主楼圆顶上。5月2日，苏军占领了整个柏林，30万德军官兵纷纷投降。5月8日，德国在柏林正式举行无条件投降仪式，德国统帅部代表在投降书上签字，向苏联红军最高统帅部和盟军远征军最高统帅部无条件投降。就这样，希特勒和他的"千秋帝国"法西斯德国终于灰飞烟灭了。

—— 广岛蘑菇云 ——

1945年8月6日清晨，日本广岛上空晴空万里。突然，防空警报发出了几声尖厉的响声，而警报每天都会被拉响，所以当时的人们并没有察觉到任何异常，不一会儿，整个城市又恢复了平静。而这里的人们根本就没有意识到，一场巨大的灾难正在悄悄袭来。

实际上，美军早已派出3架B-29轰炸机在广岛上空盘旋踩点，只是一连几天都没有扫射，也没有轰炸，广岛人误认为这是在进行飞行训练。

8 点刚过，警报再次响起。广岛的人民依然没有一丝防备，纷纷继续做着手头的事情，并没有去防空洞，甚至有的人还抬起头看着天上飞来飞去的飞机，互相谈论道："今天的这 3 架飞机还会像从前一样飞走的。"

所有的人都猜错了！

9 点 14 分 17 秒，其中一架轰炸机上的飞行员将瞄准仪对准了广岛一座大桥的正中位置，打开自动装置，短短 1 分钟，原子弹便从打开的舱门落入空中。这时，飞机以 155 度大转弯俯冲下来，飞行高度立即下降了 300 多米。谁也没想到，这个曾训练了多次的动作就是为了使飞机尽量远离爆炸地点。

45 秒钟后，原子弹在离地 600 米的空中爆炸。先是在天空中点亮了一道巨大的白色闪电，仿佛天空中又出现了一个太阳；紧接着，令人头晕目眩的白色光一闪即逝，一声震耳欲聋的爆炸声响彻广岛上空。顷刻间，烟尘好像是从地面生长出的一支巨大蘑菇，翻滚的云团越来越高、越来越大，并爆发出无数个火焰，在地面上竖起了几百根火柱，广岛市陷入一片焦热的火海。

此时此刻，广岛市一片惨景。爆炸的光波使成千上万的人双目失明；10 亿度的高温将钢铁熔化得无影无踪；冲击波形成的狂风将所有的建筑物转变成废墟。在爆炸中心范围的人和物像原子分离般分崩离析，消失在空气之中；离中心远一点的地方，遍地散落着被烧焦了的人的残骸；更远一些的地方，虽然侥幸活了下来，不是被严重烧伤，就是双眼被烧成了两个窟窿，用手一碰头发就会大把大把地脱落。而那些最终幸存下来的人也无不被强烈的辐射折磨，只能在后半生忍受着各种各样的病痛，缓慢地走向死亡。

据调查统计，当时的广岛有 34 万名人，当日死去的有 8.8 万余人，负伤和失踪的有 5.1 万人。除此之外，全市 7.6 万幢建筑物中有 5 万幢全被毁坏，其中 2.2 万幢被严重毁坏。

事发后的第二天，美国的杜鲁门总统在电台中向日本广播，他在讲话中宣布道："16 小时前，一架美国飞机向日军重要基地广岛投放了一颗原子弹，这颗原子弹的威力比 2 万吨 TNT 炸药的威力还大。它的爆炸力相当于英国'大满贯'爆炸力的 2000 多倍，是世界战争史上迄今为止所使用过的最大的炸弹。""如果他们（日本）现在还不接受我们的条件（无条件投降），他们的毁灭将自空中而降。"

美国广播播出后，日本的陆海军统帅部才接到设在广岛的日本第二军总司令部的报告："敌人使用了具有从未见过的破坏力的炸弹。"当时有人猜测可能是原子弹，但也有人表示怀疑。于是，日军参谋本部立即组成有原子能权威人士参加的调查委员会亲自赶赴广岛。

很快，调查结果出来了，这种新型的炸弹就是原子弹！随即，这一消息被上报给了天皇。

美国这一击，不仅摧毁了广岛，还震慑了日本的高层领导。为了避免人心动摇而引起全国混乱，日本政府决定禁止扩散广岛遭原子弹袭击的消息，企图掩盖广岛事实真相。日本法西斯还想负隅顽抗。

8月8日，苏联红军出兵中国东北，正式对日本宣战，号称日本"皇军之花"的关东军不攻自破。8月9日，美国在长崎扔下第二颗原子弹。终于，日本天皇撑不住了。8月15日，他用颤抖的声音在广播中向同盟国宣布道："日本战败，无条件投降。"

—— 正义的审判 ——

第二次世界大战给人类造成了极大的灾难。据不完全统计，战争总共造成约5000万人的死亡，全部参战国直接战费共计11540亿美元。而对世界人民犯下了不可饶恕罪行的法西斯帝国主义被一致视为此次战争的罪魁祸首，惩治他们是世界上所有爱好和平的人民的共同呼声。

当时，纳粹投降后，抓捕的20万名大小战犯中有350名美国列出的甲级战犯。但最终由于人数过多而无法一一审判，只好在甲级战犯中"精选"出22名主犯，计划在德国的纽伦堡和日本的东京审判。

戈林是希特勒的忠实走狗，在希特勒死后，继承了德国纳粹党的领头位置。戈林被捕时，身边除妻子女儿外，还有四名副官、两名司机和六名炊事员。当美军第七军军长派赤抓捕他时，戈林还手持着一根镶了24只金鹰的短杖，厚着脸皮说："战争就像踢一场足球。谁赢了就该握输家的手，一切都忘记了。"派赤很鄙视他，严厉地要他交出短杖，而他却拒死不交，自以为是地说："这是我权威的象征。"

随后，得知要被判处极刑的戈林立即吞服了随身携带的两粒毒药。当看守发现时，戈林已经一命呜呼了。

里宾特洛甫是希特勒的另一位忠实走狗，是希特勒的外交顾问，曾去莫斯科签订了《苏德协定》。审讯时，他最喜欢说的是一句话是"我患了健忘症"，而对于杀害犹太人的罪行他始终假装一无所知。

天网恢恢，疏而不漏。在纽伦堡，审判案子时凭的是证据而不是言词。于是，法庭前后共进行了403次公审，最终以大量确凿的证据揭露了德国法西斯的种种滔天罪行。1946年10月1日，法庭做出了最后判决，判处12人绞刑，3人无期徒刑，4人有期徒刑。

16日凌晨1点左右，罪犯们全被带到一个灯火辉煌的体育馆，他们的手臂被反绑在馆内竖着的3个漆成黑色的绞架上。绞刑架平台下有13级阶梯，犯人站在一块活板上，套上绞索之后活板便被抽开，然后犯人两脚悬空而咽气。

早晨4点，戈林和另外9个战犯的尸体被塞进棺材，装上卡车，送往火葬场火化。为谨慎起见，美军接管了火葬场，并留下两名德国工人，让其起誓永远严守秘密。

1946年5月3日，经过长达半年的调查后，由中、苏、美、英等11国代表组成的远东国际军事法庭在亚洲对以东条英机为首的战犯正式开庭审判。首席检察官历数了28名战犯在战争中的罪行，列举了55项罪状，指控他们犯有破坏和平罪、战争罪、违反人道罪。1948年11月4日，法庭宣读判决书：判处东条英机等7人绞刑；16人被判处无期徒刑；其余判处有期徒刑。

1948年12月23日0点，东条英机及其他6名战犯被送上绞刑架。终于，正义得到了伸张，这些双手沾满了世界各国人民鲜血的刽子手得到了应有的下场。

第十章 ／ 世界新格局

—— 联合国的建立 ——

1945 年 4 月 25 日，成千上万的市民冒雨赶到美国西部第二大城市旧金山市大歌剧院前，争相领取入场券。很快，1500 张入场券被领光。不过，没得到票的人们也依然兴高采烈，群情激奋。

到底是什么吸引着人们呢？原来，全世界反法西斯国家的代表将汇聚在这里讨论成立联合国的事情，并计划制定《联合国宪章》。

1937 年 7 月，从日本帝国主义血腥侵略中国开始，全世界便笼罩在战争的阴影之下。1939 年 9 月，德国法西斯突然袭击波兰，第二次世界大战全面爆发。从此，战火蔓延到世界上 60 多个国家和地区，20 多亿人陷入了战争带来的巨大苦难之中。于是，人民渴望早日打败德、意、日法西斯侵略者，过上和平的生活。

1942 年元旦，26 个反法西斯的国家在美国华盛顿签订了《联合国宣言》，罗斯福总统第一次提出"联合国家"这个名词。

1943 年 10 月 30 日，中、美、英、苏四国代表在莫斯科发表声明，将根据国家主权平等的原则建立一个普遍性的国际组织，维持国际和平与安全。

1944 年 8~10 月，中、苏、美、英 4 国代表在美国华盛顿附近的敦巴顿橡树园召开会议。会议上，他们具体讨论了战后国际组织的章程，签署了《关于建立普遍性的国际组织的建议案》，主张把未来的国际组织定名为"联合国"，并提出了联合国的宗旨与原则、会员国的资格、联合国大会和安全理事会等主要机构和职能，以及关于维护国际和平及安全和关于国际经济与社会合作的各种安排。随后，美、英、中三国代表举行会议，通过了上述建议。《联合国宪章》雏形已成。

1945 年 2 月，罗斯福和丘吉尔在雅尔塔会议上同意斯大林提出的建议，在安理会 5 个常任理事国的表决权问题上主张一票否决制，即在常任理事国表决时，只要有一个国家反对，表决就是无效的。会后，三方约定同年 4 月间在美国旧金山召开联合国家会议，讨论拟议中的《联合国宪章》。

回到故事开头，1945 年 4 月 25 日下午 4 点左右，美、中、英、苏 4 个发起国和其他国家的代表先后走入歌剧院，两旁的人群立即欢呼沸腾起来，纷纷向他们抛撒鲜花，以表欢迎之情。当时，四个发起国与其他国家的代表进入歌剧院的共计850人。其中，美国代表人数最多，共156人；中国代表75人，英国代表65人，苏联代表15人。

紧接着，1800多名各国记者也相继进入会场，成为了这一历史性时刻的见证人。而成千上万的没领到入场券的市民则伫立在歌剧院外翘首以待。

这次史无前例的大会盛况空前。大会的开幕式上，美国代表发表了简短的讲话，随后，新任美国总统杜鲁门发表讲话，强调了联合国对世界和平与人类发展的意义，并一再强调"和平"与"合作"是此次大会的两大主题。开幕式在和谐友好的气氛中进行。

6月26日，联合国大会已经进行了整整两个月，这时会员国也增加到了56个。最终，大会一致通过了《联合国宪章》和《国际法院规约》。6月25日，联合国成立大会签字仪式在旧金山举行，50个国家的153名代表在印着中、俄、英、法、西5种文字的宪章文本上签字，中国代表团首先签字。

旧金山会议决定，联合国将于1945年10月24日宣告成立，其总部设在美国东海岸的纽约。这一天，也被定为"联合国宪章日"，简称"联合国日"。

联合国是国际政治史上规模最大、最为普遍的一个国际组织。

—— 北大西洋公约组织 ——

第二次世界大战后，冷战的形成导致国际政治出现了新一轮分化，形成了以美国为首的西方阵营和以苏联为首的东方阵营。从此，这两大阵营在政治、经济、军事和文化等诸多方面展开了长期的对抗，并分别在军事方面形成了各自的军事集团。1949年8月24日，由美国为首的12个西方国家组成旨在对付以苏联为首的社会主义国家的一个军事集团，即北大西洋公约组织，简称"北约"。

1947年，美国提出"杜鲁门主义"和"马歇尔计划"，企图遏制苏联和控制西欧，成为了美国对外扩张和抑制苏联的政策基础。其中，"杜鲁门主义"是美国以希腊和土耳其受到"共产主义的威胁"为理由，表示美国要代表"西方自由社会"抗击"苏联极权"。而"马歇尔计划"则是从经济上复兴和稳定西欧国家，以达到既控制西欧和为美国商品扩大出口市场、又联合西欧压制苏联的双重目的。

1948 年 2 月，捷克斯洛伐克发生政治危机。由于捷克斯洛伐克共产党掌握政权，捷克政府便宣布退出西方阵营，并加入到东方的社会主义阵营中。而此时的美国和西欧国家已然把苏联当作眼中钉。随后，英国外交大臣贝衷发出了整个资本主义社会的心声，呼吁道："西欧面临被苏联倾覆的危险，西欧各国应该联合起来，建立一个能保卫西欧的联盟。"很快，这一呼吁便表现在了行动上。

同年 3 月 17 日，美国、加拿大、英国 3 国代表在华盛顿举行会谈，决定拟定一项北大西洋区域集体防务协定的计划，并最终通过了美国草拟的《五角大楼文件》。随后，英、法、比、荷、卢五国签订《合作和集体防御条约》，又称《布鲁塞尔条约》，即以军事同盟为核心进行多方面合作，为建立北约走出了重要一步。

但西欧各国的不安并没有随着《布鲁塞尔条约》的签署而减轻，反而越来越重了。1948 年 6 月，苏联封锁西方国家进入柏林的水陆通道，形成了紧张的军事对抗局面，史称"柏林危机"。随后，双方都调集大量军队，甚至，美国将其用于投掷原子弹的 B29 轰炸机都派到欧洲。一时间，人们纷纷传言第三次世界大战将要爆发。

1948 年 7 月 6 日，美国、英国、法国、加拿大、比利时、荷兰、卢森堡 7 国在华盛顿举行会议，讨论建立北大西洋安全体系问题。

最后，参会各国通过了《北大西洋公约》，这一公约由序言和 14 个条款组成。其中，第三至第五条最为重要。第三条规定集体武装防卫；第四条规定协商共同行动；第五条规定各缔约国同意对于欧洲或北美一个或数个缔约国之武装攻击，应视为对缔约国全体之攻击。此外，缔约国可以"包括武力之使用，协助被攻击之一国或数国以恢复并维持北大西洋区域之安全"。

1951 年，北约组织建立联合武装部队，成立欧洲盟军最高司令部，由美国人出任最高司令官，并在最高司令部下设 3 个战区司令部等机构。从此，美国利用自己强大的军事实力加强了对西欧国家的控制，确立了其在西欧的霸权，并利用北约组织服务于美国的世界称霸战略。

—— 华沙条约 ——

第二次世界大战后，苏联积极帮助一些东欧国家建立社会主义政权，并与捷克斯洛伐克、波兰、罗马尼亚、保加利亚等国签订了"友好互助合作条约"，扩张了苏联的势力范围。

1949 年，北约组织建立后，苏联深感自身面临着严重的威胁。同年，苏联外交部针对美国国务院的声明进行严厉谴责，称北约为"美国和英国统治集团推行侵略政策的主要工具"。此后，无论在各种场合，苏联都不断地猛烈抨击北约组织，并向联合国大会上诉。

不过，美国等北约国家对苏联的反应不屑一顾。1954 年 10 月，北约国家正式签订接纳联邦德国的《巴黎协定》。

11 月 13 日，苏联政府立即向以美国为首的西方国家发布照会，反对《巴黎协定》，并建议召开全欧洲会议，讨论防止德国军国主义的复活问题，但最终遭到西方国家拒绝。

11 月 29 日至 12 月 2 日，苏联、波兰、匈牙利、保加利亚、东德、罗马尼亚、捷克斯洛伐克、阿尔巴尼亚 8 国于 12 月 11 日至 14 日在华沙举行会议，缔结八国友好互助条约，建立华沙条约组织，简称"华约"。条约有效期为 20 年，期满后可以延期 10 年。

条约规定，当缔约国之一遇到武装威胁时，其他缔约国应采取一切必要的方式给予援助；设立统一的武装部队司令部和政治协商委员会缔约国不参加与华约相反的任何联盟或同盟，不缔结与华约相反的任何协定。此外，华约还欢迎一切赞同该条约的国家参加。

华约组织里主要的机构有政治协商委员会和联合武装部队司令部，均设在莫斯科。其中，政治协商委员会下设国防部长委员会、外交部长委员会和联合武装力量司令部等机构。至此，北约和华约两大军事集团完全形成。

在华约组织中，苏联居于控制地位，苏联人担任了联合武装部队的总司令和总参谋长。苏联除了利用华约对抗北约和与美国争霸外，还以控制缔约国，甚至以华约名义出兵干涉。

20世纪60年代，迫切需要解决国内发展问题的东欧国家普遍出现了政治经济改革的动向，其中，一些与苏联发生矛盾的国家还出现了独立发展的趋向。

1968年9月，阿尔巴尼亚宣布正式退出华约。1990年10月，民主德国并入联邦德国，民主德国不复存在，华约又失去一国。

此后，苏联、东欧发生的政治剧变导致华约几乎瓦解。1991年4月1日，华约组织宣布解散其军事机构。7月1日，华约6个成员国领导人在布拉格签署议定书，宣布华约结束。至此，华沙条约组织正式解散，两大阵营的对峙宣告结束。

—— 古巴导弹危机 ——

"古巴导弹危机"又称"加勒比海危机"，是苏、美两个超级大国强加给加勒比海地区以紧张局势的一次外交上的大较量。

卡斯特罗领导的古巴新政府成立后，美国一直想推翻古巴政府。后来，肯尼迪上台后策动了一次"猪湾登陆"，惨遭失败。后来，不肯罢休的美国又先后多次派遣间谍潜入古巴，企图暗杀卡斯特罗，均未成功，卡斯特罗对美国的态度依然很强硬。

1962年7月，苏联领导人赫鲁晓夫以"保卫古巴"为借口偷偷地把中程导弹运进古巴，企图把中程导弹设在有"不沉的航空母舰"之称的古巴境内，变为洲际导弹的代用品，弥补苏联洲际导弹的劣势，加强苏联的战略地位。与此同时，赫鲁晓夫还想对古巴加以控制，企图依仗导弹的震慑力来扩大苏联在拉丁美洲的影响，巩固其在拉美的立足点。

美国中央情报局侦察到苏联正用货船向古巴运送导弹。肯尼迪一听情报就意识到了问题的严重性，于是，他立即召集国务院、国防部、中央情报局、参谋长联席会议等方面的负责人和一批顾问前来参加紧急会议，讨论如何对付苏联的行动对策。会上，有的人主张实行海上封锁，有的人主张进行军事打击。最终，肯尼迪因考虑到苏联实力强大而决定对古巴实行海上封锁，但为了避免与国际上的其他国家产生摩擦，美国对外宣称这次行动为"海上隔离"。与此同时，美国还在佛罗里达集结数名重兵和数百架战略轰炸机，随时待命。

10月22日，肯尼迪总统发表电视演说，宣布美国将对古巴实行封锁。紧接着，肯尼迪下令将180艘美国舰只部署在加勒比海域，专门检查和拦截前往古巴的船只，并命令其在世界各地的军队也进入戒备状态。

赫鲁晓夫大吃一惊，没想到美国竟变得如此强硬。于是，他立即下令加快向古巴运送导弹及苏式轰炸机的速度，并发表声明："如果苏联船只遭到拦截，苏联将会予以回击。"随即，一支由25条商船和战舰组成的苏联船队在赫鲁晓夫的命令下向美国海军的警戒线挺进。双方距离越来越近，战争一触即发。

然而，当苏联船只在即将到达美国警戒线时，突然掉头返航。

10月26日，赫鲁晓夫给肯尼迪写信，称自己不再向古巴运送武器，并撤回已到达的武器。但作为交换条件，他要求美国立刻解除对古巴的封锁，保证不再入侵古巴。27日，赫鲁晓夫又向肯尼迪写了一封信，要求美国也撤走在土耳其的导弹，保证不侵入土耳其或干涉其内政。肯尼迪最终回函接受赫鲁晓夫26日的来信，27日的来信作废。

10月27日，肯尼迪约见苏联驻美大使，说道："如果29日得不到回答，美国将对古巴采取军事行动。"28日，美军做好了对苏联在古巴的导弹发射场进行轰炸的准备。

12月6日，苏联运走全部导弹和轰炸机，经过核实后，美国宣布解除对古巴的海上封锁。古巴导弹危机随之结束。

—— 欧洲共同体 ——

欧洲共同体是一个联合的政治经济集团，包括欧洲煤钢共同体、欧洲经济共同体和欧洲原子能共同体，其中，欧洲经济共同体的地位最为重要。

20世纪50年代中期，资本主义经济进入大发展时期，美国与西欧国家的发展状况背向相离。其中，西欧一些国家以"美援"和"美资"的方式进行了大规模的经济重建工作，使经济迅速恢复和发展。

第二次世界大战后，美国一直以西欧作为主要销售市场。后来，经济有所恢复的西欧国家企图摆脱美国控制，维护自己的市场，意欲建立一个排他性的经济集团。于是，西欧国家的各大垄断集团相互结合，彼此渗透，先后建立了一些跨国垄断组织。同时，其各国资本、劳动力和技术也互相流通，打破国界，扩大市场。也就是在这种情况下，欧洲共同体应运而生。

1950年5月9日，法国外长舒曼主张建立一个"超国家"机构，把法国和联邦德国的煤炭与钢铁工业融入其中，形成一个一体化的国际组织，即欧洲煤钢共同体，并倡导欧洲其他国家也前来加入。很快，舒曼的倡议便得到了联邦德国和西欧一些国家的响应。

1951年4月18日，法国、联邦德国、意大利、荷兰、比利时、卢森堡6国外长在巴黎签订《欧洲煤钢共同体条约》，条约规定：建立6国煤钢共同市场，取消各种关税限制，调整各类煤、铁及钢的生产和销售。1952年7月25日，《欧洲煤钢共同体条约》生效，有效期50年。欧洲煤钢共同体随之问世。

欧洲煤钢共同体的建立，促进了经济共同体的建立。1956年10月21日，欧洲煤钢共同体的6个成员国外长再次聚集在巴黎讨论成立"欧洲原子能共同体"和建立"欧洲共同市场"等问题。

1957年3月25日，6国外长在意大利罗马签订了《欧洲原子能共同体条约》和《欧洲经济共同体条约》，并规定这两款条约于1958年1月1日正式生效。同时，欧洲经济共同体和欧洲原子能共同体也相继成立。

《欧洲经济共同体条约》的主要内容为："各成员国间建立关税同盟，逐步建立起统一的对外关税率和贸易政策；制定共同竞争规则，消除各种限制和歧视竞争的协定和制度；实现共同市场内部商品、劳动力和资本的自由流通。""设立欧洲投资银行，设立欧洲社会基金。"

1965年4月8日，6国成员在布鲁塞尔召开会议，签订了《布鲁塞尔条约》，决定将欧洲煤钢共同体、欧洲原子能共同体和欧洲经济共同体合并为统一的机构，统称欧洲共同体。

会议决定，欧洲共同体的总部设在比利时首都布鲁塞尔；欧洲议会秘书处和欧洲法院设在卢森堡。此外，欧洲共同体共设有部长理事会、欧洲理事会、欧洲议会、执行委员会、欧洲共同体法院、审计院、经济社会委员会、欧洲投资银行等主要机构。其中，部长理事会是最高的决策机构，欧洲议会是监督和咨询机构。

1973 年，欧洲共同体接纳英国、爱尔兰、丹麦为正式成员国；1981 年和 1986 年又先后接纳希腊和西班牙、葡萄牙为正式成员国；1995 年，瑞典、奥地利和芬兰也加入欧洲共同体。此后，一些欧洲国家相继加入。

实际上，欧洲共同体同世界上 130 多个国家和地区都建立了正式关系，并在不少国家和国际组织中都派驻了代表团，各国也派遣外交官驻欧洲共同体。1983 年 11 月，中国与欧洲共同体全面建立正式关系，并派驻了大使。

后来，欧洲共同体已成为当代国际关系中一支重要的经济、政治力量。欧洲共同体在实施经济一体化和政治一体化方面的主要活动涵盖深广，包括建立工业品关税同盟和实行统一的外贸政策、实施共同的农业政策、走向经济和货币联盟，统一对外渔业政策、统一预算、加强政治领域的合作等。

1993 年，《欧洲联盟条约》的签订，标志着欧洲共同体的发展进入了一个新时期，欧洲共同体正式易名为"欧洲联盟"，简称"欧盟"。

—— 万隆会议 ——

1955 年 4 月 18 日，印度尼西亚的万隆一派喜庆之象。原来，这里将举行一场由 29 个亚洲或非洲国家代表参加的国际盛会，共同商讨反对殖民主义、和平发展、共同进步等备受世人关注的话题。这次会议是第一次由亚非国家自行发起召开而没有帝国主义国家参加与操纵的国际会议，称为"亚非会议"，又称"万隆会议"。

第二次世界大战后，亚非国家的民族解放运动风起云涌，直到万隆会议召开前，已有 30 个亚非国家摆脱殖民统治获得了独立。但殖民主义的统治并没有在亚非结束，甚至还威胁着亚非的和平。此后，亚非国家决定团结起来，共同反对殖民主义，发展民族经济。

1954 年 4 月，印度尼西亚总理沙斯特罗·阿米佐约在南亚 5 国（印度尼西亚、缅甸、印度、斯里兰卡、巴基斯坦）总理会议上提出了"举行一次更广泛的亚非国家会议的可能性"的建议，与会代表对此纷纷表示支持。此后，印度尼西亚、印度、缅甸、中国等国都为召开非亚国家代表会议不断努力。

1954 年 6 月，中国提出了"互相尊重领土主权、互不侵犯、互不干涉、平等互利、和平共处"的五项原则，并认为这五项原则同样适用于国际关系。

同年 12 月底，南亚 5 国总理在印尼茂物举行会议，决定由五国联合发起召开亚非会议。五国总理还确定了亚非会议的四点目标：第一，促进亚非各国间的亲善和合作，建立和促进友好与睦邻关系；第二，讨论与会各国的社会、经济、文化问题和国家之间的关系；第三，讨论对亚非国家和人民具有利害关系的问题和种族主义及殖民主义问题；第四，讨论亚非国家和人民在今后世界上的地位，以及他们对于促进世界和平与合作所能做出的贡献。

不料，帝国主义反对势力却不断地阻挠亚非的独立，对亚非国家的团结进行破坏。1955 年 4 月 15 日，美国总统艾森豪威尔向亚非国家宣布美国国会将通过新的"援助"计划，妄图以经济援助为诱饵对某些参与国施加影响。

但是，纵然万般阻挠，万隆会议还是如期举行了。5 个发起国和中国、阿富汗、柬埔寨、老挝、约旦、苏丹、泰国、土耳其、伊朗等国家纷纷前来参加。而美国虽没被邀请，却也派遣了一个庞大的记者团前来参会。

会议上，印尼总统苏加诺首先宣读了开幕词："这是人类有史以来第一次有色人种的洲际会议。为了反对殖民主义和种族主义，亚非国家应该联合起来。我们并不是要建立反对其他集团的集团，而是为亚非各国乃至全人类找出一条通向和平的道路。亚非国家在世界政治舞台上发出呼声的时刻已经到来了……"

苏加诺激昂的情绪把与会代表的热情都带动了起来，会议在友好的气氛中进行着。不料，美国却利用各国代表间存在的分歧不断制造纠纷。

4 月 19 日，中国总理周恩来做了精彩的发言："中国参加这个会议是来求同而不是立异的……在亚非国家中存在着不同的思想意识和社会制度，但这并不妨碍我们的求同和团结……"

周恩来坚定而真诚地阐明了中国政府的立场和政策，与会各国也普遍接受了"求同存异"的方针，笼罩在会议上空的乌云终于被驱散了。

4 月 24 日，万隆会议举行了最后一次全体会议，通过了《亚非会议最后公报》，对亚非国家共同关心的问题达成了协议。此外，公报还提出了和平共处和友好合作的"十项原则"。